AF885829

TÜRK TİCARET KANUNU ŞERHİ
ALTINCI KİTAP: SİGORTA HUKUKU
Cilt VI
Yargı Kararları

Prof. Dr. SAMİM ÜNAN

onikilevha

YAYIN NO: 1389

Türk Ticaret Kanunu Şerhi Altıncı Kitap: Sigorta Hukuku Cilt VI
Yargı Kararları
Prof. Dr. Samim Ünan

ISBN 978-625-7899-09-3

1. BASKI - İSTANBUL, MAYIS 2020

© **ON İKİ LEVHA YAYINCILIK A. Ş.**
Adres Prof. Nurettin Mazhar Öktel Sokak No: 6A Şişli / İSTANBUL
Telefon (212) 343 09 02
Faks (212) 224 40 02
Web www.onikilevha.com.tr
E-Posta bilgi@onikilevha.com.tr
f facebook.com/onikilevha
twitter.com/onikilevha

Baskı/Cilt Berdan Matbaa - Sadık Daşdöğen
Davutpaşa Cad. Güven İş Merkezi
C. Blok No: 215/216 Topkapı/İstanbul
Tel : 0 212 6131211
Sertifika No: 45750

Prof. Dr. SAMİM ÜNAN
T.C. Galatasaray Üniversitesi (E.)
Öğretim Üyesi

TÜRK TİCARET KANUNU ŞERHİ
ALTINCI KİTAP: SİGORTA HUKUKU
Cilt VI
Yargı Kararları

onikilevha

Sevgili Kızım Dr. Öğretim Üyesi
Deniz Ünan Göktan'a

ÖNSÖZ

Türk Ticaret Kanunu Şerhi Cilt VI olarak yayınlanan bu kitap, ülkemizde son zamanlarda verilmiş olan bazı yargı kararlarını ve bunlara ilişkin yorumlarımızı içermektedir.

Bu ciltte de çok sayıda göreve, yargı koluna ilişkin karar yer almaktadır. Usule ilişkin hususların her nedense bir türlü yerleşmiş çözümlere kavuşmadığı görülmektedir.

Öte yandan, 2011 tarihli Türk Ticaret Kanunu'ndaki hükümlere ilişkin Bölge Adliye Mahkemeleri ve Yargıtay kararları bundan sonra daha da netleşecek ve yeni yasaya ilişkin yeni içtihatlar iyice yerleşmeye başlayacaktır.

Çalışmanın uygulamacılara ve akademisyenlere yararlı olması en büyük dileğimdir.

Bu yayın için de On İki Levha Yayıncılık Sayın Meslektaşım Erol Öz ile Sevil Öcalan ve Şebnem Kapukaya'ya en içten teşekkürlerimi sunuyorum.

Caddebostan Nisan 2020

Samim ÜNAN

İÇİNDEKİLER

ÖNSÖZ VII

İÇİNDEKİLER IX

KISALTMALAR XXI

Kasko sigortası uyarınca sigorta ettirene sigorta tazminatını (parasını) ödeyen sigortacının yasal haleflik hakkına dayalı rücu davasının hangi mahkemede görülmesi gerektiği 1

Sorumluluk sigortacısının haksız eylemden kaynaklanan istemlerde hangi tarihten itibaren faiz ile sorumlu olacağı; davacı mal sigortacısının yasal haleflik hakkına dayalı olarak açtığı rücu davasında, davacının sigortalısının zararın artmasına sebep olan bir karşılık kusurunun mevcut olup olmadığı 3

Sigortacının yasal halef sıfatıyla açtığı haksız eyleme dayalı rücu davasına davalının tacir olması halinde hangi mahkemede bakılması gerektiği 7

Tacir sıfatına sahip sigorta ettirene kasko sigortası teminatı sağlamış olan sigortacının, başka bir tacire ait aracın çarpması sonucu sigorta ettirenin aracında meydana gelen zararı giderdikten sonra açtığı yasal haleflik hakkına dayalı rücu davasına hangi mahkemede bakılacağı 10

Davacı sigortacının kasko sigortası kapsamında sigorta ettirenin zararını giderdikten sonra çarpan aracın sürücüsü ve araç işleteninin sorumluluk sigortacısına karşı açtığı yasal haleflik hakkına dayalı rücu davasına hangi mahkemede bakılacağı 13

Yol kusuru (yolun üzerinde su birikmiş olması) sebebiyle açılan davanın yönetsel yargıda mı yoksa adli yargıda mı görüleceği 16

Sigortacının yasal halef sıfatıyla açtığı dava, zarardan sorumlu olan kişiye değil de bir başkasına yöneltilmişse, davanın hangi gerekçeyle reddi gerektiği 18

Kat mülkiyetine tabi binada bulunan su giderinin tıkanması sebebiyle apartman yöneticisi aleyhine açılan davanın dayanağı 21

Sigortacının yasal haleflik hakkına dayanarak açtığı kat mülkiyetine tabi binada bulunan bir bağımsız bölümden su sızması nedeniyle oluşan zararın tazmini davasının hangi mahkemede görüleceği 24

Yangın dolayısıyla sorumlu kişilere karşı yangından kaynaklanan zararı ödeyen sigortacının yasal halef sıfatıyla açtığı davanın hangi mahkemede görülmesi gerektiği 25

Zarardan sorumlu araç işleteni ve onun Zorunlu Trafik Sigortası (ZTS) poliçesini düzenleyen sigortacıya karşı açılan davada sigortacının merkezinin bulunduğu mahkemenin yetkisi 28

Zarara sebep olmuş motorlu aracın ZTS poliçesini düzenleyen sorumluluk sigortacısına karşı yasal haleflik hakkına dayanılarak açılan davanın asliye hukuk mahkemesinde mi yoksa ticaret mahkemesinde görüleceği 30

Kat mülkiyetine tabi bir taşınmazda bulunan sigortalı bağımsız bölüme komşu bağımsız bölümden sızan suların neden olduğu zararla ilgili yasal halefliğe dayalı rücu davasına hangi mahkemede bakılacağı 33

Motorlu aracın verdiği zararı ödeyen mal (yük) sigortacısının, zarardan sorumlu araç maliki, onun sorumluluk sigortacısı ve sürücüsüne karşı açtığı yasal halefliğe dayalı rücu davasına hangi mahkemede bakılacağı 36

Trafik kazasında zarar gören aracın malikinin, diğer araç için ZTS poliçesini düzenlemiş olan sigortacıdan bütün zararını karşılayan tutarda tazminat aldıktan sonra kendi kasko sigortacısından da ödeme alması; kasko sigortacısının yasal halef olduğu savıyla açtığı davada verilmesi gereken karar 39

Yol kusurundan doğan zararların tazmini için Belediye'ye karşı açılan dava hangi yargının görevine girer? 43

Sigorta konusu sitede meydana gelen yangın zararı için tazminat ödeyen sigortacının yasal haleflik hakkına dayalı olarak açtığı rücu davasının hangi mahkemede görüleceği....45

Sel zararı sebebiyle tazminat ödeyen mal sigortacısının, zarardan sorumlu kuruma yasal halef sıfatıyla yönelttiği tazminat davasının hangi yargıda görüleceği 48

Kasko sigortacısının tacir olmayan sigortalısının aracına zarar veren tacir sıfatı bulunmayan üçüncü kişiye yönelttiği yasal halefliğe dayalı rücu davasının hangi mahkemede görüleceği 51

Kasko sigortacısı tarafından yasal halef sıfatıyla açılan rücu davasında, sigorta ettirenin uğradığı gerçek zarardan fazla bir tazminat ödenmeyeceği; davacı sigortacının ödediği tazminat tutarının belirleyici olmayacağı; zarar tutarının Yargıtay denetimine elverişli bilirkişi incelemesiyle belirlenmesi gerektiği 53

Trafik kazalarında araçta meydana gelen zararın saptanmasının teknik bilgi ve uzmanlık gerektirdiği ve mahkemece bu konuda Yargıtay denetimine elverişli bir bilirkişi incelemesi yaptırılması gerektiği 56

Kasko sigortalı araca verilen zarardan sorumlu birden fazla kişi varsa, bunların hepsi hasım gösterilerek açılacak davanın hangi mahkemede açılması gerektiği 59

Yangın sigortası uyarınca taşınmazdaki zararı gideren sigortacının, yasal haleflik hakkına dayanarak zarardan sorumlu (yapı maliki olduğu anlaşılan) kişiye karşı açtığı davanın hangi mahkemede görüleceği 64

Trafik kazasında hasarlanan araç için kasko sigortası uyarınca tazminat ödeyen sigortacının yasal halef sıfatıyla açtığı davanın tüketici mahkemesinde yoksa Asliye Hukuk Mahkemesinde mi görülmesi gerektiği 67

Kat mülkiyetine tabi taşınmazda komşu bağımsız bölümden sızan suların verdiği zararı karşılayan davacı sigortacının yasal halef sıfatıyla açtığı davaya hangi mahkemenin bakması gerektiği.... 69

Yangın sigortası kapsamında taşınmazda meydana gelmiş olan zararı karşılayan sigortacının yasal halef sıfatıyla zarardan sorumlu kiracıya yönelteceği tazminat talebine hangi mahkemede bakılması gerektiği 72

Sigortacının yasal halef sıfatıyla zarardan sorumlu kişinin mirasçılarına karşı açtığı davada, ölüm tarihinde miras bırakanın ödemeden aczinin açıkça belli olması durumunda davanın reddi gerekeceği 74

Zarardan sorumlu kişinin tacir sıfatına sahip olması halinde, yangın sigortası kapsamında meydana gelen zararı ödeyen sigortacının yasal halef sıfatıyla açtığı davaya ticaret mahkemesinde bakılmasının gerekip gerekmediği 76

Aydınlatma direğinin kasko sigortalı araç üzerine devrilmesinden doğan hasarı ödeyen sigorta şirketinin davalı yönetim birimine karşı yasal halef sıfatıyla açtığı davanın yönetsel yargı da mı yoksa adli yargıda mı görüleceği 79

Kiracının uğradığı dahili su hasarı sebebiyle taşınmaz malikine (kiraya verene) karşı kiracının zararını ödeyen sigortacı tarafından açılan yasal halefliğe dayalı rücu davasının hangi mahkemede görüleceği 82

Kat mülkiyetine tabi taşınmazda bulunan sigortalı bağımsız bölümde diğer bir bağımsız bölümden sızan suların yol açtığı zararı ödeyen sigortacının yasal halefliğe dayalı olarak diğer bağımsız bölüm malikine karşı açtığı rücu davasının hangi mahkemede görüleceği 85

Metrobüs çalışması sırasında yere bırakılan demir bariyerlerin yağış ve fırtınalı hava nedeniyle yolun ortasına kadar gelmesinden kaynaklanan trafik kazası sonrasında araçtaki zararı ödeyen sigortacının yasal halef sıfatıyla Belediye aleyhine açtığı dava yönetsel yargıda mı yoksa adli yargıda mı görülmelidir? 88

Motorlu aracın davacının sigortaladığı işyerine ait sundurma ve güvenlik kamerasına çarparak zarar vermesi halinde, yasal haleflik hakkına dayalı olarak açılan davada görevli mahkeme 106

Sigortacının işyeri sigortasıyla sigortalamış olduğu dükkânın mal sahibine yüklenebilecek sebeplerle çıkan yangında zarar görmesi üzerine sigortalı kiracıya tazminat ödedikten sonra mal sahibine açtığı yasal haleflik hakkına dayalı rücu davasının hangi mahkemede görülmesi gerektiği 109

Konut sigortası uyarınca komşu taşınmazdan sızan suların yol açtığı zararı ödeyen sigortacının halef sıfatıyla açtığı rücu davasına hangi mahkemede bakılması gerektiği 113

Kat mülkiyetine tabi taşınmazda sigortalı bağımsız bölümün diğer bir bağımsız bölüme ait kalorifer tesisatından sızan sularla zarara uğraması üzerine sigorta ettirene tazminat ödeyen sigortacının yasal haleflik hakkı uyarınca açtığı rücu davasına hangi mahkemede bakılması gerektiği 116

Trafik kazası nedeniyle sigorta ettirene tazminat ödeyen mal sigortacısının zarardan sorumlu işletenin ZTS poliçesini düzenleyen sorumluluk sigortacına yönelttiği yasal halefliğe dayalı rücu davasının hangi mahkemede görülmesi gerektiği 119

Motorlu araca gelen zararı tazmin eden mal sigortacısının zarardan sorumlu kişilere yasal halefliğe dayalı olarak yönelttiği rücu davasının yönetsel yargıda mı yoksa adli yargıda mı görüleceği; adli yargıda görülmesi halinde ticaret mahkemesinin mi yoksa asliye hukuk mahkemesinin mi davaya bakacağı 121

Yoldaki rögar kapağının fırlaması sonucu meydana gelen araç hasarını ödemiş olan sigortacının yasal haleflik hakkına dayalı olarak açtığı rücu davasının hangi mahkemede görüleceği 125

Trafik kazasından doğan zararı ödeyen sigortacının yasal halef sıfatıyla zarardan sorumlu araç sürücüsü, işleteni ve onun sorumluluk sigortacısı aleyhine açtığı rücu davasının hangi mahkemede görüleceği 130

Ehliyetsiz olarak kullanılan motorlu araçla yapılan kaza sebebiyle zarar görene tazminat ödeyen aracın ZTS poliçesini düzenlemiş olan sigortacının, sigorta ettiren araç malikinin mirasçılarına yönelttiği rücu davası 135

Davalının yüklenici sıfatı ile yaptığı yol inşaatında gerekli tedbirleri almamasından dolayı meydana gelen kazada hasar gören araç için tazminat ödeyen sigortacının yasal halef sıfatıyla açtığı rücu davasına hangi mahkemede bakılacağı 144

Sigortalı konutta meydana gelen doğalgaz patlamasının yol açtığı zararı ödeyen sigortacının yasal halef sıfatıyla sorumlular aleyhine açtığı davaya tüketici mahkemesinde bakılması 147

Ticari faaliyette (yük taşımada) kullanılan motorlu araç için ZTS poliçesini düzenleyen sigortacının, araç sürücüsünün gabari dışı yükleme yaparak belediyeye ait köprüyü hasara uğratması sonucu belediyenin zararını karşıladıktan sonra sigorta ettirene yönelttiği rücu davasına hangi mahkemede bakılacağı 153

Trafik kazası nedeniyle açılacak sorumluluk davalarının görüm ve çözümünde adli yargının görevli olduğu; yol kusuru sebebiyle meydana gelen zararın tazmini istemiyle açılan bu davanın da adli yargı yerinde çözümlenmesi gerektiği 157

Trafik kazası nedeniyle açılacak sorumluluk davalarının görüm ve çözümünde adli yargının görevli olduğu; yol kusuru sebebiyle meydana gelen zararın tazmini istemiyle açılan bu davanın da adli yargı yerinde çözümlenmesi gerektiği 167

Trafik kazası nedeniyle açılacak sorumluluk davalarının görüm ve çözümünde adli yargının görevli olduğu; yol kusuru sebebiyle meydana gelen zararın tazmini istemiyle açılan bu davanın da adli yargı yerinde çözümlenmesi gerektiği 172

Yolun bakım ve onarımından sorumlu Karayolları Genel Müdürlüğü görevlisinin yanlış yönlendirmesi sonucu bir aracın ters yöne girmesi ve sigortalı araçla çarpışması sonucunda meydana gelen trafik kazası sonrasında hasarlanan araç için tazminat ödeyen sigortacının yasal haleflik hakkına dayalı olarak açtığı davanın yönetsel yargıda mı yoksa adli yargıda mı görüleceği 183

Araçlardan birinin kırmızı ışıkta geçmesi sebebiyle meydana gelen iki araç arsındaki çarpışmada, işletenlerin sorumluluğu tehlike esasına dayandığından kırmızı ışıkta geçen araca yüzde yüz kusur verilmesinin doğru olup olmayacağı 199

Kasko sigortacısının sigorta ettirene tazminat ödemesi ertesinde, sigorta konusu aracın hasarlanmasına yol açan diğer aracın işleteni ve (kazaya sebep olan) sürücüsünden (ZTS poliçesini düzenleyen sorumluluk sigortacısının ödediği limit tutarı düşüldükten sonra) zarar bakiyesi için yasal halef sıfatıyla açtığı davada zararın ve tazminatın nasıl hesaplanacağı 203

Kasko sigortası ile sigorta güvencesi altına alınmış olan aracın hastanenin otopark görevlisine bırakılması sonrasında, bir güvenlik görevlisinin aracın yerini değiştirmek isterken yaptığı yanlış manevra sonucu hasarlanması; kasko sigortacısının ödediği tazminat için sorumlu oldukları savıyla kazaya sebep olan güvenlik görevlisi, onu çalıştıran güvenlik şirketi ve aynı zamanda otopark işleticisi olan sağlık kurumuna yasal haleflik hakkına dayalı olarak açtığı rücu davası 208

Kasko sigortacısının, yasal halefliğe dayanarak kavşakta sigortalı araca çarpıp zarar veren aracın işletene açtığı rücu davası- Hangi tarafın yeşil ışıkta geçtiği- Davalıya ait aracın sürücüsünün alkollü olması 215

Yol üzerindeki rögar kapağının sebep olduğu motorlu araç hasarını gideren sigortacının yasal halef sıfatıyla özel hukuk hükümlerine tabi kuruluş aleyhine açtığı davanın hangi mahkemede görüleceği 219

Bina asansörünün yol açtığı araç hasarını ödeyen sigortacının yasal halef sıfatıyla açtığı rücu davası 222

İşleten sıfatının (ve işletenin bağlı olduğu teşebbüs sahibi sıfatının) nasıl kanıtlanacağı 225

"Zincirleme" trafik kazasında zarar gören (en ön taraftaki) aracın kasko sigortacısı tarafından arkadaki aracın sürücüsü ve ZTS poliçesini düzenleyen sorumluluk sigortacısı aleyhine yasal halef sıfatıyla açılan davada kusur durumunun ne şekilde araştırılacağı 229

Kasko sigortası ile güvence altına alınmış olan park halindeki aracın davalının (kiracı) evinde meydana gelen doğalgaz patlaması nedeniyle evin duvarlarının yıkılması sonucu hasarlanması; kasko sigortacısının yasal haleflik hakkına dayalı rücu davası 231

Kasko sigortası ile güvence altına alınmış aracın hasarını ödeyen sigortacı tarafından aracın otoparkta hasarlandığı savıyla açılan davada davacının "otoparkta hasarlanma" olgusunu nasıl kanıtlayacağı 233

Kasko sigortacısı tarafından açılan yasal haleflik hakkına dayalı rücu davasında, hasar bedelinin saptanması için bilirkişi incelemesi yaptırılması; davalıların miras bırakanının aczi saptanmışsa davalıların mirasçı sıfatıyla sorumlu tutulamayacağı 235

Üzerinde rehin hakkı kurulmuş bulunan motorlu aracın trafik kazasında hasarlanması üzerine, sigorta ettiren araç malikine rehin alacaklısının onayını almaksızın tazminat ödeyen kasko sigortacısının zarardan sorumlu kişiye açtığı yasal haleflik hakkına dayalı rücu davası 238

Trafik kazasında yaralanan sigortalıların tedavi giderlerini ödeyen sağlık sigortacısının yasal halef sıfatıyla kazaya yol açan aracın işleteninin sorumlu olduğu ölçüde o araç için ZTS poliçesini düzenleyen sorumluluk sigortacısına değil SGK'ya başvurması gerektiği 241

Sağlık sigortacısının trafik kazası sebebiyle ortaya çıkan sağlık giderlerini karşılaması sonrasında yasal halef sıfatıyla, kazadan sorumlu olan işletene yükletilebilecek tedavi masrafı sorumluluğu için ZTS poliçesini düzenlemiş olan sorumluluk sigortacısına değil, Sosyal Güvenlik Kurumu'na dava açması gereği 244

Mülkiyeti saklı tutma kaydıyla yapılan satışta araç üzerindeki işleten sıfatının kime ait sayılacağı 248

Sigortacının yasal halef sıfatıyla açtığı rücu davasında, sigorta ettirenin zararın meydana gelmesine etki eden davranışı (eşlik eden kusuru) sebebiyle indirim yapılması 252

Kasko sigortası güvencesi altında olan aracın başka bir araçla çarpışması sonucu uğradığı hasarı ödedikten sonra diğer aracın işletenine yasal halef sıfatıyla rücu eden sigortacının açtığı davada, davalıların araç işleteni olan miras bırakanlarının borca batık olarak ölmüş bulunduğu savunmasını ileri sürmeleri- Davacı sigortacının talep edebileceği tutarın ne olması gerektiği 255

Kasko sigortası konusu araçtaki hasarı ödeyen sigortacının yasal haleflik hakkına dayalı olarak açtığı rücu davasında hüküm altına alınacak tazminatın nasıl belirleneceği 259

Kasko sigortacısının yasal halef sıfatıyla trafik kazasından sorumlu olan aracın işletenine karşı açtığı rücu davasında tazmine konu tutarın nasıl hesaplanacağı 261

Kasko sigortası konusu aracın anahtarlar teslim edilerek kendisine bırakıldığı şirketin, aracın çalınmasından sorumluluğu 265

Rögar kapağının fırlaması sonucu meydana gelen araç hasarının tazminine yönelik davada, yönetsel yargının mı yoksa adli yargının mı görevli olacağı; isteme uygulanacak zamanaşımı 268

Taşıma sırasında meydana gelen zararı ödeyen sigortacının zarardan sorumlu taşıyıcıya karşı açtığı yasal haleflik hakkına dayalı rücu davası taşıma sözleşmesine dayanır ve bu sözleşme TTK'da düzenlendiği için Ticaret Mahkemesinde görülmelidir. 272

Yola aniden çıkarak sebep olduğu trafik kazasında hayatını kaybeden yayanın mirasçılarına karşı kazada zarar gören aracın kasko sigortacısı tarafından açılan rücu davası- Araç onartılmasa dahi, gerçek zarar belirlenerek hüküm altına alınabilir 275

Kasko sigortacısının yasal halef sıfatıyla açtığı rücu davasında kazaya sebep olduğu ileri sürülen diğer aracın sürücüsünün kusurunun (ve araç işleteninin sorumluluğunun) nasıl kanıtlanacağı . 279

ZTS poliçesini düzenleyen sigortacıya karşı bölge müdürlüğünün bulunduğu yer mahkemesinde dava açılması; başka davalılar da varsa ortak yetkili mahkemenin kesin yetkili sayılıp sayılmayacağı 289

Mal zararına uğrayan sigorta ettirenin zararını zarardan sorumlu üçüncü kişinin sorumluluk sigortacısından aldıktan sonra ayrıca mal (kasko) sigortacısından da tahsil etmesi- Kasko sigortacısının sigorta ettirene ve zarardan sorumlu kişiye karşı, ödediği geri almak üzer dava açması 295

Trafik kazasından kaynaklanan tedavi giderleri için SGK'nın sorumluluğu- Özel sağlık sigortacısının karşıladığı masraflar sebebiyle SGK'ya yasal halefliğe dayalı rücu hakkı 302

Sigortacının yasal halef sıfatıyla açtığı birden fazla davalının söz konusu olduğu davada yetkili mahkeme 306

Yasal halef sıfatıyla rücu davası açan sigortacının selefi sigorta ettireni bağlayan tahkim şartı uyarınca tahkim yoluna gitmesi gerektiği 311

CIF satılan mallarda, hasar alıcıya geçtikten (mallar taşıyana teslim edildikten) sonra, satış parasının tahsil edilmesine kadar satıcının mallar üzerinde sigortalanabilir çıkara sahip olup olmadığı .. 312

Kişisel kusuru ile yol açtığı tek taraflı kazada vefat eden araç sürücüsünün desteğinden yoksun kalanların, aracın ZTS poliçesi olmaması dolayısıyla Güvence Hesabı'na yöneltikleri dava 317

Tüketiciye kredi vermiş olan bankanın, kredi borcu geri ödenmemişken kredi bağlantılı olarak düzenlenen hayat sigortası kapsamında riziko gerçekleşmesi (kredi müşterisi sigorta ettirenin vefatı) durumunda kredi borçlusu mirasçılardan önce hayat sigortası poliçesini düzenlemiş olan sigortacıdan istemde bulunması gerekir mi? (Yargıtay 13. Hukuk Dairesi T. 2.5.2019 E. 2016/6270 K. 2019/5657) 334

Kredi (bağlantılı) hayat sigortasında bankanın, kredi alacağının ödenmemesi halinde önce sigortacıyı dava etmesinin zorunlu olup olmadığı (Yargıtay 13. Hukuk Dairesi T. 6.2.2019 E. 2016/18862 K. 2019/1327) 340

Kredi hayat sigortasında kredi alacaklısı bankanın önce sigortacıyı dava etmesinin gerekip gerekmediği (Yargıtay 13. Hukuk Dairesi T. 11.5.2016 E. 2015/16813 K. 2016/12955) 346

Kredi hayat sigortasında kredi alacaklısı bankanın önce sigortacıyı dava etmesinin gerekip gerekmediği (Yargıtay 13. HD 29.04.2019 E.2016/19095 K.2019/5344) 348

Damperli kamyonun yük boşaltırken damper pistonunun kırılması sebebiyle gördüğü zararın kasko sigortası kapsamında olup olmadığı . 349

TTK 1427(3) uyarınca karar altına alınan "avans" tutarının daha sonra hükmedilen tazminattan düşülmesi – Makine kırılması zarar hesabının nasıl yapılması gerektiği – Temerrüt faizinin başlangıcının nasıl belirleneceği 355

TTK 1427(2) hükmü uyarınca sigorta tazminatı alacağının muaccel hale gelmesi ... 366

Sigorta tazminatı isteminin yerinde olup olmadığı belirlenirken zarara uğrayan işyerinde riziko sırasında bulunduğu kabul edilmesi gereken değerlerin de dikkate alınması lüzumu ... 370

Kısmi hasar üzerine sigorta sözleşmesinin feshi ... 374

Finansal kiralama konusu aracın kaza sonucu gördüğü hasarı ödeyen sigortacının, zarardan sorumlu kişilere yönelik olarak açtığı yasal halefliğe dayanan rücu davası – Sigortalının TTK 1429 anlamında eylemlerinden sorumlu olduğu kişi niteliğindeki davalılara sigortacının rücu edip edemeyeceği – Davaya hangi mahkemede bakılacağı ... 384

Sigorta ettirenin TTK 1448 uyarınca rizikonun gerçekleştiği veya gerçekleşme ihtimalinin yüksek olduğu durumlarda zararın önlenmesi ve azaltılması ve engel olunması için imkanlar dahilinde önlemler almak görevi ... 390

SRC-4 belgesine sahip olmayan sürücünün yaptığı kazanın yük taşıma sigortası teminatından yararlanma hakkını ortadan kaldıracağına ilişkin sözleşme klozu ... 395

Davacının davalı ile bir sigorta şirketi arasında davalının istemi üzerine yapılan sigorta sözleşmesine ilişkin primi ödediği fakat davalının anlaşmaya aykırı şekilde prim tutarını kendisine geri ödemediği savıyla açtığı dava ... 403

Kredi bağlantılı olarak grup hayat sigortası kapsamına alınan kredi müşterisinin daha sonra kredi borcunu daha düşük faiz oranından yararlanmak için yeniden yapılandırması; bunun üzerine kredi bağlantılı sigortanın da yeni kredi ilişkisine uygun şekilde yeniden yapılması; bu yeni sigorta yapıldığı sırada önemli (ölümcül) rahatsızlığın sigortacıya bildirilmemiş olması ... 407

Yönetici sorumluluk sigortasında sigorta ettiren şirketin sözleşme öncesi bildirim görevine aykırı davranmış olması sebebiyle sigortacı tarafından ödenecek tazminat tutarından indirim yapılması 413

Hırsızlık sigortasında sigorta ettirenin zararın gerçekleşme olasılığının yüksek olduğu bir halde gerekli koruma önlemlerini almaması 418

Yat sigortası uyarınca yatta meydana gelen hasarın tazmini istemiyle açılan dava- 805 sayılı "Türkçe Kullanılması" hakkında yasa- TTK 1429 ile TTK 1448 arasındaki ayrım (bu hükümlerin uygulanma alanları) 422

Sigorta ettiren kiracının sigortalı finansal kiralama şirketi lehine yaptırdığı sigortada, finansal kiralama konusu malın hasar görmesi üzerine kimin sigortacıyı dava edebileceği 432

Finansal kiralama konusu malın sigorta ettiren kiracı tarafından sigortalı finansal kiralama şirketi lehine sigorta ettirilmiş olması halinde sigortacıyı dava hakkının kime ait olacağı – sigorta alacağının temyiz aşamasında temliki 437

Hırsızlık rizikosunu temin eden sigorta poliçesindeki güvenlik önlemleri alınmasına ilişkin özel hükme uyulmaması 443

KAVRAM DİZİNİ 449

MADDE DİZİNİ 453

KISALTMALAR

BAM	:	Bölge Adliye Mahkemesi
DKYT	:	Destekten Yoksun kalma Tazminatı
E.	:	Esas
FKFFŞK	:	Finansal Kiralama Faktoring ve Finansman Şirketleri Kanunu
GM	:	Genel Müdürlük
HD	:	(Yargıtay) Hukuk Dairesi
HGK	:	(Yargıtay) Hukuk Genel Kurulu
HMK	:	Hukuk Muhakemeleri kanunu
İBK	:	İçtihadı Birleştirme Kararı
İMM	:	İhtiyari Mali Mesuliyet (İsteğe Bağlı Sorumluluk) Sigortası
K.	:	Karar
KTK	:	Karayolları Trafik Kanunu
KMK	:	Kat Mülkiyeti Kanunu
LCR	:	Loi sur la circulation routière (İsviçre Karayolları Trafik kanunu)
PEICL	:	Principles of European Insurance Contract Law (Avrupa Sigorta Sözleşmesi Hukuku İlkeleri = ASSHİ)
RG	:	Resmi Gazete
SGK	:	Sosyal Güvenlik Kurumu
T.	:	Tarih

TTK	:	Türk Ticaret Kanunu
TKHK	:	Tüketicinin Korunması Hakkında Kanun
TBK	:	Türk Borçlar Kanunu
TMK	:	Türk medeni Kanunu
VVG	:	Versicherungsvertragsgesetz (Alman Sigorta Sözleşmesi Kanunu
ZTS	:	Zorunlu Trafik Sigortası

Kasko sigortası uyarınca sigorta ettirene sigorta tazminatını (parasını) ödeyen sigortacının yasal haleflik hakkına dayalı rücu davasının hangi mahkemede görülmesi gerektiği

Yargıtay 20. Hukuk Dairesi

Esas No.: 2015/9161

Karar No.: 2015/10578

Karar tarihi: 05.11.2015

Taraflar arasındaki tazminat davasında İstanbul Anadolu 4. Asliye Ticaret ve İstanbul Anadolu 30. Asliye Hukuk Mahkemelerince ayrı ayrı görevsizlik kararı verilmesi nedeni ile yargı yerinin belirlenmesi için gönderilen dosya içindeki tüm belgeler incelendi, gereği düşünüldü:

Dava, trafik kazasından kaynaklanan araç hasar bedelinin kusurlu olan davalıdan rücuan tahsili amacıyla başlatılan takibe vaki itirazın iptali istemine ilişkindir.

Asliye Ticaret Mahkemesi, davanın haksız fiile dayalı tazminat davası olduğunu belirterek görevsizlik kararı vermiştir.

Asliye Hukuk Mahkemesi ise, davanın taraflarının tacir olması nedeniyle görevsizlik yönünde hüküm kurmuştur.

Somut olayda; 6102 sayılı TTK'nın 1472. maddesi uyarınca sigorta şirketi tarafından sigortalısına ödenen tazminatın haksız fiile sebebiyet veren davalılardan rücuan tahsili isteminden kaynaklanmaktadır.

Yargıtay İçtihadı Birleştirme Genel Kurulunun 22.3.1944 tarih 37 Esas - 9 Karar R.G.3.7.1944 sayılı kararında bu husus "Sigortacının sorumlu kişi aleyhine açacağı dava sigorta poliçesinden doğan bir dava değildir. Bu nedenle, haleflik davası bir ticari dava sayılamaz. Bu dava, aynen sigortalı kimsenin sorumlu kişiye karşı açmış olduğu bir dava gibidir. Sigortalının muhtelif mahkemelerde dava açma hakkı varsa aynı hak sigortacının haleflik hakkına dayanan rücu davası için de söz konusudur." şeklinde vurgulanmaktadır. Uyuşmazlık, davacı sigorta şirketinin, haleflik ilkesi gereği yerine geçtiği kişiye, haksız fiilden dolayı ödediği tazminatın rücuan tazmini isteminden kaynaklanmaktadır. Bu durumda uyuşmazlığın asliye hukuk mahkemesinde görülüp sonuçlandırılması gerekmektedir.

SONUÇ: Yukarıda açıklanan nedenlerle; 6100 sayılı HMK'nın 21 ve 22. maddeleri gereğince İstanbul Anadolu 30. Asliye Hukuk Mahkemesinin YARGI YERİ OLARAK BELİRLENMESİNE 05/11/2015 gününde oy birliği ile karar verildi.

YORUM

Çözümü gereken sorun, aracın kasko sigortasını yapmış olan sigortacının trafik kazası sebebiyle hasar gören o araç için sigorta ettirene tazminat ödedikten sonra zarardan sorumlu kişiye açtığı tazminat davasının Ticaret Mahkemesi'nde mi yoksa Asliye Hukuk Mahkemesi'nde mi görülmesi gerektiği sorunudur.

Yargıtay 20nci Hukuk Dairesi, 22.3.1944 günlü (E.37; K.9 sayılı) İçtihadı Birleştirme Kararı (İBK) uyarınca davanın ticari dava sayılmayacağına ve Asliye Hukuk Mahkemesi'nde karar bağlanması lazım geldiğine hükmetmiştir.

Kanımızca da, yasal haleflik uyarınca sigortacıya geçen tazminat alacağına ilişkin dava, sigorta ettirenin (başkası lehine sigortada sigortalının) zarardan sorumlu kişiye karşı sahip olduğu tazminat alacağı hangi mahkemede karara bağlanmak gerekmekte ise o mahkemede görülmelidir. Davacının sigortacı olması ve yasal halefliğin TTK'da düzenlenmiş bulunması, tazminat davasını ticari davaya dönüştürmez. Bu sebeple, Yargıtay kararındaki değerlendirmenin yerinde olduğunu düşünmekteyiz.

Olayda zarardan sorumlu (kendisine karşı dava açılan) kişi ile zarar gören tarafın (davacı sigortalının selefi sigorta ettirenin) her ikisinin birden "tacir" olup olmadığı hususu karardan anlaşılamamaktadır.

- *Bir an için hem zarar görenin hem de zarardan sorumlu kişinin tacir olduğunu düşünelim: Böyle bir durumda dahi, "ticari haksız fiil" kavramına dayanarak, bir tacirin aracının başka bir tacirin aracına verdiği zararın giderilmesine yönelik istemin Ticaret Mahkemesinde görülmesi gerektiği düşüncesine katılmadığımızı bir kere daha belirtelim.*
- *Haksız eylemin "ticari ve ticari olmayan" biçiminde ayrı çeşitleri olmayacağı kanısındayız.*
- *TTK(4)(1)'deki "her iki tarafın da ticari işletmesiyle ilgili hususlardan doğan dava" anlatımını aynı anda her iki tacirin işletmelerini ilgilendiren ortak bir husustan doğan dava" olarak anlamamız daha doğru olacaktır. A şirketine ait araç, o şirketin işletmesine mal taşımakta iken, B şirketine ait bulunan ve B şirketi müdürünü bir müşteriyle yapacağı toplantıya*

> *götürmekte olan araca çarpar ve zarar verirse, araçların her ikisi de kendi şirketlerinin ticari işletmesiyle ilgili etkinlik içinde olsalar dahi, "ortak herhangi bir husus" söz konusu olmadığından bu kazanın yol açtığı zararların karşılanmasına ilişkin davanın ticari dava sayılmaması lazım gelir.*

Zarar görenin tacir olmadığı durumlarda ise, ona sigorta parasını ödeyen sigortacının halef sıfatıyla zarardan sorumlu tacire karşı açacağı dava, hem davacının hem de davalının tacir sıfatını taşıdıkları gerekçesiyle Ticaret Mahkemesinde görülmemelidir.

Yasal halefliğin TTK'da düzenlenmesi, en fazla yasal haleflik koşullarının gerçekleşip gerçekleşmediğine ilişkin uyuşmazlıkların ticari sayılmasına ve Ticaret Mahkemesinde karara bağlanmasına gerekçe oluşturabilir.

Sorumluluk sigortacısının haksız eylemden kaynaklanan istemlerde hangi tarihten itibaren faiz ile sorumlu olacağı; davacı mal sigortacısının yasal haleflik hakkına dayalı olarak açtığı rücu davasında, davacının sigortalısının zararın artmasına sebep olan bir karşılık kusurunun mevcut olup olmadığı

Yargıtay 17. Hukuk Dairesi

Esas No.: 2013/17960

Karar No.: 2015/11829

Karar tarihi: 09.11.2015

Taraflar arasındaki tazminat davasının yapılan yargılaması sonunda; kararda yazılı nedenlerden dolayı davanın kısmen kabulüne dair verilen hükmün süresi içinde davacı vekili ve davalı B.. A.. vekili, davalı İ.. İ.. vekili, davalı T. K. İnşaat Sanayi Ve Ticaret Ltd. Şti vekili, davalı G. Sigorta AŞ vekili tarafından temyiz edilmesi üzerine dosya incelendi, gereği düşünüldü:

Davacı vekili, davalılar tarafından yol üzerinde kazı çalışması yapıldığını, kazılan yerin gerektiği şekilde kapatılmaması nedeniyle yağmur sularının, davacıya işyerim paket sigorta poliçesi ile sigortalı işyerine sızdığını ve işyerindeki kumaşların zarar gördüğünü, davacı tarafından sigortalısına 41.207,20 TL ödeme yapıldığını belirterek ödenen bedelin ödeme tarihinden itibaren işleyecek avans faizi ile birlikte davalıdan tahsiline karar verilmesini talep etmiştir.

Birleştirilen davada, asıl davaya konu olaydan 10 gün önce de davalılar tarafından yapılan kazı çalışması nedeniyle sigortalı işyerine yağmur sularının sızdığı belirtilerek sigortalıya ödenen 17.963,20 TL'nin davalılardan tahsili talep edilmiştir.

Davalılar, davanın reddini savunmuştur.

Mahkemece, toplanan deliller ve benimsenen bilirkişi raporuna göre; asıl dava yönünden davanın kısmen kabulü ile 19.254,00 TL'nin davalılardan müteselsilen alınarak davacıya verilmesine, 13.711,76 TL'nin davalı sigorta şirketi dışındaki davalılardan müteselsilen alınarak davacıya verilmesine, ayrıca bu alacakların toplamı olan 32.965,76 TL üzerinden 02/12/2009 tarihinden itibaren davalı sigorta şirketi dışındaki davalılar yönünden avans faizi uygulanmasına, fazlaya ilişkin talebin reddine, birleştirilen dava yönünden davanın kısmen kabulü ile 14.370,56 TL'nin 23/11/2009 tarihinden avans faizi ile birlikte davalılardan müteselsilen alınarak davacıya verilmesine, (davalı sigorta şirketinin poliçe limiti ile sorumlu tutulmasına) fazlaya ilişkin talebin reddine karar verilmiş; hüküm, davacı vekili ve davalı B.. A.. vekili, davalı İ.. İ.. vekili, davalı T. K. İnşaat Sanayi Ve Ticaret Ltd. Şti vekili, davalı G. Sigorta AŞ vekili tarafından temyiz edilmiştir.

1-Dosya içerisindeki bilgi ve belgelere, mahkeme kararının gerekçesinde dayanılan delillerin tartışılıp, değerlendirilmesinde usul ve yasaya aykırı bir yön bulunmamasına göre, davacı vekili ve davalılar B.. A.. vekili, davalı İ.. İ.. vekili, davalı T. K. İnşaat Sanayi Ve Ticaret Ltd. Şti vekili, davalı G. Sigorta AŞ vekilinin aşağıdaki bentlerin kapsamı dışında kalan ve yerinde görülmeyen sair temyiz itirazlarının reddine karar vermek gerekmiştir.

2-Dava, 6761 sayılı TTK'nun 1301. maddesinden (6102 sayılı TTK'nın 1472. maddesi) kaynaklanan rücuan tazminat davasına ilişkindir.

1086 sayılı HUMK.nin 381.- 389. maddelerinde (6100 sayılı HMK.nin 294. - 297. maddeleri), hükmün tefhimi, nasıl tesis edileceği ve sonrasında kararın nasıl yazılacağı etraflıca düzenlenmiştir. HUMK'nun 388. maddesinde (HMK.nin 297/2. maddesi); hüküm sonucu kısmında, gerekçeye ait herhangi bir söz tekrar edilmeksizin, istek sonuçlarından her biri hakkında verilen hükümle taraflara yüklenen borç ve tanınan hakların, mümkünse sıra numarası altında birer birer, açık, şüphe ve tereddüt uyandırmayacak şekilde gösterilmesinin zorunlu olduğu açıklanmıştır. Başka bir anlatımla, tesis edilen hüküm, infazı kabil ve uygulanabilir olmalıdır.

Yukarıdaki açıklamalar ışığında somut olaya baktığımızda; hüküm fıkrasında, hükmedilen tazminat için davalı G. Sigorta AŞ'nin hangi tarihten itibaren faizden sorumlu olduğu ve uygulanacak faizin niteliği anlaşılamamaktadır. Davalı G. Sigorta AŞ'den de faiz talep edildiğine göre bu taleple ilgili açık bir hüküm kurulmamış olması bozmayı gerektirmiştir.

3-Zararın meydana gelmesinde veya artmasında mağdurun da kusurunun bulunması halinde söz konusu olan müterafik kusur Borçlar Kanunu'nun 44. maddesinde (6098 sayılı TBK md. 52) düzenlenmiştir. Buna göre zarara uğrayan, zarar doğuran eyleme razı olmuş veya kendisinin sebep olduğu hal ve şartlar zararın meydana gelmesine etki yapmış veya tazminat ödevlisinin durumunu diğer bir surette ağırlaştırmış ise, hakim, tazminat miktarını hafifletebilir. Davalıların, yargılama aşamasındaki savunmaları da gözetilerek işyerinde depolanan kumaşların, doğrudan zemin üzerine konulup konulmadığı, bu hususun zararın artmasına etkisi olup olmadığı ve bu nedenle müterafik kusurunun bulunup bulunmadığı tartışılmadan karar verilmesi doğru değildir.

SONUÇ:Yukarıda (1) nolu bentte açıklanan nedenlerle, davacı vekili ve davalılar B.. A.. vekili, davalı İ.. İ.. vekili, davalı T. K. İnşaat Sanayi Ve Ticaret Ltd. Şti vekili, davalı G. Sigorta AŞ vekilinin sair temyiz itirazlarının reddine, (2) no.lu bentte açıklanan nedenlerle davacı vekilinin temyiz itirazlarının, (3) no.lu bentte açıklanan nedenlerle davalı B.. A.. vekili, davalı İ.. İ.. vekili, davalı T. K. İnşaat Sanayi Ve Ticaret Ltd. Şti vekili, davalı G. Sigorta AŞ vekilinin temyiz itirazlarının kabulü ile hükmün BOZULMASINA, peşin alınan harcın istek halinde temyiz eden davacı ve davalı B.. A.., davalı İ.. İ.., davalı T. K. İnşaat Sanayi Ve Ticaret Ltd. Şti, davalı G. Sigorta AŞ'ye geri verilmesine 09/11/2015 gününde oybirliği ile karar verildi.

YORUM

Uyuşmazlık, davalılar tarafından yol üzerinde kazı çalışması yapıldığı sırada, kazılan yerin gerektiği şekilde kapatılmaması nedeniyle yağmur sularının, sigorta ettirenin işyerine sızması ve orada bulunan kumaşlara zarar vermesinden kaynaklanmıştır.

Davacı sigortacı, bu zarar dolayısıyla sigorta ettiren işyeri sahibine tazminat ödemiş ve ödediğini geri almak üzere, davalılara karşı yasal haleflik hakkına dayalı rücu davası açmıştır.

Davacı tarafından, on gün önce de aynı sebeple benzer bir zararın gerçekleştiği savıyla başka bir dava daha açıldığı ve bu ikinci davanın ilk dava ile birleştirildiği anlaşılmaktadır.

İlk derece mahkemesi hem ilk dava hem de birleştirilen davada tazminat istemlerini kısmen kabul etmiştir. Ancak davalılar arasındaki sigorta şirketinin sorumluluğu (kararda belirtilmeyen sebeplerle, diğer bazı davalılara göre) daha az olarak hükme bağlanmıştır. İlk davada -karardan çıkarabildiğimize göre- sigortacı aleyhine faize hükmedilmemiştir.

Yargıtay ilk derece mahkemesi kararını

- *Davalılar arasında bulunan sigorta şirketine hangi tarihten başlayarak faiz yükletileceği hususunda kararda açıklık olmadığı*
- *Davacı tarafın, zararın doğmasına veya artmasına etki eden bir kusurunun (eşlik eden, karşı kusur) olup olmadığının da araştırılması gerektiği*

gerekçeleriyle bozmuştur.

Yargıtay kararı hakkında şu değerlendirmeyi yapabiliriz:

- *Davalılar arasındaki sigorta şirketi hakkında da faize karar verilmesi lazım gelir. Ancak, sorumluluk sigortacısı olduğu anlaşılan bu davalı hakkında faize hükmedilirken, onun, sigorta ettiren aleyhine zarar gününden başlayarak işleyecek faizi de karşılaması gerekebileceğini dikkate almak lazımdır. Bu sebeple, sorumluluk sigortacısı hakkında faizin onun dava edildiği veya temerrüde düşürüldüğü tarihten işlemeye başlatılması her zaman doğru değildir.*
- *Eğer sigortacının sorumlu olduğu limitin aşılması söz konusu değilse ve sigorta ettirenin sorumlu olduğu faiz (haksız eylemlerde söz konusu olduğu gibi) zarar tarihinden başlayarak işlemekte ise, sigortacının bu faiz*

yükünü de hukuksal sorumluluğun bir kısmı olarak karşılaması gerektiği düşüncesindeyiz.

- *Davacı tarafın eşlik eden (müterafik) kusurunun araştırılması gerekip gerekmediği hakkında ise şunlar söylenebilir: Yargıtay, tazminat alacaklısı sigorta ettirenin işyerinde depolanan kumaşları doğrudan zemin üzerine koymuş olmasının zararın oluşumuna veya artmasına etki eden davranış sayılabileceğini belirtmektedir.*
    - *İlk zarar ile ikinci zarar arasında ayırım yapılması uygun düşebilir: İlk zarar öncesinde, sigorta ettirenin işyerini su basması rizikosuna karşı önlem almasının kendisinden beklenip beklenmeyeceği tartışmaya açık bir husustur.*
    - *Buna karşılık, zarara sebep olan yol üzerindeki çalışmanın sürmekte olduğu durumlarda, benzer bir zararla yeniden karşılaşmamak için sigorta ettirenin bazı önlemler almaya özen göstermesi beklenebilir.*

Sigortacının yasal halef sıfatıyla açtığı haksız eyleme dayalı rücu davasına davalının tacir olması halinde hangi mahkemede bakılması gerektiği

Yargıtay 20. Hukuk Dairesi

Esas No.: 2015/12185

Karar No.: 2015/10982

Karar tarihi: 11.11.2015

Taraflar arasındaki davada ... Asliye Hukuk ve ... Asliye Ticaret Mahkemelerince ayrı ayrı görevsizlik kararı verilmesi nedeni ile yargı yerinin belirlenmesi için gönderilen dosya içindeki tüm belgeler incelendi gereği düşünüldü:

Dava, 6102 sayılı TTK'nın 1472. maddesi uyarınca sigorta şirketi tarafından sigortalısına ödenen tazminatın haksız fiile sebebiyet veren davalıdan rücuan tahsili isteminden kaynaklanmaktadır.

Asliye Hukuk Mahkemesince, uyuşmazlığın TTK'nın 4, 5 ve 19. maddeleri uyarınca ticari dava niteliğinde olduğu gerekçesiyle görevsizlik yönünde hüküm kurmuştur.

Asliye Ticaret Mahkemesi ise, davanın haksız fiile dayalı tazminat davası olduğunu belirterek görevsizlik kararı vermiştir.

TTK m. 1472'de düzenlenen halefiyet, yasal, sınırlı ve cüz'î halefiyet niteliğindedir. Bu maddeden doğan halefiyet hakkına istinaden açılan veya açılacak olan dava, esas itibariyle sigortalının, kendisine zarar verene karşı açacağı tazminat davasının, onun halefi sıfatıyla sigortacı tarafından açılmasıdır. TTK'nın 1472. maddesi uyarınca sigortacı, sigorta bedelini ödedikten sonra hukuken sigorta ettiren yerine geçer ve dava, tazmin ettiği bedel nisbetinde sigortacıya intikal eder. Bu şekilde sigortalısının haklarına halef olan sigorta şirketinin, ödediği tazminat miktarınca hukuken sigortalı yerine geçerek açtığı rücû davası, aslında bir tazminat davası olup, bu niteliği itibariyle aynı zamanda şahsî nitelikte bir eda davasıdır. Burada sigortacı, sigorta ettiren yerine geçtiği için şahsî ve rücûu ödediği bedelle sınırlı olduğundan dolayı da cüz'î haleftir. Sigortacının, sigortalıya ödediği tazminat oranında sigortalının yerine geçeceği ve onun kanunî halefi olacağı, ilke olarak 31.03.1954 gün ve 1953/18 E. - 1954/11 K. sayılı Yargıtay İçtihadı Birleştirme Kararında da belirtilmiştir. 17.01.1972 gün ve 1970/2 E. - 1972/1 K. sayılı Yargıtay İçtihadı Birleştirme Kararında da, sigortacının, zarara sebebiyet veren aleyhinde açtığı rücû davasının, kanundan doğan halefiyete dayandığı ve halef olanın, halefiyet yolu ile nasıl bir hak iktisap etmiş ise, o hakka sahip olacağı vurgulanmış; velhasıl sigorta ettirenin ne hakkı varsa bunların, şartları gerçekleşince sigortacıya geçeceği; sigortacının, sigorta ettirenin bütün def'ilerini üçüncü şahsa karşı ileri sürebileceği ve Borçlar Kanununun 44. maddesine (TBK m. 52) de dayanabileceği; tabiatıyla sigorta ettirenin olayda dava hakkı yoksa, sigortacıya da bu yönde bir hakkın intikal etmeyeceği açıklanmıştır.

Diğer taraftan, Yargıtay İçtihadı Birleştirme Genel Kurulunun 22.03.1944 gün ve 37 Esas ve 9 sayılı Kararına göre de "Sigortacının sigorta poliçesinden münbais olmayıp kanundan aldığı bir salâhiyete istinaden ve haksız fiil sebebiyle alacaklı yerine kaim olarak hareket ettiği dâvada hukuk mahkemesine başvurması gerekir."

Somut olayda davacı vekili, konut sigorta poliçesi ile sigortalı, dava dışı gerçek kişilere ait konutlarda davalı şirkete ait doğalgaz boru hattının patlaması sonucu meydana gelen hasar bedelinin sigortalılara ödendiğini ileri sürerek, ödenen hasar bedelinin davalıdan rücuan tazminini talep etmektedir. Uyuşmazlık haksız fiilden kaynaklanmaktadır. Ancak davacının sigorta şirketi, davalının tacir olmasına göre, ticari dava niteliğindeki uyuşmazlığın ticaret mahkemesinde görülüp sonuçlandırılması gerekmektedir.

SONUÇ: Yukarıda açıklanan nedenlerle; 6100 sayılı HMK'nın 21 ve 22. maddeleri gereğince ... Asliye Ticaret Mahkemesinin YARGI YERİ OLARAK BELİRLENMESİNE 11/11/2015 gününde oy birliğiyle karar verildi.

YORUM

Yargıtay kararında, davacı sigortacının yasal halef sıfatıyla açmış olduğu rücu davasının, haksız eyleme dayandığı saptanmasına karşın, davalının "tacir" olması sebebiyle Ticaret Mahkemesinde görülmesi gerektiği sonucuna varılmıştır.

Haksız eylem olarak nitelenen husus, dava dışı gerçek kişilere ait konutlarda davalı şirkete ait doğalgaz boru hattının patlamasıdır.

- *Yargıtay, zararın "haksız eylemden" doğduğu sonucuna varırken, doğalgaz boru hattının ait olduğu şirket ile, bu doğalgazı kullanan gerçek kişi (sigorta ettiren) arasında sözleşme ilişkisi olmadığını varsaymaktadır.*
- *Yüksek Mahkeme, davacı (sigorta şirketi) ve davalının (doğalgaz firması) her ikisinin de tacir olduğunu ve bu durumda aralarındaki uyuşmazlığın "Ticaret Mahkemesinde" görüleceğini belirtmektedir.*
    - *Yasal haleflik, sigorta ettirene (başkası lehine sigortada sigortalıya) ait tazminat alacağının zararı karşılayan sigortacıya (yaptığı ödeme oranında) yasa gereğince aktarılmış sayılması anlamına gelmektedir.*
    - *Sigortacıya geçen tazminat alacağı, sigorta ettirenin kişiliğinde doğmaktadır. Bu alacak sigorta ettiren tarafından dava konusu yapılsa idi, Ticaret Mahkemesinde görülmesi gerekmeyecek idiyse, sonradan sigortacıya geçince Ticaret Mahkemesinin görevli hale gelmesi fikrimizce uygun bir sonuç değildir.*

Kaldı ki, yukarıda incelediğimiz aynı Yargıtay 20. Hukuk Dairesi'nin 05.11.2015 gün ve E. 2015/9161; K.2015/10578 sayılı kararında sonuç olarak doğru bir yaklaşım benimsenmiş ve "davacı sigorta şirketinin, haleflik ilkesi gereği yerine geçtiği kişiye haksız fiilden dolayı ödediği tazminatın rücuan tazmini isteminden kaynaklanan uyuşmazlığın Asliye Hukuk Mahkemesinde görülüp sonuçlandırılması gerektiğine" hükmedilmişti. Olayda Asliye Ticaret Mahkemesi, davanın haksız fiile dayalı tazminat davası olduğu gerekçesiyle, Asliye Hukuk Mahkemesi ise, tarafların tacir olması nedeniyle görevsizlik kararı vermişti. Diğer bir anlatışla, Yargıtay 20. Hukuk Dairesi'nin 05.11.2015 gün ve E. 2015/9161; K.2015/10578 sayılı kararında "davanın taraflarının tacir olması" ticaret mahkemesinin görevli sayılmasına yeterli görülmemişti. Bundan yalnızca altı gün sonra neden farklı bir karar verildiği ise -en azından karar metnine yansıyan verilerden- anlaşılamamaktadır.

Tacir sıfatına sahip sigorta ettirene kasko sigortası teminatı sağlamış olan sigortacının, başka bir tacire ait aracın çarpması sonucu sigorta ettirenin aracında meydana gelen zararı giderdikten sonra açtığı yasal haleflik hakkına dayalı rücu davasına hangi mahkemede bakılacağı

Yargıtay 20. Hukuk Dairesi

Esas No.: 2015/14296

Karar No.: 2015/11908

Karar tarihi: 26.11.2015

Taraflar arasındaki tazminat hukukuna ilişkin davada İstanbul Anadolu 20. Asliye Ticaret ile İstanbul Anadolu 27. Asliye Hukuk Mahkemelerince ayrı ayrı görevsizlik kararı verilmesi nedeniyle yargı yerinin belirlenmesi için gönderilen dosya içindeki tüm belgeler incelendi, gereği düşünüldü:

Dava, kasko sigorta sözleşmesinden kaynaklanan rücuan tazminat istemine ilişkindir.

Asliye Ticaret Mahkemesince, davanın haksız fiile dayalı tazminat davası olduğu belirtilerek görevsizlik kararı verilmiştir.

Asliye Hukuk Mahkemesi ise, sigortalı ve davalının tacir olduğu gerekçesiyle görevsizlik yönünde hüküm kurulmuştur.

Somut olayda uyuşmazlık 6102 sayılı TTK'nın 1472. maddesi uyarınca, kasko sigorta şirketi tarafından sigortalısına ödenen tazminatın haksız fiile sebebiyet veren davalıdan rücuan tahsili isteminden ibarettir.

Somut olayda uyuşmazlık 6102 sayılı TTK'nın 1472. maddesi uyarınca sigorta şirketi tarafından sigortalısına ödenen tazminatın haksız fiile sebebiyet veren davalıdan rücuan tahsili isteminden ibarettir.

TTK m. 1472'de düzenlenen halefiyet, yasal, sınırlı ve cüz'î halefiyet niteliğindedir. Bu maddeden doğan halefiyet hakkına istinaden açılan veya açılacak olan dava, esas itibariyle sigortalının, kendisine zarar verene karşı açacağı tazminat davasının, onun halefi sıfatıyla sigortacı tarafından açılmasıdır. TTK'nın 1472. maddesi uyarınca sigortacı, sigorta bedelini ödedikten sonra hukuken sigorta ettiren yerine geçer ve dava, tazmin ettiği bedel nisbetinde sigortacıya intikal eder. Bu şekilde sigortalısının haklarına halef olan sigorta şirketinin, ödediği tazminat miktarınca hukuken sigortalı yerine geçerek açtığı rücû davası, aslında bir tazminat davası olup, bu niteliği itibariyle aynı zamanda şahsî nitelikte bir eda davasıdır. Burada sigortacı, sigorta ettiren yerine geçtiği için şahsî ve rücûu ödediği bedelle sınırlı olduğundan dolayı da cüz'î haleftir. Sigortacının, sigortalıya ödediği tazminat oranında sigortalının yerine geçeceği ve onun kanunî halefi olacağı, ilke olarak 31.03.1954 gün ve 1953/18 E. - 1954/11 K. sayılı Yargıtay İçtihadı Birleştirme Kararında da belirtilmiştir. 17.01.1972 tarih ve 1970/2 E. - 1972/1 K. sayılı Yargıtay İçtihadı Birleştirme Kararında da, sigortacının, zarara sebebiyet veren aleyhinde açtığı rücû davasının, kanundan doğan halefiyete dayandığı ve halef olanın, halefiyet yolu ile nasıl bir hak iktisap etmiş ise, o hakka sahip olacağı vurgulanmış; velhasıl sigorta ettirenin ne hakkı varsa bunların, şartları gerçekleşince sigortacıya geçeceği; sigortacının, sigorta ettirenin bütün def'ilerini üçüncü şahsa karşı ileri sürebileceği ve Borçlar Kanununun 44 üncü maddesine (TBK m.52) de dayanabileceği; tabiatıyla sigorta ettirenin olayda dava hakkı yoksa, sigortacıya da bu yönde bir hakkın intikal etmeyeceği açıklanmıştır.

Diğer taraftan, Yargıtay İçtihadı Birleştirme Genel Kurulunun 22.03.1944 tarihli ve 37 E. /9 K. Kararına göre de "Sigortacının sigorta poliçesinden münbais olmayıp kanundan aldığı bir salâhiyete istinaden ve haksız fiil sebebiyle alacaklı yerine kaim olarak hareket ettiği dâvada hukuk mahkemesine başvurması gerekir."

Somut olayda ise davacı sigorta şirketi olup, sigortalının tacir olmasına ve davalı şirketin de tacir sıfatının bulunmasına göre uyuşmazlık tacirler arasında doğan haksız fiilden kaynaklanmaktadır. Bu durumda ticari dava niteliğinde bulunan uyuşmazlığın asliye ticaret mahkemesinde görülüp sonuçlandırılması gerekmektedir.

Yukarıda açıklanan nedenlerle 6100 sayılı HMK'nın 21 ve 22. maddeleri gereğince İstanbul Anadolu 20. Asliye Ticaret Mahkemesinin YARGI YERİ OLARAK BELİRLENMESİNE 26.11.2015 tarihinde oy birliğiyle karar verildi.

YORUM

Yargıtay bu kararında, sigortacının tazminat ödeyerek kendisine yasal halef olduğu sigorta ettirenin ve zarardan sorumlu üçüncü kişinin her ikisinin birden "tacir" sıfatına sahip bulunmasını ve ayrıca davacı sigortacının da tacir olmasını göz önünde tutarak, "tacirler arasındaki haksız eylemden kaynaklanan istemin Ticaret Mahkemesinde görülmesi gerektiğine" hükmetmiştir.

Olayda sigorta ettirenin aracı için kasko sigortası teminatı sağlamış bulunan bir sigorta şirketinin yasal haleflik hakkına dayalı olarak açtığı bir rücu davası söz konusudur. Dava konusu tazminat alacağının haksız eylemden doğduğu belirlenmiştir.

Yargıtay haksız eylemlerden bazılarını (tacirler arasında gerçekleştiği için) ticari nitelikte haksız eylem saymakta ve bunlardan doğan uyuşmazlıkların Ticaret Mahkemelerinin görevine gireceğini kabul etmektedir. Kişisel düşüncemiz, haksız eylemin ticari olan-olmayan biçiminde ayrıma tabi tutulmasının yerinde olmayacağı yönündedir. Tacirler arasındaki bir haksız eylemle ilgili uyuşmazlığın TTK(4)(1) anlamında "her iki tarafın da ticari işletmesiyle ilgili bir husustan doğmuş dava" sayılması amacı aşan bir yorumdur. Bir şirkete ait araç, bir derneğe ait araca çarptığı zaman Asliye Hukuk Mahkemesinin, bir başka şirkete ait araca çarptığı zaman Ticaret Mahkemesinin görevli sayılması yapay bir ayrıma dayanan bir çözümdür. Her iki tacirin de ticari işletmesiyle ilgili husus kavramını hukuksal işlemlerle sınırlı şekilde dar anlamak daha doğrudur.

(Yukarıda Yargıtay 20. Hukuk Dairesi'nin 05.11.2015 gün ve E. 2015/9161; K.2015/10578 sayılı kararı altındaki açıklamalarımıza bkz.).

Davacı sigortacının kasko sigortası kapsamında sigorta ettirenin zararını giderdikten sonra çarpan aracın sürücüsü ve araç işleteninin sorumluluk sigortacısına karşı açtığı yasal haleflik hakkına dayalı rücu davasına hangi mahkemede bakılacağı

Yargıtay 20. Hukuk Dairesi

Esas No.: 2015/13424

Karar No.: 2015/12621

Karar tarihi: 15.12.2015

Taraflar arasındaki davada, İstanbul 14. Asliye Ticaret Mahkemesi ve İstanbul 14. Asliye Hukuk Mahkemesince ayrı ayrı görevsizlik kararı verilmesi nedeni ile yargı yerinin belirlenmesi için gönderilen dosya içindeki tüm belgeler incelendi, gereği düşünüldü:

Dava, kasko sigorta şirketince, sigortalısına ödenen, sigorta bedelinin rücuan tazmini istemine ilişkindir.

Asliye Ticaret Mahkemesince, taraflar arasındaki uyuşmazlığın haksız fiilden kaynaklandığı gerekçesi ile görevsizlik yönünde hüküm kurulmuştur.

Asliye Hukuk Mahkemesi ise, tarafların tacir olduğu ve uyuşmazlığın iki tarafın ticari işletmesini ilgilendiren hususlardan kaynaklandığı gerekçesi ile karşı görevsizlik yönünde hüküm kurmuştur.

Dava tarihi itibariyle yürürlükte bulunan 6102 sayılı Türk Ticaret Kanununun 4. maddesinde, bu kanundan doğan hukuk davalarının ticari dava sayıldığı, aynı Kanunun 5. maddesinin ikinci fıkrasında, bir yerde ticaret mahkemesi varsa asliye hukuk mahkemesinin vazifesi içinde bulunan ve bu kanunun 4. maddesi hükmünce ticari sayılan davalara ticaret mahkemesinde bakılacağı hususları düzenlenmiştir.

6102 sayılı Türk Ticaret Kanununun 4/1. maddesinde her iki tarafın da ticari işletmesiyle ilgili hususlardan doğan hukuk davaları ve çekişmesiz yargı işlerinin ticari dava ve ticari nitelikte çekişmesiz yargı işi sayılacağı hüküm altına alınmıştır. Buna göre bir uyuşmazlığın ticari nitelikte olabilmesi için, her iki tarafın da ticari işletmesini ilgilendirmesi yahut aynı maddenin alt bentlerinde düzenlenen istisnalardan birine dahil olması gerekmektedir.

Somut olayda uyuşmazlık, 6102 sayılı TTK'nın 1472. maddesi uyarınca, kasko sigorta şirketi tarafından sigortalısına ödenen tazminatın haksız fiile sebebiyet verdiğini iddia ettiği aracın sürücüsü ve zorunlu mali mesuliyet sigortacısından rücuan tahsili isteminden ibarettir.

TTK m. 1472'de düzenlenen halefiyet, yasal, sınırlı ve cüz'î halefiyet niteliğindedir. Bu maddeden doğan halefiyet hakkına istinaden açılan veya açılacak olan dava, esas itibariyle sigortalının, kendisine zarar verene karşı açacağı tazminat davasının, onun halefi sıfatıyla sigortacı tarafından açılmasıdır. TTK'nın 1472. maddesi uyarınca sigortacı, sigorta bedelini ödedikten sonra hukuken sigorta ettiren yerine geçer ve dava, tazmin ettiği bedel nisbetinde sigortacıya intikal eder. Bu şekilde sigortalısının haklarına halef olan sigorta şirketinin, ödediği tazminat miktarınca hukuken sigortalı yerine geçerek açtığı rücû davası, aslında bir tazminat davası olup, bu niteliği itibariyle aynı zamanda şahsî nitelikte bir eda davasıdır. Burada sigortacı, sigorta ettiren yerine geçtiği için şahsî ve rücûu ödediği bedelle sınırlı olduğundan dolayı da cüz'î haleftir. Sigortacının, sigortalıya ödediği tazminat oranında sigortalının yerine geçeceği ve onun kanunî halefi olacağı, ilke olarak 31.03.1954 gün ve 1953/18 E. - 1954/11 K. sayılı Yargıtay İçtihadı Birleştirme Kararında da belirtilmiştir. 17.01.1972 tarih ve 1970/2 E. -1972/1 K. sayılı Yargıtay İçtihadı Birleştirme Kararında da, sigortacının, zarara sebebiyet veren aleyhinde açtığı rücûu davasının, kanundan doğan halefiyete dayandığı ve halef olanın, halefiyet yolu ile nasıl bir hak iktisap etmiş ise, o hakka sahip olacağı vurgulanmış; velhasıl sigorta ettirenin ne hakkı varsa bunların, şartları gerçekleşince sigortacıya geçeceği; sigortacının, sigorta ettirenin bütün def'ilerini üçüncü şahsa karşı ileri sürebileceği ve Borçlar Kanununun 44. maddesine (TBK m. 52)'de dayanabileceği; tabiatıyla sigorta ettirenin olayda dava hakkı yoksa, sigortacıya da bu yönde bir hakkın intikal etmeyeceği açıklanmıştır.

Diğer taraftan, Yargıtay İçtihadı Birleştirme Genel Kurulunun 22.03.1944 tarihli ve 37 E. - 9 K. sayılı kararına göre de "Sigortacının sigorta poliçesinden münbais olmayıp kanundan aldığı bir salâhiyete istinaden ve haksız fiil sebebiyle alacaklı yerine kaim olarak hareket ettiği dâvada hukuk mahkemesine başvurması gerekir." Ancak, davalı zorunlu mali mesuliyet sigorta şirketi olup, aralarındaki uyuşmazlık sigorta hukukundan kaynaklanmaktadır. Bu durumda uyuşmazlığın asliye ticaret mahkemesinde görülüp sonuçlandırılması gerekmektedir.

SONUÇ: Yukarıda açıklanan nedenlerle; 6100 sayılı HMK'nın 21 ve 22. maddeleri gereğince İstanbul 14. Asliye Ticaret Mahkemesinin YARGI YERİ OLARAK BELİRLENMESİNE 15/12/2015 gününde oy birliğiyle karar verildi.

YORUM

Bu kararda Yargıtay, davacı sigorta şirketinin, gerçekleşen riziko (trafik kazası) dolayısıyla sigorta ettirene tazminat ödedikten sonra, yasal haleflik hakkına dayalı olarak zarara sebep olan aracın sürücüsü ve sorumluluk sigortacısına karşı açtığı rücu davasında, davalılar arasında bir sigorta şirketinin de bulunması halinde davanın Ticaret Mahkemesinde görülmesi gerektiğine hükmetmiştir.

Yüksek Mahkeme,

- *Davalının zorunlu trafik sigortacısı olduğunu*
- *Davacı ile aralarındaki uyuşmazlığın sigorta hukukundan kaynaklandığını*
- *Bu durumda davaya Ticaret Mahkemesinin bakması gerektiğini*

belirtmiştir.

Bu gerekçeye katılmamaktayız. Yasal haleflik hakkı uyarınca açılan rücu davası, sigortacının kendisine halef olduğu sigorta ettirenin zarardan sorumlu kişiye yönelik (daha sonra davacı sigortacıya geçen) tazminat alacağı hangi sebepten kaynaklanmakta ise, aynı sebebe dayanacaktır.

Yol kusuru (yolun üzerinde su birikmiş olması) sebebiyle açılan davanın yönetsel yargıda mı yoksa adli yargıda mı görüleceği

Yargıtay 17. Hukuk Dairesi

Esas No.: 2015/17930

Karar No.: 2015/14915

Karar tarihi: 23.12.2015

Taraflar arasındaki rücuan tazminat davasının yapılan yargılaması sonunda; kararda yazılı nedenlerle dava şartı yokluğundan davanın reddine dair verilen kararın süresi içerisinde davacı vekili tarafından temyiz edilmesi üzerine dosya incelendi, gereği düşünüldü.

Davacı vekili, müvekkiline kasko sigortalı aracın, yol üzerindeki su birikintisi nedeniyle direksiyon hakimiyetinin kaybedilmesi sonucu kaza yaparak hasarlandığını, müvekkili tarafından sigortalıya 8.821,00 TL hasar bedelinin ödendiğini, kazanın meydana gelmesinden davalı Kurumun sorumlu olduğunu belirterek 8.821,00 TL tazminatın davalıdan tahsili için başlatmış olduğu icra takibine vaki itirazın iptaliyle, davalının %20 den az olmamak üzere icra inkar tazminatı ödemesine karar verilmesini talep etmiştir.

Davalı vekili, davanın reddini savunmuştur.

Mahkemece, tam yargı davasına konu olabilecek bir alacağın icra takibine konu edilebileceğinin kabulü halinde tam yargı davasına konu olabilecek her türlü alacağın itirazın iptali yolu ile adli yargı önüne taşınacağı, bu nedenle adli yargıda dava edilmesi mümkün olmayan bir alacağın icra takibine de konu edilemeyeceği sonuç ve kanaatine varılmakla geçerli bir icra takibi bulunmaması nedeni ile davanın dava şartı yokluğundan reddine karar verilmiş; hüküm, davacı vekili tarafından temyiz edilmiştir.

Dava, 6762 sayılı TTK.'nun 1301. maddesinden (6102 sayılı TTK'nun 1472. maddesi) kaynaklanan rücuan tazminatın tahsiline dair yapılan icra takibine vaki itirazın iptali istemine ilişkindir.

Davacıya kasko sigortalı aracın, yol üzerindeki su birikintisinin neden olduğu tek taraflı kaza sonucu hasarlandığı iddiasıyla davalı özel hukuk tüzel kişisi aleyhine açılan icra takibine vaki itirazın iptaline dair davada mahkemece, tam yargı davasına konu olabilecek bir alacağın icra takibine konu edilebileceğinin kabulü halinde tam yargı davasına konu olabilecek her türlü alacağın itirazın iptali yolu ile adli yargı önüne taşınacağı, bu nedenle adli yargıda dava edilmesi mümkün olmayan bir alacağın icra takibine de konu edilemeyeceği sonuç ve kanaatine varılmakla geçerli bir icra takibi bulunmaması nedeni ile davanın dava şartı yokluğundan reddine karar verilmiş ise de, davalı özel hukuk tüzel kişisi olup, verdikleri iddia olunan zararlardan dolayı oluşan sorumlulukları özel hukuk hükümlerine tabidir. Özel hukuk tüzel kişilerinin verdikleri zararlar niteliği itibariyle hizmet kusurundan kaynaklanan zararlar olmayıp, bu zararların tazmini amacıyla anılan özel hukuk tüzel kişilerine karşı adli yargı yerinde tazminat davası ikame edilmesi gerekmektedir. O halde mahkemece, davalı aleyhine açılan bu davada idari yargının yargı yolu bakımından görevsiz bulunması nedeniyle davaya devam ederek esastan inceleme yapması gerekirken, yazılı olduğu şekilde davanın dava şartı yokluğundan reddine karar verilmesi yerinde görülmemiştir.

SONUÇ: Yukarıda açıklanan nedenlerle davacı vekilinin temyiz itirazlarının kabulü ile hükmün BOZULMASINA,

23/12/2015 gününde oybirliğiyle karar verildi.

YORUM

Davacı sigortacının sigorta ettireni, karayolu üzerindeki su birikintisi yüzünden direksiyon hakimiyetini yitirerek tek taraflı kaza yapmış ve kasko sigortacısı ona tazminat ödemiştir.

Böylece sigorta ettirene yasal halef olan sigortacı, yolun kazaya yol açan durumu sebebiyle sorumlu olduğu savıyla davalı aleyhine icra takibi başlatmış; itiraz üzerine de itirazın iptalini dava etmiştir.

İlk derece mahkemesi, "tam yargı davasına konu olabilecek bir alacak için icra takibi yapılabileceğinin kabul edilmesi halinde tam yargı davasına konu olabilecek her türlü alacağın itirazın iptali yolu ile adli yargı önüne taşınacağı; bu nedenle adli yargıda dava edilmesine imkân olmayan bir alacağın icra takibine de konu edilemeyeceği" gerekçesiyle davayı reddetmiştir.

Yargıtay, aşağıdaki gerekçelerle bu kararı bozmuştur:

- *Davalı özel hukuk tüzel kişisidir ve sebep olduğu öne sürülen zararlardan dolayı sorumluluğu özel hukuk hükümlerine tabidir.*
- *Özel hukuk tüzel kişilerinin verdikleri zararlar niteliği itibariyle hizmet kusurundan kaynaklanan zararlar değildir.*
- *Bu zararların tazmini amacıyla özel hukuk tüzel kişisine karşı adli yargı yerinde tazminat davası açılması gerekmektedir.*
- *Bu davada idari yargının yargı yolu bakımından görevsiz bulunması nedeniyle davaya devam edilmesi lazımdır. Davanın dava şartı yokluğundan reddine karar verilmesi yerinde görülemez.*

Kanımızca Yargıtay'ın bu değerlendirmeleri yerindedir. Yalnızca hizmet kusurunun söz konusu olmayacağı değerlendirmesinin tartışmaya açık olduğunu vurgulayalım. Eğer davalının sorumluluğunun haksız eylemden ileri geldiği ve bunun TBK m.49 fk.1 uyarınca sorumluluğa yol açacağı kabul edilirse, TBK m.49 fk.1'deki kusurun "hizmet kusuru ile bir tutulması" gerekip gerekmeyeceği belirlenmelidir. (Sorumluluğun TBK m.66'da öngörülen adam çalıştıranın sorumluluğu veya TBK m.69'daki yapı malikinin sorumluluğu veya TBK m.71'deki tehlike sorumluluğu hakkındaki hükümlerden biri uyarınca söz konusu olup olmayacağı da incelenmesi lazım gelen konulardır).

Sigortacının yasal halef sıfatıyla açtığı dava, zarardan sorumlu olan kişiye değil de bir başkasına yöneltilmişse, davanın hangi gerekçeyle reddi gerektiği

Yargıtay 17. Hukuk Dairesi

Esas No.: 2015/19066

Karar No.: 2016/723

Karar tarihi: 21.01.2016

Davacı vekili; müvekkiline işyeri sigorta poliçesiyle sigortalı işyerinde AVM hattı dükkan girişindeki su borusunun patlaması nedeniyle hasar meydana geldiğini, davalı şirketin gerekli dikkat ve özeni göstermeyerek sigortalı işyerinde borunun patlamasına neden olduğunu, hasar nedeniyle sigortalıya ödeme yapıldığını belirterek fazlaya ilişkin hakları saklı kalmak kaydıyla 24.632,91 TL'nin ödeme tarihinden itibaren işleyecek avans faiziyle birlikte davalıdan tahsilini talep etmiştir.

Davalı vekili; davada taraf ehliyetlerinin olmadığını, 634 sayılı Kat Mülkiyeti Kanunu'na göre profesyonel yöneticilik görevini ifa ettiklerini, malik sıfatları bulunmadığını, bağımsız bölümlerin bakım veya onarımlarıyla ilgili görevlerinin olmadığını, sigortalı işyerinde bulunan klimaların başka bir firma tarafından bakımları yapılırken su borusuna zarar verildiğini ve herhangi bir kusurlarının bulunmadığını belirterek davanın reddini talep etmiştir.

Mahkemece; iddia, savunma ve toplanan delillere göre; davanın zarara sebebiyet veren kat maliki hakkında açılması gerektiği gerekçesiyle dava şartı yokluğundan davanın reddine karar verilmiş; hüküm, davacı vekili tarafından temyiz edilmiştir.

Dava, işyeri sigortası sözleşmesinden kaynaklanan rücuen tazminat istemine ilişkindir.

6102 sayılı Türk Ticaret Kanunu'nun 1472. maddesinde sigortacının, sigorta tazminatını ödediğinde, hukuken sigortalının yerine geçeceği, sigortalının, gerçekleşen zarardan dolayı sorumlulara karşı dava hakkı varsa bu hakkın, tazmin ettiği bedel kadar, sigortacıya intikal edeceği hüküm altına alınmıştır. Kanunun açık lafzı gereğince zararı ödeyen sigortacı ancak sigortalının sorumlulara karşı dava hakkı bulunması halinde zarar sorumlularına karşı rücu talebinde bulunabilir.

Somut olayda, sigortalı işyerinde bulunan klimaların bakımı yapılırken işyerinin tavanından geçen fan coil borusunun patlaması neticesinde işyerinde hasar meydana gelmiştir. Bu nedenle zararın meydana gelmesinde davalının sorumluluğu bulunmayıp sigortalının davalıya dava açma hakkı yoktur. Sigortalının dava hakkı olmadığından zararı ödeyen sigortacının da halefiyet yoluyla dava açma hakkı bulunmamaktadır.

Bu durumda mahkemece, 6102 sayılı Türk Ticaret Kanunu gereğince rücu şartlarının oluşmaması nedeniyle davanın reddine karar verilmesi gerekirken yazılı şekilde davanın reddine karar verilmiş olması doğru olmasa da verilen karar sonuç itibariyle doğrudur. Mahkemece verilen karar sonuç itibariyle doğru olduğundan hükmün, gerekçesi değiştirilerek yukarıda açıklanan gerekçeyle düzeltilmek suretiyle onanmasına karar verilmesi gerekmiştir.

Dosya içerisindeki bilgi ve belgelere, mahkeme kararının gerekçesinde dayanılan delillerin tartışılıp, değerlendirilmesinde usul ve yasaya aykırı bir yön bulunmamasına göre, davacı vekilinin yerinde görülmeyen bütün temyiz itirazlarının reddiyle usul ve kanuna uygun bulunan hükmün yukarıda açıklanan gerekçeyle düzeltilerek ONANMASINA 21.01.2016 gününde oybirliğiyle karar verildi.

YORUM

Bu kararda Yargıtay ilk derece mahkemesi tarafından verilen davanın reddine ilişkin kararı "düzelterek" onamıştır.

İlk derece mahkemesi, karardan anlaşılabildiğine göre, Kat Mülkiyeti Kanunu (KMK)uyarınca profesyonel yönetici olarak atanmış bulunan kişi aleyhine dava açılmasının doğru olmadığı, davanın (boru patlaması sonucu) zarara sebep olan sebep kat malikine yöneltilmiş olması gerektiği gerekçesiyle ret kararı vermiştir.

Yüksek Mahkeme ise,

- *Somut olayda, sigortalı işyerinde bulunan klimaların bakımı yapılırken işyerinin tavanından geçen "fan coil" borusunun patlaması neticesinde işyerinde hasar meydana geldiğini ("Fan coil", içerisine sıcak su aldığı zaman sıcak, soğuk su aldığı zaman soğuk üfleyen bir cihaz olarak tanımlanmaktadır)*
- *Bu zararın oluşmasında davalının sorumluluğu bulunmadığını*
- *Sigortalının davalıya dava açma hakkı bulunmadığını*
- *Sigortalının dava hakkı olmadığı için zararı ödeyen sigortacının da yasal halef sıfatıyla dava açma hakkından söz edilemeyeceğini*
- *Bu durumda mahkemece, yasal halefliğe dayalı rücu şartlarının oluşmaması nedeniyle davanın reddine karar verilmesi gerektiğini*
- *Fakat, verilen kararın sonuç olarak doğru olduğunu*
- *Bu sebeple hükmün, gerekçesi değiştirilip "düzeltilerek" onanmasına karar verildiğini*

belirtmiştir.

Anlaşıldığına göre, Yargıtay davanın "yanlış kişiye (hasma) karşı açılmış olması" nedeniyle değil, "yasal haleflik koşullarının gerçekleşmediği" gerekçesiyle reddi gerektiği sonucuna varmıştır.

- *Kanımızca eğer üçüncü bir kişi, meydana gelen zarar dolayısıyla sigorta ettirene karşı sorumlu tutulabilmekte ise, (yasal halefliğin gerçekleşmesine sigorta hukukunda aranan koşullar bakımından bir engel bulunmadığı takdirde) sigortacı sigorta ettirene halef olacak, tazminat isteme hakkı yasa gereği kendisine geçmiş bulunacaktır.*
- *Sigortacının yasal haleflik yoluyla kendisine geçen hakka dayanarak doğru (gerçekte sorumlu olan) kişiyi değil de başka bir kişiyi dava etmesi farklı bir husustur.*
- *Nitekim başka (sorumlu olmayan) bir kişiye karşı açılan dava reddedildiğinde, eğer zamanaşımı veya hak düşürücü süre bakımından bir engel yoksa, sigortacı asıl sorumlu kişiyi yasal halef sıfatıyla dava edebilir ve ondan tazminat alabilir. Bir hakka sahip olmak ile, o hakkı doğru kullanmak farklı hususlardır.*
- *Kararda Yüksek Mahkeme'nin sonuç olarak hangi hususu "düzelterek onadığı" ise netleştirilememektedir.*

Kat mülkiyetine tabi binada bulunan su giderinin tıkanması sebebiyle apartman yöneticisi aleyhine açılan davanın dayanağı

Yargıtay 20. Hukuk Dairesi

Esas No.: 2015/12588

Karar No.: 2016/893

Karar tarihi: 26.01.2016

Dava, apartman yönetiminin sorumluluğunda olan giderin tıkanması nedeniyle davacı sigorta şirketine sigortalı bulunan daireyi pis suyun basması ve dairenin hasar görmesi sonucu sigortalıya ödenen hasar bedelinin davalıdan rücuan tahsili istemine ilişkindir.

Asliye Hukuk Mahkemesince, uyuşmazlığın sigorta sözleşmesinden kaynaklandığı gerekçesiyle görevsizlik yönünde hüküm kurulmuştur.

Asliye Ticaret Mahkemesi ise, uyuşmazlığın, sigorta şirketi tarafından sigortalısına ödenen tazminatın zarara sebebiyet veren davalıdan rücuan tahsili isteminden kaynaklandığı, davalı tacir olmadığı gibi, sigortacının sorumlu kişi aleyhine açtığı davanın da sigorta poliçesinden doğan bir dava olmadığı gerekçesiyle görevsizlik kararı vermiştir.

Somut olayda uyuşmazlık 6102 sayılı TTK'nın 1472. maddesi uyarınca sigorta şirketi tarafından sigortalısına ödenen tazminatın haksız fiile (giderin tıkanması nedeniyle daireyi pis suyun basmasına) sebebiyet veren davalı apartman yönetiminden rücuan tahsili isteminden kaynaklanmaktadır.

TTK m. 1472'de düzenlenen halefiyet, yasal, sınırlı ve cüz'î halefiyet niteliğindedir. Bu maddeden doğan halefiyet hakkına istinaden açılacak olan dava, esas itibariyle sigortalının, kendisine zarar verene karşı açacağı tazminat davasının, onun halefi sıfatıyla sigortacı tarafından açılmasıdır. TTK'nın 1472. maddesi uyarınca sigortacı, sigorta bedelini ödedikten sonra hukuken sigorta ettiren yerine geçer ve dava, tazmin ettiği bedel nispetinde sigortacıya intikal eder. Bu şekilde sigortalısının haklarına halef olan sigorta şirketinin, ödediği tazminat miktarınca hukuken sigortalı yerine geçerek açtığı rücû davası, aslında bir tazminat davası olup, aynı zamanda şahsî nitelikte bir eda davasıdır. Burada sigortacı, sigorta ettiren yerine geçtiği için şahsî ve rücûu ödediği bedelle sınırlı olduğundan dolayı da cüz'î haleftir. Sigortacının, sigortalıya ödediği tazminat oranında sigortalının yerine geçeceği ve onun kanunî halefi olacağı, ilke olarak 31.03.1954 gün ve 1953/18 E - 1954/11 K. sayılı Yargıtay İçtihadı Birleştirme Kararında da belirtilmiştir. 17.01.1972 gün ve 1970/2 E - 1972/1 K. sayılı Yargıtay İçtihadı Birleştirme Kararında da, sigortacının, zarara sebebiyet veren aleyhinde açtığı rücû davasının, kanundan doğan halefiyete dayandığı ve halef olanın, halefiyet yolu ile nasıl bir hak iktisap etmiş ise, o hakka sahip olacağı vurgulanmış; sigorta ettirenin ne hakkı varsa bunların, şartları gerçekleşince sigortacıya geçeceği; sigortacının, sigorta ettirenin bütün def'ilerini üçüncü şahsa karşı ileri sürebileceği ve Borçlar Kanununun 44. maddesine (TBK m. 52) de dayanabileceği; sigorta ettirenin olayda dava hakkı yoksa, sigortacıya da bu yönde bir hakkın intikal etmeyeceği açıklanmıştır.

Diğer taraftan, Yargıtay İçtihadı Birleştirme Genel Kurulunun 22.03.1944 gün ve 37 E.-9 K. sayılı kararına göre de "Sigortacının sigorta poliçesinden münbais olmayıp kanundan aldığı bir salâhiyete istinaden ve haksız fiil sebebiyle alacaklı yerine kaim olarak hareket ettiği dâvada hukuk mahkemesine başvurması gerekir."

Bu haliyle davacı ve davalı arasında sigorta ilişkisi bulunmadığı, uyuşmazlığın 634 sayılı Kat Mülkiyeti Kanunundan doğmadığı, haksız fiile dayalı tazminat davası olduğu anlaşıldığından, davanın genel hükümler çerçevesinde asliye hukuk mahkemesinde görülüp sonuçlandırılması gerekmektedir.

Yukarıda açıklanan nedenlerle; 6100 sayılı HMK'nın 21 ve 22. maddeleri gereğince Ankara 20. Asliye Hukuk Mahkemesinin YARGI YERİ OLARAK BELİRLENMESİNE 26/01/2016 gününde oy birliğiyle karar verildi.

YORUM

Yargıtay, sigorta ettirenine gerçekleşen riziko (dahili su hasarı) dolayısıyla sigorta tazminatı ödeyen sigortacının, sigorta konusu konutun içinde bulunduğu apartmanın yönetimi aleyhine açmış olduğu yasal halefliğe dayalı rücu davasının

- *Kat Mülkiyeti Kanunu'ndan kaynaklanmadığı*
- *Haksız eylem nedeniyle sorumluluğa dayandığı*

gerekçesiyle, Asliye Hukuk Mahkemesi'nde görülmesi gerektiğini hükme bağlamıştır.

Apartman yöneticisinin kat maliklerine karşı sorumluluğu Kat Mülkiyeti Kanunu'nda (KMK) düzenlenmiştir. KMK m.38 uyarınca "Yönetici, kat maliklerine karşı aynen bir vekil gibi sorumludur". Öte yandan KMK Ek Madde 1, bu kanunun uygulanmasından doğacak her türlü anlaşmazlığın sulh mahkemelerinde çözümleneceğini öngörmüştür. Bu durumda zarar gören kat maliki olduğu takdirde, sulh hukuk mahkemesinin görevli olduğu sonucu çıkmaktadır.

Sigortacının yasal haleflik hakkına dayanarak açtığı kat mülkiyetine tabi binada bulunan bir bağımsız bölümden su sızması nedeniyle oluşan zararın tazmini davasının hangi mahkemede görüleceği

Yargıtay 20. Hukuk Dairesi

Esas No.: 2016/473

Karar No.: 2016/1405

Karar tarihi: 10.02.2016

Dava, konut sigorta poliçesinden kaynaklanan rücuan tazminat istemine ilişkindir.

Körfez Sulh Hukuk Mahkemesince ise, uyuşmazlığın haksız fiilden kaynaklandığı gerekçesiyle görevsizlik kararı verilmiştir.

Körfez 1. Asliye Hukuk Mahkemesince, davaya konu taşınmaz üzerinde kat mülkiyetinin kurulu olduğu gerekçesiyle görevsizlik yönünde hüküm kurulmuştur.

Somut olayda, sigortalının halefi olan davacı sigorta şirketi, davalının konutundan gelen su sızıntısı nedeniyle oluşan zararın rücuan tahsilini talep etmekte olup, bu şekilde uyuşmazlığın haksız fiilden kaynaklandığı anlaşılmakla, asliye hukuk mahkemesinde görülmesi gerekmektedir.

SONUÇ: Yukarıda açıklanan nedenlerle; 6100 sayılı HMK'nın 21 ve 22. maddeleri gereğince Körfez 1. Asliye Hukuk Mahkemesinin YARGI YERİ OLARAK BELİRLENMESİNE 10/02/2016 gününde oy birliğiyle karar verildi.

YORUM

Bu kararda Yargıtay, kat mülkiyetine tabi bir taşınmazda, bir bağımsız bölümden sızan suların diğer bir bağımsız bölüme zarar vermesinden kaynaklanan (yasal haleflik hakkı uyarınca zarar gören sigorta ettirene tazminat ödeyip hukuken onun yerini almış olan sigortacı tarafından açılmış bulunan) davayı "haksız eylemden kaynaklanan dava" olarak nitelemiş ve Asliye Hukuk Mahkemesi'nin görevine dahil saymıştır.

Davanın Kat Mülkiyeti Kanunu'ndan (KMK) doğmadığı kabul edilmiştir.

Ancak, eğer sigortacının tazmin ettiği zararın KMK m.18 uyarınca davalı kat malikinin sorumluluğuna yol açacağı kabul edilirse, davayı KMK'dan kaynaklanmış saymak ve sulh mahkemesinin görevli olacağını düşünmek mümkündür. Kat Maliklerinin Borçları" ile ilgili genel ilkeyi içeren KMK m.18 şöyledir:

"Kat malikleri, gerek bağımsız bölümlerini, gerek eklentileri ve ortak yerleri kullanırken doğruluk kaidelerine uymak, özellikle birbirini rahatsız etmemek, birbirinin haklarını çiğnememek ve yönetim planı hükümlerine uymakla, karşılıklı olarak yükümlüdürler.

Bu kanunda kat maliklerinin borçlarına dair olan hükümler, bağımsız bölümlerdeki kiracılara ve oturma (sükna) hakkı sahiplerine veya bu bölümlerden herhangi bir suretle devamlı olarak faydalananlara da uygulanır; bu borçları yerine getirmeyenler kat malikleriyle birlikte, müteselsil olarak sorumlu olur."

Yangın dolayısıyla sorumlu kişilere karşı yangından kaynaklanan zararı ödeyen sigortacının yasal halef sıfatıyla açtığı davanın hangi mahkemede görülmesi gerektiği

Yargıtay 20. Hukuk Dairesi

Esas No.: 2015/15896

Karar No.: 2016/1421

Karar tarihi: 10.02.2016

Dava, sigorta şirketi tarafından geniş kapsamlı ev paket sigorta sözleşmesi ile sigorta teminatı altına alınan dava dışı ... ...'e ait evin davalıların kusuruyla çıkan yangında zarar görmesi nedeniyle sigorta şirketi tarafından sigortalısına ödenen tazminatın bedeli ile ilgili olarak, sigorta şirketinin halefiyet hakkını kullanarak davalılardan rucüan tahsili istemine ilişkindir.

İzmir 6. Asliye Hukuk Mahkemesi, uyuşmazlığın TTK'nın 1472. maddesi hükümleri uyarınca rücu alacağına ilişkin olduğu bu nedenle de görevli mahkemenin asliye ticaret mahkemeleri olduğu gerekçesiyle görevsizlik kararı vermiştir.

İzmir 5. Asliye Ticaret Mahkemesi ise, davanın sigortalı kimsenin sorumlu kişiye karşı açmış olduğu dava gibi olduğu, sigorta şirketi tarafından halefiyet esasına göre açılan görülmekte olan davanın asliye hukuk mahkemesinde sonuçlandırılması gerektiği gerekçesiyle görevsizlik kararı vermiştir.

Somut olayda uyuşmazlık, 6102 sayılı Türk Ticaret Kanununun 1472/1. maddesi uyarınca, sigorta şirketi tarafından sigortalısına ödenen tazminatın, kusurlu olan davalıdan rücuan tahsiline ilişkindir. TTK m. 1472/1'de düzenlenen halefiyet, yasal, sınırlı ve cüz'î halefiyet niteliğindedir. Bu maddeden doğan halefiyet hakkına istinaden açılan veya açılacak olan dava, esas itibariyle sigortalının, kendisine zarar verene karşı açacağı tazminat davasının, onun halefi sıfatıyla sigortacı tarafından açılmasıdır. TTK'nın 1472/1. maddesi uyarınca sigortacı, sigorta bedelini ödedikten sonra hukuken sigorta ettiren yerine geçer ve dava, tazmin ettiği bedel nisbetinde sigortacıya intikal eder. Bu şekilde sigortalısının haklarına halef olan sigorta şirketinin, ödediği tazminat miktarınca hukuken sigortalı yerine geçerek açtığı rücû davası, aslında bir tazminat davası olup, bu niteliği itibariyle aynı zamanda şahsî nitelikte bir eda davasıdır. Burada sigortacı, sigorta ettiren yerine geçtiği için şahsî ve rücûu ödediği bedelle sınırlı olduğundan dolayı da cüz'î haleftir. Sigortacının, sigortalıya ödediği tazminat oranında sigortalının yerine geçeceği ve onun kanunî halefi olacağı, ilke olarak 31.03.1954 gün ve 1953/18 E. - 1954/11 K. sayılı Yargıtay İçtihadı Birleştirme Kararında da belirtilmiştir. 17.01.1972 tarih ve 1970/2 E. - 1972/1 K. sayılı Yargıtay İçtihadı Birleştirme Kararında da, sigortacının, zarara sebebiyet veren aleyhinde açtığı rücû davasının, kanundan doğan halefiyete dayandığı ve halef olanın, halefiyet yolu ile nasıl bir hak iktisap etmiş ise, o hakka sahip olacağı vurgulanmış; velhasıl sigorta ettirenin ne hakkı varsa bunların, şartları gerçekleşince sigortacıya geçeceği; sigortacının, sigorta ettirenin bütün def'ilerini üçüncü şahsa karşı ileri sürebileceği gibi eylemin haksız fiilden kaynaklandığı açıktır.

Somut olayda, sigortalının halefi olan davacı sigorta şirketi, davalıların kusuru nedeniyle oluşan zararın rücuan tahsilini talep etmekte olup, bu şekilde uyuşmazlığın haksız fiilden kaynaklandığı, davalıların tacir sıfatının bulunmadığı anlaşılmakla asliye hukuk mahkemesinde görülmesi gerekmektedir.

Yukarıda açıklanan nedenlerle; 6100 sayılı HMK'nın 21 ve 22. maddeleri gereğince İzmir 6. Asliye Hukuk Mahkemesinin YARGI YERİ OLARAK BELİRLENMESİNE 10/02/2016 gününde oy birliğiyle karar verildi.

YORUM

Yargıtay kararı, sigorta ettirenin konutunu yangın sigortası ile sigorta güvencesi altına almış olan sigortacının, gerçekleşen yangın rizikosu dolayısıyla sigorta tazminatını ödedikten sonra, zarardan sorumlu olan kusurlu üçüncü kişilere karşı yasal halefliğe dayalı olarak açtığı rücu davasına ilişkindir.

Asliye Hukuk Mahkemesi uyuşmazlığın TTK 1472'de hükme bağlanan yasal haleflik hakkına dayandığı ve görevli mahkemenin Ticaret Mahkemesi olduğu gerekçesiyle;

Asliye Ticaret Mahkemesi ise, davanın sigorta ettiren tarafından sorumlu kişiye karşı açılmış dava gibi olduğu gerekçesiyle Asliye Hukuk Mahkemesinde sonuçlandırılması gerektiği gerekçesiyle görevsizlik kararı vermiştir.

Yargıtay, "uyuşmazlığın haksız fiilden kaynaklandığını ve davalıların tacir sıfatının bulunmadığını" belirterek Asliye Hukuk Mahkemesi'nin görevli olduğuna hükmetmiştir.

Şunları söyleyebiliriz:

- *Sigortacının yasal haleflik hakkına dayalı olarak açtığı rücu davaları, yasal haleflik kurumu TTK'nda hükme bağlanmış olmakla birlikte, TTK'da düzenlenmiş olan bir husustan kaynaklanan dava niteliğinde sayılmamalıdır.*
- *Yasal halefliğin gerçekleşmesi (sigorta ettirenin zarardan sorumlu üçüncü kişiye karşı sahip bulunduğu tazminat isteme hakkının o zararı karşılamak için sigorta ettirene sigorta tazminatını ödeyen sigortacıya yasa gereğince geçmesi) sigortacı tarafından sorumlu kişilere rücu davası açılabilmesi için zorunludur.*
- *Ancak bunun sigorta hukukuna ilişkin koşulları (sigorta tazminatının ödenmesi ve bazılarına göre bu ödemenin geçerli bir sigorta sözleşmesi uyarınca sigortacı aleyhine doğan edim borcunun ifası amacıyla yapılmış olması) mevcut olmakla birlikte, asıl önem taşıyan koşulu sorumluluk hukukuna ilişkindir (sigorta ettirenin sigortacı tarafından tümüyle veya kısmen karşılanmış olan zarar nedeniyle, üçüncü bir kişiye karşı dava hakkına sahip bulunması).*
- *Sigortacının açtığı davada, görevli mahkemenin, sorumluluk koşuluna göre belirlenmesi asıldır.*

- *Yargıtay olayda davanın hakız eylemden (sözleşme dışı sorumluluk hükümlerinden) kaynaklandığını saptamıştır. Yangına sebep olunması ve esas olarak haksız eylem hükümlerinin uygulanmasını gerektirir. Ancak sözleşmesel sorumluluğun veya KMK uyarınca sorumluluğun gerçekleşmiş bulunması da mümkündür.*

Zarardan sorumlu araç işleteni ve onun Zorunlu Trafik Sigortası (ZTS) poliçesini düzenleyen sigortacıya karşı açılan davada sigortacının merkezinin bulunduğu mahkemenin yetkisi

Yargıtay 17. Hukuk Dairesi

Esas No.: 2016/881

Karar No.: 2016/1433

Karar tarihi: 10.02.2016

Davacı vekili, 27.08.2011 tarihinde davalı ....'ye ZMMS'li, ...'e ait, sürücü ....idaresindeki.......... plakalı aracın müvekkil ....'ye kasko poliçesi ile sigortalı .... plakalı araç ile çarpıştıklarını, meydana gelen trafik kazasında kasko sigortalı aracın hasar gördüğünü, hasar bedelini sigortalısına ödediğini, davalı sigorta şirketine sigortalı araç sürücüsünün asli kusurlu olduğunu,....... İcra müdürlüğünün 2012/2877 esas sayılı dosyası ile 85.000,00 TL asıl alacağın tahsili için takip yaptığını, davalıların takibe itiraz ettiğini, davalı ....'nin Ağustos 2013 tarihinde 20.000,00 TL ödeme yaptığını, 65.000,00 TL üzerinden itirazın iptaline ve takibin devamına karar verilmesini istemiştir.

Davalı ..., süresinde ileri sürdüğü yetkisizlik itirazı ile mahkemenin yetkisiz olduğunu, kaza yeri olan ......Asliye Hukuk Mahkemesinin yetkili olduğunu beyanla davanın reddini istemiştir.

Davalı .... davaya cevap vermemiştir.

Mahkemece iddia, savunma ve toplanan kanıtlara göre; davalı ...'in yetki itirazının kabulü ile dava dilekçesinin mahkemenin yetkisizliği nedeni ile reddine, karar kesinleştiğinde ve HMK 20 madde uyarınca 2 haftalık yasal sürede talep halinde dosyanın yetkili ...... Asliye Hukuk (Ticaret)

Mahkemesine gönderilmesine karar verilmiş; hüküm, davacı vekili tarafından temyiz edilmiştir.

Dava, 6102 sayılı Türk Ticaret Kanununun 1472. maddesi uyarınca........ tarafından sigortalısına ödenen tazminatın davalılar araç işleteni ve zorunlu mali sorumluluk sigortacından tahsili için yapılan icra takibine yapılan itirazın iptali istemine ilişkindir.

6100 sayılı HMK'nin genel yetkiyi düzenleyen 6. maddesinin 1.fıkrasına göre; "Genel yetkili mahkeme, davalı gerçek veya tüzel kişinin davanın açıldığı tarihteki yerleşim yeri mahkemesidir." Yine aynı Yasa'nın 16.maddesinde ise, "Haksız fiilden doğan davalarda, haksız fiilin işlendiği veya zararın meydana geldiği yahut gelme ihtimalinin bulunduğu yer ya da zarar görenin yerleşim yeri mahkemesi de yetkilidir." hükmü yer almaktadır.

Diğer taraftan 2918 sayılı Karayolları Trafik Kanunu'nun 110. maddesi ile ZMSS Genel Şartlarının C.7.maddesinde ise "Motorlu araç kazalarından dolayı hukuki sorumluluğa ilişkin davalar, sigortacının merkez veya şubesinin veya sigorta sözleşmesini yapan acentenin bulunduğu yer mahkemelerinden birinde açılabileceği gibi, kazanın vuku bulduğu yer mahkemesinde de açılabilir." ifadesine yer verilmiştir.

Bir davada, birden fazla genel ve özel yetkili mahkeme varsa, davacı bu mahkemelerden birinde dava açmak hususunda bir seçimlik hakka sahiptir. Davacı, davasını bu genel ve özel yetkili mahkemelerden hiçbirinde açmaz ve yetkisiz bir mahkemede açarsa, o zaman seçme hakkı davalılara geçer.

Somut olayda, kaza.....'de meydana gelmiş, dava, davalılardan.........'nin merkezinin bulunduğu İstanbul mahkemesinde açılmıştır.

Davacı vekilinin davayı, sigortacının merkezinin bulunduğu İstanbul mahkemesinde açtığı gözetilerek yetki itirazının reddi ile işin esasına girilmesi gerekirken yazılı şekilde karar verilmesi doğru görülmemiştir.

SONUÇ: Yukarıda açıklanan nedenlerle, davacı vekilinin temyiz itirazlarının kabulü ile hükmün BOZULMASINA, 10.02.2016 tarihinde oybirliğiyle karar verildi.

YORUM

Yargıtay, araç işleteni ve onun sorumluluğu için ZTS poliçesini düzenlemiş olan sigortacı aleyhine aleyhine sigortacının merkezinin bulunduğu mahkemede dava açılmış olması halinde, davalı sigortacı tarafından yetki itirazında bulunulmasının yerinde görülemeyeceğine hükmetmiştir.

KTK m.110, sigortacının merkezinin bulunduğu yer mahkemesinin yetkisini açıkça öngörmektedir. Yetki itirazının yerinde olmadığı açıktır. Öte yandan Yargıtay birden çok genel veya özel yetkili mahkemenin bulunduğunu hallerde davacının davasını bu mahkemelerden birinde açmak konusunda seçimlik hakka sahip olduğunu ve olayda da bu hakkını kullandığını da saptamıştır.

Zarara sebep olmuş motorlu aracın ZTS poliçesini düzenleyen sorumluluk sigortacısına karşı yasal haleflik hakkına dayanılarak açılan davanın asliye hukuk mahkemesinde mi yoksa ticaret mahkemesinde görüleceği

Yargıtay 20. Hukuk Dairesi

Esas No.: 2015/16779

Karar No.: 2016/1648

Karar tarihi: 15.02.2016

Dava, işyeri sigorta sözleşmesinden kaynaklanan rücuan tazminat istemine ilişkindir.

... 23. Asliye Hukuk Mahkemesince, davanın sigorta şirketi tarafından açılan rücuan tazminat davası olduğu gerekçesiyle görevsizlik yönünde hüküm kurulmuştur.

... 48. Asliye Ticaret Mahkemesi ise, uyuşmazlığın haksız fiilden kaynaklandığı gerekçesiyle görevsizlik kararı vermiştir.

TTK. m. 1472'de düzenlenen halefiyet, yasal, sınırlı ve cüz'î halefiyet niteliğindedir. Bu maddeden doğan halefiyet hakkına istinaden açılan veya açılacak olan dava, esas itibariyle sigortalının, kendisine zarar verene karşı açacağı tazminat davasının, onun halefi sıfatıyla sigortacı tarafından açılmasıdır. TTK'nın 1472. maddesi uyarınca sigortacı, sigorta bedelini ödedikten sonra hukuken sigorta ettiren yerine geçer ve dava, tazmin ettiği bedel nisbetinde sigortacıya intikal eder. Bu şekilde sigortalısının haklarına halef olan sigorta şirketinin, ödediği tazminat miktarınca hukuken sigortalı yerine geçerek açtığı rücû davası, aslında bir tazminat davası olup, bu niteliği itibariyle aynı zamanda şahsî nitelikte bir eda davasıdır. Burada sigortacı, sigorta ettiren yerine geçtiği için şahsî ve rücûu ödediği bedelle sınırlı olduğundan dolayı da cüz'î haleftir. Sigortacının, sigortalıya ödediği tazminat oranında sigortalının yerine geçeceği ve onun kanunî halefi olacağı, ilke olarak 31.03.1954 gün ve 1953/18 E., 1954/11 K. sayılı Yargıtay İçtihadı Birleştirme Kararında da belirtilmiştir. 17.01.1972 t. ve 1970/2 E., 1972/1 K. sayılı Yargıtay İçtihadı Birleştirme Kararında da, sigortacının, zarara sebebiyet veren aleyhinde açtığı rücû davasının, kanundan doğan halefiyete dayandığı ve halef olanın, halefiyet yolu ile nasıl bir hak iktisap etmiş ise, o hakka sahip olacağı vurgulanmış; velhasıl sigorta ettirenin ne hakkı varsa bunların, şartları gerçekleşince sigortacıya geçeceği; sigortacının, sigorta ettirenin bütün def'ilerini üçüncü şahsa karşı ileri sürebileceği ve Borçlar Kanununun 44 üncü maddesine (TBK m.52) de dayanabileceği; tabiatıyla sigorta ettirenin olayda dava hakkı yoksa, sigortacıya da bu yönde bir hakkın intikal etmeyeceği açıklanmıştır.

Diğer taraftan, Yargıtay İçtihadı Birleştirme Genel Kurulunun 22.03.1944 tarihli ve 37 E./9 K. Kararına göre de "Sigortacının sigorta poliçesinden münbais olmayıp kanundan aldığı bir salâhiyete istinaden ve haksız fiil sebebiyle alacaklı yerine kaim olarak hareket ettiği dâvada hukuk mahkemesine başvurması gerekir."

Somut olayda uyuşmazlık, 6102 sayılı TTK'nın 1472. maddesi uyarınca sigorta şirketi tarafından sigortalısına ödenen tazminatın haksız fiile sebebiyet veren araç malikinin zorunlu mali mesuliyet sigorta şirketi olan davalıdan rücuan tahsili isteminden ibarettir. Davacı sigorta şirketi bu davayı sigortalısına halef olarak açtığına göre, görevli mahkemenin tayininde sigortalı ile davalı arasındaki ilişkinin hukuki mahiyeti nazara alınır. Davalı zorunlu mali mesuliyet sigorta şirketi olup, zorunlu sigortanın 6102 sayılı TTK'da düzenlenmesine ve aynı Kanunun 4. maddesi uyarınca bu kanunda düzenlenen işlerden kaynaklanan hukuk davalarının ticari dava niteliğinde olduğunun kabul edilmesine göre, ticari dava niteliğindeki uyuşmazlığın ... 48. Asliye Ticaret Mahkemesinde görülüp sonuçlandırılması gerekmektedir.

SONUÇ: Yukarıda açıklanan nedenlerle; 6100 sayılı HMK'nın 21 ve 22. maddeleri gereğince ... 48. Asliye Ticaret Mahkemesinin YARGI YERİ OLARAK BELİRLENMESİNE 15.02.2016 gününde oy birliğiyle karar verildi.

YORUM

Bu Yargıtay kararının baş kısmında "davanın, işyeri sigorta sözleşmesinden kaynaklanan rücuan tazminat istemine ilişkin olduğu" belirtilmiştir. Kararın son kısmında ise "uyuşmazlığın, haksız fiile sebebiyet veren araç malikinin zorunlu mali mesuliyet sigorta şirketi olan davalıdan rücuan tahsili isteminden kaynaklandığı" açıklanmıştır.

Bu iki hususu birlikte değerlendirdiğimiz zaman, davalı sigorta şirketinin ZTS poliçesi düzenleyerek sorumluluğunu sigortaladığı araç işletenine ait aracın, davacı sigorta şirketinin işyeri sigortası sözleşmesi ile sigortaladığı işyerine çarparak zarar verdiği ve davacı sigortacının işyeri zararı için sigorta ettirene tazminat ödedikten sonra ZTS teminatını sağlayan davalı sorumluluk sigortacısına yasal halefliğe dayanarak rücu davası açtığı anlaşılmaktadır.

Hukuksal sorun, hangi mahkemenin (Asliye Hukuk veya Ticaret) görevli olması gerektiğidir.

Yargıtay,

- *Davalının zorunlu sorumluluk teminatı sağlayan bir sigorta şirketi olduğu,*
- *Zorunlu sigortanın 2011 tarihli TTK'da düzenlendiği*
- *Aynı Kanunun 4. maddesi uyarınca bu kanunda düzenlenen işlerden kaynaklanan hukuk davalarının ticari dava niteliğinde olduğu*

saptamalarını yaptıktan sonra bu durumda, ticari dava niteliğindeki uyuşmazlığın ... Ticaret Mahkemesinde görülüp sonuçlandırılması gerektiği sonucuna varmıştır.

Yüksek Mahkemenin bu kararı hakkında şunları belirtebiliriz:

- *Zorunlu sigortanın "çok genel olarak" TTK'da düzenlendiği doğrudur (TTK 1484). Fakat ZTS ayrıntılı şekilde KTK'da düzenlenmiştir.*
- *Ancak, zarar görenin halefi (sigortacı) tarafından doğrudan dava edilen ZTS poliçesini düzenlemiş bulunan sorumluluk sigortacısı, sorumlulu-*

ğunu sigorta ettiği işletenin eylemi dolayısıyla sorumlu tutulmaktadır. İşletenin sorumluluğu ise esas olarak KTK'da hükme bağlanmıştır.

- *Kaldı ki, ZTS da esas olarak KTK'da yer alan hükümlere tabidir.*
- *Bu sebeplerle, TTK 4(1) bent (a) uyarınca, "TTK'da düzenlenen hususlardan doğan bir davanın" söz konusu olduğu sonucuna varılması doğru görünmemektedir.*
- *Buna karşılık olayda, TTK 4(1)'te hükme bağlanan "(tacirler arasında) her iki tarafın da ticari işletmesiyle bağlantılı hususlardan doğan bir davadan" söz edilmesinin mümkün olup olmadığını tartışmak gerekir. Kanımızca burada TTK 4(1) kapsamındaki bir davanın varlığını kabul etmek de doğru olmaz. Trafik kazasının son aşamada her iki sigortacının da ticari işletmeleriyle ilgili sonuçlar meydana getirdiği bir gerçektir. Ancak, bu sonuçlar farklı sigorta sözleşmeleri sebebiyle gerçekleşmektedir. İki tacirin birlikte oluşturdukları bir sözleşme ilişkisi mevcut değildir.*

Kat mülkiyetine tabi bir taşınmazda bulunan sigortalı bağımsız bölüme komşu bağımsız bölümden sızan suların neden olduğu zararla ilgili yasal halefliğe dayalı rücu davasına hangi mahkemede bakılacağı

Yargıtay 20. Hukuk Dairesi

Esas No.: 2015/16596

Karar No.: 2016/1680

Karar tarihi: 15.02.2016

Dava, işyeri sigorta sözleşmesinden kaynaklanan rücuan tazminat istemine ilişkindir.

... 4. Asliye Hukuk Mahkemesince, davanın Kat Mülkiyeti Kanunu hükümlerine göre çözülmesi gerektiği gerekçesiyle görevsizlik kararı verilmiştir.

... 1. Sulh Hukuk Mahkemesi tarafından ise, uyuşmazlıkta genel hükümlerin uygulanması gerektiği gerekçesiyle görevsizlik kararı verilmiştir.

TTK m. 1472'de düzenlenen halefiyet, yasal, sınırlı ve cüz'î halefiyet niteliğindedir. Bu maddeden doğan halefiyet hakkına istinaden açılan veya açılacak olan dava, esas itibariyle sigortalının, kendisine zarar verene karşı açacağı tazminat davasının, onun halefi sıfatıyla sigortacı tarafından açılmasıdır. TTK'nın 1472. maddesi uyarınca sigortacı, sigorta bedelini ödedikten sonra hukuken sigorta ettiren yerine geçer ve dava, tazmin ettiği bedel nisbetinde sigortacıya intikal eder. Bu şekilde sigortalısının haklarına halef olan sigorta şirketinin, ödediği tazminat miktarınca hukuken sigortalı yerine geçerek açtığı rücû davası, aslında bir tazminat davası olup, bu niteliği itibariyle aynı zamanda şahsî nitelikte bir eda davasıdır. Burada sigortacı, sigorta ettiren yerine geçtiği için şahsî ve rücûu ödediği bedelle sınırlı olduğundan dolayı da cüz'î haleftir. Sigortacının, sigortalıya ödediği tazminat oranında sigortalının yerine geçeceği ve onun kanunî halefi olacağı, ilke olarak 31.03.1954 gün ve 1953/18 E. - 1954/11 K. sayılı Yargıtay İçtihadı Birleştirme Kararında da belirtilmiştir. 17.01.1972 t. ve 1970/2 E., 1972/1 K. sayılı Yargıtay İçtihadı Birleştirme Kararında da, sigortacının, zarara sebebiyet veren aleyhinde açtığı rücû davasının, kanundan doğan halefiyete dayandığı ve halef olanın, halefiyet yolu ile nasıl bir hak iktisap etmiş ise, o hakka sahip olacağı vurgulanmış; velhasıl sigorta ettirenin ne hakkı varsa bunların, şartları gerçekleşince sigortacıya geçeceği; sigortacının, sigorta ettirenin bütün def'ilerini üçüncü şahsa karşı ileri sürebileceği ve Borçlar Kanununun 44 üncü maddesine (TBK m. 52) de dayanabileceği; tabiatıyla sigorta ettirenin olayda dava hakkı yoksa, sigortacıya da bu yönde bir hakkın intikal etmeyeceği açıklanmıştır.

Diğer taraftan, Yargıtay İçtihadı Birleştirme Genel Kurulunun 22.03.1944 tarihli ve 37 E./9 K. Kararına göre de "Sigortacının sigorta poliçesinden münbais olmayıp kanundan aldığı bir salâhiyete istinaden ve haksız fiil sebebiyle alacaklı yerine kaim olarak hareket ettiği dâvada hukuk mahkemesine başvurması gerekir."

Somut olayda uyuşmazlık 6102 sayılı TTK'nın 1472. maddesi uyarınca sigorta şirketi tarafından sigortalısına ödenen tazminatın haksız fiile sebebiyet veren davalı komşu taşınmaz maliki ile kiracısından rücuan tahsili isteminden ibarettir. Davacı ... şirketi bu davayı sigortalısına halefen açtığına göre, görevli mahkemenin tayininde sigortalı ile davalılar arasındaki ilişkinin hukukî mahiyeti nazara alınır. Sigorta şirketi halefi olduğu sigortalının işyerine davalı bağımsız bölüm malikinin dairesinden kendi dairesine gelen su sızıntısı nedeniyle oluşan zararın tazminini talep etmekte olup, bu şekilde Kat Mülkiyeti Kanunu hükümlerinin uygulanması gerektiği anlaşılan uyuşmazlığın sulh hukuk mahkemesinde görülmesi gerektiği anlaşılmaktadır.

SONUÇ: Yukarıda açıklanan nedenlerle; 6100 sayılı HMK'nın 21 ve 22. maddeleri gereğince ... 1. Sulh Hukuk Mahkemesinin YARGI YERİ OLARAK BELİRLENMESİNE 15.02.2016 gününde oy birliğiyle karar verildi.

YORUM

Uyuşmazlığa konu olan olayda, sigorta ettirene ait sigorta konusu işyeri, komşu bağımsız bölümden sızan sular dolayısıyla zarar görmüş ve davacı sigortacı sigorta ettirene tazminat ödemiştir. Daha sonra davacı sigortacı, yasal haleflik hakkı uyarınca, hukuken sigorta ettirenin yerine geçerek komşu bağımsız bölüm malikine ve kiracısına rücu davası açmıştır.

Sorun, bu davanın hangi mahkemede (Asliye Hukuk veya Ticaret) görülmesi gerektiğine ilişkidir.

Yargıtay, olayda "Kat Mülkiyeti Kanunu hükümlerinin uygulanması gerektiği anlaşılan uyuşmazlığın sulh hukuk mahkemesinde görülmesi gerektiğine" hükmetmiştir.

Kanımızca, ilke olarak bu değerlendirme yerindedir. KMK m.18 aşağıdaki gibidir:

> ***Madde 18** – Kat malikleri, gerek bağımsız bölümlerini, gerek eklentileri ve ortak yerleri kullanırken doğruluk kaidelerine uymak, özellikle birbirini rahatsız etmemek, birbirinin haklarını çiğnememek ve yönetim planı hükümlerine uymakla, karşılıklı olarak yükümlüdürler.*
>
> *Bu kanunda kat maliklerinin borçlarına dair olan hükümler, bağımsız bölümlerdeki kiracılara ve oturma (sükna) hakkı sahiplerine veya bu bölümlerden herhangi bir suretle devamlı olarak faydalananlara da uygulanır; bu borçları yerine getirmeyenler kat malikleriyle birlikte, müteselsil olarak sorumlu olur.*

Bu düzenleme uyarınca, kat malikinin ve kiracısının birlikte sorumluluğu söz konusu olabilecektir.

Duraksama yaratan husus şudur: Acaba komşu bağımsız bölümden su sızması bu bölümün malikinin veya kiracısının "bağımsız bölümü kullanırken uyması gereken kurallara uymaması" sonucunda mı olmuştur? Yoksa tamamen kusuru dışında meydana gelen zararlar (mesela duvar içinden geçen borunun üretim bozukluğu sebebiyle kullanım ömrü dolmadan çok önce patlaması) dahi KMK'ya tabi midir?

Motorlu aracın verdiği zararı ödeyen mal (yük) sigortacısının, zarardan sorumlu araç maliki, onun sorumluluk sigortacısı ve sürücüsüne karşı açtığı yasal halefliğe dayalı rücu davasına hangi mahkemede bakılacağı

Yargıtay 20. Hukuk Dairesi

Esas No.: 2015/16159

Karar No.: 2016/2537

Karar tarihi: 01.03.2016

Dava, rücuan tazminat istemine ilişkindir.

İstanbul 7. Asliye Ticaret Mahkemesince, taraflar arasındaki uyuşmazlığın haksız fiilden kaynaklandığı gerekçesi ile görevsizlik yönünde hüküm kurulmuştur.

İstanbul 16. Asliye Hukuk Mahkemesince ise, uyuşmazlığın sigorta şirketi tarafından sigortalısına ödenen hasar bedelinin rücuan tahsili isteminden kaynaklandığı ve ticari dava olduğu gerekçesi ile karşı görevsizlik yönünde hüküm kurulmuştur.

Dava tarihi itibariyle yürürlükte bulunan 6102 sayılı Türk Ticaret Kanununun 4. maddesinde, bu kanundan doğan hukuk davalarının ticari dava sayıldığı, aynı Kanunun 5. maddesinin ikinci fıkrasında, bir yerde ticaret mahkemesi varsa asliye hukuk mahkemesinin vazifesi içinde bulunan ve bu kanunun 4. maddesi hükmünce ticari sayılan davalara ticaret mahkemesinde bakılacağı hususları düzenlenmiştir.

6102 sayılı Türk Ticaret Kanununun 4/1. maddesinde her iki tarafın da ticari işletmesiyle ilgili hususlardan doğan hukuk davaları ve çekişmesiz yargı işlerinin ticari dava ve ticari nitelikte çekişmesiz yargı işi sayılacağı hüküm altına alınmıştır. Buna göre, bir uyuşmazlığın ticari nitelikte olabilmesi için, her iki tarafın da ticari işletmesini ilgilendirmesi yahut aynı maddenin alt bentlerinde düzenlenen istisnalardan birine dahil olması gerekmektedir.

Somut olayda, davacı vekilinin, müvekkili nezdinde sigortalı olan emtianın taşınması sırasında, davacı sigorta şirketince sigortalanan, davalı ... ...'a ait aracın, davalı araç sürücüsü ... ...'nun sevk ve idaresinde iken, kusuru nedeniyle kaza yapması sonucunda, zarar gördüğü ve zarar nedeniyle sigortalıya hasar bedeli ödendiğini ileri sürerek ödenen hasar bedelinin, 6102 sayılı TTK'nın 1472. maddesi uyarınca, haksız fiile sebebiyet verdiği iddia edilen (trafik kazası nedeniyle) araç maliki, sürücüsü ve zorunlu mali mesuliyet sigortacısından rücuan tahsili istemiyle dava açıldığı anlaşılmıştır.

TTK m. 1472'de düzenlenen halefiyet, yasal, sınırlı ve cüz'î halefiyet niteliğindedir. Bu maddeden doğan halefiyet hakkına istinaden açılan veya açılacak olan dava, esas itibariyle sigortalının, kendisine zarar verene karşı açacağı tazminat davasının, onun halefi sıfatıyla sigortacı tarafından açılmasıdır. TTK'nın 1472. maddesi uyarınca sigortacı, sigorta bedelini ödedikten sonra hukuken sigorta ettiren yerine geçer ve dava, tazmin ettiği bedel nisbetinde sigortacıya intikal eder. Bu şekilde sigortalısının haklarına halef olan sigorta şirketinin, ödediği tazminat miktarınca hukuken sigortalı yerine geçerek açtığı rücû davası, aslında bir tazminat davası olup, bu niteliği itibariyle aynı zamanda şahsî nitelikte bir eda davasıdır. Burada sigortacı, sigorta ettiren yerine geçtiği için şahsî ve rücûu ödediği bedelle sınırlı olduğundan dolayı da cüz'î haleftir. Sigortacının, sigortalıya ödediği tazminat oranında sigortalının yerine geçeceği ve onun kanunî halefi olacağı, ilke olarak 31.03.1954 gün ve .../... E. - .../... K. sayılı Yargıtay İçtihadı Birleştirme Kararında da belirtilmiştir. 17.01.1972 tarih ve .../... E. - .../... K. sayılı Yargıtay İçtihadı Birleştirme Kararında da, sigortacının, zarara sebebiyet veren aleyhinde açtığı rücûu davasının, kanundan doğan halefiyete dayandığı ve halef olanın, halefiyet yolu ile nasıl bir hak iktisap etmiş ise, o hakka sahip olacağı vurgulanmış; velhasıl sigorta ettirenin ne hakkı varsa bunların, şartları gerçekleşince sigortacıya geçeceği; sigortacının, sigorta ettirenin bütün def'ilerini üçüncü şahsa karşı ileri sürebileceği ve Borçlar Kanununun 44. maddesine (TBK m.

52)'de dayanabileceği; tabiatıyla sigorta ettirenin olayda dava hakkı yoksa, sigortacıya da bu yönde bir hakkın intikal etmeyeceği açıklanmıştır.

Diğer taraftan, Yargıtay İçtihadı Birleştirme Genel Kurulunun 22.03.1944 tarihli ve 37 E. - 9 K. Kararına göre de "Sigortacının sigorta poliçesinden münbais olmayıp kanundan aldığı bir salâhiyete istinaden ve haksız fiil sebebiyle alacaklı yerine kaim olarak hareket ettiği dâvada hukuk mahkemesine başvurması gerekir." Ancak, davalı zorunlu mali mesuliyet sigorta şirketi olup, aralarındaki uyuşmazlık sigorta hukukundan kaynaklanmaktadır. Bu durumda uyuşmazlığın asliye ticaret mahkemesinde görülüp sonuçlandırılması gerekmektedir.

Yukarıda açıklanan nedenlerle; 6100 sayılı HMK'nın 21 ve 22. maddeleri gereğince İstanbul 7. Asliye Ticaret Mahkemesinin YARGI YERİ OLARAK BELİRLENMESİNE 01/03/2016 gününde oy birliğiyle karar verildi.

YORUM

Davacı, yasal halef sıfatıyla rücu davası açmış olan yük sigortacısıdır.

Davalılar ise araçta taşınmakta olan yüke, trafik kazası sonucu zarar veren aracın maliki, sürücüsü ve ZTS poliçesini düzenleyen sigorta şirketidir.

Bu davanın hangi mahkemenin görev alanına gireceği sorunu hakkında Yargıtay'ın verdiği karar şöyledir: "..Davalı zorunlu mali mesuliyet sigorta şirketi olup, aralarındaki uyuşmazlık sigorta hukukundan kaynaklanmaktadır. Bu durumda uyuşmazlığın asliye ticaret mahkemesinde görülüp sonuçlandırılması gerekmektedir".

Kanımızca bu değerlendirme yerinde değildir: Uyuşmazlık sigorta hukukundan değil, trafik hukukundan (KTK hükümlerinden) kaynaklanmaktadır. Davacının sigorta şirketi, davalılardan birinin de yine sigorta şirketi (her ikisinin de tacir) olmasının da ticaret mahkemesinin görevli sayılmasına yol açmaması gerekir. TTK 4(1) "her iki tarafın da ticari işletmesiyle bağlantılı hususlardan doğan davaların" ticaret mahkemelerinin görev alanına dahil bulunacağını öngörmüşse de, sigortacıların her biri farklı sigorta sözleşmesi uyarınca (işletmelerle ilgili ortak bir hukuksal işlem söz konusu olmaksızın) sorumlu olduğundan, fikrimizce TTK 4(1) hükmü uygulanmamalıdır.

Trafik kazasında zarar gören aracın malikinin, diğer araç için ZTS poliçesini düzenlemiş olan sigortacıdan bütün zararını karşılayan tutarda tazminat aldıktan sonra kendi kasko sigortacısından da ödeme alması; kasko sigortacısının yasal halef olduğu savıyla açtığı davada verilmesi gereken karar

Yargıtay 17. Hukuk Dairesi

Esas No.: 2015/15673

Karar No.: 2016/2797

Karar tarihi: 07.03.2016

Asıl ve birleştirilen davada davacı vekili; asıl dava davalısı ...'in maliki ve birleştirilen davanın davalısı Cemal Kandemir'in sürücüsü olduğu aracın davacı şirkete kasko sigorta poliçesi ile sigortalı araca çarparak maddi hasarlı trafik kazasına sebebiyet verdiğini, trafik kazası tespit tutanağına göre kazanın oluşumunda davalıya ait aracın sürücüsünün asli kusurlu olduğunu, sigortalısına yaptığı 16.614,70 TL hasar ödemesinin davalı sürücünün %75 kusuruna isabet eden 12.461,03 TL'sinin 19/10/2011 tarihinden itibaren işleyecek ticari (avans) faizi ile asıl ve birleştirilen dava davalılarından müştereken ve müteselsilen tahsiline karar verilmesini talep ve dava etmiştir.

Asıl dava davalısı; davaya cevap vermemiştir.

Birleştirilen davanın davalısı; duruşmada davayı kabul etmediğini beyan etmiştir.

Mahkemece, asıl ve birleştirilen davanın kabulü ile 12.461,03 TL alacağın ödeme tarihi olan 19/10/2011 tarihinden itibaren işleyecek yasal faizi ile birlikte davalılar ... ve ...'den müştereken ve müteselsilen tahsili ile davacı... verilmesine karar verilmiş; hüküm asıl dava davalısı ... tarafından temyiz edilmiştir.

1-Dava, trafik kazasından kaynaklanan kasko sigorta sözleşmesine dayanan rücuen tazminat istemine ilişkindir.

Dava konusu kaza 13.03.2011 tarihinde gerçekleşmiş, davacının sigortalısı dava dışı MD'e davalı aracın trafik sigortacısı tarafından 25.05.2011 tarihinde 20.000 TL tazminat bedeli ödenmiştir. Buna rağmen dava dışı kasko sigortalısı kendi kasko sigortacısından da 24.08.2011 ve 19.10.2011 tarihlerinde ödeme alıp davacı kasko sigortacısı aleyhine sebepsiz zenginleşmiştir. Somut olayda uyuşmazlık 6102 sayılı TTK. nin 1472 (6762 sayılı TTK.nin 1301) maddesi uyarınca sigorta şirketi tarafından sigortalısına ödenen tazminatın haksız fiile sebebiyet veren davalıdan rücuen tahsili isteminden ibarettir. Davacı işbu davasını 6102 sayılı Türk Ticaret Kanunu'nun 1472 maddesinde düzenlenen halefiyet hakkına dayanarak açtığına göre, dava dışı sigortalının davalıya karşı öne sürebileceği tüm haklarına halef bulunduğundan, dava tarihinde dava dışı sigortalısı kendi hasarını yapılan ödemelerle tazmin ettiğine göre davacının da davalılara yöneltilebilecek herhangi bir dava hakkı yoktur. Ancak kendi sigortalısına başvurabilecektir. Bu durumda davanın reddi gerekirken yazılı gerekçe ile davanın kabulü usul ve yasaya aykırı görüldüğünden kararın bozulması gerekmiştir.

2-Bozma sebep ve şekline göre asıl dava davalısı ... hakkında kurulan hüküm bakımından sair temyiz itirazlarının incelenmesine şimdilik yer olmadığına karar vermek gerekmiştir.

Yukarıda (1) numaralı bentte açıklanan nedenlerle asıl dava davalısı ...'in temyiz itirazlarının kabulü ile hükmün BOZULMASINA, (2) numaralı bentte açıklanan nedenlerle asıl dava davalısı ...'in sair temyiz itirazlarının incelenmesine yer olmadığına, 07/03/2016 gününde oybirliğiyle karar verildi.

YORUM

Yargıtay kararına konu olan olayda, davacı sigortacı, sigorta ettirene ait araç için kasko sigortası güvencesi sağlamıştır. Sigorta konusu araç, davalıların sorumlu olduğu ileri sürülen (13.03.2011 günü meydana gelmiş olan) kazada hasar görmüştür.

Davacı kasko sigortacısı, sigorta ettirene 24.08.2011 ve 19.10.2011 tarihlerinde ödeme yapmıştır. Daha sonra da davalılara yasal haleflik hakkına dayalı olarak rücu davası açmıştır.

İlk derece mahkemesi davayı (davalıların sorumlu olmaları gereken oran üzerinden) kabul etmiştir.

Yargıtay, ilk derece mahkemesinin verdiği kararı aşağıdaki gerekçelerle bozmuştur:

- *Kaza 13.03.2011 tarihinde gerçekleşmiştir.*
- *Davacının sigorta ettireni, davalı aracın trafik sigortacısından 25.05.2011 tarihinde 20.000 TL tazminat tahsil etmiştir.*
- *Buna rağmen aynı sigorta ettiren, kendi kasko sigortacısından da 24.08.2011 ve 19.10.2011 tarihlerinde ödeme almıştır.*
- *Söz konusu sigorta ettiren, davacı kasko sigortacısı aleyhine sebepsiz zenginleşmiştir.*
- *Somut olayda davacı, 2011 tarihli Türk Ticaret Kanunu'nun 1472 maddesinde düzenlenen haleflik hakkına dayanarak dava açmıştır. Ancak, dava tarihinde davacının kendisine halef olduğu sigorta ettiren, zararını tahsil etmiştir. Şu halde, davacının da davalılara yöneltilebilecek herhangi bir dava hakkı yoktur.*
- *Bununla birlikte, davacı sigortacı, kendi sigorta ettirenine başvurabilecektir.*
- *Bu durumda davanın reddi gerekir.*

Karar hakkında şunları söyleyebiliriz:

- *Sigortacının yasal haleflik hakkı, (diğer koşulların da tamamlanmış olması halinde) sigorta tazminatını ödediği gün gerçekleşir.*
- *Sigortacı tarafından ödeme yapılan güne kadar, zarardan sorumlu üçüncü kişiye yönelik tazminat alacağı sigorta ettirene (başkası lehine sigorta durumunda ise sigortalıya) aittir.*
- *Sigorta ettiren, üçüncü kişiden tazminat almış olduğu takdirde, aynı oranda zararı ortadan kalkmış ve üçüncü kişiye yönelik alacak da son bulmuş olacaktır.*
- *Olayda sigorta ettiren, karardan anlaşıldığına göre sigortacısının kendisine ödeme yapması öncesinde, tüm zarar tutarını kazaya yol açan diğer aracın ZTS poliçesini düzenlemiş olan trafik sorumluluğu sigortacısından tahsil etmiş ve böylece sorumlu üçüncü kişinin (ve onun trafik sorumluluğu sigortacısının) sorumluluğu (ödeme anında hukuken alacaklı sıfatına sahip olan kişiye yapılan geçerli bir tazminat ödemesi ile) sona ermiştir.*
- *Sigorta ettirenin kendi sigortacısından daha sonra yaptığı tahsilat haksız ve dayanaksız bir tahsilattır ve sigortacıya yasal haleflik hakkı vermez.*

- *Yargıtay kararındaki "dava tarihinde ...sigorta ettiren kendi hasarını yapılan ödemelerle tahsil ettiğine göre davacının da davalılara yöneltilebilecek herhangi bir dava hakkı yoktur" anlatımı doğrudur. Ancak, yasal halefliğin dava tarihi değil, sigorta ettirene halef olacak sigortacının ödeme yaptığı andaki durum esas alınarak (o anda sigortacıya geçecek bir tazminat alacağının var olup olmadığı araştırılarak) belirlenmesi lazımdır.*
- *Öte yandan, sigorta ettirene ödeme yapan (fakat yasal haleflik hakkını kazanamayan) kasko sigortacısının, sebepsiz zenginleşmiş olacağı saptaması da yerindedir. Burada kasko sigortacısının sigorta ettirenine yönelteceği istem kanımızca ne TTK 1448(1) ne de TTK 1472(2) hükmüne dayanır.*
    - *TTK 1448(1) uyarınca "sigorta ettiren, sigortacının üçüncü kişilere olan rücu haklarının korunabilmesi için, imkânlar ölçüsünde önlemler almakla yükümlüdür". Bu hüküm, sigortacının yasal halefliği henüz gerçekleşmemişken, sigorta ettirenin ileride söz konusu olacak yasal halefliği zedeleyici davranışlardan kaçınma yükümlülüğünü düzenlemektedir.*
    - *TTK 1472(2) uyarınca ise "sigorta ettiren (başkası hesabına sigortada sigortalı) sigortacıya geçen haklarını ihlal edici şekilde davranırsa, sigortacıya karşı sorumlu olur". Bu hüküm de, yasal halefliğin gerçekleşmesinden sonra, sigortacıya geçen (zarardan sorumlu üçüncü kişiye yönelik) tazminat alacağı ile ilgilidir. (Mesela sigorta ettiren, sigortacıya geçen tazminat alacağı ile ilgili delilleri alacağın yeni sahibi sigortacıya vermezse, sigortacının haleflik hakkını- kullanılmasını engellemiş olduğu için- zedelemiş sayılacaktır).*
    - *Ancak, yukarıda değindiğimiz hükümlerin ikisi de, bu olayda kanımızca devre dışıdır. Olayda yasal haleflik henüz gerçekleşmediğinden TTK 1472(2)'nin uygulanması zaten mümkün değildir. TTK 1448(1) ise, sigortacının tazminat ödeme yükümlülüğünün ve bunun yerine getirilmesi halinde de yasal halefliğinin gerçekleşeceği varsayımına dayanmaktadır. Oysa burada, sigortacı, sigorta ettirenin zararı başka bir yolla (diğer aracın ZTS poliçesini düzenleyen trafik sorumluluğu sigortacısının ödemesi üzerine) son bulduğu (giderildiği) için, artık ödeme yapmak borcu altında bulunmamaktadır.*
    - *Sigortacının sebepsiz zenginleşme hükümlerine dayanarak, ödediği tazminat tutarını sigorta ettirenden geri alması gerekmektedir (Zarar tutarı diğer aracın trafik sorumluluğu sigortacısından tahsil edilmiş olduğundan, artık kasko sigortacısından istenebilecek bir*

sigorta tazminatı kalmamış olduğu halde, bu durum bildirilmeyerek, ikinci kere tahsilat yapılması, borç olmayan tutarın ödenmesi sayılabilir- TBK m.77 fk.2).

Yol kusurundan doğan zararların tazmini için Belediye'ye karşı açılan dava hangi yargının görevine girer?

Yargıtay 17. Hukuk Dairesi

Esas No.: 2015/15105

Karar No.: 2016/2969

Karar tarihi: 09.03.2016

Davacı vekilinin; Müvekkili şirkete kasko sigorta poliçesi ile sigortalı aracın yol üzerinde bulunan çukura çarpması neticesinde tek taraflı maddi hasarlı trafik kazası yaptığını, kaza tespit tutanağında servis yolunun bakım ve onarımdan sorumlu kurum asil kusurlu gösterildiğinden kasko poliçesinden dolayı 7.000,00.TL ödemede bulunduklarını, belirterek 7.000,00.TL'nin davalıdan tahsilini dava ve talep etmiştir.

Davalı ....; Görev itirazında bulunarak davanın İdari Yargıda görülmesi gerektiğini ayrıca husumet itirazlarının bulunduğunu kazanın meydana geldiği servis yolunun .... olduğunu buna göre davanın reddini savunmuştur.

Mahkemece, iddia, savunma, ve toplanan delillere göre, davalı tarafın taraf sıfatı bulunmadığından davanın pasif husumet yokluğu nedeniyle reddine, karar verilmiş, hüküm davacı vekili tarafından temyiz edilmiştir.

Dava, 6762 sayılı TTK'nin 1301. maddesinden (6102 sayılı TTK'nin 1472. maddesi) kaynaklanan rücuen tazminat istemine ilişkindir.

Davaya konu olayda, yolda gerekli trafik işaretlemelerinin yapılmamış olması nedeniyle kazanın meydana geldiği iddiası ile davalı aleyhine husumet yöneltilmiştir.

Görev konusu, kamu düzenine ilişkin olup yargılamanın her aşamasında mahkemece kendiliğinden (re'sen) dikkate alınması zorunludur.

Belediyelerin de içerisinde bulunduğu kamu tüzel kişilerinin kamu hizmeti görmekle yükümlü bulunmaları nedeniyle, kamu hizmetleri sırasında verdikleri iddia olunan zararlardan dolayı oluşan sorumlulukları özel hukuk hükümlerine tabi değildir. Kamu tüzel kişilerinin yasalar tarafından kendilerine verilen görev ve yetkilerin kullanılması sırasında oluşan zararlar niteliği itibariyle hizmet kusurundan kaynaklanan zararlar olup, bu zararların tazmini amacıyla anılan idarelere karşı hizmet kusurlarına dayalı olarak İdari Yargılama Usulü Hakkındaki Kanunun 2. maddesi hükmü uyarınca idari yargı yerinde tam yargı davası ikame edilmesi gerekmektedir. (H.G.K. 04.11.2015 tarih 2015/17-86-87-137-1869-25 Esas, 2015/2364-2365-2368-2369-2370 Karar).

O halde mahkemece, hizmet kusuruna dayanılarak .... aleyhine açılan bu davanın HMK 114/1-b.maddesi gereğince yargı yolu caiz olmadığından HMK 115/2.maddesi gereğince dava şartı yokluğundan usulden reddine karar verilmesi gerekirken yazılı olduğu biçimde karar verilmesi yerinde görülmemiştir.

SONUÇ: Yukarıda açıklanan nedenlerle davacı vekilinin temyiz itirazının kabulü ile hükmün BOZULMASINA, bozma sebebine ve şekline göre davacı vekilinin sair temyiz itirazlarının şimdilik incelenmesine yer olmadığına, 09/03/2016 gününde oybirliğiyle karar verildi.

YORUM

Bu kararda Yargıtay, yol kusuru (gerekli işaretlemelerin yapılmamış olması sebebiyle yol üzerindeki çukura çarpma) dolayısıyla meydana gelen araç hasarından sorumluluğun yönetim hukuku kurallarına tabi olduğunu ve bununla ilgili davanın da yönetsel yargıda görülmesi gerektiğini belirtmiştir.

Yüksek Mahkeme, olayda ilk derece mahkemesince dava şartı yokluğundan ret kararı verilmesi gerekirken "davalı tarafın taraf sıfatı bulunmadığı" gerekçesiyle ret kararı verilmiş olmasını bozma sebebi saymıştır. Anlaşılabildiğine göre, ilk derece mahkemesi, husumet doğru kuruma yöneltilmediği için davayı reddetmiştir.

Belirtmek gerekir ki, bu konuda Yüksek Yargının çok çeşitli birbirine uymayan kararları mevcuttur. Kanımızca yol kusurundan sorumluluk KTK'nda düzenlenen bir sorumluluk sayılmalı ("Belediye trafik birimleri, görev ve yetkileri" başlıklı KTK m.10 b) 1'de belediyelere "yapım ve bakımından sorumlu olduğu yolları trafik düzeni ve güvenliğini sağlayacak durumda bulundurmak" görevi yüklenmiştir) ve bundan doğan davalar da KTK m.110 fk.1'de yer alan "bu Kanundan doğan sorumluluk davaları, adli yargıda görülür" hükmü uyarınca adli yargının görevine dahil sayılmalıdır.

Sigorta konusu sitede meydana gelen yangın zararı için tazminat ödeyen sigortacının yasal haleflik hakkına dayalı olarak açtığı rücu davasının hangi mahkemede görüleceği

Yargıtay 20. Hukuk Dairesi

Esas No.: 2016/642

Karar No.: 2016/3340

Karar tarihi: 16.03.2016

Dava, sigorta şirketi tarafından geniş kapsamlı site yönetimi paket sigorta poliçesi ile sigorta teminatı altına alınan dava dışı sitenin davalı şirketin çalışanlarının kusuruyla çıkan yangında zarar görmesi nedeniyle sigorta şirketi tarafından sigortalısına ödenen tazminatın bedeli ile ilgili olarak, sigorta şirketinin halefiyet hakkını kullanarak davalı şirketten rucüan tahsili istemine ilişkindir.

... . Asliye Ticaret Mahkemesince, davanın sigortalı kimsenin sorumlu kişiye karşı açmış olduğu dava gibi olduğu, sigorta şirketi tarafından halefiyet esasına göre açılan davanın asliye hukuk mahkemesinde sonuçlandırılması gerektiği gerekçesiyle görevsizlik kararı verilmiştir.

... . Asliye Hukuk Mahkemesi ise, dava konusunun tarafların ticari işletmesini ilgilendirdiği anlaşıldığından görevli mahkemenin asliye ticaret mahkemeleri olduğu gerekçesiyle görevsizlik kararı vermiştir.

Somut olayda uyuşmazlık, 6102 sayılı Türk Ticaret Kanununun 1472/1. maddesi uyarınca, sigorta şirketi tarafından sigortalısına ödenen tazminatın, kusurlu olan davalıdan rücuan tahsiline ilişkindir. TTK m. 1472/1'de düzenlenen halefiyet, yasal, sınırlı ve cüz'î halefiyet niteliğindedir. Bu maddeden doğan halefiyet hakkına istinaden açılan veya açılacak olan dava, esas itibariyle sigortalının, kendisine zarar verene karşı açacağı tazminat davasının, onun halefi sıfatıyla sigortacı tarafından açılmasıdır. TTK'nın 1472/1. maddesi uyarınca sigortacı, sigorta bedelini ödedikten sonra hukuken sigorta ettiren yerine geçer ve dava, tazmin ettiği bedel nisbetinde sigortacıya intikal eder. Bu şekilde sigortalısının haklarına halef olan sigorta şirketinin, ödediği tazminat miktarınca hukuken sigortalı yerine geçerek açtığı rücû davası, aslında bir tazminat davası olup, bu niteliği itibariyle aynı zamanda şahsî nitelikte bir eda davasıdır. Burada sigortacı, sigorta ettiren yerine geçtiği için şahsî ve rücûu ödediği bedelle sınırlı olduğundan dolayı da cüz'î haleftir. Sigortacının, sigortalıya ödediği tazminat oranında sigortalının yerine geçeceği ve onun kanunî halefi olacağı, ilke olarak 31.03.1954 gün ve 1953/18 E. - 1954/11 K. sayılı Yargıtay İçtihadı Birleştirme Kararında da belirtilmiştir. 17.01.1972 tarih ve 1970/2 E. - 1972/1 K. sayılı Yargıtay İçtihadı Birleştirme Kararında da, sigortacının, zarara sebebiyet veren aleyhinde açtığı rücû davasının, kanundan doğan halefiyete dayandığı ve halef olanın, halefiyet yolu ile nasıl bir hak iktisap etmiş ise, o hakka sahip olacağı vurgulanmış; velhasıl sigorta ettirenin ne hakkı varsa bunların, şartları gerçekleşince sigortacıya geçeceği; sigortacının, sigorta ettirenin bütün def'ilerini üçüncü şahsa karşı ileri sürebileceği gibi eylemin haksız fiîlden kaynaklandığı açıktır.

Somut olayda, sigortalı sitenin halefi olan davacı ... şirketi, davalı şirketin çalışanlarının kusuru nedeniyle oluşan zararın rücuan tahsilini talep etmekte olup, bu şekilde uyuşmazlığın haksız fiîlden kaynaklandığı, davalıların tacir sıfatının bulunmadığı anlaşılmakla Asliye Hukuk Mahkemesinde görülmesi gerekmektedir.

SONUÇ: Yukarıda açıklanan nedenlerle; 6100 sayılı HMK'nın 21 ve 22. maddeleri gereğince ... ...Asliye Hukuk Mahkemesinin YARGI YERİ OLARAK BELİRLENMESİNE 16/03/2016 gününde oy birliğiyle karar verildi.

YORUM

Yargıtay kararına konu oluşturan uyuşmazlıkta davacı sigorta şirketi, bir siteyi paket sigorta poliçesi ile sigorta güvencesi altına almıştır.

Site, davalı şirketin çalışanlarının çıkardığı yangında zarar görmüştür.

Bunun üzerine sigorta ettirene gerçekleşen yangın zararı nedeniyle sigorta tazminatı ödeyen davacı sigortacı, sigorta ettirene yasal halef olmuş ve davalı şirkete karşı rücu davası açmıştır.

Sorun bu davanın Asliye Hukuk Mahkemesi'nde mi yoksa Ticaret Mahkemesi'nde mi görülmesi gerektiğine ilişkindir.

Yargıtay olayda aşağıdaki gerekçelerle Asliye Hukuk Mahkemesi'nin yetkili olduğuna hükmetmiştir.

- *Asliye Ticaret Mahkemesi sigorta şirketi tarafından haleflik esasına göre açılan davanın Asliye Hukuk Mahkemesi'nde sonuçlandırılması gerektiği gerekçesiyle görevsizlik kararı vermiştir.*
- *Asliye Hukuk Mahkemesi ise, dava konusunun tarafların ticari işletmesini ilgilendirdiği anlaşıldığından görevli mahkemenin Ticaret Mahkemesi olduğu gerekçesiyle görevsizlik kararı vermiştir.*
- *Somut olayda, sigorta ettiren sitenin halefi olan davacı sigorta şirketi, davalı şirketin çalışanlarının kusuru nedeniyle oluşan zararın tahsilini istemiştir. Uyuşmazlığın haksız fiilden kaynaklandığı, davalıların tacir sıfatının bulunmadığı anlaşılmaktadır. Davanın Asliye Hukuk Mahkemesi'nde görülmesi gerekmektedir.*

Karara ilişkin değerlendirmemiz şöyledir:

- *Bu uyuşmazlıkta kanımızca davalı şirket ile davacı sigorta şirketinin kendisine halef olduğu sigorta ettiren site yönetimi arasında sözleşme ilişkisinin var olup olmadığı belirleyicidir.*
- *Eğer sigorta ettiren ile davalı arasında, davalının yangın dolayısıyla sigorta ettirene (ve onun halefi olan sigorta şirketine) karşı sorumluluğunun dayanağını oluşturabilecek bir "sözleşme ilişkisi" mevcutsa, davanın haksız eylemden kaynaklandığı yolundaki Yargıtay değerlendirmesi yerinde görülemeyecektir.*
- *Bir sözleşme ilişkisinin var olduğu belirlense dahi, sigorta ettiren "site yönetimi" (anlaşıldığı kadarıyla) tacir olmadığından, (TTK'da düzenlenen bir sözleşme söz konusu olmadıkça) olayda Ticaret Mahkemesi yine görevli sayılmayacaktır. Çünkü TTK 4(1)'de aranan "her iki tarafın da ticari işletmesiyle ilgili bir husustan doğan dava" koşulu yerine gelmeyecektir. (Yargıtay kararında mevcut "davalıların tacir sıfatının bulunmadığı" saptaması yine aynı karardaki "davalı şirket" deyimi karşısında doğru görünmemektedir).*
- *Sözleşme ilişkisinin yokluğunda, davalı şirketin çalışanları tarafından çıkarılan yangın, (adam çalıştıranın sorumluluğunu düzenleyen) TBK m.66 uyarınca sorumluluğa yol açacaktır. Bu da Asliye Hukuk Mahkemesi'nin görevli olması anlamına gelecektir.*
- *Öte yandan, Yargıtay tarafından "TTK'da düzenlenmiş yasal haleflikten kaynaklanan dava" yorumunun benimsenmemesi kanımızca yerindedir.*

Yasal haleflik hakkına dayalı rücu davalarının dayanağı, sigortacıya, tazminat ödemesi üzerine yasa gereğince sigorta ettirenden (başkası lehine sigortada sigortalıdan) geçen zarardan sorumlu üçüncü kişiye yönelik giderim istemi olarak kabul edilmelidir.

Sel zararı sebebiyle tazminat ödeyen mal sigortacısının, zarardan sorumlu kuruma yasal halef sıfatıyla yönelttiği tazminat davasının hangi yargıda görüleceği

Yargıtay 17. Hukuk Dairesi

Esas No.: 2016/3726

Karar No.: 2016/3766

Karar tarihi: 24.03.2016

Davacı vekili, yağmur suları sebebi ile sel şeklinde gelen suyun müvekkiline sigortalı işyerinde hasara neden olduğunu, müvekkili tarafından sigortalıya 55.000,00 TL hasar bedelinin ödendiğini, hasardan davalı kurumun sorumlu olduğunu belirterek ödenen tazminatın davalıdan tahsili için başlatmış olduğu icra takibine vaki itirazın iptaliyle takibin devamına verilmesini talep etmiştir.

Davalı vekili, davanın reddini savunmuştur.

Mahkemece, tam yargı davasına konu olabilecek bir alacağın icra takibine konu edilebileceğinin kabulü halinde tam yargı davasına konu olabilecek her türlü alacağın itirazın iptali yolu ile adli yargı önüne taşınacağı, bu nedenle adli yargıda dava edilmesi mümkün olmayan bir alacağın icra takibine de konu edilemeyeceği sonuç ve kanaatine varılmakla geçerli bir icra takibi bulunmaması nedeni ile davanın dava şartı yokluğundan reddine verilmiş; hüküm, davacı vekili tarafından temyiz edilmiştir.

Dava, 6762 sayılı TTK.'nun 1301. maddesinden (6102 sayılı TTK'nun 1472. maddesi) kaynaklanan rücuan tazminatın tahsiline dair yapılan icra takibine vaki itirazın iptali istemine ilişkindir.

Davacıya sigortalı işyerinin, yağmur sebebi ile oluşan sel suları sonucu hasarlandığı iddiasıyla davalı özel hukuk tüzel kişisi aleyhine açılan icra takibine vaki itirazın iptaline dair davada mahkemece, tam yargı davasına konu olabilecek bir alacağın icra takibine konu edilebileceğinin kabulü halinde tam yargı davasına konu olabilecek her türlü alacağın itirazın iptali yolu ile adli yargı önüne taşınacağı, bu nedenle adli yargıda dava edilmesi mümkün olmayan bir alacağın icra takibine de konu edilemeyeceği sonuç ve kanaatine varılmakla geçerli bir icra takibi bulunmaması nedeni ile davanın dava şartı yokluğundan reddine verilmiş ise de, davalılar özel hukuk tüzel kişisi olup, verdikleri iddia olunan zararlardan dolayı oluşan sorumlulukları özel hukuk hükümlerine tabidir. Özel hukuk tüzel kişilerinin verdikleri zararlar niteliği itibariyle hizmet kusurundan kaynaklanan zararlar olmayıp, bu zararların tazmini amacıyla anılan özel hukuk tüzel kişilerine karşı adli yargı yerinde tazminat davası ikame edilmesi gerekmektedir.(H.G.K. 04.11.2015 tarih 2015/17-86-87-137-1869-225 Esas, 2015/2364-2365-2368-2369-2370)

O halde mahkemece, bu davalı aleyhine açılan bu davanın adli yargıda görülmesi gerekip davaya devam edilerek esastan inceleme yapılması gerekirken, yazılı olduğu şekilde davanın dava şartı yokluğundan reddine verilmesi yerinde görülmemiştir.

SONUÇ: Yukarıda açıklanan nedenlerle davacı vekilinin temyiz itirazlarının kabulü ile hükmün BOZULMASINA, peşin alınan harcın istek halinde temyiz eden davacıya geri verilmesine 24/03/2016 gününde oybirliğiyle verildi.

YORUM

Yargıtay, sigorta ettirene ait işyeri için sigorta güvencesi sağlamış bulunan sigortacının, gerçekleşen sel rizikosu sebebiyle sigorta ettirene sigorta tazminatı ödedikten sonra, yasal halef sıfatıyla sorumlu kuruma açtığı rücu davasının "dava şartı yokluğundan dolayı" reddine ilişkin ilk derece mahkemesi kararını aşağıdaki gerekçelerle bozmuştur:

- *İlk derece mahkemesi, sigortalı işyerinin, yağmur sebebi ile oluşan sel suları sonucu hasarlandığı iddiasıyla davalı tüzel kişi aleyhine açılan itirazın iptali davasının adli yargıda görülemeyeceğine karar vermiştir.*
- *İlk derece mahkemesinin gerekçesi "tam yargı davasına konu olması gereken bir alacağın icra takibine konu edilebileceğinin kabulü halinde, tam yargı davasına konu olması lazım gelen her türlü alacağın itirazın iptali yolu ile adli yargı önüne taşınabileceği; adli yargıda dava edilmesi*

mümkün olmayan bir alacağın icra takibine de konu edilemeyeceği" şeklindedir.

- *İlk derece mahkemesi itirazın iptali davasının "dava şartı yokluğundan" reddine karar vermiştir.*
- *Ancak, davalı taraf bir özel hukuk tüzel kişisidir.*
- *Özel hukuk tüzel kişileri, verdikleri zararlardan özel hukuk hükümleri uyarınca sorumlu olurlar.*
- *Özel hukuk tüzel kişilerinin verdikleri zararlar, nitelikleri açısından hizmet "kusurunun yol açtığı zarar" sayılmaz.*
- *Bu zararların giderilmesi amacıyla özel hukuk tüzel kişilerine karşı adli yargı yerinde tazminat davası açılması gerekmektedir. HGK içtihadı da aynı yöndedir.*

Karar hakkında şu gözlemi yapabiliriz:

- *Özel hukuk tüzel kişisinin, kamu hizmeti görürken yol açtığı zararlardan sorumluluğu özel hukuk hükümlerine tabi sayıldığında, şu yeni soru gündeme gelmektedir: Acaba hangi hükümler?*
- *Selden kaynaklanan zararlarda (işyerini su basmasından farklı olarak) sözleşmesel sorumluluk devre dışı kalabilir.*
- *Sözleşme dışı sorumluluk kurallarından aşağıdakilerin uygulanması düşünülebilir:*
    - *Haksız eylem sorumluluğu (TBK m.49 fk.1- Bu takdirde, kusurun hizmet kusuruna ilişkin kurallar çerçevesinde değerlendirilmesi de söz konusu olabilir; bu noktanın incelenmesi lazımdır).*
    - *Adam çalıştıranın sorumluluğu (TBK m.66)*
    - *Yapı malikinin sorumluluğu (TBK m.69)*
    - *Tehlike sorumluluğu (TBK m.71)*
    - *Sorumluluğun aynı anda birden çok sebebe dayandırılması mümkün ise, yargıç TBK m.60 uyarınca kural olarak zarar görene en iyi giderim olanağı sağlayan sorumluluk sebebine karar verecektir.*

Kasko sigortacısının tacir olmayan sigortalısının aracına zarar veren tacir sıfatı bulunmayan üçüncü kişiye yöneltti̇ği yasal halefliğe dayalı rücu davasının hangi mahkemede görüleceği

Yargıtay 17. Hukuk Dairesi

Esas No.: 2015/17528

Karar No.: 2016/3871

Karar tarihi: 28.03.2016

Davacı vekili, şirketleri tarafından kasko sigorta poliçesi ile sigortalanan araca, davalıya ait tescilsiz motosikletin çarpmasıyla oluşan kaza nedeniyle sigortalılarına 10.000,00 TL. araç hasar bedelini 08.10.2013'te ödediklerini, bu bedelin rücuen tahsili için davalı aleyhine .... İcra Müdürlüğü'nün 2014/1301 sayılı dosyasında başlattıkları takibe davalının itiraz ettiğini, davalının itirazının haksız olduğunu ileri sürerek davalının itirazının iptali ile % 20 icra inkar tazminatının davalıdan tahsilini talep etmiştir.

Davalı, duruşmada alınan beyanında; kazada kusurunun olmadığını belirterek davanın reddini talep etmiştir.

Mahkemece, kararda yazılı gerekçelerle ve benimsenen bilirkişi raporuna göre; davacının açtığı itirazın iptali davasının kısmen kabulüne; 7.657,00 TL'nin takip tarihi olan 20.01.2014 tarihinden itibaren, asıl alacak 7.470,00 TL'ye işleyecek yasal faiziyle birlikte davalıdan tahsiline, şartları oluşmadığından davacının icra inkar tazminatı talebinin reddine karar verilmiş; hüküm, davalı tarafından temyiz edilmiştir.

Dava, kasko sigorta poliçesi gereği sigortalısına ödeme yapan davacının ödediği bedelin, 6102 sayılı Türk Ticaret Kanunu'nun 1472. maddesine göre rücuen tahsili için başlatılan takibe vaki itirazın iptali istemine ilişkindir.

Sigortacının halefiyete dayalı olarak açacağı rücuen tazminat davasında, görevli mahkemenin belirlenmesi konusunda; 22.03.1944 tarih, 37 Esas, 9 Karar sayılı (03.07.1944 tarihli Resmi Gazetede yayınlanan) Yargıtay İçtihadı Birleştirme kararında "sigortacının sorumlu kişi aleyhine açacağı dava, sigorta poliçesinden doğan bir dava değildir. Bu nedenle halefiyet davası ticari dava sayılamaz. Bu dava aynen sigortalı kimsenin sorumlu kişiye karşı açmış olduğu bir dava gibidir. Sigortalının muhtelif mahkemelerde dava açma hakkı varsa, aynı hak sigortacının halefiyet hakkına dayanan rücu davası için de söz konusudur" ilkesi benimsenmiştir.

Buna göre; sigortacının halefiyete dayalı olarak açtığı davada, davanın nitelendirmesi yapılırken, davacının sigortalısı ile zarara neden olduğu iddia edilen arasındaki hukuki ilişkiye bakılması gerekir.

Somut olaya bakıldığında; davacı ...'nin sigortalısı Z. G ve sigortalının aracına zarar veren davalı, gerçek kişi olup aralarındaki hukuki ilişki de haksız fiilden doğmuştur. Bu durum karşısında, gerçek kişiler arasındaki haksız fiilden doğan davada genel görevli mahkeme olan Asliye Hukuk Mahkemeleri'nin görevli olduğu, davacının halefiyete dayalı olarak açtığı rücuen tazminat davasında da Asliye Hukuk Mahkemesi'nin görevli olduğu gözetildiğinde; yerel mahkemece, davanın mutlak ticari dava olduğu kabul edilerek davaya Asliye Ticaret Mahkemesi sıfatıyla bakılması hatalı ise de; Diyarbakır'da müstakil Asliye Ticaret Mahkemesi bulunmaması nedeniyle bu husus bozma nedeni yapılmamıştır.

Dosya içerisindeki bilgi ve belgelere, mahkeme kararının gerekçesinde dayanılan delillerin tartışılıp, değerlendirilmesinde usul ve yasaya aykırı bir yön bulunmamasına, özellikle oluşa uygun olarak düzenlenen uzman bilirkişi raporunda belirtilen kusur oranlarının hükme esas alınmasında bir usulsüzlük bulunmamasına göre; davalının yerinde görülmeyen tüm temyiz itirazlarının reddi ile hükmün ONANMASINA 28.3.2016 gününde oybirliğiyle karar verildi.

YORUM

Bu "onama" kararında Yargıtay, sigortacı tarafından yasal haleflik hakkına dayalı olarak açılan rücu davasının, sigortacının kendisine halef olduğu sigorta ettiren, zarardan sorumlu üçüncü kişiye karşı nerede dava açması gerekmekte ise, o mahkemede görüleceğini belirtmektedir.

Olayda gerçek kişiler arasındaki trafik kazasından kaynaklanan bir tazminat alacağı söz konusudur.

Ancak ilk derece mahkemesi, davaya, "mutlak ticari dava" olduğunu kabul ederek, ticaret mahkemesi sıfatıyla bakmıştır.

Yargıtay ise, davanın görüldüğü yerde ayrı bir ticaret mahkemesi bulunmadığından, verilen kararı sonuç olarak yerinde görmüş ve onamıştır. Kanımızca bu davanın Asliye Hukuk Mahkemesinde görülmesi gerektiği saptaması yerindedir.

Kasko sigortacısı tarafından yasal halef sıfatıyla açılan rücu davasında, sigorta ettirenin uğradığı gerçek zarardan fazla bir tazminat ödenmeyeceği; davacı sigortacının ödediği tazminat tutarının belirleyici olmayacağı; zarar tutarının Yargıtay denetimine elverişli bilirkişi incelemesiyle belirlenmesi gerektiği

Yargıtay 17. Hukuk Dairesi

Esas No.: 2015/17864

Karar No.: 2016/4019

Karar tarihi: 30.03.2016

Davacı vekili, 01.02.2012 tarihinde müvekkil......'ye kasko poliçesi ile sigortalı aracın seyir halinde iken davalının yola saçtığı tomruklara çarpması sonucu meydana gelen trafik kazasında araçta hasar oluştuğunu, müvekkili sigorta şirketinin sigortalıya hasar bedelini ödediğini, alacağın tahsili için ....İcra Müdürlüğünün 2013/888 sayılı dosyası ile 3.954,00 TL asıl alacak, 636,52 TL işlemiş faiziyle birlikte toplam 4.590,52 TL'ni tahsili için davalı aleyhinde icra takibi yapıldığını, takibin davalının itirazı üzerine durduğunu, itirazın iptali ile takibin devamına ve %20 den az olmamak üzere inkar tazminatına hükmedilmesini istemiştir.

Davalı vekili, meydana gelen kazaya ilişkin kaza tespit raporunun olmadığını, jandarma ekibi tarafından tutulan tutanakta yolun karlı, buzlu ve kaygan olduğunun tespit edilerek kazanın yola saçılan orman emvalinden kaynaklandığının ifade edildiğini, müvekkilinin olay mahallinde olmaması nedeni ile yokluğunda bir takım işlemler yapıldığını, bu işlemlerin mevzuata göre yetersiz ve çelişkili olduğunu, yolun kaygan ve buzlu olmasının kazaya etkisinin ne olduğunun araştırılmadığını beyanla davanın reddini istemiştir.

Mahkemece iddia, savunma ve toplanan kanıtlara göre; davanın kabulü ile takip konusu asıl alacağın ödeme tarihi olan 11.02.2012 tarihinden işleyecek yasal faizi ile birlikte takibin devamına, itirazın iptaline, alacak yargılamayı gerektirdiğinden icra inkâr tazminatı talebinin reddine karar verilmiş; hüküm, davalı vekili tarafından temyiz edilmiştir.

Dava, 6102 sayılı TTK'nin 1472.maddesi uyarınca rücuen tazminat istemine ilişkindir.

6100 sayılı HMK'nin 266. ve devamı maddelerine göre, çözümü özel veya teknik bilgiyi gerektiren hallerde, mahkemece uzman bilirkişinin oy ve görüşüne başvurulması zorunludur.

Trafik kazalarında araçta meydana gelen hasar bedelinin hesaplanması teknik bilgi ve uzmanlığı gerektiren konulardandır.

Bu durumda, mahkemece, davalının davacı şirketin sigortalısına ödediği tazminattan değil gerçek zarardan sorumlu olduğu da gözetilerek yukarıda sözü edilen yasa maddesi uyarınca konusunda uzman makine mühendisi bilirkişiden dosyada mevcut, kaza tespit tutanağı, ekspertiz raporu, fotoğraflar ve tüm deliller değerlendirilerek değişen parçaların ve işçiliklerin kaza ile uyumlu olup olmadığı ve araçta meydana gelen hasar bedelinin belirlenmesi hususunda ayrıntılı, gerekçeli ve denetime açık kusur ve hasar raporu alınarak sonucuna göre bir karar verilmesi gerekirken eksik inceleme ile yazılı şekilde hüküm kurulması doğru görülmemiştir.

SONUÇ: Yukarıda açıklanan nedenlerle davalı vekilinin temyiz itirazlarının kabulü ile hükmün BOZULMASINA, 30/03/2016 gününde oybirliğiyle karar verildi.

YORUM

Yargıtay kararından anlaşıldığı kadarıyla uyuşmazlık, esas olarak davalının trafik kazasından sorumlu olup olmadığına ilişkindir.

İlk derece mahkemesi, sorumluluğun mevcut olduğu sonucuna varmış ve davalıyı tazminat ödemeye mahkum etmiştir.

Yargıtay ise "davalının davacı şirketin sigortalısına ödediği tazminattan değil gerçek zarardan sorumlu olduğu da gözetilerek" zararın bilirkişi eliyle saptanması gerektiğini, bu yapılmadan karar verilmesinin bozmayı gerektirdiğini belirterek ilk derece mahkemesi kararını bozmuştur.

Karar hakkında şu yorumu yapmaktayız:

- *Olayda öncelikle bir sebep-sonuç ilişkisi (nedensellik bağı) sorunu söz konusudur. Davacı sigortacı, kasko sigortası sözleşmesiyle sigorta güvencesi altına almış olduğu sigorta ettirene ait aracının davalıya ait araçtan düşen (saçılan) "orman emvaline" (kütüklere) çarparak hasarlandığını ve davalının bu zarardan sorumlu olduğunu öne sürmüştür. Davalı ise, kazaya ilişkin tutanağın kendisi dışında (yokluğunda) düzenlendiğini ve bu tutanakta yolun karlı, buzlu ve kaygan olduğunun belirtildiğini, bu durumun kazaya etkisinin ne olduğunun ise saptanmadığını savunmuştur.*
- *Bu çerçeve içinde, davacının sigorta ettirenine ait aracın hasarlanmasının "sebebi" bakımından taraflar arasında uyuşmazlık bulunmaktadır.*
- *Kazanın davalının sorumlu olduğu bir sebepten ileri gelip gelmediği ve öyle olsa dahi, davacının sigorta ettireninin karşılık (eşlik eden) bir kusurunun bulunup bulunmadığı tartışmalı görünmektedir.*
    - *Davalının aracında kütük taşıdığı ve bunlardan birinin veya bazılarının yola saçıldığı olguları eğer kanıtlanmış ise (veya çekişmeli değilse) ve sigorta ettirene ait aracın da yoldaki bir kütüğe veya bazı kütüklere çarparak hasarlandığı belirlenmişse, kanımızca davalının kazaya yol açmış sayılması mümkündür.*
    - *Sigorta ettirende eşlik eden bir kusurun var olup olmadığı ise kuşkusuz ayrıca değerlendirilmesi lazım gelen bir konudur.*
    - *Yolun buzlu (kaygan) olması, tek başına davalının sorumluluktan kurtulmasını veya tazminattan indirim yapılmasını gerektiren bir hal sayılmamalıdır. Kayganlık, duruma göre aracın zarar görmesini kaçınılmaz hale de getirmiş de olabilir. Eğer aniden yola saçılan kütüklerden kaçmak yolun kayganlığı sebebiyle mümkün olamamışsa durum böyledir.*
- *Yargıtay ise, sorumluluğun mevcut olup olmadığı konusunda herhangi bir değerlendirme yapmaksızın, davalının sorumlu olduğunu benimseyip (bu yoldaki ilk derece mahkemesi görüşüne katılıp) yalnızca zarar tutarının gereği gibi belirlenmiş olmaması sebebiyle bozma kararı vermiştir.*
    - *İlk derece mahkemesinin hüküm altına aldığı zarar tutarının davalı tarafından itiraz konusu yapıldığını varsayıyoruz (bu hususta kararda açıklık yoktur)*

- *Kararda (dosyadaki) ekspertiz raporunun neden yeterli görülmediği de açıklanmamıştır. Genel bir uygulama olarak, yargı organlarının ekspertiz raporunu yeterli delil saymadıkları izlenimi edinilmektedir. Oysa yürürlükteki hukuk kuralları uyarınca tarafsız ve bağımsız çalışması gereken sigorta eksperlerinin "sigortacıların uzantısı" gibi algılanmaları yarar sağlamamaktadır.*

- *Yüksek Mahkeme'nin kararında yer alan "davalının, davacı şirketin sigortalısına ödediği tazminattan değil gerçek zarardan sorumlu olduğunun da gözetilmesi gerektiğine" ilişkin değerlendirmesi kuşkusuz hukuken yerindedir. Ancak, davacı sigorta şirketinin de zarar sigortalarında yalnızca zararı karşılamak zorunda olduğu; sigorta ettireni (sigorta tazminatı aracılığıyla) zenginleştirme anlamına gelecek ödemelerden kaçınması gerektiği bir gerçektir. "Mutlak emredici" nitelik taşıyan (aksine anlaşma halinde tüm sigorta sözleşmesinin geçersiz sayılacağı) TTK 1459 uyarınca "sigortacı, sigortalının uğradığı zararı tazmin eder". Şu halde, sigortacının yaptığı tazminat ödemesinin (en fazla) gerçek zarara eşit olması asıldır (Sigortacının, muafiyet indirimi, tazminattan indirim yapma hakkına sahip olduğu haller ve sigorta bedelinin sigorta değerinden düşük olması gibi sebeplerle uğranılan zarardan daha az tutarda ödeme gerçekleştirmesi olasıdır). Ancak, sigortacı tarafından yapılan ödemenin zarardan sorumlu (olduğu öne sürülen) üçüncü kişiyi bağlamayacağı ve gerçek zararı aşan ödemenin söz konusu olduğu itirazının daima yapılabileceği de açıktır. Sorun bu gibi bir itiraz halinde, yargıcın bilirkişi incelemesi yaptırmak zorunda olup olmadığıdır. Dosyada yeterli delil varsa, bilirkişi incelemesinin gerekli görülmeyebileceği kanısındayız.*

Trafik kazalarında araçta meydana gelen zararın saptanmasının teknik bilgi ve uzmanlık gerektirdiği ve mahkemece bu konuda Yargıtay denetimine elverişli bir bilirkişi incelemesi yaptırılması gerektiği

Yargıtay 17. Hukuk Dairesi

Esas No.: 2016/4427

Karar No.: 2016/4026

Karar tarihi: 30.03.2016

Davacı vekili, 26.08.2013 tarihinde müvekkil ...'ye kasko poliçesi ile sigortalı araç ile seyir halinde iken davalının büyükbaş hayvanları başıboş bırakması nedeniyle tam kusurlu olarak meydana gelen trafik kazasında araçta hasar oluştuğunu, müvekkili sigorta şirketinin sigortalıya hasar bedelini ödediğini, 9.009,80 TL'nin 20.12.2012 ödeme tarihinden itibaren yasal faiziyle birlikte davalıdan tahsilini istemiştir.

Davalı vekili, müvekkilinin kusurunun olmadığını beyanla davanın reddini istemiştir.

Mahkemece iddia, savunma ve toplanan kanıtlara göre; davanın kabulü ile 9.009,80 TL'nin 20.12.2012 ödeme tarihinden itibaren işleyecek yasal faiziyle birlikte davalıdan tahsiline verilmiş; hüküm, davalı vekili tarafından temyiz edilmiştir.

Dava, 6102 sayılı TTK'nin 1472.maddesi uyarınca rücuen tazminat istemine ilişkindir.

6100 sayılı HMK'nin 266. ve devamı maddelerine göre, çözümü özel veya teknik bilgiyi gerektiren hallerde, mahkemece uzman bilirkişinin oy ve görüşüne başvurulması zorunludur.

Trafik kazalarında araçta meydana gelen hasar bedelinin hesaplanması teknik bilgi ve uzmanlığı gerektiren konulardandır.

Bu durumda, mahkemece, davalının davacı şirketin sigortalısına ödediği tazminattan değil gerçek zarardan sorumlu olduğu da gözetilerek konusunda uzman trafik kusur ve makine mühendisi bilirkişiden dosyada mevcut, kaza tespit tutanağı, ekspertiz raporu, fotoğraflar ve tüm deliller değerlendirilerek değişen parçaların ve işçiliklerin kaza ile uyumlu olup olmadığı ve araçta meydana gelen hasar bedelinin belirlenmesi hususunda ayrıntılı, gerekçeli ve denetime açık kusur ve hasar raporu alınarak sonucuna göre bir verilmesi gerekirken eksik inceleme ile yazılı şekilde hüküm kurulması doğru görülmemiştir.

SONUÇ: Yukarıda açıklanan nedenlerle davalı vekilinin temyiz itirazlarının kabulü ile hükmün BOZULMASINA, peşin alınan harcın istek halinde temyiz eden davalıya geri verilmesine 30/03/2016 gününde oybirliğiyle verildi.

YORUM

Bu kararında da Yargıtay 17. Hukuk Dairesi, trafik kazasında tazminat tutarının nasıl hesaplanması gerektiğine ilişkin kural ve ilkelere aykırılık belirlemiş ve ilk derece mahkemesi kararını bu yönden bozmuştur. Yüksek Mahkeme'ye göre

- *2011 tarihli HMK 266 ve devamı maddelerine göre, çözümü özel veya teknik bilgiyi gerektiren hallerde, mahkemece uzman bilirkişinin oy ve görüşüne başvurulması zorunludur.*
- *Trafik kazalarında araçta meydana gelen hasar bedelinin hesaplanması teknik bilgi ve uzmanlığı gerektirmektedir.*
- *Mahkemece, kusur alanında uzman ve makine mühendisi bilirkişilerden dosyada mevcut, tüm deliller değerlendirilerek ayrıntılı, gerekçeli ve denetime açık kusur ve hasar raporu alınmalıdır.*
- *Ayrıca, hüküm kurulurken, davalının davacı şirketin sigortalısına ödediği tazminattan değil gerçek zarardan sorumlu olduğu da gözetilmelidir.*

Karara ilişkin değerlendirmemiz şöyledir:

- *Çözümü özel veya teknik bilgiyi gerektiren konularda yargıcın taraflardan birinin istemi üzerine veya kendiliğinden bilirkişiye başvurması HMK 266'da açıkça hükme bağlanmış bulunmakla birlikte, dosyada yeterli uzman değerlendirmesinin mevcut olduğu hallerde, bunun doğrulanması için mutlaka bilirkişi görevlendirmeye gerek olmadığı kanısındayız.*
- *Sorun, dosyada yeterli bir uzman değerlendirmesinin bulunup bulunmadığının yargıç tarafından nasıl belirleneceğidir.*
- *Kanımızca eksper raporu yeterli bir uzman değerlendirmesi sayılabilir. Özellikle tarafların eksper raporunun yetersizliğine ilişkin herhangi bir itirazları söz konusu değilse, mahkeme dosyadaki eksper raporu ile yetinebilmeli ve ayrıca bilirkişi incelemesine gitmek zorunda bırakılmamalıdır.*
- *Sürücünün kusurunun bulunup bulunmadığına ilişkin değerlendirmede ise, kanımızca son söz hakimde olmalıdır. Çünkü kusur (gereken dikkat ve özenin gösterilmiş olup olmadığı; gösterilmemiş ise bunun hangi ölçüde vahim bir ihlâl sayılacağı) hakimin son aşamada kendi takdirine göre karara bağlaması lazım gelen bir husustur. Bir kusurun kazaya tek başına mı başka sebeplerle birleşerek mi etki etmiş olduğu, eğer birden fazla sebep mevcutsa, bunların zararlı sonucun meydana gelmesine hangi oranda etki etmiş sayılacağı ise "nedensellik" ile ilgilidir. Bu hususta bilirkişi teknik destek sağlayabilir.*
- *"Davalının, davacı şirketin sigortalısına ödediği tazminattan değil gerçek zarardan sorumlu olduğunun da gözetilmesi gerektiği" kuşkusuz yerinde bir saptamadır. Bununla birlikte, zarar sigortalarında sigortacı yalnızca*

zararı karşılamak zorundadır ve sigorta ettireni (sigorta tazminatı aracılığıyla) zenginleştirme anlamına gelecek ödemelerden kaçınmakla yükümlüdür. (Emredici nitelik taşıyan TTK 1459 uyarınca sigortacı "sigortalının uğradığı zararı tazmin edecektir"). Buna göre, sigortacının yaptığı tazminat ödemesinin (en fazla) gerçek zarara eşit olması lazım gelmektedir. Sigortacının ödediği tazminat tutarının zarardan sorumlu üçüncü kişiyi bağlamayacağı ve zarardan sorumlu kişinin bu tutara itiraz edebileceği ise açıktır. Asıl sorun, bu itirazın değerlendirilmesi sırasında bilirkişiye başvurmanın bir zorunluluk olup olmadığıdır. Bu da dosya içeriğinin (bu hususta karar vermeye) ne oranda yeterli sayılacağına bağlıdır.

Kasko sigortalı araca verilen zarardan sorumlu birden fazla kişi varsa, bunların hepsi hasım gösterilerek açılacak davanın hangi mahkemede açılması gerektiği

Yargıtay 17. Hukuk Dairesi
Esas No.: 2016/4237
Karar No.: 2016/4086
Karar tarihi: 31.03.2016

Davacı vekili; davacı tarafından kasko sigortalı araca davalı tarafa ait araç sürücüsünün kusurlu hareketi nedeniyle çarpması sonucu hasar gördüğünü belirterek, ... İcra Müdürlüğünün 2014/3739 sayılı dosyasına vaki itirazlarının iptali ile takibin devamına ve % 20 den az olmamak üzere icra inkar tazminatına hükmedilmesini talep etmiştir.

Davalılar vekilleri; davanın reddini istemiştir.

Mahkemece, iddia, savunma ve toplanan delillere göre; davanın reddine karar verilmiş; hüküm, davacı vekili tarafından temyiz edilmiştir.

Dava 6102 sayılı TTK'nın 1472. maddesi gereğince sigortalıya ödenmiş olan alacağın hasar sorumlusundan rücuen tahsili için yapılan icra takibine vaki itirazın iptaline ilişkindir.

6100 sayılı Hukuk Muhakemeleri Kanunu'nun "Davalının birden fazla olması hâlinde yetki" başlıklı 7.maddesi hükmü :(1) Davalı birden fazla ise dava, bunlardan birinin yerleşim yeri mahkemesinde açılabilir. Ancak, dava sebebine göre kanunda, davalıların tamamı hakkında ortak yetkiyi taşıyan bir mahkeme belirtilmişse, davaya o yer mahkemesinde bakılır."

Aynı kanunun "Haksız fiilden doğan davalarda yetki başlıklı" 16.madde'si hükmü "(1) Haksız fiilden doğan davalarda, haksız fiilin işlendiği veya zararın meydana geldiği yahut gelme ihtimalinin bulunduğu yer ya da zarar görenin yerleşim yeri mahkemesi de yetkilidir." şeklindedir.

Bir haksız fiil birden fazla kişi tarafından işlenmiş ise bu kişilere karşı (birlikte) açılacak tazminat davası, ortak yetkili mahkeme olan haksız fiilin işlendiği yer mahkemesinde görülür. Bu halde, davalıların hepsine karşı davalılardan birinin yerleşim yerindeki mahkemede dava açılamaz.

Haksız fiilin işlendiği yer mahkemesinin yetkisi kamu düzenine ilişkin (kesin) yetki değildir.

6100 sayılı HMK'nın 7. maddesi hükmü, haksız fiilin birden fazla kişi tarafından işlenmesi haline münhasır olup somut olaydaki davaya uygulanma imkanı yoktur. Zira burada dava, davalı ölen sürücünün mirasçılarına karşı haksız fiili işleyenin mirasçıları olarak, diğer davalılara karşı ise araç maliki ve ZMSS ve kasko sorumluluğu esasına dayalı olarak açılmaktadır. Yukarıda anılan kanun hükmü ve yapılan açıklamalara göre somut uyuşmazlıkta yetkili mahkeme, zarar gören davacıların yerleşim yeri mahkemesidir

Medeni Usul Hukukuna göre bir dava için kesin yetkinin söz konusu olmadığı durumlarda, davacı tarafın seçimlik hakkı söz konusu olup, davasını genel ve özel yetkili mahkemelerden herhangi birinde açabilir.

Bu anlamda dava sebebi olan haksız fiil halinde dahi HMK'nin 16. maddesi gereğince birden fazla mahkemenin yetkili kılınarak davacıya bir seçimlik hak tanımmış olması göz önüne alındığında bu maddenin amacına aykırı bir yorumla HMK 7/I. maddesi gereğince haksız fiilin vuku bulduğu yerin tüm davalılar için kesin yetkili mahkeme olarak kabul edilmesi ve HMK'nin 6. maddesinde düzenlenen genel yetkili mahkeme yetkisinin kaldırdığı şeklindeki bir yorum mümkün değildir.

Bir dava için birden fazla (genel ve özel) yetkili mahkeme varsa, davacı, bu mahkemelerden birinde dava açmak hususunda bir seçimlik hakka sahiptir. Davacı, davasını bu genel ve özel yetkili mahkemelerden hiç birisinde açmaz ve yetkisiz bir mahkemede açar ise, o zaman seçme hakkı davalılara geçer.

İtirazın iptali davası için "mahkemenin yargı çevresinde geçerli bir icra takibi yapılması" hususu dava şartı olmayıp icra takibi ve itirazın iptali davasının 6100 sayılı Hukuk Muhakemeleri Kanunu'nun yukarıda açıklanan yetkiye ilişkin hükümlerine uygun olması gerekmektedir.

Somut olayda, işleten/sürücü ve trafik sigortacısına yöneltilen davada, dava kazanın vuku bulduğu yer olan Marmara Ereğlisi'nde açılmıştır. Buna göre; mahkemece, yetki itirazının reddiyle işin esasına girilerek tarafların iddia, savunma ve delilleri toplanarak varılacak sonucu göre verilmesi gerekirken yazılı olduğu şekilde yetkisizlik kararı verilmesi doğru olmamış, bozmayı gerektirmiştir.

SONUÇ: Yukarıda açıklanan nedenlerle davacı vekilinin temyiz itirazlarının kabulü ile hükmün BOZULMASINA, peşin alınan harcın istek halinde temyiz eden davacıya geri verilmesine 31/03/2016 gününde oybirliğiyle verildi.

YORUM

Bu kararında Yargıtay 17. Hukuk Dairesi, trafik kazalarından doğan davalarda çoğu zaman olduğu gibi, birden fazla davalının mevcut olması halinde davanın hangi mahkemede açılabileceği sorununu değerlendirmiştir.

Uyuşmazlıkta davacı (yasal haleflik hakkına dayanarak dava açan) sigortacı, karardaki bilgilerden anlaşılabildiği kadarıyla sigorta ettirenin aracına çarparak zarar veren aracın işletenine, o kazada ölen çarpan araç sürücüsünün mirasçılarına, çarpan araca ait ZTS poliçesini düzenleyen sorumluluk sigortacısına karşı (icra takibine yapılan itirazın iptali için) dava açmıştır. (Kararda ayrıca "kasko sigortacısının" da dava edildiği belirtilmektedir. Çarpan aracın kasko sigortacısı, paket poliçe düzenleyerek (ZTS limitlerini aşan sorumluluklar için) isteğe bağlı sorumluluk sigortası (İMM) teminatı da sağlamışsa, onun dava edilmesi söz konusu olabilir).

İtirazın iptali davası trafik kazasının meydana geldiği yerde (Marmara Ereğlisi) açılmıştır.

İlk derece mahkemesi, (karardan tam bir açıklıkla anlaşılmamakla birlikte, olasılıkla) "birden fazla davalının bulunduğu hallerde, davanın bunlardan birinin yerleşim yerinde açılması gerektiğine" dayanarak yetkisizlik kararı vermiştir.

Yargıtay, haksız eylem sebebine dayanan davalarda, davalıların birden fazla olması durumunda haksız eylemin işlendiği yer mahkemesinde dava açılabileceğini; davalılardan birinin yerleşim yerinde dava açılmasının zorunlu olmadığını vurgulayarak, kararı bozmuş ve ilk derece mahkemesinin esasa girerek davayı sonuçlandırması gerektiğine hükmetmiştir.

Yüksek Mahkeme şu hususları belirtmiştir:

- *2011 tarihli Hukuk Muhakemeleri Kanunu (HMK) m.7(1) uyarınca "Davalı birden fazla ise dava, bunlardan birinin yerleşim yeri mahkemesinde açılabilir. Ancak, dava sebebine göre kanunda, davalıların tamamı hakkında ortak yetkiyi taşıyan bir mahkeme belirtilmişse, davaya o yer mahkemesinde bakılır."*
- *HMK m.16(1) ise "Haksız fiilden doğan davalarda, haksız fiilin işlendiği veya zararın meydana geldiği yahut gelme ihtimalinin bulunduğu yer ya da zarar görenin yerleşim yeri mahkemesinin de yetkili olduğunu" öngörmüştür.*
- *Bir haksız eylem birden fazla kişi tarafından işlenmiş ise bu kişilere karşı (birlikte) açılacak tazminat davası, ortak yetkili mahkeme olan haksız fiilin işlendiği yer mahkemesinde görülür.*
- *Bu halde, davalıların hepsine karşı, bunlardan birinin yerleşim yerindeki mahkemede dava açılamaz.*
- *HMK m.7(1) hükmü bu olayda uygulama alanı bulmaz. Çünkü bu hüküm yalnızca haksız eylemin birden fazla kişi tarafından işlenmiş olması olasılığına ilişkindir. Olaydaki dava ise,*
    - *Davalı ölen sürücünün mirasçılarına karşı haksız eylemi işleyenin mirasçıları oldukları için,*
    - *Diğer davalılara karşı ise farklı sebeplerle (araç maliki/işleteninin sorumluluğu; ZTS poliçesini düzenleyen sorumluluk sigortacısının sorumluluğu; İMM teminatı vermiş olan sigortacının sorumluluğu esasına dayalı olarak) açılmıştır.*
    - *HMK m.7(1)'deki düzenlemeye göre somut uyuşmazlıkta yetkili mahkeme, zarar gören davacıların yerleşim yeri mahkemesidir*
- *Bir dava için kesin yetkili mahkeme belirlenmemişse, davacı genel ve özel yetkili mahkemelerden herhangi birinde dava açabilir.*

- *Haksız fiilin işlendiği yer mahkemesinin yetkisi kamu düzenine ilişkin (kesin) yetki değildir.*
- *HMK m. 16 haksız eylem halinde birden fazla mahkemeyi yetkili kılmış ve davacıya seçimlik hak tanımıştır.*
- *HMK m.16 hükmü amacına aykırı yorumlanarak*
    - *Davalılardan birinin yerleşim yeri mahkemesinin (kararda "haksız eylemin gerçekleştiği yer mahkemesinin" denmiştir) HMK m.7(1) gereğince tüm davalılar için kesin yetkili mahkeme olarak kabulü ve*
    - *HMK m. 6'da düzenlenen genel yetkili mahkemenin yetkisinin kaldırıldığının benimsenmesi*

mümkün değildir.

- *Öte yandan, itirazın iptali davası açabilmek için "mahkemenin yargı çevresinde geçerli bir icra takibi yapılmış olması" da dava şartı değildir. İtirazın iptali davası HMK uyarınca yetkili sayılması gereken mahkemede açılabilir.*
- *Somut olayda, dava kazanın vuku bulduğu yer olan Marmara Ereğlisi mahkemesinde açılmıştır. Mahkemece, yetki itirazının reddiyle işin esasına girilmesi gerekirdi.*

Yüksek Mahkeme'nin yukarıdaki değerlendirmeleri hakkında şunları söyleyebiliriz:

- *HMK m.7(1) hükmünün ancak haksız eylemin birden fazla kişi tarafından (birlikte) işlenmiş olması halinde uygulanabileceği yolundaki Yüksek mahkeme görüşü tartışılabilir. Mesela çalışanın kusurlu haksız eylemi söz konusu olduğunda, onu çalıştıran kişinin (adam çalıştıranın) sözleşme dışı sorumluluğu öne sürülmekte ise, bunların her ikisine karşı haksız eylem (sözleşme dışı sorumluluk) hükümleri uyarınca haksız eylemin işlendiği yer mahkemesinde dava açılabilmesi daha uygun bir çözümdür.*
- *Olayda davanın haksız eylemin meydana geldiği yer mahkemesinde açılmış olduğu anlaşılmaktadır.*

Yangın sigortası uyarınca taşınmazdaki zararı gideren sigortacının, yasal haleflik hakkına dayanarak zarardan sorumlu (yapı maliki olduğu anlaşılan) kişiye karşı açtığı davanın hangi mahkemede görüleceği

Yargıtay 20. Hukuk Dairesi

Esas No.: 2016/3325

Karar No.: 2016/3952

Karar tarihi: 04.04.2016

Dava, işyeri sigorta sözleşmesinden kaynaklanan rücuan tazminat istemine ilişkindir.

... 3. Asliye Ticaret Mahkemesince, davanın yapı malikinin sorumluluğundan kaynaklandığı gerekçesiyle görevsizlik kararı verilmiştir.

... 4. Asliye Hukuk Mahkemesince uyuşmazlığın kira sözleşmesinden kaynaklandığı gerekçesiyle görevsizlik kararı verilmiştir.

... 2. Sulh Hukuk Mahkemesi tarafından ise, davanın sigorta alacağından kaynaklandığı gerekçesiyle görevsizlik kararı verilmiştir.

TTK m. 1472'de düzenlenen halefiyet, yasal, sınırlı ve cüz'î halefiyet niteliğindedir. Bu maddeden doğan halefiyet hakkına istinaden açılan veya açılacak olan dava, esas itibariyle sigortalının, kendisine zarar verene karşı açacağı tazminat davasının, onun halefi sıfatıyla sigortacı tarafından açılmasıdır. TTK'nın 1472. maddesi uyarınca sigortacı, sigorta bedelini ödedikten sonra hukuken sigorta ettiren yerine geçer ve dava, tazmin ettiği bedel nisbetinde sigortacıya intikal eder. Bu şekilde sigortalısının haklarına halef olan sigorta şirketinin, ödediği tazminat miktarınca hukuken sigortalı yerine geçerek açtığı rücû davası, aslında bir tazminat davası olup, bu niteliği itibariyle aynı zamanda şahsî nitelikte bir eda davasıdır. Burada sigortacı, sigorta ettiren yerine geçtiği için şahsî ve rücûu ödediği bedelle sınırlı olduğundan dolayı da cüz'î haleftir. Sigortacının, sigortalıya ödediği tazminat oranında sigortalının yerine geçeceği ve onun kanunî halefi olacağı, ilke olarak 31.03.1954 gün ve 1953/18 E. - 1954/11 K. sayılı Yargıtay İçtihadı Birleştirme Kararında da belirtilmiştir. 17.01.1972

t. ve 1970/2 E. - 1972/1 K. sayılı Yargıtay İçtihadı Birleştirme Kararında da, sigortacının, zarara sebebiyet veren aleyhinde açtığı rücû davasının, kanundan doğan halefiyete dayandığı ve halef olanın, halefiyet yolu ile nasıl bir hak iktisap etmiş ise, o hakka sahip olacağı vurgulanmış; velhasıl sigorta ettirenin ne hakkı varsa bunların, şartları gerçekleşince sigortacıya geçeceği; sigortacının, sigorta ettirenin bütün def'ilerini üçüncü şahsa karşı ileri sürebileceği ve Borçlar Kanununun 44 üncü maddesine (TBK m. 52) de dayanabileceği; tabiatıyla sigorta ettirenin olayda dava hakkı yoksa, sigortacıya da bu yönde bir hakkın intikal etmeyeceği açıklanmıştır.

Diğer taraftan, Yargıtay İçtihadı Birleştirme Genel Kurulunun 22.03.1944 tarihli ve 37 E./9 K. Kararına göre de "Sigortacının sigorta poliçesinden münbais olmayıp kanundan aldığı bir salâhiyete istinaden ve haksız fiil sebebiyle alacaklı yerine kaim olarak hareket ettiği dâvada hukuk mahkemesine başvurması gerekir."

Somut olayda uyuşmazlık 6102 sayılı TTK'nın 1472. maddesi uyarınca sigorta şirketi tarafından sigortalısına ödenen tazminatın haksız fiile sebebiyet veren davalıdan rücuan tahsili isteminden ibarettir. Davacı ... şirketi bu davayı sigortalısına halefen açtığına göre, görevli mahkemenin tayininde sigortalı ile davalı arasındaki ilişkinin hukuki mahiyeti nazara alınır. Dava dışı sigortalı ile davalı arasında kira sözleşmesinin varlığı tarafların kabulünde olup, taraflar arasındaki ilişkide kira sözleşmesi hükümleri uygulanacak olduğundan, 6100 sayılı HMK'nın 4. maddesi uyarınca kira sözleşmesinden kaynaklanan uyuşmazlıklarda görevli mahkeme sulh hukuk mahkemesidir. Bu durumda uyuşmazlığın... 2. Sulh Hukuk Mahkemesinde görülüp sonuçlandırılması gerekmektedir.

SONUÇ: Yukarıda açıklanan nedenlerle; 6100 sayılı HMK'nın 21 ve 22. maddeleri gereğince... 2. Sulh Hukuk Mahkemesinin YARGI YERİ OLARAK BELİRLENMESİNE 04.04.2016 gününde oy birliğiyle karar verildi.

YORUM

Yargıtay, bu kararında da, sigortacının yasal haleflik hakkında dayalı olarak zarardan sorumlu üçüncü kişi aleyhine açmış olduğu rücu davasında görevli mahkemenin, sigortacının kendisine halef olduğu sigorta ettiren (başkası lehine sigortada sigortalı) ile zararı tazmin etmek yükümlülüğü altındaki kişi arasındaki ilişkiye bakılarak belirleneceğini hükme bağlamıştır.

Olaydaki uyuşmazlıkta

- *Asliye Ticaret Mahkemesince, davanın yapı malikinin sorumluluğundan kaynaklandığı*
- *Asliye Hukuk Mahkemesince uyuşmazlığın kira sözleşmesinden kaynaklandığı*
- *Sulh Hukuk Mahkemesi tarafından ise, davanın sigorta alacağından kaynaklandığı*

gerekçesiyle görevsizlik kararı verilmiş; böylece davacı ve dava ortada kalmıştır.

Yargıtay 20. HD, aşağıdaki gerekçelerle sulh hukuk mahkemesinin görevli olduğunu belirlemiştir:

- *Davacı sigorta şirketi davayı sigorta ettirenin halefi sıfatıyla açmış olduğu için görevli mahkeme belirlenirken sigorta ettiren ile davalı (zarardan sorumlu üçüncü kişi) arasındaki ilişkinin hukuksal niteliğini göz önünde bulundurmak gerekir.*
- *Sigorta ettiren ile davalı arasında kira sözleşmesi vardır (bu husus taraflarca kabul edilmiş bulunmaktadır).*
- *Taraflar arasındaki ilişkide kira sözleşmesi hükümleri uygulanacak olduğu ve 2011 tarihli HMK m.4 uyarınca kira sözleşmesinden kaynaklanan uyuşmazlıklarda sulh hukuk mahkemesi görevli olduğundan, uyuşmazlığın bu mahkemede görülüp sonuçlandırılması gerekmektedir.*

Karar hakkında şu gözlemi yapabiliriz:

- *Görevli mahkeme saptanırken, yasal halef sıfatıyla dava açan sigortacının tacir olması ve sigorta sözleşmesinin ve sigortacının yasal haleflik hakkının TTK'da düzenlenmiş bulunmasına bakılmayacaktır. Davacı sigortacının yasal halef sıfatıyla sigorta ettireninden kazanmış olduğu alacağın nitelik ve taraflarına bakılmalıdır.*
- *Uyuşmazlık konusu olayda sigorta ettirenin kiracı, davalının da mal sahibi kiralayan (kiraya veren) olduğu varsayımında, davalıya yönelik istemin*
    - *Kira sözleşmesi hükümlerine dayanması mümkün olduğu gibi*

- *Yapı malikinin sorumluluğu (sözleşme dışı sorumluluk) hükümlerine dayandırılması da olanaklıdır. Bu son olasılıkta Asliye Hukuk Mahkemesi görevli sayılabilecektir.*
- *Buna karşılık davanın sigorta alacağından kaynaklandığı nitelemesi hatalıdır. Yasal halef sıfatıyla açılan davada sigortacı, sigorta ettirenin (başkası lehine sigortada sigortalının) zarardan sorumlu kişiye yönelik tazminat hakkını öne sürmektedir. Bunun sigorta alacağı ile ilgisi yoktur.*

- *TBK m.60 uyarınca bir kişinin sorumluluğu birden çok sebebe dayandırılabilmekte ise, hakim, zarar gören aksini istemiş olmadıkça veya kanunda aksi öngörülmedikçe, zarar görene en iyi giderim imkanı sağlayan sorumluluk sebebine göre karar verir.*
- *Dava, en iyi giderim imkanını vermeyen sorumluluk sebebi için görevli olan mahkemede açılmışsa, acaba bu mahkeme nasıl bir karar verecektir? Söz gelişi, dava Asliye Hukuk Mahkemesi'nde açılmışsa, bu mahkeme sözleşmesel sorumluluk ispat açısından yapı malikinin sorumluluğuna kıyasla daha elverişli ise, görevsizlik kararı mı verecektir? Bu hususların netleşmesi gerekmektedir. Konu usul yargılama (usul) hukuku uzmanlarının alanına girmektedir.*

Trafik kazasında hasarlanan araç için kasko sigortası uyarınca tazminat ödeyen sigortacının yasal halef sıfatıyla açtığı davanın tüketici mahkemesinde yoksa Asliye Hukuk Mahkemesinde mi görülmesi gerektiği

Yargıtay 17. Hukuk Dairesi

Esas No.: 2016/5850

Karar No.: 2016/4773

Karar tarihi: 14.04.2016

Davacı vekili, müvekkili şirkete kasko sigortalı araca, davalının aracı ile çarpması sonucu hasarlandığını, sigortalı araçta meydana gelen hasar bedelinin müvekkili şirket tarafından sigortalısına ödendiğini, ödenen bedelin ödeme tarihinden itibaren işleyecek yasal faizi ile birlikte davalıdan alınarak davacıya verilmesini talep etmiştir.

Mahkemece, davanın tüketici hukukundan kaynaklandığı, bu nedenle davanın tüketici mahkemesinde görülmesi gerektiği gerekçesiyle mahkemenin görevsizliğine karar verilmiş; hüküm, davacı vekili tarafından temyiz edilmiştir.

Dava, 6762 sayılı TTK.'nun 1301. maddesinden (6102 sayılı TTK'nun 1472. maddesi) kaynaklanan rücuan tazminat istemine ilişkindir.

22.3.1944 Tarih E. 37, K. 9, RG. 3.7.1944 sayılı Yargıtay İçtihadı Birleştirme kararında bu husus" Sigortacının sorumlu kişi aleyhine açacağı dava, sigorta poliçesinden doğan bir dava değildir. Bu dava, aynen sigortalı kimsenin sorumlu kişiye karşı açmış olduğu bir dava gibidir. Sigortalının muhtelif mahkemelerde dava açma hakkı varsa, aynı hak sigortacının halefiyet hakkına dayanan rücu davası için de söz konusudur." şeklinde vurgulanmaktadır. Bu nedenle, halefiyet davası bir tüketici davası sayılamaz. Davacı ... şirketi olup, uyuşmazlık haksız fiilden kaynaklanmaktadır. Bu durumda uyuşmazlığın genel mahkeme olan Asliye Hukuk Mahkemesinde görülüp sonuçlandırılması gerekmektedir.

SONUÇ: Yukarıda açıklanan nedenlerle davacı vekilinin temyiz itirazlarının kabulü ile hükmün BOZULMASINA, 14.4.2016 gününde oybirliğiyle karar verildi.

YORUM

Yargıtay 17. Hukuk Dairesi'nin bu kararına konu olan uyuşmazlığı şöyle özetleyebiliriz: Davalıya ait araç, davacı sigortacının (kasko sigortası ile) sigorta koruması altına aldığı araca çarpmış ve zarar vermiştir. Davacı sigortacı, sigorta ettirene sigorta tazminatı ödemiş ve yasa uyarınca ona halef olmuştur. Davacının, kararda kim olduğu tam bir açıklıkla belirtilmiş olmayan davalı aleyhine Ticaret Mahkemesi'nde açtığı dava "tüketici hukukundan kaynaklandığı" gerekçesiyle görev yönünden reddedilmiştir.

Yargıtay uyuşmazlığın haksız fiilden kaynaklandığına ve genel mahkeme olan Asliye Mahkemesi'nde çözümlenmesi gerektiğine hükmetmiştir.

Şunları belirtebiliriz:

- *İlk derece mahkemesinin "uyuşmazlığın tüketici hukukundan kaynaklandığı" sonucuna nasıl varmış olabileceği anlaşılamamaktadır.*

- *Davacı sigortacı ile sigorta ettireni arasındaki sigorta sözleşmesi bir "tüketici sözleşmesi" (mesleki veya ticari amaçla yapılmış olmayan sigorta sözleşmesi) niteliğini taşıyabilir.*
- *Ancak uyuşmazlık sigortacı ile sigorta ettiren arasında değildir. Davacı sigortacının yasal halef sıfatıyla açtığı dava ise, tüketici işlemi sayılması gereken bir işlemden doğmamıştır. Dava, aralarında sözleşme ilişkisi bulunmayan kişilerin araçlarının çarpışması sebebiyle açılan tazminat davasıdır. Sözleşme dışı sorumluluk hukuku alanında olduğumuz açıktır.*
- *Yasal halef sıfatıyla istemde bulunan davacının bir ticaret şirketi olması ve yasal halefliğin Türk Ticaret Kanunu'nda düzenlenmesi, davanın ticari dava sayılmasına yol açmaz.*
- *O zaman, davanın Asliye Hukuk Mahkemesi tarafından karara bağlanması gerekmektedir. Yargıtay'ın çözümüne aynen katılmaktayız.*

Kat mülkiyetine tabi taşınmazda komşu bağımsız bölümden sızan suların verdiği zararı karşılayan davacı sigortacının yasal halef sıfatıyla açtığı davaya hangi mahkemenin bakması gerektiği

Yargıtay 20. Hukuk Dairesi

Esas No.: 2016/1890

Karar No.: 2016/4783

Karar tarihi: 20.04.2016

Dava, konut sigortası poliçesinden kaynaklanan rücuan tazminat istemine ilişkindir.

Bakırköy 5. Sulh Hukuk Mahkemesince, 6100 sayılı HMK'nın 4. maddesine göre sulh hukuk mahkemesinin bakabileceği davaların tahdidi olarak belirlendiği, dilekçede belirtilen davaya bakmakta mahkemenin görevsiz olduğu belirtilerek görevsizlik kararı verilmiştir.

Bakırköy 6. Asliye Hukuk Mahkemesince, davaya konu taşınmaz üzerinde kat mülkiyetinin kurulu olduğu gerekçesiyle görevsizlik yönünde hüküm kurulmuştur.

TTK m. 1472'de düzenlenen halefiyet, yasal, sınırlı ve cüz'î halefiyet niteliğindedir. Bu maddeden doğan halefiyet hakkına istinaden açılan veya açılacak olan dava, esas itibariyle sigortalının, kendisine zarar verene karşı açacağı tazminat davasının, onun halefi sıfatıyla sigortacı tarafından açılmasıdır. TTK'nın 1472. maddesi uyarınca sigortacı, sigorta bedelini ödedikten sonra hukuken sigorta ettiren yerine geçer ve dava, tazmin ettiği bedel nisbetinde sigortacıya intikal eder. Bu şekilde sigortalısının haklarına halef olan sigorta şirketinin, ödediği tazminat miktarınca hukuken sigortalı yerine geçerek açtığı rücû davası, aslında bir tazminat davası olup, bu niteliği itibariyle aynı zamanda şahsî nitelikte bir eda davasıdır. Burada sigortacı, sigorta ettiren yerine geçtiği için şahsî ve rücûu ödediği bedelle sınırlı olduğundan dolayı da cüz'î haleftir. Sigortacının, sigortalıya ödediği tazminat oranında sigortalının yerine geçeceği ve onun kanunî halefi olacağı, ilke olarak 31.03.1954 gün ve 1953/18 E. - 1954/11 K. sayılı Yargıtay İçtihadı Birleştirme Kararında da belirtilmiştir. 17.01.1972 t. ve 1970/2 E., 1972/1 K. sayılı Yargıtay İçtihadı Birleştirme Kararında da, sigortacının, zarara sebebiyet veren aleyhinde açtığı rücû davasının, kanundan doğan halefiyete dayandığı ve halef olanın, halefiyet yolu ile nasıl bir hak iktisap etmiş ise, o hakka sahip olacağı vurgulanmış; velhasıl sigorta ettirenin ne hakkı varsa bunların, şartları gerçekleşince sigortacıya geçeceği; sigortacının, sigorta ettirenin bütün def'ilerini üçüncü şahsa karşı ileri sürebileceği ve Borçlar Kanununun 44 üncü maddesine (TBK m. 52) de dayanabileceği; tabiatıyla sigorta ettirenin olayda dava hakkı yoksa, sigortacıya da bu yönde bir hakkın intikal etmeyeceği açıklanmıştır.

Diğer taraftan, Yargıtay İçtihadı Birleştirme Genel Kurulunun 22.03.1944 tarihli ve 37 E./9 K. Kararına göre de "Sigortacının sigorta poliçesinden münbais olmayıp kanundan aldığı bir salâhiyete istinaden ve haksız fiil sebebiyle alacaklı yerine kaim olarak hareket ettiği dâvada hukuk mahkemesine başvurması gerekir."

Somut olayda uyuşmazlık 6102 sayılı TTK'nın 1472. maddesi uyarınca sigorta şirketi tarafından sigortalısına ödenen tazminatın haksız fiile sebebiyet veren davalı komşu taşınmaz malikinden rücuan tahsili isteminden ibarettir. Davacı sigorta şirketi bu davayı sigortalısına halefen açtığına göre, görevli mahkemenin tayininde sigortalı ile davalı arasındaki ilişkinin hukukî mahiyeti nazara alınır. Sigorta şirketi halefi olduğu sigortalının işyerine davalı bağımsız bölüm malikinin dairesinden kendi dairesine gelen su sızıntısı nedeniyle oluşan zararın tazminini talep etmekte olup, bu şekilde Kat Mülkiyeti Kanunu hükümlerinin uygulanması gerektiği anlaşılan uyuşmazlığın sulh hukuk mahkemesinde görülmesi gerektiği anlaşılmaktadır.

Yukarıda açıklanan nedenlerle 6100 sayılı HMK'nın 21 ve 22. maddeleri gereğince Bakırköy 5. Sulh Hukuk Mahkemesinin YARGI YERİ OLARAK BELİRLENMESİNE 20/04/2016 gününde oy birliğiyle karar verildi.

YORUM

Yargıtay 20. Hukuk Dairesi, sigorta ettirenin kat mülkiyetine tabi taşınmazdaki bağımsız bölümünü (işyerini) sigorta etmiş olan davacı sigortacının, komşu bağımsız bölümden su sızması sebebiyle sigorta konusu işyerinde meydana gelen zararı giderdikten sonra, yasal halef sıfatıyla komşu bağımsız bölüm malikine açtığı davanın Kat Mülkiyeti Kanunu hükümlerinden kaynaklandığını ve Sulh Hukuk Mahkemesi'nde çözümlenmesi gerektiğini belirtmektedir.

- *Görevli mahkeme belirlenirken, sigortacının tacir sıfatına veya yasal halefliğin TTK'da düzenlenmiş olmasına değil, sigorta ettiren ile zarardan sorumlu üçüncü kişi arasındaki ilişkide söz konusu olan sorumluluk sebebine bakılması gerektiği değerlendirmesine aynen katılmaktayız.*
- *Bununla birlikte, zarar verici olaydan sorumluluk aynı zamanda farklı hukuksal sebeplere dayandırılabilmekte ise (mesela haksız eylem, adam çalıştıranın sorumluluğu, yapı malikinin sorumluluğu, KMK) çözümün nasıl olması gerektiği net değildir.*

Yangın sigortası kapsamında taşınmazda meydana gelmiş olan zararı karşılayan sigortacının yasal halef sıfatıyla zarardan sorumlu kiracıya yönelteceği tazminat talebine hangi mahkemede bakılması gerektiği

Yargıtay 20. Hukuk Dairesi

Esas No.: 2016/2865

Karar No.: 2016/4791

Karar tarihi: 20.04.2016

Dava, sigorta sözleşmesinden kaynaklanan rücuan tazminat istemine ilişkindir.

Antalya 2. Asliye Hukuk Mahkemesince, davacı sigorta şirketinin açtığı rücu davasını evi kiraya veren ... ... halefi olarak açtığı, dava dışı ... ... ve davalılar arasında kira ilişkisi bulunduğu gerekçesiyle görevsizlik kararı verilmiştir.

Antalya 5. Sulh Hukuk Mahkemesi ise, davanın haksız fiilden kaynaklandığı gerekçesiyle görevsizlik kararı vermiştir.

6100 sayılı HMK'nın 4/1-a maddesinde de, kiralanan taşınmazların, 09/06/1932 tarihli ve 2004 sayılı İcra ve İflas Kanununa göre ilâmsız icra yoluyla tahliyesine ilişkin hükümler ayrık olmak üzere, kira ilişkisinden doğan alacak davaları da dâhil olmak üzere tüm uyuşmazlıkları konu alan davalar ile bu davalara karşı açılan davalara, konuları ve değerlerine bakılmaksızın sulh hukuk mahkemelerinde bakılacağı hükmüne yer verilmiştir.

TTK m. 1472'de düzenlenen halefiyet, yasal, sınırlı ve cüz'î halefiyet niteliğindedir. Bu maddeden doğan halefiyet hakkına istinaden açılan veya açılacak olan dava, esas itibariyle sigortalının, kendisine zarar verene karşı açacağı tazminat davasının, onun halefi sıfatıyla sigortacı tarafından açılmasıdır. TTK'nın 1472. maddesi uyarınca sigortacı, sigorta bedelini ödedikten sonra hukuken sigorta ettiren yerine geçer ve dava, tazmin ettiği bedel nisbetinde sigortacıya intikal eder. Bu şekilde sigortalısının haklarına halef olan sigorta şirketinin, ödediği tazminat miktarınca hukuken sigortalı yerine geçerek açtığı rücû davası, aslında bir tazminat davası olup, bu niteliği itibariyle aynı zamanda şahsî nitelikte bir eda davasıdır. Burada sigortacı, sigorta ettiren yerine geçtiği için şahsî ve rücûu ödediği bedelle sınırlı olduğundan dolayı da cüz'î haleftir. Sigortacının, sigortalıya ödediği tazminat oranında sigortalının yerine geçeceği ve onun kanunî halefi olacağı, ilke olarak 31.03.1954 gün ve 1953/18 E. - 1954/11 K. sayılı Yargıtay İçtihadı Birleştirme Kararında da belirtilmiştir. 17.01.1972 t. ve 1970/2 E., 1972/1 K. sayılı Yargıtay İçtihadı Birleştirme Kararında da, sigortacının, zarara sebebiyet veren aleyhinde açtığı rücû davasının, kanundan doğan halefiyete dayandığı ve halef olanın, halefiyet yolu ile nasıl bir hak iktisap etmiş ise, o hakka sahip olacağı vurgulanmış; velhasıl sigorta ettirenin ne hakkı varsa bunların, şartları gerçekleşince sigortacıya geçeceği; sigortacının, sigorta ettirenin bütün def'ilerini üçüncü şahsa karşı ileri sürebileceği ve Borçlar Kanununun 44 üncü maddesine (TBK m. 52) de dayanabileceği; tabiatıyla sigorta ettirenin olayda dava hakkı yoksa, sigortacıya da bu yönde bir hakkın intikal etmeyeceği açıklanmıştır.

Diğer taraftan, Yargıtay İçtihadı Birleştirme Genel Kurulunun 22.03.1944 tarihli ve 37 E./9 K. Kararına göre de "Sigortacının sigorta poliçesinden münbais olmayıp kanundan aldığı bir salâhiyete istinaden ve haksız fiil sebebiyle alacaklı yerine kaim olarak hareket ettiği dâvada hukuk mahkemesine başvurması gerekir."

Somut olayda uyuşmazlık 6102 sayılı TTK'nın 1472. maddesi uyarınca sigorta şirketi tarafından sigortalısına ödenen tazminatın haksız fiile sebebiyet veren davalı kiracıdan rücuan tahsili isteminden ibarettir. Davacı sigorta şirketi bu davayı sigortalısına halefen açtığına göre, görevli mahkemenin tayininde sigortalı ile davalılar arasındaki ilişkinin hukukî mahiyeti nazara alınır. Sigorta şirketi halefi olduğu sigortalının konutunda davalı kiracının kusuru sonucunda yangın çıkması nedeniyle oluşan zararın tazminini talep etmekte olup, davanın kira sözleşmesinden kaynaklandığının kabulü gerekir. Bu durumda uyuşmazlığın, Antalya 5. Sulh Hukuk Mahkemesinde görülüp sonuçlandırılması gerekmektedir.

Yukarıda açıklanan nedenlerle; 6100 sayılı HMK'nın 21 ve 22. maddeleri gereğince Antalya 5. Sulh Hukuk Mahkemesinin YARGI YERİ OLARAK BELİRLENMESİNE 20/04/2016 gününde oy birliğiyle karar verildi.

YORUM

Yargıtay, sigortalı konutun kiracı tarafından çıkarılan yangın sonucu uğradığı zarar karşılığı sigorta ettirene tazminat ödeyen sigortacının yasal halef sıfatıyla açmış olduğu davada, sigorta ettiren ile davalı (zarardan sorumlu) kişi arasında kira ilişkisinin varlığı halinde, Sulh Hukuk Mahkemesi'nin görevli olacağını belirtmektedir. Kararda varılan çözüme katılmaktayız.

İlk aşamada uyuşmazlığın kira hukuku uygulanarak çözüme bağlanması gerektiği gerekçesiyle görevsizlik kararı vermiş olan Asliye Hukuk Mahkemesi'nin, tazminat talebinin haksız eylem hükümlerine göre yapılmış sayılması halinde aslında görevli olduğunu belirtmemiz lazımdır. Bu mahkeme, davayı haksız eylem kurallarını uygulayarak sonuçlandırmak yerine davacı için daha elverişli olacağı gerekçesiyle kira hukuku kurallarına göre Sulh Hukuk Mahkemesi'nin görevli olduğunu öne sürerek görevsizlik kararı vermesi acaba hukuken doğru ve uygun mudur? Bu hususun usul hukuku uzmanları tarafından değerlendirilmesi gerekmektedir.

Sigortacının yasal halef sıfatıyla zarardan sorumlu kişinin mirasçılarına karşı açtığı davada, ölüm tarihinde miras bırakanın ödemeden aczinin açıkça belli olması durumunda davanın reddi gerekeceği

Yargıtay 17. Hukuk Dairesi

Esas No.: 2015/5960

Karar No.: 2016/5322

Karar tarihi: 02.05.2016

Davacı vekili, müvekkili şirkete kasko sigortalı araca, davalıların murisi .....'ın maliki ve sürücüsü olduğu aracın çarpması sonucu hasarlandığını, müvekkili şirket tarafından sigortalıya 18.790 TL hasar bedeli ödendiğini, karşı aracın trafik sigortacısından tahsil edilen 6.000 TL'nin mahsubu ile bakiye 12.790 TL'nin ödeme tarihinden itibaren işleyecek yasal faiziyle birlikte davalılardan müştereken ve müteselsilen tahsiline karar verilmesini talep etmiştir.

Davalılar, davanın reddini savunmuştur.

Yapılan yargılama sonucu, davanın kabulüne dair verilen hüküm, davalılar tarafından temyiz edilmiş, Dairemizce hükmün bozulmasına karar verilmiştir.

Mahkemece, uyulmasına karar verilen bozma ilamı, toplanan deliller ve benimsenen bilirkişi raporuna göre; davanın kabulü ile, 12.790,00 TL'nin ödeme tarihinden itibaren işleyecek yasal faiziyle birlikte davalılardan müştereken ve müteselsilen tahsiline karar verilmiş; hüküm, davalı ... tarafından temyiz edilmiştir.

Dava, 6762 sayılı TTK'nun 1301. maddesinden (6102 sayılı TTK'nun 1472. maddesi) kaynaklanan rücuan tazminat istemine ilişkindir.

Dairemizce, davalıların mirasın reddine ilişkin dava açtıkları, bu dava dosyası da getirtilerek murisin terekesinin borca batık olup olmadığı, mirasın hükmen reddedilmiş sayılıp sayılmayacağının araştırılması yönünden hükmün bozulmasına karar verilmiştir. Bu durumda mahkemece, terekenin borca batık olup olmadığı, murisin aciz halinde olup olmadığı, mirasın reddi şartlarının var olup olmadığı araştırılarak sonucuna göre karar verilmesi gerekirken davalılar tarafından açılan mirasın reddi davasının süre yönünden reddine karar verildiği gerekçesiyle başkaca hiçbir araştırma yapılmadan yazılı şekilde hüküm kurulması bozmayı gerektirmiştir.

SONUÇ: Yukarıda açıklanan nedenlerle, davalı ...'ın temyiz itirazlarının kabulü ile hükmün BOZULMASINA, peşin alınan harcın istek halinde temyiz eden davalı ...'a geri verilmesine 02/05/2016 gününde oybirliğiyle karar verildi.

YORUM

Yargıtay, bu kararda, miras bırakanın sorumlu olduğu zarar için onun mirasçılarının (toptan haleflik kurumu çerçevesinde) dava edilmeleri halinde, mirasçıların hangi koşullarla mirası reddetmiş sayılacaklarını belirtmiştir: Yüksek Mahkemeye göre

- *Mirasçılar tarafından açılan mirasın reddi davasının süre yönünden reddine karar verilmiş olması tek başına yeterli değildir*
- *Terekenin borca batık olup olmadığı, miras bırakanın aciz halinde olup olmadığı, mirasın reddi şartlarının var olup olmadığı araştırılmalıdır.*
- *Bu araştırma yapılmadan, miras bırakanın yol açtığı zarardan davalı mirasçıların sorumlu olacağı yolunda hüküm kurulması bozmayı gerektirir.*

Kanımızca karar yerindedir.

- *TMK m.609, mirasın reddinin, mirasçılar tarafından sulh mahkemesine sözlü veya yazılı beyanla yapılacağını; sulh hâkiminin, sözlü veya yazılı ret beyanını bir tutanakla tespit edeceğini ve süresi içinde yapılmış olan ret beyanının, mirasın açıldığı yerin sulh mahkemesince özel kütüğüne yazılacağını ve reddeden mirasçı isterse kendisine reddi gösteren bir belge verileceğini öngörmüştür.*
- *Öte yandan, TMK m.606 mirasın üç aylık bir süre içinde reddedilmesi gerektiğini hükme bağlamaktadır.*
- *Ancak, TMK m.605 cümle 2 uyarınca "ölümü tarihinde miras bırakanın ödemeden aczi açıkça belli veya resmen tespit edilmiş ise, miras reddedilmiş sayılır." Şu halde, ölüm anında ödeme yapamaz duruma düşmüş olduğu belirlenmiş bir kimsenin mirasçıları, yasal süre içinde mirası ret işlemi gerçekleştirmiş olmasalar dahi, mirası reddetmiş kabul edileceklerdir. Yargıtay da kararında (anlayabildiğimize göre) bu hususu vurgulamakta ve bu yönden inceleme yapılması gereğini belirtmektedir.*

Zarardan sorumlu kişinin tacir sıfatına sahip olması halinde, yangın sigortası kapsamında meydana gelen zararı ödeyen sigortacının yasal halef sıfatıyla açtığı davaya ticaret mahkemesinde bakılmasının gerekip gerekmediği

Yargıtay 20. Hukuk Dairesi

Esas No.: 2016/4134

Karar No.: 2016/5837

Karar tarihi: 18.05.2016

Dava, konut sigortası poliçesinden kaynaklanan rücuan tazminat istemine ilişkindir.

Ankara 5. Asliye Hukuk Mahkemesince, davacının anonim şirket olduğu ve tacir sıfatı taşıdığı, bu nedenle davanın asliye ticaret mahkemesinde görülmesi gerektiği belirtilerek görevsizlik yönünde hüküm kurulmuştur.

Ankara 10. Asliye Ticaret Mahkemesi ise davanın haksız fiile dayalı tazminat davası olduğunu belirterek görevsizlik kararı vermiştir.

Somut olayda uyuşmazlık, 6102 sayılı Türk Ticaret Kanununun 1472/1. maddesi uyarınca, sigorta şirketi tarafından sigortalısına ödenen tazminatın, kusurlu olan davalıdan rücuan tahsiline ilişkindir. TTK'nın 1472/1. maddesinde düzenlenen halefiyet, yasal, sınırlı ve cüz'î halefiyet niteliğindedir. Bu maddeden doğan halefiyet hakkına istinaden açılan veya açılacak olan dava, esas itibariyle sigortalının, kendisine zarar verene karşı açacağı tazminat davasının, onun halefi sıfatıyla sigortacı tarafından açılmasıdır. TTK'nın 1472/1. maddesi uyarınca sigortacı, sigorta bedelini ödedikten sonra hukuken sigorta ettiren yerine geçer ve dava, tazmin ettiği bedel nispetinde sigortacıya intikal eder. Bu şekilde sigortalısının haklarına halef olan sigorta şirketinin, ödediği tazminat miktarınca hukuken sigortalı yerine geçerek açtığı rücû davası, aslında bir tazminat davası olup, bu niteliği itibariyle aynı zamanda şahsî nitelikte bir eda davasıdır. Burada sigortacı, sigorta ettiren yerine geçtiği için şahsî ve rücûu ödediği bedelle sınırlı olduğundan dolayı da cüz'î haleftir. Sigortacının, sigortalıya ödediği tazminat oranında sigortalının yerine geçeceği ve onun kanunî halefi olacağı, ilke olarak 31.03.1954 gün ve 1953/18 E. - 1954/11 K. sayılı Yargıtay İçtihadı Birleştirme Kararında da belirtilmiştir. 17.01.1972 tarih ve 1970/2 E. - 1972/1 K. sayılı Yargıtay İçtihadı Birleştirme Kararında da sigortacının, zarara sebebiyet veren aleyhinde açtığı rücû davasının, kanundan doğan halefiyete dayandığı ve halef olanın, halefiyet yolu ile nasıl bir hak iktisap etmiş ise o hakka sahip olacağı vurgulanmış; velhasıl sigorta ettirenin ne hakkı varsa bunların, şartları gerçekleşince sigortacıya geçeceği; sigortacının, sigorta ettirenin bütün def'ilerini üçüncü şahsa karşı ileri sürebileceği gibi eylemin haksız fiîlden kaynaklandığı açıktır.

Buna göre, sigortalının halefi olan davacı ... şirketi, davalıların kusuru nedeniyle oluşan zararın rücuan tahsilini talep etmekte olup, bu şekilde uyuşmazlığın haksız fiilden kaynaklandığı anlaşılmakla asliye hukuk mahkemesinde görülmesi gerekmektedir.

SONUÇ: Yukarıda açıklanan nedenlerle; 6100 sayılı HMK'nın 21 ve 22. maddeleri gereğince Ankara 5. Asliye Hukuk Mahkemesinin YARGI YERİ OLARAK BELİRLENMESİNE 18/05/2016 gününde oy çokluğuyla karar verildi.

KARŞI OY

Davacı ticaret sicilinde kayıtlı olan bir ticaret şirketidir ve TTK'da düzenlenen sigorta hükümleri kapsamında faaliyet göstermektedir. Dolayısıyla işleri ticari niteliktedir. Sözleşmesi gereği bir zararı karşılamıştır.

Davalı da HGK'nca ve Yargıtay uygulamasında "tacirdir." Diğer ifadeyle, ticari amaçlı faaliyet göstermekte ve özel hukuk hükümleri kapsamında kalmaktadır. Bu sıfatıyla faaliyetleri ticari niteliktedir.

Bu durumda her iki taraf tacir, tarafların işleri de ticaridir. Bu nedenle, aralarındaki dava, ticari unsurları daha doğru ve derin değerlendirebilecek olan asliye ticaret mahkemesince görülmelidir.

Davacının halefiyetle dava açma hakkına sahip olması "alacak hakkının kapsamı" anlamında değerlendirilmelidir. Bu durumda, rücû davalarının görüleceği mahkemelerin belirlenmesinde tarafların yasal sıfatları de gözetilmelidir.

Bu nedenle sayın çoğunluğun görüşüne karşıyım.

YORUM

Konut sigortası kapsamında sigorta ettirene tazminat ödemiş olan sigortacının yasal haleflik hakkına dayanarak zarardan sorumlu kişi aleyhine açmış olduğu davada

- *Ticaret Mahkemesi haksız eylemden kaynaklanan istemin Asliye Hukuk Mahkemesi tarafından karara bağlanması gerektiğini;*
- *Asliye Hukuk Mahkemesi de davacının tacir (ticaret şirketi) olduğu (davalının da aynı şekilde tacir sıfatını taşıdığı?) gerekçesiyle uyuşmazlığın Ticaret Mahkemesi'nde görülmesi lazım geldiğini*

belirterek görevsizlik kararı vermiş, Yargıtay ise istemin davalıların kusuruna dayanan ve haksız eylemden kaynaklanan bir istem olduğunu belirleyerek Asliye Hukuk Mahkemesi'nin görevli bulunduğuna hükmetmiştir.

Kanımızca da tarafların her ikisinin de tacir olması (dava bunların her ikisinin de ticari işletmelerini ilgilendiren ortak bir sebepten veya TTK'da düzenlenen bir husustan yahut Ticaret Mahkemeleri'nin görevli olduğu belirtilen bir sözleşmeden/ilişkiden doğmuş olmadıkça -TTK 4) tek başına Ticaret Mahkemesi'nin görevli sayılmasını gerektirmez. (Bu bakımdan, karşı oy yazısında belirtilen görüşlere katılmamaktayız).

Bununla birlikte, konut sigortası uyarınca sigortacı tarafından karşılanan zararların, sorumlu kişilere tazmin ettirilmesine yönelik istemler yalnızca haksız eylem sebebine dayanmak zorunda değildir. Bunun yanında, eğer konutun içinde bulunduğu bina kat mülkiyetine tabi ise, Kat Mülkiyeti kanunu (KMK) da devreye girebilir. Öte yandan, sözleşme dışı sorumluluk alanında, kusur sorumluluğu yanında, yapı malikinin sorumluluğu, adam çalıştıranın sorumluluğu gibi farklı sorumluluk sebeplerine dayanılması da olanaklıdır. Tazminat isteminin KMK'ya dayanması halinde Sulh Mahkemesi görevli olacaktır.

Aydınlatma direğinin kasko sigortalı araç üzerine devrilmesinden doğan hasarı ödeyen sigorta şirketinin davalı yönetim birimine karşı yasal halef sıfatıyla açtığı davanın yönetsel yargı da mı yoksa adli yargıda mı görüleceği

Yargıtay 17. Hukuk Dairesi
Esas No.: 2016/2141
Karar No.: 2016/6349
Karar tarihi: 25.05.2016

Davacı vekili, 24.12.2011 tarihinde müvekkili sigorta şirketine kasko poliçesi ile sigortalı, sürücü idaresindeki aracın üzerine davalının sorumluluğundaki aydınlatma direğinin hava muhalefeti nedeniyle devrilmesi sonucu hasarlandığını, müvekkilinin sigortalıya hasar tazminatı ödediğini, sigortalının halefi olarak 6.830,00 TL'nin 24.12.2013 ödeme tarihinden itibaren işleyecek yasal faiziyle birlikte davalıdan tahsilini istemiştir.

Davalı vekili, aydınlatma direğinin hava muhalefeti nedeniyle devrilmiş olduğunu kanıtlayan bir belge olmadığını, kazaya karışan aracın seyir hızının kazaya sebebiyet verip vermediği, sürücünün olaydaki kusur miktarı gibi hususların olayın gerçekleşmesinde hangi tarafın ne oranda kusurlu olduğunun tespit edilebilmesi için olay anında kayıt alınmasının gerekli olduğunu, davacı tarafın müvekkil idarenin kazada %100 oranında kusurlu olduğu söyleminin neye dayandırdığının anlaşılmadığını, bu nedenle davanın reddini istemiştir.

Mahkemece iddia, savunma ve toplanan kanıtlara göre; İdari Yargılama Usulü Kanunu'nun 2. maddesi uyarınca davanın idari yargı yerinde açılması gerektiğinden davanın görev nedeniyle usulden reddine verilmiş; hüküm davacı vekili tarafından temyiz edilmiştir.

Dava, 6762 sayılı TTK'nin 1301. maddesinden (6102 sayılı TTK'nin 1472. maddesi) kaynaklanan rücuen tazminat istemine ilişkindir.

HMK'nin 1.maddesi gereği göreve ilişkin kurallar kamu düzeni ile ilgili olup mahkemece kendiliğinden dikkate alınması gerekmektedir.

Davacı vekilinin hizmet kusuru nedeniyle İstanbul 2.İdare Mahkemesine açtığı davada 07.12. 2012 tarih ve 2012/2371- 2012/2316 sayılı kararı ile Adli Yargıda görülmesi gerekçesiyle görevsizlik kararı verilmiştir.

Davalı idarenin gördüğü hizmet bir kamu hizmeti ise de, davaya konu eylemi haksız fiilden kaynaklanmış olup, haksız fiilden doğan dava ve uyuşmazlıklar adli yargının görevi alanına girer. Bu nedenle davanın adli yargıda bakılarak işin esasına girilip tarafların delilleri toplandıktan sonra sonucuna göre bir karar verilmesi gerekirken yazılı şekilde hüküm kurulması doğru görülmemiştir.

SONUÇ: Yukarıda açıklanan nedenlerle davacı vekilinin temyiz itirazlarının kabulüyle hükmün BOZULMASINA, peşin alınan harcın istek halinde temyiz eden davacıya geri verilmesine 25/05/2016 gününde oybirliğiyle karar verildi.

YORUM

Yargıtay kararına konu olan uyuşmazlık, kasko sigortası ile sigorta güvencesi altına alınmış olan aracın üzerine (iddiaya göre "hava muhalefeti" nedeniyle) aydınlatma direğinin devrilmesi sonucu meydana gelen zararın tazmini istemi ile ilgilidir.

Davacı sigortacı, araçtaki hasar için sigorta ettirene tazminat ödemiş ve yasa uyarınca ona halef olmuştur.

Davacı, davalı yönetim birimine karşı yönetsel yargıda dava açmış ancak bu istemi olayda adli yargıya başvurulması gerektiği gerekçesiyle geri çevrilmiştir.

Yargıtay,

- *Davalı yönetim biriminin gördüğü hizmetin bir kamu hizmeti olduğunu*
- *Fakat, davaya konu istemin haksız eylemden kaynaklandığını*
- *Haksız eylemden doğan uyuşmazlıkların adli yargının görev alanına girdiğini*

belirterek, Asliye Hukuk Mahkemesi tarafından verilen görevsizlik kararını bozmuştur.

Şu gözlemleri yapabiliriz:

- *Aydınlatma direğinin kötü hava koşulları yüzünden devrilmesi sebebiyle meydana gelen zararın giderilmesi istemi Yargıtay tarafından "haksız eylem" olarak nitelenmiş ve bunun hizmet kusurundan farklı bir sorumluluk sebebi olduğu kabul edilmiştir.*
- *Anlayabildiğimize göre, bu olaydaki zarar, yolların aydınlatılması hizmetinin gereği gibi yerine getirilmemesi (hizmet kusuru) dolayısıyla meydana gelmiştir.*
- *Yalnızca, bu olayda KTK m.110 fk.1 kapsamına dahil bir halin söz konusu olup olmadığı araştırılmalıdır. KTK m.110 fk.1 uyarınca "İşleteni veya sahibi Devlet ve diğer kamu kuruluşları olan araçların sebebiyet verdiği zararlara ilişkin olanları dâhil, bu Kanundan doğan sorumluluk davaları, adli yargıda görülür". Şu halde, karayolunun aydınlatma direkleri bakımından güvenliğinden kaynaklanan sorumluluğun KTK'da düzenlenmiş olup olmadığı incelenmelidir.*
- *Öte yandan, Türk Borçlar Kanunu (TBK) m.55 fk.2 "TBK hükümlerinin, her türlü idari eylem ve işlemler ile idarenin sorumlu olduğu diğer sebeplerin yol açtığı vücut bütünlüğünün kısmen veya tamamen yitirilmesine ya da kişinin ölümüne bağlı zararlara ilişkin istem ve davalarda da uygulanacağını" hükme bağlamış olmakla birlikte, olayda ölüm veya bedensel zarar söz konusu bulunmamaktadır.*
- *Kaldı ki, yönetimin haksız eylemi sonucunda zarar vermesinden doğan uyuşmazlıklar, aksine ayrık bir düzenleme bulunmadıkça yönetsel yargıda (tam yargı) davası kapsamında çözüme bağlanır.*

- *Diğer taraftan, olumsuz hava koşulları "mücbir (zorlayıcı) sebep" düzeyine erişmiş ve önlenemez ve kaçınılamaz bir biçimde zararı meydana getirmişse, sorumluluğun hiç gündeme gelmemesi de değerlendirilmelidir.*

Kiracının uğradığı dahili su hasarı sebebiyle taşınmaz malikine (kiraya verene) karşı kiracının zararını ödeyen sigortacı tarafından açılan yasal halefliğe dayalı rücu davasının hangi mahkemede görüleceği

Yargıtay 17. Hukuk Dairesi

Esas No.: 2016/7960

Karar No.: 2016/6460

Karar tarihi: 26.05.2016

Davacı vekili; davalının maliki olduğu müvekkiline işyeri sigorta poliçesiyle sigortalı olan işyerinde yağmur sularının içeri sızması neticesinde hasar meydana geldiğini, meydana gelen hasar nedeniyle sigortalıya 12.400,00 TL ödendiğini, ödenen hasar bedelinin rücu edilmesi amacıyla davalı aleyhine başlatılan icra takibine haksız ve kötü niyetli olarak itiraz edildiğini ve takibin durduğunu belirterek takibe yapılan itirazın iptali ile takibin devamına ve icra inkar tazminatına hükmedilmesini talep etmiştir.

Davalı vekili; sigortalı şirketin işyerinde on yıla yakın süredir kiracı olduğunu, bugüne kadar sigortalı tarafından herhangi bir şikayet ya da ihbar olmadığını, sigortalı ile aralarındaki ilişkinin kira ilişkisi olduğunu, kiralanan taşınmazı ayıpsız olarak kiracıya teslim ettiklerini, taşınmazın tavanında ya da herhangi bir yerinde su sızıntısı olmadığını, sigortalının kusuru nedeniyle zararın meydana geldiğini ve kusurları bulunmadığını belirterek davanın reddini ve kötü niyetli davacı aleyhine icra inkar tazminatına hükmedilmesini talep etmiştir.

Mahkemece; iddia, savunma, toplanan delillere ve benimsenen bilirkişi raporuna göre; davalının kusursuz olduğu gerekçesiyle davanın ve icra inkar tazminatı taleplerinin reddine karar verilmiş; hüküm, davacı vekili ve davalı vekili tarafından temyiz edilmiştir.

1-Dava, işyeri sigorta sözleşmesinden kaynaklanan rücuen tazminat istemine ilişkindir.

Görev kuralları kamu düzenine ilişkin olup, yargılamanın her aşamasında mahkemece resen gözetilmesi gereken hususlardandır.

6102 sayılı Türk Ticaret Kanunu'nun 1472. maddesinde sigortacının, sigorta tazminatını ödediğinde, hukuken sigortalının yerine geçeceği, sigortalının, gerçekleşen zarardan dolayı sorumlulara karşı dava hakkı varsa bu hakkın, tazmin ettiği bedel kadar, sigortacıya intikal edeceği, sorumlulara karşı bir dava veya takip başlatılmışsa, sigortacının, mahkemenin veya diğer tarafın onayı gerekmeksizin, halefiyet kuralı uyarınca, sigortalısına yaptığı ödemeyi ispat ederek, dava veya takibi kaldığı yerden devam ettirebileceği hüküm altına alınmıştır.

Dava, sigorta şirketi tarafından sigortalısının halefi olarak açıldığına göre, görevli mahkemenin tayininde sigortalı ile davalı arasındaki ilişkinin hukuki mahiyeti nazara alınır. Yargıtay İçtihadı Birleştirme Genel Kurulu'nun 22.03.1944 tarihli 37 Esas ve 9 Karar sayılı kararında bu husus "sigortacının sorumlu kişi aleyhine açacağı dava sigorta poliçesinden doğan bir dava değildir. Bu nedenle, halefiyet davası bir ticari dava sayılamaz. Bu dava, aynen sigortalı kimsenin sorumlu kişiye karşı açmış olduğu bir dava gibidir. Sigortalının muhtelif mahkemelerde dava açma hakkı varsa aynı hak sigortacının halefiyet hakkına dayanan rücu davası için de söz konusudur" şeklinde vurgulanmaktadır.

6100 sayılı Hukuk Muhakemeleri Kanunu'nun 4. maddesinde ise dava konusunun değer veya tutarına bakılmaksızın kiralanan taşınmazların, 2004 sayılı İcra ve İflas Kanununa göre ilamsız icra yoluyla tahliyesine ilişkin hükümler ayrık olmak üzere, kira ilişkisinden doğan alacak davaları da dâhil olmak üzere tüm uyuşmazlıkları konu alan davalar ile bu davalara karşı açılan davaların sulh hukuk mahkemesinin görevinde olduğu düzenlenmiştir.

Somut olayda, sigortalı işyerinde su sızıntısı sebebiyle meydana gelen zarar sigortacı tarafından sigortalıya ödenmiş olup ödenen tazminatın işyerinin maliki olan davalıdan tahsili talep edilmiştir. Dosyaya sunulan kira sözleşmesine göre dava dışı sigortalı şirket, sigortalı işyerinde kiracı olarak bulunmaktadır. Bu nedenle dava dışı sigortalı şirket ile davalı arasındaki temel hukuki ilişki kira sözleşmesine dayanmaktadır. Sigortalı ile davalı arasında uyuşmazlık kira ilişkisinden doğduğundan davaya bakma görevi sulh hukuk mahkemesindedir. Bu nedenle sigortacı tarafından halefiyet yoluya açılan davanın da sulh hukuk mahkemesinde görülmesi gerekmektedir.

Bu nedenle mahkemece, uyuşmazlığın sulh hukuk mahkemesinin görevine girdiği nazara alınarak, görevli mahkemenin sulh hukuk mahkemesi olduğuna dair görevsizlik kararı verilmesi gerekirken işin esasına girilerek yazılı şekilde hüküm kurulması doğru görülmemiştir.

2-Bozma sebep ve şekline göre sair davacı vekili ve davalı vekilinin temyiz itirazlarının incelenmesine şimdilik gerek görülmemiştir.

SONUÇ: Yukarıda (1) numaralı bentte açıklanan nedenlerle davacı vekilinin temyiz itirazlarının kabulü ile hükmün BOZULMASINA, (2) numaralı bentte açıklanan nedenlerle tarafların sair temyiz itirazlarının incelenmesine şimdilik yer olmadığına, peşin alınan temyiz harcının istek halinde hükmü temyiz eden taraflara geri verilmesine, 26/05/2016 gününde oybirliğiyle karar verildi.

YORUM

Karara konu olan olayda, sigorta ettiren tarafından kiracı sıfatıyla kullanılmakta olan bir işyeri söz konusudur. Bu işyerinde yağmur sularının içeri sızması sonucu "dahili su" rizikosu gerçekleşmiş ve bu yüzden hasar meydana gelmiştir. Sigortacı, sigorta ettiren kiracıya sigorta tazminatı ödedikten sonra, zarardan sorumlu bulunduğu savıyla davalı mal sahibi aleyhine yasal halefliğe dayalı rücu davası (icra takibine yapılan itirazın iptali davası) açmıştır.

İlk derece mahkemesi sıfatıyla davaya bakan Asliye Hukuk mahkemesi, davalı mal sahibinin "kusuru bulunmadığı" (sorumlu olmadığı) gerekçesiyle davayı reddetmiştir.

Yargıtay, davacı sigortacının halefi (sigorta ettiren kiracı) ile davalı (mal sahibi) arasında kira sözleşmesi bulunduğunu ve bu sözleşmeden kaynaklanan istemlerin Sulh Hukuk Mahkemesi'nde çözümlenmesi gerektiğini belirterek kararı bozmuştur.

Yargıtay kararı hakkında şunları vurgulayabiliriz:

- *Kira sözleşmesinden kaynaklanan uyuşmazlıklarda Sulh Mahkemesi görevli olabilir.*
- *Ancak, dava, yapı malikinin sorumluluğuna da dayanabilir (TBK m.69 fk.1: Bir binanın veya diğer yapı eserlerinin maliki, bunların yapımındaki bozukluklardan veya bakımındaki eksikliklerden doğan zararı gidermekle yükümlüdür). O takdirde Asliye Mahkemesi görevli sayılabilecektir.*
- *Bundan başka, eğer işyerinin bulunduğu bina kat mülkiyetine tabi ise, sorumluluk Kat Mülkiyeti Kanununa (KMK) da dayanabilir. Ancak bu son halde de (kira sözleşmesinde olduğu gibi) Sulh Mahkemesi görevli olacaktır.*
- *Davacı, kendisi için en iyi giderim imkânı sağlayan sorumluluk sebebi için görevli sayılmış olan mahkemede değil de, daha az elverişli görünen bir sorumluluk sebebi için görevli bulunan mahkemede dava açmışsa, ne şekilde karar verilmesi gerektiği tartışmaya açıktır. Eğer davanın açılmış olduğu mahkeme, daha iyi giderim imkanı sağlayan sorumluluk sebebine dayanılmış olsa idi, verilecek olan kararla aynı genişlikte tazminat öngören bir hüküm kurabiliyorsa, davayı görev yönünden reddetmeyip sonuçlandırabileceğini benimsemek söz konusu olabilir.*
- *Somut olayda ise, dava sorumluluk koşullarının mevcut olmadığı gerekçesiyle reddedilmiştir. Kira hukuku uyarınca yapılacak değerlendirmede sorumluluk koşullarının gerçekleştiğini belirlemek olasıdır. O bakımdan, ilk derece mahkemesi kararının görev yönünden bozulması makul görünmektedir.*

Kat mülkiyetine tabi taşınmazda bulunan sigortalı bağımsız bölümde diğer bir bağımsız bölümden sızan suların yol açtığı zararı ödeyen sigortacının yasal halefliğe dayalı olarak diğer bağımsız bölüm malikine karşı açtığı rücu davasının hangi mahkemede görüleceği

Yargıtay 20. Hukuk Dairesi

Esas No.: 2016/3947

Karar No.: 2016/6753

Karar tarihi: 13.06.2016

Dava, konut sigorta poliçesinden kaynaklanan rücuan tazminat istemine ilişkindir.

Bakırköy 2. Asliye Hukuk Mahkemesince, davaya konu taşınmaz üzerinde kat mülkiyeti kurulu olduğu, uyuşmazlığın Kat Mülkiyeti Kanunu hükümlerine göre çözülmesi gerektiği gerekçesiyle görevsizlik yönünde hüküm kurulmuştur.

Bakırköy 5. Sulh Hukuk Mahkemesi tarafından ise uyuşmazlığın haksız fiilden kaynaklandığı gerekçesiyle görevsizlik kararı vermiştir

Somut olayda uyuşmazlık, 6102 sayılı Türk Ticaret Kanununun 1472/1. maddesi uyarınca, sigorta şirketi tarafından sigortalısına ödenen tazminatın, kusurlu olan davalıdan rücuen tahsiline ilişkindir. TTK'nın 1472/1. maddesinde düzenlenen halefiyet, yasal, sınırlı ve cüz'î halefiyet niteliğindedir. Bu maddeden doğan halefiyet hakkına istinaden açılan veya açılacak olan dava, esas itibariyle sigortalının, kendisine zarar verene karşı açacağı tazminat davasının, onun halefi sıfatıyla sigortacı tarafından açılmasıdır. TTK'nın 1472/1. maddesi uyarınca sigortacı, sigorta bedelini ödedikten sonra hukuken sigorta ettiren yerine geçer ve dava, tazmin ettiği bedel nisbetinde sigortacıya intikal eder. Bu şekilde sigortalısının haklarına halef olan sigorta şirketinin, ödediği tazminat miktarınca hukuken sigortalı yerine geçerek açtığı rücû davası, aslında bir tazminat davası olup, bu niteliği itibariyle aynı zamanda şahsî nitelikte bir eda davasıdır. Burada sigortacı, sigorta ettiren yerine geçtiği için şahsî ve rücûu ödediği bedelle sınırlı olduğundan dolayı da cüz'î haleftir. Sigortacının, sigortalıya ödediği tazminat oranında sigortalının yerine geçeceği ve onun kanunî halefi olacağı, ilke olarak 31.03.1954 gün ve 1953/18 E. - 1954/11 K. sayılı Yargıtay İçtihadı Birleştirme Kararında da belirtilmiştir. 17.01.1972 tarih ve 1970/2 E. - 1972/1 K. sayılı Yargıtay İçtihadı Birleştirme Kararında da sigortacının, zarara sebebiyet veren aleyhinde açtığı rücû davasının, kanundan doğan halefiyete dayandığı ve halef olanın, halefiyet yolu ile nasıl bir hak iktisap etmiş ise o hakka sahip olacağı vurgulanmış; velhasıl sigorta ettirenin ne hakkı varsa bunların, şartları gerçekleşince sigortacıya geçeceği; sigortacının, sigorta ettirenin bütün def'ilerini üçüncü şahsa karşı ileri sürebileceği gibi eylemin haksız fiilden kaynaklandığı açıktır.

634 sayılı Kanunun 35/b maddesinde ise "Anagayrimenkulün gayesine uygun olarak kullanılması, korunması, bakımı ve onarımı için gereken

tedbirlerin alınması" hükmüne, 16. maddesinde "Kat malikleri anagayrimenkulün bütün ortak yerlerine, arsa payları oranında, ortak mülkiyet hükümlerine göre malik olurlar." hükmüne, ayrıca 19/3. maddesinde de "Her kat maliki anagayrimenkule ve diğer bağımsız bölümlere, kusuru ile verdiği zarardan dolayı diğer kat maliklerine karşı sorumludur." hükmüne yer verilmiş, diğer yandan aynı Kanunun Ek madde 1. maddesi ile de "Bu Kanunun uygulanmasından doğacak her türlü anlaşmazlık sulh mahkemelerinde çözümlenir." düzenlemesine yer verilmiştir.

Somut olayda, bağımsız bölüm malikinin halefi olan davacı ... şirketi, davalı bağımsız bölüm malikinin dairesinden gelen su sızıntısı nedeniyle oluşan zararın rücuen tahsilini talep etmekte olup, bu şekilde Kat Mülkiyeti Kanunu hükümlerinin uygulanması gerektiği anlaşılan uyuşmazlığın Bakırköy 5. Sulh Hukuk Mahkemesinde görülmesi gerektiği anlaşılmaktadır.

SONUÇ: Yukarıda açıklanan nedenlerle; 6100 sayılı HMK'nın 21 ve 22. maddeleri gereğince Bakırköy 5. Sulh Hukuk Mahkemesinin YARGI YERİ OLARAK BELİRLENMESİNE 13.06.2016 gününde oy birliğiyle karar verildi.

YORUM

Kararda varılan sonuç yerindedir.

Kanımızca Kat Mülkiyeti Kanunu (KMK) hükümlerinin uygulanması gerektiği gerekçesiyle görevsizlik kararı veren Asliye Hukuk Mahkemesi, uyuşmazlığı TBK m.69'da düzenlenen yapı malikinin sorumluluğu (veya eğer davalının -mesela musluğu açık unutmak gibi- bir kusuru saptanmakta ise, TBK m.49'da düzenlenen genel sorumluluk) hakkındaki hükümleri uygulayarak davacı lehine çözüme bağlamış olsa idi, o takdirde, Asliye Hukuk Mahkemesi kararını görev yönünden bozmak lazım gelmeyebilirdi.

Bununla birlikte, KMK uyarınca daha geniş bir giderime hükmedilebileceği saptanmakta ise, bu halde görev yönünden bozma gündeme gelebilirdi.

Metrobüs çalışması sırasında yere bırakılan demir bariyerlerin yağış ve fırtınalı hava nedeniyle yolun ortasına kadar gelmesinden kaynaklanan trafik kazası sonrasında araçtaki zararı ödeyen sigortacının yasal halef sıfatıyla Belediye aleyhine açtığı dava yönetsel yargıda mı yoksa adli yargıda mı görülmelidir?

Yargıtay Hukuk Genel Kurulu

Esas No.: 2014/1163

Karar No.: 2016/909

Karar tarihi: 29.06.2016

Taraflar arasındaki "rücuen tazminat" davasından dolayı yapılan yargılama sonunda; İstanbul (kapatılan) 46. Asliye Ticaret Mahkemesince davanın kısmen kabulüne dair verilen 28.03.2013 gün ve 2012/204 E., 2013/76 K. sayılı kararın incelenmesi davalı vekili tarafından istenilmesi üzerine, Yargıtay 17. Hukuk Dairesinin 25.09.2013 gün ve 2013/10175 E. 2013/12833 K. sayılı ilamı ile;

"...Davacı vekili, müvekkiline kasko sigortalı aracın D 100 Karayolunda Avcılar istikametine doğru seyir halinde iken yolun sağ tarafındaki metrobüs çalışması nedeniyle yere bırakılan demir bariyerlerin yağışlı ve fırtınalı hava nedeniyle yolun orta kısmına kadar gelmesi ve aracın bu bariyerlere çarpması sonucu hasarlandığını ve sigortalıya 11.241,38 TL ödeme yaptığını belirterek, fazlaya dair haklarını saklı kalmak şartıyla, ödenen bedelinin tahsili amacıyla davalı hakkındaki icra takibine yapılan itirazın iptalini talep etmiştir.

Davalı ... vekili, davanın idari yargının görevi kapsamında olduğunu belirterek davanın reddini savunmuştur.

Mahkemece yargı yolu itirazı reddedilerek, davanın kısmen kabulü ile davalının İstanbul 28. İcra Müdürlüğü'nün 2012/8611 Esas sayılı dosyasına vaki itirazının iptali ile takibin devamına karar verilmiş; hüküm, davalı vekili tarafından temyiz edilmiştir.

Dava, 6762 sayılı TTK.'nun 1301. maddesinden (6102 sayılı TTK.'nun 1472. maddesi) kaynaklanan itirazın iptali istemine ilişkindir.

Davacıya kasko sigortalı aracın, yol üzerinde bulunan bariyer parçalarına çarpması nedeniyle tek taraflı kaza yapması sonucu hasarlandığı iddiasıyla ... aleyhine yapılan icra takibine vaki itirazın iptali istenmiş olup, davada hizmet kusuruna dayanılmıştır. Kamu hizmeti görmekle yükümlü olan belediyeler, kamu hizmeti sırasında verdikleri zararlardan dolayı özel hukuk hükümlerine tabi değildirler. Kamu tüzel kişilerinin yasalar tarafından kendilerine verilen görev ve yetkilerin kullanılması sırasında oluşan zararlar niteliği itibariyle hizmet kusurundan kaynaklanan zararlar olup, bu zararların tazmini amacıyla hizmet kusurlarına dayalı olarak İdari Yargılama Usulü Hakkındaki Kanun'un 2. maddesi hükmü uyarınca idari yargı yerinde tam yargı davası ikame edilmesi gerekmektedir. Görev kuralları kamu düzenine ilişkin olup, mahkemece kendiliğinden (re'sen) dikkate alınması zorunludur. O halde mahkemece, adli yargının yargı yolu bakımından görevsiz bulunması nedeniyle dava dilekçesinin görevsizlik nedeniyle reddine karar verilmesi gerekirken yazılı şekilde hüküm kurulması doğru görülmemiştir..."

gerekçesi ile oyçokluğuyla bozularak dosya yerine geri çevrilmekle, yeniden yapılan yargılama sonunda, mahkemece önceki kararda direnilmiştir.

HUKUK GENEL KURULU KARARI

Hukuk Genel Kurulunca incelenerek direnme kararının süresinde temyiz edildiği anlaşıldıktan ve dosyadaki kâğıtlar okunduktan sonra gereği görüşüldü:

Dava, 6762 sayılı TTK.'nun 1301. maddesi (6102 sayılı TTK'nun 1472. maddesi) uyarınca itirazın iptali istemine ilişkindir.

Davacı vekili, müvekkili şirket nezdinde sigortalı olan aracın, davalı ... tarafından yapılan metrobüs çalışması sırasında monte edilmeden bırakılan demir bariyerin yağışlı ve fırtınalı havanın etkisiyle yol ortasına kadar gelmesi nedeniyle oluşan kazada hasar gördüğünü, müvekkilinin sigortalısına hasar bedelini ödendiğini, ödenen bedelin davalı ...'den tahsili için yapılan icra takibine davalının itiraz ettiğini belirterek, haksız itirazın iptali ile % 40 icra inkar tazminatının tahsiline karar verilmesini talep ve dava etmiştir.

Davalı ... vekili, davanın idari yargı yerinde görülmesi gerektiğini belirterek, davanın öncelikle görev nedeniyle, olmadığı takdirde ise esastan reddine karar verilmesini talep etmiştir.

Yerel mahkemece; oluşan kazada davalı ...'nin % 100 oranında kusurlu olduğu gerekçesiyle davanın kısmen kabulüne karar verilmiştir.

Davalı ... vekilinin temyizi üzerine karar, Özel Dairece yukarıda başlık bölümünde gösterilen nedenlerle bozulmuştur.

Yerel Mahkemece, önceki kararda direnilmiş; hükmü temyize davalı vekili getirmiştir.

Direnme yolu ile Hukuk Genel Kurulu önüne gelen uyuşmazlık; kamu hizmeti gören davalı ...'nin metrobüs çalışması sırasında hizmetin kusurlu olarak verilmesi nedeniyle oluşan araç hasarının tazmini istemiyle açılan davanın, görüleceği yargı kolunun idari yargı yeri mi, yoksa adli yargı yeri mi olduğu noktasında toplanmaktadır.

Somut olaydaki uyuşmazlığın çözümü bakımından hizmet kusuru kavramı ve uyuşmazlığa ilişkin yasal düzenlemelerin açıklanmasında yarar bulunmaktadır.

2709 sayılı Türkiye Cumhuriyeti Anayasası'nın "Yargı Yolu" başlıklı 125. maddesinin 1. fıkrası "İdarenin her türlü eylem ve işlemlerine karşı yargı yolu açıktır" hükmünü, son fıkrası ise "İdare, kendi eylem ve işlemlerinden doğan zararı ödemekle yükümlüdür" düzenlemesini içermektedir.

İdare hukukunda idarenin iki tür sorumluluğu kabul edilmektedir. Biri idarenin özel hukuk ilkeleri doğrultusunda yaptığı sözleşmelerden kaynaklanan özel hukuk sorumluluğu; diğeri ise, idarenin idare hukuku ilkeleri doğrultusunda yapmış olduğu sözleşmeler ve idarenin her türlü işlem ve eyleminden kaynaklanan kamu hukuku ilkeleri doğrultusunda oluşmuş idare hukukuna özgü sorumluluk türüdür. İdarenin kişilere verdiği zararları tazmin yükümlülüğü, idarenin "hizmet kusuruna (kusurlu sorumluluk)" ve "kusursuz sorumluluğuna" dayanmaktadır.

İdarenin kusura dayanan sorumluluğu, uygulamada "hizmet kusuru" kavramı ile anlatılmaktadır. Hizmet kusurunun tam ve kapsamlı bir tanımını yapmak zor olmakla birlikte genel olarak doktrinde hizmet kusuru; idarenin ifa ile mükellef olduğu herhangi bir kamu hizmetinin kuruluşunda, düzenlenmesinde veya teşkilatında, bünyesinde, personelinde yahut işleyişinde bir takım aksaklık, hukuka aykırılık, bozukluk, düzensizlik, eksiklik, sakatlık veya ihmalin ortaya çıkması, şeklinde tanımlanmaktadır (SARICA, Ragıp, "Hizmet Kusuru ve Karakterleri", İstanbul Üniversitesi Hukuk Fakültesi Mecmuası, Y. 1949, C. 15, S. 4, s. 858; ATAY, Ender Etem, İdare Hukuku, Ankara 2006, s. 571; YILDIRIM, Turan, İdari Yargı, İstanbul 2008, s. 253).

Hizmet kusurunun üç durumda varlığı hem yargı içtihatları hem de öğreti tarafından kabul edilmiştir. Bu üç durum; hizmetin hiç işlememesi, hizmetin geç işlemesi ve hizmetin kötü işlemesidir.

Buna göre idare kural olarak yürüttüğü kamu hizmeti ile nedensellik bağı kurulabilen zararları tazminle yükümlü olup, İdari Yargılama Usulü Kanunu'nun "İdari Dava Türleri ve İdari Yargı Yetkisinin Sınırı" başlıklı 2. maddesinin 1. fıkrasının "b" bendi gereğince "İdari eylem ve işlemlerden dolayı kişisel hakları doğrudan muhtel olanlar" idari yargı yerinde tam yargı davası açabilecektir. Yine İYUK 15/I-a maddesinde ise, adli yargının görevli olduğu konularda açılan davaların reddine karar verileceği de hükme bağlanmıştır.

Hizmet kusuruna ilişkin bu açıklamalardan sonra, somut uyuşmazlığın temelini oluşturan 2918 sayılı Karayolları Trafik Kanunu'nun (KTK) 110. maddesindeki düzenlemeye değinmekte yarar bulunmaktadır.

2918 sayılı KTK'nın 11.01.2011 tarih ve 6099 sayılı Kanun'un 14. maddesi ile değişik "Görevli ve Yetkili Mahkeme" başlıklı 110. maddesinin 1. fıkrası "İşleteni veya sahibi Devlet ve diğer kamu kuruluşları olan araçların sebebiyet verdiği zararlara ilişkin olanları dâhil, bu Kanundan doğan sorumluluk davaları, adli yargıda görülür. Zarar görenin kamu görevlisi olması, bu fıkra hükmünün uygulanmasını önlemez. Hemzemin geçitte meydana gelen tren-trafik kazalarında da bu Kanun hükümleri uygulanır" hükmünü içermektedir.

Özellikle maddede metninde geçen "İşleteni veya sahibi Devlet ve diğer kamu kuruluşları olan araçların sebebiyet verdiği zararlara ilişkin olanları dâhil, bu Kanundan doğan sorumluluk davaları" ibaresinin farklı yorumlanmasının yargı yoluna ilişkin ihtilafı doğurduğu görülmektedir.

Buradan hareketle 2918 sayılı KTK'da sorumluluğa ilişkin düzenlemelerin hangi hallerde, kime/kimlere yönelik olduğunun belirlenmesi gerekmektedir.

2918 sayılı KTK'da hukuki sorumluluğa ilişkin düzenlemeler "Hukuki Sorumluluk ve Sigorta" başlıklı 8. kısımda 85 ve devamı maddelerinde yer almaktadır. 85. maddenin 1. fıkrası "Bir motorlu aracın işletilmesi bir kimsenin ölümüne veya yaralanmasına yahut bir şeyin zarara uğramasına sebep olursa, motorlu aracın bir teşebbüsün unvanı veya işletme adı altında veya bu teşebbüs tarafından kesilen biletle işletilmesi halinde, motorlu aracın işleteni ve bağlı olduğu teşebbüsün sahibi, doğan zarardan müştereken ve müteselsilen sorumlu olurlar" şeklindedir.

Bunun yanında yine Kanunun "Devlete ve Kamu Kuruluşlarına Ait Araçlar" başlıklı 106. maddesi "Genel bütçeye dahil dairelerle katma bütçeli idarelere, il özel idarelerine ve belediyelere, kamu iktisadi teşebbüslerine ve kamu kuruluşlarına ait motorlu araçların sebep oldukları zararlardan dolayı, bu Kanunun işletenin hukuki sorumluluğuna ilişkin hükümleri uygulanır. Bu kuruluşlar, 85 inci maddenin birinci fıkrasına göre olan sorumluluklarının karşılanmasını sağlamak üzere 101 inci maddedeki şartları haiz milli sigorta şirketlerine mali sorumluluk sigortası yaptırmakla yükümlüdürler" hükmünü içermektedir.

Görüldüğü gibi KTK'da sorumluluğa yönelik düzenlemeler 85 ve devamı maddelerinde yer almakta olup; sorumlu olarak motorlu araç işleteni (gerçek ya da farazi işleten olabilir) ve araç işleticisinin bağlı olduğu teşebbüs sahibi belirlenmiştir. Buna göre bir motorlu aracın işletilmesi bir kimsenin ölümüne veya yaralanmasına yahut bir şeyin zarara uğramasına sebep olursa, motorlu aracın bir teşebbüsün unvanı veya işletme adı altında veya bu teşebbüs tarafından kesilen biletle işletilmesi halinde, "motorlu aracın işleteni ve bağlı olduğu teşebbüsün sahibi, doğan zarardan müştereken ve müteselsilen sorumlu olacaklardır". Özellikle

106. maddede belirtildiği üzere kamu kuruluşlarına ait araçların neden olduğu zararlara ilişkin sorumluluk da 85 ve devamı maddeleri gereğince işletenin hukuki sorumluluğuna ilişkin hükümlere tabi kılınmıştır.

Anlaşılmaktadır ki, yapılan değişiklik ile 2918 sayılı KTK'dan doğan sorumluluk davalarının, işleteni veya sahibi Devlet ve diğer kamu kuruluşları olan araçların neden olduğu zararlara ilişkin olanları da dahil olmak üzere adli yargı yerinde görüleceği, zarar görenin kamu görevlisi olmasının da bahsi geçen Kanun hükmünün uygulanmasını önlemeyeceği öngörülmüştür.

Burada vurgulanması gereken husus, ister özel hukuk isterse kamu hukuku kişisi olsun 2918 sayılı KTK gereğince sorumluluğu ancak motorlu araç işleteni ve araç işleticisinin bağlı olduğu teşebbüs sahibi sıfatı ile söz konusu olabilmektedir. İşleten tanımı ise KTK'nun 3. maddesinde "Araç sahibi olan veya mülkiyeti muhafaza kaydıyla satışta alıcı sıfatıyla sicilde kayıtlı görülen veya aracın uzun süreli kiralama, ariyet veya rehni gibi hallerde kiracı, ariyet veya rehin alan kişidir. Ancak ilgili tarafından başka bir kişinin aracı kendi hesabına ve tehlikesi kendisine ait olmak üzere işlettiği ve araç üzerinde fiili tasarrufu bulunduğu ispat edilirse, bu kimse işleten sayılır" düzenlemesine yer verilmiştir.

Buna ilaveten, KTK'nın 110. maddesindeki 6099 sayılı Kanunun 14. maddesi ile yapılan değişiklik gerekçesinin değerlendirilmesi de sorunun çözümüne katkı sağlayacaktır. Gerçekten 110. maddede yapılan değişikliğin genel gerekçesinde "...Karayolları Trafik Kanunu, kamuya ait araçların karayolu üzerindeki seyrini (m.85, 86, 90, 106, 109 ve diğ.) kendi kapsamına almış ve bu nevi araçların sebebiyet verdikleri zararların tazmini davaları -doğru olarak- adli yargıda görülmüştür..."; madde gerekçesinde ise "...Komisyon; Kanunun kamu araçlarının karayolundaki seyrini ve bu sırada oluşan haksız fiilleri özel hukuka bağlı kılmış olması karşısında (m.106), bu tür fiillerden kaynaklanan davaların adli yargıda görülmesini, bu kabulün kaçınılmaz sonucu olarak görmektedir... Sonuç olarak, kamuya ait olan araçların sebebiyet verdiği trafik kazaları ile hemzemin geçitlerde meydana gelen tren-trafik kazaları Karayolları Trafik Kanununa bağlı kılınmış, bu uyuşmazlıklarda görevin adli yargıda olduğu yönünde düzenleme yoluna gidilmiştir…" şeklinde kanun koyucunun amacı ortaya konulmuştur.

Görüldüğü üzere, anılan değişiklikle "kamu araçlarının" verdiği zararlar nedeniyle işletenin sorumluluğuna ilişkin olarak 2918 sayılı Kanunun amacına uygun biçimde, adli yargıda görüm ve çözüm esası benimsenmiş, hizmet kusurundan kaynaklanan hukuki uyuşmazlıkların da bu kapsamda değerlendirileceğine yönelik her hangi bir ifadeye yer verilmemiştir.

Ayrıca değinilmesi gereken diğer bir husus, KTK'da kuruluşlar ve komisyonlara verilen görev ve yetkilere ilişkin sorumluluğun bu Kanun kapsamında değerlendirilmesi gerekip gerekmediğidir. 5216 ve 5393 sayılı kendi kuruluş yasaları yanında Büyükşehir Belediyeleri ve Belediyeler KTK'nın 10. maddesinde genel olarak karayollarını emniyetle kullanılmasını sağlamakla görevli ve yetkili kılınmıştır. KTK'da yalnızca Belediyelerin değil, Kanun'un 2. Kısmının 4 ila 12. maddelerinde karayollarında can ve mal güvenliği yönünden trafik düzen ve güvenliğini sağlamak, trafik güvenliğini ilgilendiren gerekli önlemleri belirlemek ve motorlu araçlar ile ilgili idari işlemleri düzenlemek amacı ile Emniyet Genel Müdürlüğü, Milli Eğitim Bakanlığı, Sağlık Bakanlığı, Gıda Tarım ve Hayvancılık Bakanlığı, Ulaştırma Denizcilik ve Haberleşme Bakanlığı ve Karayolları Genel Müdürlüğü'nün de görev ve yetkileri sayılmıştır.

Bununla birlikte 2918 sayılı KTK'da diğer kamu idareleri ve Belediyelerin trafik düzeni ve trafik güvenliği ile ilgili üstlendikleri kamu hizmetlerinden dolayı hukuki sorumluluğu düzenlenmiş değildir. Diğer bir anlatımla, Büyükşehir Belediyeleri ve Belediyelerin karayolu yapım, bakım ve işletilmesi şeklindeki kamu hizmetleri gibi diğer kamu kuruluşlarının kendi görev alanlarındaki kamu hizmetlerinin, idare hukuku ilke ve kurallarına göre yürütüleceği, anılan kuruluşların idari işlem ve eylemlerinden doğan uyuşmazlıkların da Anayasa'nın 125. maddesi ve 2577 sayılı İYUK'nın 2. maddesine göre idari yargı yerinde çözümlenmesi gerektiği noktasında duraksama bulunmamaktadır.

Yukarıdan beri yapılan açıklamalar değerlendirildiğinde, KTK'dan doğan sorumluluk davaları 85 ve devamı maddelerinde düzenlenen "motorlu aracın işletilmesinin" sonucu doğan zararlar nedeni ile "motorlu aracın işleteni ve bağlı olduğu teşebbüsün sahibinin" sorumlu olduğu davalardır. Yani, KTK'nun 106. maddesi gereğince Devlet ve diğer kamu kuruluşlarına ait motorlu araçların işletilmesi nedeniyle araç işleticisi sıfatıyla (KTK'nun 85. maddesi gereğince) kamu idareleri ve kuruluşlarına karşı açılacaklar da dahil bütün araç sahibi ve işleticilerine karşı açılan davalar adli yargı kolunun görev alınana girmektedir. Buna karşın kamu idareleri ve kuruluşlarının trafik güvenliği ve düzenini sağlamak amacıyla gerek kendi kuruluş yasaları, gerekse 2918 sayılı KTK'na göre yürüttükleri hizmetlerin, kamu hizmeti niteliğini taşıması ve yukarıda sözü edilen KTK'da görevlendirilen kamu idare ve kuruluşlarının sorumluluklarına ilişkin her hangi bir düzenlemenin ayrıca KTK'da yer almaması dikkate alındığında, trafik düzeni ve güvenliği hizmetlerinden kaynaklandığı iddia edilen zararların tazmini istemiyle ilgili idarelere karşı açılan davalar idari yargı kolunun görev alanına girmektedir.

Benzer bir uyuşmazlıkta aynı ilkeler Danıştay İdari Dava Daireleri Kurulunun 26.02.2015 gün ve 2015/493 Esas, 2015/557 Karar sayılı ilamında da benimsenmiş ve idari yargı kolunun görevli olduğu değerlendirilmiştir.

Nitekim aynı ilkeler, Hukuk Genel Kurulunun 04.11.2015 gün ve 2015/17-225 E., 2015/2370 K., 04.11.2015 gün ve 2015/17-86 E.,2015/2364 K., ile 04.11.2015 gün ve 2015/17-1869 E., 2015/2369 K. sayılı kararlarında da benimsenmiştir.

Somut olaya gelince, davalı ...'nin karayolunun yan tarafında yaptığı metrobüs çalışması sırasında yere bırakılan demir bariyerin yağışlı ve fırtınalı havanın etkisiyle yolun ortasına kadar geldiği ve sigortalı aracın bu bariyere çarpması sonucu hasarlandığı iddia edilmiştir. Bu iddiaya göre, davalı ...'ye ait bir aracın sebebiyet verdiği bir trafik kazasından bahsetmek olanaksızdır. Davada KTK'nın 85 ve devamı maddelerinde düzenlenen işletenin hukuki sorumluluğuna değil, davalı ...'nin görevlerini tam ve eksiksiz yerine getirilmediği, yani yürütülen kamu hizmetinin kusurlu olduğu iddiasına dayanılmıştır. Uyuşmazlık, oluşan hasarın hizmet kusurundan kaynaklandığı iddiasına dayandığından, uyuşmazlığın çözüm yerinin de idari yargı yeri olacağı açıktır.

Hukuk Genel Kurulunda yapılan görüşmeler sırasında bir kısım üyeler tarafından, uyuşmazlıkta uygulanacak kanun maddesinin KTK'nun 110. maddesi olduğu, 11.01.2011 gün ve 6099 sayılı Kanunla değişik KTK'nun 110. maddesinde açıkça "bu Kanundan doğan sorumluluk davaları" ibaresine yer verilerek karayolu üzerinde gerçekleşen kazalarda, hizmet kusurundan kaynaklanmış olsa bile adli yargı kolunun görevli kılındığı, yine rücu davalarının idari yargıda görülebilecek dava çeşitlerinden olmadığı belirtilerek, yerel mahkeme direnme kararının yerinde olduğu ileri sürülmüş ise de; bu görüşler yukarıda belirtilen nedenlerle Kurul çoğunluğunca benimsenmemiştir.

O halde, hizmet kusuruna dayalı olarak açılan davada idari yargı kolunun görevli olduğu yönündeki Hukuk Genel Kurulunca da benimsenen Özel Daire bozma kararına uyulmak gerekirken, önceki kararda direnilmesi usul ve yasaya aykırıdır.

Bu nedenle direnme kararı bozulmalıdır.

S O N U Ç : Davalı vekilinin temyiz itirazlarının kabulü ile, direnme kararının Özel Daire bozma kararında gösterilen nedenlerden dolayı BOZULMASINA, istek halinde temyiz ilam harcının yatırana iadesine, 29.06.2016 gününde oyçokluğu ile karar verildi.

YORUM

Yargıtay Hukuk Genel Kurulu kararına konu oluşturan uyuşmazlık özetle aşağıdaki gibidir:

Davacı sigortacı, kasko sigortası ile sigorta güvencesi altına almış olduğu aracın hasarlanması sebebiyle sigorta ettirene sigorta tazminatı ödemiş ve yasal halef sıfatıyla zarardan sorumlu olduğu savıyla davalı kamu kuruluşu aleyhine rücu davası (icra takibine yapılan itirazın iptali davası) açmıştır.

Sigortalı aracın uğradığı hasar şu şekilde gerçekleşmiştir. Davalı kamu kuruluşunun yürütmekte olduğu metrobüs çalışması sırasında, monte edilmeden bırakılan demir bariyer, fırtınalı havada yol ortasına kadar gelmiş ve sigortalı araç bu bariyere çarparak zarar görmüştür.

Davalı kamu kuruluşu, davanın idari yargı yerinde görülmesi gerektiğini öne sürmüştür.

İlk derece mahkemesi davalı kamu kuruluşunun % 100 oranında kusurlu olduğu gerekçesiyle davanın kısmen kabulüne karar verilmiştir.

Yargıtay 17. Hukuk Dairesi,

- *Davada hizmet kusuruna dayanıldığını*
- *Kamu hizmeti görmekle yükümlü olan belediyelerin, kamu hizmeti sırasında verdikleri zararlardan dolayı özel hukuk hükümlerine tabi olmadıklarını*
- *Kamu tüzel kişilerinin yasalar tarafından kendilerine verilen görev ve yetkilerin kullanılması sırasında oluşan zararların niteliği itibariyle hizmet kusurundan kaynaklanan zararlar olduğunu*
- *Bu zararların giderilmesi için, hizmet kusuruna dayalı olarak İdari Yargılama Usulü Hakkındaki Kanun'un 2. maddesi hükmü uyarınca idari yargı yerinde tam yargı davası ikame edilmesi gerektiğini*
- *Görev kurallarının kamu düzenine ilişkin olmaları açısından mahkemece kendiliğinden (re'sen) dikkate alınmaları gerektiğini*
- *O halde mahkemece, adli yargının yargı yolu bakımından görevsiz bulunması nedeniyle görevsizlik kararı verilmesi lazım geldiğini*

belirterek, ilk derece mahkemesi kararını oyçokluğuyla bozmuştur.

İlk derece mahkemesi önceki kararda direnmiştir.

Hukuk Genel Kurulu direnme kararını aşağıdaki gerekçelerle bozmuştur.

- *Davalı kamu hizmeti görmektedir.*
- *Uyuşmazlık, metrobüs çalışması sırasındaki kusur nedeniyle oluşan araç hasarının giderilmesi istemiyle açılan davanın, idari yargı yerinde mi, yoksa adli yargı yerinde mi görüleceği noktasında toplanmaktadır.*
- *Olayda davalının karayolunun yan tarafında yaptığı metrobüs çalışması sırasında yere bırakılan demir bariyerin yağışlı ve fırtınalı havanın etkisiyle yolun ortasına kadar geldiği ve sigortalı aracın bu bariyere çarpması sonucu hasarlandığı iddia edilmiştir.*
- *Buna göre, davalı kamu kuruluşuna ait bir aracın sebebiyet verdiği bir trafik kazasından bahsedilemez.*
- *Davada KTK m. 85 ve devamında düzenlenen işletenin hukuki sorumluluğuna değil, davalı kuruluşun görevlerini tam ve eksiksiz yerine getirmediğine, diğer bir anlatışla yürütülen kamu hizmetinin kusurlu olduğuna dayanılmıştır.*

- *Uyuşmazlık, oluşan hasarın hizmet kusurundan kaynaklandığı iddiasına dayandığından, uyuşmazlığın çözüm yerinin de idari yargı yeri olacağı açıktır.*

HGK kararı hakkındaki yorumumuz şöyledir:

Kanımızca, Yargıtay HGK kararında varılan sonucun tek gerekçesi "KTK m.110 hükmünün yalnızca işletenin araç işletilmesinden kaynaklanan sorumluluğu ile ilgili bulunduğu" ve "kamusal yönetim birimlerinin karayolu ile ilgili görev ve sorumluluklarının bu maddenin dışında kaldığı" yönündedir.

Yönetim biriminin eylem ve işlemlerinden ve vermesi lazım gelen hizmeti gereği gibi yerine getirmemiş olmasından kaynaklanan tazminat davaları, yasanın aksine düzenlemesi söz konusu olmadıkça yönetsel yargıda görülür.

Şu halde sorun, adli yargının görevli olduğunu öngören özel bir düzenlemenin mevcut olup olmadığıdır.

Aslında adli yargının görevli olması "ayrık hal" (istisna) niteliğindeki bir çözümdür. Duraksama söz konusu olduğu zaman, ayrık haller "dar" yorumlanır. Bu ilke göz önünde tutulduğunda, HGK kararı yerinde görünmektedir çünkü bir hususun ayrık hal kapsamına girip girmediği tartışmaya açık ise, girmediğini kabul etmek asıldır.

Ancak, yargı kararlarına (ve ayrık oy yazısına) yansıyan duraksamanın gerçekten haklı ve yerinde olup olmadığını ayrıca değerlendirmek gerekir. Öte yandan, duraksamaya yer olsa dahi, bir uyuşmazlığın mümkün olduğunca aynı yargı yerinde karar bağlanması daha doğrudur ve bu yolda bir çözümün benimsenmesinin sağlayacağı yararlar da, konu hakkında karara varılırken dikkate alınmalıdır.

- *KTK m.110'da mevcut olan "bu kanundan doğan sorumluluk davaları" anlatımı, hiç kuşkusuz işletenin sorumluluğundan daha geniş bir alandır.*
- *KTK m.110 "İşleteni ...Devlet ve diğer kamu kuruluşları olan araçların sebebiyet verdiği zararlara ilişkin olanları dâhil, bu Kanundan doğan sorumluluk davaları" ifadesiyle, işletene düşen sorumluluğun ötesinde, KTK'dan kaynaklanan bütün sorumlulukları kapsayan bir düzenleme getirmiştir.*
- *O halde, yanıtlanması gereken soru "yan taraftaki metrobüs çalışması sırasında demonte durumdaki bariyerin rüzgarın etkisiyle yola sürüklenmesinden (bunun meydana gelmemesi için gereken özenin gösterilmemesinden) doğan sorumluluğun KTK'da düzenlenmiş olup olmadığı" sorusudur.*
- *Karayolunun yapımı, bakımı, onarımı gibi hususlarda görevin kimde olduğu KTK'da belirtilmiştir. İlk araştırılması gereken nokta, davalı kamu kuruluşunun KTK'da sayılan bu görevli kuruluşlardan biri olup olmadığı-*

dır Eğer bu sorunun yanıtı olumlu ise, ikinci aşamada sorumluluk konusunu değerlendirmek gerekecektir.

- *KTK m.10(b)(1) ilâ (5) belediyelerin trafik düzenini ve güvenliğini sağlamak, bunun için gereken işaretlemeleri yapmak, engelleri kaldırmak, önlemleri almakla görevli olduklarını belirtmektedir. Belediyeye ilişkin görev ve yetkileri düzenleyen KTK 10(b) maddesinin bazı hükümleri şöyledir:*
    - *Yapım ve bakımından sorumlu olduğu yolları trafik düzeni ve güvenliğini sağlayacak durumda bulundurmak (bent 1)*
    - *Karayolu yapısında ve üzerinde yapılacak çalışmalarda gerekli tedbirleri almak, aldırmak ve denetlemek (bent 3)*
    - *Karayolunda trafik için tehlike teşkil eden engelleri gece veya gündüze göre kolayca görülebilecek şekilde işaretlemek veya ortadan kaldırmak (bent 4)*
- *Ancak KTK, karayolunun yapımı, bakımı, onarımı görevlerinin gereği gibi yerine getirilmemesi halinde sorumluluğun hangi koşullarla söz konusu olacağına ilişkin özel bir düzenleme içermemektedir.*
- *Şuna benzer bir görünüm ortaya çıkmıştır: KTK m.87 bazı hususlarda "genel hükümlerin" uygulanacağını ("sorumluluğun genel hükümlere tabi olacağını") belirtmektedir. Mesela KTK m.87 fk.1 uyarınca "hatır taşıması" halinde, işletenin sorumluluğu genel hükümlere tabidir. KTK acaba genel hükümlere bıraktığı bu sorumluluğu düzenlemiş midir, yoksa düzenleme dışı mı bırakmıştır? KTK'da bu hüküm olmasaydı, işleten, hatır taşıması sırasında zarar gören yolculara karşı tehlike esasına göre sorumlu tutulacaktı (ki doğru olan da budur). KTK'daki özel düzenleme bu sonucu önlemekte ve tehlike sorumluluğunun (KTK m.85) değil, genel hükümlerin uygulanmasını sağlamaktadır. Bu durumda, hatır taşımasının KTK'da düzenlendiğini vurgulamak yanlış olmayacaktır.*
- *KTK'nın eksik bıraktığı husus, KTK'da tanımlanan bu görevler gereği gibi yapılmadığı takdirde, bunun doğuracağı sorumluluğun hangi hükümlere tabi olacağını (özel hukuk kurallarına mı yoksa yönetim hukuku kurallarına mı) açıkça belirtmektir.*
- *KTK m.110'da adli yargının görevli olduğunun belirtilmesi özel hukuk hükümlerine tabi bir sorumluluğun söz konusu olması gerektiğini düşündürmektedir. Öte yandan, adli yargının trafik kazasına yol açan bir kusuru değerlendirirken yönetim hukukundaki sorumluluk kurallarını uygulayarak karar vermesi kolay açıklanabilecek bir husus da değildir.*

- *Kaldı ki, aksi halde birçok güçlük ortaya çıkacaktır: Mesela, bir yayanın zarar görmesine yol açan trafik kazasının kısmen sürücü kusuru kısmen de yol kusuru sonucunda meydana gelmiş olması halinde, zarar gören bütün sorumluları adli yargıda dava edemediği takdirde, birbiriyle uyumlu olmayan sonuçlarla karşılaşılabilecektir.*
- *Somut olayda, yolun "yanında" (yan tarafta) metrobüs çalışmasını yapan kamu kuruluşunun, KTK'da yolun bakımından (da) sorumlu kılınmış olduğu ve bu sebeple de yoldaki güvenliğe aykırı durumdan dolayı giderim yükümlülüğü altında olacağı kabul edildiğinde ayrıca şu soruya da yanıt vermek lazım gelebilir:*
  - *KTK'da kamu kuruluşuna yüklenmiş olan "yolun bakımı" sorumluluğu acaba metrobüs çalışmasını da kapsar mı?*
  - *Başka bir anlatışla, metrobüs çalışması sırasındaki özen eksikliğinin neden olduğu kaza (henüz monte edilmemiş bariyerin rüzgar etkisiyle yola sürüklenmesi ve yoldan geçmekte olan aracın o bariyere çarpması) KTK uyarınca sorumluluğa dahil midir? Yoksa bu farklı bir etkinlik (farklı görev = karayolunun yanında metrobüs ile ilgili olarak yürütülen etkinlik) sebebiyle doğmuş olan bir zarar mıdır (ve farklı sorumluluk kurallarına mı tabi olması gerekir? Bunu konunun uzmanları (öğreti) ve yargı netleştirecektir. Kanımızca, olaydaki sorumluluğu KTK kapsamında görmek daha doğru olur.*

KARŞI OY

Yerel Mahkeme ile Yargıtay Özel Dairesi arasındaki uyuşmazlık; yol kusuru nedeniyle (yol çalışması hizmetinin kusurlu olması nedeniyle) araç hasarının tazmini istemiyle açılan davanın görüleceği yargı yerinin idari yargı mı, yoksa adli yargı mı? olduğu noktasındadır.

Uyuşmazlıkta uygulanacak kanun maddesi, 2918 sayılı Karayolları Trafik Kanununun 110. maddesidir. Anılan kanunun 11.01.2011 gün ve 6099 sayılı kanunla değişik son metni şöyledir.

"İşleteni veya sahibi Devlet ve diğer kamu kurumları olan araçların sebebiyet verdiği zararlara ilişkin olanları dahil, bu Kanundan doğan sorumluluk davaları adli yargıda görülür. Zarar görenin kamu görevlisi olması, bu fıkra hükmünün uygulanmasını önlemez." Hemzemin geçitte meydana gelen tren-trafik kazalarında da bu kanun hükümleri uygulanır.

Düzenleme ile; bu kanundan doğan tüm sorumluluk davaları işleteni, sahibi, sürücüsü kim olursa olsun, zarar görenin kimliğine bakılmaksızın, ister tek taraflı olsun isterse iki taraflı olsun veya yol kusurundan kaynaklansın, kara yolu üzerinde gerçekleşmesi şartıyla Adli Yargı görevli kılınmıştır. Bununla, değişiklikten önceki uygulamada ortaya çıkan askeri yargı, idari yargı, adli yargı ayrımının kaldırılması ve bu şekilde uygulamada yeknesaklığın sağlanması amaçlanmıştır.

Yeni düzenlemenin Anayasaya aykırılığı ileri sürülerek iptali için hem idari hem de adli yargı tarafından Anayasa Mahkemesi önüne getirilmiştir.

Yüksek Mahkeme, Elazığ 2. İdare Mahkemesi tarafından yapılan başvuruyu, 08.12.2011 tarih ve 2011/124-160 sayılı kararıyla; "2918 sayılı Karayolları Trafik Kanunu'nun 110.maddesinin birinci fıkrasında, bu Kanun'dan doğan sorumluluk davalarının adli yargıda görüleceği öngörülmektedir. İtiraz başvurusunda bulunan mahkeme ise idare mahkemesi olup davaya bakmakla görevli ve yetkili mahkeme değildir." gerekçesiyle başvurunun mahkemenin yetkisizliği nedeniyle reddine karar vermiştir.

Maddenin yargısal denetimi, Bursa 3. Asliye Hukuk Mahkemesi ile Batman 2. Asliye Hukuk Mahkemesinin başvurusu üzerine yapılmış ve işin esası yüksek mahkemece incelenmiştir.

Bursa 3. Asliye Hukuk Mahkemesinin başvuru nedeni özetle şöyledir. Dava konusu olan 2918 Sayılı Kanunun 110. maddesindeki kural, idari yargının görev alanına giren aynı kanunun 7/1-a maddesine göre idari işlemlerle ve eylemlerle yerine getirilen kamu hizmetlerinden dolayı veya eksik ve ayıplı hizmet ifasından doğan hukuki uyuşmazlıkların çözümünün adli yargı yerlerine bırakmakla Anayasanın belirlediği idari ve adli yargı ayrımına aykırılık oluşturmaktadır.

Batman 2. Asliye Hukuk Mahkemesinin başvuru nedeni ise özetle şöyledir.

2918 Sayılı Kanunun 110. maddesinde yapılan değişiklikle, aynı kanunun 1. maddesi delaletiyle aynı kanunun 7. maddesi de madde kapsamına alındığından; yapım ve bakımından sorumlu olduğu karayollarından ve hemzemin geçitte meydana gelen kazalar nedeniyle uğranılan maddi-manevi zararların tazmini istemiyle açılan davalarda adli yargı yerleri görevli ve yetkili kılınmış, değişikliğin yürürlüğe girdiği tarihten itibaren açılan davalar adli yargı yerlerinde görülmeye başlanmış,

Ve Uyuşmazlık Mahkemesinin yol kusurundan kaynaklanan tazminat davasının Adli Yargı yerinde görülmesine dair 06.02.2012 tarih ve 2012/3-29 sayılı, aracın yolda bulunan çukura düşmesi sonucu uğranılan zararın tazmini için açılan davanın adli yargı yerinde görülmesine dair 06.02.2012 tarih ve 2011/256 Esas 2012/25 Karar sayılı, aracın yoldaki logar kapağına çarpması sonucu oluşan zararın tazmini için açılan davanın adli yargı yerinde görülmesine dair 04.06.2012 tarih ve 2012/101 E-2012/133 K sayılı kararlarının bulunduğunu, oysa idari eylem ve işlemlerden kaynaklanan davaların idari yargıda görülmesi gerektiği şeklindedir.

Yüksek Mahkemece; idari yargının görev alanına giren bir uyuşmazlığın çözümünde adli yargının görevlendirilmesi konusunda kanun koyucunun mutlak bir takdir yetkisinin bulunduğunu söylemek olanaklı değildir. Ancak, idari yargının denetimine bağlı olması gereken idari bir uyuşmazlığın çözümü, haklı neden ve kamu yararının bulunması halinde kanun koyucu tarafından adli yargıya bırakılabilir tespiti yapıldıktan sonra; özetle, itiraz konusu düzenlemenin gerekçesinde de ifade edildiği gibi, askeri idari yargı, idari yargı veya adli yargı kolları arasında uygulamada var olan yargı kolu belirsizliği giderilerek, söz konusu davalarla ilgili olarak yeknesak bir usul belirlenmektedir. Aynı tür davaların aynı yargı kolunda çözümlenmesi sağlanarak davaların görülmesi ve çözümlenmesinin hızlandırıldığı, bu suretle kısa sürede sonuç alınmasının olanaklı kılındığı ve bunun söz konusu davaların adli yargıda görüleceği yolunda getirilen düzenlemelerin kamu yararına yönelik olduğu anlaşılmaktadır.

Öte yandan; 2918 sayılı Kanunda tanımlanan kara yolu şeridi üzerindeki araç trafiğinden kaynaklanan sorumlulukların, özel hukuk alanına girdiği konusunda bir tartışma bulunmamaktadır. İdare tarafından kamu gücünden kaynaklanan bir yetkinin kullanılması söz konusu olmadığı gibi aynı kara yolu üzerinde aynı seyir çizgisinde hareket eden, bu nedenle aynı tür risk üreten araçlar arasında özel-kamu ayrımı yapılmasını gerektiren bir neden de yoktur, gerekçesiyle Anayasaya aykırılık itirazının reddine karar verilmiştir.

Bu bağlamda; Uyuşmazlık Mahkemesinin, az yukarıda itiraz yoluna başvuran mahkemenin gerekçesine aldığı kararları dışında, yol kusurundan kaynaklanan davalara yönelik çok sayıda kararı mevcuttur. Örneğin 14.01.2013 tarih ve 2015/58-161 sayılı, aynı tarih ve 2012/326 E 2013/36 K sayılı, 01.04.2014 tarih ve 2014/473-510 sayılı kararlarında; özetle, 2918 sayılı Yasanın 19.01.2011 tarihinde yürürlüğe giren değişik 110. maddesi ile Anayasa Mahkemesinin benzer bir konuda idare mahkemesinin davaya bakmakla görevli bulunmadığı yolundaki kararları gözetildiğinde, bahsi geçen kanun maddesinin, kara yollarında can ve mal güvenliği yönünden trafik düzeninin sağlanarak trafik güvenliğini ilgilendiren tüm konularda alınacak önlemleri kapsadığı ve kanunun, trafikle ilgili kuralları, şartları, hak ve yükümlülükleri, bunların uygulanmasını ve denetlenmesini, ilgili kuruluşları ve bunların görev yetki ve sorumlulukları ile çalışma usullerini kapsadığı dolayısıyla oluşan trafik kazası nedeniyle açılacak sorumluluk davalarının görüm ve çözüm yerinin Adli Yargı olduğunu belirterek Adliye Mahkemelerince verilen görevsizlik kararlarını kaldırmıştır. Yüksek mahkeme bu yoldaki kararlarını istikrarlı bir biçimde sürdürmektedir.

Konuya ilişkin olarak, benzer dosyalarda Yargıtay Hukuk Genel Kurulu'nun 04.04.2012 tarih ve 2012/4-65-284 sayılı, 04.07.2012 tarih ve 2012/4-261-441 sayılı içtihatlarında da aynı görüşün benimsendiği anlaşılmıştır.

Hal böyle olunca, somut olay yönünden de görevli yargı yeri Adli Yargı olup, Asliye Hukuk Mahkemesi görevlidir. Bu husus 2918 sayılı Karayolları Trafik Kanununun 11.01.2011 tarih ve 6099 sayılı kanunla değişik 110. maddesiyle açıkça belirlenmiştir. Düzenlemenin Anayasaya aykırı olmadığı Anayasa Mahkemesi kararı ile sabittir. Uyuşmazlık Mahkemesinin sapma göstermeyen istikrarlı kararları da aynı mahiyettedir. Bu husus, az yukarıda anılan Yargıtay Hukuk Genel Kurulu içtihatlarıyla da benimsenmiş bulunmaktadır.

Mahkemelerin görevi ancak kanunla belirlenir. Ve kamu düzenini ilgilendiren kurallardan olup, yargılamanın her aşamasında istek üzerine yada re'sen gözetilmesi gerekir. Mahkemenin direnme kararı yerindedir. Onanması gerekirken, bozulmasına dair sayın çoğunluğun değerli görüşüne katılmıyoruz.

Aksinin kabulü halinde; yargılamanın hiç arzu edilmeyecek şekilde, gereksiz yere uzamasına neden olunacak ve nihayetinde dosya dönüp dolaşıp yeniden adli yargı önüne gelecektir.

Zira, Uyuşmazlık Mahkemesi kanunundaki prosedüre göre, somut olayda dava dosyası şöyle bir seyir izleyecektir. Çoğunluk görüşünün benimsediği şekilde yerel mahkemenin işin esasını inceleyen ısrar kararı, görev yönünden bozulunca, yerel mahkeme tarafından zorunlu olarak bozma ilamına uyularak, davanın idari yargının görevli olması nedeniyle usulden reddine (görevsizlik kararı) karar verilecektir.

İşbu davanın kesinleşmesinden sonra, davacı idari yargıda tazminat davası açacaktır. Ancak, az yukarıda açıklandığı üzere, idari yargı tarafından da adli yargı yeri görevli diye görevsizlik kararı verilecektir.

Aynı konuda iki ayrı yargı kolu arasında verilip kesinleşen iki ayrı görevsizlik kararı olunca da dosya Uyuşmazlık Mahkemesi önüne gelecek ve uyuşmazlık mahkemesi adli yargının görevsizlik kararını kaldırarak dosyayı adli yarğıya yani ilk kararı veren asliye hukuk mahkemesine gönderecektir. Asliye hukuk mahkemesi Yargıtay'ca bozulan ilk kararını verecektir. Temyizi halinde bu defa Yargıtay'ca işin esası incelenecektir.

Maalesef bunun tersi de aynı sonucu doğuracaktır. Yani davacının çoğunluk görüşünde benimsendiği gibi ilkin idare mahkemesine başvurması halinde; bu defa idare mahkemesi adli yargı görevli diyerek davayı usulden reddedecek, ret kararı Danıştay'ca onanarak kesinleşecektir.

Bunun üzerine; davacı Asliye Hukuk Mahkemesinde dava açacak, idare mahkemesinin kesinleşen görevsizlik kararını gözeten mahkeme işin esasını inceleyerek, kararını verecektir. Temyizi halinde bu karar Yargıtay 17. Hukuk Dairesince idari yargının görevli olduğu gerekçesiyle bozulup dosya iade edilecektir. Yerel mahkemenin direnmesi halinde Yargıtay Hukuk Genel Kurulu direnme kararını bozacaktır.

Yerel mahkemece bu defa bozmaya uyulup usulden ret kararı verilecektir. Bu ret kararının kesinleşmesi üzerine dosya yine uyuşmazlık mahkemesine giderek anılan mahkemece de adli yargının görevsizlik kararı kaldırılarak dosya Asliye Hukuk Mahkemesine gönderilecektir. Asliye Hukuk Mahkemesi yine ilk kararını verecek temyizi üzerine Yargıtay 17.Hukuk Dairesinde işin esası incelenecektir.

Oysa; gecikmiş adalet, adalet değildir. Üstelik bu gecikmenin az yukarıda anlatılan süreçten kaynaklanıyor olması da kaygı vericidir.

Yargılamanın mümkün olan en kısa zamanda ve az masrafla sonuçlandırılması ilkesinin Anayasa ve muhakeme yasalarına geçtiği hususu da gözetilerek, yerel mahkemenin işin esasını inceleyen ısrar kararı esastan incelenmeli ve görev nedeniyle bozulmamalıydı.

YORUM

Yargıtay Hukuk Genel Kurulu kararı oy çokluğu ile alınmıştır. Karşı oy yazısında (özetle) şu hususlar vurgulanmıştır:

- *KTK m.110 hükmü ile, bu kanundan doğan tüm "sorumluluk" davalarında, (sorumluluğun kara yolu ile bağlantılı biçimde gerçekleşmesi şartıyla) adli yargı görevli kılınmıştır*
- *Bu düzenlemeden amaç "askeri yargı, idari yargı, adli yargı" ayrımının kaldırılmasıdır.*
- *Hem idari hem de adli yargı tarafından bu düzenlemenin Anayasa'ya aykırılığı ileri sürülmüştür. Anayasa Mahkemesi bu istemi kabul etmemiştir.*
- *Uyuşmazlık Mahkemesi de (KTK m.110 hükmünün kara yollarında trafik güvenliğini ilgilendiren tüm konularda alınacak önlemleri kapsadığı gerekçesiyle) yol kusurundan kaynaklanan davalarda adli yargının görevli olduğuna karar vermektedir. Yüksek mahkeme bu yoldaki kararlarını istikrarlı bir biçimde sürdürmektedir.*
- *Benzer dosyalarda Yargıtay Hukuk Genel Kurulu'nun 04.04.2012 tarih ve 2012/4-45-284, 04.07.2012 tarih ve 2012/4-261-441 sayılı içtihatlarında da aynı görüşün benimsendiği anlaşılmıştır.*

- *Hal böyle olunca, somut olay yönünden de görevli yargı yeri Adli Yargıdır. Mahkemenin direnme kararı yerindedir.*
- *Aksinin kabulü halinde; yargılamanın hiç arzu edilmeyecek şekilde, gereksiz yere uzamasına neden olunacak ve nihayetinde dosya dönüp dolaşıp yeniden adli yargı önüne gelecektir.*
- *Oysa, yargılamanın mümkün olan en kısa zamanda ve az masrafla sonuçlandırılması lazımdır.*

Karşı oy yazısı hakkındaki yorumlarımız aşağıdaki gibidir:

- *Anayasa Mahkemesi tarafından KTK m.110'un Anayasa'ya aykırı olmadığı yönünde verilen kararlar, yol kusurundan sorumluluğun adli yargıda mı yoksa yönetsel yargıda mı çözümlenmesi gerektiği sorusuna doğrudan yanıt getirmemektedir.*
- *Buna karşılık Uyuşmazlık Mahkemesi'nin kararları yerindedir ve dikkate alınmalıdır.*
- *Karşı oy yazısında varılan sonuç bizce de daha doğrudur.*

Motorlu aracın davacının sigortaladığı işyerine ait sundurma ve güvenlik kamerasına çarparak zarar vermesi halinde, yasal haleflik hakkına dayalı olarak açılan davada görevli mahkeme

Yargıtay 20. Hukuk Dairesi

Esas No.: 2016/8968

Karar No.: 2016/8425

Karar tarihi: 04.10.2016

Dava, sigorta şirketi tarafından iş yeri paket sigorta poliçesi ile sigortalı bulunan dava dışı işyerine ait sundurma ve güvenlik kamerasının, davalının maliki bulunduğu aracın çarpması sonucu zarar görmesi nedeniyle sigorta şirketi tarafından sigortalısına ödenen tazminatın davalıdan rucüan tahsili istemine ilişkindir.

... 16. Asliye Ticaret Mahkemesince, davanın sigortalı kimsenin sorumlu kişiye karşı açmış olduğu dava gibi olduğu, sigorta şirketi tarafından halefiyet esasına göre açılan davanın asliye hukuk mahkemesinde sonuçlandırılması gerektiği gerekçesiyle görevsizlik kararı verilmiştir.

... 8. Asliye Hukuk Mahkemesi ise dava konusunun tarafların ticari işletmesini ilgilendirdiği anlaşıldığından görevli mahkemenin asliye ticaret mahkemeleri olduğu gerekçesiyle görevsizlik kararı vermiştir.

Somut olayda uyuşmazlık, 6102 sayılı Türk Ticaret Kanununun 1472/1. maddesi uyarınca, sigorta şirketi tarafından sigortalısına ödenen tazminatın, kusurlu olan davalıdan rücuan tahsiline ilişkindir. TTK m. 1472/1'de düzenlenen halefiyet, yasal, sınırlı ve cüz'î halefiyet niteliğindedir. Bu maddeden doğan halefiyet hakkına istinaden açılan veya açılacak olan dava, esas itibariyle sigortalının, kendisine zarar verene karşı açacağı tazminat davasının, onun halefi sıfatıyla sigortacı tarafından açılmasıdır. TTK'nın 1472/1. maddesi uyarınca sigortacı, sigorta bedelini ödedikten sonra hukuken sigorta ettiren yerine geçer ve dava, tazmin ettiği bedel nisbetinde sigortacıya intikal eder. Bu şekilde sigortalısının haklarına halef olan sigorta şirketinin, ödediği tazminat miktarınca hukuken sigortalı yerine geçerek açtığı rücû davası, aslında bir tazminat davası olup, bu niteliği itibariyle aynı zamanda şahsî nitelikte bir eda davasıdır. Burada sigortacı, sigorta ettiren yerine geçtiği için şahsî ve rücûu ödediği bedelle sınırlı olduğundan dolayı da cüz'î haleftir. Sigortacının, sigortalıya ödediği tazminat oranında sigortalının yerine geçeceği ve onun kanunî halefi olacağı, ilke olarak 31.03.1954 gün ve 1953/18 E. - 1954/11 K. sayılı Yargıtay İçtihadı Birleştirme Kararında da belirtilmiştir. 17.01.1972 tarih ve 1970/2 E. - 1972/1 K. sayılı Yargıtay İçtihadı Birleştirme Kararında da, sigortacının, zarara sebebiyet veren aleyhinde açtığı rücû davasının, kanundan doğan halefiyete dayandığı ve halef olanın, halefiyet yolu ile nasıl bir hak iktisap etmiş ise, o hakka sahip olacağı vurgulanmış; velhasıl sigorta ettirenin ne hakkı varsa bunların, şartları gerçekleşince sigortacıya geçeceği; sigortacının, sigorta ettirenin bütün def'ilerini üçüncü şahsa karşı ileri sürebileceği gibi eylemin haksız fiilden kaynaklandığı açıktır.

Somut olayda, sigortalı sitenin halefi olan davacı ... şirketi, davalı araç maliki ve dava dışı sürücünün kusuru nedeniyle oluşan zararın rücuan tahsilini talep etmekte olup, bu şekilde uyuşmazlığın haksız fiilden kaynaklandığı, davalının tacir sıfatının bulunmadığı anlaşılmakla asliye hukuk mahkemesinde görülmesi gerekmektedir.

SONUÇ: Yukarıda açıklanan nedenlerle; 6100 sayılı HMK'nın 21 ve 22. maddeleri gereğince ... 8. Asliye Hukuk Mahkemesinin YARGI YERİ OLARAK BELİRLENMESİNE 04/10/2016 gününde oy birliğiyle karar verildi.

YORUM

Karara konu olan olayda, davacı sigortacı sigorta ettirene ait işyerini sigorta etmiştir. İşyerine ait sundurma ve güvenlik kamerası, davalının maliki bulunduğu aracın çarpması sonucu zarar görmüştür. Sigorta ettirene tazminat ödeyen davacı sigortacı, yasal halef sıfatıyla davalı aleyhine rücu davası açmıştır.

Ticaret Mahkemesi, davanın sigorta ettiren tarafından sorumlu kişiye karşı açılmış dava gibi olduğunu ve Asliye Hukuk Mahkemesi'nde sonuçlandırılması gerektiği gerekçesiyle görevsizlik kararı vermiştir.

Asliye Hukuk Mahkemesi ise dava konusunun tarafların ticari işletmesini ilgilendirdiği anlaşıldığından görevli mahkemenin asliye ticaret mahkemeleri olduğu gerekçesiyle görevsizlik kararı vermiştir.

Yargıtay bu olayda sorumluluğun haksız eylemden kaynaklandığını, davalının tacir sıfatının bulunmadığı anlaşılmakla asliye hukuk mahkemesinde görülmesi gerektiğini hükme bağlamıştır.

Kararda varılan sonuca katılmaktayız.

- *Zarara yol açan kaza sırasında davalıya ait motorlu araç "karayolu" niteliğine sahip bir yolda bulunuyor idiyse, dava motorlu araç işleteninin KTK uyarınca sorumluluğu sebebine dayanacaktır.*
- *Buna karşılık eğer zarar karayolu niteliğini taşımayan bir yerde meydana gelmiş idiyse, o zaman TBK'nın haksız eyleme ilişkin düzenlemesi uygulanacak ve dava (eğer sürücü davalının çalıştırmakta olduğu bir kimse ise) adam çalıştıranın sorumluluğu hakkındaki TBK m.66 uyarınca karara bağlanabilecektir.*
- *Her iki halde de Asliye Hukuk Mahkemesi görevli olacaktır.*
- *Yargıtay kararında "davalının tacir sıfatının bulunmadığı" hususuna vurgu yapılmış olması ise kanımızca gerekli değildir. Davalı tacir olsa da, Ticaret Mahkemesi görevli sayılmamalıdır. Çünkü burada hem davacı (sigorta şirketi) hem de davalı tacir sıfatını taşısalar dahi, her ikisinin ticari işletmeleri ile ilgili "ortak" bir sebep yoktur.*

Sigortacının işyeri sigortasıyla sigortalamış olduğu dükkânın mal sahibine yüklenebilecek sebeplerle çıkan yangında zarar görmesi üzerine sigortalı kiracıya tazminat ödedikten sonra mal sahibine açtığı yasal haleflik hakkına dayalı rücu davasının hangi mahkemede görülmesi gerektiği

Yargıtay 17. Hukuk Dairesi

Esas No.: 2014/5429

Karar No.: 2016/9070

Karar tarihi: 18.10.2016

Davacı vekili, davalının maliki olduğu dükkanın 25/05/2006 tarihli kira sözleşmesi ile ...tarafından kiralanarak pastane olarak işletilmeye başlandığını, işyerinin müvekkili şirket nezdinde işyeri poliçesi ile sigortalandığını, işyerinin 10/01/2011 tarihinde çıkan yangın sonucu hasara uğradığını, yangın raporunda yangının çıkış sebebinin "depo olarak kullanılan bölümdeki elektrik tesisatında meydana gelen arıza sonucu oluşan kısa devre" olarak belirtildiğini, sigortalıya 12/04/2011 tarihinde 25.124,00 TL hasar tazminatı ödendiğini belirterek 25.124,00 TL maddi tazminatın ödeme tarihi olan 12.04.2011 tarihinden itibaren işleyecek faizi ile birlikte davalıdan tahsiline karar verilmesini talep etmiştir.

Davalı, taşınmazlar tarafından kiralanmış ise de, meydana gelen problemin tesisatın kullanımından mı yoksa şehir şebeke akımından mı kaynaklandığının belli olmadığını, yangının elektrik tesisatından meydana gelip gelmediğinin kesin olmadığını, elektrik tesisatının onarımının bakımının yapılması, yapılmamış ise bundan doğacak zararların hem mevzuat hem de kira kontratı gereğince kiracının sorumluluğunda olduğunu belirterek davanın reddini savunmuştur.

Mahkemece, davanın 25.124,00 TL yönünden kabulü ile, 12/04/2011 tarihinden itibaren reeskont faizi ile birlikte davalıdan tahsiline, karar verilmiş; hüküm, davalı vekili tarafından temyiz edilmiştir.

...

1-Dava, işyeri sigorta sözleşmesinden kaynaklanan rücuen tazminat istemine ilişkindir.

Görev kuralları kamu düzenine ilişkin olup, yargılamanın her aşamasında mahkemece resen gözetilmesi gereken hususlardandır.

6102 sayılı Türk Ticaret Kanunu'nun 1472. maddesinde sigortacının, sigorta tazminatını ödediğinde, hukuken sigortalının yerine geçeceği, sigortalının, gerçekleşen zarardan dolayı sorumlulara karşı dava hakkı varsa bu hakkın, tazmin ettiği bedel kadar, sigortacıya intikal edeceği, sorumlulara karşı bir dava veya takip başlatılmışsa, sigortacının, mahkemenin veya diğer tarafın onayı gerekmeksizin, halefiyet kuralı uyarınca, sigortalısına yaptığı ödemeyi ispat ederek, dava veya takibi kaldığı yerden devam ettirebileceği hüküm altına alınmıştır.

Dava, sigorta şirketi tarafından sigortalısının halefi olarak açıldığına göre, görevli mahkemenin tayininde sigortalı ile davalı arasındaki ilişkinin hukuki mahiyeti nazara alınır. Yargıtay İçtihadı Birleştirme Genel Kurulu'nun 22.03.1944 tarihli 37 Esas ve 9 Karar sayılı kararında bu husus "sigortacının sorumlu kişi aleyhine açacağı dava sigorta poliçesinden doğan bir dava değildir. Bu nedenle, halefiyet davası bir ticari dava sayılamaz. Bu dava, aynen sigortalı kimsenin sorumlu kişiye karşı açmış olduğu bir dava gibidir. Sigortalının muhtelif mahkemelerde dava açma hakkı varsa aynı hak sigortacının halefiyet hakkına dayanan rücu davası için de söz konusudur" şeklinde vurgulanmaktadır.

6100 sayılı Hukuk Muhakemeleri Kanunu'nun 4. maddesinde ise dava konusunun değer veya tutarına bakılmaksızın kiralanan taşınmazların, 2004 sayılı İcra ve İflas Kanununa göre ilamsız icra yoluyla tahliyesine ilişkin hükümler ayrık olmak üzere, kira ilişkisinden doğan alacak davaları da dâhil olmak üzere tüm uyuşmazlıkları konu alan davalar ile bu davalara karşı açılan davaların sulh hukuk mahkemesinin görevinde olduğu düzenlenmiştir.

Somut olayda, sigortalı işyerinde çıkan yangın sebebiyle meydana gelen zarar sigortacı tarafından sigortalıya ödenmiş olup ödenen tazminatın işyerinin maliki olan davalıdan tahsili talep edilmiştir. Dosyaya sunulan kira sözleşmesine göre dava dışı sigortalı şirket, sigortalı işyerinde kiracı olarak bulunmaktadır. Bu nedenle dava dışı sigortalı şirket ile davalı arasındaki temel hukuki ilişki kira sözleşmesine dayanmaktadır. Sigortalı ile davalı arasında uyuşmazlık kira ilişkisinden doğduğundan davaya bakma görevi sulh hukuk mahkemesindedir. Bu nedenle sigortacı tarafından halefiyet yoluyla açılan davanın da sulh hukuk mahkemesinde görülmesi gerekmektedir.

Bu nedenle mahkemece, uyuşmazlığın sulh hukuk mahkemesinin görevine girdiği nazara alınarak, HMK 1/c maddesi gereğince mahkemenin görevli olmaması nedeniyle HMK 115/2.maddesi gereğince dava şartı yokluğundan usulden reddine karar verilmesi gerekirken işin esasına girilerek yazılı şekilde hüküm kurulması doğru görülmemiştir.

2-Bozma sebep ve şekline göre davalı vekilinin sair temyiz itirazlarının incelenmesine şimdilik gerek görülmemiştir.

SONUÇ: Yukarıda (1) numaralı bentte açıklanan nedenlerle davalı vekilinin temyiz itirazlarının kabulü ile hükmün BOZULMASINA, (2) numaralı bentte açıklanan nedenlerle davalı vekilinin sair temyiz itirazlarının incelenmesine şimdilik yer olmadığına, peşin alınan harcın istek halinde temyiz eden davalıya geri verilmesine 18.10.2016 gününde oybirliğiyle karar verildi.

YORUM

Uyuşmazlık konusu olayda davacı sigortacı yasal haleflik hakkına dayalı olarak zarardan sorumlu olduğu savıyla davalı kiralayan (mal sahibi) aleyhine rücu davası açmıştır.

Davacı sigortacı tarafından sigortalanan dükkân sigorta ettirenin kiracı sıfatıyla kullanmakta olduğu bir işyeridir. Sigorta konusu dükkân, yangın sonucu hasara uğramıştır. Yangın raporunda yangının çıkış sebebi "depo olarak kullanılan bölümdeki elektrik tesisatında meydana gelen arıza sonucu oluşan kısa devre" olarak belirtilmiştir.

Davalı aşağıdaki gerekçelerle davanın reddi gerektiğini savunmuştur:

- *Meydana gelen yangının tesisatın kullanımından mı yoksa şehir şebeke akımından mı kaynaklandığının belli olmadığı*

- *Yangının elektrik tesisatından meydana gelip gelmediğinin kesin olmadığı*
- *Elektrik tesisatının onarımı ve bakımının yapılması, yapılmamış ise bundan doğacak zararların hem mevzuat hem de kira kontratı gereğince kiracının sorumluluğunda olduğu*

İlk derece mahkemesi, davayı 25.124,00 TL üzerinden kabul etmiştir.

Yargıtay aşağıdaki gerekçelerle ilk derece mahkemesinin kararını bozmuştur:

- *Kira sözleşmesine göre sigorta ettiren sigorta konusu işyerinde kiracı olarak bulunmaktadır.*
- *Bu nedenle sigorta ettirenle davalı arasındaki temel hukuki ilişki kira sözleşmesine dayanmaktadır.*
- *Sigorta ettiren ile davalı arasında uyuşmazlık kira ilişkisinden doğduğundan davaya bakma görevi sulh hukuk mahkemesindedir.*
- *Bu nedenle sigortacı tarafından yasal haleflik hakkına dayanılarak açılan davanın da sulh hukuk mahkemesinde görülmesi gerekmektedir.*

Yargıtay kararı hakkında şu yorumu yapabiliriz:

- *Kararda varılan sonuç şu açıdan yerindedir. Sigortacının sigorta ettirene (başkası lehine sigortada sigortalıya) sigorta tazminatını ödedikten sonra yasal haleflik hakkına dayanarak açtığı rücu davası, giderim alacağı sigortacıya geçmemiş olsaydı sigorta ettiren (veya başkası lehine sigortada sigortalı) ile zarardan sorumlu üçüncü kişi arasındaki davaya hangi mahkemede bakılacak idiyse, o mahkemede görülmelidir.*
- *Sigorta ettirenle zarardan sorumlu olduğu ileri sürülen kişi arasında kira sözleşmesi ilişkisi varsa, sorumluluk her şeyden evvel bu sözleşmeden kaynaklanmış sayılabilecektir. Bu sebeple de Sulh Mahkemesi görevli olabilecektir.*
- *Bununla birlikte, davacının TBK m.49 fk.1'de düzenlenen haksız eylem (kusur) sorumluluğuna dayanması mümkün olduğu gibi; yapı malikinin sorumluluğu hükümleri (TBK m.69) uyarınca istemde bulunması da olanaklıdır. Bu hallerde Asliye Hukuk Mahkemesi görevlidir.*
- *Bu bağlamda sorun şudur: TBK m.60 fk.1 "sorumluluğun birden çok sebebe dayandırılması mümkünse, hakimin zarar görene (davacıya) en iyi giderim imkanı sağlayan sebebe göre karar vereceğini" hükme bağlamaktadır. Daha az elverişli bir sorumluluk sebebi hakkında görevli bulunan mahkemede dava açılmış ve kazanılmışsa, acaba bu karar bozulmalı mıdır?*

- *Yargıtay kararında ilk derece mahkemesi (Asliye Hukuk Mahkemesi) tarafından hangi sebebe dayalı olarak davalı aleyhine hüküm kurulmuş olduğu açıklanmamıştır. Davalı aleyhine yukarıda değindiğimiz TBK hükümleri uyarınca karar verilmişse, kanımızca çözüm şöyle olmalıdır:*
    - *Eğer davacı kira hukuku uyarınca daha elverişli bir sonuç elde edebilecek idiyse, o zaman, kazandığı hak saklı olmak kaydıyla, fazlasını (daha elverişli sorumluluk sebebinin fazlaya ilişkin olarak ona sağlayabileceği tutar için) sulh mahkemesinde dava açması uygun olabilir (bunun yol açacağı usul hukuku sorunlarının üstesinden gelebilmek de ayrı bir sorundur).*
    - *Davalının kira hukuku uyarınca daha iyi bir sonuç elde edebilecek olması ise, (uyuşmazlığın yalnızca kira hukuku hükümleri uygulanarak çözümlenmesi gereği yoksa) kararın görev yönünden bozulmasını gerektirmez (bu olasılıkta Asliye Hukuk Mahkemesi, davacı bakımından daha iyi giderim sağlayan sebep uyarınca karar vermiş sayılacaktır).*

Konut sigortası uyarınca komşu taşınmazdan sızan suların yol açtığı zararı ödeyen sigortacının halef sıfatıyla açtığı rücu davasına hangi mahkemede bakılması gerektiği

Yargıtay 20. Hukuk Dairesi
Esas No.: 2016/7224
Karar No.: 2016/9857
Karar tarihi: 31.10.2016

Dava, konut sigortası poliçesinden kaynaklanan rücuan tazminat istemine ilişkindir.

... 6. Sulh Hukuk Mahkemesince 6100 sayılı HMK hükümlerince Sulh Hukuk Mahkemesinin görevinde bulunan davalar sayılmış olup, davanın mahiyetinin kanunda sayılan davalardan olmadığı gerekçesiyle görevsizlik kararı verilmiştir.

... 8. Asliye Hukuk Mahkemesince 01/07/2012 tarihinde yürürlüğe giren 6102 sayılı Türk Ticaret Kanununun 1453 ve devamı maddelerinde "mal sigortaları" düzenlenmiş olup, davacı ... şirketi TTK'nun 1472. maddesine dayalı olarak icra takibine geçmiştir. Buna göre dava, anılan icra takibine yapılan itirazın iptali istemiyle açılmış bir dava olduğundan, 6102 sayılı Türk Ticaret Kanununun 4.maddesinin (a) bendindeki belirlemeye göre ticari dava mahiyetinde olduğu gerekçesiyle görevsizlik kararı verilmiştir.

... 1. Asliye Ticaret Mahkemesi ise uyuşmazlığın haksız fiilden kaynaklandığı, dava dışı sigortalının tacir olmadığı ve görevli mahkemenin asliye hukuk mahkemesi olduğu gerekçesiyle görevsizlik yönünde hüküm kurmuştur.

TTK'nın 1472. maddesinde düzenlenen halefiyet, yasal, sınırlı ve cüz'î halefiyet niteliğindedir. Bu maddeden doğan halefiyet hakkına istinaden açılan veya açılacak olan dava, esas itibariyle sigortalının, kendisine zarar verene karşı açacağı tazminat davasının, onun halefi sıfatıyla sigortacı tarafından açılmasıdır. TTK'nın 1472. maddesi uyarınca sigortacı, sigorta bedelini ödedikten sonra hukuken sigorta ettiren yerine geçer ve dava, tazmin ettiği bedel nisbetinde sigortacıya intikal eder. Bu şekilde sigortalısının haklarına halef olan sigorta şirketinin, ödediği tazminat miktarınca hukuken sigortalı yerine geçerek açtığı rücû davası, aslında bir tazminat davası olup, bu niteliği itibariyle aynı zamanda şahsî nitelikte bir eda davasıdır. Burada sigortacı, sigorta ettiren yerine geçtiği için şahsî ve rücûu ödediği bedelle sınırlı olduğundan dolayı da cüz'î haleftir. Sigortacının, sigortalıya ödediği tazminat oranında sigortalının yerine geçeceği ve onun kanunî halefi olacağı, ilke olarak 31.03.1954 gün ve 1953/18 Esas-1954/11 Karar sayılı Yargıtay İçtihadı Birleştirme Kararında da belirtilmiştir. 17.01.1972 gün ve 1970/2 Esas- 1972/1 Karar sayılı Yargıtay İçtihadı Birleştirme Kararında da sigortacının, zarara sebebiyet veren aleyhinde açtığı rücû davasının, kanundan doğan halefiyete dayandığı ve halef olanın, halefiyet yolu ile nasıl bir hak iktisap etmiş ise o hakka sahip olacağı vurgulanmış; velhasıl sigorta ettirenin ne hakkı varsa bunların, şartları gerçekleşince sigortacıya geçeceği; sigortacının, sigorta ettirenin bütün def'ilerini üçüncü şahsa karşı ileri sürebileceği ve Borçlar Kanununun 44. maddesine (TBK m. 52) de dayanabileceği; tabiatıyla sigorta ettirenin olayda dava hakkı yoksa, sigortacıya da bu yönde bir hakkın intikal etmeyeceği açıklanmıştır.

Diğer taraftan, Yargıtay İçtihadı Birleştirme Genel Kurulunun 22.03.1944 tarihli ve 37 Esas-9 Kararına göre de "Sigortacının sigorta poliçesinden münbais olmayıp kanundan aldığı bir salâhiyete istinaden ve haksız fiil sebebiyle alacaklı yerine kaim olarak hareket ettiği dâvada hukuk mahkemesine başvurması gerekir."

Somut olayda; uyuşmazlık 6102 sayılı TTK'nın 1472. maddesi uyarınca, sigorta şirketi tarafından sigortalısına ödenen tazminatın, haksız fiile sebebiyet veren davalı komşu taşınmaz malikinden rücuan tahsili isteminden ibarettir. Davacı ... şirketi, bu davayı sigortalısına halefen açtığına göre, görevli mahkemenin tayininde sigortalı ile davalı arasındaki ilişkinin hukukî mahiyeti nazara alınır. Sigorta şirketi halefi olduğu sigortalının işyerine, davalının maliki olduğu binadan, kendi dairesine gelen su sızıntısı nedeniyle oluşan zararın tazminini talep etmekte olup, bu şekilde uyuşmazlığın haksız fiilden kaynaklandığı, davalının tacir sıfatının bulunmadığı anlaşılmakla Asliye Hukuk Mahkemesinde görülmesi gerekmektedir.

SONUÇ: Yukarıda açıklanan nedenlerle, 6100 sayılı HMK'nın 21 ve 22. maddeleri gereğince ... 8. Asliye Hukuk Mahkemesinin YARGI YERİ OLARAK BELİRLENMESİNE 31/10/2016 gününde oy birliğiyle karar verildi.

YORUM

Yargıtay bu kararında, konut sigortası sözleşmesi uyarınca sigorta ettirene tazminat ödeyen sigortacının yasal halef sıfatıyla zarardan sorumlu komşu bina malikine açtığı davanın (icra takibine yapılan itirazın iptali davasının) "haksız eylem" sebebine dayandığına ve Asliye Hukuk Mahkemesi'nde görülmesi gerektiğine karar vermiştir.

Olayda, sigortalı konut, komşu binadan sızan su yüzünden zarar görmüştür. Açılan davada "görevli mahkemenin hangisi olması gerektiği" sorunu söz konusu olmuştur:

- *Sulh Hukuk Mahkemesi, davanın 6100 sayılı HMK'da Sulh Hukuk Mahkemesi'nin görev alanına dahil sayılan davalardan olmadığı gerekçesiyle görevsizlik kararı vermiştir.*
- *Asliye Hukuk Mahkemesi davacı sigorta şirketinin yasal haleflik maddesine (TTK 1472) dayalı olarak icra takibine geçtiği, itirazın iptali davasının*

da 6102 sayılı Türk Ticaret Kanununun 4.maddesinin (a) bendindeki belirlemeye göre ticari dava niteliğini taşıdığı gerekçesiyle görevsizlik kararı vermıştır.

- *Asliye Ticaret Mahkemesi ise uyuşmazlığın haksız fiilden kaynaklandığı, sigorta ettirenin tacir olmadığı ve görevli mahkemenin Asliye Hukuk Mahkemesi olduğu gerekçesiyle görevsizlik yönünde hüküm kurmuştur.*

Yargıtay'ın "haksız eylem sebebiyle Asliye Hukuk Mahkemesi'nin görevli olduğuna ilişkin kararı kanımızca da yerindedir. Davanın "yapı malikinin sorumluluğu" sebebine dayandığı kabul edildiği takdirde de görevli mahkeme yine Asliye Hukuk Mahkemesi'dir. Uyuşmazlık kira sözleşmesinden veya Kat Mülkiyeti Kanunu'na (KMK) tabi bir sorumluluktan kaynaklansa idi, o zaman Sulh Mahkemesi görevli olurdu. Sigortacının yasal halef sıfatıyla dava açması halinde Ticaret Mahkemesi TTK 4(1) (a) uyarınca kendiliğinden görevli sayılmaz. Sigortacının halefi sigorta ettiren hangi sebebe dayanarak dava açabilecek ise, o mahkeme görevlidir. Olayda bu mahkeme Asliye Hukuk Mahkemesi'dir.

Kat mülkiyetine tabi taşınmazda sigortalı bağımsız bölümün diğer bir bağımsız bölüme ait kalorifer tesisatından sızan sularla zarara uğraması üzerine sigorta ettirene tazminat ödeyen sigortacının yasal haleflik hakkı uyarınca açtığı rücu davasına hangi mahkemede bakılması gerektiği

Yargıtay 20. Hukuk Dairesi

Esas No.: 2016/7205

Karar No.: 2016/10012

Karar tarihi: 03.11.2016

Dava, konut sigorta poliçesinden kaynaklanan rücuan tazminat alacağının takibi sırasında yapılan itirazın iptali istemine ilişkindir.

...7. Sulh Hukuk Mahkemesi tarafından uyuşmazlığın haksız fiilden kaynaklandığı gerekçesiyle görevsizlik kararı verilmiştir.

...9. Asliye Hukuk Mahkemesince, davaya konu taşınmaz üzerinde kat mülkiyeti kurulu olduğu, uyuşmazlığın Kat Mülkiyeti Kanunu hükümlerine göre çözülmesi gerektiği gerekçesiyle görevsizlik yönünde hüküm kurulmuştur.

Somut olayda uyuşmazlık, 6102 sayılı Türk Ticaret Kanununun 1472/1. maddesi uyarınca, sigorta şirketi tarafından sigortalısına ödenen tazminatın, kusurlu olan davalıdan rücuan tahsiline ilişkindir. TTK'nın 1472/1. maddesinde düzenlenen halefiyet, yasal, sınırlı ve cüz'î halefiyet niteliğindedir. Bu maddeden doğan halefiyet hakkına istinaden açılan veya açılacak olan dava, esas itibariyle sigortalının, kendisine zarar verene karşı açacağı tazminat davasının, onun halefi sıfatıyla sigortacı tarafından açılmasıdır. TTK'nın 1472/1. maddesi uyarınca sigortacı, sigorta bedelini ödedikten sonra hukuken sigorta ettiren yerine geçer ve dava, tazmin ettiği bedel nisbetinde sigortacıya intikal eder. Bu şekilde sigortalısının haklarına halef olan sigorta şirketinin, ödediği tazminat miktarınca hukuken sigortalı yerine geçerek açtığı rücû davası, aslında bir tazminat davası olup, bu niteliği itibariyle aynı zamanda şahsî nitelikte bir eda davasıdır. Burada sigortacı, sigorta ettiren yerine geçtiği için şahsî ve rücûu ödediği bedelle sınırlı olduğundan dolayı da cüz'î haleftir. Sigortacının, sigortalıya ödediği tazminat oranında sigortalının yerine geçeceği ve onun kanunî halefi olacağı, ilke olarak 31.03.1954 gün ve 1953/18 E. - 1954/11 K. sayılı Yargıtay İçtihadı Birleştirme Kararında da belirtilmiştir. 17.01.1972 tarih ve 1970/2 E. - 1972/1 K. sayılı Yargıtay İçtihadı Birleştirme Kararında da sigortacının, zarara sebebiyet veren aleyhinde açtığı rücû davasının, kanundan doğan halefiyete dayandığı ve halef olanın, halefiyet yolu ile nasıl bir hak iktisap etmiş ise o hakka sahip olacağı vurgulanmış; velhasıl sigorta ettirenin ne hakkı varsa bunların, şartları gerçekleşince sigortacıya geçeceği; sigortacının, sigorta ettirenin bütün def'ilerini üçüncü şahsa karşı ileri sürebileceği gibi eylemin haksız fiilden kaynaklandığı açıktır.

634 sayılı Kanunun 35/b maddesinde ise "Ana gayrimenkulün gayesine uygun olarak kullanılması, korunması, bakımı ve onarımı için gereken tedbirlerin alınması" hükmüne, 16. maddesinde "Kat malikleri ana gayrimenkulün bütün ortak yerlerine, arsa payları oranında, ortak mülkiyet hükümlerine göre malik olurlar." hükmüne, ayrıca 19/3. maddesinde de "Her kat maliki ana gayrimenkule ve diğer bağımsız bölümlere, kusuru ile verdiği zarardan dolayı diğer kat maliklerine karşı sorumludur." hükmüne yer verilmiş, diğer yandan aynı Kanunun Ek madde 1. maddesi ile de "Bu

Kanunun uygulanmasından doğacak her türlü anlaşmazlık sulh mahkemelerinde çözümlenir." düzenlemesine yer verilmiştir.

Somut olayda, bağımsız bölüm malikinin halefi olan davacı ... şirketi, davalı bağımsız bölüm malikinin dairesinin kalorifer tesisatından gelen su sızıntısı nedeniyle oluşan zararın rücuan tahsiline ilişkin yapılan icra takibine vaki itirazın iptalini talep etmekte olup, bu şekilde Kat Mülkiyeti Kanunu hükümlerinin uygulanması gerektiği anlaşılan uyuşmazlığın ...7. Sulh Hukuk Mahkemesinde görülmesi gerektiği anlaşılmaktadır.

SONUÇ: Yukarıda açıklanan nedenlerle; 6100 sayılı HMK'nın 21 ve 22. maddeleri gereğince...7. Sulh Hukuk Mahkemesinin YARGI YERİ OLARAK BELİRLENMESİNE 03.11.2016 gününde oy birliğiyle karar verildi.

YORUM

Yargıtay Kat Mülkiyeti Kanunu'na (KMK) tabi bir taşınmazda bulunan bir bağımsız bölümün diğer bir bağımsız bölümden sızan su sebebiyle zarar görmesi halinde, sigorta ettirene tazminat ödeyen sigortacının açtığı yasal halefliğe dayalı rücu davasında (icra takibine yapılan itirazın iptali davasında) KMK uyarınca Sulh Mahkemesi'nin görevli olduğuna karar vermiştir.

Hem Sulh hem de Asliye Hukuk Mahkemesi'nin görevsizlik kararı vermesi üzerine bunlardan hangisinin davaya bakması gerektiğine ilişkin olarak Yargıtay tarafından benimsenmiş olan çözüm "Kat Mülkiyeti Kanunu hükümleri uyarınca söz konusu olan sorumluluğa dayanmanın davacı bakımından daha elverişli olması koşuluyla" yerinde görülecektir.

Burada her iki mahkeme de, dayanılan sorumluluk sebebine göre, görevli sayılabilir.

- *Davalının bağımsız bölümündeki radyatörden sızan suyun önlenmemesi haksız eylem olarak nitelenebilir. O takdirde, TBK m.49'daki kusur sorumluluğu veya TBK m.69'daki yapı malikinin sorumluluğu veya başka bir sebebe dayanan sorumluluk gündeme gelebilecektir.*
- *Sorumluluğun KMK hükümlerine dayandırılması da mümkündür.*
- *TBK m.60 uyarınca "Bir kişinin sorumluluğu, birden çok sebebe dayandırılabiliyorsa hâkim, zarar gören aksini istemiş olmadıkça veya kanunda aksi öngörülmedikçe, zarar görene en iyi giderim imkânı sağlayan sorumluluk sebebine göre karar verir."*

- *Şu halde, Yargıtay görevli mahkemeyi belirlerken, davacı için en elverişli olan mahkemenin hangisi olduğunu değerlendirmeli ve ona göre karar vermelidir.*

Trafik kazası nedeniyle sigorta ettirene tazminat ödeyen mal sigortacısının zarardan sorumlu işletenin ZTS poliçesini düzenleyen sorumluluk sigortacına yöneltti̇ği yasal halefliğe dayalı rücu davasının hangi mahkemede görülmesi gerektiği

Yargıtay 20. Hukuk Dairesi

Esas No.: 2016/9612

Karar No.: 2016/10249

Karar tarihi: 07.11.2016

Dava, trafik kazası nedeniyle sigortalıya ödenen tazminatın rücuan tahsili amacıyla yapılan icra takibine itirazın iptali istemine ilişkindir.

..11. Asliye Ticaret Mahkemesince, mutlak ticari dava olmadığı, haksız fiilden kaynaklandığı gerekçesiyle görevsizlik kararı verilmiştir.

... 19. Asliye Hukuk Mahkemesince ise zarara neden olan davalının zorunlu mali mesuliyet sigortası bulunduğu ve bunun Ticaret Kanununda düzenlenmesi nedeniyle ticari dava olduğu gerekçesiyle görevsizlik kararı verilmiştir.

Somut olayda uyuşmazlık 6102 sayılı TTK'nın 1472. maddesi uyarınca sigorta şirketi tarafından sigortalısına ödenen tazminatın, trafik kazasına sebebiyet veren aracı sigorta eden davalı şirketten rücuan tahsili isteminden kaynaklanmaktadır.

Davacı .... halefiyet yoluyla dava açmakla birlikte, davalı .... kusurlu aracın zorunlu mali mesuliyet sigortacısıdır. Zorunlu mali mesuliyet sigortası TTK'nın 1483 ve devamı maddelerinde düzenlenmiş olup, dava TTK'nın 4/1-a maddesinde sayılan "Mutlak ticari dava" mahiyetindedir.

Bu durumda uyuşmazlığın asliye ticaret mahkemesinde görülüp sonuçlandırılması gerekmektedir.

SONUÇ: Yukarıda açıklanan nedenlerle; 6100 sayılı HMK'nın 21 ve 22. maddeleri gereğince İstanbul 11. Asliye Ticaret Mahkemesinin YARGI YERİ OLARAK BELİRLENMESİNE 07/11/2016 gününde oy birliğiyle karar verildi.

YORUM

Yargıtay, sigorta ettirene sigorta tazminatı ödeyerek ona yasal halef olan sigortacının, zarardan sorumlu kişinin zorunlu trafik sorumluluğu sigortacısına yönelttiği istemin Ticaret Mahkemesi'nde görülmesi gerektiğine hükmetmiştir.

Yüksek Mahkeme'nin gerekçesi şöyledir:

- *Davacı ....yasal halefliğe dayanarak dava açmıştır.*
- *Bununla birlikte, davalı .... kusurlu aracın zorunlu trafik sorumluluğu sigortacısıdır.*
- *Zorunlu sorumluluk sigortası TTK 1483 ve devamında düzenlenmiştir.*
- *Şu halde dava TTK 4(1) (a) anlamında "mutlak ticari dava" sayılacaktır.*

Yargıtay'ın bu kararı hakkında şunlar söylenebilir:

- *Yargıtay, bir çok kararında yasal halef sıfatıyla dava açan sigortacının zarardan sorumlu kişiye yönelttiği istemin Ticaret Mahkemesi'nde değil, sigorta ettiren zarar sorumlusuna dava açsaydı, bu dava hakkında hangi mahkeme görevli olacak idiyse o mahkemede görülmesi gerektiğini hükme bağlamıştır. Yargıtay, yasal halefliğin TTK'da düzenlenmiş olmasının ve sigortacının tacir sıfatını taşımasının yasal halefliğe dayanan rücu davasında görevli mahkeme belirlenirken dikkate alınmayacağını, belirleyici olan unsurun sigorta ettiren (başkası hesabına sigortada sigortalı) ile zarardan sorumlu kişi arasındaki hukuksal ilişki olduğunu (bunlar arasındaki dava sebebine bakılacağını) yerleşmiş içtihat olarak benimsemektedir.*
- *Bu kararda ise, davalının zorunlu sorumluluk sigortacısı olmasının belirleyici olduğuna hükmedilmiştir. Yüksek Mahkeme, zorunlu sorumluluk sigortasının TTK 1484'te düzenlenmiş olmasından yola çıkarak, zorunlu sorumluluk sigortacısına yöneltilecek istemin TTK 4(1)(a) uyarınca mutlak ticari dava sayılacağı görüşünü benimsemiştir.*
- *Bu değerlendirmeye aşağıdaki sebeplerle katılmıyoruz:*
    - *Zorunlu sorumluluk sigortası genel olarak TTK 1484'te düzenlenmiştir.*

- *Olaydaki zorunlu sorumluluk sigortası "trafik sorumluluğunu" konu almaktadır.*
- *Zorunlu trafik sorumluluğu sigortası ise Karayolları Trafik Kanunu'nda düzenlenmiştir.*
- *Kaldı ki, zorunlu sorumluluk sigortacısına yöneltilen tazminat isteminin yerinde olup olmadığı KTK hükümleri yanında, sorumluluğa ilişkin hükümlere bakılarak belirlenecektir. Sorumluluğa ilişkin düzenleme de KTK'da yer almaktadır.*

Motorlu araca gelen zararı tazmin eden mal sigortacısının zarardan sorumlu kişilere yasal halefliğe dayalı olarak yöneltti̇ği rücu davasının yönetsel yargıda mı yoksa adli yargıda mı görüleceği; adli yargıda görülmesi halinde ticaret mahkemesinin mi yoksa asliye hukuk mahkemesinin mi davaya bakacağı

Yargıtay 20. Hukuk Dairesi

Esas No.: 2016/10886

Karar No.: 2016/10354

Karar tarihi: 10.11.2016

Dava, rücuan tazminat istemine ilişkindir.

... 3. Asliye Hukuk Mahkemesince, dava konusu uyuşmazlığın asliye ticaret mahkemelerinde görülmesi gerektiğinden bahisle davanın görev yönünden reddine karar verilmiş ve karar kesinleşmiştir.

... 8. Asliye Ticaret Mahkemesi ise davanın idari yargı yerinde görülmesi gerektiğini belirterek, davanın görev yönünden reddine karar vermiş, işbu karara karşı yapılan temyiz başvurusu üzerine Yargıtay 17. Hukuk Dairesi 25.11.2013 gün ve 2013/16998 E. - 2013/16479 K. sayılı ilamı ile hükmün onanmasına karar vermiş ve karar kesinleşmiştir.

... 9. İdare Mahkemesi 31.03.2014 gün ve 2014/376 E. sayılı kararında özetle; "... 19.01.2011 günlü Resmi Gazetede yayımlanarak yürürlüğe giren 6099 sayılı Kanun ile 2918 sayılı Kanunun 110. maddesinde yapılan değişiklik sonrasında, idarelerin 2918 sayılı Kanunda kendilerine verilen görevleri yerine getirmeyerek zarara sebebiyet verdikleri iddiasıyla açılan tazminat davaları adli yargının görevine verilmiş olup, söz konusu değişiklik yürürlüğe girdikten sonra açılan işbu davada mahkememiz görevsiz bulunmaktadır." demek suretiyle görevli merciin belirlenmesi için, 2247 sayılı Kanunun 15 ve 19. maddeleri uyarınca dosyanın uyuşmazlık mahkemesine gönderilmesine karar vermiştir.

Uyuşmazlık Mahkemesi 05/05/2014 gün ve 2014/586-613 sayılı kararı ile, ... 9. İdare Mahkemesince yapılan başvurunun kabulü ile ... 8. Asliye Ticaret Mahkemesince verilen görevsizlik kararının kaldırılmasına karar vermiştir.

... 8. Asliye Ticaret Mahkemesi ise aracın maliki sigortalı gerçek kişi olup, taraflar arasında ticari bir ilişkinin söz konusu olmadığı, davacı ... şirketinin haksız fiil hükümlerine göre kendi sigortalısının halefi olarak dava açtığı ve asliye hukuk mahkemesinin davaya bakmakla görevli olduğundan bahisle davanın görev yönünden reddine karar vermiş ve karar kesinleşmiştir.

Somut olayda uyuşmazlık 6102 sayılı TTK'nın 1472. maddesi uyarınca sigorta şirketi tarafından sigortalısına ödenen tazminatın haksız fiile sebebiyet veren davalıdan rücuan tahsili isteminden kaynaklanmaktadır.

TTK'nın 1472. maddesinde düzenlenen halefiyet, yasal, sınırlı ve cüz'î halefiyet niteliğindedir. Bu maddeden doğan halefiyet hakkına istinaden açılacak olan dava, esas itibariyle sigortalının, kendisine zarar verene karşı açacağı tazminat davasının, onun halefi sıfatıyla sigortacı tarafından açılmasıdır. TTK'nın 1472. maddesi uyarınca sigortacı, sigorta bedelini ödedikten sonra hukuken sigorta ettiren yerine geçer ve dava, tazmin ettiği bedel nispetinde sigortacıya intikal eder. Bu şekilde sigortalısının haklarına halef olan sigorta şirketinin, ödediği tazminat miktarınca hukuken sigortalı yerine geçerek açtığı rücû davası, aslında bir tazminat davası olup, aynı zamanda şahsî nitelikte bir eda davasıdır. Burada sigortacı, sigorta ettiren yerine geçtiği için şahsî ve rücûu ödediği bedelle sınırlı olduğundan dolayı da cüz'î haleftir. Sigortacının, sigortalıya ödediği tazminat oranında sigortalının yerine geçeceği ve onun kanunî halefi olacağı, ilke olarak 31.03.1954 gün ve 1953/18 E - 1954/11 K. sayılı Yargıtay İçtihadı Birleştirme Kararında da belirtilmiştir. 17.01.1972 gün ve 1970/2 E -

1972/1 K. sayılı Yargıtay İçtihadı Birleştirme Kararında da, sigortacının, zarara sebebiyet veren aleyhinde açtığı rücû davasının, kanundan doğan halefiyete dayandığı ve halef olanın, halefiyet yolu ile nasıl bir hak iktisap etmiş ise o hakka sahip olacağı vurgulanmış; sigorta ettirenin ne hakkı varsa bunların, şartları gerçekleşince sigortacıya geçeceği; sigortacının, sigorta ettirenin bütün def'ilerini üçüncü şahsa karşı ileri sürebileceği ve Borçlar Kanununun 44. maddesine (TBK m. 52) de dayanabileceği; sigorta ettirenin olayda dava hakkı yoksa, sigortacıya da bu yönde bir hakkın intikal etmeyeceği açıklanmıştır.

Diğer taraftan, Yargıtay İçtihadı Birleştirme Genel Kurulunun 22.03.1944 gün ve 37 E. - 9 K. sayılı kararına göre de "Sigortacının sigorta poliçesinden münbais olmayıp kanundan aldığı bir salâhiyete istinaden ve haksız fiil sebebiyle alacaklı yerine kaim olarak hareket ettiği dâvada hukuk mahkemesine başvurması gerekir."

Bu haliyle davacı ve davalı arasında sigorta ilişkisi bulunmadığı, uyuşmazlığın haksız fiile dayalı tazminat davası olduğu anlaşıldığından, davanın genel hükümler çerçevesinde asliye hukuk mahkemesinde görülüp sonuçlandırılması gerekmektedir.

SONUÇ:Yukarıda açıklanan nedenlerle; 6100 sayılı HMK'nın 21 ve 22. maddeleri gereğince ... 3. Asliye Hukuk Mahkemesinin YARGI YERİ OLARAK BELİRLENMESİNE 10/11/2016 tarihinde oy birliği ile karar verildi.

YORUM

Asliye Hukuk Mahkemesi uyuşmazlığın Ticaret Mahkemesi'nde görülmesi gerektiğini belirterek görevsizlik kararı vermiş ve karar kesinleşmiştir.

Ticaret Mahkemesi ise davanın idari yargı yerinde görülmesi gerektiğini belirterek, görevsizlik kararı vermiş ve bu karar da kesinleşmiştir.

İdare Mahkemesi ise, KTK m.110'da 2011 yılında yapılmış olan değişiklik ile kamu yönetim birimlerinin KTK'da kendilerine verilen görevleri yerine getirmeyerek zarara neden oldukları savıyla açılan tazminat davalarında adli yargının görevli kılındığı; davanın söz konusu değişiklik yürürlüğe girdikten sonra açılmış olması dolayısıyla İdare Mahkemesi'nin görevli bulunmadığını belirtmiş ve görevli yargı organının belirlenmesi için dosyanın Uyuşmazlık Mahkemesi'ne gönderilmesine karar vermiştir.

Uyuşmazlık Mahkemesi, olayda Ticaret Mahkemesi'nce verilen görevsizlik kararının kaldırılmasını kararlaştırmıştır.

Ticaret Mahkemesi ise sigorta ettiren araç malikinin gerçek kişi olduğunu, taraflar arasında ticari bir ilişkinin söz konusu olmadığını, davacı sigorta şirketinin haksız fiil hükümlerine göre kendi sigorta ettireninin yasal halefi olarak dava açtığını ve Asliye Hukuk Mahkemesi'nin davaya bakmakla görevli olduğunu vurgulayarak davanın görev yönünden reddine karar vermiş ve bu karar dahi kesinleşmiştir.

Yargıtay 20. Hukuk Dairesi,

- *Uyuşmazlığın 20. Hukuk Dairesi önüne taraflar arasındaki davada Asliye Hukuk ve Ticaret Mahkemelerince ayrı ayrı görevsizlik kararı verilmesi nedeni ile yargı yerinin belirlenmesi için gelmiş olduğunu*
- *Somut olayda uyuşmazlığın sigorta şirketi tarafından sigortalısına ödenen tazminatın haksız fiile sebebiyet veren davalıdan 2011 tarihli TTK 1472 (yasal haleflik kuralı) uyarınca rücu yoluyla tahsili isteminden kaynaklandığını*
- *Bu durumda davacı ve davalı arasında sigorta ilişkisi bulunmadığını,*
- *Uyuşmazlığın haksız fiile dayalı tazminat davası olduğunu*

belirterek davanın genel hükümler çerçevesinde Asliye Hukuk Mahkemesi'nde görülüp sonuçlandırılması gerektiğine karar vermiştir.

Yargıtay kararı hakkında şunlar söylenebilir:

- *Karardan zararın hangi sebeple meydana geldiği anlaşılamamaktadır.*
- *Ancak, yönetsel yargı kolunun davaya bakması gerekip gerekmediği hususunda değerlendirme yapıldığına göre, zararın, KTK m.110 çerçevesinde KTK'da karayolunun yapım, bakım ve onarımı ile görevlendirilmiş olan bir kamu tüzel kişisinin sorumlu olduğu bir sebepten doğduğu (en azından bunun öne sürüldüğü) anlaşılmaktadır. (Aşağıdaki açıklamalarımız davalının bir kamu tüzel kişisi olduğu varsayılarak yapılmıştır).*
- *Yönetsel yargı, kanımızca da yerinde olarak, bu halde KTK m.110 uyarınca adli yargının görevli olacağına karar vermiştir.*
- *Bu şekilde sorun, adli yargı içinde yer alan Asliye Hukuk Mahkemesi'nin mi yoksa Ticaret Mahkemesi'nin mi görevli sayılacağı ile sınırlı hale gelmiştir.*
- *Yargıtay 20. Hukuk Dairesi'nin kararda değindiği "davacı sigorta şirketi ile davalı arasında sigorta ilişkisi bulunmadığı" gerekçesi kanımızca dayanılması lazım gelen bir gerekçe değildir. Davacı sigortacıya yasal haleflik*

yoluyla geçmiş olan tazminat alacağı, davalının sigorta ettirene karşı sözleşme dışı sorumluluk hukuku kurallarına tabi bulunan bir haksız eyleminden kaynaklanmaktadır. Şu halde, davanın sebebi haksız eylemdir. Yalnızca bu noktanın belirtilmesi yeterlidir.

- *Uyuşmazlık bağlamında şu hususların da altını çizmekte yarar vardır:*
    - *Davalı kamu tüzel kişisinin sorumluluğu doğrudan KTK'da düzenlenmiş değildir. KTK yalnızca kamu tüzel kişisine "görev" vermiştir. Görevden (bunun gereği gibi yerine getirilmemesinden) kaynaklanan "sorumluluk" ise anlayabildiğimize göre genel hükümlere tabi olacaktır.*
    - *TBK m.49 (kusura dayalı genel haksız eylem sorumluluğu), TBK m.66 (adam çalıştıranın sorumluluğu), TBK m.69 (yapı malikinin sorumluluğu), TBK m. 71 (tehlike sorumluluğu) bu konuda ilk düşünülmesi gereken sorumluluk sebepleridir.*
    - *Kusura dayalı genel haksız eylem sorumluluğu hakkındaki TBK m.49 uygulanırsa, buradaki kusurun yönetsel yargıda uygulama alanı bulan "hizmet kusuru" hakkındaki ilkelere ne oranda bağlı sayılacağı da ayrı bir tartışma başlığıdır.*

Yoldaki rögar kapağının fırlaması sonucu meydana gelen araç hasarını ödemiş olan sigortacının yasal haleflik hakkına dayalı olarak açtığı rücu davasının hangi mahkemede görüleceği

Yargıtay 17. Hukuk Dairesi
Esas No.: 2016/7659
Karar No.: 2017/107
Karar tarihi: 16.01.2017

Davacı vekili; mülkiyeti dava dışı... Otomotiv San.ve Tic. A.Ş.'ye ait olan ... plaka sayılı aracın kasko filo poliçesi ile sigorta kapsamına alındığını, 22.05.2012 tarihinde sürücü ...'ın sevk ve idaresinde bulunan sigortalı aracın... Caddesi No:74 önünde... istikametine seyir halinde iken ön ilerisinde bulunan bir otonun sol şeritte bulunan davalı kurumun sorumluluğunda bulunan rögar kapağının üstünden geçtiği esnada kapağın yerinden çıkarak sigortalı aracın altına çarpması neticesinde maddi hasarlı trafik kazasının meydana geldiğini, olay sonrası düzenlenen trafik kazası tespit tutanağı ile de belirlendiği üzere hasarın ve kazanın meydana gelmesinde rögar kapağının bakım ve kontrolünden sorumlu bulunan davalı ...'nin tamamen kusurlu olduğunun tespit edildiğini, düzenlenen ekspertiz raporu doğrultusunda sigortalı araca hasarından dolayı 25.07.2012 tarihinde 2.326,19 TL ödendiğini, meydana gelen hasar ve kaza arasında davalının sorumluluğundan kaynaklanan illiyet bağının ve hizmet kusurunun bulunduğunu ileri sürerek fazlaya ilişkin hak ve alacakları saklı kalmak kaydıyla 2.326,19 TL'nin ödeme tarihi olan 25.07.2012 tarihinden itibaren hesaplanacak yasal faizi ile birlikte davalıdan tahsiline karar verilmesini talep etmiştir.

Davalı vekili; usul yönünden husumet itirazında bulunmuş, esas yönünden ise açılan davayı kabul etmediklerini, müvekkili idarenin kazanın meydana gelmesinde kusurunun bulunmadığı gibi hizmet kusurundan da bahsedilemeyeceğini, talep edilen tazminat bedelinin fahiş olduğunu, meydana gelen hasar bedelinin sorumluluk ilkesi gereği davacı şirket tarafından karşılanmasının gerektiğini belirterek davanın reddine karar verilmesini savunmuştur..

Mahkemece, iddia, savunma, toplanan delillere ve benimsenen bilirkişi raporuna göre; davanın kısmen kabul kısmen reddi ile; 2.228,40 TL alacağın 03.08.2012 tarihinden itibaren işleyecek yasal faizi ile birlikte davalıdan alınarak davacıya verilmesine, davacının fazlaya dair talebinin reddine karar verilmiş; hüküm, davalı vekili tarafından temyiz edilmiştir.

1-Dava, kasko sigorta poliçesi gereği sigortalısına ödeme yapan davacının, 6102 sayılı TTK'nın 1472. maddesine dayanan rücuen tazminat istemine ilişkindir.

6100 sayılı HMK'nın 2. maddesinde "dava konusunun değer ve miktarına bakılmaksızın malvarlığı haklarına ilişkin davalarla, şahıs varlığına ilişkin davalarda görevli mahkeme, aksine bir düzenleme bulunmadıkça Asliye Hukuk Mahkemesidir. Bu Kanunda ve diğer kanunlarda aksine düzenleme bulunmadıkça, Asliye Hukuk Mahkemesi diğer dava ve işler bakımından da görevlidir" düzenlemesine yer verilmiştir.

6102 sayılı Türk Ticaret Kanunu'nun 4/1. maddesinde "her iki tarafın da ticari işletmesiyle ilgili hususlardan doğan hukuk davaları ve çekişmesiz yargı işleri ile tarafların tacir olup olmadıklarına bakılmaksızın, bu kanunda öngörülen hususlardan doğan hukuk davaları ve çekişmesiz yargı işlerinin ticari dava ve ticari nitelikte çekişmesiz yargı işi sayılacağı" düzenlemesi; TTK'nın 16/2. maddesinde "kendi kuruluş kanunları gereğince özel hukuk hükümleri dairesinde idare edilmek ve ticari şekilde işletilmek üzere devlet, vilayet, belediye gibi kamu tüzel kişileri tarafından kurulan teşekkül ve müesseselerin dahi tacir sayılacakları" düzenlemesi benimsenmiştir.Görev kuralları kamu düzenine ilişkin olup, mahkemece kendiliğinden (re'sen) dikkate alınmalıdır.

Sigortacının halefiyete dayalı olarak açacağı rücuen tazminat davasında, görevli mahkemenin belirlenmesi konusunda; 22.03.1944 tarih, 37 Esas, 9 Karar sayılı (03.07.1944 tarihli Resmi Gazetede yayınlanan) Yargıtay İçtihadı Birleştirme kararında "sigortacının sorumlu kişi aleyhine açacağı dava, sigorta poliçesinden doğan bir dava değildir. Bu nedenle halefiyet davası ticari dava sayılamaz. Bu dava aynen sigortalı kimsenin sorumlu kişiye karşı açmış olduğu bir dava gibidir. Sigortalının muhtelif mahkemelerde dava açma hakkı varsa, aynı hak sigortacının halefiyet hakkına dayanan rücu davası için de söz konusudur" ilkesi benimsenmiştir. Buna göre; sigortacının halefiyete dayalı olarak açtığı davada, davanın nitelendirmesi yapılırken, davacının sigortalısı ile zarara neden olduğu iddia edilen arasındaki hukuki ilişkiye bakılması gerekir.

Somut olaya bakıldığında; davacı ...nin sigortalısı... Otomotiv San.ve Tic.A.Ş. tüzel kişi tacir olduğu gibi, davalı ... de faaliyetlerini özel hukuk hükümleri dahilinde yürüten ve TTK'nın 16/2. maddesi anlamında tacir sayılan tüzel kişidir. Bu durum karşısında, TTK'nun 3, 4, 5, 16/2 maddeleri ve 2560 sayılı Kanun hükümleri uyarınca davalı ...'nin tacir, davacının iddia ettiği olayın ise haksız fiil niteliğinde olduğu, dava konusu kazanın tacirler arası haksız fiil niteliğinde olduğu, davacının halefiyete dayalı olarak açtığı rücuen tazminat davasının ticari dava olduğu gözetilerek; Asliye Ticaret Mahkemesi'nin görevli olması nedeniyle görevsizlik kararı verilmesi gerekirken, işin esasına girilerek yazılı olduğu biçimde hüküm tesisi doğru görülmemiştir.

2-) Bozma neden ve şekline göre davalı vekilinin temyiz itirazlarının bu aşamada incelenmesine gerek görülmemiştir.

SONUÇ: Yukarıda 1-nolu bentte açıklanan nedenlerle hükmün resen BOZULMASINA, 2-nolu bentte açıklanan nedenlerle davalı vekilinin temyiz itirazlarının bu aşamada incelenmesine yer olmadığına, peşin alınan harcın istek halinde temyiz eden davalıya geri verilmesine 16.01.2017 gününde oybirliğiyle karar verildi.

YORUM

Kasko sigortası ile sigorta güvencesi altına alınmış olan aracın "yol kusuru" sebebiyle uğradığı zarar, davacı sigortacı tarafından yasal haleflik hakkına dayalı rücu davası ile zarardan sorumlu olduğu öne sürülen özel hukuk tüzel kişisinden talep edilmiştir.

Olayda sigorta konusu araç seyir halinde iken, öndeki bir diğer aracın üzerinden geçtiği rögar kapağı yerinden fırlamış ve sigorta konusu araca çarparak zarar vermiştir.

Sigorta ettiren "tacir" sıfatına sahip bir ticaret şirketidir.

Davalı ise, Belediye tarafından kurulmuş olan ve özel hukuk hükümlerine göre etkinlik sürdüren, yollardaki rögar kapaklarının bakımından sorumlu bir tüzel kişiliktir.

İlk derece mahkemesi olarak davayı gören Asliye Hukuk Mahkemesi, istemi kısmen kabul etmiştir.

Yargıtay, olayda Ticaret Mahkemesi'nin görevli olduğu gerekçesiyle, ilk derece mahkemesi kararını (re'sen = görevi gereği olarak) bozmuştur. Yargıtay bozma kararında şu hususları vurgulamıştır:

- *Dava, kasko sigorta poliçesi gereği sigortalısına ödeme yapan davacının, 2011 tarihli TTK 1472 (yasal haleflik) hükmüne dayanan (rücu yoluyla) tazminat istemine ilişkindir.*
- *HMK m.2 uyarınca malvarlığı haklarına ilişkin davalarda görevli mahkeme, aksine bir düzenleme bulunmadıkça Asliye Hukuk Mahkemesidir.*
- *2011 tarihli TTK 4(1) uyarınca "her iki tarafın da ticari işletmesiyle ilgili hususlardan doğan hukuk davaları ile tarafların tacir olup olmadıklarına bakılmaksızın, bu kanunda öngörülen hususlardan doğan hukuk davaları ticari dava sayılır".*
- *Yine TTK 16(2) gereğince "kendi kuruluş kanunları gereğince özel hukuk hükümleri dairesinde idare edilmek ve ticari şekilde işletilmek üzere dev-*

let, vilayet, belediye gibi kamu tüzel kişileri tarafından kurulan teşekkül ve müesseseler dahi tacir sayılırlar".

- *Görev kuralları kamu düzenine ilişkindir ve mahkemece kendiliğinden (re'sen) dikkate alınmalıdır.*
- *22.03.1944 tarih, 37 Esas, 9 Karar sayılı (03.07.1944 tarihli Resmi Gazetede yayınlanan) Yargıtay İçtihadı Birleştirme kararı uyarınca sigortacının yasal halefliğe dayalı olarak açacağı rücu yoluyla tazminat davasında hangi mahkemenin görevli olacağı belirlenirken, davacının sigortalısı ile zarara neden olduğu iddia edilen kişi arasındaki hukuki ilişkiye bakılması gerekir.*
- *Somut olayda sigorta ettiren tüzel kişi tacir olduğu gibi, davalı da etkinliğini özel hukuk hükümleri dahilinde yürüten ve TTK 16(2) anlamında tacir sayılan bir tüzel kişidir.*
- *Bu durum karşısında, TTK 3, TTK 4, TTK 5, 16(1) ve 2560 sayılı İstanbul Su ve Kanalizasyon İdaresi Genel Müdürlüğü Kuruluş ve Görevleri Hakkında Kanun hükümleri uyarınca davalının tacir sıfatını taşıdığı, olayın haksız eylem niteliğinde olduğu, dava konusu kazanın tacirler arası haksız fiil niteliğinde olduğu, davacının yasal halefliğe dayalı olarak açtığı rücu davasının ticari dava olduğu gözetilerek; Asliye Ticaret Mahkemesi'nin görevli olması nedeniyle görevsizlik kararı verilmesi gerekirdi.*

Yargıtay kararı hakkında şu gözlemleri yapabiliriz:

- *Yasal halefliğe dayalı rücu davalarında, görevli mahkemenin sigorta ettiren (davacı sigortacının kendisine halef olduğu kişi) ile davalı arasındaki ilişkiye (dava sebebine) bakılarak belirlenmesi gerektiği düşüncesi kanımızca yerindedir.*
- *Haksız eylem söz konusu olduğunda (yasal halefliğe dayalı rücu davası, davalı tarafından sigorta ettirene -başkası lehine sigorta söz konusu ise sigortalıya- karşı işlenen bir haksız eyleme dayandığında) kural olarak Asliye Hukuk Mahkemesi görevlidir.*
- *Ancak, bu olayda Yüksek Mahkeme "ticari haksız eylem" kavramını benimseyerek, Ticaret Mahkemesi'nin görevli olması gerektiğine karar vermiştir.*
- *Buna göre, haksız eylem bir tacir tarafından diğer bir tacire karşı işlenirse, ticari haksız eylemden söz etmek gerekir. (Bu düşüncenin kabulünde TTK 3'ün "TTK'da düzenlenen hususların ve bir ticari işletmeyi ilgilendiren bütün işlem ve eylemlerin ticari iş sayılacağını" öngörmüş olması etkili olmuştur. Yasa uyarınca "bütün eylemler" ticari iş olarak kabul edildiğinden sonuçta ortaya "ticari haksız eylem" çıkmıştır.*

- *Öncelikle "ticari haksız eylem" nitelemesine katılmadığımızı, haksız eylemin "ticari olan-ticari olmayan" biçiminde bir ayırıma tabi tutulmasının "yapay" nitelik taşıdığını belirtelim.*
- *Öte yandan, bir tacirin diğer bir tacire karşı işlediği bir haksız eylemden kaynaklanan giderim isteminin "ticari dava" sayılarak Ticaret Mahkemesi'nin görevine dahil kabul edilmesi de makul bir çözüm değildir. Fikrimizce, TTK 4(1) (a) uyarınca ticari dava sayılması gereken "her iki tarafın da ticari işletmesiyle ilgili hususlardan doğan hukuk davaları" anlatımını "ortak bir işlem veya eylemden doğan davalar" biçiminde anlamak lazımdır.*

Trafik kazasından doğan zararı ödeyen sigortacının yasal halef sıfatıyla zarardan sorumlu araç sürücüsü, işleteni ve onun sorumluluk sigortacısı aleyhine açtığı rücu davasının hangi mahkemede görüleceği

Yargıtay 20. Hukuk Dairesi

Esas No.: 2016/11639

Karar No.: 2017/78

Karar tarihi: 16.01.2017

Dava, trafik kazası nedeniyle sigortalıya ödenen tazminatın rücuan tahsili amacıyla yapılan icra takibine itirazın iptali istemine ilişkindir.

... 8. Asliye Ticaret Mahkemesince, sigortacının sorumlu kişi aleyhine açacağı dava, sigorta poliçesinden doğan bir dava değildir. Bu nedenle, halefiyet dâvası bir ticari dava sayılamaz. Bu dava, aynen sigortalı kimsenin sorumlu kişiye karşı açmış olduğu bir dava gibidir. Sigortalının muhtelif mahkemelerde dava açma hakkı varsa, aynı hak sigortacının halefiyet hakkına dayanan rücu davası için de söz konusudur" şeklinde vurgulanmaktadır. Davacı ... şirketi olup, uyuşmazlık haksız fiilden kaynaklanmaktadır. Bu durumda uyuşmazlığın asliye hukuk mahkemesinde görülüp, sonuçlandırılması gerektiği gerekçesiyle görevsizlik kararı verilmiştir.

... 12. Asliye Hukuk Mahkemesince ise davanın niteliği kasko sigorta poliçesinden kaynaklanan karşı tarafın sigortalısına yönelik olarak açılmış

TTK 1483 ve devamı maddeleri kapsamında sigorta hükümlerinden kaynaklanan rücuen alacak istemine ilişkin olup, 6762 sayılı Kanunun 4. ve 5/2 maddeleri uyarınca uyuşmazlığın çözüm yerinin ... Ticaret Mahkemeleri olduğu gerekçesiyle görevsizlik kararı verilmiştir.

Somut olayda uyuşmazlık 6102 sayılı TTK'nın 1472. maddesi uyarınca sigorta şirketi tarafından sigortalısına ödenen tazminatın, trafik kazasına sebebiyet veren aracı sigorta eden davalı şirketten, sürücüsünden ve işleteninden rücuan tahsili isteminden kaynaklanmaktadır.

Davacı ...Ş. halefiyet yoluyla dava açmakla birlikte, davalı .... kusurlu aracın zorunlu mali mesuliyet sigortacısıdır. Zorunlu mali mesuliyet sigortası TTK'nın 1483 ve devamı maddelerinde düzenlenmiş olup, dava TTK'nın 4/1-a maddesinde sayılan "Mutlak ticari dava" mahiyetindedir.

Aynı davada, bir kısım davalılar hakkında genel mahkemenin, diğer davalılar hakkında ise uzman olan özel mahkemenin görevli bulunması halinde, uyuşmazlık aynı olaydan kaynaklanıyor ve zarar tek ise ya da taleplerden biri yönünden verilecek karar diğerini doğrudan ilgilendirecek nitelikte bulunuyorsa; söz konusu özel mahkeme ile genel mahkeme arasında "yargılama usûlüne" ilişkin esaslı farklılıklar bulunmaması kaydıyla, bütün taraflar ve talepler yönünden uzman olan özel yetkili mahkemece uyuşmazlığın çözülmesi gerekir.

O halde, gerek davalı araç sürücüsü, işleteni ve gerekse de davalı şirketinin sorumluluğu aynı maddî olaydan kaynaklanmış ve zarar tek olmakla, davaların birlikte görülmesi ve bütün talepler yönünden ihtilafın özel mahkeme olan asliye ticaret mahkemesince çözüme kavuşturulması gerekir.

SONUÇ: Yukarıda açıklanan nedenlerle; 6100 sayılı HMK'nın 21 ve 22. maddeleri gereğince ... 8. Asliye Ticaret Mahkemesinin YARGI YERİ OLARAK BELİRLENMESİNE 16/01/2017 gününde oy birliğiyle karar verildi.

YORUM

Yargıtay kararına konu oluşturan uyuşmazlık özetle şöyledir:

Davacı sigortacı, tarafı olduğu sigorta sözleşmesi uyarınca gerçekleşen riziko dolayısıyla sigorta ettirene tazminat ödemiş ve onun haklarına yasal halef olmuştur. Daha sonra, trafik kazası nedeniyle sigortalıya ödenen tazminat tutarını zarardan sorumlu olduğunu öne sürdüğü davalılardan (araç işleteni, sürücüsü ve zorunlu sorumluluk sigortacısından) geri istemiştir. Yapılan icra takibine itiraz edilmesi üzerine takip durmuş ve davacı sigortacı itirazın iptali davası açmıştır.

Ticaret Mahkemesi yasal haleflik hakkına dayanan davanın ticari dava sayılmayacağı gerekçesiyle görevsizlik kararı vermiştir.

Asliye Hukuk Mahkemesi ise davanın kasko sigorta poliçesinden kaynaklandığı, karşı tarafın zorunlu trafik sorumluluğu sigortacısına yönelik olarak açılmış TTK 1483 ve devamı maddeleri kapsamında sigorta hükümlerinden kaynaklanan yasal halefliğe dayalı rücu alacağı istemine ilişkin olduğu<z, uyuşmazlığın Ticaret Mahkemesinde çözümlenmesi gerektiği gerekçesiyle görevsizlik kararı verilmiştir.

Yargıtay 20. Hukuk Dairesi, bu uyuşmazlıkta Ticaret Mahkemesi'nin görevli olduğunu aşağıdaki gerekçelerle kabul etmiştir:

- Davacı kasko sigortacısı, yasal haleflik hakkına dayanarak dava açmakla birlikte, davalı taraflardan biri, kusurlu aracın zorunlu trafik sorumluluğu sigortacısıdır.
- Zorunlu sorumluluk sigortası TTK 1483 ve devamı maddelerinde düzenlenmiştir.
- Dava TTK 4(1)(a) anlamında "mutlak ticari dava" niteliğindeedir.
- Aynı davada, bir kısım davalılar hakkında genel mahkemenin, diğer davalılar hakkında ise uzman olan özel mahkemenin görevli bulunması halinde, uyuşmazlık aynı olaydan kaynaklanıyor ve zarar tek ise ya da taleplerden biri yönünden verilecek karar diğerini doğrudan ilgilendirecek nitelikte bulunuyorsa; söz konusu özel mahkeme ile genel mahkeme arasında "yargılama usulüne" ilişkin esaslı farklılıklar bulunmaması kaydıyla, uyuşmazlığın bütün taraflar ve talepler yönünden uzman olan özel yetkili mahkemece çözülmesi gerekir.
- Gerek davalı araç sürücüsü ile işleteninin sorumluluğu gerek davalı sigorta şirketinin sorumluluğu aynı maddî olaydan kaynaklanmış ve zarar tek olmakla, davaların birlikte görülmesi ve bütün talepler yönünden ihtilafın özel mahkeme olan Asliye Ticaret Mahkemesince çözüme kavuşturulması lazımdır.

Yüksek Mahkeme'nin bu kararı hakkında şu değerlendirmeyi yapmaktayız:

- Olayda davacı kasko sigortacısının zararını karşıladığı ve kendisine halef olduğu sigorta ettirenin (kararda bu hususta netlik olmamakla birlikte) tacir olmadığı anlaşılmaktadır.

- *Yasal haleflik hakkına dayalı rücu davalarında, görevli mahkemenin "dava (sigortacının kendisine halef olduğu) sigorta ettiren ile davalı arasında söz konusu olsa idi, hangi mahkeme görevli olacak idiyse, o mahkeme" olması gerekir. Bu ilkeye göre olayda Asliye Hukuk Mahkemesi'nin görevli sayılması lazım gelmektedir.*
- *Yargıtay ise davalılar arasında bir sigortacının (davalı araç işleteninin zorunlu trafik sigortacısının) mevcut bulunmasından yola çıkarak Ticaret Mahkemesi'nin görevli olacağına hükmetmiştir. Kanımızca Yüksek Mahkeme'nin gerekçeleri yeterli değildir. Şöyle ki*
  - *Zorunlu sorumluluk sigortasının TTK 1483 ve izleyen maddelerde düzenlenmiş olduğu gerekçesi bu olayda kullanılabilecek bir gerekçe değildir. TTK 1483 "gereksiz" bir hükümdür çünkü Sigortacılık Kanunu aynı kuralı çok daha önceki zamanlardan bu yana içermektedir.*
  - *TTK 1484'ün zorunlu sorumluluk sigortalarını "genel olarak" (fakat çok yüzeysel ve eksik bir biçimde) düzenlediği doğrudur. Ancak, olaydaki zorunlu sigorta, özel olarak KTK'da düzenlenmiştir. Uygulanacak hükümler KTK'daki özel hükümlerdir.*
  - *Kaldı ki, zorunlu sigortanın TTK'daki genel hükme tabi olduğu kabul edilse dahi, kanımızca bu husus tek başına o zorunlu sigortacıya yönelik istemin TTK'da düzenlenmiş bir husustan doğmuş sayılmasına yetmez. Çoğu halde, zorunlu sorumluluk sigortacısı TTK 1484 hükmüne dayalı savuma yapmamakta ve sorumluluğun mevcut olmadığına veya zararın bulunmadığına yahut tutarının daha az olduğuna ilişkin savunmalara dayanmaktadır.*
  - *Yine kaldı ki, zorunlu (veya isteğe bağlı) sorumluluk sigortacısına yönelik istem, bütün sorumluluk sigortalarına uygulanan "doğrudan dava hakkı" başlıklı TTK 1478'den doğmaktadır.*
  - *Ancak, KTK da, zorunlu trafik sorumluluğu sigortası bakımından sigortacıya yönelik doğrudan davayı "doğrudan doğruya talep ve dava hakkı" başlığı altında özel olarak düzenlemiştir (KTK m.97).*
  - *Bu bakımdan, olayda davalılar arasındaki zorunlu trafik sigortacısı bakımından dahi, TTK 4(1)(a) anlamında bir mutlak ticari davadan bahsedilemez.*
  - *Bu noktada bir kere daha vurgulayalım ki, davacının da bir sigorta şirketi olması bu sonucu değiştirmez. TTK 4(1)(a) "her iki tarafın ticari işletmesi ile ilgili hususlardan doğan davaların" (da) mutlak ticari dava sayılacağını ve Ticaret Mahkemesi'nde görüleceğini hükme bağlamış olmakla birlikte, kanımızca "her iki tarafın ticari işletmesini ilgilendiren husus" deyiminden maksat, aynı ortak dava sebe-*

bidir. Farklı dava sebepleri bu hükmün uygulanmasını gerektirmez. Mesela davacı sigortacının kendi tarafı olduğu sigorta sözleşmesi uyarınca yaptığı ödeme sonucu yasa uyarınca sigorta ettirene halef olması ve buna dayanarak rücu davası açması ile davalı sigorta şirketinin zorunlu sorumluluk sigortacısı sıfatıyla zarardan sorumlu kişinin yükümlü olduğu tazminat borcu için dava edilmesi halinde, her iki tacirin (sigortacının) ticari işletmesiyle ilgili birer sebep söz konusudur. Ancak bunlar birbirinden farklı sebeplerdir. Eğer, bir sigortacı (hukuksal açıdan "reasürans" sayılması gereken) bir kapalı koasürans sözleşmesi uyarınca kapalı koasüröre (reasüröre) -söz gelişi o koasürörün sigortacıyla paylaşması gereken rizikoyu paylaşmadığı için- alacak davası açarsa, bu dava her iki sigorta şirketinin de işletmeleriyle ilgili ortak bir sebepten doğmuş sayılır. Aynı şekilde bir sigorta şirketi, maliki bulunduğu taşınmazları bir başka sigorta şirketine sigorta ettirirse ve bu sigortadan dolayı uyuşmazlık çıkarsa, bu halde de ortak sebepten doğan bir davadan söz edilebilir.

- *Yüksek Mahkeme, kararında, yukarıda değindiğimiz hususlara ek olarak birden fazla davalının dava edilmiş olması olasılığını değerlendirmiştir. Bu konudaki değerlendirmeye de katılmamaktayız.*
    - *Yargıtay'ın görüşü uyarınca bir kısım davalılar hakkında genel mahkeme, diğer davalılar hakkında ise uzman olan özel mahkeme görevli ise, uyuşmazlığın bütün taraflar için uzman olan özel yetkili mahkemece çözülmesi gerekir.*
    - *Yüksek Mahkeme, olayda "uzman özel mahkemenin" Ticaret Mahkemesi" olduğu sonucuna varmıştır.*
    - *Davalı araç sürücüsü ile araç işleteninin sorumlukları ticari hükümlere tabi değildir. Sürücü TBK m.49 fk.1 (genel kusur sorumluluğu) uyarınca, araç işleteni ise KTK m.85 vd. uyarınca sorumludur. Ticaret Mahkemesi trafik kazalarından doğan sorumluluk konusunda kural olarak uzman değildir. Tersine Asliye Hukuk Mahkemesi uzmandır.*

Ehliyetsiz olarak kullanılan motorlu araçla yapılan kaza sebebiyle zarar görene tazminat ödeyen aracın ZTS poliçesini düzenlemiş olan sigortacının, sigorta ettiren araç malikinin mirasçılarına yönelttiği rücu davası

Yargıtay 17. Hukuk Dairesi

Esas No.: 2014/15557

Karar No.: 2017/850

Karar tarihi: 31.01.2017

Davacı vekili, müvekkiline zorunlu trafik sigortalı aracın ehliyetsiz olarak kullanımı sonucu zarar gören dava dışı aracın kasko sigortacısına 2.470 TL hasar tazminatı ödediğini, davalıların sigortalının mirasçıları olduğunu, ödenen bedelin davalılardan rücuen tahsili için başlatılan takibe davalıların haksız itirazlarının iptali ile takibin devamını, %40'tan aşağı olmamak üzere icra ve inkar tazminatına hükmedilmesini talep etmiştir.

Davalılar vekili, murisin kazadan uzun zaman önce vefat ettiğini, muris adına kayıtlı motosiklete murisin kardeşleri tarafından el konulduğunu, motosikletin kaza yapan ...'a nasıl geçtiğini bilmediklerini, müvekkillerinin hiçbir zaman tasarrufuna girmemiş ve dava tarihi itibari ile nerede olduğunu bilmedikleri bir aracın işleteni olmalarının mümkün olmadığını beyanla davanın reddini savunmuştur.

Mahkemece, toplanan deliller ve benimsenen bilirkişi raporuna göre, davacının davasının kabulüne, davalıların ... 2. İcra Müdürlüğünün 2011/3481 Esas sayılı takip dosyasına yapmış olduğu itirazın iptaline, takibin kaldığı yerden devamına, icra inkar tazminatı yönü ile talebin reddine karar verilmiş; hüküm, davalılar vekili tarafından temyiz edilmiştir.

Dava, zorunlu trafik sigortası poliçesinden kaynaklanan tazminatın sigortalı mirasçılarından rücuen tahsili istemine ilişkindir.

Her ne kadar davacı zorunlu trafik sigorta şirketi sigortalı aracın ehliyetsiz olarak kullanımı sonucu zarar gören dava dışı aracın kasko sigortacısına 2.470 TL hasar tazminatı ödediğinden bahisle sigortalısının mirasçılarına karşı rücuen tazminat davası açmış ise de, zorunlu trafik sigorta poliçesinin düzenlendiği 03.06.2008 tarihi itibariyle sigortalının ölü olduğu, bu nedenle geçerli bir sigorta sözleşmesinin bulunmadığı anlaşılmakla, mahkemece poliçeye dayalı olarak davanın kabulüne karar verilmesi doğru görülmemiştir. Ancak mahkemece de kabul edildiği üzere 2918 Sayılı Karayolları Trafik Kanunu'nun 85. maddesi gereği davalı mirasçıların kusursuz sorumluluğu bulunmaktadır. Davacı işbu davayı zarar görene ödeme yaptığı iddiasıyla açtığından ve ortada geçerli bir sigorta sözleşmesi bulunmadığından, 6102 Sayılı Türk Ticaret Kanunu'nun 1472. maddesi (mülga TTK 1301. madde) gereğince davacının halefiyet hakkı ve aktif dava ehliyeti bulunmamakta ise de, davacı gerçek hak sahiplerine yaptığı ödeme nedeniyle onların hakkını temlik almış ise, 6098 Sayılı Türk Borçlar Kanunu'nun 183. maddesi (mülga BK 162. madde) gereğince alacağın temliki hükümlerine göre dava açma hakkı vardır. Bu durumda mahkemece bu husus araştırılıp üzerinde durularak davacının aktif dava ehliyeti bulunup bulunmadığı tartışılarak sonucuna göre karar verilmesi gerektiğinin gözetilmemesi doğru olmayıp hükmün bozulması gerekmiştir.

SONUÇ: Yukarıda açıklanan nedenlerle davalılar vekilinin temyiz isteminin kabulü ile hükmün BOZULMASINA, peşin alınan harcın istek halinde temyiz eden davalılara geri verilmesine 31/01/2017 gününde oybirliğiyle karar verildi.

YORUM

Yargıtay 17nci HD, çok değişik bir olasılığın incelenmemiş olması sebebiyle ilk derece mahkemesi kararını bozmuştur.

Yargıtay kararına konu olan olay şöyledir:

- *Zorunlu Trafik Sigortası (ZTS) konusu olan bir motosiklet, ehliyetsiz bir sürücü yönetiminde olduğu sırada meydana gelen kaza sonucunda başka bir aracın hasarlanmasına sebep olmuştur.*
- *Anlaşıldığına göre, hasarlanan aracın sahibi, kasko sigortacısından uğradığı zarar karşılığı tazminat almıştır.*
- *Hasarlanan araç için tazminat ödemiş olan kasko sigortacısı, kazaya sebep olan motosikletin ZTS poliçesini düzenleyen sigortacıya rücu etmiştir.*

- *Motosikletin ZTS poliçesini düzenlemiş olan sigorta şirketi, kazada zarar gören aracın kasko sigortacısına tazminat ödemiştir.*
- *Bu sigortacı daha sonra, motosikletin işleteni olarak poliçede gösterilen (ve vefat ettiği anlaşılan) kişinin mirasçılarına karşı (zarar gören aracın kasko sigortacısına ödediği tutarı geri almak için) icra takibi başlatmıştır.*
- *İtiraz üzerine takip durmuş ve sigortacı itirazın iptali davası açmıştır.*

ilk derece mahkemesi KTK ve ZTS Genel Şartları hükümlerine uygun olduğunu saptayarak itirazın iptali davasını kabul etmiştir.

Yargıtay ise, aşağıdaki gerekçelerle ilk derece mahkemesinin kararını bozmuştur:

- *Zorunlu trafik sigortası poliçesinin düzenlendiği 03.06.2008 tarihinde sigortalının (işletenin) ölü olduğu saptanmıştır.*
- *Bu nedenle geçerli bir sigorta sözleşmesi bulunmamaktadır.*
- *Şu halde ilk derece mahkemesince itirazın iptali davasının poliçeye dayalı olarak kabul edilmiş olması doğru değildir.*
- *Ancak, ilk derece mahkemesince de benimsendiği üzere Karayolları Trafik Kanunu'nun 85. maddesi gereği davalı mirasçıların kusursuz sorumluluğu mevcuttur.*
- *Davacı sigortacı işbu davayı zarar görene ödeme yaptığı iddiasıyla açmıştır.*
- *Ortada geçerli bir sigorta sözleşmesi olmadığından, 2011 tarihli Türk Ticaret Kanunu'nun 1472. maddesi (1956 tarihli TTK m. 1301) gereğince davacının haleflik hakkı ve aktif dava ehliyeti yoktur.*
- *Bununla birlikte, eğer davacı gerçek hak sahiplerine yaptığı ödeme nedeniyle onların hakkını devir almış ise, 2011 tarihli TBK m.183 (önceki BK m. 162) gereğince alacağın temliki hükümlerine göre dava açma hakkı vardır. Mahkemenin bu hususu araştırarak karar vermesi gerekirdi.*

Yargıtay kararı hakkında şu yorumu yapabiliriz:

Sorumluluk sigortalarında zarar gören üçüncü kişinin doğrudan doğruya zarardan sorumlu kişinin sorumluluk sigortacısını dava etmek hakkı vardır (TTK 1478). Doğrudan dava hakkını kullanan zarar görene karşı, sorumluluk teminatı sağlayan sigortacının hangi savunmalarda bulunabileceği sorunu karşımıza çıkar.

Bu bağlamda, zorunlu sorumluluk sigortaları ile isteğe bağlı sorumluluk sigortaları arasında ayrım yapmak lazımdır.

- *İsteğe bağlı sorumluluk sigortalarında, zarar gören üçüncü kişiyi koruma amacı ön planda olmadığı ve asıl hedef sorumluluğunu sigorta ettirmiş bulunan kişiyi (sigorta ettiren; başkası lehine sigortada sigortalı) hukuk-*

sal sorumluluğa bağlı sonuçlara karşı korumak olduğu için, sigortacı sigorta sözleşmesinden veya bu sözleşmeye uygulanacak kuralları içeren genel düzenlemeden ("Sigorta Hukuku" başlıklı TTK'nın 6ncı Kitabı) kaynaklanan savunmaları zarar görene karşı ileri sürebilir.

- *Buna karşılık, zorunlu sorumluluk sigortalarında çözüm farklıdır: Zorunlu sorumluluk sigortaları öngörülmesinden amaç, zarar görenleri korumaktır. Ancak, sigortacının zarar görene karşı, onun yabancısı olduğu sigorta sözleşmesi ilişkisinden kaynaklanan savunmaları ileri sürebilmesi halinde, bu korumanın beklenen yararı sağlamayacağı da bir gerçektir. İşte bu sebeple, zorunlu sorumluluk sigortalarında sigortacının zarar görene karşı, sözleşmeden ve sözleşmeye uygulanacak genel düzenlemeyi içeren yasa hükümlerinden kaynaklanan savunmalarda bulunamaması, buna karşılık (bu savunmalarda bulunamaması nedeniyle) zarar görene ödemek zorunda kalacağı tutarları sigorta ettirenden geri isteyebilmesi çözümü benimsenmiştir.*

Zorunlu sorumluluk sigortalarında benimsenen genel çözüm TTK 1484(1) ve TTK 1484(2)'de yer almaktadır.

> *2. Zarar görenle ilişkide ifa yükümlülüğü*
>
> *Madde 1484*
>
> *(1) Sigortacı, sigortalıya karşı ifa borcundan tamamen veya kısmen kurtulmuş olsa da, zarar gören bakımından ifa borcu, zorunlu sigorta miktarına kadar devam eder.*
>
> *(2) Sigorta ilişkisinin sona ermesi, zarar görene karşı ancak, sigortacının sözleşmenin sona erdiğini veya ereceğini yetkili mercilere bildirmesinden bir ay sonra hüküm doğurur.*

ZTS hakkında KTK m.95'te yer alan özel düzenleme ise aşağıdaki gibidir:

> *Tazminatın azaltılması veya kaldırılması sonucunu doğuran haller:*
>
> *Madde 95 – Sigorta sözleşmesinden veya sigorta sözleşmesine ilişkin kanun hükümlerinden doğan ve tazminat yükümlülüğünün kaldırılması veya miktarının azaltılması sonucunu doğuran haller zarar görene karşı ileri sürülemez.*
>
> *Ödemede bulunan sigortacı, sigorta sözleşmesine ve bu sözleşmeye ilişkin kanun hükümlerine göre, tazminatın kaldırılmasını veya azaltılmasını sağlayabileceği oranda sigorta ettirene başvurabilir.*

KTK m.95 fk.2 hükmüne eşdeğer (kendi sigorta ettireni ile arasındaki sigorta sözleşmesi hükümlerine -veya sigorta sözleşmesine uygulanacak genel düzenlemeye- göre sorumlu olmaması gerektiği halde, zarar görene yasa uyarınca tazminat ödemek zorunda kalan sorumluluk sigortacısının, ödediği tutar için aslında sigortadan yararlanma hakkı bulunmayan sigorta ettirene rücu edebileceğini öngören) bir hüküm her nedense TTK'da yoktur. Ancak TTK uygulamasında da, yasa yapıcının "unutkanlığına" rağmen böyle bir hüküm mevcutmuş gibi işlem yapmak doğru olacaktır. Aksi halde, zorunlu sorumluluk sigortacısı, sigorta ettireni hak etmediği bir sigorta korumasından yararlandırmış olur.

Ancak, incelemekte olduğumuz karar ZTS ile ilgili olduğundan, TTK'da hüküm bulunmaması herhangi bir tartışma yaratmayacaktır. Çünkü özel hüküm olarak olaya uygulanacak KTK, açık bir düzenleme içermekte ve ZTS poliçesini düzenleyen sorumluluk sigortacısına, tarafı olduğu sigorta sözleşmesine göre ödemesi gerekmeyen tutarları yasa gereği olarak zarar görene ödemek zorunda kalması halinde, sigorta ettirenden bunları geri alma hakkını tanımaktadır.

Bu noktada şu hususu özellikle tekrarlamamız lazım gelmektedir: KTK m.95 fk.1'deki "sigorta sözleşmesine ilişkin kanun hükümleri" deyimi, yalnızca sigorta sözleşmesini genel olarak düzenleyen yasa hükümlerini diğer bir anlatışla TTK'daki düzenlemeyi kastetmektedir. Yoksa KTK'nın açıkça sigorta teminatı dışında bıraktığı hususlar (KTK m. 92'de sayılan hususlar), doğrudan dava hakkını kullanan zarar görene karşı da geçerlidirler. Sigortacı bunlara dayanarak sorumluluktan kurtulabilir.

(KTK m.95 fk.2 hükmü kaynak İsviçre yasasında çevrilerek iç hukukumuza alınırken titiz davranılmamış, "1908 tarihli (İsviçre) Sigorta Sözleşmesi Kanunu" deyimi, KTK'ya "sigorta sözleşmesine ilişkin kanun hükümleri" olarak aktarılmıştır. Bu anlatım maksadı aşacak ve yanılgıya yöneltecek ölçüde geniştir. KTK'da da ZTS sözleşmesi hakkında yasal hükümler mevcuttur. Bu özel düzenlemenin zarar görene karşı da geçerli olacağı kuşkusuzdur. Çünkü bu özel düzenlemenin ilk amacı, zarar görenin yararlanacağı sigorta korumasının sınırlarını çizmektir. Aynı kanunun hem bu sınırları çizen hem de bunların zarar göreni bağlamayacağını hükme bağlayan bir düzenleme getirmesi ise düşünülemez. Bu sebeple mesela "zorunlu sorumluluk sigortasının dışında kalan (sigorta korumasının devre dışı olduğu) hallere" ilişkin KTK m.92 zarar görene karşı da hüküm doğurur).

Ehliyetsiz (gerekli sürücü belgesine sahip olmayan) bir kişinin yönetimindeki aracın yol açacağı zararlarda acaba ZTS, zarar görene ve sigorta ettirene koruma sağlamakta mıdır? (Bugün yürürlükte olan kurallara göre değerlendirme yaparsak) bu soruyu yanıtlamak için bir yandan KTK m.92'yi diğer yandan da ZTS Genel Şartları B.4 maddesi hükmünü incelememiz lazımdır.

KTK m.92 şöyledir:

> *Zorunlu mali sorumluluk sigortası dışında kalan hususlar:*
>
> *Madde 92 – Aşağıdaki hususlar, zorunlu mali sorumluluk sigortası kapsamı dışındadırlar.*

a) İşletenin; bu Kanun uyarınca eylemlerinden sorumlu tutulduğu kişilere karşı yöneltebileceği talepler,

b) İşletenin; eşinin, üstsoy ve altsoyunun, kendisine evlat edinme ilişkisi ile bağlı olanların ve birlikte yaşadığı kardeşlerinin mallarına gelen zararlar nedeniyle ileri sürebilecekleri talepler,

c) İşletenin; bu Kanun uyarınca sorumlu tutulmadığı şeye gelen zararlara ilişkin talepler,

d) Bu Kanunun 105 inci maddesinin üçüncü fıkrasına göre zorunlu mali sorumluluk sigortasının teminatı altında yapılacak motorlu araç yarışlarındaki veya yarış denemelerindeki kazalardan doğan talepler,

e) Motorlu araçta taşınan eşyanın uğrayacağı zararlar,

f) Manevi tazminata ilişkin talepler.

g) Hak sahibinin kendi kusuruna denk gelen tazminat talepleri,

h) İlgililerin, sigortalının sorumluluk ris

i kapsamında olmayan tazminat talepleri,

i) Bu Kanun çerçevesinde hazırlanan zorunlu mali sorumluluk sigortası genel şartları ve ekleri ile tanımlanan teminat içeriği dışında kalan talepler.

Görüldüğü gibi KTK m.92, sigortanın ilişkin bulunduğu araç, sürücü belgesi olmayan bir kişinin yönetiminde olduğu sırada kazaya karışırsa, bu halin sigorta teminatı dışında kalacağına ilişkin hüküm içermemektedir. Zarar görene karşı böyle bir halin teminat dışında kalacağını ileri sürmek mümkün değildir.

Geçerli belgesi bulunmayan bir sürücü yönetimindeki aracın karıştığı kazaların, sigorta ettirenle olan ilişkide ZTS teminatı kapsamında olup olmayacağı ise – KTK bu hususta özel bir düzenleme içermediği için- ZTS sözleşmesine bakılarak belirlenecektir. ZTS Genel şartları B.4 maddesinin ilgili bölümleri şu şekildedir:

"Zarar Görenlerin Haklarının Saklı Tutulması Ve Sigortacının Sigortalıya Rücu Hakkı

Sigorta sözleşmesinden veya sigorta sözleşmesine ilişkin kanun hükümlerinden doğan ve tazminat yükümlülüğünün kaldırılması veya miktarının azaltılması sonucunu doğuran haller zarar görene karşı ileri sürülemez.

Ödemede bulunan sigortacı, sigorta sözleşmesine ve bu sözleşmeye ilişkin kanun hükümlerine göre, tazminatın kaldırılmasını veya azal-

tılmasını sağlayabileceği oranda kazaya sebebiyet veren sigortalıya rücu edebilir.

Sigortalıya başlıca şu nedenlerle rücu edilir:

a) ....

b) Tazminatı gerektiren olay, aracın ilgili mevzuat hükümlerine göre gereken ehliyetnameye sahip olmayan veya geçerliliğini yitirmiş sürücü sertifikasına sahip ya da ehliyetine geçici/sürekli el konulmuş kimseler tarafından sevk edilmesi veya trafik kurallarının ağır kusur ile ihlali sonucunda meydana gelmiş ise,..."

ZTS Genel Şartları B.4 fk.3'te sayılmış olan haller, sigortacı-sigorta ettiren ilişkisinde aynı zamanda birer istisna ("teminat dışında kalan hal") hükmüdür (veya en azından istisna hükümleriyle bir tutulmaları gerekir). Bunlar, zarar görene ödeme yapan sigortacının sigorta ettirene rücu edebileceği haller olarak düzenlendiğine göre, sigorta ettiren bunlardan biri söz konusu olduğu zaman, zarar görene ödenen tazminat tutarını sigortacıya geri verecek ve son aşamada teminattan yararlanamayacak (yararlanmamış olacak) demektir. ZTS Genel Şartları bu halleri "örtülü biçimde" teminat dışında bırakmıştır. (Zarar görene ödenen tutarın sigorta ettirene rücu edilerek geri alınması söz konusu ise, bu durumda sigorta ettirenin mantık gereği olarak sigorta korumasından yararlanamayacağı sonucuna varmak lazım geleceği açıktır).

Şu halde, sürücü belgesi olmayan bir kişinin yol açtığı kazadan kaynaklanan sorumluluk, "sigortacı- sigorta ettiren araç işleteni" ilişkisinde, sigorta sözleşmesi (ZTS Genel Şartları) uyarınca sigorta kapsamı dışındadır. Böyle bir durumda, ZTS poliçesini düzenleyen sigortacı, zarar görene ödeme yaptıktan sonra, sigorta ettirene başvurabilecek ve ödediğini ondan geri talep edebilecektir.

Bu "genel" saptamalardan sonra uyuşmazlık konusu olaya dönersek:

- *Yargıtay, ortada geçerli bir sigorta sözleşmesi bulunmadığını belirtmektedir. Kanımızca, sigorta sözleşmesi yapıldığı anda, aracın üzerine kayıtlı bulunduğu işleten hayatta değilse, sigortanın hukuken onun yerine geçen ve işleten sıfatını kazanan mirasçıları lehine yapıldığı kabul edilebilirdi. Bu yorumu engelleyen (mirasçıların işleten olmadıkları, işletenin başka birisi olduğunun kanıtlanmış bulunması gibi) açık bir sebep mevcut değil idiyse, sigortayı ayakta tutmak yoluna gitmek daha uygun bir yaklaşımdır.*
- *Sigortanın "geçersiz" sayılması gerektiği sonucuna varıldığı takdirde ise, geçersiz bir sigorta sözleşmesine dayalı olarak zarar görene yapılan tazminat ödemesinin TTK 1472 uyarınca yasal halefliğin gerçekleşmesini sağlayıp sağlamayacağı tartışmaya açık bir husustur. Şu an ağır basan görüş geçersiz sigorta sözleşmesine dayalı olarak ödenen veya geçerli bir*

sözleşme söz konusu olsa dahi, bu sözleşme uyarınca ödenmesi hukuksal açıdan zorunlu bulunmayan tazminatların yasal haleflik sonucunu doğurmayacağı yönündedir. Zarardan sorumlu kişilere yarayan (çoğu halde onların zamanaşımı süresi içinde dava edilmemeleriyle ve böylece sorumluluktan kurtulmalarıyla sonuçlanan) bu çözümün yerindeliği çok kuşkuludur. (Zarar gören, sigortacıdan ödeme alarak zararını karşılamış olduğu için, zarar sorumlusuna herhangi bir istem yöneltmemektedir. Zarar görene ödeme yapan sigortacının istemi de "dava hakkı olmadığı için" geri çevrilince, özellikle kısa süreli zamanaşımı süresine tabi bulunan sorumluluklar, arada zamanaşımının dolması nedeniyle eylemsel olarak son bulmuş olmaktadırlar).

- *Sorumluluk sigortalarında sigortacının haleflik hakkı mal sigortalarına ilişkin TTK 1472 hükmüne değil, sorumluluk sigortalarına ilişkin TTK 1481(1) hükmüne dayanacaktır. Ancak TTK 1472 ile TTK 1481 arasında sigortacının kime halef olacağı bakımından fark yoktur. TTK 1481 uyarınca da sigortacı sigortalıya (sorumluluğu sigorta edilmiş olan kişiye) halef olmaktadır.*

- *Oysa zorunlu sigortalarda, sigortacının sigorta ettirene karşı sigorta sözleşmesi uyarınca sorumlu olmadığı halde, yasa uyarınca bu durumu zarar görene karşı bir savunma olarak ileri süremediği ve ödeme yapmak zorunda kaldığı durumlarda, sigortacıya yasa gereği zarar görene halef olma hakkını tanımak gerekirdi.*

- *Yargıtay, sigortacının gerçek hak sahiplerine ödeme yapmış ve onlardan tazminat alacağını devralmış bulunması olasılığında, bu devir işlemine bağlı olarak gerçekleşen halefliğe dayalı istem ileri sürebileceğini; bu durumda dava hakkına sahip sayılabileceğini belirtmektedir. (Sorumluluk sigortasında, sigortacının zarar görenden dava hakkını devralması olağan koşullarda "uzak" bir olasılıktır. Çünkü sorumluluk sigortası o dava hakkının kendisine karşı kullanılacağı sorumlu kişiyi korumaktadır. Sigortacı bir yandan sigorta ettireni korumak, onun sorumluluğunu sonlandırmak için ödeme yaparken, diğer yandan ona yönelik dava hakkını devralmayacaktır. Buna karşılık, sigortacının sigorta sözleşmesi uyarınca sigorta ettirene/sigortalıya karşı sorumlu olmamasına rağmen, zarar görene ödeme yapmak zorunda kaldığı hallerde, zarar görenden sigorta ettirene/sigortalıya karşı sahip olduğu hakları devralması anlamlıdır. Ancak doğru çözüm, bu gibi bir hukuksal işleme hiç gerek bırakmaksızın, sigortacıya yasa uyarınca zarar görene halef olma hakkının tanınmasıdır.*

- *Nitekim, Alman hukukunda zorunlu sigortalarda sigortacı zarar görene karşı sigorta ettirenle olan ilişkide sorumlu olmadığı savunmasını ileri sü-*

remeyip tazminat ödemek zorunda kalırsa, zarar görenin sigorta ettirene karşı mevcut olan tazminat hakkı, yaptığı ödeme oranında sigortacıya geçmektedir (VVG § 117(5)). Bizde de bu çözümün benimsenmesi lazım gelirdi.

- *Yüksek Mahkeme'nin varsaydığı husus şudur: Sigortacı, zarar görene ödeme yaparken, ondan uğradığı zarar dolayısıyla sorumlu üçüncü kişilere karşı sahip olduğu tazminat alacağını devralmış olabilir. (Yüksek Mahkeme bu hususun araştırılması ve araştırma sonucuna göre karar verilmesi gerektiği düşüncesindedir. Öyle ki, somut olayda, eğer zarara yol açmış bulunan motosikletin zararın meydana geldiği andaki işleteni davalılar ise, sigortacı bunlara karşı hukuksal işleme dayalı olarak tazminat alacağının sahibi konumuna geldiğini ileri sürebilecek ve istemde bulunabilecektir.*
- *Ancak, sigortacının bu gibi bir hakka sahip olup olmadığı dava sırasında kendisi tarafından kanıtlanmalıdır. Yargıtay'ın "bir olasılık daha var" diyerek sigorta sözleşmesine göre dava hakkı bulunmadığını belirlediği sigortacı lehine yeni bir çözüm üretmesini (kapıyı kapatmayarak aralık tutmasını) sigortacıları kayıran bir yaklaşım saymamız lazımdır.*
- *Belirtilmesi lazım gelen bir diğer husus da zarar görene halef olacağı yasada öngörülmüş bulunmasa dahi, sigortacının ona yaptığı ödeme ile (sigortadan yararlanma hakkına sahip olmayan) sorumlu kişileri sorumluluktan kurtarmış bulunduğu ölçüde bu kişilere sebepsiz zenginleşme temelinde rücu edebileceğidir. Yargıtay ise bu hususta herhangi bir değerlendirme yapmamıştır.*
- *Eğer davalılar gerçekten aracın kaza sırasındaki işleteni iseler (değillerse zaten onlara yönelik istem sonuçsuz kalacaktır), eldeki poliçeyi onlar lehine hüküm doğuran bir poliçe saydığımız takdirde, kendilerine rücu edilebileceğini kabul etmemiz lazımdır.*

Davalının yüklenici sıfatı ile yaptığı yol inşaatında gerekli tedbirleri almamasından dolayı meydana gelen kazada hasar gören araç için tazminat ödeyen sigortacının yasal halef sıfatıyla açtığı rücu davasına hangi mahkemede bakılacağı

Yargıtay 20. Hukuk Dairesi

Esas No.: 2017/5043

Karar No.: 2017/2180

Karar tarihi: 20.03.2017

Dava, trafik kazası nedeniyle sigortalıya ödenen tazminatın rücuan tahsili amacıyla yapılan icra takibine itirazın iptali istemine ilişkindir.

... 20. Asliye Ticaret Mahkemesince davanın haksız fiil sonrası oluştuğu ileri sürülen hasar sebebiyle hak sahibine sigorta şirketi tarafından ödenen tazminatın olaya sebebiyet veren davalıdan rücuan tahsiline ilişkin açılmış tazminat davası olduğu anlaşılmış olmakla, 6102 sayılı TTK 4 ve 5. maddelerinde ticari nitelikteki davaların sayıldığı ve haksız fiil sebebiyle buna sebebiyet verene karşı açılan rücuan tazminat davası ticari nitelikte bir dava olmayıp davaya bakmakla görevli mahkeme asliye hukuk mahkemesi olduğu gerekçesiyle görevsizlik kararı verilmiştir.

... 21. Asliye Hukuk Mahkemesi ise dava, 6102 sayılı TTK'nın 1472. maddesi uyarınca sigorta şirketi tarafından sigortalısına ödenen tazminatın haksız fiile sebebiyet veren davalı şirketten rücuan tahsili istemine ilişkindir. Davacı ... şirketinin sigortalısının ...Nakliyat İnşaat Taahhüt San ve Tic. Ltd. Şti. olduğu, sigortalı şirketin taşımacılık işi ile uğraştığı, ... poliçe numarasıyla davacı şirkete 15/02/2011-15/02/2012 tarihleri arası sigortalı olduğu anlaşılmıştır. Davacı sigortalısı ve davalı tacirdir. 6102 sayılı TTK'nın 3. maddesinde bu kanunda düzenlenen hususlarla bir ticari işletmeyi ilgilendiren bütün işlem ve fiillerin ticari işlerden olduğu, 4. maddede her iki tarafın da ticari işletmesiyle ilgili hususlardan doğan hukuk davalarının, tarafların tacir olup olmadıklarına bakılmaksızın bu kanunda öngörülen hususlardan doğan hukuk davalarının ticari dava sayılacağı, 5. maddede ise asliye ticaret mahkemesi ile asliye hukuk mahkemesi ve diğer hukuk mahkemesi arasındaki ilişkinin görev ilişkisi olduğu düzenlenmiş olup davanın ticari dava niteliğinde olduğu, davaya bakma görevinin ticaret mahkemelerine ait olduğu gerekçesiyle görevsizlik kararı verilmiştir.

Dosya kapsamında, davacı vekili, davalının yüklenici sıfatı ile yaptığı yol inşaatında gerekli tedbirleri almamasından dolayı müvekkil şirket nezdinde ... no.lu sigorta poliçesi ile sigortalı ... plakalı vasıtanın 14/01/2012 tarihinde hasara uğradığını, kaza sonucu sigortalı vasıtada meydana gelen hasar için 27/06/2012 tarihinde 3.813,00.-TL sigortalıya ödeme yapıldığını, davalının olayda % 50 kusuru bulunduğundan 1.906,50.-TL asıl alacak ve 469,48.-TL işlemiş faiz alacağı için davalı aleyhine ... 18. İcra Müdürlüğünün 2013/17767 Esas sayılı dosyası ile takip başlatıldığını, davalının borca itiraz ettiğini belirterek itirazın iptaline karar verilmesini talep etmiştir.

Yargıtay İçtihadı Birleştirme Genel Kurulunun, 3 Temmuz 1944 tarih ve 5746 sayılı Resmî Gazetede yayımlanan 22.3.1944 tarih ve 37 E. - 9 K. sayılı kararında bu husus "sigortacının sorumlu kişi aleyhine açacağı dava sigorta poliçesinden doğan bir dava değildir. Bu nedenle, halefiyet davası bir ticari dava sayılamaz. Bu dava, aynen sigortalı kimsenin sorumlu kişiye karşı açmış olduğu bir dava gibidir. Sigortalının muhtelif mahkemelerde dava açma hakkı varsa aynı hak sigortacının halefiyet hakkına dayanan rücu davası için de söz konusudur" şeklinde vurgulanmaktadır.

Somut olayda, uyuşmazlık, 6102 sayılı TTK'nın 1472. (6762 sayılı TTK'nın 1301) maddesi uyarınca sigorta şirketi tarafından sigortalısına ödenen tazminatın haksız fiile (trafik kazasına) sebebiyet veren davalıdan rücuan tahsili için yaptığı icra takibine vaki itirazın iptali isteminden kaynaklanmaktadır. Davanın halefiyete dayanılarak açılması, davalının ve dava dışı sigortalının da tacir olmasına göre ticari dava niteliğindeki uyuşmazlığın ticaret mahkemesinde görülüp sonuçlandırılması gerekmektedir.

SONUÇ: Yukarıda açıklanan nedenlerle, 6100 sayılı HMK'nın 21 ve 22. maddeleri gereğince ... 20. Asliye Ticaret Mahkemesinin YARGI YERİ OLARAK BELİRLENMESİNE 20/03/2017 tarihinde oy birliğiyle karar verildi.

YORUM

Bu kararda (da) "ticari haksız eylem" kavramının benimsendiği ve bir tacire, diğer bir tacirin trafik kazası nedeniyle verdiği zararla ilgili giderim davasının Ticaret Mahkemesi'nde görülmesi gerektiği sonucuna varıldığı görülmektedir.

Dava, zarar gören tacirin sigortacısı tarafından o tacire sigorta tazminatı ödendikten sonra yasal haleflik hakkına dayanılarak açılmıştır.

Davalı, yol yapımı işini üstlenmiş olan bir yüklenicidir (ticaret şirketi). Gerekli tedbirleri almamasından dolayı davacı sigorta şirketi tarafından sigortalanan (bir tacire ait) araç hasara uğramıştır. Davalının olayda % 50 oranında kusuru bulunduğu belirlenmiştir. (Daha doğru bir anlatışla, davalının kusurunun kazanın meydana gelmesine % 50 oranında etkili olduğu saptanmıştır).

Yargıtay, davalının haksız eyleme (trafik kazasına) neden olduğunu ve bu sebeple dava edildiğini (ona karşı başlatılan icra takibine yaptığı itirazın iptali davası olduğunu) belirttikten sonra, yasal haleflik hakkına dayalı olarak açılan davada, hem davacı sigortacının kendisine halef olduğu sigorta ettirenin hem de davalının tacir olması nedeniyle, Ticaret Mahkemesi'nin görevli bulunduğuna hükmetmiştir.

Karar hakkında şu gözlemleri yapmaktayız:

- *Zarar sigortacısının yasal haleflik hakkına dayalı rücu davalarında görevli mahkemenin hangisi olduğunu belirlemek için, sigorta ettiren zarardan sorumlu kişiye dava açsa idi, o davanın hangi mahkemede görülmesi gerektiğine bakmak lazımdır. Diğer bir anlatışla, sigorta ettirenle davacı sigortacı arasındaki sigorta sözleşmesi ve sigortacının yasal haleflik hakkının dayanağı olan kanun hükmünün TTK içinde (TTK 1472'de) yer alması belirleyici değildir.*
- *Olayda zarar gören (davacı sigortacının kendisine yasal halef olduğu) sigorta ettiren ile davalı yüklenicinin "tacir" sıfatına sahip bulunmaları acaba Ticaret Mahkemesi'nin görevli sayılmasına yol açar mı?*
- *Ticaret Mahkemesi'nin görevli sayılıp sayılmayacağı, uyuşmazlığın TTK 4(1) anlamında bir "ticari dava" olup olmadığına bağlıdır.*
    - *TTK 4(1) uyarınca, her iki tarafın ticari işletmesiyle ilgili hususlardan doğan hukuk davaları ve TTK 4(1)(a) uyarınca (taraflar tacir olmasalar dahi) TTK'da düzenlenen hususlardan doğan hukuk davaları ticari dava niteliğindedir.*
    - *Burada TTK'da düzenlenen bir husustan doğan uyuşmazlık söz konusu değildir. Yasal halefliğin TTK'da düzenlenmiş olması, yukarıda da vurguladığımız gibi, yasal halefliğe dayalı olarak açılan davaların ticari dava sayılmasını (tek başına) gerektirmez. Yasal*

haleflik yalnızca tazminat alacağı hakkının sigortacıya nasıl (hangi koşulların varlığı halinde) geçmiş olduğunu düzenler. Tazminat alacağının dayanağı (bu alacağın sahibine verdiği dava hakkının sebebi) ise bundan ayrı bir husustur. Tazminat alacağı sözleşmeden veya olaydaki gibi haksız eylemden kaynaklanmış olabilir.

- *Acaba TTK 4(1) anlamında "her iki tarafın ticari işletmesiyle ilgili bir husustan doğan davanın" varlığı kabul edilebilir mi? Kanımızca bu soruya olumsuz yanıt vermek gerekir: Fikrimizce, TTK 4(1) kapsamındaki "her iki tarafın ticari işletmesiyle ilgili husus", her iki işletmeyi aynı anda ilgilendiren ortak dava sebebi niteliğindeki işlem veya eylemlerdir. (Farklı dava sebepleri bu hükmün uygulanmasını gerektirmez. Mesela davacı sigortacının kendi tarafı olduğu sigorta sözleşmesi uyarınca yaptığı ödeme sonucu yasa uyarınca sigorta ettirene halef olması ve buna dayanarak rücu davası açması ile davalı sigorta şirketinin zorunlu sorumluluk sigortacısı sıfatıyla zarardan sorumlu kişinin yükümlü olduğu tazminat borcu için dava edilmesi halinde, her iki tacirin (sigortacının) ticari işletmesiyle ilgili birer sebep söz konusudur. Ancak bunlar birbirinden farklı sebeplerdir. Eğer, bir sigortacı (hukuksal açıdan "reasürans" sayılması gereken) bir kapalı koasürans sözleşmesi uyarınca kapalı koasüröre (reasüröre) -söz gelişi o koasürör, sigortacıyla paylaşması gereken rizikoyu paylaşmadığı için- alacak davası açarsa, bu dava her iki sigorta şirketinin de işletmeleriyle ilgili ortak bir sebepten doğmuş sayılır. Aynı şekilde bir sigorta şirketi, maliki bulunduğu taşınmazları bir başka sigorta şirketine sigorta ettirirse ve bu sigortadan dolayı uyuşmazlık çıkarsa, bu halde de ortak sebepten doğan bir davadan söz edilebilir).*

Sigortalı konutta meydana gelen doğalgaz patlamasının yol açtığı zararı ödeyen sigortacının yasal halef sıfatıyla sorumlular aleyhine açtığı davaya tüketici mahkemesinde bakılması

İzmir BAM - 11. Hukuk Dairesi

Esas No.: 2017/185

Karar No.: 2017/149

Karar tarihi: 20.02.2017

DAVA: Davacı vekili, F2 Sigorta tarafından sigortalı bulunan K1'a ait konutta 06/12/2013 tarihinde doğalgaz patlaması meydana geldiğini, patlama sebebiyle sigortalı konutta meydana gelen 76.624,52 TL hasar bedelinin davacı şirket tarafından karşılandığını, sigortalısının haklarına halef olan davacı şirketin, yapmış olduğu ödemeyi hasarın meydana gelmesinde kusuru bulunanlardan talep etme hakkına sahip olduğunu, borçlular hakkında İzmir l9. İcra Müdürlüğü'nün 2015/12816 sayılı dosyası ile icra takibi başlatıldığını, fakat borçluların bu takibe haksız olarak itiraz ettiklerini ve takibin durduğunu ileri sürerek, borçlular tarafından takip dosyasına yapılan itirazın iptaline, takibin müşterek ve müteselsilen devamına karar verilmesini talep ve dava etmiştir.

CEVAP: Davalı F1 Klima Isıtma Soğutma Sistemleri Doğalgaz Mühendislik İnşaat Turizm San.ve Tic. Ltd. Şti. vekili, davacı iddialarını kabul etmediklerini, davalılardan K1'a ait A1 adresinde 06/12/2013 tarihinde meydana gelen doğalgaz patlaması sonucunda İzmir Cumhuriyet Savcılığının 2013/15162 soruşturma sayılı dosyasında müvekkili şirketin kusursuz olduğu tespit edilerek kovuşturmaya yer olmadığına karar verildiğini, sorumlular hakkında İzmir 31. Asliye Ceza Mahkemesi'nin 2015/667 esas sayılı dosyasında yargılamanın devam ettiğini, sorumlu tutulmaları halinde ise ancak kusur oranında sorumlu tutulabileceklerini savunarak, davanın reddini istemiştir.

Davalı İzmir Doğalgaz Dağıtım A.Ş vekili, icra dosyasına yapmış oldukları derdestlik itirazını tekrarladıklarını, davacı tarafından aynı hasara ilişkin İzmir 18. İcra Müdürlüğü'nün 2014/11635 sayılı icra dosyası mevcut iken işbu davaya konu icra takibinin başlatıldığını, müvekkilinin zarardan herhangi bir sorumluluğunun bulunmadığını, müvekkili şirketin uymakla yükümlü olduğu mevzuat hükümleri gereği tüm edimlerini yerine getirdiğini, meydana gelen olaya ilişkin olarak herhangi bir kusuru bulunmadığını, davaya konu patlamanın davacının sigortalısı K1'ın eşi C. İ'nin kusurlu davranışları sonucu meydana geldiğini, zararın ve illiyet bağının davacı tarafça ispat edilmesi gerektiğini, davacı tarafça tek yanlı olarak düzenlenen ekspertiz raporunu kabul etmediklerini, talep edilen tazminat miktarının fahiş olduğunu savunarak davanın reddini istemiştir.

İLK DERECE MAHKEMESİ KARARININ ÖZETİ: Mahkemece, iddia, savunma, benimsenen bilirkişi raporu ve tüm dosya kapsamına göre; davanın halefiyete dayalı açılan tazminat davası olması karşısında dava dışı sigortalı ile davalı arasındaki temel ilişkiye göre görevli olan mahkeme hangisi ise halefiyete dayalı dava açan davacının da aynı mahkemede davayı açması gerektiğini, dava dışı sigortalı 6502 sayılı Tüketicinin Korunması Hakkındaki Kanunun m.3/f.1 -bend (e) gereği, dava konusu konut olarak kullanılan ve akabinde sigorta ettiren, bu suretle tüketici sıfatı bulunan kişi konumunda iken, diğer davalı şirketlerin gerçek kişiye abonelik sözleşmesi ile doğalgaz sağlayan, doğalgaz tesisatı satan ve doğalgaz tesisatını kuran konumunda bulundukları, bu suretle temel ilişkinin davalı satıcılar ile dava konusu bağımsız bölümde doğalgaz ve doğalgaz tesisatı satın alan dava dışı tüketici arasında kurulduğunu, sigortacının, halefiyete dayalı dava açması nedeniyle davacının selefi ile davalılar arasındaki uyuşmazlık Tüketicinin Korunması Hakkındaki Kanun kapsamında kaldığına göre, 6502 sayılı yasanın 73. maddesi uyarınca davaya bakmaya Tüketici Mahkemesi görevli olduğunu, yine aynı kanunun 83/f.2 uyarınca, "Taraflardan birinin tüketicinin oluşturduğu işlemler ile ilgili diğer kanunlarda düzenleme olması, bu işlemin tüketici işlemi sayılmasını ve bu kanunun görev ve yetkiye ilişkin hükümlerinin uygulanmasını engellemez." hükmü gereğince davanın görev yönünden ve usulden reddi gerekçesiyle davanın İzmir Tüketici Mahkemesine gönderilmesine karar verilmiştir.

Karara karşı davalı İzmir Doğalgaz Dağıtım A.Ş Vekili tarafından istinaf yoluna başvurulmuştur.

İSTİNAF NEDENLERİ: Davalı İzmir Doğalgaz Dağıtım A.Ş vekili, icra takibine ve davaya konu doğalgaz patlaması tüketici işlemi olmayıp tüketici mahkemesinin görev alanına girmediğini, dava konusu olayın abonelik sözleşmesinden kaynaklı bir uyuşmazlık olmadığını istinaf nedenleri olarak ileri sürmüştür.

GEREKÇE: Dava; 6102 sayılı TTK'nın 1472. maddesi uyarınca sigorta şirketi tarafından sigortalısına ödenen tazminatın haksız fiile sebebiyet veren davalıdan rücuen tahsili istemine ilişkin olup ilk derece mahkemesince yukarıda yazılı gerekçe ile mahkemenin görevsizliğine, dosyanın görevli İzmir Tüketici Mahkemesine gönderilmesine karar verilmiştir.

Yargıtay İçtihadı Birleştirme Genel Kurulunun 22.03.1944 tarih ve 37 E. - 9 K. R. G. 03.07.1944 sayılı kararında bu husus *"sigortacının sorumlu kişi aleyhine açacağı dava sigorta poliçesinden doğan bir dava değildir. Bu nedenle, halefiyet davası bir ticari dava sayılamaz. Bu dava, aynen sigortalı kimsenin sorumlu kişiye karşı açmış olduğu bir dava gibidir. Sigortalının muhtelif mahkemelerde dava açma hakkı varsa aynı hak sigortacının halefiyet hakkına dayanan rücu davası için de söz konusudur."* şeklinde olduğundan, görev hususu değerlendirilirken davanın halefiyete dayalı açılan tazminat davası olması karşısında ve yukarıda açıklanan kurallar çerçevesinde dava dışı sigortalı ile davalı arasındaki temel ilişkinin ne olduğunun tespit olunması önem arz eder. Zira bu temel ilişkiye göre görevli olan mahkeme hangisi ise halefiyete dayalı dava açan davacının da aynı mahkemede davayı açması gerekir.

6502 sayılı Tüketicinin Korunması Hakkında Kanun'un Amaç başlıklı 1. maddesinde yasanın amacı açıklandıktan sonra kapsam başlıklı 2. maddesinde *"Bu kanun, her türlü tüketici işleri ile tüketiciye yönelik uygulamaları kapsar"* hükmüne yer verilmiştir. Kanunun m. 3/f.1 -bend (l) ile tüketici işlemi tanımlanmış, bu tanıma göre , Tüketici işlemi: Mal veya hizmet piyasalarında kamu tüzel kişileri de dahil olmak üzere ticari veya mesleki amaçlarla hareket eden veya onun adına ya da hesabına hareket eden gerçek veya tüzel kişiler ile tüketiciler arasında kurulan, eser, taşıma, simsarlık, sigorta, vekalet, bankacılık ve benzeri sözleşmeler de dahil olmak üzere her türlü sözleşme ve hukuki işlem olarak açıklanmış, yine (k) bendinde ise tüketici ise ticari veya mesleki olmayan amaçlarla hareket eden gerçek veya tüzel kişi olarak düzenlenmiştir. Bir hukuki işlemin 6502 sayılı kanun kapsamında kaldığının kabul edilmesi için kanunun amacı içerisinde yukarıda tanımları verilen taraflar arasında mal ve hizmet satışına ilişkin bir hukuki işlemin olması gerekir.

Dava dışı sigortalı 6502 sayılı Tüketicinin Korunması Hakkındaki Kanunun m.3/f.1 -bent (e) gereği, dava konusu konut olarak kullanılan ve akabinde sigorta ettiren, bu suretle tüketici sıfatı bulunan kişi konumunda iken, diğer davalı şirketlerin gerçek kişiye abonelik sözleşmesi ile doğalgaz sağlayan, doğalgaz tesisatı satan ve doğalgaz tesisatını kuran konumunda bulundukları, bu suretle temel ilişkinin davalı satıcılar ile dava konusu bağımsız bölümde doğalgaz ve doğalgaz tesisatı satın alan dava dışı tüketici arasında kurulduğu anlaşılmaktadır. Yukarıda açıklandığı üzere sigortacının, halefiyete dayalı dava açması nedeniyle halef oluğu, dava dışı tüketici olan sigortalı ile davalılar arasındaki temel uyuşmazlığa göre görevli mahkeme hangisi ise bu mahkemede dava açması gerektiğinden, davacının halefi ile davalılar arasındaki uyuşmazlık Tüketicinin Korunması Hakkındaki Kanun kapsamında kaldığına göre, 6502 sayılı yasanın 73. maddesi uyarınca davaya bakmaya Tüketici Mahkemesi görevli olduğundan, yine aynı kanunun 83/f.2 uyarınca, "*Taraflardan birinin tüketicinin oluşturduğu işlemler ile ilgili diğer kanunlarda düzenleme olması, bu işlemin tüketici işlemi sayılmasını ve bu kanunun görev ve yetkiye ilişkin hükümlerinin uygulanmasını engellemez.*" hükmü gereğince mahkemece verilen kararda bir isabetsizlik görülmemiştir.

İstinaf kanun yoluna başvuranın dilekçesinde yer verdiği itirazların, açıklanan gerekçe ışığında yerinde olmamasına, kararda kamu düzenine ilişkin bir aykırılık bulunmamasına, kararının usul ve esas yönünden hukuka uygun olmasına göre, duruşma açılmasına gerek görülmeyerek Hukuk Muhakemeleri Kanunu'nun 353/1-b-1 maddesi gereğince istinaf başvurusunun esastan reddine karar verilmesi gerekmiştir.

HÜKÜM-Yukarıda açıklanan nedenlerle;

1-Davalı İzmir Doğalgaz Dağıtım A.Ş. vekilinin **istinaf başvurusunun Hukuk Muhakemeleri Kanununun 353/1-b-1 maddesi gereğince ESASTAN REDDİNE,**

2-İstinaf kanun yolu yargılama giderlerinin, istinaf yoluna başvuran üzerinde bırakılmasına,

3-Alınması gereken 31,40 TL istinaf karar harcından başlangıçta alınan 29,20 TL nin mahsubu ile eksik kalan 2,20 TL istinaf harcının istinaf yoluna başvuran davalı İzmir Doğalgaz Dağıtım A.Ş.'den tahsiline,

Dosya üzerinden yapılan inceleme neticesinde, kararın tebliğinden itibaren 1 ay içinde Yargıtay ilgili Hukuk Dairesinde temyiz yolu açık olmak üzere oy birliğiyle karar verildi.20/02/2017

YORUM

İzmir BAM tarafından verilen karara konu olan olay (özetle) şöyledir:

Davacı sigortacı, sigorta ettirenin konutunu sigorta güvencesi altına almıştır. Sigortalı konutta doğalgaz patlaması sebebiyle hasar meydana gelmiştir. Davacı sigortacı, sigorta ettirene sigorta tazminatını ödemiş ve onun haklarına yasa uyarınca halef olmuştur. Daha sonra zarardan sorumlu olduğu savıyla davalılar aleyhine icra takibi yapmıştır. Bu icra takibi, itiraz üzerine durmuştur. Davacı sigortacı, itirazın iptali davası açmıştır.

Davaya bakan Asliye Hukuk Mahkemesi, olayda davacı sigortacının kendisine halef olduğu sigorta ettiren ile davalı şirketler arasında tüketici sözleşmelerinin bulunduğunu; davalıların gerçek kişiye abonelik sözleşmesi ile doğalgaz sağlayan, doğalgaz tesisatı satan ve doğalgaz tesisatını kuran şirketler olduğunu, bu durumda temel ilişkinin davalı satıcılar ile dava konusu bağımsız bölümde doğalgaz ve doğalgaz tesisatı satın alan dava dışı tüketici (sigorta ettiren) arasında kurulduğunu, sigortacının yasal haleflik hakkına dayanarak açtığı davalarda görevli mahkemenin bu temel ilişkiye bakılarak belirlenmesi gerektiğini, Tüketicinin Korunması Hakkında Kanun (TKHK) m.73 gereğince davada Tüketici Mahkemesi'nin görevli olduğunu, TKHK m.83 fk.2 uyarınca "taraflardan birini tüketicinin oluşturduğu işlemler ile ilgili diğer kanunlarda düzenleme olmasının, bu işlemin tüketici işlemi sayılmasını ve bu kanunun görev ve yetkiye ilişkin hükümlerinin uygulanmasını engellemeyeceğini" belirterek davayı görev yönünden reddetmiştir.

Davalılardan doğalgaz dağıtım şirketi, ilk derece mahkemesinin kararına karşı istinaf yoluna başvurmuştur.

İzmir BAM 11. HD, kararı onamıştır.

BAM kararı hakkında şu yorumu yapmaktayız:

- *"Tüketici Mahkemeleri" başlıklı TKHK m.73 fk.1 hükmü ("Tüketici işlemleri ile tüketiciye yönelik uygulamalardan doğabilecek uyuşmazlıklara ilişkin davalarda tüketici mahkemeleri görevlidir") ile TKHK m.83 fk.2 hükmü ("Taraflardan birini tüketicinin oluşturduğu işlemler ile ilgili diğer kanunlarda düzenleme olması, bu işlemin tüketici işlemi sayılmasını ve bu Kanunun görev ve yetkiye ilişkin hükümlerinin uygulanmasını engellemez") karşısında olayda ilk derece yargı organı olarak tüketici yargısına başvurulması gerektiği açıktır.*
- *Bu sebeple, Asliye Hukuk Mahkemesi'nin verdiği görevsizlik kararının onanması yönündeki BAM kararı yerindedir.*

Ticari faaliyette (yük taşımada) kullanılan motorlu araç için ZTS poliçesini düzenleyen sigortacının, araç sürücüsünün gabari dışı yükleme yaparak belediyeye ait köprüyü hasara uğratması sonucu belediyenin zararını karşıladıktan sonra sigorta ettirene yöneltdiği rücu davasına hangi mahkemede bakılacağı

İzmir BAM - 11. Hukuk Dairesi

Esas No.: 2017/427

Karar No.: 2017/282

Karar tarihi: 24.03.2017

DAVA: Davacı vekili, davalıya ait aracın müvekkili şirket nezdinde zorunlu mali sorumluluk poliçesiyle sigortalı olduğu esnada davalı araç sürücüsünün gabari dışı yük taşıması sonucu araçta taşınan ekskavatörlerin belediyeye ait yaya üst geçidine çarparak hasarlanmasına sebebiyet vermesi sonucu poliçe teminat limiti olan 53.600,00 TL'nin Belediye'ye ödendiğini, Karayolları Trafik Kanunu'nun 65, Zorunlu Mali Sorumluluk Sigortası Genel Şartları'nın B.4-e ve Karayolları Trafik Kanunu'nun 95/2. Maddeleri uyarınca müvekkilinin zarar gören 3. kişiye ödediği tazminatı davalı sigortalıdan talep etme hakkının doğduğunu, ancak bu amaçla başlatılan icra takibine karşı davalının itiraz ettiğini ileri sürerek, davalı borçlunun icra takip dosyasına yaptığı itirazın iptali ile takibin devamına karar verilmesini talep ve dava etmiştir.

CEVAP: Davalı vekili, davaya konu köprüye zarar verdiği iddia edilen aracın iş makinesi olduğunu, işbu dava konusu hususun her iki tarafın da tacir olması nedeniyle tüketici mahkemesinin görevine girmeyip, asliye ticaret mahkemelerinin görevine girdiğini savunarak, öncelikle davanın usulden reddini istemiştir.

İLK DERECE MAHKEMESİ KARARININ ÖZETİ: Mahkemece iddia, savunma ve tüm dosya kapsamına göre, taraflar arasındaki uyuşmazlığın her iki tarafın da ticari işletmesiyle ilgili olduğu, bu nedenle 6502 sayılı Kanun kapsamında kalmadığı ve davanın 6102 sayılı TTK'nın 1472/1. maddesi hükümleri uyarınca Asliye Ticaret Mahkemelerinde görülüp sonuçlandırılması gerektiği sonucuna varılarak, dava dilekçesinin dava şartı yokluğundan reddine, mahkemenin görevsizliğine, görevli ve yetkili mahkemenin İzmir Asliye Ticaret Mahkemesi olduğuna karar verilmiştir.

Karara karşı davacı vekili tarafından istinaf yoluna başvurulmuştur.

İSTİNAF NEDENLERİ : Davacı vekili, Zorunlu Mali Sorumluluk Sigorta Poliçesi kapsamında tazminat ödeyen sigorta şirketinin, tazminat ödemesini yaptıktan sonra ZMMS Poliçesi Genel Şartları B/4 ve 2918 Sayılı KTK'nın 95/2. maddeleri uyarınca kendi sigortalısına açmış olduğu davalarda görevli mahkemelerin Tüketici Mahkemeleri olduğunun Yargıtay'ın pek çok kararı ile yerleşik içtihat haline geldiğini, taraflar arasında akdi bir ilişki olup davalının sorumluluğunun davacıyla yaptığı trafik sigorta sözleşmesine aykırılıktan kaynaklandığını, davanın tarafları, konusu ve içeriği itibarıyla Tüketici Mahkemelerinin görevli olduğunu istinaf nedenleri olarak ileri sürmekle, görevsizlik kararının kaldırılarak, dosyanın görevli İzmir 6.Tüketici Mahkemesine gönderilmesine karar verilmesini istemiştir.

GEREKÇE: Dava, zorunlu mali sorumluluk sigortası poliçesine dayalı olarak zarar gören dava dışı 3. kişiye yapılan ödemenin davalı sigortalıdan rücuan tahsili istemine ilişkin olup, ilk derece mahkemesince yukarıda yazılı gerekçeyle mahkemenin görevsizliği nedeniyle dava dilekçesinin dava şartı yokluğundan reddine karar verilmiştir.

Davaya konu uyuşmazlığın, davacıya zorunlu mali sorumluluk poliçesi ile sigortalı aracın karıştığı trafik kazası sonucu 3. kişinin uğradığı zararın davacı tarafından tazmini sonrasında ödenen sigorta tazminatının, meydana gelen zararın yasa hükümleri ve sigorta genel şartlarına aykırı hareket edilmesinden kaynaklandığı iddiasıyla davalı sigortalıdan rücuan tahsili istemine ilişkin olup, davaya konu aracın ticari amaçla yük naklinde kullanılan çekici cinsinden araç olduğu, davalıya ait aracın bu niteliğinden dolayı davalının tüketici olmayıp, sigortalı aracın cins ve kullanım amacına göre tacir olduğunun kabulü gerektiği, bu durumda davanın taraflarından hiçbirisinin tüketici olmadığı uyuşmazlıkta Tüketici Mahkemesinin görevli olmayıp tarafların sıfatına, uyuşmazlığın niteliğine ve konusuna göre görevli mahkeme Ticaret Mahkemeleri olup davacı vekilinin istinaf nedenlerinin yerinde olmadığı anlaşılmakla, mahkemece verilen istinaf incelemesine dair kararda bir isabetsizlik görülmemiştir.

İstinaf kanun yoluna başvuranın dilekçesinde yer verdiği itirazların açıklanan gerekçe ışığında yerinde olmamasına, kararda kamu düzenine ilişkin bir aykırılık bulunmamasına, kararının usul ve esas yönünden hukuka uygun olmasına göre, duruşma açılmasına gerek görülmeyerek Hukuk Muhakemeleri Kanunu'nun 353/1-b-1 maddesi gereğince istinaf başvurusunun esastan reddine karar verilmesi gerekmiştir.

HÜKÜM-Yukarıda açıklanan nedenlerle;

1-Davacı vekilinin **istinaf başvurusunun Hukuk Muhakemeleri Kanunu'nun 353/1-b-1 maddesi gereğince ESASTAN REDDİNE,**

2-Davacı yönünden istinaf karar harcı olan 31,40-TL peşin alındığından yeniden alınmasına yer olmadığına,

3-İstinaf başvurusu nedeni ile davacının yaptığı giderlerin kendi üzerinde bırakılmasına,

Dosya üzerinden yapılan inceleme neticesinde, HMK'nun 362/1-c maddesi uyarınca kesin olmak üzere oybirliği ile karar verildi. 24.03.2017

YORUM

İzmir BAM 11 HD tarafından verilen "görevsizlik kararının onanması" kararı kanımızca yerindedir.

- *Davacı sigorta şirketi, davalı araç işleteninin KTK uyarınca söz konusu olan trafik sorumluluğunu sigorta güvencesi altına alan bir ZTS poliçesi düzenlemiştir.*
- *Sigorta ettiren araç işleteni "tacir" sıfatını taşımaktadır.*
- *Sigorta ettirene ait araç, üzerine bir iş makinesi yüklenmiş durumda trafiğe çıkmış ve sürücünün gabariyi (yüksekliği) dikkate almaması sonucu araçta taşınan iş makinesi (ekskavatör) Belediye'ye ait üst geçide çarparak bu üst geçidin hasarlanmasına neden olmuştur.*
- *Davacı sigorta şirketi, zarar gören Belediye'ye tazminat ödemiştir.*
- *Davacı sigorta şirketi, daha sonra sigorta ettirene (sorumluluğunu sigorta ettiği araç işletenine) dava açmış ve KTK m.95 fk.2 ve Trafik Sigortası*

Genel Şartları uyarınca zarar gören Belediye'ye zorunlu trafik sorumluluğu sigortacısı olarak (KTK m.95 fk.1 sigortacının sigorta sözleşmesinden veya sigorta sözleşmesine ilişkin TTK hükümlerinden doğan savunmaları zarar görene karşı ileri sürmesini yasakladığı için) ödemek zorunda kaldığı tutarı geri istemiştir.

- *Bu rücu davasının açıldığı Tüketici Mahkemesi, sigorta ettirenin tacir olduğunu ve zorunlu trafik sorumluluğu için ona sigorta teminatı sağlayan sigortacı ile arasındaki sözleşmenin "tüketici sözleşmesi" olmadığını ve sigorta ilişkisinin tüketici hukuku dışında kaldığını belirterek görevsizlik kararı vermiştir.*
- *Bu değerlendirmeye katılmaktayız.*
- *Olayda Ticaret Mahkemesi'nin görevli olması gerekir. Çünkü TTK 4(1) uyarınca "her iki tarafın ticari işletmesiyle ilgili bir husustan doğan dava" koşulu gerçekleşmiştir. Her ikisinin ticari işletmesi bakımından "ortak bir dava sebebi" mevcuttur. ZTS sözleşmesi sigortacının temel etkinlik alanına dahildir. Aynı sözleşme sigorta ettirenin işletmesi bakımından da gereklidir.*
- *Buna karşılık kanımızca bu olayda TTK 4(1)(a) kapsamındaki bir hal (TTK'da düzenlenen bir husustan doğan dava) söz konusu değildir. Zorunlu sigortalarda sigortacının sigorta ettirene rücu hakkı TTK'da öngörülmemiştir. TTK 1484 bu konuda (açık hüküm getirmiş olması gerektiği halde) suskundur. Buna karşılık KTK m.95 fk.2 zorunlu trafik sigortacısının sigorta ettirene rücu hakkını açıkça hükme bağlamıştır. KTK m.95 fk.2 şöyledir: "Ödemede bulunan sigortacı, sigorta sözleşmesine ve bu sözleşmeye ilişkin kanun hükümlerine göre, tazminatın kaldırılmasını veya azaltılmasını sağlayabileceği oranda sigorta ettirene başvurabilir."*

Trafik kazası nedeniyle açılacak sorumluluk davalarının görüm ve çözümünde adli yargının görevli olduğu; yol kusuru sebebiyle meydana gelen zararın tazmini istemiyle açılan bu davanın da adli yargı yerinde çözümlenmesi gerektiği

Uyuşmazlık Başkanlığı - Hukuk Bölümü

Esas No.: 2016/110

Karar No.: 2016/155

Karar tarihi: 14.03.2016

Davacı : G. S. A.Ş.

Vekilleri : Av. A. B., Av. H.Ö.

Davalı : Karayolları Genel Müdürlüğü (2. Bölge Müdürlüğü)

Vekili : Av. M. Ö.

O L A Y : Davacı vekili, dava dilekçesinde; M.B.'ya ait 45 ... 8535 plakalı aracın müvekkili Şirkete sigortalı bulunduğunu; 10.01.2014 tarihinde, 45 ... 1611 plakalı aracın sürücüsü dava dışı Ş. H.'ın, seyir halindeyken, yolda meydana gelen yağlanma sebebiyle kayarak müvekkili şirkete sigortalı park halindeki 45 ... 8535 plakalı araca ve 45 ... 3889 plakalı çekiciye bağlı bulunan 45 ... 4278 plakalı yarı römorke çarpması sonucu maddi hasarlı trafik kazasına sebebiyet verdiğini; Maddi Hasarlı Trafik Kazası Tespit Tutanağı'nda, yolda nev'i bilinmeyen yağlanmadan dolayı söz konusu trafik kazasının meydana gelmesi sebebiyle 45 ... 1611 plakalı aracın dava dışı sürücüsüne herhangi bir kusur atfedilemediğini; Karayolları Genel Müdürlüğü, Karayolları Trafik Kanunu uyarınca "yapım ve bakımdan sorumlu olduğu karayollarında can ve mal güvenliği yönünden gerekli düzenleme ve işaretlemeleri yaparak önlemleri almak ve aldırmak" ile sorumlu olduğundan, uyuşmazlık konusu olayda müvekkili şirketin sigortalısına ait 45 .... 8535 plakalı aracın hasara uğramasından davalı T.C. Karayolları 2. Bölge Müdürlüğünün, Karayolları Trafik Kanununun ilgili maddeleri ve Borçlar Kanununun 49. Maddesinde düzenlenen haksız fiil hükümleri uyarınca sorumlu bulunduğunu; eksper tarafından yapılan inceleme sonucunda tespit edilen 3.904,00-TL hasar tazminat bedelinin, müvekkili şirket tarafından 24.03.2014 tarihinde sigortalı 45 ... 8535 plakalı araç malikine ödenerek sigortalının tüm haklarının müvekkil şirkete devir, teslim ve temlik edildiğini, sigortalının haklarına 6102 sayılı TTK madde 1472 gereğince halef olunduğunu; davalıya yapılan müracaatlardan bir sonuç alınamadığını ifade ederek; fazlaya ilişkin tüm talep ve dava hakları saklı kalmak kaydıyla, 3.904,00-TL hasar tazminat bedelinin ödeme tarihi olan 24.03.2014 tarihinden itibaren işleyecek yasal faiziyle birlikte davalıdan tahsiline karar verilmesi istemiyle 04/08/2014 tarihinde adli yargı yerinde dava açmıştır.

SOMA 1.ASLİYE HUKUK MAHKEMESİ: 22.1.2015 gün ve E:2014/652, K:2015/31 sayı ile, "(...) Dava sigorta şirketinin rücuan tazminat talebine ilişkindir.

Davacı sigortalısına ödediği miktarı, yolda nevi bilinmeyen yağlanmanın bulunduğu, davalının can ve mal güvenliğini sağlamak konusunda gerekli önlemleri almak ve aldırmakla görevli olduğundan bahisle rücu etmek istemektedir.

Dosya kapsamından; dava konusu edilen zararın, davalı idarenin görevini hiç veya gereği gibi yerine getirmemesinden kaynaklı hizmet kusuruna dayandığı anlaşılmıştır. İdare'nin işlemi ya da eylemi nedeni ile doğan zararlardan dolayı; İdari Yargılama Usulü Yasası'nın 2/1-b maddesi gereğince İdare'ye karşı, idari yargı yerinde tam yargı davası açılması gerekir. Bu koşul HMK'nun 114 md. de düzenlenen dava şartlarındandır. Re'sen gözetilebileceği gibi yargılamanın her aşamasında taraflarca da ileri sürülebilir.

Yargıtay İçtihadı Birleştirme Kurulunun 1959/17-15 sayılı kararında; Karayolları, belediye ve benzeri kamu kuruluşlarının verdikleri kararlara uygun olarak plan ve projelerine uymak suretiyle yol ve tesis yaptırmış olmaları, bunları kullanmaları veya bu tesis ve yollara bakmak yükümlülüklerinin kamu kanunlarından doğan yükümlülükler olduğu ve bu yükümlülüklere aykırı davranma hallerinde idari kararlara dayanan fiillerin hiç veya gereği gibi yapılmamasının sonucu uğranılan zararların tazmini isteklerinin tam yargı davası olduğu belirtilmiş olup, somut olayımızdaki istemin de, davalı idarenin hizmet kusurundan kaynaklandığı, bu durumda idari yargının görevli olduğu anlaşılmakla, yargı yolunun caiz olmaması nedeniyle davanın reddine karar vermek gerekmiş ve aşağıdaki şekilde hüküm kurulmuştur.

HÜKÜM: Gerekçesi Yukarıda Açıklanan Sebeplerle;

1-Davanın idari Yargıda görülmesi gerektiği ve yargı yolu bakımından mahkememizin görevsiz olduğu anlaşıldığından dava dilekçesinin GÖREV YÖNÜNDEN REDDİNE..." karar vermiş; temyiz edilen karar Yargıtay 17.Hukuk Dairesinin 25.5.2015 gün ve E:2015/6722, K:2015/7684 sayılı kararı ile onanmak suretiyle kesinleşmiştir.

Davacı vekili bu kez aynı istemle, 23.10.2015 tarihinde idari yargı yerinde dava açmıştır.

MANİSA 2.İDARE MAHKEMESİ; 12.1.2016 gün ve E:2015/1010, K:2016/12 sayı ile, "(...) 2918 sayılı Karayolları Trafik Kanunu'nun 10.maddesinde, " Bu Kanunla belediyelere verilen görevler il ve ilçe trafik komisyonları ve mahalli trafik birimleri ile işbirliği yapılarak yürütülür. A) Kuruluş. Her belediye başkanlığı bünyesinde, hizmet kapasitesi göz önünde tutularak İçişleri Bakanlığınca tespit edilecek ölçülere ve genel hükümlere göre, belediye trafik şube müdürlüğü, şefliği veya memurluğu kurulur. b) Görev ve yetkiler: 1. Yapım ve bakımından sorumlu olduğu yolları trafik düzeni ve güvenliğini sağlayacak durumda bulundurmak, 2. Gerekli görülen kavşaklara ve yerlere trafik ışıklı işaretleri, işaret levhaları koymak ve yer işaretlemeleri yapmak, 3. Karayolu yapısında ve üzerinde yapılacak çalışmalarda gerekli tedbirleri almak, aldırmak ve denetlemek, 4. Karayolunda trafik için tehlike teşkil eden engelleri gece veya gündüze göre kolayca görülebilecek şekilde işaretlemek veya ortadan kaldırmak, 5. Yol yapısı veya işaretleme yetersizliği yüzünden trafik kazalarının vuku bulduğu yerlerde, yetkililerce teklif edilen tedbirleri almak, 6. Çocuklar için trafik eğitim tesisleri yapmak veya yapılmasını sağlamak, 7. Bu Kanun ve bu Kanuna göre çıkarılan yönetmeliklerle verilen diğer görevleri yapmak; 110.maddesinde, "İşleteni veya sahibi Devlet ve diğer kamu kuruluşları olan araçların sebebiyet verdiği zararlara ilişkin olanları dâhil, bu Kanundan doğan sorumluluk davaları, adli yargıda görülür. Zarar görenin kamu görevlisi olması, bu fıkra hükmünün uygulanmasını önlemez. Hemzemin geçitte meydana gelen tren-trafik kazalarında da bu Kanun hükümleri uygulanır." hükümlerine yer verilmiştir.

Bu durumda, 2918 sayılı Yasanın 19.1.2011 tarihinde yürürlüğe giren 110.maddesi ile getirilen hüküm dikkate alındığında, oluşan trafik kazası nedeniyle açılacak sorumluluk davalarının görüm ve çözümünde adli yargının görevli olduğu sonucuna varılmıştır.

Nitekim, Uyuşmazlık Mahkemesinin 17.11.2014 tarih ve E: 2014/885, K: 2014/961 sayılı kararı ile Manisa Bölge İdare Mahkemesinin 06.05.2015 tarih ve E: 2015/548,K:526 sayılı kararı da bu yöndedir.

Açıklanan nedenlerle; davanın 2577 sayılı İdari Yargılama Usulü Kanunu'nun 15/1-a maddesi uyarınca görev yönünden reddine..." karar vermiş, bu karar itiraz edilmeksizin kesinleşmiştir.

İNCELEME VE GEREKÇE :

Uyuşmazlık Mahkemesi Hukuk Bölümü'nün, Serdar ÖZGÜLDÜR'ün Başkanlığında, Üyeler: Ali ÇOLAK, Yusuf Ziyaattin CENİK, Alaittin Ali ÖĞÜŞ, Süleyman Hilmi AYDIN, Mehmet AKBULUT ve Yüksel DOĞAN'ın katılımlarıyla yapılan 14.3.2016 günlü toplantısında:

I-İLK İNCELEME: Dosya üzerinde 2247 sayılı Yasa'nın 27. maddesi gereğince yapılan incelemeye göre; adli ve idari yargı yerleri arasında 2247 sayılı Yasa'nın 14. maddesinde öngörülen biçimde olumsuz görev uyuşmazlığı doğduğu, idari yargı dosyasının; davacı vekilinin istemi üzerine son görevsizlik kararını veren Mahkemece 15. maddede belirtilen hükmün aksine, önceki görevsizlik kararına ilişkin dava dosyası temin edilmeden gönderildiği görülmekte ise de; davaya ilişkin bilgi ve belgelerin dosyada yer aldığı; Başkanlık yazısıyla, adli yargı kararının bir örneğinin ve kesinleşme durumuna ilişkin bilginin Mahkemesinden temin edildiği ve sonuçta usule ilişkin herhangi bir noksanlık bulunmadığı anlaşıldığından, görev uyuşmazlığının esasının incelenmesine oy birliği ile karar verildi.

II-ESASIN İNCELENMESİ: Raportör-Hakim Taşkın ÇELİK'in, davanın çözümünde adli yargının görevli olduğu yolundaki raporu ile dosyadaki belgeler okunduktan; ilgili Başsavcılarca görevlendirilen Yargıtay Cumhuriyet Savcısı Uğurtan ALTUN'un davada adli yargının, Danıştay Savcısı Yakup BAL'ın ise davada idari yargının görevli olduğu yolundaki sözlü açıklamaları da dinlendikten sonra GEREĞİ GÖRÜŞÜLÜP DÜŞÜNÜLDÜ:

Dava, karayolunda meydana gelen trafik kazasında sigortalı aracın uğradığı hasar bedelini ödeyen sigorta şirketinin, zararın davalı idarece giderilmesi isteminden ibaret bulunan bir rücuen tazminat davasıdır.

2918 sayılı Karayolları Trafik Kanununun 1. maddesinde, Kanunun amacının karayollarında can ve mal güvenliği yönünden trafik düzenini sağlayacak ve trafik güvenliğini ilgilendiren tüm konularda alınacak önlemleri belirlemek olduğu; "Kapsam" başlıklı 2. maddesinde, bu Kanunun trafikle ilgili kuralları, şartları, hak ve yükümlülükleri bunların uygulamasını ve denetlenmesini ilgili kuruluşları ve bunların görev, yetki ve sorumluluk, çalışma usulleri ile diğer hükümleri kapsadığı ve bu kanunun karayollarında uygulanacağı belirtilmiş; aynı Kanunun, "Karayolları Genel Müdürlüğünün görev ve yetkileri" başlıklı 7. maddesinde; " Karayolları Genel Müdürlüğünün bu Kanunla ilgili görev ve yetkileri şunlardır:

a) Yapım ve bakımdan sorumlu olduğu karayollarında can ve mal güvenliği yönünden gerekli düzenleme ve işaretlemeleri yaparak önlemleri almak ve aldırmak,

b) Tüm karayollarındaki işaretleme standartlarını tespit etmek, yayınlamak ve kontrol etmek,

c) (Mülga: 17/10/1996 - 4199/47 md.)

d) Trafik ve araç tekniğine ait görüş bildirmek, karayolu güvenliğini ilgilendiren konulardaki projeleri incelemek ve onaylamak,

e) Yapım ve bakımından sorumlu olduğu karayollarında, İçişleri Bakanlığının uygun görüşü alınmak suretiyle, yönetmelikte belirlenen hız sınırlarının üstünde veya altında hız sınırları belirlemek ve işaretlemek,

f) Trafik kazalarının oluş nedenlerine göre verileri hazırlamak ve karayollarında, gerekli önleyici teknik tedbirleri almak veya aldırmak,

g) Yapım ve bakımından sorumlu olduğu karayollarında trafik güvenliğini ilgilendiren kavşak, durak yeri, aydınlatma, yol dışı park yerleri ve benzeri tesisleri yapmak, yaptırmak veya diğer kuruluşlarca hazırlanan projeleri tetkik ve uygun olanları tasdik etmek,

h) Yetkili birimlerce veya trafik zabıtasınca tespit edilen trafik kaza analizi sonucu, altyapı ve yolun fiziki yapısı ile işaretlemeye dayalı kaza sebepleri göz önünde bulundurularak önerilen gerekli önlemleri almak veya aldırmak,

i) (Mülga: 3/5/2006 – 5495/4 md.)

j) (Değişik: 17/10/1996 - 4199/5 md.) Trafik zabıtasının görev ve yetkileri saklı kalmak üzere Bu Kanunun 13,14,16,17,18,47/a ve 65 inci maddeleri hükümlerine aykırı hareket edenler hakkında suç veya ceza tutanağı düzenlemek; 47 nci maddenin (b), (c) ve (d) bentlerinde belirtilen kural ihlallerinin tespiti halinde, durumu bir tutanakla belirlemek ve gerekli işlemin yapılması için en yakın trafik kuruluşuna teslim etmek,

k) Bu Kanunla ve bu Kanuna göre çıkarılmış olan yönetmeliklerle verilen diğer görevleri yapmaktır.

(Son fıkra Mülga : 28/3/1985 - 3176/16 md.)" hükmüne yer verilmiştir.

Öte yandan 2918 sayılı Yasanın 19.1.2011 günlü Resmi Gazetede yayımlanarak yürürlüğe giren 6099 sayılı Yasanın 14. maddesiyle değişik 110. maddesinde "İşleteni veya sahibi Devlet ve diğer kamu kuruluşları olan araçların sebebiyet verdiği zararlara ilişkin olanları dahil, bu Kanundan doğan sorumluluk davaları, adli yargıda görülür. Zarar görenin kamu görevlisi olması, bu fıkra hükmünün uygulanmasını önlemez. Hemzemin geçitte meydana gelen tren-trafik kazalarında da bu Kanun hükümleri uygulanır.

Motorlu araç kazalarından dolayı hukuki sorumluluğa ilişkin davalar, sigortacının merkez veya şubesinin veya sigorta sözleşmesini yapan acentenin bulunduğu yer mahkemelerinden birinde açılabileceği gibi kazanın vuku bulduğu yer mahkemesinde de açılabilir"; Geçici 21. maddesinde de "Bu Kanunun 110 uncu maddesinin birinci fıkrasının göreve ilişkin hükmü, yürürlüğe girdiği tarihten önce idari yargıda ve Askeri Yüksek İdare Mahkemesinde açılmış bulunan davalara uygulanmaz" denilmiştir.

Dava dosyasının incelenmesinden; davacı sigorta şirketine kasko sigorta poliçesi ile sigortalanan araca; yolda meydana gelen yağlanma sebebiyle kayan bir başka aracın çarpması sonucu maddi hasarlı trafik kazası meydana geldiği, sigortalı araçta oluşan hasar bedelinin sigortalı araç malikine ödendiği, kazanın ve hasarın oluşmasında, "yapım ve bakımdan sorumlu olduğu karayollarında can ve mal güvenliği yönünden gerekli düzenleme ve işaretlemeleri yaparak önlemleri almak ve aldırmak" şeklindeki görevini ihmal eden davalı idarenin sorumluluğunun bulunduğu iddia edilerek; fazlaya ilişkin tüm talep ve dava hakları saklı kalmak kaydıyla, 3.904,00-TL hasar tazminat bedelinin ödeme tarihinden itibaren işleyecek yasal faiziyle birlikte davalıdan tahsiline karar verilmesi istemiyle dava açıldığı anlaşılmıştır.

2918 sayılı Kanunun 110 uncu maddesinin birinci fıkrasının iptali istemiyle Bursa 3.Asliye Hukuk Mahkemesi ve Batman 2.Asliye Hukuk Mahkemesince yapılan itiraz başvuruları üzerine konuyu inceleyen Anayasa Mahkemesi, şu gerekçesi ile anılan kuralı Anayasaya aykırı görmemiş ve iptal istemini oy birliğiyle reddetmiştir: "... Anayasa Mahkemesi'nin daha önceki kimi kararlarında da belirtildiği üzere, tarihsel gelişime paralel olarak Anayasa'da adli ve idari yargı ayırımına gidilmiş ve idari uyuşmazlıkların çözümünde idare ve vergi mahkemeleriyle Danıştay yetkili kılınmıştır. Bu nedenle, genel olarak idare hukuku alanına giren konularda idari yargı, özel hukuk alanına giren konularda adli yargı görevli olacaktır. Bu durumda, idari yargının görev alanına giren bir uyuşmazlığın çözümünde adli yargının görevlendirilmesi konusunda kanun koyucunun mutlak bir takdir yetkisinin bulunduğunu söylemek olanaklı değildir. Ancak, idari yargının denetimine bağlı olması gereken idari bir uyuşmazlığın çözümü, haklı neden ve kamu yararının bulunması halinde kanun koyucu tarafından adli yargıya bırakılabilir. İtiraz konusu kural, trafik kazasında zarar görenin asker kişi ya da memur olmasına, aracın askeri hizmete ilişkin olmasına veya olayın hemzemin geçitte meydana gelmesi durumlarına göre farklı yargı kollarında görülmekte olan 2918 sayılı Kanun'dan kaynaklanan tüm sorumluluk davalarının adli yargıda görüleceğini öngörmektedir. İtiraz konusu düzenlemenin gerekçesinde de ifade edildiği gibi, askeri idari yargı, idari yargı veya adli yargı kolları arasında uygulamada var olan yargı yolu belirsizliği giderilerek söz konusu davalarla ilgili olarak yeknesak bir usul belirlenmektedir. Aynı tür davaların aynı yargı yolunda çözümlenmesi sağlanarak davaların görülmesi ve çözümlenmesinin hızlandırıldığı, bu suretle kısa sürede sonuç alınmasının olanaklı kılındığı ve bunun söz konusu davaların adli yargıda görüleceği yolunda getirilen düzenlemenin kamu yararına yönelik olduğu anlaşılmaktadır. Öte yandan, 2918 sayılı Kanun'da tanımlanan Karayolu şeridi üzerindeki araç trafiğinden kaynaklanan sorumlulukların, özel hukuk alanına girdiği konusunda bir tartışma bulunmamaktadır. İdare tarafından kamu gücünden kaynaklanan bir yetkinin kullanılması söz konusu olmadığı gibi, aynı karayolu üzerinde aynı seyir çizgisinde hareket eden, bu nedenle aynı tür risk üreten araçlar arasında özel-kamu ayırımı yapılmasını gerektiren bir neden de yoktur. Açıklanan nedenlerle, itiraz konusu kural Anayasa'nın 2.,125. ve 155. maddelerine aykırı değildir. İtirazın reddi gerekir..." (Any. Mah.nin 26.12.2013 tarih ve E.2013/68, K.2013/165 sayılı kararı; R.G. 27.3.2014, Sayı: 28954, s.136-147.)

Anayasa'nın 158 inci maddesinin son fıkrasında " Diğer mahkemelerle, Anayasa Mahkemesi arasındaki görev uyuşmazlıklarında, Anayasa Mahkemesi'nin kararı esas alınır." denilmektedir. Anayasa Mahkemesi'nin yukarıda gerekçesine yer verilen kararı, yasa koyucunun idari yargının görevine giren bir konuyu adli yargının görevine verebileceğine, dolayısıyla 2918 sayılı Kanunun 110 uncu maddesinin birinci fıkrası ile öngörülen, bu Kanun'dan doğan tüm sorumluluk davalarının adli yargıda görülmesi düzenlemesinin Anayasa'ya aykırı bulunmadığına dair olup, esas itibariyle görev konusunda verilmiş bir karardır ve Anayasa'nın 158 inci maddesi uyarınca, başta Mahkememiz olmak üzere diğer yargı organları bakımından da uyulması zorunlu bir karar mesabesindedir.

Bu durumda, 2918 sayılı Yasanın 19.1.2011 tarihinde yürürlüğe giren 110. maddesi ile Anayasa Mahkemesi'nin işaret edilen kararı gözetildiğinde, bahsi geçen Kanun maddesinin karayollarında, can ve mal güvenliği yönünden trafik düzeninin sağlanarak trafik güvenliğini ilgilendiren tüm konularda alınacak önlemleri kapsadığı ve Kanunun, trafikle ilgili kuralları, şartları, hak ve yükümlülükleri, bunların uygulanmasını ve denetlenmesini, ilgili kuruluşları ve bunların görev yetki ve sorumlulukları ile, çalışma usullerini kapsadığı, dolayısıyla oluşan trafik kazası nedeniyle açılacak sorumluluk davalarının görüm ve çözümünde adli yargının görevli olduğu; meydana gelen zararın tazmini istemiyle açılan bu davanın da adli yargı yerinde çözümlenmesi gerektiği sonucuna varılmıştır.

Açıklanan nedenlerle, davanın görüm ve çözümünde adli yargı yeri görevli olduğundan, Soma 1.Asliye Hukuk Mahkemesi'nce verilen görevsizlik kararının kaldırılması gerekmiştir.

S O N U Ç : Davanın çözümünde ADLİ YARGININ görevli olduğuna, bu nedenle Soma 1.Asliye Hukuk Mahkemesinin 22.1.2015 gün ve E:2014/652, K:2015/31 sayılı GÖREVSİZLİK KARARININ KALDIRILMASINA, 14.3.2016 gününde Üye Süleyman Hilmi AYDIN'ın KARŞI OYU ve OY ÇOKLUĞU İLE KESİN OLARAK karar verildi.

KARŞI OY

Uyuşmazlık Mahkemesi'nin 28.09.2015 gün ve E:2015/580 K:2015/592 sayılı kararında belirtmiş olduğum düşünce doğrultusunda sayın çoğunluğun görüşüne katılamıyorum. 14.3.2016

YORUM

Uyuşmazlık Mahkemesi'nin kararına konu olan olay ve uyuşmazlık konusu özetle şöyledir:

Sigorta ettirenine, kasko sigortası kapsamında sigorta tazminatı ödeyerek yasal halef olan davacı sigortacı, zarardan sorumlu olduğu savıyla Karayolları Genel Müdürlüğü aleyhine adli yargıda dava açmıştır.

Davacı sigortacının giderdiği zarar, şu şekilde ortaya çıkmıştır. Bir araç seyir halindeyken, yolda meydana gelmiş olan "yağlanma" sebebiyle sürücünün denetiminden çıkmış ve kayarak park halindeki sigortalı araca (ve ayrıca bir başka araca daha) çarpmıştır. Düzenlenen Trafik kazası Tespit Tutanağı kazanın sebebini "yol üzerindeki türü bilinmeyen yağlanma" olarak belirtmiş ve çarpan aracın sürücüsünde kusur olmadığı saptamasını yapmış bulunmaktadır.

Davacı (yasal halef) sigortacı, davalı Karayolları Genel Müdürlüğü'nün Karayolları Trafik Kanunu (KTK) uyarınca yolun bakım ve güvenliğinden sorumlu olduğunu ve TBK m.49'daki haksız eyleme ilişkin düzenleme uyarınca zararı gidermekle yükümlü bulunduğunu öne sürmüştür.

Asliye Hukuk Mahkemesi dava konusu edilen zararın, davalı yönetim biriminin görevini hiç veya gereği gibi yerine getirmemesinden kaynaklanan bir hizmet kusuruna dayandığı, İdari Yargılama Usulü Yasası'nın 2/1-b maddesi gereğince idari yargı yerinde tam yargı davası açılması gerektiği, bunun HMK m.114'te düzenlenen bir dava koşulu olduğu gerekçesiyle görevsizlik kararı vermiştir.

Bu karar Yargıtay 17. HD tarafından onanarak kesinleşmiştir.

Davacı bunun üzerine yönetsel yargıya başvurmuştur. Yönetsel yargı, adli yargının görevli olduğuna ilişkin KTK m.110 ve Karayolları Genel Müdürlüğü'nün görevleriyle ilgili KTK m.10 uyarınca, oluşan trafik kazası nedeniyle açılacak sorumluluk davalarının görüm ve çözümünde adli yargının görevli olduğunu belirterek görevsizlik kararı vermiş ve bu karar da itiraz edilmeksizin kesinleşmiştir.

Uyuşmazlık Mahkemesi 19.1.2011 tarihinde değiştirilmiş olan KTK m. 110 ile Anayasa Mahkemesi'nin 26.12.2013 tarih ve E.2013/68, K.2013/165 sayılı kararını (R.G. 27.3.2014, Sayı: 28954, s.136-147) göz önüne alarak

- *KTK m.110 hükmünün karayollarında, can ve mal güvenliği yönünden trafik düzeninin sağlanarak trafik güvenliğini ilgilendiren tüm konularda alınacak önlemleri kapsadığını*
- *KTK'nın trafikle ilgili kuralları, şartları, hak ve yükümlülükleri, bunların uygulanmasını ve denetlenmesini, ilgili kuruluşları ve bunların görev yetki ve sorumlulukları ile çalışma usullerini içerdiğini*
- *Dolayısıyla oluşan trafik kazası nedeniyle açılacak sorumluluk davalarının görüm ve çözümünde adli yargının görevli olduğunu*

belirtmiş ve meydana gelen zararın tazmini istemiyle açılan davanın adli yargı yerinde çözümlenmesi gerektiği sonucuna varmıştır.

Uyuşmazlık Mahkemesi kararı hakkında şunları belirtebiliriz:

- *Kanımızca KTK, Karayolları Genel Müdürlüğü'nün yalnızca "görevlerini" saymakta, buna karşılık "sorumluluğunu" özel olarak düzenlememektedir.*
- *Nitekim davacı da, dava dilekçesinde istemini KTK m.110 yanında TBK m.49 fk.1'e (kusura dayalı haksız eylem sorumluluğunu düzenleyen maddeye) dayandırmıştır. (Eğer KTK sorumluluk konusunda açık hüküm içeriyor olsaydı, davacı en başta buna dayanırdı).*
- *Ancak, KTK'nın bu eksik düzenlemesine karşın, yine de Karayolları Genel Müdürlüğü'nün görevlerini aksatmış olması sebebiyle meydana gelen*

zararların adli yargıda görüleceğini kabul etmek uygun olur. (Bu hususta Yargıtay 17. Hukuk Dairesi'nin 31.01.2017gün ve E. 2014/ 15557, K. 2017/850 sayılı kararı altındaki açıklamalarımıza bkz.)

Trafik kazası nedeniyle açılacak sorumluluk davalarının görüm ve çözümünde adli yargının görevli olduğu; yol kusuru sebebiyle meydana gelen zararın tazmini istemiyle açılan bu davanın da adli yargı yerinde çözümlenmesi gerektiği

Uyuşmazlık Başkanlığı - Hukuk Bölümü
Esas No.: 2016/340
Karar No.: 2016/389
Karar tarihi: 26.09.2016

Davacı : M.G. Sigorta A.Ş.

Vekili : Av. S.K.

Davalı : Karayolları Genel Müdürlüğü

Vekili : Av. N.F.G.

O L A Y : Davacı vekili dava dilekçesinde; müvekkili nezdinde sigortalı 34 BSK 91 plakalı aracın 18.5.2012 tarihli tek taraflı trafik kazasında, araçta meydana gelen hasar için sigortalıya 10.760,00 TL hasar bedeli ödendiğini, kazanın meydana gelmesinden yolun bakım ve yapımından sorumlu davalı kurumun viraja gevşek malzeme dökmesi ve herhangi bir uyarı levhası koymaması nedeniyle %75 nispetinde kusurlu olduğunu, kusuruna düşen 8.070,00 TL'lik alacağın 6102 sayılı TTK'nun 1472. maddesi uyarınca sigortalının halefi sıfatıyla rücuen tahsili için İstanbul 13.İcra Müdürlüğünün 2013/23603 sayılı dosyasında takip başlattıklarını, borçlu davalının itirazı ile takibin durduğunu ileri sürerek, takibe vaki itirazın iptali ile %20 inkar tazminatına hükmedilmesine karar verilmesi istemiyle adli yargı yerinde dava açmıştır.

ANKARA 8. ASLİYE HUKUK MAHKEMESİ: 20.10.2014 gün ve E:2014/531, K:2014/516 sayı ile, 2918 sayılı KTK'nun 7/a maddesine karayollarında mal ve can güvenliği yönünden gerekli işaretlemeleri yaparak önlemleri alma aldırma görevlerinin verilmiş bulunduğu; bu görevin 2918 sayılı Yasada verilmiş olmasının bunun ihlali nedeniyle oluşacak zarardan dolayı idarenin özel hukuk hükümlerine tabi olacağı sonucunu doğurmadığı; davada, hizmet kusuruna dayanılmış olmakla, idarenin hizmet kusurundan kaynaklanan zararlar yönünden açılan davaların ise 2577 sayılı İdari Yargılama Usulü Hakkındaki Kanunun 2.maddesi hükmü uyarınca, idare aleyhine idari yargı yerinde tam yargı davası olarak açılması gerektiği; 2918 sayılı Yasanın hukuki sorumluluğa ilişkin 85 ve onu izleyen maddelerinde işleteninin sorumluluğu düzenlenmiş olup, idarenin hizmet kusurundan kaynaklanan sorumluluğunun yasa kapsamı dışında tutulduğu; (Yargıtay 17.H.D.22.04.2014 tarih 2014/7081-6375.) bu itibarla, davanın hizmet kusuru esasına dayanılarak açıldığı anlaşılmakla, dava dilekçesinin yargı yolu nedeniyle usulden reddine karar vermiş, bu karar davacı vekili tarafından temyiz edilmiştir.

Yargıtay 17. Hukuk Dairesi : 1.10.2015 gün ve E:2015/9799, K:2015/10020 sayı ile, dosya içerisindeki bilgi ve belgelere, mahkeme kararının gerekçesinde dayanılan delillerin tartışılıp, değerlendirilmesinde usul ve yasaya aykırı bir yön bulunmamasına göre, davacı vekilinin yerinde görülmeyen tüm temyiz itirazlarının reddiyle usul ve yasaya uygun bulunan hükmün onanmasına karar vermiş, bu karar kesinleşmiştir.

Davacı vekili bahse konu trafik kazası sebebiyle uğranıldığını belirttiği maddi zararın davalı idareden rücuen tazmini istemiyle bu kez idari yargı yerinde dava açmıştır.

İSTANBUL 6. İDARE MAHKEMESİ: 31.12.2015 gün ve E:2015/2350, K:2015/2870 sayı ile, 2918 sayılı Kanunun 110.maddesinde yer alan açık hüküm gereği karayolunda meydana gelen maddi hasarlı trafik kazasından kaynaklı sorumluluk davaları adli yargının görev alanına girmekte olup, yasa metni tüm sorumluluk davalarını kapsayıcı lafza sahip olduğundan iş bu davanın da idare mahkemelerinin görev alanına girmediği gerekçesiyle davanın 2577 sayılı İdari Yargılama Usulü Yasasının 15/1-a. maddesi hükmü uyarınca görev yönünden reddine karar vermiş, bu karar kesinleşmiştir.

İNCELEME VE GEREKÇE:

Uyuşmazlık Mahkemesi Hukuk Bölümü'nün, Nuri NECİPOĞLU'nun Başkanlığında, Üyeler: Ali ÇOLAK, Yusuf Ziyaattin CENİK, Alaittin Ali ÖĞÜŞ, Süleyman Hilmi AYDIN, Mehmet AKBULUT ve Yüksel DOĞAN'ın katılımlarıyla yapılan 26.09.2016 günlü toplantısında:

I-İLK İNCELEME: Dosya üzerinde 2247 sayılı Yasa'nın 27. maddesi uyarınca yapılan incelemeye göre; adli ve idari yargı yerleri arasında 2247 sayılı Yasa'nın 14. maddesinde öngörülen biçimde olumsuz görev uyuşmazlığı doğduğu, adli ve idari yargı dosyalarının 15. maddede belirtilen yönteme uygun olarak davacının istemi üzerine son görevsizlik kararını veren mahkemece Uyuşmazlık Mahkemesi'ne gönderildiği ve usule ilişkin işlemlerde herhangi bir noksanlık bulunmadığı anlaşıldığından görev uyuşmazlığının esasının incelenmesine oy birliği ile karar verildi.

II-ESASIN İNCELENMESİ: Raportör-Hakim Gülşen AKAR PEHLİVAN'ın, davanın çözümünde adli yargının görevli olduğu yolundaki raporu ile dosyadaki belgeler okunduktan; ilgili Başsavcılarca görevlendirilen Yargıtay Cumhuriyet Savcısı Halil İbrahim ÇİFTÇİ ile Danıştay Savcısı Yakup BAL'ın davada adli yargının görevli olduğu yolundaki sözlü açıklamaları da dinlendikten sonra GEREĞİ GÖRÜŞÜLÜP DÜŞÜNÜLDÜ:

Dava, icra takibine yapılan itirazın iptali, duran takibinin devamı ve davalının % 20 icra inkar tazminatına mahkum edilmesi istemiyle açılmıştır.

2004 sayılı İcra ve İflas Kanunu'nun "İlamsız takip" başlıklı Üçüncü Bap, 42-49. maddelerinde takip yöntemleri gösterilmiş; değişik 58. maddesinde, takip talebinin icra dairesine yazı ile veya sözlü olarak veya elektronik ortamda yapılacağına işaret edilmiş; değişik 60. maddesine göre, takip talebi üzerine icra müdürünce ödeme emri düzenleneceği ve 62-65. maddelerde itiraza ilişkin hükümlere yer verilmiş olup, değişik 66. maddede, süresi içinde yapılan itirazın takibi durduracağı kurala bağlanmıştır.

İtiraz nedeniyle takibin durması üzerine alacaklıya, itirazın iptali için Yasada iki yola başvurma olanağı tanınmış olup, bunlardan birincisi, 67.

maddeye göre mahkemeye başvurmak, ikincisi ise 68, ek 68/a ve ek 68/b maddelerine göre tetkik merciinden itirazın kaldırılmasını istemektir.

İncelenen uyuşmazlıkta alacaklı konumundaki davacı tarafından, değişik 67. maddeye göre mahkemeye başvurmak suretiyle itirazın iptali davası açılmıştır.

Söz konusu 67. Madde (Değişik: 18/2/1965 - 538/37 md.), "(Değişik birinci fıkra: 17/7/2003-4949/15 md.) Takip talebine itiraz edilen alacaklı, itirazın tebliği tarihinden itibaren bir sene içinde mahkemeye başvurarak, genel hükümler dairesinde alacağının varlığını ispat suretiyle itirazın iptalini dava edebilir.

(Değişik: 9/11/1988 - 3494/1 md.) Bu davada borçlunun itirazının haksızlığına karar verilirse borçlu; takibinde haksız ve kötü niyetli görülürse alacaklı; diğer tarafın talebi üzerine iki tarafın durumuna, davanın ve hükmolunan şeyin tahammülüne göre, red veya hükmolunan meblağın yüzde kırkından aşağı olmamak üzere, uygun bir tazminatla mahkum edilir.

İtiraz eden veli, vasi veya mirasçı ise, borçlu hakkında tazminat hükmolunması kötü niyetin sübutuna bağlıdır.

(Mülga dördüncü fıkra: 17/7/2003-4949/103 md.)

Birinci fıkrada yazılı itirazın iptali süresini geçiren alacaklının umumi hükümler dairesinde alacağını dava etmek hakkı saklıdır" hükümlerini taşımaktadır.

Anılan Yasanın değişik 1. maddesinin birinci fıkrasında, "Her asliye mahkemesinin yargı çevresinde yeteri kadar icra dairesi bulunur" denilmekte olup, yukarıda hükmü yazılı 67. maddede sözü edilen "mahkeme" ile, icra dairesinin bulunduğu yargı çevresi bakımından bağlı olduğu asliye mahkemesinin anlaşılması ve takip hukukuna özgü bulunan itirazın iptali davasının asliye mahkemesinde görülmesi gerektiği açıktır.

Öte yandan, 2577 sayılı İdari Yargılama Usulü Kanunu'nun "İdari Dava Türleri ve İdari Yargı Yetkisinin Sınırı" başlıklı 2. maddesinde, idari dava türleri: a)İdari işlemler hakkında yetki, şekil, sebep, konu ve maksat yönlerinden biri ile hukuka aykırı olduklarından dolayı iptalleri için menfaatleri ihlal edilenler tarafından açılan iptal davaları, b)İdari eylem ve işlemlerden dolayı kişisel hakları doğrudan muhtel olanlar tarafından açılan tam yargı davaları, c)Tahkim yolu öngörülen imtiyaz şartlaşma ve sözleşmelerinden doğan uyuşmazlıklar hariç, kamu hizmetlerinden birinin yürütülmesi için yapılan her türlü idari sözleşmelerden dolayı taraflar arasında çıkan uyuşmazlıklara ilişkin davalar olarak sayılmıştır.

Bu duruma göre, İcra ve İflas Kanunu'nun değişik 67. maddesine göre açılan itirazın iptali davasının görüm ve çözümünde adli yargı yerinin görevli olduğu sonucuna varılmıştır.

Açıklanan nedenlerle, Ankara 8. Asliye Hukuk Mahkemesince verilen görevsizlik kararının kaldırılması gerekmiştir.

SONUÇ: Davanın çözümünde ADLİ YARGI YERİNİN görevli olduğuna, bu nedenle Ankara 8. Asliye Hukuk Mahkemesince verilen 20.10.2014 gün ve E:2014/531, K:2014/516 sayılı GÖREVSİZLİK KARARININ KALDIRILMASINA, 26.09.2016 gününde OY BİRLİĞİ İLE KESİN OLARAK karar verildi.

YORUM

Bu kararda Uyuşmazlık Başkanlığı Hukuk Bölümü, "yol kusuru" sebebiyle meydana gelen tek taraflı trafik kazası sigorta ettirene hasar tazminatı ödemiş olan sigortacının, davalı Karayolları Genel Müdürlüğü aleyhine yasal halefliğe dayalı rücu davasını "adli yargıda" açması gerektiğine hükmetmiştir.

Olayda, kazanın yolun bakım ve yapımından sorumlu davalı kurumun viraja gevşek malzeme dökmesi ve herhangi bir uyarı levhası koymaması nedeniyle meydana geldiği öne sürülmüştür.

Davacı sigortacı, önce davalı kurum aleyhine icra takibi yapmış, itiraz üzerine bu takip durunca, adli yargıda itirazın iptali davası açmıştır. Bu dava, "istemin yönetsel yargının görevine dahil olduğu" gerekçe gösterilerek verilen bir görevsizlik kararıyla sonuçlanmıştır.

Kararın kesinleşmesi üzerine bu sefer yönetsel yargıda başlatılan süreç de "adli yargının görevli olduğu" belirtilerek verilen bir görevsizlik kararıyla sonuçlanmıştır.

Uyuşmazlık Mahkemesi, sonuçta kanımızca yerinde olarak "istemin adli yargının görevine dahil bulunduğu" yolunda karar vermiştir.

Ancak gösterilen gerekçe "itirazın iptali davasının Asliye Hukuk Mahkemesi'nde açılması gerektiği" (bunun "açık" olduğu) şeklindedir.

Kanımızca, asıl gerekçe, "KTK m.110'daki düzenlemenin kapsamına giren bir tazminat isteminin söz konusu olması ve bu nedenle de uyuşmazlığın adli yargıda görülmesi gerektiği" biçiminde olmalıydı.

(Bu hususta Yargıtay 17. Hukuk Dairesi'nin 31.01.2017gün ve E. 2014/ 15557, K. 2017/850 sayılı kararı altındaki açıklamalarımıza bkz.)

Trafik kazası nedeniyle açılacak sorumluluk davalarının görüm ve çözümünde adli yargının görevli olduğu; yol kusuru sebebiyle meydana gelen zararın tazmini istemiyle açılan bu davanın da adli yargı yerinde çözümlenmesi gerektiği

Uyuşmazlık Başkanlığı - Hukuk Bölümü

Esas No.: 2016/592

Karar No.: 2016/595

Karar tarihi: 28.11.2016

Davacı : G.Sigorta A.Ş.

Vekilleri : Av. Z.S. İ.& Av. F.K. & Av. N. T. A.

Davalı : Karayolları Genel Müdürlüğü

Vekilleri : Av. Y.P. & Av. Z.D.& Av. A.E.

O L A Y : Davacı vekili dava dilekçesinde özetle; davacı şirkete 53715666 sayılı poliçe ile kasko sigortalı 21 TT 0657 plakalı vasıtanın 03.04.2011 tarihinde geçirdiği trafik kazası neticesinde hasarlandığını, sigortalı araçta 14.852,00 TL'lik hasar meydana geldiğini, davacı şirketin tespit edilen hasar bedelini sigortalı araç sahibine 20.07.2011 tarihinde ödediğini, ibraz edilen zabıt varakasına göre olayın meydana gelişinde davalı idarenin %100 yol kusuru tespit edildiğini belirterek; fazlaya ilişkin hakları saklı kalmak kaydıyla 14.852,00 TL tazminatın 20.07.2011 tarihinden itibaren avans faizi ile birlikte davalıdan tahsili istemiyle adli yargı yerinde dava açmıştır.

Diyarbakır 1. Asliye Hukuk Mahkemesi: 14.02.2013 gün ve E:2012/3 K:2013/85 sayı ile "... davanın kısmen kabulüne, kısmen reddine, Olaya ve oluşa uygun görülen Hasar Tespit ve Kusur Uzman Bilirkişisi Makine Mühendisi İbrahim Karakoç'un 22.10.2012 tarihli raporu ile belirlenen 7.335,00 TL tazminatın ödeme tarihi olan 20.07.2011 tarihinden işleyecek yasal faizi ile birlikte davalıdan alınarak davacıya verilmesine, fazlaya ilişkin talebin reddine karar vermiş, karar taraf vekillerince temyiz edilmiştir.

Yargıtay 17. Hukuk Dairesi: 04.06.2013 gün ve E:2013/6853 K:2013/8362 sayı ile "... dava, idarenin kamu hizmeti kusuruna dayanılarak açılmıştır. Hizmet kusuruna dayalı olarak açılan davaların İdari Yargılama Usulü Hakkındaki Kanunu'nun 2. maddesi uyarınca idari yargı yerinde açılması gerektiği halde, davanın esasına girilerek sonuçlandırılması isabetli değildir. Görev, kamu düzenine ilişkin olup, resen dikkate alınmalıdır..." şeklindeki gerekçe ile hükmün bozulmasına karar vermiştir.

Diyarbakır 1. Asliye Hukuk Mahkemesi: 19.06.2014 gün ve E:2014/997 K:2014/1366 sayı ile Yargıtay Bozma ilamına karşı önceki kararında direnmiş, karar taraf vekillerince temyiz edilmiştir.

Yargıtay Hukuk Genel Kurulu: 04.11.2015 gün ve E:2015/17-87 K:2015/2365 sayı ile "... davacıya kasko sigorta poliçesi ile sigortalı aracın davalı Karayolları Genel Müdürlüğünün trafik güvenliği bakımından bozuk olan yolun bakımını yapmaması nedeni ile hasara uğradığının iddia edilmiş olması bakımından KTK'nın 85 ve devamı maddelerinde düzenlenen işletenin hukuki sorumluluğuna değil, davalı idare tarafından görevlerinin tam ve eksiksiz yerine getirilmediği yani yürütülen kamu hizmetinin kusurlu işletildiği, meydana gelen kazada hizmet kusuru bulunduğu iddiasından kaynaklandığından uyuşmazlığın çözümünün idari yargının görevinde bulunduğu anlaşılmaktadır.

Hukuk Genel Kurulunda yapılan görüşmeler sırasında bir kısım üyeler tarafından, KTK'nun 110. maddesindeki "bu Kanundan doğan sorumluluk davaları" ibaresi ile hizmet kusuruna dayalı olarak açılan davalarda da görevli yargı kolunun adli yargı olduğu ve rücu davalarının idari yargıda görülebilecek dava çeşitlerinden olmadığı belirtilerek yerel mahkeme direnme kararının yerinde olduğu ileri sürülmüş ise de; bu görüşler yukarıda belirtilen ve ayrıca 6102 sayılı Türk Ticaret Kanunu'nun 1472. maddesi (6762 sayılı TTK m. 1301) gereğince kanundan doğan ve halefiyet hakkına dayalı olarak sigorta şirketi tarafından açılan bir dava olduğundan tam yargı davasının ancak her hangi bir idari eylem ve işlemden dolayı kişisel hakkı doğrudan muhtel olan kişisel hakkın sahiplerince açılabileceği şartının da yerine gelmiş olduğu değerlendirildiğinden Kurul çoğunluğunca benimsenmemiştir.

O halde, hizmet kusuruna dayalı olarak açılan davada idari yargı kolunun görevli olduğu yönündeki Hukuk Genel Kurulunca da benimsenen Özel Daire bozma kararma uyulmak gerekirken, önceki kararda direnilmesi usul ve yasaya aykırıdır..."şeklindeki gerekçe ile hükmün bozulmasına karar vermiştir.

Diyarbakır 1. Asliye Hukuk Mahkemesi: 31.03.2016 gün ve E:2016/183 K:2016/288 sayı ile Yargıtay Hukuk Genel Kurulunun bozma ilamına uyularak, davacı tarafından açılan davanın hizmet kusuruna dayalı olması ve hizmet kusurundan kaynaklı davalara bakma görevinin idari yargıya ait olması nedeni ile dava dilekçesinin yargı yolu uyuşmazlığı nedeni ile görev yönünden reddine karar vermiş, karar temyiz edilmeksizin kesinleşmiştir.

Davacı vekili bu kez aynı istemle idari yargı yerinde dava açmıştır.

Diyarbakır 2. İdare Mahkemesi: 23.09.2016 gün ve E:2016/1227 sayılı gönderme kararı ile "...2247 sayılı Uyuşmazlık Mahkemesinin Kuruluş ve İşleyişi Hakkında Kanun'un 19.maddesinin 1. fıkrasında; adli, idari, askeri yargı mercilerinden birisinin kesin veya kesinleşmiş görevsizlik kararı üzerine kendisine gelen bir davayı incelemeye başlayan veya incelemekte olan bir yargı merciinin, davada görevsizlik kararı veren merciin görevli olduğu kanısına varması halinde, gerekçeli bir karar ile görevli merciin belirtilmesi için Uyuşmazlık Mahkemesine başvuracağı ve elindeki işin incelenmesini Uyuşmazlık Mahkemesinin karar vermesine değin erteleyeceği; aynı maddenin 5791 sayılı kanunla değişik 2. fıkrasında ise yargı merciinin, önceki görevsizlik kararına ilişkin dava dosyasını da temin ederek, gerekçeli başvuru kararı ile birlikte dava dosyalarını Uyuşmazlık Mahkemesine göndereceği hükmüne yer verilmiştir.

2576 sayılı Bölge İdare Mahkemeleri, İdare Mahkemeleri ve Vergi Mahkemelerinin Kuruluşu ve Görevleri Hakkında Kanun'un 5.maddesinin 1.fıkrasında da; İdare Mahkemelerinin, Vergi Mahkemelerinin görev alanına giren davalar ile Danıştay'da çözümlenecek olanlar dışındaki iptal davaları ile tam yargı davalarını, tahkim yolu öngörülen imtiyaz şartlaşma ve sözleşmelerinden doğan uyuşmazlıklar hariç, kamu hizmetlerinin birinin yürütülmesi için yapılan idari sözleşmelerden dolayı taraflar arasında çıkan uyuşmazlıklara ilişkin davalar ve kanunlarla verilen diğer işlemleri çözümleyeceği hükme bağlanmıştır.

Öte yandan, 2577 sayılı İdari Yargılama Usulü Kanunu'nun 2. Maddesinde de, İdari yargının görev alanının, idari işlem ve eylemler ile genel hizmetlerden birinin yürütülmesi için yapılan idari sözleşmelerden dolayı taraflar arasında çıkan uyuşmazlıklardan doğan davalarla sınırlı olduğu, 14. maddenin (3/a) bendinde, dava dilekçelerinin görev ve yetki yönünden inceleneceği, 15.maddenin (l/a) bendinde ise, adli ve askeri yargının görevli olduğu konularda açılan davaların reddine karar verileceği kurala bağlanmıştır.

Uyuşmazlıkla ilgili bir başka düzenleme olan 2918 sayılı Karayolları Trafik Kanunu'nun 110. maddesinde : "İşleteni veya sahibi Devlet ve diğer kamu kuruluşları olan araçların sebebiyet verdiği zararlara ilişkin olanları dâhil, bu Kanundan doğan sorumluluk davaları, adli yargıda görülür. Zarar görenin kamu görevlisi olması, bu fıkra hükmünün uygulanmasını önlemez. Hemzemin geçitte meydana gelen tren-trafik kazalarında da bu Kanun hükümleri uygulanır. Motorlu araç kazalarından dolayı hukuki sorumluluğa ilişkin davalar, sigortacının merkez veya şubesinin veya sigorta sözleşmesini yapan acentenin bulunduğu yer mahkemelerinden birinde açılabileceği gibi kazanın vuku bulduğu yer mahkemesinde de açılabilir." hükmüne yer verilmiştir.

Dava dosyasının incelenmesinden; davacı sigorta şirketine sigortalı aracın 03.04.2011 tarihinde geçirdiği trafik kazası sonucu hasarlanmasından ötürü meydana gelen 14.825,00 TL'lik zararın, araç sahibine davacı tarafından ödenmesi neticesinde, olayın meydana gelişinde %100 kusurlu bulunan davalı idareden rücuan tazminine karar verilmesi istemiyle Mahkememizin E.2016/1227 sayılı esasına kayden- Diyarbakır 1. Asliye Hukuk Mahkemesi'ne esasına kayden açılması sonucu Mahkemenin, 31.03.2016 tarih, 2016/183 E. ve 2016/288 K. sayılı kararıyla, idari yargının görevli olduğu gerekçesiyle (kesinleşen) görev yönünden reddine kararı üzerine-bakılan davanın açıldığı anlaşılmaktadır.

2918 sayılı Yasa'nın 110. maddesinde yer alan hüküm nedeniyle öncelikle görevli yargı yerinin belirlenmesi gerekmektedir. 2247 sayılı Uyuşmazlık Mahkemesinin Kuruluş ve İşleyişi Hakkında Kanun'un 1.maddesiyle Türkiye Cumhuriyeti Anayasası ile görevlendirilmiş, adli, idari ve askeri yargı mercileri arasındaki görev ve hüküm uyuşmazlıklarını kesin olarak çözmeye yetkili ve bu kanunla kurulup görev yapan bağımsız bir yüksek mahkeme olan Uyuşmazlık Mahkemesi'nin bu konudaki kararlarının irdelenmesi de yararlı olacaktır.

18/06/2012 gün ve 28327 sayılı Mükerrer Resmi Gazete'de yayımlanan Uyuşmazlık Mahkemesi kararlarına bakıldığında, köprüde trafik kazası yaparak yaşamını yitiren şahsın yakınları tarafından, yolun ve köprünün yol bakım, onarım ve yapımının uygun olmadığı, hiçbir işaretlemenin bulunmadığı, bu eksiklerin oluşan kazaya büyük ölçüde sebebiyet verdiği, kazanın hizmet kusuru nedeniyle meydana geldiği ileri sürülerek açılan tazminat davasında çıkan görev uyuşmazlığı sonucu Uyuşmazlık Mahkemesi'nin 04/06/2012 gün ve E.2012/107, K.2012/134 sayılı kararı ile "2918 sayılı Yasanın 110. maddesinin 19/01/2011 tarihinde yürürlüğe girdiği gözetildiğinde, göreve ilişkin hükmün bu tarihten önce (14/05/2010) idari yargı yerinde açılmış olan iş bu davanın idari yargı yerinde çözümlenmesi gerektiği" ne karar verilmiş, yine resmi bir aracın yolda bulunan rögar kapağına çarpması nedeniyle hasara uğraması sonucu açılan dava sonucunda çıkarılan görev uyuşmazlığı sonucu Mahkemenin, 04/06/2012 gün ve E.2012/101, K..2012/133 sayılı kararı ile " 2918 sayılı Yasanın 19.01.2011 tarihinde yürürlüğe giren 110.maddesi gözetildiğinde meydana gelen zararın tazmini istemiyle açılan davanın adli yargı yerinde çözümlenmesi gerektiği" ne karar verilmiştir.

Bu durumda, uyuşmazlığı çözmekte adliye mahkemelerinin görevli olduğu sonucuna ulaşıldığından, yukarıda metnine yer verilen 2247 sayılı Yasanın 19. Maddesi uyarınca görevli mahkemenin belirlenmesi için, Uyuşmazlık Mahkemesine başvurulması gerekmiştir..."şeklindeki gerekçe ile 2247 sayılı yasanın 19. maddesi uyarınca olumsuz görev uyuşmazlığının giderilmesi için dosyanın Uyuşmazlık Mahkemesine gönderilmesine, bu konuda Uyuşmazlık Mahkemesince karar verilinceye kadar ertelenmesine karar vermiştir.

İNCELEME VE GEREKÇE:

Uyuşmazlık Mahkemesi Hukuk Bölümü'nün, Nuri NECİPOĞLU' nun Başkanlığında, Üyeler: Ali ÇOLAK, Yusuf Ziyaattin CENİK, Alaittin Ali ÖĞÜŞ, Süleyman Hilmi AYDIN, Mehmet AKBULUT ve Yüksel DOĞAN' ın katılımlarıyla yapılan 28.11.2016 günlü toplantısında:

I-İLK İNCELEME: Dosya üzerinde 2247 sayılı Yasa'nın 27. maddesi uyarınca yapılan incelemeye göre; İdare Mahkemesince, 2247 sayılı Yasa'nın 19. maddesine göre başvuruda bulunulmuş olduğu, idari yargı dosyasının Mahkemece, ekinde adli yargı dosyası ile birlikte Uyuşmazlık Mahkemesi'ne gönderildiği ve usule ilişkin herhangi bir noksanlık bulunmadığı anlaşıldığından görev uyuşmazlığının esasının incelenmesine oy birliği ile karar verildi.

II-ESASIN İNCELENMESİ: Raportör-Hâkim Engin SELİMOĞLU' nun, davanın çözümünde adli yargının görevli olduğu yolundaki raporu ile dosyadaki belgeler okunduktan; ilgili Başsavcılarca görevlendirilen Yargıtay Cumhuriyet Savcısı Halil İbrahim ÇİFTÇİ' nin davada adli yargı, Danıştay Savcısı Yakup BAL' ın ise idari yargının görevli olduğu yolundaki sözlü açıklamaları da dinlendikten sonra GEREĞİ GÖRÜŞÜLÜP DÜŞÜNÜLDÜ:

Dava, davalı idarenin sorumluluk sahasında kalan yolda meydana gelen kaza nedeniyle ödenen hasar bedelinin rücuan tazmin edilmesi istemiyle açılmıştır.

2918 sayılı Karayolları Trafik Kanununun 1. maddesinde, Kanunun amacının karayollarında can ve mal güvenliği yönünden trafik düzenini sağlayacak ve trafik güvenliğini ilgilendiren tüm konularda alınacak önlemleri belirlemek olduğu; "Kapsam" başlıklı 2. maddesinde, bu Kanunun trafikle ilgili kuralları, şartları, hak ve yükümlülükleri bunların uygulamasını ve denetlenmesini ilgili kuruluşları ve bunların görev, yetki ve sorumluluk, çalışma usulleri ile diğer hükümleri kapsadığı ve bu kanunun karayollarında uygulanacağı belirtilmiş; aynı Kanunun, "Karayolları Genel Müdürlüğünün görev ve yetkileri" başlıklı 7. maddesinde; "Karayolları Genel Müdürlüğünün bu Kanunla ilgili görev ve yetkileri şunlardır:

a) Yapım ve bakımdan sorumlu olduğu karayollarında can ve mal güvenliği yönünden gerekli düzenleme ve işaretlemeleri yaparak önlemleri almak ve aldırmak,

b) Tüm karayollarındaki işaretleme standartlarını tespit etmek, yayınlamak ve kontrol etmek,

c) (Mülga: 17/10/1996 - 4199/47 md.)

d) Trafik ve araç tekniğine ait görüş bildirmek, karayolu güvenliğini ilgilendiren konulardaki projeleri incelemek ve onaylamak,

e) Yapım ve bakımından sorumlu olduğu karayollarında, İçişleri Bakanlığının uygun görüşü alınmak suretiyle, yönetmelikte belirlenen hız sınırlarının üstünde veya altında hız sınırları belirlemek ve işaretlemek,

f) Trafik kazalarının oluş nedenlerine göre verileri hazırlamak ve karayollarında, gerekli önleyici teknik tedbirleri almak veya aldırmak,

g) Yapım ve bakımından sorumlu olduğu karayollarında trafik güvenliğini ilgilendiren kavşak, durak yeri, aydınlatma, yol dışı park yerleri ve benzeri tesisleri yapmak, yaptırmak veya diğer kuruluşlarca hazırlanan projeleri tetkik ve uygun olanları tasdik etmek,

h) Yetkili birimlerce veya trafik zabıtasınca tespit edilen trafik kaza analizi sonucu, altyapı ve yolun fiziki yapısı ile işaretlemeye dayalı kaza sebepleri göz önünde bulundurularak önerilen gerekli önlemleri almak veya aldırmak,

i) (Mülga: 3/5/2006 – 5495/4 md.)

j) (Değişik: 17/10/1996 - 4199/5 md.) Trafik zabıtasının görev ve yetkileri saklı kalmak üzere Bu Kanunun 13,14,16,17,18,47/a ve 65 inci maddeleri hükümlerine aykırı hareket edenler hakkında suç veya ceza tutanağı düzenlemek; 47 nci maddenin (b), (c) ve (d) bentlerinde belirtilen kural ihlallerinin tespiti halinde, durumu bir tutanakla belirlemek ve gerekli işlemin yapılması için en yakın trafik kuruluşuna teslim etmek,

k) Bu Kanunla ve bu Kanuna göre çıkarılmış olan yönetmeliklerle verilen diğer görevleri yapmaktır.

(Son fıkra Mülga: 28/3/1985 - 3176/16 md.)" hükmüne yer verilmiştir.

Öte yandan 2918 sayılı Yasanın 19.1.2011 günlü Resmi Gazetede yayımlanarak yürürlüğe giren 6099 sayılı Yasanın 14. maddesiyle değişik 110. maddesinde "İşleteni veya sahibi Devlet ve diğer kamu kuruluşları olan araçların sebebiyet verdiği zararlara ilişkin olanları dahil, bu Kanundan doğan sorumluluk davaları, adli yargıda görülür. Zarar görenin kamu görevlisi olması, bu fıkra hükmünün uygulanmasını önlemez. Hemzemin geçitte meydana gelen tren-trafik kazalarında da bu Kanun hükümleri uygulanır.

Motorlu araç kazalarından dolayı hukuki sorumluluğa ilişkin davalar, sigortacının merkez veya şubesinin veya sigorta sözleşmesini yapan acentenin bulunduğu yer mahkemelerinden birinde açılabileceği gibi kazanın vuku bulduğu yer mahkemesinde de açılabilir"; Geçici 21. maddesinde de "Bu Kanunun 110 uncu maddesinin birinci fıkrasının göreve ilişkin hükmü, yürürlüğe girdiği tarihten önce idari yargıda ve Askeri Yüksek İdare Mahkemesinde açılmış bulunan davalara uygulanmaz" denilmiştir.

Dosyanın incelenmesinden, kazanın sigortalı araç seyir halindeyken gerçekleştiği, bu kaza neticesinde oluşan hasar bedelini ödeyen davacı sigorta şirketinin rücuan tazmin talebiyle bakılan bu davayı açtığı anlaşılmaktadır.

2918 sayılı Kanunun 110 uncu maddesinin birinci fıkrasının iptali istemiyle Bursa 3.Asliye Hukuk Mahkemesi ve Batman 2.Asliye Hukuk Mahkemesince yapılan itiraz başvuruları üzerine konuyu inceleyen Anayasa Mahkemesi, şu gerekçesi ile anılan kuralı Anayasaya aykırı görmemiş ve iptal istemini oy birliğiyle reddetmiştir: "... Anayasa Mahkemesi'nin daha önceki kimi kararlarında da belirtildiği üzere, tarihsel gelişime paralel olarak Anayasa'da adli ve idari yargı ayırımına gidilmemiş ve idari uyuşmazlıkların çözümünde idare ve vergi mahkemeleriyle Danıştay yetkili kılınmıştır. Bu nedenle, genel olarak idare hukuku alanına giren konularda idari yargı, özel hukuk alanına giren konularda adli yargı görevli olacaktır. Bu durumda, idari yargının görev alanına giren bir uyuşmazlığın çözümünde adli yargının görevlendirilmesi konusunda kanun koyucunun mutlak bir takdir yetkisinin bulunduğunu söylemek olanaklı değildir. Ancak, idari yargının denetimine bağlı olması gereken idari bir uyuşmazlığın çözümü, haklı neden ve kamu yararının bulunması halinde kanun koyucu tarafından adli yargıya bırakılabilir. İtiraz konusu kural, trafik kazasında zarar görenin asker kişi ya da memur olmasına, aracın askeri hizmete ilişkin olmasına veya olayın hemzemin geçitte meydana gelmesi durumlarına göre farklı yargı kollarında görülmekte olan 2918 sayılı Kanun'dan kaynaklanan tüm sorumluluk davalarının adli yargıda görüleceğini öngörmektedir. İtiraz konusu düzenlemenin gerekçesinde de ifade edildiği gibi, askeri idari yargı, idari yargı veya adli yargı kolları arasında uygulamada var olan yargı yolu belirsizliği giderilerek söz konusu davalarla ilgili olarak yeknesak bir usul belirlenmektedir. Aynı tür davaların aynı yargı yolunda çözümlenmesi sağlanarak davaların görülmesi ve çözümlenmesinin hızlandırıldığı, bu suretle kısa sürede sonuç alınmasının olanaklı kılındığı ve bunun söz konusu davaların adli yargıda görüleceği yolunda getirilen düzenlemenin kamu yararına yönelik olduğu anlaşılmaktadır. Öte yandan, 2918 sayılı Kanun'da tanımlanan Karayolu şeridi üzerindeki araç trafiğinden kaynaklanan sorumlulukların, özel hukuk alanına girdiği konusunda bir tartışma bulunmamaktadır. İdare tarafından kamu gücünden kaynaklanan bir yetkinin kullanılması söz konusu olmadığı gibi, aynı karayolu üzerinde aynı seyir çizgisinde hareket eden, bu nedenle aynı tür risk üreten araçlar arasında özel-kamu ayırımı yapılmasını gerektiren bir neden de yoktur. Açıklanan nedenlerle, itiraz konusu kural Anayasa'nın 2.,125. ve 155. maddelerine aykırı değildir. İtirazın reddi gerekir..." (Any. Mah.nin 26.12.2013 tarih ve E.2013/68, K.2013/165 sayılı kararı; R.G. 27.3.2014, Sayı: 28954, s.136-147.)

Anayasa'nın 158 inci maddesinin son fıkrasında " Diğer mahkemelerle, Anayasa Mahkemesi arasındaki görev uyuşmazlıklarında, Anayasa Mahkemesi'nin kararı esas alınır." denilmektedir. Anayasa Mahkemesi'nin yukarıda gerekçesine yer verilen kararı, yasa koyucunun idari yargının görevine giren bir konuyu adli yargının görevine verebileceğine, dolayısıyla 2918 sayılı Kanunun 110 uncu maddesinin birinci fıkrası ile öngörülen, bu Kanun'dan doğan tüm sorumluluk davalarının adli yargıda görülmesi düzenlemesinin Anayasa'ya aykırı bulunmadığına dair olup, esas itibariyle görev konusunda verilmiş bir karardır ve Anayasa'nın 158 inci maddesi uyarınca, başta Mahkememiz olmak üzere diğer yargı organları bakımından da uyulması zorunlu bir karar mesabesindedir.

Bu durumda, 2918 sayılı Yasanın 19.1.2011 tarihinde yürürlüğe giren 110. maddesi ile Anayasa Mahkemesi'nin işaret edilen kararı gözetildiğinde, bahsi geçen Kanun maddesinin karayollarında, can ve mal güvenliği yönünden trafik düzeninin sağlanarak trafik güvenliğini ilgilendiren tüm konularda alınacak önlemleri kapsadığı ve Kanunun, trafikle ilgili kuralları, şartları, hak ve yükümlülükleri, bunların uygulanmasını ve denetlenmesini, ilgili kuruluşları ve bunların görev yetki ve sorumlulukları ile çalışma usullerini kapsadığı, dolayısıyla oluşan trafik kazası nedeniyle açılacak sorumluluk davalarının görüm ve çözümünde adli yargının görevli olduğu; meydana gelen zararın tazmini istemiyle açılan bu davanın da adli yargı yerinde çözümlenmesi gerektiği sonucuna varılmıştır.

Açıklanan nedenlerle davanın görüm ve çözümü adli yargı yerinin görevine girdiğinden, Diyarbakır 2. İdare Mahkemesinin Başvurusunun Kabulü ile Diyarbakır 1. Asliye Hukuk Mahkemesi'nin 31.03.2016 gün ve E:2016/183, K:2016/288 sayılı görevsizlik kararının kaldırılması gerekmiştir.

S O N U Ç : Davanın çözümünde ADLİ YARGININ görevli olduğuna, bu nedenle Diyarbakır 2. İdare Mahkemesi'nin BAŞVURUSUNUN KABULÜ ile Diyarbakır 1. Asliye Hukuk Mahkemesi'nin 31.03.2016 gün ve E:2016/183, K:2016/288 sayılı GÖREVSİZLİK KARARININ KALDIRILMASINA, 28.11.2016 gününde, Üye Süleyman Hilmi AYDIN' ın KARŞI OYU ve OY ÇOKLUĞU İLE KESİN OLARAK karar verildi.

KARŞI OY

Uyuşmazlık Mahkemesi'nin 28.09.2015 gün ve E:2015/580 K:2015/592 sayılı kararında belirtmiş olduğum düşünce doğrultusunda sayın çoğunluğun görüşüne katılamıyorum. 28.11.2016

YORUM

Uyuşmazlık Mahkemesi tarafından verilen karar, yol kusurunun varlığı durumunda, ilgili kamu kuruluşu aleyhine bu yol kusuru nedeniyle meydana gelen zararların giderilmesi istemiyle açılan davanın "görüm" ve "çözüm" yerinin adli yargı olduğu yönündedir.

Varılan sonuç, Anayasa Mahkemesi'nin KTK m.110'un Anayasa'ya aykırı olduğundan iptal edilmesi gerektiği savıyla açılan davanın reddine karar vermiş olmasına dayandırılmıştır.

Kanımızca Anayasa Mahkemesi'nin iptal istemini geri çevirmiş olması bu davada varılan sonucun temel dayanağı değildir.

Her şeyden önce, olayda sorumlu olduğu öne sürülen kamu kurumunun sorumluluğunun KTK'da düzenlenmiş bulunduğu saptanmalıdır. KTK, sorumlu kişiyi düzenlemekte buna karşılık, o kişinin sorumluluğunu özel olarak hükme bağlamamaktadır. Ancak, Yargıtay 17. Hukuk Dairesi'nin 31.01.2017 gün ve E. 2014/15557, K. 2017/850 sayılı kararını incelerken de belirtmiş olduğumuz gibi, yalnızca sorumlu kişinin belirtilmiş bulunmasını sorumluluğun da KTK'da düzenlenmiş kabul edilmesi bakımından yeterli görmek doğru olur.

Yolun bakım ve onarımından sorumlu Karayolları Genel Müdürlüğü görevlisinin yanlış yönlendirmesi sonucu bir aracın ters yöne girmesi ve sigortalı araçla çarpışması sonucunda meydana gelen trafik kazası sonrasında hasarlanan araç için tazminat ödeyen sigortacının yasal haleflik hakkına dayalı olarak açtığı davanın yönetsel yargıda mı yoksa adli yargıda mı görüleceği

Uyuşmazlık Başkanlığı - Hukuk Bölümü

Esas No.: 2016/615

Karar No.: 2017/25

Karar tarihi: 20.02.2017

Davacı : H. Sigorta A.Ş.

Vekilleri : Av. A.T. A., Av. B.B. I., Av. H. Tekdaş

Davalı : Karayolları Genel Müdürlüğü

Vekili : Av. C.S.

O L A Y : Davacı vekili dava dilekçesinde özetle; müvekkili sigorta şirketi tarafından kasko güvencesi altında olan 21 G 8247 plaka sayılı aracın 04/06/2012 günü Siirt-Bitlis karayolunun Ziyaret mevkii kavşağına geldiğinde karayolları görevlileri tarafından yanlış yönlendirilerek ters yöne girip çalışma yapan çekici ile kendisine yeşil ışık yandığı anda çarpışarak hasarlandığını, meydana gelen kaza neticesinde oluşan 4.553,00 TL hasar tazminatının sigortalıya ödendiğini, kazanın ve hasarın meydana gelmesinde yolun bakım ve onarımından sorumlu davalı idarenin kusurlu olduğunu belirterek; fazlaya ilişkin hakları saklı kalmak kaydıyla 4.553,00 TL'nin ödeme tarihi olan 27/07/2012 tarihinden itibaren işleyecek avans faiziyle birlikte davalıdan rücuen tahsili istemi ile adli yargı yerinde dava açmıştır.

Ankara 11. Asliye Hukuk Mahkemesi: 28/09/2012 gün ve 2012/511 Esas, 2012/441 Karar sayılı kararı ile özetle davacının kasko sigortası nedeniyle ödediği tazminatın rücuen tahsiline ilişkin davanın ticari nitelikte olup Asliye Ticaret Mahkemelerinde görülmesi gerektiğinden bahisle görevsizlik ve gönderme kararı vermiştir. Davalı vekilinin kararı temyiz etmesi üzerine Yargıtay 17. Hukuk Dairesi: 18/03/2013 gün ve 2013/3077 Esas, 2013/3610 Karar sayı ile aynen, "... kamu hizmeti görmekle yükümlü olan davalı Karayolları Genel Müdürlüğü, kamu hizmeti sırasında verdiği zararlardan dolayı özel hukuk hükümlerine tabi değildir. Hizmet kusurundan kaynaklanan zararlar yönünden açılan davaların ise, İdari Yargılama Usulü Hakkındaki Kanunu'nun 2. maddesi hükmü uyarınca, idare aleyhine idari yargı yerinde tam yargı davası olarak açılması gerekmektedir. Görev kuralları kamu düzenine ilişkin olup, mahkemece re'sen dikkate alınması zorunludur. Somut olayda, yol çalışması yapılan yerde davalı kurum görevlilerinin yanlış yönlendirmesi sonucu kazanın meydana geldiği iddia edilmektedir. Bu durumda mahkemece, dava dilekçesinin yargı yolu (görev) bakımından reddi gerekirken yazılı şekilde karar verilmesi doğru görülmemiştir." şeklindeki gerekçesi ile kararın görev nedeniyle bozulmasına hükmetmiştir.

Ankara 11. Asliye Hukuk Mahkemesi: 06/11/2013 gün ve 2013/407 Esas, 2013/588 Karar sayı ile aynen "... Karayolları Trafik Kanunu, 6099 sayılı yasa ile değişik, 110. maddesine göre, sadece Kamu Kuruluşlarına ait araçlar bu kapsama alınmamış, ayrıca bu kanundan doğan sorumluluk davalarının Adli Yargıda görüleceği belirtildiğinden, bu dava da, bu kanundan doğan bir sorumluluk davası olduğundan, Adli Yargı ve Mahkememiz görevli olduğundan, davalının temyiz dilekçesinde ileri sürdüğü idari yargının görevli olduğuna ilişkin iddiası yerinde değildir.

Uyuşmazlık Mahkemesinin istikrarlı bir şekilde verdiği kararlardan da, idareler aleyhine trafik kazası nedeni ile kusurları ileri sürülerek açılan tazminat davalarında da, Karayolları Trafik Kanunu'nun 110. maddesi gerekçe gösterilmek sureti ile adli yargının görevli olduğu belirtilmektedir.

Davacı vekili de, 23/10/2013 havale tarihli dilekçesi ile, konuya ilişkin 32 adet Uyuşmazlık Mahkemesi kararı ibraz etmiştir.

Adli yargı görevli olduğundan, 17. Hukuk Dairesi'nin bozma ilamına katılınamamıştır.

Bu nedenle direnme kararı verilmesi gerekmiştir,

Davada ikinci çözümlenmesi gereken husus, adli yargıda hangi mahkemenin görevli olduğu noktasındadır.

Yargıtay 17. Hukuk Dairesi 21/02/2013 tarih 573/20915 sayılı kararında, 22/3/1944 tarih 37/9 Sayılı İçtihadı Birleştirme Kararına atıf yaparak, Asliye Hukuk Mahkemesinin görevli olduğunu belirtmektedir.

Anılan kararda, sigortacının poliçede yazılı olup da sigorta bedeli nispetinde sigortalının yerine geçeği, sigortacılığın mutlak bir ticari dava olduğu, davanın ticaret mahkemesinde ikame edilmesi icap eder denecek olursa, menşei mahiyeti ve illeti aynı olan ve haksız fiil için tecezzisi mümkün bulunmayan bir borç için, iki ayrı kaza merciinde birden dava açılabileceği kabul edilecek olur ise, bu durum kanuna ve hukuka uygun düşmez gerekçesi ile rücu davasının, Asliye Hukuk Mahkemesinde görüleceği benimsenmiştir.

Davacı hak sahibi sigortaya karşı dava açtığında taraflar tacir olsun olmasın sigortacılığın Ticaret Kanunu'nda düzenlendiği, TTK'nın 4. maddesine göre, bu kanundan doğan hukuk davalarının ticari dava sayıldığı, aynı kanunun 5/2. maddesine göre bir yerde ticaret mahkemesi var ise ticaret mahkemesinde bakılacağı hususunun düzenlendiği, ZMMS Karayolları Trafik Kanunu ile düzenlenmekle birlikte, TTK da 1483 ve devamı maddesinde zorunlu sorumluluk sigortalılarının düzenlendiğini, uyuşmazlığın bu nedenle Ticaret Mahkemesinde görülmesi gerektiği benimsenmektedir.

Yargıtay 17 Hukuk Dairesi'nin yerleşmiş vaziyetteki kararları bu doğrultudadır. (eg:28/03/2013 tarih 3466/4429 sayılı kararı)

Zarara uğrayan, sigortaya karşı dava açtığında dava, ticari nitelikte görülmekte ve ticaret mahkemesinin görevli olduğu belirtilmektedir.

Sigorta tarafından TTK 6762 sayılı Yasanın 1301. Maddesi, 6102 sayılı Yasanın 1472 sayılı maddeleri uyarınca dava açıldığında Asliye Hukuk Mahkemesinin görevli olduğunun belirtilmesi, aynı olayla ilgili olarak, iki ayrı farklı mahkemenin görevli olduğuna karar verilmiş olmaktadır.

1944 tarihli İçtihadı Birleştirme Kararının gerekçesi ise, iki ayrı mahkeme olmaması esasına dayanmaktadır. 1944 tarihli içtihadı birleştirme kararının çıktığı tarihteki yasal düzenleme ile bugünkü yasal düzenleme arasında büyük fark vardır. Bugünkü yasal düzenlemede ticaret kanununda düzenlenen bir hususla ilgili ticaret mahkemesinin görevli olduğu belirtilmektedir. Rücu hususu ticaret kanununda düzenlenmiştir. Ayrıca rücunun şartlarının olup olmadığı da, ticaret kanunda sigortaya ilişkin hükümlerin uygulanması sureti ile belirlenecek bir husustur. Bu durumda bu davaya bakmakla görevli Asliye Ticaret Mahkemesi görevlidir..." gerekçesiyle direnme kararı vermiştir.

Davalı vekilinin kararı temyiz etmesi üzerine Yargıtay Hukuk Genel Kurulu: 04/11/2015 gün ve 2014/17-1532 Esas, 2015/2367 Karar sayı ile aynen "... Direnme yolu ile Hukuk Genel Kurulu önüne gelen uyuşmazlık; kamu kurumu niteliğindeki davalı kurumun yol çalışması hizmetinin kusurlu olarak verilmesi nedeni ile oluşan araç hasarının tazmini istemine yönelik olarak açılan davanın idari yargı mı, yoksa adli yargı yerinde mi görüleceği noktasında toplanmaktadır.

Somut olaydaki uyuşmazlığın çözümü bakımından hizmet kusuru kavramı ve uyuşmazlığa ilişkin yasal düzenlemelerin açıklanmasında yarar bulunmaktadır.

2709 sayılı Türkiye Cumhuriyeti Anayasası'nın "Yargı Yolu" başlıklı 125. maddesinin 1. fıkrası İdarenin her turlu eylem ve işlemlerine karşı yargı yolu açıktır" hükmünü, son fıkrası ise "İdare, kendi eylem ve işlemlerinden doğan zararı ödemekle yükümlüdür" düzenlemesini içermektedir.

İdare hukukunda idarenin iki tür sorumluluğu kabul edilmektedir. Biri idarenin özel hukuk ilkeleri doğrultusunda yaptığı sözleşmelerden kaynaklanan özel hukuk sorumluluğu; diğeri ise, idarenin idare hukuku ilkeleri doğrultusunda yapmış olduğu sözleşmeler ve idarenin her türlü işlem ve eyleminden kaynaklanan kamu hukuku ilkeleri doğrultusunda oluşmuş idare hukukuna özgü sorumluluk türüdür. İdarenin kişilere verdiği zararları tazmin yükümlülüğü, idarenin "hizmet kusuruna (kusurlu sorumluluk)" ve "kusursuz sorumluluğuna" dayanmaktadır.

İdarenin kusura dayanan sorumluluğu, uygulamada "hizmet kusuru" kavramı ile anlatılmaktadır. Hizmet kusurunun tam ve kapsamlı bir tanımını yapmak zor olmakla birlikte genel olarak doktrinde hizmet kusuru; idarenin ifa ile mükellef olduğu herhangi bir kamu hizmetinin kuruluşunda, düzenlenmesinde veya teşkilatında, bünyesinde, personelinde yahut işleyişinde bir takım aksaklık, hukuka aykırılık, bozukluk, düzensizlik, eksiklik, sakatlık veya ihmalin ortaya çıkması, şeklinde tanımlanmaktadır (SARICA Ragıp, İstanbul Üniversitesi Hukuk Fakültesi Mecmuası, "Hizmet Kusuru ve Karakterleri, Y. 1949, C. 15, S. 4, s. 858; ATAY Ender Etem, İdare Hukuku, Ankara 2006, s. 571; YILDIRIM Turan, idari Yargı, İstanbul 2008, s. 253).

Hizmet kusurunun üç durumda varlığı hem yargı içtihatları hem de öğreti tarafından kabul edilmiştir. Bu üç durum; hizmetin hiç işlememesi, hizmetin geç işlemesi ve hizmetin kötü işlemesidir.

Buna göre idare kural olarak yürüttüğü kamu hizmeti ile nedensellik bağı kurulabilen zararları tazminle yükümlü olup, İdari Yargılama Usulü Kanunu'nun "İdari Dava Türleri ve İdari Yargı Yetkisinin Sınırı başlıklı 2. maddesinin 1. fıkrasının "b" bendi gereğince "İdari eylem ve işlemlerden dolayı kişisel hakları doğrudan muhtel olanlar" idari yargı yerinde tam yargı davası açabilecektir. Yine İYUK 15/I-a maddesinde ise, adli yargının görevli olduğu konularda açılan davaların reddine karar verileceği de hükme bağlanmıştır.

Hizmet kusuruna ilişkin bu açıklamalardan sonra somut uyuşmazlığın temelini oluşturan 2918 sayılı Karayolları Trafik Kanunu'nun (KTK) 110. maddesindeki düzenlemeye değinmekte yarar bulunmaktadır.

2918 sayılı KTK'nın 11.01.2011 tarih ve 6099 sayılı Kanun'un 14. maddesi ile değişik "Görevli ve Yetkili Mahkeme" başlıklı 110. maddesinin 1. fıkrası "İşleteni veya sahibi Devlet ve diğer kamu kuruluşları olan araçların sebebiyet verdiği zararlara ilişkin olanları dâhil, bu Kanundan doğan sorumluluk davaları, adli yargıda görülür. Zarar görenin kamu görevlisi olması, bu fıkra hükmünün uygulanmasını önlemez. Hemzemin geçitte meydana gelen tren-trafik kazalarında da bu Kanun hükümleri uygulanır" hükmünü içermektedir.

Özellikle maddede metninde geçen İşleteni veya sahibi Devlet ve diğer kamu kuruluşları olan araçların sebebiyet verdiği zararlara ilişkin olanları dâhil, bu Kanundan doğan sorumluluk davaları" ibaresinin farklı yorumlanmasının yargı yoluna ilişkin ihtilafı doğurduğu görülmektedir.

Buradan hareketle 2918 sayılı KTK'da sorumluluğa ilişkin düzenlemelerin hangi hallerde, kime/kimlere yönelik olduğunun belirlenmesi gerekmektedir.

2918 sayılı KTK'da hukuki sorumluluğa ilişkin düzenlemeler "Hukuki Sorumluluk ve Sigorta" başlıklı 8. kısımda 85 ve devamı maddelerinde yer almaktadır. 85. maddenin 1. fıkrası "Bir motorlu aracın işletilmesi bir kimsenin ölümüne veya yaralanmasına yahut bir şeyin zarara uğramasına sebep olursa, motorlu aracın bir teşebbüsün unvanı veya işletme adı altında veya bu teşebbüs tarafından kesilen biletle işletilmesi halinde, motorlu aracın işleteni ve bağlı olduğu teşebbüsün sahibi, doğan zarardan müştereken ve müteselsilen sorumlu olurlar" şeklindedir.

Bunun yanında yine Kanunun "Devlete ve Kamu Kuruluşlarına Ait Araçlar" başlıklı 106. maddesi Genel bütçeye dahil dairelerle katma bütçeli idarelere, il özel idarelerine ve belediyelere, kamu iktisadi teşebbüslerine ve kamu kuruluşlarına ait motorlu araçların sebep oldukları zararlardan dolayı bu Kanunun işletenin hukuki sorumluluğuna ilişkin hükümleri uygulanır. Bu kuruluşlar, 85 inci maddenin birinci fıkrasına göre olan sorumluluklarının karşılanmasını sağlamak üzere 101 inci maddedeki şartları haiz milli sigorta şirketlerine mali sorumluluk sigortası yaptırmakla yükümlüdürler" hükmünü içermektedir.

Görüldüğü gibi KTK'da sorumluluğa yönelik düzenlemeler 85 ve devamı maddelerinde yer almakta olup sorumlu olarak motorlu araç işleteni (gerçek ya da farazi işleten olabilir) ve araç işleticisinin bağlı olduğu teşebbüs sahibi belirlenmiştir. Buna göre bir motorlu aracın işletilmesi bir kimsenin ölümüne veya yaralanmasına yahut bir şeyin zarara uğramasına sebep olursa, motorlu aracın bir teşebbüsün unvanı veya işletme adı altında veya bu teşebbüs tarafından kesilen biletle işletilmesi halinde, motorlu aracın işleteni ve bağlı olduğu teşebbüsün sahibi, doğan zarardan müştereken ve müteselsilen sorumlu olacaklardır". Özellikle 106. maddede belirtildiği üzere kamu kuruluşlarına ait araçların neden olduğu zararlara ilişkin sorumluluk da 85 ve devamı maddeleri gereğince işletenin hukuki sorumluluğuna ilişkin hükümlere tabi kılınmıştır.

Anlaşılmaktadır ki, yapılan değişiklik ile 2918 sayılı KTK'dan doğan sorumluluk davalarının, işleteni veya sahibi Devlet ve diğer kamu kuruluşları olan araçların neden olduğu zararlara ilişkin olanları' da dahil olmak üzere adlı yargı yerinde görüleceği, zarar görenin kamu görevlisi olmasının da söz konusu Kanun hükmünün uygulanmasını önlemeyeceği öngörülmüştür.

Burada vurgulanması gereken husus ister özel hukuk isterse kamu hukuku kişisi olsun 2918 sayılı KTK gereğince sorumluluğu ancak motorlu araç işleteni ve araç işleticisinin bağlı olduğu teşebbüs sahibi sıfatı ile söz konusu olabilmektedir. İşleten tanımı ise KTK'nın 3. maddesinde "Araç sahibi olan veya mülkiyeti muhafaza kaydıyla satışta alıcı sıfatıyla sicilde kayıtlı görülen veya aracın uzun süreli kiralama, ariyet veya rehni gibi hallerde kiracı, ariyet veya rehin alan kişidir. Ancak ilgili tarafından başka bir kişinin aracı kendi hesabına ve tehlikesi kendisine ait olmak üzere işlettiği ve araç üzerinde fiili tasarrufu bulunduğu ispat edilirse, bu kimse işleten sayılır" şeklinde yapılmıştır.

Buna ilaveten' KTK'nun 110. maddesindeki 6099 sayılı Yasanın 14. maddesi ile yapılan değişiklik gerekçesinin değerlendirilmesi de sorunun çözümüne katkı sağlayacaktır. Gerçekten 110 maddede yapılan değişikliğin genel gerekçesinde "...Karayolları Trafik Kanunu, kamuya ait araçların karayolu üzerindeki seyrini (m.85, 86, 90, 106, 109 ve diğ.) kendi kapsamına almış ve bu nevi araçların sebebiyet verdikleri zararların tazmini davaları -doğru olarak- adli yargıda görülmüştür..."; madde gerekçesinde ise ...Komisyon; Kanunun kamu araçlarının karayolundaki seyrini ve bu sırada oluşan haksız fiilleri özel hukuka bağlı kılmış olması karşısında (m. 106), bu tür fiillerden kaynaklanan davaların adli yargıda görülmesini, bu kabulün kaçınılmaz sonucu olarak görmektedir... Sonuç olarak, kamuya ait olan araçların sebebiyet verdiği trafik kazaları ile hemzemin geçitlerde meydana gelen tren-trafik kazaları Karayolları Trafik Kanununa bağlı kılınmış, bu uyuşmazlıklarda görevin adli yargıda olduğu yönünde düzenleme yoluna gidilmiştir..." şeklinde kanun koyucunun amacı ortaya koyulmuştur.

Görüldüğü gibi, anılan değişiklikle "kamu araçlarının" verdiği zararlar nedeniyle işletenin sorumluluğuna ilişkin olarak 2918 sayılı Kanunun amacına uygun biçimde adli yargıda görüm ve çözüm esası benimsenmiş, hizmet kusurundan kaynaklanan hukuki uyuşmazlıkların da bu kapsamda değerlendirileceğine yönelik her hangi bir ifadeye yer verilmemiştir.

Ayrıca değinilmesi gereken diğer bir husus KTK'da kuruluşlar ve komisyonlara verilen görev ve yetkilere ilişkin sorumluluğun bu Kanun kapsamında değerlendirilmesi gerekip gerekmediğidir. Karayolları Genel Müdürlüğü 6001 sayılı kendi kuruluş yasası yanında KTK'nın 7. maddesinde de genel olarak karayollarını emniyetle kullanılmasını sağlamakla görevli ve yetkili kılınmıştır. KTK'da yalnızca Karayolları Genel Müdürlüğünün değil, Kanun'un 2. Kısmının 4 ila 12. maddelerinde karayollarında can ve mal güvenliği yönünden trafik düzen ve güvenliğini sağlamak, trafik güvenliğini ilgilendiren gerekli önlemleri belirlemek ve motorlu araçlar ile ilgili idari işlemleri düzenlemek amacı ile Emniyet Genel Müdürlüğü, Milli Eğitim Bakanlığı, Sağlık Bakanlığı, Gıda Tarım ve Hayvancılık Bakanlığı, Ulaştırma Denizcilik ve Haberleşme Bakanlığı, Belediyelerin de görev ve yetkileri sayılmıştır.

Bununla birlikte 2918 sayılı KTK'da diğer kamu idareleri ve Karayolları Genel Müdürlüğü'nün ve trafik güvenliği ile ilgili üstlendikleri kamu hizmetlerinden dolayı hukuki sorumluluğu düzenlenmiş değildir. Yanı Karayolları Genel Müdürlüğü'nün karayolu yapım, bakım ve işletilmesi şeklindeki kamu hizmetleri gibi diğer kamu kuruluşlarının kendi görev alanlarındaki kamu hizmetlerinin, idare hukuku ilke ve kurallarına göre yürütüleceği, anılan kuruluşların idari işlem ve eylemlerinden doğan uyuşmazlıkların da Anayasa'nın 125. maddesi ve 2577 sayılı İYUK'un 2. maddesine göre idari yargı yerinde çözümlenmesi gerektiği noktasında duraksama bulunmamaktadır.

Yukarıdan beri yapılan açıklamalar değerlendirildiğinde, KTK'dan doğan sorumluluk davaları 85 ve devamı maddelerinde düzenlenen "motorlu aracın işletilmesinin" sonucu doğan zararlar nedeni ile motorlu aracın işleteni ve bağlı olduğu teşebbüsün sahibinin" sorumlu olduğu davalardır Yani KTK 106 gereğince Devlet ve diğer kamu kuruluşlarına ait motorlu araçların işletilmesi nedeniyle araç işleticisi sıfatıyla (KTK 85 gereğince) kamu idareleri ve kuruluşlarına karşı açılacaklarda dahil bütün araç sahibi ve işleticilerine karşı açılan davalar adli yargı kolunun görev alanına girmektedir. Buna karşın kamu idareleri ve kuruluşların trafik güvenliği ve düzenini sağlamak amacıyla gerek kendi kuruluş kanunları gerekse 2918 KTK ya göre yürüttükleri hizmetlerin, kamu hizmeti niteliğini taşıması ve yukarıda sözü edilen KTK da görevlendirilen kamu idare ve kuruluşlarının sorumluluklarına ilişkin her hangi bir düzenlemenin ayrıca KTK'da yer almaması dikkate alındığında, trafik düzeni ve güvenliği hizmetlerinden kaynaklandığı iddia edilen zararların tazmini istemiyle ilgili idarelere karşı açılan davalar idari yargı kolunun görev alanına girmektedir.

Benzer bir uyuşmazlıkta aynı ilkeler Danıştay İdari Dava Daireleri Kurulunun 26.02.2015 tarih, değerlendirilmiştir Karar sayılı ilamında da benimsenmiş ve idari yargı kolunun görevli olduğu değerlendirilmiştir.

Yapılan bu açıklamalar sonucu somut olay değerlendirildiğinde, davacıya kasko sigorta poliçesi ile sigortalı aracın davalı Karayolları Genel Müdürlüğü'nce yapılan yol çalışması sırasında görevlisinin yanlış yönlendirmesi sonucu hasara uğradığının iddia edilmiş olması bakımından KTK'nın 85 ve devamı maddelerinde düzenlenen işletenin hukuki sorumluluğuna değil, davalı idare tarafından görevlerinin tam ve eksiksiz yerine getirilmediği yani yürütülen kamu hizmetinin kusurlu işletildiği, meydana gelen kazada hizmet kusuru bulunduğu iddiasından kaynaklandığından uyuşmazlığın çözümünün idari yargının görevinde bulunduğu anlaşılmaktadır.

Hukuk Genel Kurulunda yapılan görüşmeler sırasında bir kısım üyeler tarafından KTK'nın 110 maddesindeki "bu Kanundan doğan sorumluluk davaları" ibaresi ile hizmet kusuruna dayalı olarak açılan davalarda da görevli yargı kolunun adli yargı olduğu ve rücu davalarının idari yargıda görülebilecek dava çeşitlerinden olmadığı belirtilerek yerel mahkeme direnme kararının yerinde olduğu ileri sürülmüş ise de- bu görüşler yukarıda belirtilen ve ayrıca 6102 sayılı Türk Ticaret Kanunu'nun 1472.

maddesi (6762 sayılı K m. 1301) gereğince kanundan doğan ve halefiyet hakkına dayalı olarak sigorta şirketi tarafından açılan bir dava olduğundan tam yargı davasının ancak her hangi bir idari eylem ve işlemden dolayı kişisel hakkı doğrudan muhtel olan kişisel hakkın sahiplerince açılabileceği şartının da yerine gelmiş olduğu değerlendirildiğinden Kurul çoğunluğunca yerinde görülmemiştir.

O halde hizmet kusuruna dayalı olarak açılan davada idari yargı kolunun görevli olduğu yönündeki Hukuk Genel Kurulunca da benimsenen Özel Daire bozma kararına uyulmak gerekirken önceki kararda direnilmesi usul ve yasaya aykırıdır.

Bu nedenle direnme kararı bozulmalıdır." şeklindeki gerekçesiyle direnme kararının bozulmasına hükmetmiştir.

ANKARA 11. ASLİYE HUKUK MAHKEMESİ: 11/04/2016 gün ve 2016/101 Esas, 2016/185 Karar sayı ile direnme kararına uyma zorunluluğuna uygun olarak görevsizlik kararı vermiş, bu karar kesinleşmiştir.

Davacı vekili, aynı istemle; bu kez idari yargı yerinde dava açmıştır.

ANKARA 13. İDARE MAHKEMESİ: 07/11/2016 gün ve 2016/2841 Esas sayı ile "...2918 sayılı Karayolları Trafik Kanunu'nun "Görevli ve Yetkili Mahkeme" başlıklı 110. maddesinde, "İşleteni veya sahibi Devlet ve diğer kamu kuruluşları olan araçların sebebiyet verdiği zararlara ilişkin olanları dâhil, bu Kanundan doğan sorumluluk davaları, adli yargıda görülür. Zarar görenin kamu görevlisi olması, bu fıkra hükmünün uygulanmasını önlemez. Hemzemin geçitte meydana gelen tren-trajik kazalarında da bu Kanun hükümleri uygulanır. Motorlu araç kazalarından dolayı hukuki sorumluluğa ilişkin davalar, sigortacının merkez veya şubesinin veya sigorta sözleşmesini yapan acentenin bulunduğu yer mahkemelerinden birinde açılabileceği gibi kazanın vuku bulduğu yer mahkemesinde de açılabilir." hükmüne yer verilmiştir.

Dosyanın incelenmesinden; davacı şirketçe kasko sigortalı bulunan 21 G 8247 plakalı araçla 27 YA 538 plakalı çekici aracın, yolda çalışma yapan Karayolları görevlilerince hatalı yön gösterilmesi nedeniyle karıştığı kazadan dolayı, davacı şirketçe sigortalanan araçta meydana gelen zararın araç sahibine ödendiği ve kazanın oluşumunda davalı idarenin kusuru bulunduğu iddiasıyla 4.553,00 TL'nin ödeme tarihinden itibaren işleyecek avans faiziyle birlikte tazmini istemiyle bakılan dava açılmış ise de; uyuşmazlığın, karayolunun bakım ve onarımındaki kusur nedeniyle oluştuğu iddia edilen zararın tazmini istemine ilişkin olduğu anlaşıldığından, Yasanın yukarıda belirtilen hükümleri karşısında, 2918 sayılı Karayolları ve Kanunu'ndan kaynaklı sorumluluk davası niteliğinde bulunan bu davanın görüm ve çözümünde idari yargı yerinin değil, adli yargı yerinin görevli bulunduğu sonucuna varılmaktadır." şeklindeki gerekçesi ile davanın adli yargının görev alanına girdiğini belirterek, 2247 sayılı Uyuşmazlık Mahkemesinin Kuruluş ve İşleyişi Hakkında Kanun'un 19.maddesi hükümleri uyarınca görevli yargı merciinin belirlenmesi için dosyanın Uyuşmazlık Mahkemesi'ne gönderilmesine, dosya incelemesinin Uyuşmazlık Mahkemesi'nce karar verilinceye kadar ertelenmesine karar vererek dosya Mahkememize gönderilmiştir.

İNCELEME VE GEREKÇE:

Uyuşmazlık Mahkemesi Hukuk Bölümü'nün, Nuri NECİPOĞLU'nun Başkanlığında, Üyeler: Ali ÇOLAK, Yusuf Ziyaattin CENİK, Alaittin Ali ÖĞÜŞ, Süleyman Hilmi AYDIN, Mehmet AKBULUT ve Yüksel DOĞAN'ın katılımlarıyla yapılan 20.2.2017 günlü toplantısında:

I-İLK İNCELEME:Dosya üzerinde 2247 sayılı Yasa'nın 27.maddesi uyarınca yapılan incelemeye göre; 2918 sayılı Kanun'dan kaynaklanan sorumluluk davasında adli ve idari yargı yerleri arasında 2247 sayılı Kanunun 19. maddesinde öngörülen biçimde görev uyuşmazlığı doğduğu, idari yargı dosyasının son görevsizlik kararını veren mahkemece, adli yargı dosyası da temin edilmek suretiyle Uyuşmazlık Mahkemesi'ne gönderildiği ve usule ilişkin herhangi bir noksanlık bulunmadığı anlaşıldığından görev uyuşmazlığının esasının incelenmesine oy birliği ile karar verildi.

II-ESASIN İNCELENMESİ: Raportör-Hakim Sinem USTA'nın, davanın çözümünde adli yargının görevli olduğu yolundaki raporu ile dosyadaki belgeler okunduktan; ilgili Başsavcılarca görevlendirilen Yargıtay Cumhuriyet Savcısı Halil İbrahim ÇİFTÇİ'nin davada adli yargı, Danıştay Savcısı Yakup BAL'ın ise idari yargının görevli olduğu yolundaki sözlü açıklamaları da dinlendikten sonra GEREĞİ GÖRÜŞÜLÜP DÜŞÜNÜLDÜ:

Dava, davacı şirkete kasko sigortası ile sigortalı 21 G 8247 plakalı araç ile seyreden sürücünün, 04/06/2012 tarihinde yolda çalışma yapan karayolları görevlilerinin yanlış yönlendirmesi neticesinde kavşakta yaptığı trafik kazası nedeniyle uğradığı zarar karşılığı sigortalıya ödenen tazminatın rücuen tahsili istemi ile açılmıştır.

2918 sayılı Karayolları Trafik Kanununun 1. maddesinde, Kanunun amacının karayollarında can ve mal güvenliği yönünden trafik düzenini sağlayacak ve trafik güvenliğini ilgilendiren tüm konularda alınacak önlemleri belirlemek olduğu; "Kapsam" başlıklı 2. maddesinde, bu Kanunun trafikle ilgili kuralları, şartları, hak ve yükümlülükleri bunların uygulamasını ve denetlenmesini ilgili kuruluşları ve bunların görev, yetki ve sorumluluk, çalışma usulleri ile diğer hükümleri kapsadığı ve bu kanunun karayollarında uygulanacağı; 10. maddesinde, yapım ve bakımdan sorumlu olduğu yolları trafik düzeni ve güvenliğini sağlayacak durumda bulundurmanın gerekli görülen kavşaklara ve yerlere trafik ışıklı işaretleri, işaret levhaları koymak ve yer işaretlemeleri yapmanın Belediye Trafik birimlerinin görev ve yetkileri arasında olduğu belirtilmiştir.

Öte yandan 2918 sayılı Yasanın 19.01.2011 günlü Resmi Gazetede yayımlanarak yürürlüğe giren 6099 sayılı Yasanın 14. maddesiyle değişik 110. maddesinde "İşleteni veya sahibi Devlet ve diğer kamu kuruluşları olan araçların sebebiyet verdiği zararlara ilişkin olanları dahil, bu Kanundan doğan sorumluluk davaları, adli yargıda görülür. Zarar görenin kamu görevlisi olması, bu fıkra hükmünün uygulanmasını önlemez. Hemzemin geçitte meydana gelen tren-trafik kazalarında da bu Kanun hükümleri uygulanır.

Motorlu araç kazalarından dolayı hukuki sorumluluğa ilişkin davalar, sigortacının merkez veya şubesinin veya sigorta sözleşmesini yapan acentenin bulunduğu yer mahkemelerinden birinde açılabileceği gibi kazanın vuku bulduğu yer mahkemesinde de açılabilir"; Geçici 21. maddesinde de "Bu Kanunun 110 uncu maddesinin birinci fıkrasının göreve ilişkin hükmü, yürürlüğe girdiği tarihten önce idari yargıda ve Askeri Yüksek İdare Mahkemesinde açılmış bulunan davalara uygulanmaz" denilmiştir.

2918 sayılı Kanunun 110 uncu maddesinin birinci fıkrasının iptali istemiyle Bursa 3.Asliye Hukuk Mahkemesi ve Batman 2.Asliye Hukuk Mahkemesince yapılan itiraz başvuruları üzerine konuyu inceleyen Anayasa Mahkemesi, şu gerekçesi ile anılan kuralı Anayasaya aykırı görmemiş ve iptal istemini oy birliğiyle reddetmiştir: "... Anayasa Mahkemesi'nin daha önceki kimi kararlarında da belirtildiği üzere, tarihsel gelişime paralel olarak Anayasa'da adli ve idari yargı ayırımına gidilmemiş ve idari uyuşmazlıkların çözümünde idare ve vergi mahkemeleriyle Danıştay yetkili kılınmıştır. Bu nedenle, genel olarak idare hukuku alanına giren konularda idari yargı, özel hukuk alanına giren konularda adli yargı görevli olacaktır. Bu durumda, idari yargının görev alanına giren bir uyuşmazlığın çözümünde adli yargının görevlendirilmesi konusunda kanun koyucunun mutlak bir takdir yetkisinin bulunduğunu söylemek olanaklı değildir. Ancak, idari yargının denetimine bağlı olması gereken idari bir uyuşmazlığın çözümü, haklı neden ve kamu yararının bulunması halinde kanun koyucu tarafından adli yargıya bırakılabilir. İtiraz konusu kural, trafik kazasında zarar görenin asker kişi ya da memur olmasına, aracın askeri hizmete ilişkin olmasına veya olayın hemzemin geçitte meydana gelmesi durumlarına göre farklı yargı kollarında görülmekte olan 2918 sayılı Kanun'dan kaynaklanan tüm sorumluluk davalarının adli yargıda görüleceğini öngörmektedir. İtiraz konusu düzenlemenin gerekçesinde de ifade edildiği gibi, askeri idari yargı, idari yargı veya adli yargı kolları arasında uygulamada var olan yargı yolu belirsizliği giderilerek söz konusu davalarla ilgili olarak yeknesak bir usul belirlenmektedir. Aynı tür davaların aynı yargı yolunda çözümlenmesi sağlanarak davaların görülmesi ve çözümlenmesinin hızlandırıldığı, bu suretle kısa sürede sonuç alınmasının olanaklı kılındığı ve bunun söz konusu davaların adli yargıda görüleceği yolunda getirilen düzenlemenin kamu yararına yönelik olduğu anlaşılmaktadır. Öte yandan, 2918 sayılı Kanun'da tanımlanan Karayolu şeridi üzerindeki araç trafiğinden kaynaklanan sorumlulukların, özel hukuk alanına girdiği konusunda bir tartışma bulunmamaktadır. İdare tarafından kamu gücünden kaynaklanan bir yetkinin kullanılması söz konusu olmadığı gibi, aynı karayolu üzerinde aynı seyir çizgisinde hareket eden, bu nedenle aynı tür risk üreten araçlar arasında özel-kamu ayırımı yapılmasını gerektiren bir neden de yoktur. Açıklanan nedenlerle, itiraz konusu kural Anayasa'nın 2.,125. ve 155. maddelerine aykırı değildir. İtirazın reddi gerekir..." (Any. Mah.nin 26.12.2013 tarih ve E.2013/68, K.2013/165 sayılı kararı; R.G. 27.3.2014, Sayı: 28954, s.136-147.)

Anayasa'nın 158 inci maddesinin son fıkrasında " Diğer mahkemelerle, Anayasa Mahkemesi arasındaki görev uyuşmazlıklarında, Anayasa Mahkemesi'nin kararı esas alınır." denilmektedir. Anayasa Mahkemesi'nin yukarıda gerekçesine yer verilen kararı, yasa koyucunun idari yargının görevine giren bir konuyu adli yargının görevine verebileceğine, dolayısıyla 2918 sayılı Kanunun 110 uncu maddesinin birinci fıkrası ile öngörülen, bu Kanun'dan doğan tüm sorumluluk davalarının adli yargıda görülmesi düzenlemesinin Anayasa'ya aykırı bulunmadığına dair olup, esas itibariyle görev konusunda verilmiş bir karardır ve Anayasa'nın 158 inci maddesi uyarınca, başta Mahkememiz olmak üzere diğer yargı organları bakımından da uyulması zorunlu bir karar mesabesindedir.

Bu durumda, 2918 sayılı Yasanın 19.1.2011 tarihinde yürürlüğe giren 110. maddesi ile Anayasa Mahkemesi'nin işaret edilen kararı gözetildiğinde, bahsi geçen Kanun maddesinin karayollarında, can ve mal güvenliği yönünden trafik düzeninin sağlanarak trafik güvenliğini ilgilendiren tüm konularda alınacak önlemleri kapsadığı ve Kanunun, trafikle ilgili kuralları, şartları, hak ve yükümlülükleri, bunların uygulanmasını ve denetlenmesini, ilgili kuruluşları ve bunların görev yetki ve sorumlulukları ile, çalışma usullerini kapsadığı, dolayısıyla oluşan trafik kazası nedeniyle açılacak sorumluluk davalarının görüm ve çözümünde adli yargının görevli olduğu; meydana gelen zararın tazmini istemiyle açılan bu davanın da adli yargı yerinde çözümlenmesi gerektiği sonucuna varılmıştır.

Açıklanan nedenlerle davanın görüm ve çözümü adli yargı yerinin görevine girdiğinden; Ankara 13. İdare Mahkemesi'nce yapılan başvurunun kabulü ile, Ankara 11. Asliye Hukuk Mahkemesi'nce verilen 11/04/2016 gün ve 2016/101 Esas, 2016/185 Karar sayılı görevsizlik kararının kaldırılması gerekmiştir.

S O N U Ç : Davanın çözümünde ADLİ YARGININ görevli olduğuna, bu nedenle Ankara 13. İdare Mahkemesinin BAŞVURUSUNUN KABULÜ ile Ankara 11. Asliye Hukuk Mahkemesinin 11/04/2016 gün ve 2016/101 Esas, 2016/185 Karar sayılı GÖREVSİZLİK KARARININ KALDIRILMASINA, 20.2.2017 gününde ÜYE Süleyman Hilmi AYDIN'ın KARŞI OYU ve OY ÇOKLUĞU İLE KESİN OLARAK karar verildi.

KARŞI OY

3.11.2015 tarih ve 29521 sayılı Resmi Gazetede yayımlanan Uyuşmazlık Mahkemesi'nin 28.09.2015 gün ve E:2015/580 K:2015/592 sayılı kararında belirtmiş olduğum düşünce doğrultusunda sayın çoğunluğun görüşüne katılamıyorum.20.02.2017

YORUM

Dava konusu olayda, yolun bakım ve onarımından sorumlu Karayolları Genel Müdürlüğü'nün kusuru (Karayolları GM görevlisinin yanlış yönlendirmesi sonucu aracın ters yöne girmesi ve başka araçla çarpışması) sonucunda meydana geldiği öne sürülen bir trafik kazası söz konusudur.

Davacı sigortacı, bu kazada hasarlanan kasko sigortası ile sigorta güvencesi altına almış olduğu araç için sigorta ettirene sigorta tazminatı ödemiş ve daha sonra sorumlu olduğunu düşündüğü Karayolları Genel Müdürlüğü aleyhine Asliye Hukuk Mahkemesi'nde yasal haleflik hakkına dayalı bir rücu davası açmıştır.

Asliye Hukuk Mahkemesi, uyuşmazlığa Ticaret Mahkemesi'nin bakması gerektiğini belirterek görevsizlik (ve gönderme) kararı vermiştir.

Yargıtay 17. Hukuk Dairesi uyuşmazlığın yönetsel yargıda (tam yargı davası ile) çözümlenmesi gerektiği gerekçesiyle bu görevsizlik kararını bozmuştur.

Asliye Hukuk Mahkemesi yönetsel yargının değil adli yargının görevli olduğunu ve adli yargı içinde de, Ticaret Mahkemesi'nin uyuşmazlığa bakması gerektiğini vurgulayarak iki ayrı direnme kararı vermiştir.

Yargıtay HGK, KTK düzenlemesi çerçevesinde adli yargı kolunun görev alanına giren davaların Devlet ve diğer kamu kuruluşlarına ait motorlu araçların işletilmesi nedeniyle bunlara karşı araç işleticisi sıfatıyla (KTK 85 gereğince) açılan davalar olduğu; KTK'da kamu idare ve kuruluşlarının sorumluluklarına ilişkin her hangi bir düzenlemenin yer almadığı; dava konusu istem "kamu hizmetinin kusurlu işletildiği (meydana gelen kazada hizmet kusuru bulunduğu)" savına dayandığından uyuşmazlığın yönetsel yargıda çözümlenmesi gerektiği sonucuna varmış ve direnme kararını bozmuştur.

Bu bozma kararı üzerine Asliye Hukuk Mahkemesi görevsizlik kararı vermiş ve bu karar kesinleşmiştir.

Davacının yönetsel yargıda açtığı dava ise, tazminat isteminin KTK m.110 kapsamında olduğu ve bu sebeple de adli yargının görevli bulunduğu gerekçesiyle reddedilmiş ve dosya Uyuşmazlık Mahkemesi önüne gelmiştir.

Uyuşmazlık Mahkemesi aşağıdaki (ana) gerekçelerle davanın adli yargıda çözümlenmesi gerektiğine hükmetmiştir:

- *KTK m. 110 fk.1 hükmünün iptali istemi üzerine konuyu inceleyen Anayasa Mahkemesi, anılan kuralı Anayasaya aykırı görmemiştir.*
  - *Anayasa Mahkemesine göre, yönetsel yargının denetimine bağlı olması gereken yönetsel bir uyuşmazlığın çözümü, haklı neden ve kamu yararının bulunması halinde kanun koyucu tarafından adli yargıya bırakılabilir.*
  - *KTK m.110 öncesinde, trafik kazasından doğan davalar zarar görenin asker kişi veya memur olmasına, aracın askeri hizmete ilişkin bulunmasına ya da olayın hemzemin geçitte meydana gelmesi durumlarına göre farklı yargı kollarında görülmekte idi.*
  - *Fakat, KTK m.110 ile KTK'dan kaynaklanan tüm sorumluluk davalarının adli yargıda görüleceği öngörülmüştür.*
  - *TTK m.110'un gerekçesinde de belirtildiği gibi, bu düzenleme ile askeri idari yargı, idari yargı veya adli yargı kolları arasında uygulamada var olan yargı yolu belirsizliği giderilerek söz konusu davalarla ilgili olarak yeknesak bir usul belirlenmiştir. Aynı tür davaların aynı yargı yolunda çözümlenmesi sağlanarak kısa sürede sonuç alınması olanaklı kılınmıştır. Getirilen düzenlemenin kamu yararına yönelik olduğu anlaşılmaktadır.*
- *Bu durumda, 19.1.2011 tarihinde yürürlüğe giren KTK m.110 hükmü ile Anayasa Mahkemesi kararı gözetildiğinde,*
  - *KTK m.110'un karayollarında, can ve mal güvenliği yönünden trafik düzeninin sağlanarak trafik güvenliğini ilgilendiren tüm konularda alınacak önlemleri kapsadığı, ve*
  - *KTK'nın trafikle ilgili kuralları, şartları, hak ve yükümlülükleri, bunların uygulanmasını ve denetlenmesini, ilgili kuruluşları ve bunların görev yetki ve sorumlulukları ile, çalışma usullerini kapsadığı,*

- o *Dolayısıyla oluşan trafik kazası nedeniyle açılacak sorumluluk davalarının görüm ve çözümünde adli yargının görevli olduğu; meydana gelen zararın tazmini istemiyle açılan bu davanın da adli yargı yerinde çözümlenmesi gerektiği sonucuna varılmak gerekir.*

Uyuşmazlık Mahkemesi'nin kararından varılan sonuca katılmaktayız. Ancak,

- *Anayasa Mahkemesi'nin kararının gerekçe gösterilmesi yeterli değildir.*
- *Bundan başka, KTK'daki düzenleme ile uyuşmazlık konusu davadaki yol kusurundan sorumluluğun da düzenlenmiş olduğunun saptanması lazımdır.*
- *Karayolları Genel Müdürlüğü'nün karayolu ile ilgili görevlerinin KTK'da sayılmış olduğu görülmektedir. Buna karşılık söz konusu genel müdürlüğün sorumluluğu konusunda KTK'da açık hüküm bulunmamaktadır.*
- *Buna karşın, fikrimizce, sorumluluk da KTK'da düzenlenmiş kabul edilerek, Karayolları genel Müdürlüğü tarafından sebep olunan trafik kazalarından kaynaklanan tazminat istemlerinin adli yargının alanına girdiğini kabul etmek uygun olacaktır. (Bu hususta (Bu hususta Yargıtay 17. Hukuk Dairesi'nin 31.01.2017gün ve E. 2014/ 15557, K. 2017/850 sayılı kararı altındaki açıklamalarımıza bkz.)*

Araçlardan birinin kırmızı ışıkta geçmesi sebebiyle meydana gelen iki araç arsındaki çarpışmada, işletenlerin sorumluluğu tehlike esasına dayandığından kırmızı ışıkta geçen araca yüzde yüz kusur verilmesinin doğru olup olmayacağı

Yargıtay 17. Hukuk Dairesi
Esas No.: 2012/4697
Karar No.: 2012/10001
Karar tarihi: 25.09.2012

Davacı vekili; müvekkiline kasko sigortalı P2. plakalı aracın 05/12/2009 tarihinde davalıların sahibi ve sürücüsü bulunduğu P1. plakalı aracın çarpması ile maddi hasara uğradığını, olay sebebiyle araçta müvekkili tarafından yaptırılan ekspertiz sonucunda 16.500,00 TL hasar tespit edildiğini, hasar bedelinin 08/01/2010 tarihinde sigortalı araç sahibine ödendiğini, ödedikleri bedelin rücuen tahsili için başlattıkları takibe davalıların itirazı üzerine takibin durduğunu belirterek, itirazın iptali ile takibin devamına ve icra inkar tazminatına karar verilmesini talep ve dava etmiştir.

Davalı vekili; Davacının sigortalısının yeşil ışığın yanmasını beklemeden kalkış yapması nedeniyle kazanın oluşumuna sebebiyet verdiğini ve tam kusurlu olduğunu öne sürerek, davanın reddini savunmuştur.

Mahkemece, iddia, savunma ve toplanan delillere göre; davanın kısmen kabulü ile, 16.500,00 TL asıl alacak, 474,37 TL işlemiş faiz yönünden itirazın iptaline, takibin devamına ve icra inkar tazminatı isteminin reddine karar verilmiş; hüküm, davalılar vekili tarafından temyiz edilmiştir.

Dava, TTK.'nun 1301. (6102 sayılı Türk Ticaret Kanunu'nun 1472/1) maddesi uyarınca açılmış bulunan, sigortacının sigortalısına ödediği bedelin, zarara sebebiyet veren üçüncü şahıstan halefiyet yoluyla rücuen tahsili için yapılan takibe itirazın iptali istemine ilişkindir.

Mahkemece hükme esas alınan bilirkişi raporuna göre; Kazanın meydana gelme şekli dikkate alındığında, sürücü Ö. Ö.'nin yönetimindeki P1. plakalı aracın kırmızı ışıkta geçtiği ve kazaya neden olduğu tespitinden sonra, kazanın meydana gelmesinde asli ve %100 oranında kusurlu olduğu sonucuna varıldığı anlaşılmaktadır.

Karayolları Trafik Yasası'nın 85. maddesi ile, işleten için öngörülen sorumluluk, tehlike sorumluluğudur. Diğer bir anlatımla kusur sorumluluğuna dayanmayan, salt aracın kullanılması sonucu, meydana gelen zarardan sorumlu olunması durumudur.

Somut Olayda, kazanın kavşak içerisinde meydana geldiği anlaşılmaktadır. Bilirkişilerin olasılıklı değerlendirmeleri dışında, dosyada kazanın meydana geliş şeklini tam olarak açıklığa kavuşturacak başka delil bulunmamaktadır. Bu itibarla, yukarıda bahsedilen tehlike sorumluluğu gereğince, taraflar arasında %50 oranında kusur dağılımı yapılmak suretiyle karar verilmesi gerekirken, yanılgılı değerlendirmeye dayalı bilirkişi raporu doğrultusunda davalı sürücü %100 kusurlu kabul edilerek karar verilmesi doğru görülmemiştir.

SONUÇ: Yukarıda açıklanan nedenlerle, davalılar vekilinin temyiz itirazlarının kabulü ile hükmün davalılar yararına BOZULMASINA, peşin alınan harcın istek halinde temyiz eden davalılara geri verilmesine 25.09.2012 gününde oybirliğiyle karar verildi.

YORUM

Karara konu olan olayda, kasko sigortalı aracın başka bir araçla çarpışması sonucu hasar görmesi üzerine 16.500 TL sigorta tazminatı ödeyen sigortacı, bu kazanın oluşunda kusuru bulunduğunu öne sürdüğü diğer aracın işletenine karşı yasal halefliğe dayalı bir icra takibi başlatmış; borçlu tarafından yapılan itiraz nedeniyle takibin durması üzerine de itirazın iptali davası açmıştır.

İlk derece mahkemesi davayı 16.500 TL tutarındaki sigorta tazminatı bakımından yerinde görmüş ve buna yönelik itirazın iptaline karar vermiştir.

Yargıtay, ilk derece mahkemesi kararını bozmuştur. Bozma gerekçeleri şunlardır:

- *İlk derece mahkemesince hükme esas alınan bilirkişi raporunda, davalı tarafa ait aracın kırmızı ışıkta geçtiği ve kazanın meydana gelmesinde asli ve %100 oranında kusurlu olduğu sonucuna varılmıştır.*
- *Karayolları Trafik Kanunu m.85'te işleten için öngörülen sorumluluk, tehlike sorumluluğudur. Bu sorumluluk kusur esasına dayanmamaktadır. Sorumluluk için salt aracın kullanılması sonucu zarar meydana gelmesi yeterlidir.*
- *Somut olayda, kaza kavşak içerisinde meydana gelmiştir. Bilirkişilerin olasılıklı değerlendirmeleri dışında, dosyada kazanın meydana geliş şeklini tam olarak açıklığa kavuşturacak başka delil bulunmamaktadır.*
- *Bu bakımdan, yukarıda bahsedilen tehlike sorumluluğu gereğince, taraflar arasında %50 oranında kusur dağılımı yapılmak suretiyle karar verilmesi gerekir.*
- *Yanılgılı değerlendirmeye dayalı bilirkişi raporu doğrultusunda davalı sürücü %100 kusurlu kabul edilerek karar verilmesi doğru görülmemiştir.*

Yargıtay kararı hakkında şunları söyleyebiliriz:

- *KTK uyarınca araç işleteninin sorumluluğu tehlike esasına dayanmakla ve kusur aranmamakla birlikte, işletenlerin mal zararlarında birbirlerine karşı sorumluluklarında "kusur" rol oynamaktadır.*
- *"İşletenler...... arasında zararın tazmini" başlıklı KTK m. 89 şöyledir:*

  İşletenler veya araç işleticisinin bağlı olduğu teşebbüs sahipleri arasında zararın tazmini

Madde 89 –

Birden çok motorlu aracın katıldığı bir kazada işletenlerden biri bedensel bir zarara uğrarsa, özel durumlar ve özellikle işletme tehlikeleri başka türlü paylaştırmayı haklı göstermedikçe, kazaya katılan araçların işletenleri ve araç işleticisinin bağlı olduğu teşebbüs sahipleri kendilerine düşen kusur oranında, zararı gidermekle yükümlüdürler.

İşletenlerden ve araç işleticisinin bağlı olduğu teşebbüs sahiplerinden birine ait bir şeyin zarara uğraması halinde, zarar gören, ancak zarar veren işletenin veya araç işleticisinin bağlı olduğu teşebbüs sahibinin veya eylemlerinden sorumlu tutulduğu kimsenin kusuru veya geçici olarak temyiz gücünü kaybetmesi veya zarar verene ait araçtaki bir bozukluk yüzünden zararın vuku bulduğunu ispat etmesi halinde zarar veren işleten veya işleticinin bağlı olduğu teşebbüs sahibi tazminatla yükümlü tutulur.

- *Görüldüğü gibi bir işleten, (mesela kendi aracındaki zarar dolayısıyla) diğer bir işletenden istemde bulunabilmek için, trafik kazasının*
  - *O işletenin veya eylemlerinden sorumlu olduğu kişilerin (mesela işletenden farklı bir kişi olan araç sürücüsünün) kusurundan, veya*
  - *Bu kimselerin geçici olarak ayırtım gücünü yitirmelerinden, veya*
  - *O işletenin aracındaki bir bozukluktan*

kaynaklandığını kanıtlamak zorundadır.

- *Olayda, yaptırılan bilirkişi incelemesi, davalı tarafın aracında (sürücüsünde) "kusur" olduğunu belirlemiştir. (Bu noktada, kavşakta kırmızı ışıkta geçmeyi en azından ilk yaklaşımda "kusur" olarak nitelendirebileceğimiz düşüncesinde olduğumuzu belirtelim. Kırmızı ışıkta geçme, duruma göre kasıtlı veya (ağır yahut hafif) kusurlu veya kusursuz olabilir. Ancak ilk aşamada bunu kusurlu saymak ve kendisine kusur yüklenen sürücünün (mesela ani bir rahatsızlığın gibi), kusursuzluğunu kanıtlamasına olanak vermek en doğru çözüm gibi durmaktadır).*
- *Olayda davacının ne bakımdan kusurlu sayılması gerektiği ise belirsizdir.*
- *Bu durumda, tazminat tutarında davacı aleyhine % 50 oranında indirim yapılmasının dayanağı pek anlaşılamamaktadır. Yasada işletene yüklenmiş olan sorumluluğun tehlike esasına dayandırılması ("ağırlaştırılmış objektif sorumluluk" olması) kendisinde veya eylemlerinden sorumlu olduğu kişilerde kusur bulunmayan, aracında bozukluk belirlenmemiş bir işletenin, kusurlu olduğu saptanan tarafa yönelttiği istemde indirim yapılmasını tek başına haklı göstermez.*

Kasko sigortacısının sigorta ettirene tazminat ödemesi ertesinde, sigorta konusu aracın hasarlanmasına yol açan diğer aracın işleteni ve (kazaya sebep olan) sürücüsünden (ZTS poliçesini düzenleyen sorumluluk sigortacısının ödediği limit tutarı düşüldükten sonra) zarar bakiyesi için yasal halef sıfatıyla açtığı davada zararın ve tazminatın nasıl hesaplanacağı

Yargıtay 17. Hukuk Dairesi

Esas No.: 2012/598

Karar No.: 2012/12145

Karar tarihi: 06.11.2012

Davacı vekili; Müvekkiline kasko sigortalı aracın davalıların maliki ve sürücüsü olduğu aracın çarpması sonucu hasarlandığını, olay sebebiyle sigortalıya 140.029,36 TL ödendiğini, davalı sürücünün olayın meydana gelmesinde tam kusurlu olduğunu, hasar bedelinden 60.000,00 TL.nin davalının ZMSS'nden tahsil edildiğini bakiye 80.029,36 TL tazminatın ödeme tarihinden itibaren işleyecek ticari temerrüt faizi ile birlikte davalılardan müştereken ve müteselsilen tahsiline karar verilmesini talep ve dava etmiştir.

Davalılar vekili; Kusur oranını kabul etmediklerini, davacıya sigortalı aracın iş makinası olduğunu ve G sınıfı sürücü belgesi gerektirdiğini, davacıya sigortalı araç sürücüsünün ise E sınıfı sürücü belgesine sahip olduğunu, olay sırasında iş makinasının hiç bir özel önlem ve işaret olmaksızın sevk edildiğini ve kazaya bu durumun neden olduğunu, hasar miktarının fazla gösterildiğini, kendi sigortacıları tarafından davacı tarafa 60.000,00 TL ödendiğini, davada dava tarihinden itibaren yasal faiz istenebileceğini öne sürerek, davanın reddini savunmuştur.

Mahkemece, hükme esas alınan bilirkişi raporu doğrultusunda davanın kabulü ile, 80.029,36 TL tazminatın dava tarihinden itibaren işleyecek yasal faizi ile birlikte davalılardan müştereken ve müteselsilen tahsiline karar verilmiş, hüküm davalılar vekili tarafından temyiz edilmiştir.

Dava, TTK.'nun 1301. (6102 sayılı Türk Ticaret Kanunu'nun 1472/1) maddesi uyarınca açılmış bulunan, sigortacının sigortalısına ödediği bedelin, zarara sebebiyet veren üçüncü şahıstan halefiyet yoluyla rücuen tahsili istemine ilişkindir.

Kasko sigortasında sigortacı sigorta ettirenin gerçek zararını karşılamakla yükümlüdür. Kasko Sigortası Genel Şartları'nın 3.3.1. maddesi hükmüne göre de tazminatın belirlenmesinde sigorta konusu menfaatin rizikonun gerçekleşmesi anındaki gerçek tazmin değeri esas alınacaktır. Gerçek değerin hesaplanmasında, aracın kaza tarihindeki 2. el piyasa değeri ile perte ayrılması gerekip gerekmediğinin tespiti gereklidir. İtiraza uğrayan bilirkişi raporu hüküm kurmaya yeterli değildir.

Bu durumda, Mahkemece İTÜ. Karayolları Kürsüsü veya Karayolları Trafik Heyeti gibi kurumlardan seçilecek bilirkişi kurulundan, dava konusu aracın tamir masrafının, aracın değerine yakın veya fazla olup olmadığı, başka bir deyişle tamirinin ekonomik sayılıp sayılmayacağı, ekonomik ise hasar bedelinin, ekonomik değilse kaza tarihi itibariyle aracın 2. el satış fiyatı ile sovtaj bedelinin tespit edilerek gerçek zararın tespiti yönünden rapor alınması gerekirken, bu konuda bir inceleme yapılmadan yazılı şekilde eksik inceleme ile karar verilmesi doğru görülmemiş, hükmün bu nedenle davalılar yararına bozulması gerekmiştir.

SONUÇ: Yukarıda açıklanan nedenlerle davalılar vekilinin temyiz itirazının kabulü ile hükmün BOZULMASINA, 900.00 TL vekalet ücretinin davacıdan alınarak duruşmada vekille temsil olunan davalılara verilmesine, peşin alınan harcın istek halinde temyiz eden davalılara geri verilmesine 6.11.2012 tarihinde oybirliğiyle karar verildi.

YORUM

Dava konusu uyuşmazlıkta, kasko sigortacısı, trafik kazasında hasarlanan araç için sigorta ettirene ödemiş bulunduğu tazminatın, zarardan sorumlu diğer aracın sorumluluk sigortacısından yaptığı tahsilat düşüldükten sonra kalan kısmını, diğer aracın işleten ve sürücüsünden (yasal halefliğe dayanarak) geri istemiştir.

İlk derece mahkemesi, davayı kabul etmiş ve dava tutarının dava tarihinden itibaren işleyecek faiziyle birlikte davalılardan "dayanışmalı olarak" (müteselsilen) tahsiline karar vermiştir.

Yargıtay 17nci Hukuk dairesi, ilk derece mahkemesinin kararını aşağıdaki sebeplerle bozmuştur:

- *Kasko sigortasında sigortacı sigorta ettirenin gerçek zararını karşılamakla yükümlüdür.*
- *Kasko Sigortası Genel Şartları'nın 3.3.1. maddesi hükmüne göre de tazminatın belirlenmesinde rizikonun gerçekleşme anı itibariyle uğranılmış olan zarar tutarı belirleyicidir.*
- *Gerçek değeri hesaplamak için, önce aracın kaza tarihindeki 2nci el piyasa değerinin ve perte ayrılması gerekip gerekmediğinin (tam hasara = zıyaa uğramış sayılıp sayılmayacağının) saptanması gereklidir.*
- *İtiraza uğrayan bilirkişi raporu bu hususta hüküm kurmaya yeterli değildir.*
- *Bu durumda, seçilecek uzmanlardan oluşan yeni bir bilirkişi kurulundan, dava konusu aracın tamir masrafının, aracın değerine yakın veya fazla olup olmadığı, başka bir deyişle tamirinin ekonomik sayılıp sayılmayacağı konusunda belirleme yapması istenmelidir.*
- *Eğer tamir ekonomik ise hasar bedeli, ekonomik değilse kaza tarihi itibariyle aracın 2. el satış fiyatı ile sovtaj bedeli esas alınarak gerçek zarar tutarı saptanmalıdır.*

Karar hakkındaki değerlendirmemiz şöyledir:

- *Kasko sigortası, bir zarar sigortası olarak, gerçek zararın karşılanmasını hedef tutar ve sigorta ettiren yararına bir zenginleşme aracı olmamalıdır. Bu hususlarda duraksama yoktur.*
- *Ancak, sigortacı, yasal haleflik hakkına dayanarak zarardan sorumlu üçüncü kişiye dava açtığında, üçüncü kişinin hukuksal sorumluluğu zarar tutarı ile sınırlıdır. Rücu edilebilecek tutar, zarar tutarını aşamayacaktır.*
- *Sigortacı, rizikonun gerçekleşmesi sebebiyle zarar gören sigorta ettirene, gerçek zarar tutarından daha yüksek bir ödeme yapmış olsa dahi, zarardan sorumlu üçüncü kişiye en çok zarar tutarına eşit bir istem yöneltebilecektir.*
- *Kaldı ki, sigortacının yasal halefliğe dayanarak sorumlu üçüncü kişiden talep edebileceği tazminat tutarının tavanı sigorta ettirene ödediği tutardır. Dolayısıyla, zarar tutarı daha fazla olsa dahi (mesela muafiyet indirimi sebebiyle sigortacı zararın yalnızca yüzde doksanını tazmin etmiştir veya eksik sigorta yüzünden yahut bazı indirim sebepleri mevcut olduğu için zarardan daha düşük bir tazminat ödemesi yapmıştır), sorumlu üçüncü kişi sigortacıya karşı sadece sigortacının ödemiş olduğu tutar kadar yükümlü olacaktır.*

- *Aracın onarım tutarı, sigorta bedelinden (bugün sigorta bedeli aracın kaza anındaki rayiç değerine eşittir) fazla ise, sigortacı, sorumlu olduğu en yüksek tutar olan rayiç değeri ödeyerek edimini gereği gibi yerine getirmiş olur. Kasko Sigortası Genel Şartları'nın (bugünkü) düzenlemesi aşağıdaki gibidir:*

  3.3.2. Tazminatın Hesabı ve Ödenmesi

  ....

  3.3.2.2.Onarım masraflarının zarar gören aracın rizikonun gerçekleştiği tarihteki değerini aşması ve aynı zamanda eksper raporu ile aracın onarım kabul etmez bir hale geldiğinin tespit edilmesi durumunda, araç tam hasara uğramış sayılır. .....

  Hak sahibinin aracın hasarlı haliyle sahibine terk edilmesine onay vermesi halinde aracın riziko tarihindeki rayiç değeri ile hasarlı hali arasındaki tutar kendisine tazminat olarak ödenebilir. ....Hak sahibinin onayı ile aracı hasarlı haliyle sigortalıya terk ederek tazminatı ödemek isteyen sigortacı, tespit edip sigortalıya bildirdiği sovtaj bedelini bildirimden itibaren 1 aylık süreyle sınırlı olarak garanti etmiş sayılır.

- *Kasko Sigortası Genel Şartları'nın bu düzenlemesinde göze çarpan ilk tutarsızlık aracın tam hasara uğramış sayılması için iki koşulun birlikte aranmış olmasıdır: Onarım giderlerinin riziko tarihindeki araç değerini aşması ve aracın onarım kabul etmez hale geldiğinin eksper raporuyla saptanması. Kanımızca, onarım masraflarının araç değerini aşması yeterli sayılmalıydı. İkinci koşula ise lüzum yoktur. Günümüzde aracın onarım kabul etmez halde sayılması çok ayrık durumlarda söz konusu olur. Çok ağır hasarlı araçlar dahi, çoğu halde astarı yüzünden pahalıya gelmesine karşın onarılabilir. Böyle bir durumda sigortacı, aracın riziko günündeki rayiç değerini aşan bir onarım tutarından sorumlu tutulursa, bu sigortacıya sigorta bedelinden fazla bir ödeme yükümlülüğü yüklenmesi anlamına gelecektir.*

- *Öte yandan, Genel Şartlar "onarım kabul etmeyen araç" ile "onarıma değmeyen araç" arasında ayrım yapmalıydı. TTK'nın gemilere ilişkin düzenlemesi bu ayrımı yapmış bulunmaktadır: TTK 933(1) bent a uyarınca bir geminin tamiri hiç veya bulunduğu yerde mümkün değilse ve tamir edilebileceği bir limana götürülemezse o gemi "tamir kabul etmez gemi"; TTK 933(1) bent b uyarınca da bir geminin tamir giderleri eski ve yeni farkı gözetilmeksizin önceki değerinin dörtte üçünü aşacaksa o gemi "tamire değmez gemi" sayılacaktır.*

- *Kanımızca, motorlu kara araçları bakımından biraz farklı bir esas öngörülebilir ve aracın ancak onarım değeri kaza anındaki rayiç değerini aştığı takdirde "tamire değmez" sayılacağı yolunda bir çözüm benimsenebilir. Böyle bir halde sigortacının rayiç değeri ödeyerek edim yükümlülüğünü yerine getirmiş bulunacağını öngören bir düzenleme yeterlidir. Onarım tutarının kaza anındaki rayiç değeri aşıp aşmayacağı ise ilk aşamada eksper tarafından belirlenebilir. Diğer bir anlatışla, eksper aracın "tamire değmez" olup olmadığını saptamalıdır.*
- *Aracın "tamir kabul etmez" hale gelmiş bulunması halinde ise, zaten tam hasarın varlığı dışında bir çözüm düşünülemez.*
- *Yukarıdaki açıklamalar çerçevesinde aracın tamire değmez hale gelmiş olmasını "hükmi tam ziya" (constructive total loss, tam hasar varsayımı); aracın tamir kabul etmez hale gelmiş bulunmasını ise "gerçek tam zıya" (actual total loss) olarak niteleyebiliriz. Her iki hal de kural olarak "tam hasar" anlamına gelecektir.*
- *Yargıtay olayda onarım tutarının kaza anındaki rayiç değeri aşıp aşmadığının araştırılması gerektiğini; eğer aşıyorsa o takdirde sigortacı tarafından ödenecek gerçek zararın saptanması için aracın sovtaj bedelinin de belirlenmesi lazım geldiğini belirtmektedir. Aracın onarım giderinin ne olacağı hesaplanınca, bunun rayiç bedeli aşıp aşmadığı da anlaşılacak ve sigortacının hükmi tam hasar (rayiç değer) tutarını ödemekle yükümlü tutulup tutulmayacağı da netleşecektir. Burada sorun, tam hasar uygulaması yapılırken "rayiç değer" tutarından sovtajın (aracın hurda değerinin) indirilip indirilemeyeceğidir.*
- *Kasko Sigortası Genel Şartları m. 3.3.2 bunun ancak hak sahibinin (sigorta ettirenin) onayı halinde mümkün olabileceğini hükme bağlamıştır. Dolayısıyla sigorta ettiren, hurdayı sigortacıya bırakmak koşuluyla kendisine rayiç değerin ödenmesini isteyebilecektir.*
- *Yukarıda yer alan açıklamalar, davacı kasko sigortacısının sigorta ettirenine tazminat öderken bunun tutarını ne şekilde hesaplaması gerektiğine ilişkindir.*
- *Olayda ise, kasko sigortacısı tarafından açılan rücu davasında hüküm altına alınacak tutarı belirlemek gerekmektedir. Kasko Sigortası Genel Şartları'ndaki tazminat hesaplama yöntemi gerçek zararın saptanması için uygun bir yöntemse, kendisine rücu edilen sorumlu kişinin sorumluluğunun ne olması gerektiği araştırılırken bunu esas almak mümkündür.*
- *Ancak her halde, sovtajın davalı aleyhine hükmedilecek toplam tazminattan indirilmesi lazımdır. Çünkü (davacı- sigorta ettiren ilişkisinde) sovtaj ya sigorta ettirene bırakılmış ve böylece ona ödenen tazminattan*

düşülmüştür ya da sigorta ettirene tam tazminat ödenmiş ve araç hurdasını sigortacı değerlendirmiş (satmış) ve bundan girdi elde etmiştir. O halde (her durumda davacı lehine hesaba katılması lazım gelen) bu tutarın hasardan sorumlu davalı taraftan istenmesi söz konusu olamayacaktır.

Kasko sigortası ile sigorta güvencesi altına alınmış olan aracın hastanenin otopark görevlisine bırakılması sonrasında, bir güvenlik görevlisinin aracın yerini değiştirmek isterken yaptığı yanlış manevra sonucu hasarlanması; kasko sigortacısının ödediği tazminat için sorumlu oldukları savıyla kazaya sebep olan güvenlik görevlisi, onu çalıştıran güvenlik şirketi ve aynı zamanda otopark işleticisi olan sağlık kurumuna yasal haleflik hakkına dayalı olarak açtığı rücu davası

Yargıtay 17. Hukuk Dairesi

Esas No.: 2012/5588

Karar No.: 2012/12148

Karar tarihi: 06.11.2012

Davacı vekili; müvekkili nezdinde kasko sigortalı aracın davalı W. K. Sağlık Hizmetleri A.Ş.'ye ait olan Medipol Hastanesi otoparkına bırakılarak otopark görevlisine teslim edildiğini, güvenlik görevlisi davalı K. N.'nun otoparkta yerini değiştirmesi sırasında aracı otopark duvarına çarparak hasara uğrattığını, ekspertiz sonucu 5.740,00 TL olarak tespit edilen zararın dava dışı sigortalıya 19.04.2007 tarihinde ödendiğini belirterek, 5.740,00 TL tazminatın ödeme tarihinden itibaren işleyecek avans faizi ile birlikte davalılardan müştereken ve müteselsilen tahsiline karar verilmesini talep ve dava etmiştir.

Davalı R. Güvenlik ve Koruma Hizmetleri AŞ. ve W. K. Sağlık Hizmetleri AŞ. vekilleri, müvekkillerinin tazminattan sorumlu tutulamayacakların öne sürerek, davanın reddini savunmuşlardır.

Davalı K. N.; Hastanede otopark görevlilerinin olmadığı zamanlarda güvenlik görevlilerinin de araçları çektiğini, davacının aracının güvenlik için bulunan köpek kulübesinin önünü kapattığını, o sırada otopark görevlisi olmadığı için aracı çekmek isterken kazanın meydana geldiğini, hasar miktarının fahiş olduğunu öne sürerek, davanın reddini talep etmiştir.

Mahkemece, 07/02/2011 tarihli bilirkişi raporu benimsenerek, davanın kabulü ile 5.740,00 TL'nin 19.04.2007 ödeme tarihinden itibaren işleyecek avans faizi ile birlikte davalılardan müştereken ve müteselsilen tahsiline karar verilmiş; hüküm, R. Güvenlik ve Koruma Hizmetleri AŞ. ve W. K. Sağlık Hizmetleri AŞ. vekilleri tarafından temyiz edilmiştir.

Dava, TTK.'nun 1301. (6102 sayılı Türk Ticaret Kanunu'nun 1472/1) maddesi uyarınca açılmış bulunan, sigortacının sigortalısına ödediği bedelin, zarara sebebiyet veren üçüncü şahıstan halefiyet yoluyla rücuen tahsili istemine ilişkindir.

Kararın verildiği tarihte yürürlükte olan 6762 sayılı TTK.'nun 1278. maddesindeki düzenlemeye göre, "Mukavelede aksine hüküm olmadıkça sigortacı, sigorta ettiren veya sigortadan faydalanan kimsenin yahut fiillerinden hukuken mesul bulundukları kimselerin kusurlarından doğan hasarları tazmin ile mükelleftir. Fakat hiçbir halde sigortacı sigorta ettiren veya sigortadan faydalanan kimsenin kastından veya aksi mukavelede yazılı değilse sigorta edilen malın ayıbından doğan hasarları tazmine mecbur olmaz."

Somut olayda, davaya konu kaza, davacının sigortalısı olan dava dışı B. Q.'ın anahtarını vermek suretiyle aracını teslim ettiği hastaneye ait park yerinde, güvenlik görevlisinin aracı çekmek istediği sırada gerçekleşmiş olup, yukarıda belirtilen yasa maddesi gereğince davalı K. N.'nun eyleminden dava dışı sigortalının sorumlu olduğu kabul edilmelidir.

Öte yandan, dava dışı sigortalının eyleminden sorumlu olduğu davalı K. N.'nun, Türk Ticaret Kanunu'nun 1278. maddesi anlamında kasdi davranışından söz edilmesine hukuken olanak yoktur ve esasen böyle bir iddia davacı tarafından da ileri sürülmemiştir. Yine, Kara Taşıtları Kasko Sigortası Genel Şartları'nın A.5-6. maddesinde belirtilen ve zararın teminat dışında kalmasını gerektiren hallerin de somut olayda söz konusu olmadığı açıktır.

O halde, davacı sigortacının, sigortalanan araçta oluşan hasar nedeniyle dava dışı sigortalısına ödediği sigorta tazminatını davalılara rücu etmesine hukuken olanak bulunmadığı değerlendirilerek, davanın reddine karar verilmesi gerekirken, yanılgılı değerlendirme sonucu yazılı şekilde kabulüne karar verilmesi doğru görülmemiştir.

SONUÇ: Yukarıda açıklanan nedenlerle davalı R. Güvenlik ve Koruma Hizmetleri AŞ. ve W. K. Sağlık Hizmetleri AŞ. vekillerinin temyiz itirazının kabulü ile hükmün BOZULMASINA, peşin alınan harcın istek halinde temyiz eden davalılar R. Güvenlik ve Koruma Hizmetleri AŞ. ve W. K. Sağlık Hizmetleri AŞ.'ye geri verilmesine, 06.11.2012 günü oybirliğiyle karar verildi.

YORUM

Yargıtay 17. Hukuk Dairesi'nin bu kararına konu olan olay şöyledir: Davacı kasko sigortacısı, aracını sigorta güvencesi altına almış olduğu sigorta ettirene araç hasarı sebebiyle tazminat ödemiş ve yasal halef sıfatıyla zarardan sorumlu olduğunu öne sürdüğü davalılara karşı rücu davası açmıştır.

Davacının halef olduğu sigorta ettiren aracını hastane otoparkına teslim etmiştir. Hastanede özel güvenlik görevlisi olarak görev yapan bir kişi, o sırada otopark görevlisi orada olmadığından, sigorta ettirenin aracını çekmek için harekete geçmiş ve duvara çarpma sonucu aracın hasarlanmasına yol açmıştır.

Sigorta ettirenin halefi sıfatıyla dava açan kasko sigortacısı, hasım olarak manevra sırasında zarara sebep olan güvenlik görevlisi gerçek kişiyi, onu istihdam eden güvenlik şirketini ve hastane işletmesini göstermiştir.

İlk derece mahkemesi davayı kabul etmiştir.

Yargıtay aşağıdaki sebeplerle ilk derece mahkemesi kararını bozmuştur:

- *İlk derece mahkemesi kararının verildiği tarihte 1956 tarihli (önceki) TTK yürürlüktedir.*
- *1956 tarihli TTK m. 1278 uyarınca "Mukavelede aksine hüküm olmadıkça sigortacı, sigorta ettiren veya sigortadan faydalanan kimsenin yahut fiillerinden hukuken mesul bulundukları kimselerin kusurlarından doğan hasarları tazmin ile mükelleftir. Fakat hiçbir halde sigortacı sigorta ettiren veya sigortadan faydalanan kimsenin kastından veya aksi mukavelede yazılı değilse sigorta edilen malın ayıbından doğan hasarları tazmine mecbur olmaz."*

- *Somut olayda, araç hasarı, davacının sigortalısı olan B. Q.'ın anahtarını vererek aracını teslim ettiği hastaneye ait park yerinde, güvenlik görevlisinin aracı çekmek istediği sırada gerçekleşmiştir.*
- *Yukarıda değinilen 1956 tarihli (önceki) TTK m.1278 gereğince, K. N.'nun eyleminden sigortalı B.Q'nun sorumlu olduğu kabul edilmelidir.*
- *Öte yandan, dava dışı sigortalının eyleminden sorumlu olduğu davalı K. N.'nun, 1956 tarihli (önceki) TTK m.1278 anlamında kasıtlı bir davranışından söz edilmesine hukuken olanak yoktur.*
- *Yine, Kara Taşıtları Kasko Sigortası Genel Şartları'nın A.5-6. maddesinde belirtilen ve zararın teminat dışında kalmasını gerektiren hallerin de somut olayda söz konusu olmadığı açıktır.*
- *O halde, davacı sigortacının, sigortalanan araçta oluşan hasar nedeniyle sigortalısına ödediği sigorta tazminatını davalılara rücu etmesine hukuken olanak bulunmamaktadır.*

Yargıtay kararı hakkındaki yorumumuz şöyledir:

- *Sigortacının yasal haleflik hakkına dayanarak açtığı davanın başarıya ulaşması için temel koşullardan biri de, kendisine halef olduğu sigorta ettirenin, zarardan sorumlu kişiden tazminat isteme hakkına sahip bulunmasıdır.*
- *Sigorta ettirenin tazminat isteme hakkı, sigorta sözleşmesinin dışındaki hukuksal sebeplere dayanır.*
- *Somut olayda bu sebepler kazaya eylemiyle yol açan güvenlik görevlisine karşı sözleşme dışı sorumluluk hukuku kuralları, güvenlik şirketine karşı adam çalıştıranın sorumluluğu ve yasa, hastaneye karşı da (otoparkın hastane tarafından işletildiği varsayımında) otopark ve vale hizmeti verilmesine ilişkin sözleşme olabilir.*
- *Şu halde, davacı sigortacı, davalılardan her birine karşı, sigorta ettirenin değişik hukuk kuralları çerçevesinde tazminat alacaklısı haline gelmiş olduğunu kanıtlayacaktır.*
- *Bununla birlikte, sigortacının yasal haleflik hakkına dayalı olarak açılan rücu davalarında, yasal halefliğin sigorta hukukuna özgü bazı koşullarının mevcut olduğu da gözden uzak tutulmamalıdır. Her şeyden evvel, sigortacı, yasal halef konumuna gelebilmek için sigorta tazminatını ödemiş olmalıdır. Haleflik bu ödeme anında ve ödeme oranında gerçekleşecektir.*
- *Sigorta hukuku öğretisinde, bazı yasalar tarafından yasal halefliğin koşulları arasında "sigortacının geçerli bir sigorta sözleşmesi uyarınca, hukuken ödemesi gereken bir tazminat tutarını ödemiş olması" koşulu*

da sayılmaktadır. (Kişisel düşüncemiz, çoğu durumda zarardan sorumlu üçüncü kişinin sorumluluktan kurtulması sonucunu doğuran bu koşulun aranmamasının daha doğru olduğu yönündedir).

- *İncelemekte olduğumuz kararda Yargıtay'ın yukarıda belirttiğimiz yasal halefliğe ilişkin koşullardan hangisinin yerine gelmediğine hükmettiğini tam olarak anlayabilmiş değiliz.*
- *Yüksek Mahkeme, sigorta ettirenin aracını bulunduğu yerden çekmek isterken duvara çarptıran güvenlik görevlisinin "1956 tarihli TTK m.1278 anlamında sigorta ettirenin eyleminden sorumlu olduğu kişi" sayılacağını belirtmektedir.*
- *1956 tarihli TTK m.1278'e eşdeğer bir düzenleme (bazı farklarla) 2011 tarihli TTK'da da mevcuttur. "Rizikonun gerçekleşmesinde kusur" başlıklı 2011 tarihli TTK 1429(1) uyarınca "Sigortacı, aksine sözleşme yoksa, sigorta ettirenin, sigortalının, lehtarın ve bunların hukuken fiillerinden sorumlu bulundukları kişilerin ihmallerinden kaynaklanan zararları tazmin ile yükümlüdür. Sigorta ettiren, sigortalı ve tazminat ödenmesini sağlamak amacıyla bunların hukuken fiillerinden sorumlu oldukları kişiler, rizikonun gerçekleşmesine kasten sebep oldukları takdirde, sigortacı tazminat borcundan kurtulur ve aldığı primleri geri vermez".*
- *Bu sebeple olay hakkında yapılacak değerlendirme 2011 tarihli TTK dönemi bakımından da kural olarak geçerli olacaktır.*
- *Gerek 1956 tarihli (önceki) TTK m.1278 gerek 2011 tarihli TTK 1429(1), rizikonun sigorta ettiren, sigortalı veya bunların eylemlerinden sorumlu olduğu kişilerin kusuruyla meydana gelmiş olması durumunda, aksine sözleşme olmadığı takdirde sigortacının bundan sorumlu olacağını (diğer bir anlatışla rizikonun kusur ile gerçekleştirilmiş bulunması halinin, aksi kararlaştırılmadıkça sigortacının edim yükümlülüğünden kurtulmasına yol açmayacağını); buna karşılık riziko kasten gerçekleştirilmişse bu sonucun değişeceğini ve sigortacının sorumluluktan kurtulmuş olacağını hükme bağlamışlardır (Ancak iki yasal düzenleme arasında farklar da vardır: 1956 tarihli TTK m.1278 yalnızca sigorta ettiren ve sigortalının kastından söz etmekte, bunların eylemlerinden sorumlu olduğu kişilerin kastına ilişkin hüküm içermemektedir; 2011 tarihli TTK 1429(1) ise, sigorta ettiren ve sigortalının kastı varsa sigortacının sorumlu olmayacağını; buna karşılık sigorta ettiren ve sigortalının eylemlerinden sorumlu bulunduğu kişilerin kastının ancak bu kast sigorta tazminatının ödenmesini sağlama amacına yönelikse sigortacının sorumluluktan kurtulacağını hükme bağlamaktadır).*

- *Olayda aracı duvara çarptırarak zarar görmesine yol açan güvenlik görevlisinin kasıtlı olarak bu zarara yol açtığına ilişkin veri yoktur. Dolayısıyla kasta ilişkin düzenleme zaten devre dışıdır.*
- *Rizikonun kusur ile gerçekleştirilmesine ilişkin 1956 tarihli TTK m.1278 ve 2011 tarihli TTK 1429(1) bakımından, olayda aracı duvara çarptıran güvenlik görevlisinin neden "sigorta ettirenin eylemlerinden sorumlu olduğu kişi" sayılması gerektiği pek anlaşılamamaktadır. Karardaki açıklamalardan, bu güvenlik görevlisinin araç park edilmek üzere bırakıldıktan sonra durumdan görev çıkararak, otopark görevlisinin orada olmadığı bir sırada aracın direksiyonuna kendi kararı ile geçmiş olduğu gibi bir sonuç çıkmaktadır.*
- *Böyle olmasa (ve kazaya sebep olan güvenlik görevlisi sigorta ettirenin eylemlerinden sorumlu olduğu bir kişi sayılsa) dahi, hem 1956 tarihli TTK m.1278 hem de 2011 tarihli TTK 1429(1) bu durumda sigortacının ödeme yükümlülüğünün mevcut olacağını öngörmektedirler. Şu halde, sigortacının sigorta tazminatını ödemesine engel bir durumdan söz edilemez. Öyleyse, yasal halefliğin sigorta hukukuna ilişkin koşulları yerine gelmiştir (sigortacı, hukuken yükümlü olduğu bir ödeme yapmıştır).*
- *Diğer taraftan, yasal halefliğin sorumluluk hukukuna ilişkin koşulu da gerçekleşmiştir. Olayın verileri değerlendirildiğinde, davalılardan en azından güvenlik görevlisinin kusurlu eylemi ile vermiş olduğu zarardan sigorta ettirene karşı sorumlu tutulması gerektiği açıktır. Onu çalıştıran güvenlik firmasının adam çalıştıran sıfatıyla sorumluluğu ve davalı hastanenin de, aynı zamanda hastaneye ait otoparkın işletilmesi işini de yürütmesi sebebiyle sorumluluğu da söz konusu olabilir. (Yargıtay kararında bu kişilerin sorumluluğunu değerlendirmeye yeterli veri olmadığından burada yalnızca olasılığa değinmekle yetiniyoruz).*
- *Sanırız Yüksek Mahkeme yasal halefliğin sigorta hukukuna ilişkin koşullarından birini hatalı değerlendirmiş; ve bunun sonucunda da, davacı sigortacının yasal halef sıfatıyla dava açamayacağına hükmetmiştir.*
- *Olay 2011 tarihli TTK hükümleri uygulanarak karara bağlanacak olsa idi, Yargıtay "Sigorta ettiren dışındakilerin bilgisi ve davranışı" başlıklı TTK 1412 uyarınca değerlendirme yapma gereksinimi duyabilirdi. Bu hüküm şöyledir: "Kanunda sigorta ettirenin bilgisine ve davranışına hukuki sonuç bağlanan durumlarda, sigortadan haberi olması şartı ile sigortalının, temsilci söz konusu ise temsilcinin, can sigortalarında da lehtarın bilgisi ve davranışı da dikkate alınır." TTK 1412 çerçevesinde incelenmesi gerekebilecek husus aracın anahtarlarının sigorta ettiren tarafından kendisine bırakılmış olduğu varsayımında, kazaya sebep olan güvenlik görevlisinin "temsilci" sayılarak, onun davranışının tıpkı sigorta ettirenin*

kendi davranışı gibi sonuç doğurup doğurmayacağıdır. Ancak bu gibi bir incelemenin bu uyuşmazlıkta varılacak sonucu değiştirmemesi lazım gelir. Çünkü kasko sigortasında riziko bizzat sigorta ettirenin kusuru sonucu meydana gelse de, sigortacı bundan sorumludur. TTK 1412 asıl zararın temsilcinin kastı ile meydana getirilmiş olduğu haller bakımından önemlidir.

- *Özetleyecek olursak:*
  - *Olayda davacı sigortacının kasko sigortası uyarınca tazminat ödeme borcu doğmuştur.*
  - *Davalıların sorumlu tutulmaları için gereken koşullar da gerçekleşmiş görünmektedir.*
  - *Yüksek mahkeme, kararda yalnızca yasal halefliğin (kanımızca en azından birçok halde artık aranmaması gereken) ilk koşulu hakkında değerlendirme yapmış ve "rizikonun teminat kapsamında sayılabileceğini" belirlemiştir.*
  - *Bu noktada sıra yasal halefliğe dayalı rücu davasının ikinci (kanımızca asıl önemli olan) şartının (sorumluluğu öne sürülen kişilerin meydana geldiği zarar dolayısıyla sigorta ettirene karşı gerçekten sorumlu olup olmadıklarının) araştırılmasına gelmeliydi.*
  - *Ancak Yargıtay bunu yapmamış ve öyle görünüyor ki "araç kendisine bırakılmış olmadığı halde durumdan görev çıkararak bunu bulunduğu yerden başka bir yere çekmeye kalkan" güvenlik görevlisinin sigorta ettirenin eyleminden sorumlu olduğu bir kişi sayılacağını, dolayısıyla teminat dışında bir halden söz edilemeyeceğini ve bu durumda rücu hakkının ortadan kalkmış bulunacağını değerlendirmiştir.*
  - *Oysa bir an için ve "as a game of imagination" durumdan görev çıkararak aracı çekmeye karar veren ve kazaya sebep olan güvenlik görevlisinin "sigorta ettirenin eyleminden sorumlu olduğu bir kişi" sayılacağı düşünülse dahi, bu kişi meydana gelen zarar dolayısıyla sigorta ettirene karşı sorumlu ise, zararı ödeyen sigortacı ona rücu edebilir. Buna hukuksal açıdan hiçbir engel yoktur.*
  - *Eldeki verilere göre,*
    - *Eylemiyle kazaya yol açan güvenlik görevlisi "sigorta ettirenin eyleminden sorumlu olduğu bir kişi değildir" (böyle olsa idi dahi kendisine rücu edilebilirdi)*
    - *Onu çalıştıran güvenlik firması "adam çalıştıranın sorumluluğuna ilişkin kurallar uyarınca" sorumlu tutulabilir*

- *Otoparkı işlettiğini varsaydığımız hastane de, sigorta ettiren tarafından otoparka bırakılmış olan aracın orada zarar görmesi sebebiyle (sigorta ettirenle aralarında kurulmuş olan sözleşme uyarınca) sorumluluk altına girmiştir.*
- *Bu durumda ilk derece mahkemesinin kararı doğrultusunda davacının istemini yerinde bulmak doğru olurdu.*

Kasko sigortacısının, yasal halefliğe dayanarak kavşakta sigortalı araca çarpıp zarar veren aracın işletene açtığı rücu davası- Hangi tarafın yeşil ışıkta geçtiği- Davalıya ait aracın sürücüsünün alkollü olması

Yargıtay 17. Hukuk Dairesi

Esas No.: 2012/6429

Karar No.: 2012/12406

Karar tarihi: 12.11.2012

Davacı vekili, müvekkiline kasko sigortalı araca, davalının maliki ve sürücüsü olduğu aracın çarptığını, müvekkili tarafından sigortalısına 17.811 TL hasar bedelinin ödendiğini, davalının kaza esnasında alkollü olduğunun tespit edildiğini, ödenen bedelin 13.358,10 TL'lik kısmının kusurlu davalıdan tahsili için başlattıkları icra takibine davalının itiraz ettiğini belirterek itirazın iptaline ve takibin devamına karar verilmesini talep etmiştir.

Davalı vekili, müvekkilinin alkol kullanmadığını, kusurlu olduğu iddiasını kabul etmediklerini bildirerek davanın reddini savunmuştur.

Mahkemece, toplanan deliller ve benimsenen bilirkişi raporuna göre; davalının kazanın oluşumunda kusurunun bulunmadığı gerekçesiyle davanın reddine karar verilmiş; hüküm, taraf vekillerince temyiz edilmiştir.

1-Dosya içerisindeki bilgi ve belgelere, mahkeme kararının gerekçesinde dayanılan delillerin tartışılıp, değerlendirilmesinde usul ve yasaya aykırı bir yön bulunmamasına göre, davalı vekilinin tüm temyiz itirazlarının, davacı vekilinin aşağıdaki bendin kapsamı dışında kalan sair temyiz itirazlarının reddi gerekmiştir.

2-Dava, 6762 sayılı TTK'nun 1301. maddesinden (6102 sayılı TTK'nun 1472. maddesi) kaynaklanan rücuan tazminat istemine ilişkindir.

Davaya konu trafik kazası kontrollü kavşakta meydana gelmiş olup taraflar arasındaki uyuşmazlık hangi tarafın yeşil ışıkta geçtiği noktasında toplanmaktadır. Kazadan sonra düzenlenen kaza tespit tutanağında, davalı sürücünün kendilerine, "...kavşakta geçmek istediğinde cep telefonunun çaldığını, ışıklara dikkat etmediğini, farkında olmadığını..." beyan ettiği belirtilerek davalı sürücünün kavşaklarda geçiş önceliği kuralına uymadığından asli kusurlu, sigortalı araç sürücüsünün ise kavşağa yaklaşırken hızını azaltmaması nedeniyle tali kusurlu olduğu tespit edilmiştir. Tutanak düzenleyicileri, alınan beyanlarında tutanak içeriğinin doğru olduğunu, tarafların beyanlarına ve gözlemlerine göre tutanağı tanzim ettiklerini bildirmişlerdir. Davalı sürücünün %1.23 promil alkollü olduğu belirlenmiştir. Davalı tanığı R. N. beyanında, kendisinin yaya olarak karşıya geçmek için kavşağa geldiğini, fazla beklemeye fırsat bulamadan yeşil ışık yandığını ve geçişini yapmaya başladığını, o ara davalının aracının ise kavşakta beklediğini ve kendisine (yayalara) yeşil ışık yanması ile birlikte geçişini yapmaya başladığını ve akabinde kazanın meydana geldiğini beyan etmiş olup davalı sürücünün yeşil ışık yanarken geçtiğine dair açık bir beyanı da olmamıştır. Bu durumda mahkemece, kaza tespit tutanağının aksi ispat edilemediğinden tutanakta belirtilen somut olgular doğrultusunda kusur oranlarının belirlenmesi gerekirken dosya kapsamına uymayan bilirkişi raporunun hükme esas alınarak karar verilmesi doğru görülmemiştir.

SONUÇ : Yukarıda (1) nolu bentte açıklanan nedenlerle, davalı vekilinin tüm, davacı vekilinin sair temyiz itirazlarının reddine, (2) nolu bentte açıklanan nedenlerle davacı vekilinin temyiz itirazlarının kabulü ile hükmün BOZULMASINA ve aşağıda dökümü yazılı 735,47 TL kalan onama harcının temyiz eden davalıdan alınmasına, peşin alınan harcın istek halinde temyiz eden davacıya geri verilmesine 12.11.2012 gününde oybirliğiyle karar verildi.

YORUM

Sigortacının yasal haleflik hakkına dayalı olarak açtığı itirazın iptali davasında, Yargıtay ilk derece mahkemesi tarafından verilen davanın reddi yolundaki kararı bozmuştur.

Uyuşmazlıkta davacı sigortacı, sigorta ettirene ait aracın davalı tarafından sebep olunan kazada hasarlandığını ve bu sebeple sigorta tazminatı ödediğini ileri sürerek, ödemiş olduğu tazminat tutarının davalı tarafın kazaya sebep olma oranına (yüzde yetmiş beş) karşılık gelen kısmı için icra takibi başlatmıştır. İtiraz üzerine de itirazın iptali davası açmıştır.

İlk derece mahkemesi yargılama sırasında dosyaya sunulan bilirkişi raporunu esas alarak davayı reddetmiştir.

Yargıtay bozma kararında aşağıdaki hususları belirtmiştir:

- *Trafik kazası kontrollü kavşakta meydana gelmiştir.*
- *Taraflar arasındaki uyuşmazlık hangi tarafın yeşil ışıkta geçtiği noktasında toplanmaktadır.*
- *Kazadan sonra düzenlenen kaza tespit tutanağında, davalı sürücünün "...kavşakta geçmek istediğinde cep telefonunun çaldığını, ışıklara dikkat etmediğini, farkında olmadığını..." beyan ettiği belirtilmiştir.*
- *Tespit tutanağında davalı sürücünün kavşaklarda geçiş önceliği kuralına uymadığından asli kusurlu, sigortalı araç sürücüsünün ise kavşağa yaklaşırken hızını azaltmaması nedeniyle tali kusurlu olduğu saptanmıştır.*
- *Tutanağı düzenlemiş olanlar, yargılama sırasında "tutanak içeriğinin doğru olduğunu ve tutanağı tarafların beyanlarına ve gözlemlerine göre düzenlediklerini" bildirmişlerdir.*
- *Davalı sürücünün 1.23 promil alkollü olduğu belirlenmiştir.*
- *Davalı tanığı R. N. "kendisinin yaya olarak karşıya geçmek için kavşağa geldiğini, fazla beklemeye fırsat bulamadan yeşil ışık yandığını ve geçişini yapmaya başladığını, o ara davalının aracının ise kavşakta beklediğini ve kendisine (yayalara) yeşil ışık yanması ile birlikte geçişini yapmaya başladığını ve akabinde kazanın meydana geldiğini" beyan etmiştir. Bu tanığın davalı sürücünün yeşil ışık yanarken geçtiğine dair açık bir beyanı da olmamıştır.*
- *Bu durumda mahkemece, kaza tespit tutanağının aksi ispat edilemediğinden tutanakta belirtilen somut olgular doğrultusunda kusur oranlarının belirlenmesi gerekirken dosya kapsamına uymayan bilirkişi raporunun hükme esas alınarak karar verilmesi doğru görülmemiştir.*

Yargıtay kararı hakkında şu yorumları yapmaktayız:

- *Olayda trafik kazası sonrasında düzenlenen "tespit tutanağı" uyarınca davalı sürücü "asli", sigortalı araç sürücüsü ise "tali" kusurludur; davalının kusuru, "kavşakta geçiş önceliği kuralına uymamak" (somut olayda kırmızı ışıkta geçmek) şeklinde gerçekleşmiştir.*
- *Yargıtay, davalı tanığının beyanının da tutanağın aksini kanıtlamadığını saptamıştır. Gerçekten, bu tanık beyanı (karara yansıdığı biçimiyle) tutanağın aksini ortaya koymadığı gibi, tam tersine tutanağı doğrulamaktadır.*
- *Bu durumda Yargıtay tarafından verilen bozma kararı sonuç olarak yerindedir.*
- *Kaldı ki, davalı sürücünün kaza sırasında 1.23 promil alkollü olduğu da saptanmıştır. Ayrıca kaza tespit tutanağındaki kayıtlara göre sürücünün "telefonu çaldığı için ışıklara dikkat etmediği, farkında olmadığı" yolunda beyanı da vardır.*
- *Sigortalı aracın sürücüsüne tutanakta "tali" kusur yüklenmiştir. "Kavşağa yaklaşırken hızını azaltmaması" biçiminde tanımlanan bu tali kusurun indirim yapılmasını haklı gösterip göstermediği tartışılması lazım gelen bir husustur.*
- *KTK m.84'teki "asli kusur" ve uygulamada ortaya çıkan "tali kusur" kavramları kanımızca dayanağı olmayan kavramlardır. Asli kusur halleri olarak sayılan haller, ağır kusurun var kabul edilebileceği bazı halleri çağrıştırmaktadır. (Ancak herhangi bir "hal" kendiliğinden kusurun derecesini belirlemez, belki bu yolda bir eğilim yaratır. Yeniden belirtelim: Kırmızı ışıkta geçmek kendiliğinden (başka herhangi bir inceleme gerekmeksizin) ağır kusurlu bir davranış değildir. Kusursuz da olabilir, hafif kusurlu da olabilir hatta ender olarak başkasına zarar vermek kastıyla da gerçekleştirilmiş bir davranış dahi olabilir).*
- *Bununla birlikte, kavşakta yeşil ışık yanmadığı halde geçmek ilk yaklaşımda ağır kusurlu olarak değerlendirilebilir ve kusursuzluğun kanıtlanması yükünün kırmızı ışığa uymamış olan sürücü veya araç işleteninde olacağı benimsenebilir.*
- *Acaba ışıklı kavşağa yaklaşan bir araç, başka bir aracın (kendisine) yeşil yanmadığı halde durmayıp geçebileceğini hesaba katmak zorunda mıdır? Kanımızca herkesin hukuk kurallarına uygun davranacağını varsaymak yanlış bir tutum değildir.*
- *Bu olayda davalı lehine indirim uygulanmasının gerektiği de çok kuşkuludur (Ancak davacı bunu işin başında kabul ettiği ve talebini sınırlandırmış olduğu için bu hususta tartışmaya gerek kalmamaktadır). Kanımızca*

- *Davalının kaza sırasında 1,23 promil oranında alkollü olduğu dikkate alınarak, onun "aracı güvenli sürme yeteneğini tümüyle yitirmiş olduğu"*
- *Bu haldeyken yaptığı kazanın onun alkol etkisi altında olmasından kaynaklanmış sayılacağı*
- *Böyle olmadığını öne sürmekte ise, neden kazanın onun alkol etkisi altında olması dışındaki bir sebepten ileri geldiğini kendisinin kanıtlaması gerektiği*

kabul edilerek, davalı taraf aleyhine hüküm kurulması doğru olacaktır.

Yol üzerindeki rögar kapağının sebep olduğu motorlu araç hasarını gideren sigortacının yasal halef sıfatıyla özel hukuk hükümlerine tabi kuruluş aleyhine açtığı davanın hangi mahkemede görüleceği

Yargıtay 17. Hukuk Dairesi
Esas No.: 2012/8448
Karar No.: 2012/12412
Karar tarihi: 12.11.2012

Davacı vekili, müvekkili şirkete kasko sigortalı araç seyir halindeyken davalı kurumun sorumluluğundaki rögar kapağının açılması sonucu çarparak hasarlandığını belirterek sigortalıya ödenen 3.170.96 TL'nin TTK'nun 1301. maddesi gereğince ödeme tarihinden itibaren işleyecek yasal faiziyle birlikte davalıdan tahsiline karar verilmesini talep etmiştir.

Davalı vekili, yargı yolu itirazında bulunup, davanın reddini savunmuştur.

Mahkemece, idarenin hizmet kusuruna dayanılarak açılan davaya bakmakla idare mahkemesi görevli olduğundan, davanın görev yönünden reddine karar verilmiş; hüküm, davacı vekilince temyiz edilmiştir.

Dava, 6762 sayılı TTK.'nun 1301. maddesinden (6102 sayılı TTK'nun 1472. maddesi) kaynaklanan rücuan tazminat istemine ilişkindir.

6762 sayılı TTK.'nun 18. maddesinde; kendi kuruluş kanunları gereğince özel hukuk hükümleri dairesinde idare edilmek ve ticari şekilde işletilmek üzere devlet, vilayet, belediye gibi kamu tüzel kişileri tarafından kurulan teşekkül ve müesseselerin dahi tacir sayılacakları belirtilmiştir. Aynı yasanın 12/11. maddesinde; su, gaz, elektrik dağıtım, telefon, radyo ile haberleşme ve yayın yapma gibi işlerle uğraşan müesseselerin ticarethane sayılacakları hükme bağlanmıştır.

Z. 'nin kuruluşu hakkındaki 2560 sayılı kanunun ek 5. maddesinde; bu kanunun diğer Büyükşehir Belediyelerinde de Z. 'nin kuruluşu hakkındaki 2560 sayılı kanunda, bu kurumun Genel Kurul, Yönetim Kurulu ve Genel Müdürlük ile yönetileceği, denetçileri vasıtasıyla denetim yapılacağı, yıllık faaliyet ve yatırımlarının bilançolarda belirlenip genel kurulun onayına sunulacağı ve bütçesinin kamu iktisadi teşebbüslerinde uygulanan bütçe formülüne göre düzenleneceği açıklandığına göre, bu kuruluşun özel hukuk hükümlerine göre idare edilen bir kamu kuruluşu olduğunun kabulü gerekir.

Nitekim, Yargıtay Hukuk Genel Kurulu da 2560 sayılı Kanuna tabi olan Z. 'nin "gördüğü hizmet kamu hizmeti ise de faaliyetini özel hukuk kuralları altında yapması itibariyle TTK.nun 18/1. maddesi anlamında tacir sayılacağını ve tacir olan davalı ile davacı arasındaki haksız fiilden kaynaklanan (TTK.'nun 3. maddesi) davaya bakma görevinin adli yargının görevine girdiğini YHGK.'nun 21.09.1983 gün ve Esas 1980/11 - 2721 Karar, 1983/823 ve YHGK.nun 29.11.1995 gün Esas 1995/11 - 647 Karar 1995/1043 sayılı kararlarında benimsenmiştir.

Bu durumda mahkemece, tacir olan davalı Z. ile davacı sigorta şirketi arasında haksız fiilden kaynaklanan davaya bakma görevinin adli yargıya ait olduğu göz önünde bulundurulup, işin esasına girilerek karar verilmesi gerekirken, yazılı şekilde hüküm kurulması doğru değildir.

SONUÇ: Yukarıda açıklanan nedenle davacı vekilinin temyiz itirazlarının kabulü ile hükmün BOZULMASINA, peşin alınan harcın istek halinde temyiz eden davacıya geri verilmesine 12.11.2012 gününde oybirliğiyle karar verildi.

YORUM

Yargıtay bu kararında,

- *Kendi kuruluş kanunları uyarınca özel hukuk hükümlerine göre yönetilmek ve ticari şekilde işletilmek üzere kamu tüzel kişileri tarafından kurulan kuruluşların "tacir" sayılacaklarını*
- *Olaydaki (davalı) kuruluşun da özel hukuk hükümlerine göre yönetildiğinin anlaşıldığını*
- *Yargıtay HGK tarafından da davalının, kamu hizmeti görmekle birlikte, etkinliğini özel hukuk kuralları altında sürdürmesi açısından "tacir" sayılması gerektiğine karar verildiğini*
- *Bu sebeple seyir halindeki aracın, davalının sorumluluğu altındaki rögar kapağının açılması sonucunda bu kapağa çarparak hasarlanması halinde, davalı kuruluş ile davacı (yasal halef) sigorta şirketi arasındaki davanın "haksız eylem hükümlerinden" kaynaklanmış sayılacağını ve adli yargının görevine dahil bulunacağını*

belirtmiştir.

Kamunun kullanımına açık yerleşim birimleri dahilindeki yollarda rögarların yapımı ve bakımı ile ilgili sorumluluğun Türk Borçlar Kanunu'nun haksız eyleme ilişkin kurallarına tabi sayılması acaba hangi anlama gelmektedir?

- *Sorumluluğun TBK m.49 fk.1 uyarınca söz konusu olacağı kabul edilirse, "kusur" koşulunun gerçekleşmesi aranacaktır. O zaman da (bir kamu hizmeti görüldüğünden) "hizmet kusuru" hakkındaki kurallara mı başvurulacaktır? Yoksa TBK m.66'daki "adam çalıştıranın sorumluluğu" hakkındaki hüküm mü uygulanacaktır? (Bu takdirde, çalıştırılan kişilerin rögar kapağına ilişkin çalışmaları hakkında yeterli özenle gözetim ve denetimde bulunulmamış olması veya onlara talimat verme bakımından gereken özenin gösterilmemiş olması mı sorumluluğa yol açacaktır?)*
- *Rögar kapağı sorumluluğu TBK m.69'da düzenlenen "yapı malikinin sorumluluğu" olarak mi nitelenecektir? Rögar kapağından sorumlu kuruluş acaba yapı eseri maliki sayılabilir mi?*
- *TBK m.71'de düzenlenen "tehlike sorumluluğu" hakkındaki hükümler uygulanabilir mi? Rögar kapakları ile ilgili etkinlik "gereken özen gösterilse dahi sıkça veya ağır zararlar doğurmaya elverişli" sayılabilir mi?*
- *Yukarıdaki sorumluluk sebeplerinden yargıcın takdirine göre herhangi birine (zarar görene en iyi giderim olanağı sağlayan sorumluluk sebebine) dayalı olarak hüküm kurulması mümkün müdür (TBK m.60).*

Bu hususların yargı tarafından zaman içinde netleştirileceği anlaşılmaktadır.

Bir diğer husus, davalının "tacir" sayılmasına bağlı olarak, haksız eylemin "ticari haksız eylem" biçiminde nitelendirilmesi ve daha yüksek faiz uygulanmasıdır. Bunun yerinde bir çözüm olmadığı düşüncesindeyiz.

Bina asansörünün yol açtığı araç hasarını ödeyen sigortacının yasal halef sıfatıyla açtığı rücu davası

Yargıtay 17. Hukuk Dairesi

Esas No.: 2012/6798

Karar No.: 2012/12793

Karar tarihi: 20.11.2012

Davacı vekili; müvekkiline kasko sigortalı aracın 1 nolu davalı tarafından diğer davalıların maliki olduğu binaya kurulan araç asansörünün arızalanması sonucu ezilmek suretiyle hasarlandığını, araçta yapılan ekspertiz incelemesi sonucunda araçtaki hasar miktarının 16.115,50 TL olduğunun tespit edildiğini, hasarın aracın güncel değerine göre yüksek olması nedeniyle "pert total" işlemine tabi tutularak aracın rayiç değeri olan 15.500,00 TL'nin 26.08.2009 tarihinde sigortalıya ödendiğini, aracın hasarlı hali ile 7.300,00 TL'ye satıldığını belirterek, 8.200,00 TL bakiye tazminatın ödeme tarihinden itibaren işleyecek avans faizi ile birlikte davalılardan müştereken ve müteselsilen tahsiline karar verilmesini talep ve dava etmiştir.

Davalı F2 San. Tic. Ltd. Şti., K2 ve K3; Binada bulunan asansörün arızalanmasına sigortalı araç sürücüsünün sebebiyet verdiğini, binek araçlar için yapılmış asansöre ticari araç olan sigortalı aracın sürücüsünün geri manevra yaparken asansör kapıları tam açılmadan kepenklere çarpmak suretiyle asansörün elektronik ve mekanik aksamlarının arızalanmasına ve aracın zarar görmesine sebep olduğunu, zararın asansör arızasından meydana geldiği kabul edilse dahi zarar tarihinde taşınmazda pay sahibi olan sigortalının payı ve sürücünün kusuru oranında tazminattan indirim yapılması gerektiğini öne sürerek, davanın reddini savunmuştur.

Davalı K1 İnş. Teks. Gıda Otm. San. ve Dış Tic. Ltd. Şti. vekili; Olayda müvekkilinin kusurunun bulunmadığını öne sürerek, davanın reddini savunmuş, diğer davalılar davaya cevap vermemiştir.

Mahkemece, Davanın K1 ... Ltd. Şti. ve F2 Ltd. Şti. yönünden Kısmen kabulüne, davalı K2 ve K3 yönünden tam kabulüne, diğer davalılar yönünden reddine; 6.150,00 TL tazminatın davalı F2 Ltd. Şti., K2 ve K3'den, 2.050,00 TL tazminatın ise davalı K1 ... Ltd. Şti., K2 ve K3'den ödeme tarihinden itibaren işleyecek yasal faizi ile birlikte müştereken ve müteselsilen tahsiline karar verilmiş, hüküm davalı F2 Ltd. Şti. ve K1 ... Ltd. Şti. vekili tarafından temyiz edilmiştir.

Dava, TTK.'nun 1301. (6102 sayılı Türk Ticaret Kanunu'nun 1472/1) maddesi uyarınca açılmış bulunan, sigortacının sigortalısına ödediği bedelin, zarara sebebiyet veren üçüncü şahıstan halefiyet yoluyla rücuen tahsili istemine ilişkindir.

Mahkemece kusur oranının ve zararın tespiti yönünden 24.12.2010 ve 19.08.2011 tarihli iki ayrı rapor alınmıştır. 24.12.2010 tarihli raporda, kazanın meydana gelmesinde davalı K1 Tic. Ltd. Şti.'nin %60, imalatı yaptıran F2 ve Tic. Ltd. Şti.'nin %30, K8 plakalı araç sürücüsünün %10 oranında kusurlu oldukları belirlenirken; 19.08.2011 tarihli raporda ve bu rapora ek olarak alınan 17.12.2011 tarihli raporda ise; F2 ve Tic. Ltd. Şti.'nin ve birinci bodrum kat otopark malikleri K2 ve K3'ün %75, davalı K1 Tic. Ltd. Şti.'nin %25 oranında kusurlu oldukları, diğer bina maliki davalıların ve dava dışı araç sürücüsünün kusurunun bulunmadığı tespit edilmiş, Mahkemece 19.08.2011 ve 17.12.2011 tarihli kök ve ek raporlar esas alınarak karar verilmiştir. Ne var ki, bilirkişi raporları arasındaki çelişki giderilmeden karar verilmesi isabetli değildir.

Borçlar Kanunu'nun 58. maddesi uyarınca bina malikinin binanın fena yapılmasından dolayı kusursuz sorumluluğu vardır. Olay tarihi itibariyle ilgili taşınmazda pay sahibi olan davalılar Kat Mülkiyeti Kanunu'na göre ortak yer sayılan binanın asansöründeki bakım eksikliğinden kaynaklanan ve sigortalı araçta meydana gelen zarardan payları oranında sorumlu sayılırlar.

Bu durumda, iki bilirkişi raporu arasında ortaya çıkan çelişkinin, bir inşaat, bir mimar ve bir de makine mühendisinden oluşturulacak bilirkişi kurulu marifetiyle keşif yapılarak, celp edilecek onaylı mimari projenin de yerinde uygulanması sonucu kazanın meydana geldiği asansörün ortak alan olup olmadığının tespitinden sonra, Borçlar Kanunu'nun 58. maddesindeki düzenleme de göz önünde tutulmak suretiyle, olay tarihi itibariyle tarafların kusur oranlarının tespiti ile dosyadaki tüm deliller birlikte değerlendirilerek sonucuna göre bir karar verilmesi gerekirken, usul ilkelerine aykırı biçimde eksik inceleme ile yazılı olduğu gibi karar verilmesi doğru görülmemiştir.

Kabule göre de, reddedilen miktar üzerinden davalı K1 Tic. Ltd. Şti. lehine vekalet ücreti takdir edilmemesi doğru olmamış, kararın bozulması gerekmiştir.

SONUÇ: Yukarıda açıklanan nedenlerle, davalı C. B. İnş. Teks. Gıda Otm. San. ve Dış Tic. Ltd. Şti. vekilinin ve G. X. ve Tic. Ltd. Şti.'nin temyiz itirazlarının kabulü ile hükmün BOZULMASINA, peşin alınan harcın istek halinde temyiz eden davalılar C. B. İnş. Teks. Gıda Otm. San. ve Dış Tic. Ltd. Şti.'e geri verilmesine 20.11.2012 gününde oybirliğiyle karar verildi.

YORUM

Karardan anlaşıldığına göre, binadaki asansör bir aracın hasar görmesine sebep olmuş ve aracın kasko sigortacısı, sigorta ettirene tazminat ödedikten sonra, yasal haleflik uyarınca, zarardan sorumlu olduğunu düşündüğü davalılara (asansörü binaya monte etmiş olan şirket, asansörün içinde bulunduğu binanın ortak malikleri) rücu davası açmıştır.

İlk derece mahkemesi bazı davalılar için tüm istemi, bazıları için istemin bir kısmını kabul etmiş; bazı davalılar hakkında da davayı reddetmiştir.

Yargıtay, ilk derece mahkemesinin kararını aşağıdaki gerekçe ile bozmuştur:

- *Dosyadaki bilirkişi raporları arasında çelişki bulunmaktadır.*
- *Uyuşmazlık çözüme bağlanırken, yapı malikinin sorumluluğu (TBK m.69) hükmünü dikkate almak gerekir. Bu düzenlemeye göre, bir yapı eserinin maliki, yapıdaki bozukluklardan veya yapının bakım eksikliğinden doğan zarardan sorumludur.*

- *Olay tarihinde taşınmazda pay sahibi olan bütün ortak maliklerin sorumlu olacakları da göz önünde bulundurulmalıdır.*

Yüksek Mahkeme'nin yukarıdaki değerlendirmelerine katılmaktayız.

Yargıtay kararındaki "......bilirkişi kurulu marifetiyle keşif yapılarak, getirtilecek onaylı mimari projenin de yerinde uygulanması sonucu kazanın meydana geldiği asansörün ortak alan olup olmadığının tespitinden sonra, yapı malikinin sorumluluğuna ilişkin düzenleme de göz önünde tutulup, olay tarihi itibariyle tarafların kusur oranlarının tespiti ile dosyadaki tüm deliller birlikte değerlendirilerek sonucuna göre bir karar verilmesi gerekir" değerlendirmesinin davayı yeniden görecek mahkeme tarafından (bozma kararına uyulduğu takdirde) nasıl hayata geçirileceği de önemlidir. Kanımızca

- *Sigortalı aracın sürücüsünde kusur varsa, bu hal (tüm) davalılara yükletilecek tazminatta indirim yapılmasını gerektirebilir.*
- *Buna karşılık, asansörü kendi kararlarıyla veya kendi gözetimleri altında yaptırmış olan paydaş malik veya maliklerin kusuru diğer paydaş maliklerin zarar görene karşı sorumluluğunu etkilemeyecek; yalnızca zarar görene ödemede bulunan sorumlu kişilerin diğer sorumlulara yöneltebilecekleri rücu istemi bakımından dikkate alınabilecektir.*
- *Asansör sistemini taşınmaza kuran firmanın kusur oranı da kural olarak diğer sorumlu kişilerle olan iç paylaşımda rol oynayacaktır.*

İşleten sıfatının (ve işletenin bağlı olduğu teşebbüs sahibi sıfatının) nasıl kanıtlanacağı

Yargıtay 17. Hukuk Dairesi

Esas No.: 2012/8023

Karar No.: 2012/12794

Karar tarihi: 20.11.2012

Davacı vekili; Müvekkiline kasko sigortalı aracın davalının teşebbüs sahibi sıfatıyla sorumlu olduğu aracın çarpması sonucu hasarlandığını, kaza tutanağına göre olayda davalı aracın sürücüsünün tamamen kusurlu olduğunu, araçta yapılan ekspertiz incelemesi sonucunda araçtaki hasar miktarının 12.604,87 TL olduğunun tespit edildiğini, hasarın aracın 13.000,00 TL olan güncel değerine göre yüksek olması nedeniyle pert total işlemine tabi tutularak aracın rayiç değeri olan 13.000,00 TL'nin 18.05.2009 tarihinde sigortalıya ödendiğini, aracın sovtajının 6.111,00

TL'ye satıldığını, 6.889,00 TL bakiye tazminatın ödeme tarihinden itibaren işlemiş 1.207,75 TL yasal faizi ile birlikte davalıdan tahsili için yapılan takibe davalının itirazı üzerine takibin durduğunu belirterek, itirazın iptali ile takibin devamına karar verilmesini talep ve dava etmiştir.

Davalı vekili; Kazaya sebebiyet veren araç ve sürücüsü ile müvekkilinin ilgisinin bulunmadığını öne sürerek, davanın reddini savunmuştur.

Mahkemece, kazaya karışan K4 plakalı aracın kaza tarihinde dava dışı K1 adına kayıtlı olduğu, aracın davalı kargo şirketi unvanı altında taşıma yapmak için kullanıldığı veya şirket adına çalıştırıldığı iddiasının ispatlanamadığı gerekçesiyle davanın reddine karar verilmiş; hüküm, davacı vekili tarafından temyiz edilmiştir.

Dava, TTK.'nun 1301. (6102 sayılı Türk Ticaret Kanunu'nun 1472/1) maddesi uyarınca açılmış bulunan, sigortacının sigortalısına ödediği bedelin, zarara sebebiyet veren üçüncü şahıstan halefiyet yoluyla rücuen tahsili istemine ilişkindir.

Kural olarak trafik sicilinde araç maliki olan kişi, aracı işletendir. 2918 sayılı Karayolları Trafik Kanunu'nun 3 ve 19. maddelerine göre trafik kaydı "işleteni" kesin olarak gösteren bir karine değilse de, onun kim olduğunu belirleyen güçlü bir kanıt niteliğindedir. Ancak, yerel mahkemenin de kabulünde olduğu gibi, trafik kaydına rağmen işleten sıfatının üçüncü kişi üzerinde bulunmasını engelleyen bir yasa hükmü yoktur.

2918 sayılı Karayolları Trafik Kanunu'nun 85. maddesine göre de; bir motorlu aracın işletilmesi bir kimsenin ölümüne veya yaralanmasına yahut bir şeyin zarara uğramasına sebep olursa, motorlu aracın bir teşebbüsün unvanı veya işletme adı altında işletilmesi halinde, motorlu aracın işleteni ve bağlı olduğu teşebbüsün sahibi, doğan zarardan müştereken ve müteselsilen sorumlu olur.

Dava konusu uyuşmazlık, kazaya neden olan K4 plakalı aracın kaza tarihinde davalı kargo şirketi adına çalışıp çalışmadığının, bir başka deyişle davalı firmanın teşebbüs sahibi sıfatıyla zarardan sorumlu olup olmadığının tespiti noktasında toplanmaktadır.

Kazaya neden olan araç, trafik sicilinde dava dışı K1 adına kayıtlıdır. Ancak, davacının sigortalısı olan tanık K5 Mahkeme huzurunda verdiği ifadesinde, K4 plakalı aracın üzerinde "K3 Kargo" ibaresinin yazılı olduğunu beyan etmiştir. Dosya kapsamında yer alan kaza tespit tutanağında da, kazaya neden olan aracın sürücüsü K2'ın beyan ettiği adresin ve telefon numarasının davalı kargo şirketinin ... ... şubesine ait adres ve telefon numarası ile aynı olduğu anlaşılmaktadır. Mahkemece, davacı tarafın delil listesinde gösterildiği halde, K4 plakalı aracın sürücüsü K2'ın SGK kayıtları celp edilmemiş, kaza tarihinde aracın kaza tespit tutanağında ait olduğu bildirilen adres belirtilmek suretiyle, dava dışı K1'in davalı kargo şirketinin acentesi olup olmadığı araştırılmamıştır.

Şu halde, yerel mahkemece, davalı şirketin Trafik Kanunu'nun 85. maddesinde belirlenen teşebbüs sahibi olup olmadığının tespiti yönünden yeterli araştırmanın yapılmadığı ortadadır. Bu itibarla, işaret olunan belgeler celp edilmeden ve eksiklikler giderilmeden usul ilkelerine aykırı biçimde eksik inceleme ile yazılı olduğu gibi karar verilmesi doğru görülmemiştir.

SONUÇ: Yukarıda açıklanan nedenlerle, davacı vekilinin temyiz itirazlarının kabulü ile hükmün BOZULMASINA, peşin alınan harcın istek halinde temyiz eden davacıya geri verilmesine, 20.11.2012 günü oybirliğiyle karar verildi.

YORUM

Yargıtay kararı "işleten" ve "işletenin bağlı olduğu teşebbüs sahibi" kavramlarıyla ilgilidir.

Olayda kasko sigortası ile güvence altına alınmış olan araç, başka bir aracın çarpması sonucunda zarar görmüş ve sigortacı sigorta ettirene tazminat ödeyerek onun haklarına yasa gereği halef olmuştur. Sigortacı, zarardan sorumlu olduğu savıyla çarpan aracın bağlı olduğu teşebbüs sahibini dava etmiştir.

İlk derece mahkemesi sigortalı araca zarar veren aracın davalıdan başka biri adına kayıtlı olduğunu ve davalıya bağlı olarak çalıştırıldığının kanıtlamadığı gerekçesiyle davayı reddetmiştir.

Yargıtay

- *Davacının sigortalısı olan kişinin mahkeme huzurunda verdiği ifadesinde, çarpan aracın üzerinde davalı kargo şirketinin işletme adının yazılı olduğunu beyan ettiğini,*
- *Kaza tespit tutanağında da, kazaya neden olan aracın sürücüsünün beyan ettiği adresin ve telefon numarasının da davalı kargo şirketinin bir şubesine ait adres ve telefon numarası ile aynı olduğunu;*
- *Davacının delil listesinde yer aldığı halde çarpan aracın sürücüsünün SGK kayıtlarının getirtilmediğini;*
- *Kaza tarihinde çarpan aracın adına kayıtlı bulunduğu işletenin davalı kargo şirketinin acentesi olup olmadığının araştırılmadığını belirlemiş ve eksik inceleme sonucu karar verildiği gerekçesiyle ilk derece mahkemesi kararını bozmuştur.*

Yüksek Mahkeme kararında varılan sonuca katılmaktayız. Nitekim

- *KTK m.85 fk.1 aşağıdaki gibidir:*

  İşleten ve araç işleticisinin bağlı olduğu teşebbüs sahibinin hukuki sorumluluğu

  ***Madde 85** –Bir motorlu aracın işletilmesi bir kimsenin ölümüne veya yaralanmasına yahut bir şeyin zarara uğramasına sebep olursa, motorlu aracın bir teşebbüsün unvanı veya işletme adı altında veya bu teşebbüs tarafından kesilen biletle işletilmesi halinde, motorlu aracın işleteni ve bağlı olduğu teşebbüsün sahibi, doğan zarardan müştereken ve müteselsilen sorumlu olurlar.*

- *KTK m.85 fk.1'den açıkça anlaşıldığı gibi, "işletenin bağlı olduğu teşebbüs sahibi" (KTK m.85'in başlığında yasal terminolojiye uyulmamış ve "işletenin bağlı olduğu teşebbüs sahibi" yerine "araç işleticisinin bağlı olduğu teşebbüs sahibi" denmiştir; buradaki "araç işleticisi" deyimi "işleten" anlamında -onunla eş anlamlı olarak kullanılmıştır) işletenden farklı bir sorumlu kişidir. Zarar görene karşı bunların her ikisi de müteselsilen (dayanışmalı biçimde) sorumludur.*
- *Şu halde bir işleten, bir teşebbüs sahibine bağlı olarak çalışmakta olduğu sırada, o işletenin aracı bir üçüncü kişiye zarar vermişse, hem işleten hem de işletenin bağlı olduğu teşebbüs (girişim) sahibi birlikte bu zarardan sorumlu tutulacaklardır.*

"Zincirleme" trafik kazasında zarar gören (en ön taraftaki) aracın kasko sigortacısı tarafından arkadaki aracın sürücüsü ve ZTS poliçesini düzenleyen sorumluluk sigortacısı aleyhine yasal halef sıfatıyla açılan davada kusur durumunun ne şekilde araştırılacağı

Yargıtay 17. Hukuk Dairesi

Esas No.: 2012/9888

Karar No.: 2012/13088

Karar tarihi: 26.11.2012

Davacı vekili, müvekkili şirkete kasko sigortalı araca, davalıların sürücüsü ve trafik sigortacısı olduğu aracın çarpması sonucu hasarlandığını, müvekkili tarafından sigortalısına 50.500 TL hasar bedeli ödendiğini belirterek kaza tespit tutanağına göre davalı sürücünün %50 kusur oranına isabet eden 25.250 TL'nin ödeme tarihinden itibaren işleyecek avans faizi ile birlikte davalılardan müştereken ve müteselsilen tahsiline karar verilmesini talep etmiştir.

Davalı J. K. vekili, kusur oranına ve talep edilen tazminat miktarına itiraz ederek davanın reddini savunmuştur.

Davalı K. Sigorta A.Ş. vekili, sigortalı araç sürücüsünün kusuru oranında ve poliçe limitiyle sınırlı olmak üzere sorumlu olduklarını bildirmiştir.

Mahkemece, toplanan deliller ve benimsenen bilirkişi raporuna göre, kazanın oluşumunda davalı sürücünün kusursuz olduğunun anlaşıldığı gerekçesiyle davanın reddine karar verilmiş; hüküm, davacı vekili tarafından temyiz edilmiştir.

Dava, 6762 sayılı TTK'nun 1301. maddesinden (6102 sayılı TTK'nun 1472. maddesi) kaynaklanan rücuan tazminat istemine ilişkindir.

Mahkemece hükme dayanak yapılan 01/04/2011 tarihli bilirkişi raporunda, davalı J. K.'ın aracının, sigortalı aracın arkasında durduğu ancak arkadan gelen araçların davalının aracına çarpması sonucu davalının aracının sigortalı araca arkadan çarparak hasarlanmasına neden olduğu, bu nedenle davalıya atfedilecek bir kusur bulunmadığı belirtilmiştir. Oysa, davalı J. K., aynı zincirleme kazaya ilişkin görülen İstanbul 5. Asliye Hukuk Mahkemesi'nin 2007/357 esas sayılı dosyasında tanık olarak verdiği yeminli beyanında, yolun sol şeridinde seyir halinde iken önündeki araçların durduğunu, kendisinin de durduğunu ancak önündeki araca hafif bir şekilde vurduğunu, bunun kesinlikle çarpma şeklinde olmadığını, aracının hava yastıklarının açılmadığını, ne olduğunu anlamak için aracından indiğini, bu esnada arkadan gelen başka bir aracın kendisine ait araca çarptığını ve bu çarpmanın etkisiyle aracının önündeki araca çarptığını beyan etmiştir. Bununla birlikte, aynı kazaya ilişkin davalı J. K.'ın kasko sigortacısı olan K. Sigorta A.Ş. tarafından davacıya kasko sigortalı aracın maliki, işleteni ve ihtiyari mali sorumluluk sigortacısına (R.A Türk Sigorta Şirketi) karşı açılan Kocaeli 2. Sulh Hukuk Mahkemesi'nin 2008/39 Esas 2009/1750 Karar sayılı dosyasında ise, hükme esas alınan bilirkişi raporunda davacıya kasko sigortalı araç sürücüsü olan davalı J. K.'ın ve davalı sürücü G. Ç.'nın % 50'şer oranda kusurlu oldukları belirtilmiş, davanın kısmen kabulüne dair verilen karar davacı tarafça temyiz edilmemiş, davalıların temyiz itirazları ise kusur oranları yönünden reddedilmiştir. O halde mahkemece, Kocaeli 2. Sulh Hukuk Mahkemesi'nin 2008/39 Esas 2009/1750 Karar sayılı dosyasının, işbu davanın tarafları yönünden güçlü delil niteliğinde olduğu dikkate alınmalı, ayrıca davalı J. K.'ın tanık olarak verdiği beyanı ve diğer tüm deliller birlikte değerlendirilerek tarafların kusur oranlarının yeniden belirlenmesi ve davalı J. K.'ın aracının ilk çarpma sonucu davacıya sigortalı araçta oluşturacağı hasar bedelinin belirlenmesi hususunda son bilirkişi kurulundan ek rapor alınarak sonucuna göre karar verilmesi gerekirken yazılı şekilde hüküm kurulması doğru görülmemiştir.

SONUÇ : Yukarıda açıklanan nedenlerle davacı vekilinin temyiz itirazlarının kabulü ile hükmün BOZULMASINA, peşin alınan harcın istek halinde temyiz eden davacıya geri verilmesine 26/11/2012 gününde oybirliği ile karar verildi.

YORUM

Bu kararda Yargıtay, davacı sigortacının yasal haleflik hakkına dayalı olarak zarardan sorumlu bulunduğu öne sürülen kişilere karşı açtığı rücu davasında, kusur durumunun iyi araştırılması gerektiğine, bu hususta aynı olaya ilişkin başka dava dosyalarında yer alan tanık beyanlarının ve başka davalarda verilen kararların da dikkate alınması gerektiğine hükmetmiştir.

Kararda varılan sonuca ve gerekçelere katılmaktayız.

Kasko sigortası ile güvence altına alınmış olan park halindeki aracın davalının (kiracı) evinde meydana gelen doğalgaz patlaması nedeniyle evin duvarlarının yıkılması sonucu hasarlanması; kasko sigortacısının yasal haleflik hakkına dayalı rücu davası

Yargıtay 17. Hukuk Dairesi

Esas No.: 2012/4074

Karar No.: 2012/13760

Karar tarihi: 10.12.2012

Davacı vekili, müvekkili şirkete kasko sigortalı araç, park halinde iken davalının evinde meydana gelen doğalgaz patlaması nedeniyle evin duvarlarının yıkılması sonucu kaskolu aracın hasarlandığını, sigortalı araçta meydana gelen 9.719,92 TL hasar bedelinin müvekkili tarafından sigortalısına ödendiğini, olayın meydana gelmesinde davalının kusurlu olduğunu belirterek TTK'nun 1301. maddesi gereğince 9.719,92 TL'nin ödeme tarihinden itibaren işleyecek yasal faizi ile birlikte davalıdan tahsiline karar verilmesini talep etmiştir.

Davalı, olayın meydana gelmesinde müvekkilinin hiçbir kusurunun bulunmadığını ileri sürerek davanın reddini savunmuştur.

Mahkemece, toplanan deliller ve benimsenen bilirkişi raporuna göre, binanın elektrik tesisatından kaynaklanan patlama sonucu meydana gelen zarardan davalının sorumlu tutulamayacağı gerekçesiyle davanın reddine karar verilmiş; hüküm, davacı vekili tarafından temyiz edilmiştir.

Dava, 6762 sayılı TTK'nun 1301. maddesinden (6102 sayılı TTK'nun 1472. maddesi) kaynaklanan rücuan tazminat istemine ilişkindir.

Somut olayda, davalının kiracısı olduğu dairede meydana gelen patlama sonucu, park halindeki davacıya kasko sigortalı araç hasarlanmıştır. Mahkemece benimsenen bilirkişi raporu, davacının olayda kusuru olup olmadığı hususunu aydınlatıcı nitelikte değildir. Bu durumda mahkemece, davalının kiracısı olduğu evde İGDAŞ tarafından önerilmeyen doğalgaz sobası bulunduğu ve bu sobaya bağlı doğalgaz esnek borusunun standart dışı olduğu tespit edildiğine göre bu tesisatın kiracıya ait olup olmadığı belirlenmeli, bununla birlikte standart dışı kullanılan bu tesisatın veya doğalgaz esnek borusu ile buzdolabı kablosunun temas eder şekilde kullanılmasının tekniğine uygun olup olmadığının ve bunların olayın meydana gelmesindeki etkisinin belirlenmesi, binanın genelinde olduğu iddia edilen elektrik tesisatı sorunu için davalı kiracının ne gibi önlemler alabileceği hususlarında İTÜ Makine ve Elektrik Bölümünden seçilecek bilirkişi kurulundan ayrıntılı, gerekçeli ve denetime açık rapor alınarak sonucuna göre davalının sorumluluğunun değerlendirilmesi gerekirken eksik incelemeye dayalı yazılı şekilde hüküm kurulması doğru görülmemiştir.

SONUÇ : Yukarıda açıklanan nedenlerle davacı vekilinin temyiz itirazlarının kabulü ile hükmün BOZULMASINA, peşin alınan harcın istek halinde temyiz eden davacıya geri verilmesine 10.12.2012 gününde oybirliğiyle karar verildi.

YORUM

Uyuşmazlık konusu olayda, davacı sigortacı sigorta ettirenin aracını kasko sigortası ile sigorta güvencesi altına almıştır. Araç, davalının evinde meydana gelen doğalgaz patlaması sonucunda hasar görmüştür. Bunun üzerine sigorta ettirene sigorta tazminatını ödeyen davacı sigortacı, yasal haleflik hakkına dayanarak zarardan sorumlu olduğu savıyla davalı aleyhine zarar giderim davası açmıştır.

İlk derece mahkemesi, davalının kusurunun kanıtlanmadığı gerekçesiyle davayı reddetmiştir.

Yargıtay, ilk derece mahkemesinin bu kararını "eksik inceleme" sebebiyle bozmuştur. Bozma kararı şu gerekçelere dayandırılmıştır:

- *İlk derece mahkemesinin benimsediği ve kararını dayandırdığı bilirkişi raporu, davalının olayda kusuru olup olmadığı hususunu aydınlatıcı nitelikte değildir.*
- *Davalının kiracısı olduğu evde İGDAŞ tarafından önerilmemesine karşın doğalgaz sobası bulunduğu ve bu sobaya bağlı doğalgaz esnek borusunun standart dışı olduğu saptanmıştır.*

- *Bu tesisatın kiracıya ait olup olmadığı belirlenmelidir.*
- *Buna ek olarak, doğalgaz esnek borusu ile buzdolabı kablosunun temas eder şekilde kullanılmasının uygun olup olmadığı ve olayın meydana gelmesine etki edip etmediği belirlenmelidir.*
- *Binanın genelinde elektrik tesisatı sorunu olduğu öne sürülmüştür. Davalı kiracının bu sorunla ilgili olarak ne gibi önlemler alabileceği bilirkişi incelemesi ile belirlenmeli ve davalının sorumlu olup olmadığı buna göre değerlendirilmelidir.*

Kararda varılan sonuç yerindedir.

Kasko sigortası ile güvence altına alınmış aracın hasarını ödeyen sigortacı tarafından aracın otoparkta hasarlandığı savıyla açılan davada davacının "otoparkta hasarlanma" olgusunu nasıl kanıtlayacağı

Yargıtay 17. Hukuk Dairesi

Esas No.: 2012/7481

Karar No.: 2012/13762

Karar tarihi: 10.12.2012

Davacı vekili, müvekkili şirkete kasko sigortalı aracın, sigortalı tarafından davalı şirkete ait alışveriş merkezinin kapalı otoparkına park edildiğini, sigortalının aracı almak için döndüğünde yan tarafından hasarlanmış olduğunu gördüğünü, park görevlilerinin kendisine bir ticari taksinin çarparak kaçtığını söylediklerini, müvekkili tarafından sigortalısına 4.048 TL hasar bedelinin ödendiğini, TTK'nun 1301. maddesi gereğince ödenen bedelin rücuan tahsili için davalı şirkete yönelik başlattıkları icra takibine itiraz edildiğini bildirerek itirazın iptali ile takibin devamına, davalının %40 icra inkar tazminatı ödemesine karar verilmesini talep etmiştir.

Davalı vekili, otoparkın güvenliğinin uluslararası standartlara sahip güvenlik şirketi tarafından sağlandığını, müvekkili şirketin bir sorumluluğunun bulunmadığını, davacının iddiasını ispat etmesi gerektiğini ileri sürerek davanın reddini savunmuştur.

Mahkemece, toplanan deliller ve benimsenen bilirkişi raporuna göre; davanın kabulüne, davalının icra takibine itirazının iptali ile takibin devamına, davalının asıl alacak 4.048 TL üzerinden %40 icra inkar tazminatı ödemesine karar verilmiş; hüküm, davalı vekili tarafından temyiz edilmiştir.

1-Dava, 6762 sayılı TTK'nun 1301. maddesinden (6102 sayılı TTK'nun 1472. maddesi) kaynaklanan rücuan tazminat istemine ilişkindir.

TMK'nun 6. maddesi uyarınca kanunda aksine bir hüküm bulunmadıkça, taraflardan her biri hakkını dayandırdığı olguların varlığını ispat ile yükümlüdür. Somut olayda, davacı sigorta şirketi, sigortalı aracın davalıya ait alışveriş merkezinin otoparkında hasarlandığını iddia etmişse de, bu iddiasını ispata yönelik herhangi bir somut delil dosyaya sunmamıştır. Bu itibarla, ispat edilemeyen davanın reddine karar verilmesi gerekirken yazılı şekilde hüküm kurulması doğru görülmemiştir.

2-Kabule göre de; davalının sorumlu tutulacağı alacak miktarı likit (belirli, muaccel) olmayıp, alacak miktarının tespiti yargılama yapılmasını gerektirdiğinden davalı aleyhine icra inkar tazminatına hükmedilmemesi gerekirken yazılı olduğu şekilde karar verilmesi bozmayı gerekmiştir.

SONUÇ : Yukarıda açıklanan nedenlerle davalı vekilinin temyiz itirazlarının kabulü ile hükmün BOZULMASINA, peşin alınan harcın istek halinde temyiz eden davalıya geri verilmesine 10.12.2012 gününde oybirliğiyle karar verildi.

YORUM

Yargıtay bu kararda sigorta ettirene tazminat ödeyen sigortacı tarafından yasal haleflik hakkına dayalı olarak zarardan sorumlu olduğu öne sürülen kişiye karşı açılan rücu (zarar giderim) davasında, davacının savını kanıtlama yükümlülüğüne vurgu yaparak ilk derece mahkemesince verilen kararı bozmuştur.

İddiaya göre, sigorta ettirenin aracı, davalı şirkete ait alışveriş merkezinin kapalı otoparkında başka bir aracın çarpması sonucu hasar görmüştür. Bu iddia sigorta ettirene otopark görevlileri tarafından yapılan açıklamalara dayandırılmıştır. Başkaca bir delil sunulmamış olduğu anlaşılmaktadır.

Kanımızca da davacının en azından alışveriş merkezinin otoparkına girerken aracın hasarsız durumda olduğunu kanıtlaması gerekirdi.

Öte yandan, otopark görevlilerinin "aracın otoparkta başka bir aracın çarpması sonucu hasar gördüğü" biçimindeki açıklamalarını tanık sıfatıyla mahkeme önünde de yinelemeleri söz konusu olsaydı, bu dahi kanımızca davanın kabulü için yeterli olmazdı. Çünkü bu beyan, hasara yol açan eylemin davalı şirketin çalıştırdığı kişilerin kusuru olmaksızın meydana geldiğini ve davalının kural olarak sorumlu tutulmaması lazım geldiğini ortaya koymaya hizmet ederdi.

Kasko sigortacısı tarafından açılan yasal haleflik hakkına dayalı rücu davasında, hasar bedelinin saptanması için bilirkişi incelemesi yaptırılması; davalıların miras bırakanının aczi saptanmışsa davalıların mirasçı sıfatıyla sorumlu tutulamayacağı

Yargıtay 17. Hukuk Dairesi

Esas No.: 2012/11783

Karar No.: 2013/83

Karar tarihi: 14.01.2013

Davacı vekili, müvekkili şirkete kasko sigortalı araca, davalıların murisi K3'ın maliki ve sürücüsü olduğu aracın çarpması sonucu hasarlandığını, müvekkili şirket tarafından sigortalıya 18.790 TL hasar bedeli ödendiğini, karşı aracın trafik sigortacısından tahsil edilen 6.000 TL'nin mahsubu ile bakiye 12.790 TL'nin ödeme tarihinden itibaren işleyecek yasal faiziyle birlikte davalılardan müştereken ve müteselsilen tahsiline karar verilmesini talep etmiştir.

Davalılar K2 vekili, zamanaşımı süresinin dolduğunu, kusur oranının ispat edilmediğini ileri sürerek davanın reddini savunmuştur.

Davalı K1, kazanın oluşumunda kasko sigortalı aracın kusurlu olduğunu, oğlu K3'ın mal varlığının bulunmadığını bildirmiştir.

Mahkemece, toplanan deliller ve benimsenen bilirkişi raporuna göre, davanın kabulüne, 12.790 TL'nin ödeme tarihinden itibaren işleyecek yasal faiziyle birlikte davalılardan müştereken ve müteselsilen tahsiline karar verilmiş; hüküm, davalı K2 vekili ve davalı K1 tarafından temyiz edilmiştir.

1- Dava, 6762 sayılı TTK'nun 1301. maddesinden (6102 sayılı TTK'nun 1472. maddesi) kaynaklanan rücuan tazminat istemine ilişkindir.

Sigorta şirketi ödediği bedeli değil gerçek zararı talep edebilir. HUMK'nun 275. ve devamı (HMK'nın 266. ve devamı) maddeleri gereğince, çözümü özel ve teknik bilgiyi gerektiren hallerde bilirkişinin oy ve görüşünün alınması gerektiği hükmüne yer verilmiştir. Trafik kazalarında araçta meydana gelen hasar bedelinin hesaplanması ve kazada kusur oranlarının belirlenmesi teknik bilgi ve uzmanlığı gerektiren konulardandır. Mahkemece, sigortalı araçta oluşan hasarın tespiti ve kusur oranlarının belirlenmesi hususunda trafik ve hasar konusunda uzman bilirkişiden alınacak rapor sonucuna göre karar verilmesi gerekirken hukukçu bilirkişi tarafından tanzim edilen yetersiz bilirkişi raporuna dayanarak hüküm kurulması bozmayı gerektirmiştir.

2-Davalı K1'ın savunmasında, oğlu K3'ın bekâr olarak vefat ettiğini, hiçbir malvarlığının olmadığını, sahibi olduğu aracın da kaza sonucu hurdaya çıktığını beyan ettiği görülmüştür. Davalı temyiz dilekçesinde ise, mirasın reddine ilişkin dava açtığını ileri sürmüştür. Terekenin borca batık olduğunun tespiti, müstakil bir dava yolu ile istenebileceği gibi HUMK'un 222 ve devamı maddesi uyarınca yargılama sırasında hadise şeklinde de incelenip karara bağlanabilir. Türk Medeni Kanunun 605. maddesi hükmü uyarınca "Yasal ve atanmış mirasçılar mirası reddedebilir. Ölümü halinde miras bırakanın aczi açıkça belli veya resmen tespit edilmiş ise, miras reddedilmiş sayılır". Bu durumda mahkemece, davalı K1 tarafından açıldığı iddia edilen mirasın reddine ilişkin dava dosyası da getirtilerek davalıların aciz halinde olup olmadığı, adlarına kayıtlı mal varlığı bulunup bulunmadığı hususlarının araştırılması ve sonucuna göre karar verilmesi gerekirken bu konuda hiç inceleme ve değerlendirme yapılmaksızın yazılı olduğu biçimde hüküm kurulması isabetli görülmemiştir.

SONUÇ: Yukarıda açıklanan nedenlerle, davalı R. R. vekili ve davalı H. O. R.'ın temyiz itirazlarının kabulü ile hükmün BOZULMASINA, peşin alınan harcın istek halinde temyiz eden davalılar R. R. ve H. O. R.'a geri verilmesine 14.1.2013 gününde oybirliğiyle karar verildi.

YORUM

Dava konusu olayda sigorta ettirenin aracı davalıların miras bırakanının yol açtığı kazada hasarlanmıştır. Davacı kasko sigortacısı, sigorta ettirenin zararını gidermiştir. Kazaya yol açan davalı tarafa ait aracın trafik sorumluluğu sigortacısı zararın sigorta limiti içinde kalan kısmını ödemiştir. Bunun üzerine davacı sigortacı yasal halefliğe dayanarak zararın geri kalan kısmı için davalılara (miras bırakanlarının sebep olduğu araç hasarından sorumlu oldukları savıyla) rücu davası açmıştır.

İlk derece mahkemesi davayı kabul etmiştir.

Yargıtay, ilk derece mahkemesinin kararını aşağıdaki gerekçelerle bozmuştur:

- *Yasal halefliğe dayalı olarak rücu davası açan sigortacı, ödediği bedeli değil gerçek zararı isteyebilir.*
- *HMK m. 266 vd. gereğince, çözümü özel ve teknik bilgiyi gerektiren hallerde bilirkişi görüşünün alınması lazımdır.*
- *Trafik kazalarında araçta meydana gelen hasarın tutarının ve kazadaki kusur oranlarının belirlenmesi teknik bilgi ve uzmanlığı gerektirir.*
- *Mahkemece, hukukçu bilirkişi tarafından düzenlenen yetersiz bilirkişi raporuna dayanılarak hüküm kurulması bozmayı gerektirmiştir.*
- *Davalı K1, savunmasında, oğlu K3'ın bekâr olarak vefat ettiğini, hiçbir malvarlığının olmadığını, sahibi olduğu aracın da kaza sonucu hurdaya çıktığını açıklamış, temyiz dilekçesinde ise, mirasın reddi davası açtığını belirtmiştir.*
    - *Terekenin borca batık olduğu yargılama sırasında da incelenip karara bağlanabilir. Dava açılmış olması zorunlu değildir.*
    - *TMK m.605 uyarınca "Yasal ve atanmış mirasçılar mirası reddedebilir. Ölümü halinde miras bırakanın aczi açıkça belli veya resmen tespit edilmiş ise, miras reddedilmiş sayılır".*
    - *Bu durumda mahkemece, davalı K1 tarafından açıldığı öne sürülen mirasın reddine ilişkin dava dosyası da getirtilerek davalıların aciz halinde olup olmadığı, adlarına kayıtlı mal varlığı bulunup bulunmadığı hususlarının araştırılması ve sonucuna göre karar verilmesi gerekirdi.*
- *Bu konuda hiç inceleme ve değerlendirme yapılmaksızın yazılı olduğu biçimde hüküm kurulması yerinde görülemez.*

Karar hakkında şu yorumu yapabiliriz:

- *Araçta meydana gelen hasarın tutarının belirlenmesi için mahkemece bilirkişi incelemesi yaptırılması gerektiği düşüncesine ilke olarak ka-*

tılmıyoruz. Eğer davacı sigortacı, sigorta ettirenine yaptığı ödemenin yerindeliğini kanıtlayan delillere dayanarak dava açmış idiyse, bu deliller uyarınca hüküm kurulabilmesi gerekir. Mesela, davacı sigortacı eksper raporuna dayanarak istemde bulunmuşsa, tarafsız ve bağımsız bir kişi olması yasa gereği olan eksperin raporunun esas alınmaması için sebep yoktur.

- *Trafik kazalarında, hangi tarafın kusurunun ne oranda kazanın meydana gelmesine etki etmiş bulunduğu da eğer dava dosyasında bu hususta yeterli delil varsa o delile bakılarak belirlenebilir. Ancak çoğu halde dosyada bu gibi bir delil mevcut olmayacak ve bilirkişi incelemesi gerekecektir.*
- *Davanın "mirasçılara" yöneltilmiş olması durumunda, eğer mirasın yasa gereği reddedilmiş sayılması gerekmekte ise, mirasçıların sorumluluğu yönünde karar verilmemesi lazım gelir. Bu yönden karardaki sonuca katılmaktayız.*

Üzerinde rehin hakkı kurulmuş bulunan motorlu aracın trafik kazasında hasarlanması üzerine, sigorta ettiren araç malikine rehin alacaklısının onayını almaksızın tazminat ödeyen kasko sigortacısının zarardan sorumlu kişiye açtığı yasal haleflik hakkına dayalı rücu davası

Yargıtay 17. Hukuk Dairesi

Esas No.: 2012/7446

Karar No.: 2013/675

Karar tarihi: 28.01.2013

Davacı vekili, müvekkili şirkete kasko sigortalı araca, davalıların maliki ve sürücüsü olduğu aracın çarpması sonucu hasarlandığını, müvekkili tarafından sigortalıya 19.344,00 TL hasar bedeli ödendiğini, kazanın oluşumunda davalı sürücünün tam kusurlu olduğunu ileri sürerek TTK'nun 1301. maddesi gereğince 19.344,00 TL tazminatın ödeme tarihinden itibaren işleyecek yasal faiziyle birlikte davalılardan müştereken ve müteselsilen tahsiline karar verilmesini talep etmiştir.

Davalılar, davanın reddini savunmuştur.

Mahkemece, davacı şirkete kasko sigortalı araç üzerinde R. Bafra Şubesi'nin rehin hakkı bulunduğu, rehin hakkı sahibinin açılan davaya muvafakat etmediği, bu nedenle davacının aktif husumet ehliyetinin bulunmadığı gerekçesiyle davanın reddine karar verilmiş; hüküm, davacı vekili tarafından temyiz edilmiştir.

Dava, 6762 sayılı TTK.'nun 1301. maddesinden (6102 sayılı TTK'nun 1472. maddesi) kaynaklanan rücuan tazminat istemine ilişkindir.

6762 sayılı TTK.'nun 1269. maddesi uyarınca, malı rehin alan kimse sıfatıyla o mal üzerindeki menfaatini kendi adına sigorta ettirebileceği gibi, aynı Yasa'nın 1270. maddesi hükmüne göre, bir başkasının da rehin konusu malı rehin alan hesabına ve onun lehine sigorta ettirmesi mümkündür. 4721 sayılı Türk Medeni Kanunun 879. maddesi gereğince, sigorta tazminatının öncelikle rehin hakkı sahibine verilmesi veya açık muvafakatinin alınması gerekmektedir.

Somut olayda, davacı sigortacı sigortalı araçtaki hasar bedelini sigortalısına ödemiş olup, bu bedeli TTK.nin 1301 maddesi uyarınca halefiyete dayalı olarak araca hasar veren davalılardan talep edebilir.

Bu durumda, davacı tarafından talep edilen hasar bedeli olup, sigorta tazminatı olmadığına göre, davacıya ait araç üzerinde rehin hakkı sahibi olan bankanın davaya muvafakatinin alınması zorunlu olmadığından mahkemece yanılgılı değerlendirme sonucu yazılı şekilde hüküm kurulması doğru görülmemiştir.

SONUÇ: Yukarıda açıklanan nedenlerle davacı vekilinin temyiz itirazlarının kabulü ile hükmün BOZULMASINA, peşin alınan harcın istek halinde temyiz eden davacıya geri verilmesine 28.1.2013 gününde oybirliğiyle karar verildi.

YORUM

Karar, sigorta ettirenine sigorta tazminatı ödeyen kasko sigortacısı tarafından zarardan sorumlu kişiye karşı açılan yasal halefliğe dayalı bir rücu davasına ilişkindir. Kasko sigortasına konu olan hasarlanmış araç üzerinde bir bankanın rehin hakkı bulunduğu anlaşılmaktadır.

İlk derece mahkemesi, rehin hakkı sahibinin açılan davaya onay vermediği, bu nedenle davacının aktif husumet ehliyetinin bulunmadığı gerekçesiyle davanın reddine karar vermiştir.

Yargıtay ilk derece mahkemesinin kararını aşağıdaki gerekçelerle bozmuştur:

- *TMK m. 879 gereğince, sigorta tazminatının öncelikle rehin hakkı sahibine verilmesi veya açık muvafakatinin alınması gerekmektedir.*
- *Somut olayda, davacı sigortacı sigortalı araçtaki hasar bedelini sigorta ettirenine ödemiştir.*
- *Bu ödeme ile yasal haleflik hakkı gerçekleşmiştir.*
- *Şu halde davacı sigortacı, ödediği tutarı zarardan sorumlu (kasko sigortası konusu araca hasar vermiş) olan kişilerden isteyebilecektir.*
- *Davacı tarafından talep edilen tutar hasar bedelidir. Sigorta tazminatı değildir.*
- *Bu durumda, davacıya ait araç üzerinde rehin hakkı sahibi olan bankanın davaya onayının alınması zorunlu değildir.*
- *Mahkemece yanılgılı değerlendirme sonucu yazılı şekilde hüküm kurulması doğru görülmemiştir.*

Karar hakkındaki yorumumuz şöyledir:

- *Kanımızca sigorta tazminatının öncelikle rehin hakkı sahibine verilmesi gerekmez (Bu hususta Cilt IV ve Cilt V'te başka kararları incelerken yapmış olduğumuz açıklamalara bkz.)*
- *Yargıtay'ın yerleşmiş içtihadına göre, davacı sigortacının yasal halefliğine yol açan ödemeyi "rehin hakkı sahibi bankadan onay almadan" yapmaması gerekirdi.*
- *Ancak, olayda öyle anlaşılıyor ki, Yargıtay'ın gerekli gördüğü bu onay koşulu yerine getirilmeden, sigorta ettirene tazminat ödenmiştir.*
- *Sorun, bu ödemenin ne gibi bir etki doğuracağıdır.*
- *Kanımızca, bu ödemenin sigortacıya yasal haleflik hakkını vermesine hiçbir engel yoktur.*
- *Yargıtay (yasal halefliğin ancak hukuksal açıdan gerekli ve doğru kişiye yapılmış bir tazminat ödemesi sonucunda gerçekleşeceği görüşünü benimsemekte ise) fikrimizce kendi içtihadıyla tutarlı olmak bakımından, kurala uygun olmayan ödeme ile sigortacının yasal haleflik hakkını kazanmamış olacağı sonucuna varabilirdi.*
- *Belirtelim ki bu sonuç da yerinde olmazdı.*

- *Olayda incelenmesi gereken hukuksal sorunlardan biri de, rehin alacaklısının sigorta tazminatı üzerinde mevcut olan hakkı sigortacı tarafından dikkate alınmayarak sigorta ettirene ödeme yapılmış olan hallerde, söz konusu rehin hakkının, sigortacının yasal halefliğe dayalı rücu alacağı üzerinde sürüp sürmeyeceğidir.*
  - *Hukuk sistemimizde, bunu öngören bir kural bulunmamaktadır.*
  - *Bankanın rehin hakkı zedelenmemişse (kasko sigortacısı tarafından sigorta ettirene yapılan ödeme aracın onarılması = eski haline döndürülmesi amacıyla kullanılmışsa) sigortacının yasal halef sıfatıyla rücu etmesi hukuka uygundur. Elde edilen girdinin rehin hakkı sahibine aktarılmasını haklı gösteren bir durum da söz konusu değildir.*
  - *Buna karşılık, eğer sigorta ettiren kasko sigortacısından tahsil etmiş olduğu tutarı aracın eski haline geri döndürülmesi için kullanmamış ve rehin hakkı zedelenmişse (araç onarılmadığı için, banka açısından sağladığı güvence azalmış bulunuyorsa) sigortacının rehin hakkının "zarardan sorumlu üçüncü kişiye yönelik tazminat alacağını da kapsayacağı" kabul edilebilir. Bu takdirde, hüküm fıkrasında sigortacı lehine hüküm altına alınacak tazminat alacağı üzerinde bankanın hakkının bulunduğu da belirtilmelidir.*

Trafik kazasında yaralanan sigortalıların tedavi giderlerini ödeyen sağlık sigortacısının yasal halef sıfatıyla kazaya yol açan aracın işleteninin sorumlu olduğu ölçüde o araç için ZTS poliçesini düzenleyen sorumluluk sigortacısına değil SGK'ya başvurması gerektiği

Yargıtay 17. Hukuk Dairesi

Esas No.: 2012/11067

Karar No.: 2013/1779

Karar tarihi: 18.02.2013

Davacı vekili, müvekkiline sağlık sigortası poliçesi ile sigortalı olan H. G. R., R. H. ve B. H.'in, davalıya trafik sigortalı aracın tek taraflı kaza yapması sonucu yaralandıklarını, müvekkilinin poliçe kapsamında yaralanan sigortalıların tedavi giderlerini karşıladığını belirterek 2.454,60 TL'nin ödeme tarihinden itibaren işleyecek yasal faizi ile birlikte davalıdan tahsiline karar verilmesini talep etmiştir.

Davalı vekili, 6111 sayılı yasanın geçici 1. maddesi gereğince tedavi giderlerinin Sosyal Güvenlik Kurumundan talep edilmesi gerektiğini ileri sürerek davanın reddini savunmuştur.

Mahkemece, toplanan deliller ve benimsenen bilirkişi raporuna göre, davanın kabulüne, 2.454,60 TL'nin 02/03/2011 tarihinden itibaren işleyecek yasal faizi ile birlikte davalıdan tahsiline karar verilmiş; hüküm, davalı vekili tarafından temyiz edilmiştir.

Dava, 6762 sayılı TTK'nun 1301. maddesinden (6102 sayılı TTK'nun 1472. maddesi) kaynaklanan rücuan tazminat istemine ilişkindir.

Dava tarihinde yürürlükte bulunan ve 2918 sayılı yasanın 98.maddesinde değişiklik yapan 6111 sayılı Yasanın 59. maddesinde, "trafik kazaları nedeniyle üniversitelere bağlı hastaneler ve diğer resmi ve özel sağlık kuruluşlarının sundukları sağlık hizmet bedellerinin kazazedenin sosyal güvencesi olup olmadığına bakılmaksızın "Sosyal Güvenlik Kurumu tarafından karşılanacağı", yasanın geçici 1.maddesi ile de "Bu Kanunun yayımlandığı tarihten önce meydana gelen trafik kazaları nedeniyle sunulan sağlık hizmet bedellerinin Sosyal Güvenlik Kurumu tarafından karşılanacağı, söz konusu sağlık hizmet bedelleri için bu Kanunun 59 uncu maddesine göre belirlenen tutarın %20'sinden fazla olmamak üzere belirlenecek tutarın üç yıl süreyle ayrıca aktarılmasıyla anılan dönem için ilgili sigorta şirketleri ve Güvence Hesabının yükümlülüklerinin sona ereceği" öngörülmüştür.

2918 sayılı Karayolları Trafik Kanununun 91. maddesi ve Zorunlu Mali Sorumluluk Sigortası Genel Şartları A-1.maddesinde, sigortacı poliçede belirtilen aracın işletilmesi sırasında bir kimsenin ölümüne veya yaralanmasına veya bir şeyin zarara uğramasına sebebiyet vermiş olmasından dolayı 2918 sayılı Karayolları Trafik Kanununa göre işletene düşen hukuki sorumluluğu zorunlu sigorta limitlerine kadar temin edeceği, düzenlenmiştir. Karayolları Trafik Kanuna göre, zorunlu mali sorumluluk sigortası yaptırmak zorunludur.

Sigorta poliçesinde belirtilen, motorlu aracın işletilmesinden kaynaklanan kaza nedeniyle sigorta şirketi zarar görenlerin tedavisi için ödenen giderleri zorunlu olarak teminat altına alır. Sigorta şirketinin yasadan ve sözleşmeden doğan bu yükümlülüğü, 6111 sayılı Yasa ile getirilen düzenleme ile sona erdirilmiş bulunmaktadır.

Yukarıda açıklanan yasal düzenlemelere göre, 2918 sayılı Yasanın 98. maddesinde belirtilen tedavi giderleri yönünden sorumluluk "Sosyal Güvenlik Kurumu'na" geçtiğinden eldeki davada yasal hasmın "Sosyal Güvenlik Kurumu" olması gerekir.

Bu durumda mahkemece, sorumluluğu sona eren sigorta şirketi hakkındaki davanın husumet yönünden reddine karar verilmesi gerekirken yazılı şekilde hüküm tesisi doğru görülmemiş kararın bu nedenle bozulması gerekmiştir.

SONUÇ: Yukarıda açıklanan nedenlerle davalı vekilinin temyiz itirazlarının kabulü ile hükmün BOZULMASINA, peşin alınan harcın istek halinde temyiz eden davalıya geri verilmesine 18/02/2013 gününde oybirliğiyle karar verildi.

YORUM

Yargıtay, davalı sigorta şirketi aleyhindeki istemin kabulü yönündeki ilk derece mahkemesi kararını zorunlu trafik sigortası (ZTS) uyarınca ödenecek tedavi masraflarının SGK tarafından karşılanmasını öngören yasal düzenlemeyi dikkate alarak bozmuştur.

Olayda davacı, sağlık sigortası sözleşmesi uyarınca sağlık giderleri teminatı sağlamakla yükümlü bulunan sigorta şirketidir. Davacı sigortacı, sigortalı kişilerin tek taraflı bir trafik kazasında yaralanmaları ve tedavi görme gereğinin ortaya çıkması üzerine, tedavi giderlerini karşılamış ve daha sonra, trafik kazası sebebiyle sorumlu olan işletenin ZTS poliçesini düzenlemiş olan sorumluluk sigortacısından bunları yasal halef sıfatıyla rücu davası açarak geri istemiştir.

Yargıtay kanımızca yerinde olarak davalı sorumluluk sigortacısı aleyhindeki istemi kabul eden ilk derece mahkemesi kararını bozmuştur. Yargıtay dava konusu olan rücu alacağının davalıdan değil, SGK'dan istenmesi gerektiğini belirtmiştir.

Böylece Yüksek Mahkeme, sağlık sigortacısının rücu davasını SGK'ya yöneltebileceğini kabul etmiş bulunmaktadır. Fikrimizce de sağlık sigortacısının, karşıladığı tedavi giderlerinin SGK tarafından ödenmesi gerektiği ölçüde SGK'ya rücu edebilmesi doğru bir çözümdür. SGK, sorumluluk sigortası kapsamındaki bir tutarın sağlık (giderleri) sigortacısı tarafından ödenmiş bulunması üzerine sorumluluktan kurtulmamalıdır.

Burada üzerinde durulması lazım gelen husus, (davacının SGK'dan talepte bulunması olasılığında) SGK'nın sorumlu olduğu tutarın neye göre hesaplanacağıdır.

Bu noktada şu ayırımı yapmamızın yararlı olacağını düşünmekteyiz:

- *Aynı giderin hem SGK hem de özel sigortacı tarafından ödenebilecek olduğu durumlarda, son aşamada ödeme yükümlülüğünün bunlardan hangisi üzerinde kalması gerektiği sorunu (genel nitelikli sorun) ülkemizde net bir biçimde kurala bağlanmamıştır. Oysa buna gereksinim olduğunu düşünmekteyiz. Özel sigorta güvencesi sağlamış bir sigortacının sigortalısına ödediği bir gider (zarar) aynı zamanda SGK'nın da sorumluluğu altında ise özel sigorta şirketine yasal haleflik hakkına dayanarak SGK'ya rücu hakkı verilecek midir (verilmeli midir)? Hangi hallerde? Bunun tartışılması ve çok açık yasa kurallarına bağlanması gerektiği düşüncesindeyiz.*
- *Ancak trafik kazalarından kaynaklanan sağlık giderleri konusunda ayrık bir durum söz konusudur: SGK, ZTS poliçesi düzenleyen sigortacıların tedavi giderlerini karşılama sorumluluğunu "ücreti karşılığında" ve yasa gereği olarak üzerine devralmıştır. Bu sebeple, evvelce bir sigorta şirketine bu giderlerin karşılanması için başvurulabilecek bütün hallerde, artık o sigorta şirketi yerine SGK'ya başvurulabilmesi lazımdır.*

Sağlık sigortacısının trafik kazası sebebiyle ortaya çıkan sağlık giderlerini karşılaması sonrasında yasal halef sıfatıyla, kazadan sorumlu olan işletene yükletilebilecek tedavi masrafı sorumluluğu için ZTS poliçesini düzenlemiş olan sorumluluk sigortacısına değil, Sosyal Güvenlik Kurumu'na dava açması gereği

Yargıtay 17. Hukuk Dairesi

Esas No.: 2012/11116

Karar No.: 2013/1781

Karar tarihi: 18.02.2013

Davacı vekili, müvekkiline sağlık sigortası poliçesi ile sigortalı olan C. H.'ün, davalıların işleteni, sürücüsü ve trafik sigortacısı olduğu aracın tek taraflı kaza yapması sonucu yaralandığını, müvekkili tarafından sigortalı C. H.'ün tedavi giderlerinin karşılandığını belirterek 34.816,21 TL'nin ödeme tarihinden itibaren işleyecek yasal faizi ile birlikte davalılardan müştereken ve müteselsilen tahsiline karar verilmesini talep etmiştir.

Davalı vekili, 6111 sayılı yasanın geçici 1. maddesi gereğince tedavi giderlerinin Sosyal Güvenlik Kurumundan talep edilmesi gerektiğini ileri sürerek davanın reddini savunmuştur.

Mahkemece, toplanan deliller ve benimsenen bilirkişi raporuna göre, davanın kabulüne, 34.816,21 TL'nin davalı sigorta şirketinden poliçe limitiyle sınırlı olmak üzere 15.02.2011 tarihinden, diğer davalılar yönünden 04/02/2011 tarihinden itibaren işleyecek yasal faizi ile birlikte müteselsilen tahsiline karar verilmiş; hüküm, davalı L. Sigorta AŞ vekili tarafından temyiz edilmiştir.

… … …

Karayolları Trafik Kanuna göre, zorunlu mali sorumluluk sigortası yaptırmak zorunludur.

Sigorta poliçesinde belirtilen, motorlu aracın işletilmesinden kaynaklanan kaza nedeniyle sigorta şirketi zarar görenlerin tedavisi için ödenen giderleri zorunlu olarak teminat altına alır. Sigorta şirketinin yasadan ve sözleşmeden doğan bu yükümlülüğü, 6111 sayılı Yasa ile getirilen düzenleme ile sona erdirilmiş bulunmaktadır.

Yukarıda açıklanan yasal düzenlemelere göre, 2918 sayılı Yasanın 98.maddesinde belirtilen tedavi giderleri yönünden sorumluluk "Sosyal Güvenlik Kurumu'na" geçtiğinden eldeki davada yasal hasmın "Sosyal Güvenlik Kurumu" olması gerekir.

Bu durumda mahkemece, "Sosyal Güvenlik Kurumu"nun davaya dahil edilmesi, tarafların delillerinin toplanması, davacı tarafından talep edilen tedavi giderlerinden 2918 sayılı Yasanın 98.maddesi kapsamında kalanların ve Sosyal Güvenlik Kurumunun sorumluluğuna esas olanların belirlenerek 2918 Sayılı Yasanın 98 maddesi kapsamında kalan tedavi giderleri yönünden Sosyal Güvenlik Kurumu'nun, yasa kapsamı dışında kalan giderlerden ise davalı sigorta şirketinin sorumlu tutulması gerekirken yazılı şekilde eksik inceleme ile hüküm kurulması doğru görülmemiştir.

SONUÇ: Yukarıda açıklanan nedenlerle davalı L. Sigorta AŞ vekilinin temyiz itirazlarının kabulü ile hükmün BOZULMASINA, peşin alınan harcın istek halinde temyiz eden davalı L. Sigorta AŞ'ye geri verilmesine 18.2.2013 gününde oybirliğiyle karar verildi.

YORUM

Dava trafik kazasına yol açan aracın işleteni, sürücüsü ve ZTS poliçesini düzenlemiş bulunan sorumluluk sigortacısı aleyhine, bunların müteselsil sorumluluğunun hüküm altına alınması istemiyle açılmış yasal haleflik hakkına dayalı bir rücu davasıdır.

Davacı, trafik kazasında yaralanan kişilerin tedavi giderlerini karşılamış olan sağlık (giderleri) sigortacısıdır.

İlk derece mahkemesi davayı kabul etmiştir.

Yargıtay ilk derece mahkemesi kararını aşağıdaki gerekçelerle bozmuştur:

- *ZTS poliçesini düzenleyen sorumluluk sigortacısının tedavi giderlerini ödeme yükümlülüğü 6111 sayılı yasa ile getirilen düzenleme ile sona erdirilmiştir.*
- *Tedavi giderleri yönünden sorumluluk "Sosyal Güvenlik Kurumu'na" geçmiştir. Bu sebeple, davada yasal hasmın "Sosyal Güvenlik Kurumu" olması gerekir.*
- *Bu durumda mahkemece, "Sosyal Güvenlik Kurumu"nun davaya dahil edilmesi, tarafların delillerinin toplanması, davacı tarafından talep edilen tedavi giderlerinden 2918 sayılı Yasanın 98. maddesi kapsamında kalanların ve Sosyal Güvenlik Kurumunun sorumluluğuna esas olanların belirlenerek 2918 Sayılı Yasanın 98 maddesi kapsamında kalan tedavi giderleri yönünden Sosyal Güvenlik Kurumu'nun, yasa kapsamı dışında kalan giderlerden ise davalı sigorta şirketinin sorumlu tutulması gerekirdi.*

Sonucu açısından Yargıtay kararına katılmaktayız. Şu ek yorumu yapmakta yarar olacağını düşünmekteyiz:

- *SGK'nın davaya dahil edilmesinin neye dayanarak yapılacağı duraksamaya yol açmaktadır. Dava başlangıçta SGK hasım gösterilerek açılmamıştır.*
- *Yargıtay, "Talep edilen tedavi giderlerinden SGK tarafından karşılanması gerekenlerle, ZTS poliçesini düzenleyen sorumluluk sigortacısı tarafından karşılanması gerekenlerin birbirinden ayrılmasını ve (SGK davaya dahil edildikten sonra) SGK ve trafik sigortacısı hakkında bu ayırıma göre karar*

verilmesini" öngörmektedir. SGK ile trafik sorumluluğu sigortacısı arasında bu ayırım acaba nasıl yapılacaktır?

- *KTK m. 98 fk.2, SGK'ya prim aktarımı yükümlülüğünü yerine getirmiş olan sigorta şirketlerinin trafik kazası sebebiyle verilmesi söz konusu olan tedavi giderleri ile ilgili sorumluluklarının ortadan kalkacağını hükme bağlamaktadır.*
- *Yargıtay ise, SGK'nın "ödemediği kısım" için bu sorumluluğun devam edeceğini kabul etmiş olduğu izlenimini vermektedir.*
- *KTK m.98 fk.1'e 2015 yılında yapılan ekleme ile SGK'nın ödeme yükümlülüğünün "genel sağlık sigortalısı sayılanlar için belirlenen sağlık hizmeti geri ödeme usul ve esasları çerçevesinde söz konusu olacağı" hükme bağlanmıştır. (Ancak, SGK'ya yüklenmiş olan sorumluluk yalnız genel sağlık sigortalısı olanlarla sınırlı tutulmamış ve sosyal güvencesi olan veya olmayan herkesi kapsayacak biçimde geniş düzenlenmiştir. SGK, bu özel düzenleme uyarınca tedavi giderleri karşılanması gereken kimselere yönelik olarak "genel sağlık sigortalısı sayılanlar için belirlenen sağlık hizmetlerini aşan" (ek) sağlık hizmetlerini belirleyecek ve protez ve ortezler için farklı birim fiyatı saptayacaktır).*
- *Bu durumda, trafik kazaları sebebiyle verilecek tedavi hizmetlerinin bütün giderlerinin SGK tarafından karşılanması lazım geleceği kanısındayız. SGK'nın (kendi mevzuatı uyarınca) bazı sınırlamalara tabi olmasının bu sonucu değiştirmemesi gerekir.*
- *Ancak, zorunlu trafik sigortası alanında "tedavi teminatı" kavramı olması gerekenden farklılık göstermekte ve bunun "tedavi gideri" niteliğini taşımayan bazı giderleri de içerdiği ileri sürülmektedir. Sigorta alanında hatalı yerleşmiş olduğu gözlenen (tedavi sayılması söz konusu olmayan bazı halleri de kapsayacak biçimde geniş anlaşılan) "tedavi teminatı" deyiminin SGK'yı sigortacıların arzu ettiği biçimde bağlaması fikrimizce beklenebilecek bir husus değildir.*

- *Sigorta hukuku bakımından tedavi, genel bir tanımlamayla hekimin hastalık veya kazalardan kaynaklanan sağlık sorunlarına tanı koyması veya iyileştirme amaçlı tıbbi girişimleridir. Tedavi kavramının içerdiği terapi safhası geniş anlaşılmalıdır: Hastalığın ortadan kaldırılması (iyileşme) buna dahil bulunduğu gibi, seyrinin yavaşlatılması ve durdurulması (sabit –stabil- hale getirme), duyulan acının önlenmesi veya azaltılması bu kapsamdadır.*
- *Alman Federal Mahkemesi tedaviyi "Hekimin, belirli bir hastalık dolayısıyla gerçekleştirdiği, o hastalığın iyileştirilmesi için tıbben gerekli olan*

tedavi kategorisine dahil, ve tamamen iyileştirmeyi, hastanın daha iyi konuma getirilmesini veya hastalığın hafifletilmesini hedef tutan yahut kötüye gitmesinin önlenmesi olarak nitelenebilecek tıbbi uygulamalar" biçiminde tanımlamıştır.

- *Tedavi her şeyden önce "hastalık sebebiyle hekim tarafından yürütülen bir etkinliği (uygulamayı)" anlatır. Bu uygulama, hastalığın tedavisi için tıp bilimi açısından gerekli bulunmalı ve hastanın iyileştirilmesini veya en azından durumunun kötüleşmesinin önüne geçilmesini amaçlamalıdır.*
- *Tıp açısından yapılabilecek başka bir şey kalmadığı için hastaneden çıkması uygun görülen fakat bakıma gereksinim duyan bir kimse için gereken bakım giderleri, tedavi gideri kapsamında sayılmaz. Bu sebeple SGK'nın bakım giderinden sorumlu tutulmasının doğru görülemeyeceği düşüncesindeyiz.*
- *Dava araç işleteni, sürücüsü ve trafik sigortacısının "müteselsil" sorumlu oldukları savıyla ve bunların müteselsil sorumluluğuna hükmedilmesi istemiyle açılmıştır. Yargıtay ise, yalnızca trafik sigortacısı bakımından bozma kararı vermiştir. Diğer davalılar hakkında bozma söz konusu olmamıştır.*

Mülkiyeti saklı tutma kaydıyla yapılan satışta araç üzerindeki işleten sıfatının kime ait sayılacağı

Yargıtay 17. Hukuk Dairesi

Esas No.: 2012/14175

Karar No.: 2013/4168

Karar tarihi: 25.03.2013

Davacı vekili, müvekkiline kasko sigortalı araca, davalıların maliki ve sürücüsü olduğu aracın çarpması sonucu hasarlandığını, müvekkili şirket tarafından sigortalısına 4.235,00 TL hasar bedeli ödendiğini, kazanın meydana gelmesinde davalı sürücünün tam kusurlu olduğunu belirterek 6762 sayılı TTK'nun 1301. maddesi uyarınca 4.235,00 TL tazminatın ödeme tarihinden itibaren işleyecek yasal faizi ile birlikte davalılardan müştereken ve müteselsilen tahsiline karar verilmesini talep etmiştir.

Davalı X. S., bilirkişi raporuna bir diyeceğinin olmadığını, hasarı ödemek istediğini ancak maddi imkanının bulunmadığını beyan etmiştir.

Davalı R. X., davaya cevap vermemiştir.

Mahkemece, toplanan deliller ve benimsenen bilirkişi raporuna göre; davanın kabulüne, 4.235,00 TL tazminatın ödeme tarihinden itibaren işleyecek yasal faizi ile birlikte davalılardan tahsiline karar verilmiş; hüküm, davalı R. X. tarafından temyiz edilmiştir.

Dava, 6762 sayılı TTK'nun 1301. maddesinden (6102 sayılı TTK'nun 1472. maddesi) kaynaklanan rücuan tazminat istemine ilişkindir.

2918 sayılı KTK.nun hükümlerine göre trafik kaydı, işleteni kesin olarak gösteren bir karine değilse de, onun kim olduğunu belirleyen güçlü bir kanıt niteliğindedir. Ancak trafik kaydına rağmen işletenliğin 3. kişi üzerinde bulunmasını engelleyen bir yasa hükmü de yoktur. Aynı yasanın 3. maddesinde "işleten, araç sahibi olan veya mülkiyeti muhafaza kaydıyla satışta alıcı sıfatıyla sicilde kayıtlı görünen veya aracın uzun süreli kiralama ariyet veya rehin gibi hallerde kiracı, ariyet veya rehin olan kişidir. Ancak, ilgili tarafından başka bir kişinin aracı kendi hesabına ve tehlikesi kendisine ait olmak üzere işlettiği ve araç üzerinde fiili tasarrufu bulunduğu ispat edilirse bu kimse işleten sayılır" şeklinde tanımlanmıştır. Aynı kanunun 85. maddesinde ise "Bir motorlu aracın işletilmesi bir kimsenin ölümüne veya yaralanmasına yahut bir şeyin zarara uğramasına sebep olursa motorlu aracın bir teşebbüsün ünvanı veya işletme adı altında veya bu teşebbüs tarafından kesilen bilet ile işletilmesi halinde motorlu aracın işleteni ve bağlı olduğu teşebbüsün sahibi, doğan zarardan müştereken ve müteselsilen sorumlu olurlar." hükmüne yer verilmiştir.

Bu yasal düzenlemeler karşısında kazaya karışan araçların meydana getirdikleri zararlardan araç sahiplerinin hukuken sorumlu olacağı ilkesi benimsenmiş ise de, bu araçların sahipleri tarafından herhangi bir sebeple yararlanılmasının bir başka kimseye devir edilmesi halinde (çok kısa bir süre olmaması kaydıyla) artık üzerindeki fiili hakimiyeti kalmaması ve bu sebeple ekonomik yönden de bir yararlanma olanağının kalktığı durumlarda o aracı kaza sırasında fiili hakimiyeti altında bulunduran ve ondan yararlanan kimsenin işleten sıfatıyla meydana gelen zarardan sorumlu tutulması gerekip bunun sonucu olarak da araç malikinin sorumlu tutulmaması gerekecektir.

Gerek doktrinde gerekse Yargıtay'ın uygulamalarında kiracının işleten sıfatının belirlenmesinde kira sözleşmesinin uzun süreli olması, araç üzerinde fiili hakimiyet ve ekonomik yararlanma unsurlarının birlikte bulunması gerekmektedir.

Somut olayda, davalı R. X., kazaya karışan kendisi adına kayıtlı aracı, kaza tarihinden önce 31/12/2008 tarihinde Beyoğlu 3. Noterliği'nce tanzim edilen Düzenleme Şeklinde Mülkiyetin Saklı Tutulması Kaydıyla Satış Sözleşmesi ile B. S.'ye devrettiğini ileri sürerek noter sözleşmesinin suretini dosyaya sunmuştur. Bu durumda mahkemece, davalı tarafça sunulan noter sözleşmesinin onaylı suretinin getirtilmesi ve davalı R. X.'in işleten sıfatının kaza tarihi itibariyle mevcut olup olmadığının tartışılarak sonucuna göre karar verilmesi gerekirken yazılı şekilde hüküm kurulması doğru görülmemiştir.

SONUÇ :Yukarıda açıklanan nedenlerle davalı R. X.'in temyiz itirazlarının kabulü ile hükmün BOZULMASINA, peşin alınan harcın istek halinde temyiz eden davalı R. X.'e geri verilmesine 25/03/2013 gününde oybirliğiyle karar verildi.

YORUM

Yargıtay'ın bu kararı trafik hukukundaki "işleten" kavramı ile ilgilidir. Olayda, trafik kazası yapan ve zarara yol açan davalı kendisinin işleten sıfatını (olay tarihinde artık) taşımadığını öne sürmüştür. Davalı kazadan önce aracını noterde yapılan mülkiyeti muhafaza kaydı ile satış işlemi gerçekleştirerek başkasına devretmiş olduğunu ve bu sebeple sorumlu tutulamayacağını belirtmiştir.

İlk derece mahkemesi, davayı kabul etmiştir.

Yüksek Mahkeme, aşağıdaki gerekçelerle ilk derece mahkemesi kararını bozmuştur:

- *Araç sahibinin herhangi bir sebeple aracını bir başka kimseye onun yararlanması için devretmesi halinde (bunun çok kısa bir süre için olmaması kaydıyla) artık araç üzerinde fiili hakimiyeti kalmaz.*
- *Bu sebeple, devreden kişi, ekonomik yönden yararlanma olanağının da kalktığı durumlarda, artık işleten sayılmaz ve sorumlu tutulamaz.*
- *Aracı kaza sırasında fiili hakimiyeti altında bulunduran ve ondan yararlanan kimsenin işleten sıfatıyla meydana gelen zarardan sorumlu tutulması gerekir.*

- *Gerek doktrinde gerek Yargıtay uygulamalarında kiracının işleten sıfatını kazanmış olup olmadığı belirlenirken, kira sözleşmesinin uzun süreli olması, araç üzerinde kiracının fiili hakimiyeti ve ekonomik yararlanma unsurlarının birlikte gerçekleşmiş bulunup bulunmadığına bakılmaktadır.*
- *Somut olayda, davalının kazaya karışan kendisi adına kayıtlı aracı, kaza tarihinden önce başkasına devrettiğini ileri sürerek noter sözleşmesinin suretini dosyaya sunmuştur.*
- *Bu durumda mahkemece, sunulan noter sözleşmesinin onaylı suretinin getirtilmesi ve davalının kaza tarihinde işleten sıfatının mevcut olup olmadığının tartışılması gerekirdi.*

Karar hakkında şu hususları vurgulayabiliriz:

- *KTK m.3'teki "işleten tanımı" aşağıdaki gibidir:*

  İşleten : Araç sahibi olan veya mülkiyeti muhafaza kaydıyla satışta alıcı sıfatıyla sicilde kayıtlı görülen veya aracın uzun süreli kiralama, ariyet veya rehni gibi hallerde kiracı, ariyet veya rehin alan kişidir. Ancak ilgili tarafından başka bir kişinin aracı kendi hesabına ve tehlikesi kendisine ait olmak üzere işlettiği ve araç üzerinde fiili tasarrufu bulunduğu ispat edilirse, bu kimse işleten sayılır.
- *Bu tanım uyarınca "mülkiyeti muhafaza (saklı tutma) kaydıyla satışta alıcı sıfatıyla sicilde kayıtlı görülen kişi" işleten sayılacaktır. Burada sicilden maksat "mülkiyeti muhafaza kaydıyla satışa ilişkin olarak noterlerin tutacağı sicildir. Konu TMK m.764'te düzenlenmiştir. Bu hüküm şöyledir: "Başkasına devredilen bir malın mülkiyetinin saklı tutulması kaydı, ancak resmî şekilde yapılacak sözleşmenin devralanın yerleşim yeri noterliğinde özel siciline kaydedilmesiyle geçerli olur." Öte yandan, mülkiyeti muhafaza kaydı ile satışın Noterlik kanunu m.89 uyarınca "düzenleme şeklinde" yapılması gerekmektedir.*
- *Yargıtay'ın "devreden kişinin ekonomik yönden yararlanma olanağının kalmaması" koşulunu aradığı görülmektedir. Bu koşulun aranması her durumda doğru bir çözüm oluşturmamaktadır. Mesela aracın uzun süreli kiralanması halinde, kiralayan (kiraya veren) araç sahibi "ekonomik çıkar" (kazanç) elde etmektedir. Buna rağmen yasa, uzun süreli kira ilişkisinin varlığı halinde, kiracıyı işleten olarak kabul etmiştir (KTK m.3'teki "işleten" tanımı).*
- *"Kiracının araçtan ekonomik yarar sağlaması" da her zaman söz konusu olmaz. Kişisel gereksinimi için araç kiralamış olan bir kişi, ödediği kira parası karşılığında aracı kullanma hakkını elde etmektedir. Onun araç sayesinde dolaylı bir yarar elde ettiği (bazı ulaşım masraflarını yapmaktan kurtulduğu) belki düşünülebilirse de, kira parasının yüksek olması (kira*

konusu aracın lüks kategoride yer alması) veya aracın yakıt tüketiminin aşırı olması gibi hallerde bu dolaylı yarar da ortadan kalkmış bulunabilecektir. Yararın "ekonomik" bir nitelik taşıması aranmamalıdır.

- *KTK m.3'teki işleten tanımının ilk cümlesi uyarınca kanımızca "araç sahibi" (malik), "mülkiyeti muhafaza kaydıyla satışta alıcı sıfatıyla sicilde kayıtlı görünen kişi" ve "uzun süreli kiralamada kiracı" işleten sayılacaktır. Yasanın bu hususta bir karine içerdiğini ve başkaca bir hususun kanıtlanması gerekmeden bir kişinin "mülkiyeti muhafaza kaydıyla satışta alıcı sıfatına sahip olduğunun saptanmasıyla" işleten olarak kabul edilmesi lazım geleceğini düşünmekteyiz.*
- *Yargıtay ayrıca "noter sözleşmesinin onaylı suretinin getirtilmesi" gerektiğini de belirlemiştir. Karadaki bilgilere göre, davalı, noter sözleşmesinin "suretini" (noterce onaylanmış bir örneğini) dosyaya sunmuştur. Mahkemenin bu sözleşmenin gerçekten yapılmış olup olmadığını doğrulatmak için girişimde bulunmasının neden gerekli sayıldığı ise belirtilmemiştir.*
- *Noter sözleşmesi hiç mevcut olmasaydı ve araç "haricen" (resmi şekle uyulmadan) devredilmiş bulunsaydı, kanımızca (uygulamada -her nedense- "el senedi" olarak adlandırılan) adi yazılı şekilde yapılmış sözleşmenin sunulması ve eylemsel olarak da araç üzerindeki denetimin (aracın ne zaman trafiğe çıkarılacağı ve trafikte nasıl kullanılacağı hususlarında karar alma ve uygulama durumunun) aracı devralmış olan kişiye geçtiğinin kanıtlanması olasılığında da işleten değişikliği kabul edilebilirdi.*

Sigortacının yasal halef sıfatıyla açtığı rücu davasında, sigorta ettirenin zararın meydana gelmesine etki eden davranışı (eşlik eden kusuru) sebebiyle indirim yapılması

Yargıtay 17. Hukuk Dairesi

Esas No.: 2011/11675

Karar No.: 2013/4172

Karar tarihi: 25.03.2013

Davacı vekili, müvekkili şirkete kasko sigortalı aracın, davalıya ait binanın duvarının yıkılması sonucu hasarlandığını, müvekkili tarafından araçta meydana gelen 10.254,00 TL hasar bedelinin sigortalısına ödendiğini belirterek TTK'nin 1301. maddesi gereğince 10.254,00 TL'nin ödeme tarihinden itibaren işleyecek yasal faizi ile birlikte davalıdan tahsiline karar verilmesini talep etmiştir.

Davalı, duvarı yıkılan binayı kiraya verdiğini, sigortalı araç sahibinin aracını kendisinin evinin önüne park etmiş olması halinde dava konusu olayın meydana gelmemiş olacağını, kendisinin bir kusurunun bulunmadığını ileri sürerek davanın reddini savunmuştur.

Mahkemece, toplanan deliller ve benimsenen bilirkişi raporuna göre; davanın kısmen kabulüne, 10.109,74 TL'nin 25/08/2008 tarihinden itibaren işleyecek yasal faizi ile birlikte davalıdan tahsiline karar verilmiş; hüküm, davalı tarafından temyiz edilmiştir.

Dava, 6762 sayılı TTK.'nin 1301. maddesinden (6102 sayılı TTK'nin 1472. maddesi) kaynaklanan rücuan tazminat istemine ilişkindir.

818 sayılı Borçlar Kanunu'nun 44. maddesinde mutazarrır olan tarafın zarara razı olduğu yahut kendisinin fiili zararın oluşumuna veya zararın artmasına yardım ettiği veya zararı yapan şahsın hal ve mevkiini ağırlaştırdığı takdirde hakimin zarar ve ziyan miktarını indirebileceği yahut zarar ve ziyana karar vermeyebileceği hüküm altına alınmıştır.

Somut olayda, davacıya sigortalı aracın, davacıya ait binanın kömürlük kısmına bitişik şekilde park edildiği, kömürlüğün duvarının yıkılması sonucu aracın hasar gördüğü anlaşılmıştır. Davalı savunmasında, sigortalı araç işleteninin, kömürlüğün hemen karşısında kendisine ait özel kapalı garajının bulunduğunu, buna rağmen aracını kömürlük duvarına sıfır olacak şekilde park ettiğini bildirerek olayın meydana gelmesinde sigortalı araç işleteninin de kusuru bulunduğunu belirtmiştir. Bu durumda mahkemece, davalının savunması üzerinde durularak 818 sayılı BK.'nun 44. maddesi uyarınca tazminatın tenkisinin gerekip gerekmediği hususu irdelenip sonucuna göre karar verilmesi gerekirken eksik incelemeye dayalı yazılı şekilde hüküm kurulması doğru görülmemiştir.

SONUÇ: Yukarıda açıklanan nedenlerle davalının temyiz itirazlarının kabulü ile hükmün BOZULMASINA ve peşin alınan harcın istek halinde temyiz eden davalıya geri verilmesine 25.3.2013 gününde oybirliğiyle karar verildi.

YORUM

Bu kararda Yargıtay, sigorta ettirene sigorta tazminatı ödeyerek yasa uyarınca ona halef olan kasko sigortacısının zarardan sorumlu olduğu savıyla üçüncü kişiye karşı açmış olduğu rücu davasında, ilk derece mahkemesinin davanın kısmen kabulü yönündeki kararını bozarken, sigorta ettirenin zarara katkıda bulunan bir kusurunun (olup olmadığının) araştırılması gerektiğine hükmetmiştir. Kararda şu hususlar vurgulanmıştır:

- *Somut olayda, davacı tarafından sigorta güvencesi (kasko teminatı) altına alınmış olan araç, davalıya ait binanın kömürlük kısmına bitişik şekilde park edilmiştir.*
- *Araçtaki hasar, kömürlük duvarının yıkılması sonucu meydana gelmiştir.*
- *Davalı savunmasında, sigortalı araç işleteninin, kömürlüğün hemen karşısında kendisine ait özel kapalı garajının bulunduğunu, buna rağmen aracını kömürlük duvarına sıfır olacak şekilde park ettiğini bildirmiş ve böylece olayın meydana gelmesinde sigortalı araç işleteninin de kusuru bulunduğunu ileri sürmüştür.*
- *Mahkemece, davalının bu savunması üzerinde durulmalı ve Borçlar Kanunu hükümlerine göre tazminatın indirilmesinin gerekip gerekmediği hususu irdelenerek karar verilmesi gerekirdi.*

Yargıtay kararında belirtilen "(varsa) sigorta ettirenin kusurunun tazminattan indirim sebebi olarak dikkate alınması gerektiği" yönündeki görüşe ilke olarak katılmaktayız.

Ancak bu olayda şu husus tartışmaya açık görünmektedir: Sigorta ettirenin kendisine ait özel kapalı garajının bulunması (fakat buna rağmen aracını bu garaja bırakmamış olması) acaba hangi sebeple karşılık (zarara katkıda bulunan) bir davranış sayılmaktadır?

- *TBK m.52 fk.1 uyarınca hakim tazminat tutarını "zarar gören, zararı doğuran fiile razı olmuş veya zararın doğmasında veya artmasında etkili olmuş yahut tazminat yükümlüsünün durumunu ağırlaştırmış ise" indirebilecek veya tümüyle kaldırabilecektir.*
- *Kanımızca sigorta ettirenin aracını kendi kapalı garajına koymamış olması ne "zarara razı olma" ne de "zararın doğmasında veya artmasında etkili olma" olarak nitelenebilir.*

- *Sigorta ettiren yalnızca, kömürlüğün araç üzerine yıkılması tehlikesini görmüş olmasına veya görmüş olması gerekmesine rağmen, bu zarar tehlikesine aldırmayarak aracını kömürlüğe bitişik biçimde (veya orada park yasağı olmasına rağmen) park etmişse tazminattan indirim yerinde görülebilir.*
- *Kömürlüğe bitişik park yapma hukuka aykırı bir davranış olmadığı ve görünürde bir zarar olasılığı da bulunmadığı takdirde, kanımızca BK m.52 fk.1 uyarınca indirim yapılması gerekmez.*
- *"Sigorta ettiren aracını kömürlüğün dibine park etmiş olmasaydı (götürüp kendi kapalı garajına koysaydı), bu zarar meydana gelmezdi" mantığı uygun nedensellik anlayışıyla uyumlu bir değerlendirme değildir. Sigorta ettirenin sahibi olduğu özel garajı kullanıp kullanmayacağı kendi takdirinde olan bir husustur. Bir yapının dibine (o yapı yıkıldığı takdirde bundan zarar görecek şekilde) araç park etmek, o yapının yıkılması olasılığında bundan kaynaklanacak zarara baştan rıza gösterildiği anlamına gelmez. Her gün yüzbinlerce kişi, araçlarını yıkılması olasılığında bunlara zarar verebilecek yapıların bitişiğine bırakmaktadır. Bunda kınanacak bir durum yoktur.*

Kasko sigortası güvencesi altında olan aracın başka bir araçla çarpışması sonucu uğradığı hasarı ödedikten sonra diğer aracın işletenine yasal halef sıfatıyla rücu eden sigortacının açtığı davada, davalıların araç işleteni olan miras bırakanlarının borca batık olarak ölmüş bulunduğu savunmasını ileri sürmeleri- Davacı sigortacının talep edebileceği tutarın ne olması gerektiği

Yargıtay 17. Hukuk Dairesi

Esas No.: 2012/14706

Karar No.: 2013/4476

Karar tarihi: 28.03.2013

Davacı vekili, davalıların murisinin işleteni olduğu, belirlenemeyen araç sürücüsünün kazada % 100 kusurlu olduğu ve kasko sigortalı aracın uğradığı hasarın 5.700,00.-TL olarak ödendiğini belirterek ödenen tutarın ödeme tarihinden itibaren işleyecek avans faizi ile tahsilini talep eder.

Davalı N. P. ve K. P., araç işleteni olan murisleri Z. P.'un borca batık olarak vefat ettiğini ve hükmen red şartlarının oluştuğunu belirterek davanın reddini savunmuştur.

Davalı Ş. P.'a usulüne uygun davetiye tebliğine karşın davaya cevap vermemiş ve duruşmalara katılmamıştır.

Mahkemece, iddia, savunma, toplanan kanıtlara ve benimsenen bilirkişi raporuna göre; kasko sigortalı araca hasar veren araç sürücüsünün % 75 oranında kusurlu olduğu, 5.700,00.-TL hasar bedelinin ödeme tarihi olan 18.08.2006 tarihinden yasal faizi ile tahsiline karar verilmiş, hüküm davalılar N. P., K. P., Ş. P. tarafından temyiz edilmiştir.

Dava, TTK'nın 1301. maddesinden (6102 sayılı TTK m. 1472) kaynaklana rücuan tazminat istemine ilişkindir.

4721 sayılı Türk Medeni Kanunu'nun 605. maddesi "B. Ret; I. Ret Beyanı; 1. Ret Hakkı" başlığı ile düzenlenmiştir. Birinci fıkrası "Yasal ve atanmış mirasçılar mirası reddedebilirler." hükmünü içermektedir. Burada kayıtsız, şartsız red yani hakiki red düzenlenmiştir. İkinci fıkrası "Ölümü halinde miras bırakanın ödemeden aczi açıkça belli veya resmen tespit edilmiş ise, miras reddedilmiş sayılır." hükmünü amirdir.

Türk Medeni Kanunu, "hakiki redde" süre ile kayıtlı ve mirasçıların tek taraflı irade açıklamasını öngördüğü halde, söz konusu "hükmi reddin" sonuç doğurması için herhangi bir irade açıklaması, ya da dava yolu öngörmemiştir. Öyle ki; reddin kendiliğinden oluştuğu kabul edilip, mirasın açılması ile kendiliğinden mirasçılara intikal edeceği (TMK. m. 599) yönündeki kurala bir istisna getirilmiştir. Eğer mirasçı olabilecek kişi sarih irade beyanıyla, ya da Türk Medeni Kanunu'nun 610. maddesinin ikinci cümlesinde açıklanan davranışlarla mirası kabul etmiş ise, zaten yapılabilecek bir işlem kalmamıştır.

Mirası hükmen red etmiş sayılan kişi, tereke alacaklıları aleyhine husumet yönelterek bu durumun tespitini isteyebileceği gibi, bunu def'i yolu ile de ileri sürebilir. Somut olayda, davalılar davaya cevap dilekçesiyle yaptıkları savunmada murislerinin borca batık olduğunu, bu durumun tespitini def'i yoluyla ileri sürmüşlerdir. Mirasın hükmen reddinin her türlü delil ile ispatı mümkündür. Ayrıca temyiz itirazlarında da mirası reddettiklerini ileri sürmüşlerdir.

Bu bakımdan mahkemece davalılar tarafından 4721 sayılı TMK'nın 605/I. ve II. fıkraları gereğince mirasın reddedilmiş olup olmadığının araştırılması ile sonucuna göre karar verilmesi gerekirken, davalıların savunmaları üzerinde durulmaksızın yazılı olduğu şekilde karar verilmiş olması doğru görülmemiştir.

Kabule göre de, mahkemece davalıların murisinin işleteni olduğu araç sürücüsünün kusur oranının belirlenmesi için yaptırdığı bilirkişi incelemesi sonucu % 75 oranında kusurunun olduğu, tazminat hesabı neticesi ise 10.784,00.-TL zarar oluştuğu, kusur oranı olan 8.088,00.-TL'ye göre taleple bağlı kalınarak 5.700,00.-TL'ye hükmedilmiş ise de, sigorta şirketinin yaptığı ödemeyi ancak kusur oranında davalılardan rücu edebileceğinden, davacı sigorta şirketinin, sürücünün tam kusurlu olduğunu değerlendirilerek yaptığı 5.700,00.-TL ödemenin davalı tarafın % 75 kusur oranına isabet eden 4.275,00.-TL tazminata hükmedilmesi gerekirken, 1086 sayılı HUMK'nın 74. maddesine (6100 sayılı HMK md. 26) aykırı biçimde talep aşılarak yazılı olduğu biçimde hüküm kurulması doğru görülmemiştir.

SONUÇ: Yukarıda açıklanan nedenlerle davalılar N. P., K. P. ve Ş. P.'un temyiz itirazlarının kabulü ile hükmün BOZULMASINA, peşin alınan harcın istek halinde temyiz eden davalılara geri verilmesine 28.3.2013 gününde oybirliğiyle karar verildi.

YORUM

Yargıtay kararındaki değerlendirmeler yerinde görünmektedir. Yargıtay'a göre

- *"Hükmi ret" (mirasın "borca batık" olması sebebiyle yasa uyarınca reddedilmiş sayılması) kendiliğinden meydana gelen bir sonuç olarak mirasçının ret davası açmış olmaması halinde de sonuç doğurabilecektir.*
- *Yasal haleflik hakkına dayalı olarak zarardan sorumlu tarafa karşı rücu davası açan sigortacı, sigorta ettiren zarardan sorumlu kişiden ne tutarda tazminat isteme hakkına sahip idiyse, en fazla o tutar için istemde bulunabilecektir.*

- *Yüksek Mahkeme, (davalıların mirasın reddi dolayısıyla sorumluluktan kurtulmuş sayılmamaları durumunda) zarar veren aracın sürücüsündeki kusur yüzde 75 olarak belirlendiğinden, davacı sigortacının da ancak ödediği tazminat tutarının dörtte üçü kadar tazminat talep edebileceğine hükmetmiştir. Bu değerlendirmeye katılmıyoruz. Çünkü:*
    - *Olayda sigortacı davalıların zararın tamamından sorumlu oldukları savıyla onlara ödemiş olduğu tüm tutarı kapsayan bir istem yöneltmiştir (5.700 TL).*
    - *Yargılama sırasında ise zarar 10.784 TL olarak hesaplanmış; buna karşılık davalılara ait aracın sürücüsünün kusurunun %100 değil %75 oranında olduğu belirlenmiştir.*
    - *İlk derece mahkemesi davalıların sorumluluğunun 10.574 x 3/4= 8.088 TL olarak gerçekleştiğini vurgulamış; fakat davacının istemi yalnızca 5.700 TL olduğu için bu tutarın hüküm altına alınması gerektiğine karar vermiştir.*
    - *Yargıtay ise, davacı sigortacının (belirlenen toplam zarar tutarının değil) yalnızca ödediği tutarın dörtte üçü için (toplam 4.275 TL) talepte bulunabileceği görüşünü benimsemiştir.*
        - *Kanımızca, davacı sigortacı sigorta ettirene ödediği tutarın tamamı için ona halef olur (olayda 5.700 TL).*
        - *Yasal haleflik 5.700 TL üzerinden gerçekleştiğinden, sigortacının rücu yoluyla bu tutarı talep etmesi mümkündür.*
        - *Davalı toplamda 8.088 TL üzerinden sorumludur. Bu tutarın 5.700 TL tutarındaki kısmının davacı sigortacı tarafından istenmesine engel olmadığı düşüncesindeyiz.*
    - *Burada göz önünde tutulması lazım gelen bir husus da şudur: Davalı tarafın zarara yol açan kazanın meydana gelmesine etki eden kusuru dörtte üç oranında olsa dahi, geriye kalan dörtte bir oranındaki kusur sigorta ettirenin aracına (veya sürücüsüne) değil de başka bir sebebe (mesela yol kusuruna) bağlanmak gerekiyorsa kanımızca davalı zararın tamamından sorumlu tutulabilir. (Onun zarardan sorumlu diğer ilgililere dörtte bir oranında rücu etmesi ise aralarındaki iç ilişkide düşünülebilecektir). KTK m.88 fk.1, KTK m.89 fk.3 ve KTK 90 birlikte değerlendirildiğinde ortaya bu sonuç çıkmaktadır. Kararda ise, kazanın meydana gelmesine dörtte bir oranında etki etmiş bulunan kusurun (veya sebebin) davacı sigortacının sigorta ettirenine (veya eylemlerinden sorumlu olduğu kişilere) ait olduğu yolunda açıklık yoktur. Bu sebeple, davalılara yalnızca dörtte üç ora-*

nında sorumluluk yükletilmesinin dayanağı ve bu gibi bir sonucun yerindeliği açık bir biçimde saptanamamaktadır.

Kasko sigortası konusu araçtaki hasarı ödeyen sigortacının yasal haleflik hakkına dayalı olarak açtığı rücu davasında hüküm altına alınacak tazminatın nasıl belirleneceği

Yargıtay 17. Hukuk Dairesi

Esas No.: 2013/3004

Karar No.: 2013/5530

Karar tarihi: 15.04.2013

Davacı vekili, müvekkiline kasko sigortalı aracın, davalı E. W.'ın maliki, davalı A. E.'in sürücüsü, davalı D. Sigorta A.Ş'nin trafik sigortacısı olduğu park halindeki araca çarptığını, hemen akabinde ise davalı P. O. 'ın eşi L. O.'ın sürücüsü, davalı R. Sigorta AŞ'nin trafik sigortacısı olduğu aracın da müvekkiline kasko sigortalı araca arkadan çarptığını, kaskolu araçta meydana gelen hasar nedeniyle müvekkili şirket tarafından sigortalısına 56.500,00 TL ödeme yapıldığını, kazanın oluşumunda kaskolu araç sürücüsünün 4/8 oranında kusurlu olduğu gözetilerek ödenen hasar bedelinin 28.250,00 TL'sinin davalılardan tahsili için müvekkili şirket tarafından başlatılan icra takibine davalıların itiraz ettiğini belirterek itirazın iptaline ve takibin devamına karar verilmesini talep etmiştir.

Davalılar, davanın reddini savunmuştur.

Mahkemece, toplanan deliller ve benimsenen bilirkişi raporuna göre; davanın kabulüne, davalıların icra takibine yönelik itirazlarının iptali ile takibin devamına karar verilmiş; hüküm, davalı P. O. vekili, davalı D. Sigorta AŞ vekili, davalı R. Sigorta AŞ vekili tarafından temyiz edilmiştir.

1-Dosya içerisindeki bilgi ve belgelere, mahkeme kararının gerekçesinde dayanılan delillerin tartışılıp, değerlendirilmesinde usul ve yasaya aykırı bir yön bulunmamasına göre, davalı P. O. vekilinin tüm temyiz itirazlarının ve davalı D. Sigorta AŞ vekilinin aşağıdaki bendin kapsamı dışında kalan sair temyiz itirazlarının reddi gerekmiştir.

2-Dava, 6762 sayılı TTK.'nun 1301. maddesinden (6102 sayılı TTK'nun 1472. maddesi) kaynaklanan alacağın tahsili için başlatılan icra takibine itirazın iptali istemine ilişkindir.

Davacı sigorta şirketi, sigortalısına ödediği bedeli değil ancak gerçek zararı talep edebilir. O halde, onarım masrafları, rizikonun gerçekleştiği tarihteki taşıtın değerini aşar ya da taşıt onarım kabul etmez ise, taşıt tam hasara uğramış sayılır. Hükme dayanak yapılan bilirkişi raporunda, aracın tamir bedelinin 56.500,00 TL olduğu belirtilmişse de tamirin ekonomik olup olmadığı hususu irdelenmemiştir. Bu durumda mahkemece, aracın tamirinin ekonomik olup olmadığı, ekonomik değilse aracın kaza tarihi itibariyle 2. el piyasa rayiç değerinden sovtaj bedelinin mahsubu ile gerçek zarar miktarının hesaplanması için bilirkişiden ek rapor alınarak sonucuna göre karar verilmesi gerekirken yazılı şekilde hüküm kurulması doğru görülmemiştir.

3-R. Sigorta AŞ vekilinin temyizine gelince;

Davalı sigorta şirketi hakkında, davalı E. W.'ın işleteni olduğu aracın trafik sigortacısı olduğundan bahisle dava açılmışsa da, dosyada mevcut R. Sigorta AŞ'ye ait poliçede, sigortalının L. Nakliyat İnş.Tic.Ltd.Şti olduğu, sigortalı aracın 2003 model olduğunun belirtildiği (kaza tespit tutanağında kaza yapan araç 1998 modeldir) görülmekle bahse konu poliçenin kaza yapan araca ait olup olmadığı hususu araştırılmadan davalı sigorta şirketinin sorumluluğuna hükmedilmesi bozmayı gerektirmiştir.

SONUÇ: Yukarıda (1) nolu bentte açıklanan nedenlerle, davalı P. O. vekilinin tüm temyiz itirazlarının ve davalı D. Sigorta AŞ'nin sair temyiz itirazlarının reddine, (2) ve (3) nolu bentlerde açıklanan nedenlerle davalı D. Sigorta AŞ vekili ve R. Sigorta AŞ vekilinin temyiz itirazlarının kabulü ile hükmün BOZULMASINA, aşağıda dökümü yazılı 1.908,61 TL kalan harcın temyiz eden davalı P. O. 'dan alınmasına, peşin alınan harcın istek halinde temyiz eden davalılar D. Sigorta A.Ş ve R. Sigorta A.Ş'ye geri verilmesine 15.4.2013 gününde oybirliğiyle karar verildi.

YORUM

Bu kararda üzerinde durulması gereken husus Yargıtay'ın aşağıdaki değerlendirmesidir:

"Davacı sigorta şirketi, sigortalısına ödediği bedeli değil ancak gerçek zararı talep edebilir. O halde, onarım masrafları, rizikonun gerçekleştiği tarihteki taşıtın değerini aşar ya da taşıt onarım kabul etmez ise, taşıt tam hasara uğramış sayılır. Hükme dayanak yapılan bilirkişi raporunda, aracın tamir bedelinin 56.500,00 TL olduğu belirtilmişse de tamirin ekonomik olup olmadığı hususu irdelenmemiştir. Bu durumda mahkemece, aracın tamirinin ekonomik olup olmadığı, ekonomik değilse aracın kaza tarihi itibariyle 2. el piyasa rayiç değerinden sovtaj bedelinin mahsubu ile gerçek zarar miktarının hesaplanması için bilirkişiden ek rapor alınarak sonucuna göre karar verilmesi gerekirken yazılı şekilde hüküm kurulması doğru görülmemiştir".

Sigorta şirketinin sigorta ettirene sigorta tazminatını ödedikten sonra yasal haleflik hakkına dayalı olarak, zarardan sorumlu kişiye karşı açtığı rücu davasında istem konusu yapabileceği tutar, kendi ödediği tutarla sınırlı olmak koşuluyla sigorta ettirenin zarardan sorumlu kişiden talep edebileceği zarar tutardır. Tazminat talebine konu olan tutar gerektiğinde, sigorta ettirenin karşılık (zararın doğmasına etki eden veya zararı fazlalaştıran) kusuru veya eylemi sebebiyle yahut da sigorta ettiren veya sigortacı tarafından elde edilen sovtaj tutarı gibi avantajlar için indirim yapılarak belirlenecektir.

Davacı sigortacının sigorta ettirenine ödediği tazminat (tamir bedeli) olayda meydana gelmiş olan araç hasarından fazla ise, davalı tarafın bu fazladan sorumlu tutulamayacağı açıktır.

Kasko sigortacısının yasal halef sıfatıyla trafik kazasından sorumlu olan aracın işletenine karşı açtığı rücu davasında tazmine konu tutarın nasıl hesaplanacağı

Yargıtay 17. Hukuk Dairesi

Esas No.: 2012/10570

Karar No.: 2013/6713

Karar tarihi: 09.05.2013

Davacı vekili, müvekkiline kasko sigortalı araca davalıların murisinin işleteni olduğu aracın çarpması nedeniyle hasarlanması sonucu sigortalı araçta meydana gelen 24.000,00.-TL hasarın sigortalıya ödendiğini, bu hasarın 6.000,00.-TL'sinin davalıların murisinin işleteni olduğu aracın trafik sigortası tarafından karşılandığını, 24.000,00.-TL hasar bedelinin tahsili için yaptıkları takibe davalılar tarafından itiraz edildiğini belirterek takibin 18.000,00.-TL'lik kısmına ilişkin itirazın iptalini ve icra inkar tazminatı talep etmiştir.

Davalılar Ç. Ö., E. Ö., H. Ö. (O. M. ve Hasan Yunus'a velayeten) ve X. H., davanın reddini savunmuştur.

Mahkemece, iddia, savunma, toplanan kanıtlara ve benimsenen bilirkişi raporuna göre; davanın kısmen kabul kısmen reddiyle takibe yapılan itirazın 18.000,00.-TL'lik kısmının iptaline, icra inkar tazminatı talebinin reddine karar verilmiş; hüküm, davalılar tarafından temyiz edilmiştir.

1-Dava, 6762 sayılı TTK'nın 1301. maddesi (6102 sayılı TTK m. 1472) uyarınca kasko sigortasına dayanan rücuen tazminat istemine ilişkindir.

Halefiyete dayalı olan rücu davası, esas itibariyle sigortalının kendisine zarar verene karşı açacağı tazminat davasının, onun halefi sıfatıyla sigortacı tarafından açılmasıdır. Dolaysıyla, tazminat davasının ilkeleri dikkate alınmalıdır. Sigortacı, selefine ödediği miktarı değil ancak gerçek zararı zarar sorumlusundan isteyebilecektir.

Somut olayda, mahkemece hasar yönünden hiçbir inceleme yaptırılmadan davacının ödemesine bağlı kalınarak hüküm kurulmuştur. 6100 sayılı HMK'nin 266. (1086 sayılı HUMK m. 275) ve takip eden maddeleri uyarınca, mahkemece, çözümü hukuk dışında, özel veya teknik bilgiyi gerektiren hâllerde, taraflardan birinin talebi üzerine yahut kendiliğinden, bilirkişinin oy ve görüşü alınarak karar verilmelidir. Sonucu açık ve belli durumlar ayrık olmak üzere, trafik kazalarında hasarın tespiti de uzman bilirkişi aracılığıyla yapılmalıdır. Dava konusu trafik kazasında hasar miktarının saptanması uzman bilirkişi aracılığı ile belirlenmelidir.

O halde, mahkemece yapılacak iş İstanbul Teknik Üniversitesi Trafik Kürsüsü ya da Karayolları Trafik Fen Heyeti gibi kurumlardan seçilecek hasar konusunda uzman bilirkişi kurulundan, sigortalı aracın tamirinin ekonomik olup olmadığı, ekonomik ise tamir bedelinin, ekonomik değilse; aracın kaza tarihindeki 2. el piyasa rayiç bedelinde sovtaj değerinin mahsubu ile gerçek zarar miktarının hesaplanması için dosyada mevcut tüm deliller birlikte değerlendirilerek çelişkiler giderilecek biçimde, ayrıntılı, gerekçeli ve denetime açık rapor alınarak, varılacak sonuca göre bir karar vermek gerekirken, eksik inceleme ile yazılı şekilde hüküm kurulması doğru değildir.

2-Ayrıca kabule göre de, davacının halefiyet dayanağı olan ödemeye ilişkin belgelerin dosyaya sunulmasının istenilmesi gerekirken eksik inceleme ve değerlendirmeyle yazılı olduğu şekilde karar verilmiş olması yerinde görülmemiştir.

SONUÇ: Yukarıda (1 ve 2) numaralı bentlerde açıklanan nedenlerle davalılar Ç. Ö., E. Ö., H. Ö. (O. M. ve Hasan Yunus'a velayeten) ve X. H.'ın temyiz itirazlarının kabulü ile hükmün BOZULMASINA ve peşin alınan harcın istek halinde temyiz eden davalılara geri verilmesine 9.5.2013 gününde oybirliğiyle karar verildi.

YORUM

Bu kararda Yargıtay, sigortacının araç hasarı dolayısıyla sigorta ettirene ödeme yaptıktan sonra yasal haleflik hakkına dayalı olarak zarardan sorumlu kişiye karşı açtığı rücu davasında,

- *hüküm altına alınacak tazminat tutarının uzmanlar tarafından belirlenmesi gerektiğini,*
- *davacı sigortacının yapmış olduğu ödemenin hiçbir incelemeye tabi tutulmadan uygun görülmesinin hatalı olacağını*
- *yasal halefliğin dayanağını oluşturan ödemeye ilişkin belgelerin de dosyaya sunulmasının istenmesi gerektiğini*

belirtmiş ve bu gerekçelerle davanın kabulüne ilişkin ilk derece mahkemesi kararını bozmuş bulunmaktadır.

Şunları vurgulayabiliriz:

Uyuşmazlık halinde sigorta konusu araçta meydana gelmiş (ve davacı sigortacı tarafından giderilmiş) olan hasarın tutarının kanıtlanması davacıya aittir. Ancak eğer sigortacı bu hususta eksper raporuna dayanmakta ise, bu raporun yeterli görülmesi ve davalı tarafın karşı delil sunmadan yalnızca buna itiraz etmiş olması üzerine kanıt yükünün davacı tarafa yükletilemeyeceğinin benimsenmesi de mümkündür.

Yasal halefliği gösteren ödeme belgelerin sunulması lazım geldiğine ilişkin değerlendirme kanımızca ilke olarak yerindedir. Burada sorun bu belgelerin hangileri olduğudur. Sigortacılar çoğu halde sigorta ettirenlerden bir ibra belgesi almaktadırlar. Aynı zamanda ödemeyi de yansıtan ve makbuz işlevine sahip bulunan bu ibra belgesi acaba yeterli midir? Yoksa, bankadan yapılmış ödemeyi kanıtlayan bir banka belgesi de gerekir mi? Kanımızca sigorta ettirence imzalanmış bir ibra belgesi yeterli görülmelidir.

Diğer taraftan, Yüksek Mahkemenin zararın nasıl hesaplanması gerektiği hakkında yerleşmiş hale geldiği görülen bir uygulama benimsediği anlaşılmaktadır. Buna göre "uzman bilirkişi kurulundan, sigortalı aracın tamirinin ekonomik olup olmadığı, ekonomik ise tamir bedelinin; ekonomik değilse aracın kaza tarihindeki 2. el piyasa rayiç bedelinden sovtaj değerinin mahsubu ile gerçek zarar miktarının hesaplanması için dosyada mevcut tüm deliller birlikte değerlendirilerek çelişkiler giderilecek biçimde, ayrıntılı, gerekçeli ve denetime açık rapor alınması" lazımdır.

- *Yargıtay "tamirin ekonomik olmaması" anlatımı ile*
  - *onarım masraflarının, rizikonun gerçekleştiği tarihteki taşıtın değerini aşmasını, veya*
  - *taşıtın onarım kabul etmez durumda olmasını*

kastetmektedir. Yargıtay'a göre bu sayılan hallerde taşıt tam hasara uğramış sayılacak ve onarım şıkkı devre dışı bırakılacaktır.

- *Onarım olasılığının ortadan kalktığı hallerde aracın ikinci el rayiç değerinin esas alınması gerekecektir. Ancak bu değerden "sovtaj ederi" düşülecektir.*
- *Kanımızca sovtaj ederinin davacı lehine hüküm altına alınacak tutardan indirilmesi yerindedir. Aksi halde davacının malvarlığında uygun görülemeyecek bir artış meydana gelir. Çünkü*
  - *Yasal halef sıfatıyla dava açan sigortacı ya sovtaj tutarını sigorta ettirene ödediği tazminattan indirmiş olacak;*
  - *Ya da hurdanın değerlendirilmesinden sağlanacak girdinin son aşamada kendisine aktarılmasını sağlayacaktır.*
  - *Şu halde davalı tarafın sovtaj tutarı düşüldükten sonra kalan kısımdan sorumlu olması makul ve haklı bir çözümdür.*

Kasko sigortası konusu aracın anahtarlar teslim edilerek kendisine bırakıldığı şirketin, aracın çalınmasından sorumluluğu

Yargıtay 17. Hukuk Dairesi

Esas No.: 2013/4586

Karar No.: 2013/6927

Karar tarihi: 13.05.2013

Davacı vekili, müvekkili şirkete kasko sigortalı aracın, dava dışı sigortalı B. Otomotiv Ltd. Şti. çalışanı olan sürücü tarafından işyerinin önüne park edilerek işyerinin güvenliğini sağlayan davalı Ö. Y. N. Güvenlik Şirketi çalışanı davalı L. G.'ya anahtarının teslim edildiğini, aracın park edildiği yerden çalındığını, araç bedelinin müvekkili tarafından sigortalı B. Otomotiv Ltd.Şti'ne ödendiğini, davalı V. Sigorta AŞ'nin davalı Ö. Y. N. Güvenlik Şirketinini Özel Güvenlik Zorunlu Mali Sorumluluk Sigortası ile teminat altına aldığını belirterek TTK'nun 1301. maddesi gereğince 25.000,00 TL tazminatın ödeme tarihinden itibaren işleyecek yasal faizi ile birlikte davalılardan müştereken ve müteselsilen tahsiline karar verilmesini talep etmiştir.

Davalı V. Sigorta AŞ vekili, çalınma olayında sigortalı şirketin kusurunun bulunmadığını ileri sürerek davanın reddini savunmuştur.

Davalı L. G., davalı Ö. Y. N. Güvenlik Şirketinin güvenlik görevlisi olarak çalıştığını, aracın yol kenarına park edilerek anahtarının güvenlik kulübesine bırakıldığını, bu durumun görevleri dışında kaldığını bildirerek davanın reddini savunmuştur.

Davalı Ö. Y. N. Güvenlik Şirketi davaya cevap vermemiştir.

Mahkemece toplanan deliller ve benimsenen bilirkişi raporuna göre; 9.563,30 TL'nin 12/08/2008 tarihinden itibaren işleyecek yasal faizi ile birlikte (davalı sigorta şirketinin poliçe limitiyle sınırlı ve dava tarihinden itibaren işleyecek faizden sorumlu olmak üzere) davalılardan tahsiline, fazlaya ilişkin talebin reddine karar verilmiş; hüküm, davacı vekili ve davalı Ö. Y. N. Güvenlik Şirketi vekili tarafından temyiz edilmiştir.

1- Dosyadaki yazılara, mahkemece uyulan bozma kararı doğrultusunda inceleme yapılıp hüküm verilmiş olmasına, delillerin takdirinde bir isabetsizlik bulunmamasına, bozmanın kapsamı dışında kesinleşmiş olan yönlere ilişkin temyiz itirazları incelenemeyeceğine göre, davalı Ö. Y. N. Güvenlik Şirketi vekilinin tüm temyiz itirazlarının reddi gerekmiştir.

2-Davacı vekilinin temyiz itirazlarına gelince;

Dava, 6762 sayılı TTK.'nun 1301. maddesinden (6102 sayılı TTK'nun 1472. maddesi) kaynaklanan rücuan tazminat istemine ilişkindir.

Davacıya sigortalı araç, sigortalı şirketin çalışanı tarafından işyeri önüne park edilerek işyerinin güvenliğini sağlayan şirket çalışanına anahtarı teslim edilmiş olmakla sigortalı ile davalı güvenlik şirketi arasında 818 sayılı Borçlar Kanunu'nun 463. ve devamı maddelerinde düzenlenmiş olan vedia (saklama) sözleşmesi ilişkisi kurulmuştur. Bu durumda, davalı güvenlik şirketinin olaydaki sorumluluğunun BK.'nun 481. maddesi kapsamında, ardiyecinin saklama borcunu kötü ifa etmiş olmasından kaynaklandığının kabulü ile bu çerçevede kusur durumu değerlendirilmelidir. Davalı şirket, kendisine teslim edilen aracı, özenle ve güvenle koruma borcunu yerine getirdiğini, BK.'nun 96. maddesi uyarınca, kendisine çalınmak hususunda hiçbir kusur ve ihmal isnat edilemeyeceğini ispat etmedikçe mesuliyetten kurtulamaz.

O halde mahkemece, yukarıda açıklanan hususlar birlikte değerlendirilip tartışılarak, sonucuna göre karar verilmesi gerekirken, yazılı şekilde hüküm kurulması doğru görülmemiştir.

SONUÇ: Yukarıda (1) no.lu bentte açıklanan nedenlerle davalı Ö. Y. N. Güvenlik Şirketi vekilinin tüm temyiz itirazlarının reddine, (2) no.lu bentte açıklanan nedenlerle davacı vekilinin temyiz itirazlarının kabulü ile hükmün BOZULMASINA, peşin alınan harcın istek halinde temyiz eden davacıya geri verilmesine, aşağıda dökümü yazılı 508,77 TL kalan harcın temyiz eden davalı Ö. Y. N. Güvenlik Şirketinden alınmasına 13/05/2013 gününde oybirliğiyle karar verildi.

YORUM

Karar, güvenlik şirketinin çalıştırdığı bir elemana bırakılan aracın çalınmış olması ile ilgilidir. Davacı sigortacı, çalınan araç için sigorta ettirene sigorta tazminatını ödedikten sonra, yasal haleflik hakkına dayanarak aracın çalınmasından sorumlu olduğu savıyla davalılar (güvenlik şirketi, o şirkette güvenlik görevlisi olarak çalışan ve aracı sigorta ettirenden teslim almış bulunan kişi, güvenlik şirketinin sorumluluğunu sigorta etmiş olan sigorta şirketi) aleyhine rücu davası açmıştır.

İlk derece mahkemesi davayı kabul etmiştir.

Karara karşı davalı güvenlik şirketi (ve karardan anlaşıldığına göre davacı) temyiz yoluna başvurmuşlardır.

Yargıtay, davalı güvenlik şirketinin temyiz itirazlarını reddetmiş; buna karşılık davacının temyiz itirazını haklı bulmuştur. Davacı taraf, olasılıkla ilk derece mahkemesi tarafından düşük tutarda tazminata hükmedilmiş olması sebebiyle temyiz yoluna gitmiştir.

Yargıtay'ın bozma gerekçeleri aşağıdaki gibidir:

- *Sigortalı araç, sigorta ettiren şirketin çalışanı tarafından işyeri önüne park edilerek işyerinin güvenliğini sağlayan şirket çalışanına anahtarı teslim edilmiştir.*
- *Bu durumda, sigorta ettiren ile davalı güvenlik şirketi arasında vedia (saklama) sözleşmesi ilişkisi kurulmuştur.*
- *Davalı güvenlik şirketinin olaydaki sorumluluğu, ardiyecinin saklama borcunu kötü ifa etmiş olmasından kaynaklanmıştır.*
- *Davalı şirket, kendisine teslim edilen aracı, özenle ve güvenle koruma borcunu yerine getirdiğini, kendisine çalınmak hususunda hiçbir kusur yüklenemeyeceğini kanıtlamadıkça sorumluluktan kurtulamaz.*
- *O halde mahkemece, yukarıda açıklanan hususlar birlikte değerlendirilip tartışılarak, sonucuna göre karar verilmesi gerekirken, yazılı şekilde hüküm kurulması doğru görülmemiştir.*

Bu değerlendirmeler hakkında şunlar söylenebilir:

- *İlk derece mahkemesi davalıyı sorumlu tutmuştur. Buna rağmen davacının neden temyiz itirazında bulunduğu karardan anlaşılamamaktadır (yukarıda da belirttiğimiz gibi, hüküm altına alınan tutarın düşüklüğü dolayısıyla bu gibi bir başvuru gerçekleştirilmiş olabilir).*
- *2011 tarihli Türk Borçlar Kanunu hükümlerine göre değerlendirme yapılırsa:*
    - *Kararda dayanak olarak belirtilmiş olan eski BK m.481'in bugünkü karşılığı TBK m.579 uyarınca "otopark ve benzeri yerleri işletenlerin...*

çalışanlarınca kabul edilen motorlu taşıtların ..... çalınmasından sorumludurlar".

- *TBK m.579 fk.2 bu sorumluluğun "kendilerine veya çalışanlarına bir kusur yüklenmedikçe, alınan günlük saklama ücretinin on katını aşamayacağını" hükme bağlamıştır (Eski BK m.481 fk.2 ise 100 TL ile sorumluluk öngörmüş idi).*

- *TBK düzenlemesine göre, davalının sorumluluğu belirli bir tutara (sınırlı sorumluluk limitine) kadar kusura dayanan bir sorumluluk değildir. Ancak o tutardan yukarısı için kusur sorumluluğuna dönüşmektedir. Diğer bir anlatışla kusur sınırlı sorumluluğun devre dışında kalmasına yol açmaktadır. Burada kusurun yokluğunu kanıtlama yükü -sözleşmeden kaynaklanan bir sorumluluğun söz konusu olması açısından- davalı üzerindedir.*
  - *Şu halde, davalı, aracın çalınmasında kendisine (veya eylemlerinden sorumlu bulunduğu kişilere) yüklenecek bir kusurun bulunmadığını kanıtlayamadığı takdirde, meydana gelen tüm zarardan*
  - *Kusursuzluğunu kanıtlayabildiği takdirde ise yalnızca sınırlı sorumluluk tutarı olan günlük saklama ücretinin on katı üzerinden sorumlu tutulacaktır.*

Rögar kapağının fırlaması sonucu meydana gelen araç hasarının tazminine yönelik davada, yönetsel yargının mı yoksa adli yargının mı görevli olacağı; isteme uygulanacak zamanaşımı

Yargıtay 17. Hukuk Dairesi

Esas No.: 2013/5430

Karar No.: 2013/7105

Karar tarihi: 16.05.2013

Davacı vekili, müvekkiline sigortalı araca davalıların sorumluluğunda bulunan rögar kapağının verdiği hasar nedeniyle sigortalısına ödediği 3.362,00.-TL tazminatın ödeme tarihinden itibaren işleyecek yasal faiziyle tahsilini talep etmiştir.

Davalı İSKİ Genel Müdürlüğü vekili, zamanaşımı süresinin dolduğunu, yolun onarım ve bakımından sorumlu olmadıklarından husumet yöneltilemeyeceğini belirterek davanın reddini savunmuştur.

Davalı Arnavutköy Belediye Başkanlığı vekili, taraf sıfatlarının bulunmadığını belirterek davanın reddini savunmuştur.

Davalı İstanbul Büyükşehir Belediye Başkanlığı vekili, taraf sıfatlarının bulunmadığını belirterek davanın reddini savunmuştur.

Mahkemece, iddia, savunma ve toplanan kanıtlara göre; davalı Arnavutköy Belediye Başkanlığı yönünden davanın reddine, İstanbul Büyükşehir Belediye Başkanlığı yönünden husumet nedeniyle davanın reddine, davalı İSKİ Genel Müdürlüğü yönünden sigortacının açtığı rücu davasında zamanaşımı, sigorta ettirenin aynı şahıs aleyhine açabileceği davanın zamanaşımı süresine tabi olup, zamanaşımı da aynı tarihte başlayacağından BK'nın 41. maddesi gereğince 1 yıllık zamanaşımı süresine tabi olduğu, kaza tarihinden ve takip tarihinden dava tarihine kadar 1 yıllık zamanaşımı süresinin dolduğu gerekçesiyle davanın reddine karar verilmiş, hüküm davacı I. Sigorta A.Ş. vekili tarafından temyiz edilmiştir.

1-Dava, 6762 sayılı TTK'nun 1301. maddesinden (6102 sayılı TTK m. 1472) kaynaklanan rücuan tazminat istemine ilişkindir.

Belediyeler kamu tüzel kişileri olup, görmekle yükümlü bulundukları kamu hizmetleri sırasında verdikleri iddia olunan zararlardan dolayı sorumlulukları özel hukuk hükümlerine tabi değildir. Kamu tüzel kişilerinin, yasalar tarafından kendilerine verilen görev ve yetkileri kullanırken oluşan zararlar niteliği itibariyle hizmet kusurundan kaynaklanmakta olup, bu zararların tazmini amacıyla anılan idarelere karşı hizmet kusurlarına dayanılarak İdari Yargılama Usulü Hakkındaki Kanun'un 2. maddesi hükmü uyarınca, idari yargı yerinde tam yargı davası ikame edilmesi gerekmektedir.

Somut olayda, yolda bulunan rögar kapağı ile ilgili gerekli yol güvenliği ve işaretleme önlemlerini almayan belediye aleyhine hizmet kusuruna dayanılarak dava açıldığından, mahkemece, adli yargının yargı yolu bakımından görevsiz bulunması nedeniyle davalı İstanbul Büyükşehir Belediyesi Başkanlığı ve Arnavutköy Belediye Başkanlığı yönünden dava dilekçesinin reddine karar verilmesi gerekirken, yazılı olduğu şekilde hüküm kurulması doğru görülmemiştir.

2-2918 sayılı Karayolları Trafik Kanunu'nun (KTK) "Kapsam" başlıklı 2. maddesi "Bu Kanun, karayollarında uygulanır" hükmünü içermektedir. KTK'nın "Tanımlar" başlıklı 3. maddesi hükmünde; Karayolu, "Trafik için kamunun yararlanmasına açık olan arazi şeridi, köprüler ve alanlar", Karayolu yapısı, "Karayolunun kendisi ile karayolunun üstünde, yanında, altında veya yukarısındaki; ada, ayırıcı, otokorkuluk, istinat duvarı, köprü, tünel, menfez ve benzeri yapılar" olarak tanımlanmıştır.

Davaya konu kaza (hasar), şehir içi ulaşımı sağlayan karayolu üzerinde sigortalının araçla seyri sırasında sokak içerisinde bulunan karayolu üzerindeki rögar kapağına çarpma sonucu meydana gelmiştir. Bu durum karşısında, kazanın meydana geldiği yerin karayolu sayılamayacağından söz edilemez.

2918 Sayılı KTK.'nun 109. maddesinde; "motorlu araç kazalarından doğan maddi zararların tazminine ilişkin talepler zarar görenin, zararı ve tazminat yükümlüsünü öğrendiği tarihten başlayarak iki yıl ve her halde, kaza gününden başlayarak on yıl içinde zamanaşımına uğrar" düzenlemesi mevcuttur.

Dava, TTK'nın 1301. maddesine göre rücuan alacak istemine ilişkindir. Anılan maddede düzenlenen halefiyet yasal, sınırlı ve cüzi halefiyet niteliğindedir. Halefiyete dayalı rücu davası esas itibariyle sigortalının kendisine zarar verene karşı açacağı tazminat davasının onun halefi olarak sigortacı tarafından açılması olduğundan, sigortalı ile ona zarar veren arasındaki yasal hükümlere göre görülüp sonuçlandırılır. Yargıtay'ın 17.01.1972 gün 1970/2 Esas 1972/1 sayılı İçtihadı Birleştirme kararına göre sigorta tazminatını ödeyen sigortacının zarara sebebiyet veren aleyhinde açtığı davada zamanaşımı sigorta ettirenin aynı şahıs aleyhinde açabileceği davanın zamanaşımına tabi ve aynı tarihte başlar. Dava konusu olayda zararı doğuran trafik kazasının 28.03.2008 tarihinde meydana geldiği ve 2918 sayılı Kanun'un 109. maddesine göre 2 yıllık zamanaşımına tabi bulunduğu tartışmasızdır. Kaza tarihinden sonra iki yıllık süre dolmadan 16.03.2010 gününde davacı tarafından davalılar aleyhine girişilen icra takibi ile BK'nın 133. maddesi uyarınca zamanaşımı kesilmiş, yeniden başlayıp iki yıllık süre içerisinde 24.08.2010 tarihinde isteme konu dava açılmış ve zamanaşımı süresi dolmamış olduğu dikkate alınarak davanın esasına girilerek tarafların iddia, savunma ve delillerinin toplanması neticesinde varılacak sonuca göre karar verilmesi gerekirken yazılı olduğu şekilde zamanaşımı nedeniyle davanın reddine karar verilmiş olması doğru görülmemiştir.

SONUÇ: Yukarıda (1 ve 2) numaralı bentlerde açıklanan nedenlerle davacı vekilinin temyiz itirazlarının kabulü ile hükmün BOZULMASINA, peşin Alınan harcın istek halinde temyiz eden davacıya geri verilmesine 16.5.2013 gününde oybirliğiyle karar verildi.

YORUM

Kararda iki sorun hakkında değerlendirme yapılması gerekmiştir:

- *Rögar kapağının yol açtığı zarar (yol kusuru) dolayısıyla belediyeler aleyhine açılan davaların hangi yargı kolunda (adli yargıda mı yoksa yönetsel yargıda mı) görüleceği*
- *Hangi zamanaşımı süresinin uygulanacağı*

Bu sorunlardan ilki hakkında daha önce birçok başka kararı incelerken değerlendirme yapmış idik (mesela Yargıtay 17. Hukuk Dairesi'nin 31.01.2017gün ve E. 2014/ 15557, K. 2017/850 sayılı kararı altındaki açıklamalarımıza bkz.). Kanımızca yol kusuru nedeniyle belediyelere yöneltilen istemler KTK m.110 uyarınca adli yargının görev alanına dahil sayılabilirler.

Yargıtay 17. Hukuk Dairesi, kararın 1. bendinde adli yargının görevsiz bulunduğu sonucuna varmış olmasına rağmen kararın 2. bendinin son kısmında "....zamanaşımı süresi dolmamış olduğu dikkate alınarak davanın esasına girilip tarafların iddia, savunma ve delillerinin toplanması neticesinde varılacak sonuca göre karar verilmesi gerekirken yazılı olduğu şekilde zamanaşımı nedeniyle davanın reddine karar verilmiş olması doğru görülmemiştir" biçiminde farklı bir sonuç belirtmiştir.

Yüksek Mahkeme, zamanaşımı konusunda İYUK uyarınca tam yargı davalarında söz konusu olan 1 senelik zamanaşımı yerine, KTK m.109'daki 2 senelik zamanaşımının uygulanacağını saptamıştır.

Kanımızca kararda şu çelişkili durum söz konusudur: Eğer sorumluluk KTK hükümleri uyarınca gerçekleşmiş sayılmıyor ve yönetsel yargının alanına dahil kabul ediliyorsa, KTK'daki zamanaşımı nasıl uygulanacaktır? KTK m.109'daki zamanaşımı düzenlemesi kuşkusuz KTK hükümleri uyarınca doğmuş olan sorumluluklar hakkında geçerlidir. Eğer sorumluluk KTK hükümlerinden (KTK m.110'dan) doğmuş ise, o takdirde adli yargının görevli sayılması gerekir.

Bu açıklamalar ışığında,

- *İlk derece mahkemesi tarafından benimsenen "Borçlar Kanunu'ndaki haksız eyleme ilişkin zamanaşımının söz konusu olacağı" görüşüne ve*
- *Yargıtay'ın bu uyuşmazlıkta yönetsel yargının görevli olduğu yolundaki saptamasına katılmamaktayız.*
- *Buna karşılık, "adli yargının görevsiz olduğu" yolundaki saptamayla bağdaşmamasına karşın Yüksek Mahkeme tarafından olayda KTK m.109'daki zamanaşımının uygulanacağına ilişkin değerlendirmesi yerindedir.*
    - *KTK sorumluluğa dayanak oluşturacak görevleri saymış*
    - *Ancak bunların ihlali halinde söz konusu olacak sorumluluğa ilişkin açık düzenleme getirmemiştir.*
    - *Yine de (söz konusu eksikliğe karşın) sorumluluğun KTK m.109'da düzenlendiğini kabul etmek doğru olacaktır..*
    - *Bu sebeple zamanaşımı hakkında KTK m.109'un uygulanması uygun bir çözümdür.*

Taşıma sırasında meydana gelen zararı ödeyen sigortacının zarardan sorumlu taşıyıcıya karşı açtığı yasal haleflik hakkına dayalı rücu davası taşıma sözleşmesine dayanır ve bu sözleşme TTK'da düzenlendiği için Ticaret Mahkemesinde görülmelidir.

Yargıtay 11. Hukuk Dairesi

Esas No.: 2013/17475

Karar No.: 2014/151

Karar tarihi: 07.01.2014

Taraflar arasında görülen davada İstanbul Anadolu 15. Asliye Ticaret Mahkemesi'nce verilen 20.06.2013 tarih ve 2013/465-2013/247 sayılı kararın Yargıtay'ca incelenmesi davacı vekili tarafından istenmiş ve temyiz dilekçesinin süresi içinde verildiği anlaşılmış olmakla, dava dosyası için Tetkik Hakimi tarafından düzenlenen rapor dinlendikten ve yine dosya içerisindeki dilekçe, layihalar, duruşma tutanakları ve tüm belgeler okunup, incelendikten sonra işin gereği görüşülüp, düşünüldü:

Davacı vekili, müvekkili şirket nezdinde nakliyat abonman sigorta poliçesi ile sigortalı bulunan emtianın davalı T. Nakliyat Şirketi sorumluluğunda Belçika'dan İstanbul'a nakliyesi sırasında meydana gelen kaza neticesinde hasarlandığı, hasar bedelinin sigortalıya ödendiğini, diğer davalının taşıyıcı firmanın üstlenmiş olduğu taşımaları sigortalamış olması sebebiyle poliçe limiti ile sorumlu olduğunu belirterek şimdilik 4.346,00 TL tazminatın ödeme tarihinden itibaren işleyecek avans faiziyle birlikte davalılardan müştereken ve müteselsilen tahsiline karar verilmesini talep ve dava etmiştir.

Davalılar vekilleri, ayrı ayrı davanın reddini istemiştir.

Mahkemece, iddia, savunma ve tüm dosya kapsamına göre, uyuşmazlığın haksız fiilden kaynaklandığı, buna göre görevli mahkeme hangisi ise, hasar bedelini ödeyerek hasar gören sigortalısının halefi yerine geçen sigorta şirketinin açacağı davalarda da bu mahkemenin görevli olacağı, davaya bakmakla görevli mahkemenin asliye hukuk mahkemesi olduğu gerekçesi ile dava dilekçesinin görevsizlik nedeniyle reddine, yasal süre içinde başvurulması halinde dosyanın görevli ve yetkili İstanbul Anadolu Asliye Hukuk Mahkemesi'ne gönderilmesine karar verilmiştir.

Kararı, davacı vekili temyiz etmiştir.

Dava, nakliyat abonman sigorta poliçesi kapsamında rucuen tazminat istemine ilişkin olup, mahkemece yukarıda yazılı gerekçeler ile dava dilekçesinin görev yönünden reddine karar verilmiştir. Ancak, davacının 6102 sayılı TTK'nın 1472. maddesi kapsamında halefi olduğu sigortalı ile davalı T. Uluslararası Nakliyat A.Ş. arasında taşıma ilişkisi bulunmaktadır. Taşıma ilişkisi TTK'da düzenlenmekte olup, taşıma ilişkisinden kaynaklanan uyuşmazlıklar niteliği itibariyle TTK'nın 4. maddesine göre mutlak ticari davalardandır. Buna göre, somut olayda, taşıma ilişkisinin tarafı olan sigortalının halefi bulunan davacının açtığı rucuen tazminat davasında mahkeme görevli bulunduğundan, yargılamaya devam edilerek hüküm kurulması gerekirken yazılı şekilde görevsizlik kararı verilmesi doğru olmamış, hükmün bu nedenle bozulması gerekmiştir.

Yukarıda açıklanan nedenlerle davacı vekilinin temyiz itirazlarının kabulü ile hükmün davacı yararına BOZULMASINA, ödediği temyiz peşin harcın isteği halinde temyiz edene iadesine, 07.01.2014 tarihinde oybirliğiyle karar verildi.

YORUM

Yargıtay 11. Hukuk Dairesi tarafından verilen karar, yük sigortası (taşıma konusu malların taşıma sırasında uğrayacakları zararların tazminine yönelik sigorta; uygulamada eski deyimle "emtia nakliyat sigortası" olarak adlandırılmaktadır) kapsamında sigorta ettirene sigorta parasını ödeyen sigortacının yasal halef sıfatıyla taşıyıcı ve onun sorumluluğunu sigorta etmiş olan sigortacıya karşı açtığı davanın Asliye Hukuk Mahkemesinde mi yoksa Ticaret Mahkemesi'nde mi görülmesi gerektiğine ilişkindir.

Sigorta konusu yük, Belçika'dan İstanbul'a karayoluyla yapılan taşıma sırasında taşıma rizikosunun gerçekleşmesi sonucunda hasarlanmıştır.

İlk derece mahkemesi (dava Ticaret Mahkemesi'nde açılmıştır) tazminat isteminin haksız eylemden kaynaklandığını; yasal halef sıfatıyla hareket eden davacı sigortacının, sigorta ettiren tarafından hangi mahkemede dava açılabilecek idiyse o mahkemede istemde bulunabileceğini; haksız eyleme dayalı istemlerin Asliye Hukuk Mahkemesi'nde görülmesi gerektiğini; bu sebeple Ticaret Mahkemesi'nin görevli olmadığını belirterek görevsizlik kararı vermiştir.

Yargıtay 11. Hukuk Dairesi ise aşağıdaki gerekçelerle bu görevsizlik kararını bozmuştur:

- *Davacı TTK 1472 uyarınca sigorta ettirene halef olmuştur.*
- *Sigorta ettiren ile davalı T. Uluslararası Nakliyat A.Ş. arasında taşıma ilişkisi bulunmaktadır.*
- *Taşıma ilişkisi TTK'da düzenlenmiştir.*
- *TTK 4 uyarınca taşıma ilişkisinden kaynaklanan uyuşmazlıklar mutlak ticari davalardandır.*
- *Buna göre, somut olayda, davacının taşıma ilişkisine taraf olan sigorta ettirenin halefi sıfatıyla açtığı rücu davasında Ticaret Mahkemesi görevlidir.*

Kanımızca Yüksek Mahkeme'nin kararı yerindedir.

Yola aniden çıkarak sebep olduğu trafik kazasında hayatını kaybeden yayanın mirasçılarına karşı kazada zarar gören aracın kasko sigortacısı tarafından açılan rücu davası- Araç onartılmasa dahi, gerçek zarar belirlenerek hüküm altına alınabilir

Yargıtay 17. Hukuk Dairesi

Esas No.: 2013/2693

Karar No.: 2014/740

Karar tarihi: 22.01.2014

Davacı vekili, asıl ve birleşen dosyada; müvekkiline kaskolu araç seyir halinde iken davalıların murisi A. Y.'nın yola çıkması nedeniyle meydana gelen trafik kazası sonucunda aracın hasarlandığını, kazanın oluşumunda müteveffanın %75 oranında kusurlu olduğunu belirterek, murisin kusuruna isabet eden 4.552 TL'nın faizi ile birlikte davalılardan tahsiline karar verilmesini talep etmiştir.

Davalılar davanın reddini savunmuştur.

Mahkemece, hasar miktarının gerçek olup olmadığının ispat edilemediği gerekçesiyle davanın reddine karar verilmiş, hüküm davacı vekili tarafından temyiz edilmiştir.

Dava, 6762 sayılı TTK'nın 1301. maddesi (6102 sayılı TTK m. 1472) uyarınca kasko sigortasına dayanan rücuen tazminat istemine ilişkindir.

Halefiyete dayalı olan rücu davası, esas itibariyle sigortalının kendisine zarar verene karşı açacağı tazminat davasının, onun halefi sıfatıyla sigortacı tarafından açılmasıdır. Dolayısıyla, tazminat davasının ilkeleri dikkate alınmalıdır. Sigortacı, selefine ödediği miktarı değil, ancak gerçek zarar miktarını sorumlusundan isteyebilecektir.

Somut olayda mahkemece dosya içerisinde bulunan 30.04.2008 tarihli fatura gerekçe gösterilerek hasar bedelinin gerçekliği konusunda tereddüt oluştuğu gerekçesiyle davanın reddine karar verilmiş ise de, verilen karar dosya kapsamına uygun düşmemektedir.

Adı geçen belge yansıtma faturası olup, üzerinde aracın onarımına dair bilgi bulunmadığı gibi, sigortalıya ait işyerinin iştigal konusunun da araç onarımı olup olmadığı belli değildir. Ayrıca davacı vekilince sigortalı tarafından imzalanmış ibraname de dosya içerisinde bulunmakta olup, ödemenin gerçek olmadığı yönünde taraflar arasında bir çekişme de bulunmamaktadır.

Kaldı ki, aracın onarımının yapılmaması halinde dahi, sigortacının gerçek zarar miktarını zarar sorumlusundan isteyebileceği ve hasar bedelinin tespiti hususunun da mahkemenin görevi dahilinde olduğu nazara alınarak, gerektiğinde taraflardan sorulmak suretiyle kaza nedeniyle düzenlenen tüm belgeler ilgili yerlerden getirtilerek, bilirkişi marifetiyle hasar bedelinin tespiti ile oluşacak sonuca göre bir karar verilmesi gerekirken, yazılı şekilde davanın reddine karar verilmesi doğru görülmemiştir.

Yukarıda açıklanan nedenlerle davacı vekilinin temyiz itirazlarının kabulü ile hükmün BOZULMASINA, peşin alınan harcın istek halinde temyiz eden davacıya geri verilmesine 22.01.2014 gününde oybirliğiyle karar verildi.

YORUM

Bu karar, trafik kazasında hasarlanan araç için sigorta tazminatı ödemiş olan kasko sigortacısının yasal haleflik hakkına dayalı olarak açtığı rücu davasında, davalıdan isteyebileceği tutarı nasıl kanıtlayacağıyla ilgilidir.

İlk derece mahkemesi hasar tutarının gerçek olduğunun kanıtlanmadığı gerekçesiyle davayı reddetmiştir.

Yargıtay bu kararı aşağıdaki hususları vurgulayarak bozmuştur.

- *Yasal halefliğe dayalı rücu davasında sigortacı, zarar sorumlusundan sigorta ettirene ödediği miktarı değil, ancak gerçek zarar miktarını isteyebilir.*
- *Mahkemece dosya içerisinde bulunan faturanın hasar tutarı konusunda duraksama yarattığı gerekçesiyle davanın reddine karar verilmiştir.*
- *Ancak, bu fatura bir yansıtma faturasıdır ve üzerinde aracın onarımına dair bilgi bulunmamaktadır.*
- *Sigortalıya ait işyerinin araç onarımı işiyle uğraşan bir işletme olup olmadığı belli değildir.*

- *Sigortalı tarafından imzalanmış ibra belgesi de dosya içerisinde bulunmaktadır.*
- *Taraflar arasında ödemenin gerçek olmadığı yönünde bir çekişme bulunmamaktadır.*
- *Kaldı ki, araç onarılmış olmasa dahi sigortacı gerçek zarar miktarını zarar sorumlusundan isteyebilir.*
- *Hasar bedelinin tespiti hususu mahkemenin görevi dahilindedir.*
- *Bilirkişi eliyle hasar bedelinin tespiti ile oluşacak sonuca göre bir karar verilmesi gerekirdi.*

Kararda yer alan gerekçelere ilişkin değerlendirmelerimiz şöyledir:

- *Yasal halefliğe dayalı rücu davalarında, sigortacı zarardan sorumlu üçüncü kişiden, sigorta ettirene ödediği tazminat tutarı ile sınırlı olmak koşuluyla, sigorta ettiren zarar sorumlusuna karşı dava açmış olsa idi, bu davada ondan ne isteyebilecek idiyse, onu talep edebilir.*
- *Anlaşıldığına göre, davacı sigortacı tarafından sigorta ettirene ödenmiş olan sigorta tazminatının makul ve kabul edilebilir (gerçek zarara karşılık gelen nitelikte) olduğu bir yansıtma faturasına dayanılarak kanıtlanmaya çalışılmıştır.*
- *Yansıtma faturası şöyle tanımlanmaktadır: Fatura bedeli kısmen ya da tamamen farklı bir mükellefi ilgilendirmekte ise, faturaya muhatap olan vergi mükellefinin, kendisini ilgilendirmeyen tutarı diğer mükellefe yansıtması için fatura düzenlemesi gerekmektedir. Düzenlenen bu faturalara uygulamada yansıtma faturası adı verilmektedir.*
- *Sigorta ettirene ait işyerinin araç onarımı işiyle uğraşan bir işletme olup olmadığı hususunun kararda soru olarak neden ortaya atıldığı da net bir biçimde anlaşılamamaktadır. (Yansıtma faturasını kendi aracını onaran sigorta ettiren bizzat düzenlemiş olabilir).*
- *Yargıtay, sigortacının dosyaya delil olarak sunmuş olduğu yansıtma faturası ile kanıtlanmaya çalışılan sigorta ettirene yapılan ödemenin eski deyimle "haddi lâyıkında" (zararı karşılayan tutarda) olduğu hususunun, gerektiğinde başka delillerle de ortaya konulabileceğini vurgulamıştır.*
- *Yüksek Mahkemeye göre dosyada ibra belgesi mevcut olduğu gibi taraflar arasında sigortacı tarafından sigorta ettirene tazminat ödemesinin yapılmış olduğu hususu da çekişmeli değildir.*
    - *Kanımızca ibra belgesi yalnızca ödemeyi (tutarını, ve bu tutarın sigorta ettiren tarafından tahsil edilmiş olduğunu) kanıtlar. Zararı kanıtlamaz.*

- *Taraflar arasında ödeme olgusu çekişmesiz olsa da, ne ödenmesi gerektiği konusunda uyuşmazlık mevcutsa, dosyaya bir ibra belgesinin sunulmuş olması, mahkemenin karar vermesine yeterli olmaz.*

- *Yargıtay ayrıca, eylemsel olarak onarım yapılmış olmasa dahi, sigortacının gerçek zarar tutarını zarardan sorumlu davalıdan isteyebileceğini vurgulamaktadır.*
  - *Burada da, sorun sigortacının (onarım yapılmasa dahi) talep ve dava hakkına sahip olup olmayacağı değil (bu hakka sahip olduğu tartışmasızdır); hangi tutar üzerinden istemde bulunabileceğidir.*
  - *Bu tutarın nasıl belirleneceği ise hukukun genel ilkelerine tabidir. TBK m.50 fk.1 uyarınca ilke olarak zarar gören (veya ona halef olanlar) zararı kanıtlamakla yükümlüdür. Fakat eğer zarar tutarı tam olarak kanıtlanamıyorsa, bu tutarı hakim TBK m.50 fk.2 gereğince "olayların olağan akışını" ve zarar görenin aldığı önlemleri göz önünde tutarak adil şekilde belirleyecektir.*
  - *Somut olayda da, TBK m.50 fk.2 gereğince hareket edilmesi uygun düşerdi: Benzer hasarlar için yapılması söz konusu olan onarım gideri esas alınabilirdi.*

- *Bu nedenle, Yargıtay'ın zarar tutarının "bilirkişi eliyle" belirlenmesi ve sonucuna göre karar verilmesi lazım geldiğine ilişki değerlendirmesi olaya (olağan akışa) uygun bir değerlendirme niteliğini taşımaktadır.*

- *Bu olayda dikkati çeken ve asıl açıklanması lâzım gelen husus şudur: Araç hasarlarında sigortacılar eksper görevlendirmekte ve eksperin raporunu esas alarak hasar dosyalarını sonuçlandırmaktadırlar. Burada neden bu yolun izlenmediği, sigortacının hangi sebeple eksper atamadığı ve ekspertiz dışında ödeme yaptığı belirsizliğini korumaktadır. Mahkemece bu noktalar aydınlatılsa idi, net bir yargıya varmak kolaylaşırdı.*

Kasko sigortacısının yasal halef sıfatıyla açtığı rücu davasında kazaya sebep olduğu ileri sürülen diğer aracın sürücüsünün kusurunun (ve araç işleteninin sorumluluğunun) nasıl kanıtlanacağı

Yargıtay 17. Hukuk Dairesi

Esas No.: 2014/449

Karar No.: 2014/1401

Karar tarihi: 10.02.2014

Davacı vekili, müvekkili şirkete kasko sigortalı aracın davalıya ait aracın sebebiyet verdiği trafik kazasında hasarlandığını ve hasar bedelinin davacı tarafından ödendiğini ileri sürerek, 11.462,00 TL. tazminatın faizi ile davalıdan tahsiline karar verilmesini talep etmiştir.

Davalı vekili, davanın reddini savunmuştur.

Mahkemece, olay tek taraflı kaza olup davalının olayda kusuru bulunmadığından davanın reddine karar verilmiş; hüküm, davacı vekili tarafından temyiz edilmiştir.

Dava, 6102 Sayılı TTK'nun 1472. maddesinden kaynaklanan rücuan tazminat istemine ilişkindir.

Mahkemece yazılı şekilde hüküm kurulmuş ise de, yapılan inceleme ve araştırma hüküm kurmaya elverişli değildir.

Dava konusu trafik kazasına ilişkin olarak görevli memurlarca düzenlenen Kaza Tespit Tutanağında olay tek taraflı trafik kazası olarak belirtilmiş ise de bu tutanakta sigortalı araç sürücüsünün kazaya kavşağa kontrolsüz giren aracın sebebiyet verdiğini beyan ettiği açıklanmış olup, resmi görevlilerce ayrıca düzenlenen Olay Yeri Tespit Tutanağı'nda da söz konusu aracın davalıya ait araç olduğunun tespit edildiği anlaşılmaktadır.

Her ne kadar araçlar arasında bir çarpışma olmamış ise de; davalı sürücü ile olay anında bu araç içinde yolcu olarak bulunan K1 karakolda alınan ifadelerinde, olay anında kendi araçlarının kavşak içine girmiş olduğu ve yolu ortalamış iken hızlı bir şekilde gelen davacıya sigortalı aracın korna çalması üzerine yol içinde durdukları ve sigortalı aracın önlerinden geçip kontrolü kaybederek kaza yaptığını belirtmişler, sigortalı aracın sürücüsü olan K3 ile araçta yolcu olarak bulunan eşi K2 ve K4'de karakol ifadelerinde, davalı tarafa ait aracın yola aniden girdiğini ona çarpmamak için sürücünün direksiyon kırdığını ve kazanın bu şekilde meydana geldiğini belirttikleri görülmektedir.

Öte yandan, davacı vekili dava dilekçesinde keşif ve tanık delillerine dayanmış olup, Borçlar Kanunu'nun 53.maddesi (6098 sayılı TBK'nun 74. maddesi) uyarınca, hukuk hakimi ceza mahkemesince belirlenen kusur oranıyla bağlı olmadığı gibi, olaya ilişkin olarak yapılan soruşturma üzerine C. Savcılığı'nca davalıya ait aracın kazaya karışmadığı gerekçesiyle verilen takipsizlik kararı ile de bağlı olmayacağı açıktır.

O halde, mahkemece davalı sürücü ile olayın görgü tanıklarının da hazır edilmeye çalışılıp kusur ve hasar uzmanı bilirkişi marifetiyle kazanın olduğu yerde keşif yapılması, tanıkların dinlenmesi, kaza tespit tutanağı, kroki, olay yeri tespit tutanağı, yol ve hava şartları ile tüm dosya kapsamının birlikte tartışılıp irdelenerek olay nedeniyle davalı tarafa atfı kabil kusur bulunup bulunmadığının, varsa, taraf sürücülerinin kusur oranlarının belirlenmesi, davalı tarafın kusurunun varlığı halinde sigortalı araçta kaza sebebiyle meydana gelen gerçek zarar miktarının da tespiti yönünden ayrıntılı, gerekçeli ve denetime açık rapor alınması, meydana gelebilecek çelişkilerin giderilmesi, ondan sonra dosyadaki tüm deliller birlikte değerlendirilip varılacak sonuca göre karar verilmesi gerekirken, eksik incelemeyle yazılı şekilde hüküm kurulması doğru görülmemiştir.

SONUÇ: Yukarıda açıklanan nedenlerle, davacı vekilinin temyiz itirazlarının kabulü ile hükmün BOZULMASINA, peşin alınan harcın istek halinde temyiz eden davacıya geri verilmesine 10.2.2014 gününde oybirliğiyle karar verildi.

YORUM

Bu kararda Yargıtay, kasko sigortacısının yasal haleflik hakkına dayalı olarak açmış olduğu rücu davasında, trafik kazasından (ve sigorta ettirenin zararından) kimin hangi ölçüde sorumlu olacağına ilişkin olarak mahkemece nasıl bir inceleme ve araştırma yapılması gerektiği sorununu ele almıştır. Yüksek Mahkeme, ilk derece mahkemesinin "davalı tarafta kazaya neden olan bir kusurun olmadığı" gerekçesiyle verdiği "davanın reddi" kararını yetersiz inceleme sebebiyle bozarken şu hususları vurgulamış bulunmaktadır:

- *Görevli memurlarca düzenlenen Kaza Tespit Tutanağında olay tek taraflı trafik kazası olarak belirtilmiştir.*
- *Bununla birlikte, aynı tutanakta sigorta ettirene ait aracın sürücüsünün "kazaya kavşağa kontrolsüz giren bir aracın yol açtığını" belirttiği açıklanmıştır.*
- *Resmi görevlilerce ayrıca düzenlenen Olay Yeri Tespit Tutanağı'nda ise bu (kavşağa kontrolsüz girdiği ileri sürülen) aracın davalıya ait araç olduğu saptanmıştır.*
- *Araçlar arasında bir çarpışma olmamıştır.*
- *Davalı sürücü ile olay anında davalı tarafa ait araç içinde yolcu olarak bulunan K1 karakolda "olay anında kendi araçlarının kavşak içine girmiş ve yolu ortalamış bulunduğu bir sırada, hızlı bir şekilde gelen davacı tarafından sigortalanmış aracın korna çaldığını; kendi araçlarının bunun üzerine yol içinde durduğunu ve davacı tarafından sigortalanmış aracın önlerinden geçip kontrolü kaybederek kaza yaptığını" belirtmişlerdir.*
- *Davacı tarafından sigortalanmış aracın sürücüsü K3 ile araçta yolcu olarak bulunan eşi K2 ve K4'de karakol ifadelerinde "davalı tarafa ait aracın yola aniden girdiğini, ona çarpmamak için sürücünün direksiyon kırdığını ve kazanın bu şekilde meydana geldiğini" açıklamışlardır.*
- *Davacı, dava dilekçesinde keşif ve tanık delillerine dayanmıştır.*
- *2011 tarihli Türk Borçlar Kanunu m.74 uyarınca, hukuk hakimi ceza mahkemesince belirlenen kusur oranıyla bağlı değildir.*
- *Hukuk hakimi, Cumhuriyet Savcılığı'nca davalıya ait aracın kazaya karışmadığı gerekçesiyle verilen takipsizlik kararı ile de bağlı bulunmamaktadır.*
- *O halde, mahkeme davalı sürücü ile olayın görgü tanıkları da hazır bulundurulmaya çalışılarak kusur ve hasar uzmanı bilirkişi aracılığı ile kazanın olduğu yerde keşif yapmalı, tanıkların dinlemeli, kaza tespit tutanağı, kroki, olay yeri tespit tutanağı, yol ve hava şartları ile tüm dosya kapsamını birlikte tartışıp irdelemeli ve davalı tarafa yüklenebilecek bir kusurun söz konusu olup olmadığını belirlemeli, davalı tarafın kusurunun varlığı halinde sigortalı araçtaki gerçek zarar miktarının da tespiti yönünden ayrıntılı, gerekçeli ve denetime açık rapor almalıdır.*

- *Mahkemenin meydana gelebilecek çelişkileri bu şekilde gidermesi, ondan sonra dosyadaki tüm delilleri birlikte değerlendirerek karar vermesi gerekir.*

Karar hakkında şunları belirtebiliriz:

- *Davacının kasko sigortacısı olduğu sigorta ettirene ait araç ile davalıya ait aracın içindeki kişiler (sürücüler ve yolcular) kazanın oluş biçimi hakkında birbirini tutmayan açıklamalarda bulunmuşlardır.*
- *Tanıkların ve diğer ifade sahiplerinin yeniden dinlenmesi eğer bunlar aynı açıklamaları yineleyeceklerse fazla bir katkı sağlamayacaktır.*
- *Kroki, kaza tespit tutanağı, olay yeri tespit tutanağı gibi belgeler zaten dosyada mevcuttur. İlk derece mahkemesi karar verirken bunları dikkate almış olmalıdır.*
- *Bununla birlikte Yargıtay kararında ilk derece mahkemesi tarafından bilirkişi incelemesi yaptırılmış olup olmadığı hususunda açıklık yoktur. Yargıtay kararında bilirkişi raporundan hiç söz edilmemesi, dosyanın bilirkişiye verilmediğini gösteren bir husustur.*
- *Davacı tarafın delil olarak dayandığı "keşif" de öyle anlaşılıyor ki ilk derece mahkemesince gerekli görülmemiştir.*
- *Yargıtay ise, bilirkişi, tanık dinleme ve keşif söz konusu olmaksızın verilen kararın eksik inceleme ile verilmiş olacağı sonucuna varmıştır.*
    - *Kanımızca tanıkların dosyadaki beyanlarından farklı şekilde tanıklık yapmaları pek beklenebilecek husus değil ise de, bunlara yöneltilecek sorular olayı aydınlatma bakımından önem ve değer taşıyabilir.*
    - *Bilirkişi incelemesi ve keşif ise trafik kazasının nasıl meydana gelmiş olduğunun kanıtlanması için yararlıdır.*

Sonuç olarak karar yerindedir.

Aynı işletene ait iki araçtan birinin diğerine zarar vermesi durumunda, zararı ödeyen kasko sigortacısının diğer aracın ZTS poliçesini düzenleyen sorumluluk sigortacısına rücu etmesinin mümkün olup olmadığı

Yargıtay 17. Hukuk Dairesi

Esas No.: 2013/19033

Karar No.: 2014/2430

Karar tarihi: 24.02.2014

Davacı vekili, davalıya trafik (ZMSS) sigortalı aracın müvekkili şirkete kasko sigortalı araçta hasara neden olduğunu ve hasar bedelinin davacı tarafından ödendiğini, alacağın rücuen tahsili için davalı aleyhine İstanbul 30.İcra Müdürlüğünün 2011/11756 sayılı dosyasından yapılan icra takibine itiraz nedeniyle takibin durduğunu ileri sürerek, 3.289,88 TL. asıl alacak üzerinden yapılan takibe vaki itirazın iptaline ve takibin devamına karar verilmesini talep etmiştir.

Davalı vekili, araçların işletenleri aynı olduğundan hasarın teminat dışında kaldığını ve davanın reddini savunmuştur.

Mahkemece, 3.008,00 TL. asıl alacak yönünden davanın kısmen kabulüne, fazla istemin reddine karar verilmiş; hüküm, davalı vekili tarafından temyiz edilmiştir.

Dava, TTK.'nun 1301. (6102 sayılı Türk Ticaret Kanunu'nun 1472/1) maddesi uyarınca, alacağın hasar sorumlusundan rücuen tahsili için yapılan icra takibine vaki itirazın iptaline ilişkindir.

Dava dosyası içerisindeki bilgi ve belgelere, mahkeme kararının gerekçesinde dayanılan delillerin tartışılıp, değerlendirilmesinde usul ve yasaya aykırı bir yön bulunmamasına, Zorunlu Mali Sorumluluk Sigortası Genel Şartları'nın A.1.maddesi, "Sigortacı, poliçede tanımlanan motorlu aracın işletilmesi sırasında, bir kimsenin ölümüne veya yaralanmasına veya bir şeyin zarara uğramasına sebebiyet vermiş olmasından dolayı, 2918 sayılı Karayolları Trafik Kanunu'na göre işletene düşen hukuki sorumluluğu, zorunlu sigorta limitlerine kadar temin eder." hükmünü içermekte olup, somut olayda dava dışı F1 Ulus. Nak. San. Yat. Turz. Pet. İnş. İth. İhr. ve Tic. Ltd. Şti.ne ait davacıya kasko sigortalı N2 plakalı araç ile yine aynı dava dışı şirkete ait davalının trafik sigortacısı olduğu N1 plakalı aracın çarpışması sonucu oluşan kazada, hasarlanan N2 plakalı aracın zararını sigortalısına ödeyen davacı halefiyet hakkına dayalı olarak bu davayı açmıştır. Dava dışı F1 Ulus. Nak. San. Yat. Turz. Pet. İnş. İth. İhr. ve Tic. Ltd. Şti.'nin N1 plakalı aracının hukuki sorumluluğunu ZMSS. poliçesi ile 3. kişilere karşı üstlenen davalı Ankara Anonim Türk Sigorta Şirketi ile davacı kasko şirketi aynı işletenin farklı araçlarını; sonuçları, kapsamları, amaçları farklı olan iki ayrı sigorta poliçesi ile sigorta etmişlerdir. Aynı işletenin araçlarından biri davacıya kaskolu, bir diğeri de davalı sigorta şirketine trafik sigortalıdır. Davacının asıl zarar gören durumundaki sigortalısının, 3. kişi olarak başka bir aracı zarar görmüş olup, bu zararı, davalı sigorta şirketi, aynı işletenin diğer bir aracının ZMSS. poliçesi nedeniyle üstlenmiştir. BK.'nun 116 ncı maddesindeki alacaklılık ve borçluluk sıfatı şeklen dava dışı sigorta ettiren şirket üzerinde toplanmış ise de; özünde bu şirket bir araç yönünden zarar gören, diğer bir araç yönünden zarar veren durumunda olup, aynı araç ve menfaat üzerinde bu sıfatlar birleşmemiştir. ZMSS Genel Şartları'nın A.3.b maddesinde, istemi teminat dışı olarak kabul edilen işleten, trafik sigortacısının işleteni olan sigorta ettiren olup, somut olayda olduğu gibi davacı kasko şirketinin selefi olan işleten değildir. Davacının selefi olan işleten, başka bir aracın ve menfaatin sahibi olup, davalı sigorta, başka bir aracın hukuki sorumluluğunu üstlenmiştir. Aksinin kabulü halinde bir şirketin bir aracını kasko poliçesi ile sigorta eden kasko şirketinin, bu araca yine aynı şirketin bir başka aracının hasar vermesi durumunda, halefiyet hakkının doğmadığının kabulü gerekir ki bu husus doğru değildir.

Bu tarz meydana gelen kazaların rücu hakkının engellenmesi için kasten yaratıldığı iddialarının önüne geçilebilmesi için de davacının halefiyet hakkının doğduğunun kabulünün yasaya uygun olmasına göre, davalı vekilinin yerinde görülmeyen bütün temyiz itirazlarının reddiyle usul ve kanuna uygun bulunan hükmün ONANMASINA ve aşağıda dökümü yazılı 154,08 TL kalan onama harcının temyiz eden davalıdan alınmasına

24.2.2014 gününde Başkan K2 ile Üye K1'ın karşı oyu ve oyçokluğuyla karar verildi.

-KARŞI OY-

Dava, TTK'nun 1301.maddesine dayalı rücuan tazminat istemine ilişkindir.

BK'nun 116/1 (TBK 135/1) maddesinde "alacaklılık ve borçluluk sıfatlarının bir şahısta içtimaiyle borç sakıt olur." hükmüne yer verilmiştir.

Öte yandan Zorunlu Trafik Sigortasında sigortacı, işletenin 2918 sayılı KTK.nun 85/1 maddesinde yazılı hukuki sorumluluğunu aynı kanunun 91/1. maddesi uyarınca üstlenmiş olup, gerekse 85/1 maddesi hükmü ve gerekse Zorunlu Mali Sorumluluk Sigortası Genel Şartlarının 1. maddesi hükmü, ölüm veya cismani zararlar yanında bir şeyin zarara uğraması halinin teminat kapsamında olduğunu öngörülmüştür. Buna göre, ZMSS. nin amacı, trafik kazaları sonucu 3. kişilere verilecek zararların güvence altına alınmasıdır. Ayrıca, KTK 92 ve ZMSS Genel Şartlarının A.3.b maddesinde, "işleten tarafından ileri sürülecek tazminat taleplerinin" teminat kapsamı dışında kalacağı hüküm altına alınmıştır.

Somut olayda dava dışı F1 Ulus. Nak. San. Yat. Turz. Pet. İnş. İth. İhr. ve Tic. Ltd. Şti.ne ait davacı kasko sigorta şirketine kaskolu N2 plakalı araç ile yine aynı dava dışı şirkete ait davalının trafik sigortacısı olduğu N1 plakalı aracın çarpışması sonucu hasarlanan aracın zararını sigortalısına ödeyen davacı halefiyet hakkına dayalı olarak bu davayı açmıştır. Dava dışı F1 Ulus. Nak. San. Yat. Turz. Pet. İnş. İth. İhr. ve Tic. Ltd. Şti. Her iki aracın işleteni olup, davacı ve davalı sigorta şirketleri farklıdır.

Bu durumda, her iki aracın işleteni aynı kişi (şirket) olup, her iki araç bakımından da davalı trafik sigortası 3.kişi durumunda olmadığı gibi, BK.nun 116/1 (TBK.'nun 135/1) maddesindeki alacaklılık ve borçluluk sıfatı işleten F1 Ulus. Nak. San. Yat. Turz. Pet. İnş. İth. İhr. ve Tic. Ltd. Şti.'nde birleşmiştir. KTK'nun 85/1.maddesi uyarınca, işleten olarak kendi sorumluluğunu üstlenen davalı zorunlu trafik sigortacısından tazminat talebinde bulunması mümkün değildir. Zira, ZMSS üçüncü kişilerin zararlarını karşılamakla yükümlü olup, işleten aynı zamanda üçüncü kişi olamaz. (YHGK 15.4.2011 gün 2011-17-13 Esas, 2011/191 Kararı)

Yukarıda yapılan açıklamalara, dosya içerisindeki bilgi ve belgelere göre davalı vekilinin temyiz itirazlarının kabulü ile hükmün bozulmasına karar vermek gerekir. Bu nedenle çoğunluğun onama görüşüne katılmıyoruz.

YORUM

Yargıtay 17. Hukuk Dairesi'nin oy çokluğuyla verilmiş olan bu kararı, ülkemizde uzun zamandır tartışılan şu sorunla ilgilidir: Bir araç sahibine trafik kazası sonucu meydana gelen zarar için kasko sigortası sözleşmesi uyarınca sigorta tazminatı ödeyen sigortacı, acaba kazaya, o araç sahibinin işleteni olduğu bir başka araç yol açmışsa yasal haleflik hakkına dayalı olarak o işletenin sorumluluk sigortacısına rücu edebilir mi?

İlk derece mahkemesi, kasko sigortacısının trafik sigortacısına karşı açtığı yasal haleflik hakkına dayalı rücu (itirazın iptali) davasını (kısmen) kabul etmiştir.

Yargıtay 17. Hukuk Dairesi bu kararı ikiye karşı üç oyla onamıştır. Yüksek Mahkeme'nin gerekçeleri özetle aşağıdaki gibidir:

- *Davacı kasko sigortacısı ile davalı (ZTS poliçesi düzenlemiş olan) sorumluluk sigortacısı aynı kişinin malik ve işleteni olduğu farklı araçları sigorta etmişlerdir.*
- *Her bir sigortacının tarafı olduğu sigorta, sonucu, kapsamı ve amacı diğerinden farklı olan bir sigortadır.*
- *Aynı kişinin malik ve işleteni olduğu araçlardan biri davacı tarafından kasko sigortası ile; diğeri de davalının düzenlediği ZTS ile sigorta teminatı altına alınmıştır.*
- *Davacı kasko sigortacısının sigorta ettireni, ZTS bakımından üçüncü kişi konumundadır. Davalı sorumluluk sigortacısı, bu üçüncü kişinin uğradığı zararı düzenlemiş olduğu ZTS poliçesi nedeniyle üstlenmiştir.*
- *BK m. 116'da sözü edilen alacaklılık ve borçluluk sıfatı şeklen sigorta ettiren şirket üzerinde toplanmış ise de; özünde bu şirket bir araç yönünden zarar gören, diğer bir araç yönünden zarar veren durumundadır.*
- *Bu sıfatlar aynı araç ve menfaat üzerinde birleşmemiştir.*
- *ZTS Genel Şartları A.3.b'de istemi teminat dışında bırakılmış olan işleten, trafik sigortacısının işleteni olan sigorta ettirendir. Somut olayda olduğu gibi davacı kasko şirketinin yasal halef sıfatıyla hukuken yerine geçtiği işleten değildir.*

- *Davacının hukuken yerini almış bulunduğu işleten, başka bir aracın ve menfaatin sahibidir. Davalı sigortacı ise farklı bir aracın hukuki sorumluluğunu üstlenmiştir.*
- *Aksi halde, bir şirketin bir aracını kasko poliçesi ile sigorta eden kasko sigortacısının, bu araca yine aynı şirketin bir başka aracının hasar vermesi durumunda, yasal haleflik hakkının doğmadığının kabulü gerekecektir. Ancak bu doğru değildir.*
- *Bu tarz meydana gelen kazaların rücu hakkının engellenmesi için kasten yaratıldığı iddialarının önüne geçilebilmesi için de davacının haleflik hakkının doğduğunun kabulü yasaya uygundur.*

Kararda yer verilen bu gerekçeler hakkında şu yorumları yapmaktayız:

- *Zarar gören kasko sigortasının sigorta ettireninin, aynı zamanda sorumluluk sigortası ile trafik sorumluluğu temin edilen (zarardan sorumlu) kişi olsa dahi, sorumluluk sigortası bakımından "üçüncü kişi" sayılacağı görüşüne katılmıyoruz.*
- *Her iki sigortanın (kasko ve ZTS) ilişkin bulunduğu araçların farklı olması, her iki sigorta bakımından da sigorta ettiren ve sigortalı konumunda olan "aynı" kişinin "değişik" kişi gibi işlem görmesine yol açmaz.*
- *Sorumluluk sigortası, hukuksal sorumluluğun mevcut olması halinde devreye girer. Bu sigortalarda sigortacının sorumlu olmasının ilk koşulu, sorumluluğu sigorta edilen kişinin (sigorta ettiren; başkası lehine sigortada sigortalı) tazmin yükümlülüğü altına girmiş (aleyhine bir tazminat borcunun doğmuş) bulunmasıdır. Bu koşul gerçekleşmedikçe, sigortacıdan istemde bulunulamaz.*
- *ZTS bakımından sigorta ettiren/sigortalı konumunda olan kişi, kendisine ait bir araç için kasko sigortası yaptırmış ve ZTS sigortasına konu olan aracı ile kasko sigortası teminatı altındaki aracına çarparak hasarlanmasına yol açmış ise, "kendi kendine zarar vermiş" demektir.*
- *Bir an için ZTS poliçesinin hiç mevcut olmadığını düşünelim: Kasko sigortası uyarınca sigorta ettirene ödeme yapmış olan sigortacı, aynı sigorta ettirene rücu edebilecek miydi? Böyle bir rücu olanağının tanınması halinde kasko sigortacısı kasko sigortası kapsamında ödediği tutarı aynı sigorta ettirenden "geri alma" hakkına sahip olurdu (Bu hal, evini yangın rizikosuna karşı sigorta ettirmiş olan kişiye, kusuruyla yol açtığı yangın zararı için önce sigorta tazminatını ödeyip, sonra ondan bu tutarı geri istemeye benzer. Böyle bir yasal haleflik olanağı yoktur. Sigortacı sigorta ettirene halef olarak yine sigorta ettirene rücu edemez).*

- *Kasko sigortasının sigorta ettireni, başka bir aracının kasko sigortalı araca zarar vermiş olması olasılığında kendi kendine karşı istem hakkı kazanmayacağı için (bir kimsenin kendine karşı sorumlu olması anlamsızdır) ne kasko sigortacısı lehine yasal haleflik gerçekleşir ne de onun sorumluluk sigortacısı ödeme yükümlülüğü altına girer.*
- *Eğer ZTS poliçesi (mesela kaynak İsviçre hukukunda olduğu gibi) aynı zamanda sürücünün sorumluluğunu da kapsıyor olsaydı ve sigorta ettiren işletenden başka bir kişi olan sürücü trafik kazasına kusuruyla yol açmış ve işletenin kasko sigortalı diğer bir aracına zarar vermiş bulunsa idi durum değişirdi. O zaman sorumluluk sigortacısından işletenin değil, sürücünün sorumluluğunu temin etme yükümlülüğü uyarınca istemde bulunmak mümkün olurdu. (Türk Hukuku halâ ZTS kapsamına sürücünün sorumluluğunu dahil etmiş değildir. Zorunlu trafik sigortası yalnızca işletenin sorumluluğu ile sınırlı teminat sağlamaya devam etmektedir. "Tanımlar" başlıklı ZTS Genel Şartları A.2 maddesii a) bendindeki "sigortalı" tanımı şöyledir: "Poliçe konusu motorlu araçta 2918 sayılı Karayolları Trafik Kanununa göre işleten sayılan kişi").*
- *Bu satırların kaleme alındığı 2020 yılı Nisan ayında yürürlükte olan ZTS Genel Şartları uyarınca ("Teminat Dışında Kalan Haller" başlıklı ZTS Genel Şartları A.6 maddesinin ç) bendi uyarınca "sigortalının, ... mallarına gelen zararlar sebebiyle ileri sürebileceği talepler" sigorta teminatının dışındadır. Bu hükümdeki "sigortalı" deyimi, A.2 maddesinin a) bendine göre "araç işleteni olan kişiyi" anlatmaktadır. Bu işletenin kasko sigortalı aracı da onun malıdır ve bu araca gelen zarar da işletenin malına gelen zarar niteliğindedir.*
- *"ZTS Genel Şartları A.6.ç maddesinde istemleri sigorta teminatı dışında bırakılmış olan sigortalı işletenin, kasko sigortası sözleşmesi uyarınca sigortalı olan işleten olmadığını" düşünmek "Colin Victor Croly'nin ta kendisinin Colin Victor Croly olmadığını" kabul etmekle birdir.*
- *Kasko sigortası yaptıran araç sahibinin, aynı zamanda kasko sigortalı araca zarar veren diğer aracın işleteni (ve ZTS sözleşmesinin sigortalısı = araç işleteni) olduğu hallerde, eğer kasko sigortasının bu araç sahibini klonlamış olacağı (ondan bir başka kişi oluşturmuş bulunacağı) kabul edilmezse, sakıncalı sonuçların doğacağı yorumu yerinde görülemez.*
    - *Aksi halde, bir şirketin bir aracını kasko poliçesi ile sigorta eden kasko sigortacısının, bu araca yine aynı şirketin bir başka aracının hasar vermesi durumunda, yasal haleflik hakkının doğmadığının kabulü gerekeceği; ancak bunun yerinde olmayacağı görüşü benimsenemez.*

- *Çünkü, yukarıdaki durumda yasal haleflik hakkı doğmaz: Bir kişinin bizzat kendisinden tazminat isteme hakkı mevcut değildir. Olmayan hak da yasal haleflik yoluyla sigortacıya geçmez.*
- *Sigortacının bu durumda dahi yasal halef olacağı kabul edilirse, sigortacı tarafından bizzat sigorta ettirene (sigorta teminatı dahilindeki hasar ödendikten sonra) rücu edilebileceği (aslında basit çözüm tazminatın hiç ödenmemesidir, "al-ver" yerine "hiç") noktasına varılmış olur. Bu da olabilirliği bulunmayan bir husustur.*
- *Sigortacının her durumda halef olup rücu etmesi de gerekmez.*
- *Burada yasal haleflik koşullarının gerçekleşmediği kanısındayız. Demek ki sigortacı da rücu etmeyecektir.*
- *Kasko sigortacısının ZTS poliçesini düzenlemiş olan sorumluluk sigortacısına az sayıda bazı hallerde rücu etmemesinde sakınca bulunmamaktadır.*

• *Yargıtay kararında yer alan "Bu tarz meydana gelen kazaların rücu hakkının engellenmesi için kasten yaratıldığı iddialarının önüne geçilebilmesi için de davacının haleflik hakkının doğduğunun kabulü yasaya uygundur" görüşünün anlamını çözmeyi başarmış değiliz.*

• *Karşı oy yazısındaki değerlendirmeler yerindedir.*

ZTS poliçesini düzenleyen sigortacıya karşı bölge müdürlüğünün bulunduğu yer mahkemesinde dava açılması; başka davalılar da varsa ortak yetkili mahkemenin kesin yetkili sayılıp sayılmayacağı

Yargıtay 17. Hukuk Dairesi

Esas No.: 2014/6511

Karar No.: 2014/9825

Karar tarihi: 23.06.2014

Davacı vekili, müvekkili şirkete kasko sigortalı araca, davalıların sürücüsü ve trafik sigortacısı olduğu aracın çarpması sonucu hasarlandığını, müvekkili tarafından sigortalıya 17.969,00 TL hasar bedelinin ödendiğini, kazanın meydana gelmesinde davalı sürücünün kusurlu olduğunu belirterek müvekkilince ödenen bedelin ödeme tarihinden itibaren işleyecek yasal faizi ile birlikte davalılardan müştereken ve müteselsilen tahsiline karar verilmesini talep etmiştir.

Davalı M.. A.., kazanın oluşumunda davacıya sigortalı aracın da kusurlu olduğunu, hasarın diğer davalı sigorta şirketince karşılanması gerektiğini bildirerek davanın reddini savunmuştur.

Davalı sigorta şirketi vekili, kaza yerinin ve davalıların ikametgah adreslerinin İstanbul olması nedeniyle yetkisizlik kararı verilmesi gerektiğini bildirmiştir.

Mahkemece, haksız fiilin İstanbul'da meydana geldiği, davalıların ikametgah adreslerinin de İstanbul olduğu, HMK'nın 16. maddesine göre davaya bakmakla yetkili mahkemenin İstanbul Asliye Ticaret Mahkemesi olduğu gerekçesiyle yetkisizlik nedeniyle dava dilekçesinin reddine karar verilmiş; hüküm davacı vekili tarafından temyiz edilmiştir.

Dava, 6762 sayılı TTK.'nun 1301. maddesinden (6102 sayılı TTK'nun 1472. maddesi) kaynaklanan rücuan tazminat istemine ilişkindir.

2918 sayılı Karayolları Trafik Kanunu'nun 110. maddesi ile ZMSS Genel Şartları'nın C.7.maddesinde, motorlu araç kazalarından dolayı hukuki sorumluluğa ilişkin davaların sigortacının merkez veya şubesinin veya sigorta sözleşmesini yapan acentenin bulunduğu yer mahkemelerinden birinde açılabileceği gibi, kazanın vuku bulduğu yer mahkemesinde de açılabileceği düzenlenmiştir. Davacı vekilinin davayı, sigortacının bir acenteden daha yetkili organı olan Bölge Müdürlüğü'nün bulunduğu yerde açtığı gözetilerek yetki itirazının reddi ile işin esasına girilmesi gerekirken yazılı şekilde karar verilmesi doğru görülmemiştir.

Yukarıda açıklanan nedenlerle davacı vekilinin temyiz itirazlarının kabulü ile hükmün BOZULMASINA, ... 23.6.2014 gününde oy çokluğu ile karar verildi.

Karşı Oy Yazısı

Davalıların, sürücü-işleteni ve ZMSS Sigortacısı olduğu ... plakalı araç ile davacıya kasko sigortalı aracın 15.05.2011 tarihinde İstanbul ilinde çarpışması sonucu davacıya sigortalı araçta hasar meydana geldiği, hasar bedelinin davacı tarafından sigortalısına ödendiği iddia edilerek araç hasar bedelinin davalılardan tahsiline karar verilmesi istemiyle davacı tarafından Ankara Asliye Ticaret Mahkemesinde 20.01.2012 tarihinde dava açılmış,

Davalı sigorta vekili mahkemenin yetkisiz olduğunu uyuşmazlıkta İstanbul mahkemelerinin yetkili olduğunu bildirmiş,

Mahkemece 6100 sayılı HMK 16 maddesi gereğince İstanbul mahkemelerinin yetkili olması nedeniyle mahkemenin yetkisizliğine karar verilmiş,

Davacı vekilinin temyizi üzerine sayın çoğunluk görüşü doğrultusunda yerel mahkeme kararı bozulmuştur.

Sayın çoğunluğun bozma gerekçesine katılamıyorum.

Dava 6100 sayılı HMK yürürlüğünden sonra 20.01.2012 tarihinde açılmıştır.

6100 sayılı HMK'daki yetki kuralları ve niteliğinin değerlendirilmesinden önce mülga 1086 sayılı HUMK ile 2918 sayılı Karayolları Trafik Kanunundaki yetki kuralları ve niteliğinin gözden geçirilmesinde yarar bulunmaktadır.

Motorlu aracın neden olduğu kazalardan doğan hukuki sorumluluğa ilişkin davalar, davalının yerleşim yeri (HUMK 9, KTK 110/2), haksız fiilin vuku bulduğu yer (HUMK 21, KTK 110/2), sigortacının merkez veya şubesi veya sigorta sözleşmesini yapan acentenin bulunduğu yer (KTK 110/2) mahkemesinde açılabileceği düzenlenmiştir. Seçimlik hak davacıya aittir.

Birden fazla sorumlunun bulunduğu davalarda ise davanın ortak yetkili mahkeme olan haksız eylemin gerçekleştiği yer mahkemesinde açılması gerektiği HUMK 9/2 maddesinde düzenlendiği gibi bir kısım Yargıtay kararlarında da (YHGK. 24.2.1984 gün 1981/11-772 esas, 1984/153 karar, Y.4.HD'nin 23.9.2003 gün 2003/8610 esas, 2003/10502 karar, Y.4.HD 15.7.2004 gün 2004/8738 esas, 2004/9550 karar) vurgulanmıştır.

Davalıların birden fazla olması durumunda davanın ortak yetkili mahkemede açılması gerektiğine ilişkin HUMK 9/2 maddesinde öngörülen kuralın uygulanabilmesi elbette ki tarafların süresinde yetki itirazında bulunmalarına bağlıdır.

Birden fazla davalının olduğu ve davalılardan yalnız birisinin yerleşim yerinde açılan davada diğer davalıların yerleşim yeri nedenine dayalı haklı yetki itirazları karşısında HUMK 9/2 maddesi gereğince haksız fiilin vuku bulduğu yer mahkemesi ortak yetkili mahkemedir.

Mülga 1086 sayılı HUMK 9/2 maddesinde düzenlenen ortak yetkili mahkemenin yetkisi kesin yetki olarak düzenlenmediğinden bu konuda uygulamada karşılaşılan ve yukarıda değinilen bazı Yargıtay kararlarına da konu edilen sakıncaların giderilmesi için 6100 sayılı HMK 7/1 maddesi ile getirilen yeni düzenleme ile ortak yetkili mahkemenin yetkisi artık kesin yetki olarak düzenlenmiştir.

Diğer taraftan birden fazla davalının olduğu haksız fiile dayalı davalarda, haksız fiilin vuku bulduğu yerin kesin yetkisi nedeniyle davalıların yerleşim yer mahkemeleri yetkili olmaktan çıkarılarak davalılar yönünden yetkili mahkeme daraltılmış ise de 6100 sayılı HMK 16 maddesinde getirilen yeni düzenleme ile davacıya haksız fiilden doğan davalarda haksız fiilin işlendiği yerin yanı sıra zararın meydana geldiği yahut gelme ihtimalinin bulunduğu yer veya zarar görenin yerleşim yeri mahkemesi de yetkili kılınmak suretiyle yeni alternatifler getirilmiş, haksız fiil mağdurunun yetkili mahkeme yönünden adalete erişimi daha da kolaylaştırılmıştır.

6100 sayılı HMK 7/1 maddesinde "davalı birden fazla ise bunlardan birinin yerleşim yeri mahkemesinde davanın açılabileceği; Ancak, dava sebebine göre kanunda, davalıların tamamı hakkında ortak yetkiyi taşıyan bir mahkemenin belirtilmiş olması durumunda davaya o yer mahkemesinde bakılacağı" öngörülmüştür.

Yasalarda kesin yetki olduğu anlaşılan hallerde başka yer mahkemesinde dava açılması mümkün değildir.

Yetkinin kesin olduğu bazen yasa metninde açıkça ifade edilmekte, bazen de maddenin düzenleme şeklinden anlaşılabilmektedir.

HMK 7/1 maddesindeki "... Davaya ancak o yer mahkemesinde bakılır" şeklindeki mutlak ifadeden, yetkinin kesin yetki olduğu sonucu çıkmaktadır.

HMK 7/1 maddesinin hükümet gerekçesinde de (madde 12) öngörülen yetki kuralının kesin yetki kuralı olduğu vurgulanmıştır.

Ortak yetkili mahkemenin yetkisi, hükmün gerekçesinde de ifade edildiği üzere kesin yetkidir. (Ejder Yılmaz HMK sayfa 120)

Somut uyuşmazlıkta davacının yerleşim yeri İstanbul, davalıların yerleşim yeri İstanbul olup, davaya konu trafik kazası da İstanbul'da gerçekleşmiştir.

İstanbul Asliye Ticaret Mahkemesi haksız fiilin vuku bulduğu yer mahkemesi olarak tüm davalılar yönünden ortak yetkiyi taşıyan mahkeme olup, HMK 7/1 maddesinde öngörülen yetki kuralının kesin olması nedeniyle sonucu itibariyle doğru olan kararın onanması gerekirken yazılı gerekçe ile bozulmasına ilişkin çoğunluk görüşüne katılamıyorum.

YORUM

Karar, sigorta ettirene tazminat ödeyen kasko sigortacısının yasal haleflik hakkına dayalı olarak zarardan sorumlu olduklarını öne sürdüğü diğer aracın sürücüsü ve ZTS poliçesini düzenlemiş olan sorumluluk sigortacısına karşı açmış bulunduğu rücu davası ile ilgilidir.

Ankara'daki ilk derece mahkemesi davalılardan sigorta şirketinin yetki itirazını kabul ederek, trafik kazasının (haksız eylemin) meydana geldiği ve davalıların da merkezlerinin bulunduğu İstanbul mahkemesinin yetkili olduğu gerekçesiyle yetkisizlik kararı vermiştir.

Yargıtay, çoğunlukla verdiği kararda ilk derece mahkemesi kararını bozmuştur. Yüksek Mahkemenin gerekçeleri şöyledir:

- *Karayolları Trafik Kanunu m.110 motorlu araç kazalarından dolayı hukuki sorumluluğa ilişkin davaların sigortacının merkez veya şubesinin veya sigorta sözleşmesini yapan acentenin bulunduğu yer mahkemelerinden birinde açılabileceğini öngörmüştür.*
- *Trafik kazasının meydana geldiği yer mahkemesinde de dava açmak mümkündür.*

- *Davacı davasını, sigortacının bir acenteden daha yetkili organı olan Bölge Müdürlüğü'nün bulunduğu yerde açmıştır.*
- *Bu durumda yetki itirazını reddetmek ve davaya bakmak gerekirdi.*

Yargıtay kararı hakkında şu değerlendirmeyi yapabiliriz:

- *Sigorta şirketlerinin "bölge müdürlüğü" adı altında kurdukları taşra örgütleri kanımızca hukuken "şube" niteliğindedir.*
- *KTK m.110 uyarınca "Motorlu araç kazalarından dolayı hukuki sorumluluğa ilişkin davalar, sigortacının merkez veya şubesinin veya sigorta sözleşmesini yapan acentenin bulunduğu yer mahkemelerinden birinde açılabileceği gibi kazanın vuku bulduğu yer mahkemesinde de açılabilir".*
- *Dolayısıyla, ZTS poliçesini düzenleyen sorumluluk sigortacısına karşı zarar görenlerce hukuksal açıdan şube niteliğinde görülmesi gereken bölge müdürlüğünün bulunduğu yerde dava açılması mümkündür.*
- *Karar metninde davacı tarafın kazaya sebep olan araç sürücüsüne ve aracın ZTS poliçesini düzenleyen sigorta şirketine karşı dava açtığı belirtilmektedir. Sürücü aynı zamanda araç işleteni değilse, onun sorumluluğu genel hükümlerden kaynaklanacaktır.*
- *Kanımızca sürücünün işleten sıfatını taşımadığı saptansa dahi, işleteni dava etmeksizin de onun sorumluluğunu sigorta etmiş olan sigortacıya karşı doğrudan dava açılabilir.*
- *Acaba olayda birden fazla davalının dava edilmiş olması sebebiyle başka bir mahkemenin kesin yetkili olduğu sonucuna varılabilir mi? Karşı Oy yazısında kazanın meydana gelmiş olduğu yer mahkemesinin ortak yetkili mahkeme olduğu (HMK m.16) ve bu mahkemenin kesin yetkili mahkeme sayılması gerektiği belirtilmektedir. Bununla birlikte Yargıtay 17. Hukuk Dairesi'nin E. 2014/23355 K. 2014/19023 sayılı 18.12.2014 sayılı kararında kazanın meydana geldiği yer mahkemesinin kesin yetkili mahkeme sayılmayacağı sonucuna varılmıştır. Bu konu usul hukuku uzmanlarınca netleştirilmesi gereken bir konudur. Karşı oy yazısında bu nokta ile ilgili bazı önemli ayrıntılara değinilmiştir.*

Mal zararına uğrayan sigorta ettirenin zararını zarardan sorumlu üçüncü kişinin sorumluluk sigortacısından aldıktan sonra ayrıca mal (kasko) sigortacısından da tahsil etmesi- Kasko sigortacısının sigorta ettirene ve zarardan sorumlu kişiye karşı, ödediği geri almak üzer dava açması

Yargıtay 17. Hukuk Dairesi

Esas No.: 2014/9583

Karar No.: 2014/11578

Karar tarihi: 11.09.2014

Davacı vekili, müvekkiline sigortalı, davalı K1'ın maliki olduğu araç, diğer davalı otel işletmesine ait binanın çatısından düşen parçalar nedeni ile hasarlandığını, onarımın yapıldığını ve onarım bedelinin müvekkili tarafından karşılandığını, bunun yanında davalı sigortalıya davalı otel işletmesinin turizm paket sigorta poliçesi kapsamından da ödeme yapıldığını, sigortalı davalının sebepsiz zenginleşme, davalı otel işletmesinin ise haksız fiil ve halefiyet ilkesi gereğince zarardan sorumlu olduğunu belirterek 8.370,00.-TL maddi tazminatın ödeme tarihinden itibaren işleyecek K1 yönünden yasal, diğer davalı yönünden ticari faizi ile tahsilini talep etmiştir.

Davalı K1 vekili, ihbar edilen F3 Sigorta A.Ş. tarafından yapılan ödeme ile davacı tarafından yapılan ödemelerin farklı niteliklerde olduğunu ve müvekkilinin sebepsiz zenginleşmesinin söz konusu olmadığını belirterek davanın reddini savunmuştur.

Davalı F2 Tur. Yat. A.Ş. vekili, davalıya sigortalı araçta oluşan hasar müvekkili şirketçe yaptırılan 3. kişi mali mesuliyet sigortası tarafından karşılandığını belirterek davanın reddini savunmuştur.

Mahkemece, iddia, savunma, toplanan kanıtlara ve benimsenen bilirkişi raporuna göre; davalı F2 Turizm Yatırımları A.Ş. yönünden davanın reddine, davalı K1 yönünden sigortalıya yapılan ödemenin mükerrer nitelikte olduğu gerekçesi ile davanın kabulü ile 8.370,00.-TL maddi tazminatın ödeme tarihinden itibaren işleyecek yasal faizi ile tahsiline karar verilmiş, hüküm davalı K1 vekili tarafından temyiz edilmiştir.

Dava, 6102 sayılı TTK'nın 1472. maddesinden kaynaklanan rücuan tazminat istemine ilişkindir.

6102 sayılı TTK'nın 1472 maddesinin I. fıkrası "Sigortacı, sigorta tazminatını ödediğinde, hukuken sigortalının yerine geçer. Sigortalının, gerçekleşen zarardan dolayı sorumlulara karşı dava hakkı varsa bu hak, tazmin ettiği bedel kadar, sigortacıya intikal eder. Sorumlulara karşı bir dava veya takip başlatılmışsa, sigortacı, mahkemenin veya diğer tarafın onayı gerekmeksizin, halefiyet kuralı uyarınca, sigortalısına yaptığı ödemeyi ispat ederek, dava veya takibi kaldığı yerden devam ettirebilir" hükmünü, II. fıkrası ise "Sigortalı, birinci fıkraya göre sigortacıya geçen haklarını ihlal edici şekilde davranırsa, sigortacıya karşı sorumlu olur" hükmünü içermektedir.

Davacı vekili müvekkili olan F1 Sigorta A.Ş.'ye kasko sigortalı davalı K1'a ait aracın diğer davalı F2 Tur. Yat. A.Ş. şirketin kusuru ile hasarlandığını ve kasko sigorta poliçesinden davalı K1'a 8.370,00.-TL ödeme yapıldığını, bunun yanında kasko sigortalı araçta hasara neden olan diğer davalı şirketin 3. kişilerin uğrayacağı zararları teminat altına almak için ihbar edilen F3 Sigorta A.Ş. ile yaptığı mali mesuliyet sigorta poliçesi kapsamında yine araç hasarı nedeni ile 8.678,00.-TL ödeme yapıldığını ileri sürmüş ve davalının sebepsiz zenginleştiğini belirterek 8.370,00.-TL'nin tahsilini talep etmiştir.

Gerçekten hem 6102 sayılı TTK'nın 1472/II. fıkrası gereğince hem de sebepsiz zenginleşme hükümleri gereğince halefiyet ilkesinin ihlalini sonuçlayacak biçimde hukuki işlemde bulunan sigortalı sigortacıya karşı sorumlu olabilecektir.

Somut olayda dosya kapsamında yer alan ihbar edilen F3 Sigorta A.Ş.'ye hitaben düzenlenen ekspertiz raporunda kasko sigortalı araçta meydana gelen hasar, yedek parça ve işçilik bedeli toplam 7.206,29.-TL olarak, yine sigortalı araç üzerinde monte edilmiş olan portbagaj hasarı nedeni ile 1.471,70.-TL zarar belirlendiği, söz konusu zararın F3 Sigorta A.Ş.

tarafından 02.03.2012 tarihinde davalı K1'a ödendiği anlaşılmaktadır. Bu bakımdan davalı K1'ın kasko sigortalı araçta meydana gelen hasar nedeni ile hem davacı F1 Sigorta A.Ş.'den hem de ihbar edilen F3 Sigorta A.Ş.'den tahsil ettiği tutar portbagaj hasar tutarı düşüldüğünde 7.206,29.-TL olup buna göre mahkemece 7.206,29.-TL maddi tazminatın davalı K1'dan tahsiline karar verilmesi gerekirken yazılı olduğu şekilde karar verilmesi doğru görülmemiştir.

SONUÇ: Yukarıda açıklanan nedenlerle davalı K1 vekilinin temyiz itirazlarının kabulü ile hükmün BOZULMASINA, peşin alınan harcın temyiz eden davalı K1'a geri verilmesine 11.09.2014 tarihinde oybirliğiyle karar verildi.

YORUM

Yargıtay 17. Hukuk Dairesi'nin bu kararına konu olan olayda, kasko sigortalı araç, bir otelin çatısından düşen parçalar sebebiyle hasarlanmıştır. Sigorta ettiren, hem kasko sigortacısından hem de zarara sebep olan otel işletmesinin sorumluluk sigortacısından tazminat almıştır. Bu durumu öğrenen kasko sigortacısı, sigorta ettirenine ve zarardan sorumlu otel işletmesine dava açarak ödediği sigorta tazminatı tutarını geri istemiştir. Davacı kasko sigortacısı davalı sigorta ettireni "sebepsiz zenginleşme", diğer davalı otel işletmesini ise haksız eylem (sözleşme dışı sorumluluk kuralları) uyarınca dava etmiş bulunmaktadır.

İlk derece mahkemesi, zarar gören araç sahibinin zararını iki kere tahsil etmiş olduğunu, sebepsiz zenginleştiğini belirterek onun aleyhindeki istemin kabulüne; buna karşılık diğer davalı otel işletmesi aleyhindeki istemin reddine karar vermiştir.

Yargıtay ilk derece mahkemesi kararını aşağıdaki gerekçelerle bozmuştur:

- *Olayda davalı sigorta ettiren, davacı kasko sigortacısının haleflik hakkını zedelemiş olduğu ve ayrıca sebepsiz zenginleştiği için sorumludur.*
- *Davacı kasko sigortacısı, davalı sigorta ettirene tazminat olarak 8370 TL ödemiştir.*
- *Zarardan sorumlu otel işletmesinin sorumluluk sigortacısı tarafından yaptırılan ekspertizde ise araçta meydana gelen hasar karşılığı olarak 7.206,29.-TL araç üzerinde monte edilmiş olan portbagaj hasarı karşılığı olarak da 1.471,70.-TL zarar tutarı belirlenmiştir.*
- *Bu tutarların (toplam 8.678 TL) sorumluluk sigortacısı tarafından zarar gören araç sahibine ödendiği anlaşılmaktadır.*

- *Bu durumda, kasko sigortalı araçta meydana gelen hasar nedeni ile araç sahibinin hem davacı kasko sigortacısından hem de davalı otel işletmesinin sorumluluk sigortacısından tahsil ettiği tutar portbagaj hasar tutarı düşüldüğünde 7.206,29.-TL'dir.*
- *İlk derece mahkemesinin olayda 7206,29 TL'nin tahsiline karar vermesi gerekirdi. Oysa, fazlaya hükmedilmiştir. Bu bakımdan kararın bozulması lazımdır.*

Karar hakkında şu değerlendirmeyi yapmaktayız:

- *Araç sahibinin uğradığı zarar nedeniyle değişik kişilerden iki kere tazminat aldığı ve bu yüzden malvarlığında haklı görülmesi mümkün olmayan bir fazlalık oluştuğu sabittir.*
- *Yargıtay, davacı kasko sigortacısının(sigorta ettirene yönelik) istemini yerinde görürken, bunu iki gerekçeye dayandırmıştır: Yasal haleflik hakkının ihlali ve sebepsiz zenginleşme.*
- *İlkönce yasal haleflik hakkının zedelenmesi bakımından inceleme yaparsak: Yüksek Mahkeme (kasko sigortası yaptırmış olan) araç sahibinin, davacı kasko sigortacısına karşı "sigortalı, birinci fıkraya göre sigortacıya geçen haklarını ihlal edici şekilde davranırsa, sigortacıya karşı sorumlu olur " şeklindeki TTK 1472(2) hükmü uyarınca sorumlu olduğunu kabul etmiş görünmektedir.*
    - *TTK sigortacının yasal haleflik hakkının zedelenmesi hususunu iki ayrı maddede düzenlemiştir.:*
- *Eğer yasal haleflik hakkı gerçekleşmişse (sigortacı, sigorta tazminatını ödemiş ve o anda sigorta ettirenin (başkası lehine sigortada sigortalının) zarardan sorumlu kişiye karşı bir istem hakkı mevcutsa) bu hakkın zedelenmesi (mesela istemin başarıya ulaşmasını sağlayacak bilgi ve delillerin sigortacıya verilmesi; yasal halefliğin gerçekleştiğini bilmeyen ve zarar göreni halâ alacaklı sanan -bunda haklı görülebilecek- iyi niyetli zarar sorumlusundan tazminat tutarının tümünün veya bir kısmının tahsil edilmesi) TTK 1472(2) (sorumluluk sigortalarında 1481(3)) hükmüne tabidir.*
- *Buna karşılık eğer yasal haleflik hakkı henüz gerçekleşmemişse, ileride sigortacının yararlanabileceği rücu haklarının, üçüncü kişiye yönelik tazminat alacağının var olmayı sürdürmesini ve kullanılabilmesini sağlayan girişimler (mesela zarar ihbarı, ihtiyati haciz vb.) yapılmadığı için etkisiz hale gelmesi TTK 1448 hükmüne tabi olacaktır.*
- *"Zararı önleme, azaltma ve sigortacının rücu haklarını koruma yükümlülüğü" başlığını taşıyan TTK 1448'in ilgili kısımları aşağıdaki gibidir:*

(1) Sigorta ettiren, rizikonun gerçekleştiği veya gerçekleşme ihtimalinin yüksek olduğu durumlarda, ... sigortacının üçüncü kişilere olan rücu haklarının korunabilmesi için, imkânlar ölçüsünde önlemler almakla yükümlüdür.......

(2) Bu yükümlülüğe aykırılık sigortacı aleyhine bir durum yaratmışsa, kusurun ağırlığına göre tazminattan indirim yapılır.

- o *Yargıtay kararından, Yüksek Mahkemece sigorta ettiren (zarar gören) araç sahibinin haleflik hakkını zedeleyen davranışı hangi anda gerçekleştirdiğinin kabul edildiği anlaşılamamaktadır. Karardaki bilgilerden, zarardan sorumlu otel işletmesinin sorumluluk sigortacısından tazminat tahsil ettiği 02.03.2012 gününden daha önce kasko sigortacısından ödeme almış olup olmadığı hususu belirlenememektedir.*
- o *Burada TTK 1448 kapsamında bir hal söz konusu ise, yaptırım (TTK 1448(2) uyarınca) "kusurun ağırlığına göre tazminattan indirim yapılmasıdır".*

- *Yasal halef olunmadan önceki safhada -ileride gerçekleşecek- halefliğin engellenmesi ile, gerçekleşmiş halefliğin etkisiz bırakılması hallerinde değişik yaptırımların söz konusu olması -ilk halde TTK 1448(2) uyarınca kusurun ağırlığına göre tazminattan indirim, ikinci halde TTK 1472(2) uyarınca tüm zarardan sorumluluk- makul görünmemektedir.*
- *Kaldı ki, yasal haleflik hakkının, sigortacı henüz ödeme yapmadan önce (mesela zarardan sorumlu kişinin sigorta ettiren tarafından ibra edilmesi sonucunda) engellenmiş bulunduğu, çoğu zaman sigorta tazminatı ödendikten sonra (zarardan sorumlu olduğu varsayılan kişiye karşı takip veya dava başlatılınca) anlaşılacaktır. O zaman da "sigorta ettirene ödenecek tazminatta kusurunun ağırlığına göre indirim yapma" biçiminde tanımlanan yaptırımı uygulamak zaten mümkün olmayacaktır (hélàs, trop tard).*
  - o *Olayda yasal haleflik henüz gerçekleşmiş değilken (kasko sigortacısı henüz sigorta tazminatını ödememişken) zarar gören araç sahibinin zararını zarardan sorumlu otel işletmesinin sorumluluk sigortacısından tahsil etmesi söz konusu ise, kanımızca bu hal TTK 1448(1) kapsamında sayılmaz.*
- *Burada zarardan sorumlu otel işletmecisinin sorumluluk sigortacısından ödeme kabul edilmesi, aynı oranda kasko sigortacısını sorumluluktan (tazmin borcundan) kurtaran bir davranıştır.*

- *Zarar gören araç sahibine karşı, üç farklı sorumlu kişi mevcuttur: Kasko sigortacısı, zarara yol açan otel işletmesi, bu otel işletmesinin sorumluluk sigortacısı.*
- *Bunlardan ilk tazminat ödemesi yapan taraf, diğerlerini de o oranda borçtan ve zarar görene karşı sorumluluktan kurtarmış olur (TBK m.61: "Birden çok kişi birlikte bir zarara sebebiyet verdikleri veya aynı zarardan çeşitli sebeplerden dolayı sorumlu oldukları takdirde, haklarında müteselsil sorumluluğa ilişkin hükümler uygulanır"; TBK m.166: "Borçlulardan biri, ifa veya takasla borcun tamamını veya bir kısmını sona erdirmişse, bu oranda diğer borçluları da borçtan kurtarmış olur").*
- *Bu sebeple, eğer (zarardan sorumlu kişi sıfatını taşıyan) otel işletmesinin sorumluluğunu temin etmiş bulunan sorumluluk sigortacısı, zarar gören araç sahibine ilk olarak ödeme yapan sorumlu taraf idiyse, kasko sigortacısı artık tazmin yükümlülüğü altında olmayacaktır.*
- *Buna rağmen araç sahibi (sigorta ettiren), durumu (borcunun artık son bulmuş olduğunu) bilmeyen kasko sigortacısından sigorta tazminatını tahsil eder ve böylece aynı zarar için ikinci bir ödeme almış olursa, bu borç olmayan tutarın kendisine ödenmesi dolayısıyla sebepsiz zenginleşmiş olur ve aldığı ikinci tazminatı onu ödeyen tarafa geri vermek yükümlülüğü altına girer.*
    - *Yasal haleflik gerçekleştikten (diğer bir anlatışla kasko sigortacısı, zarar gören sigorta ettirene, onun herhangi bir sorumlu kişiden zarar giderimi alması öncesinde tazminat ödedikten) sonra sigorta ettiren diğer sorumlulardan zarar karşılığını ikinci bir kere tahsil ettiği takdirde, yasal haleflik hakkı ancak ikinci ödemeyi yapan taraf bu ödeme ile borçtan kurtuluyorsa zedelenmiş olur (TBK m.186 uyarınca borçlu alacağın devredildiğini bilmeksizin iyi niyetle önceki alacaklıya ödemede bulunursa, borçtan kurtulacaktır. Şu halde zarardan sorumlu otel işletmesinin sorumluluk sigortacısı, sigorta ettirenin kasko sigortacısından ödeme aldığını ve bu sebeple alacak hakkının yasal haleflik yoluyla kasko sigortacısına geçmiş olduğunu bilmeksizin araç malikine ödeme yapmışsa borcundan kurtulmuş, kasko sigortacısının ona yönelik (yasal haleflikten kaynaklanan) hakkı son bulmuş sayılacaktır).*
    - *Yargıtay'ın davayı yasal haleflik hakkının zedelenmesinden dolayı yerinde görmesi kanımızca ancak bu son olasılıkta söz konusudur. Eğer bu son olasılık söz konusu olmamışsa istemin sebepsiz zenginleşmeye dayandırılması gerekir.*

- *Bozma kararının tazminat tutarı açısından yerinde olmadığı kanısındayız. Davacı kasko sigortacısı, sigorta ettirene (zarar gören araç sahibine) ödediği "tüm tutarı" geri isteyebilir. Portbagaj zararına karşılık gelen tutarın düşülmesi gerekmez.*
    - *Araç sahibinin bütün zararı, bu zarara yol açmış bulunan otel işletmesinin sorumluluk sigortacısı tarafından tazmin edilmiştir.*
    - *Sorumluluk sigortacısı portbagaj hasarını da ödemiştir.*
    - *Ödenmesi gereken başka zarar kalmayınca, zarar gören bütün zararını sorumluluk sigortacısından aldığına ve son aşamada da zararı giderme yükümlülüğü sorumluluk sigortacısı üzerinde olduğuna göre) kasko sigortacısı tarafından yapılan "tüm ödeme" fazla ödeme niteliğindedir.*
    - *Sorumluluk sigortacısı tarafından ödenmiş olan portbagaj hasarı tutarı araç sahibinden geri alınmayınca, araç sahibi o tutar kadar "zenginleşmiş" olacaktır. Yargıtay kararı bu zenginleşmeye yeşil ışık anlamına geldiğinden hatalıdır.*
- *İlk derece mahkemesinin zarardan sorumlu otel işletmesi aleyhindeki haksız eyleme (sözleşme dışı sorumluluk hükümlerine) dayanan istemi reddetmesi (Yargıtay kararından anlaşıldığı kadarıyla otel işletmesi hakkındaki istemin yerinde görülmemiş olması temyiz sebebi yapılmamıştır) hakkında da şunları söyleyebiliriz:*
    - *Olayda otel işletmesi (zarardan sorumluluk koşulları gerçekleşmiş olsa dahi), sorumluluk sigortacısının zarar gören (davalı) araç sahibine yaptığı tazminat ödemesi ile borçtan kurtulmuş sayılabilir.*
    - *Ancak bunun için kasko sigortacısının araç sahibine daha önce ödeme yapmış olduğunu bilmemesi ve bilmesinin de gerekmemesi lazımdır.*
    - *Eğer kasko sigortacısı daha önce araç sahibine ödeme yapmışsa, ve otel işletmesi de bundan haberli ise, otel işletmecisinin sorumluluk sigortacısı tarafından araç malikine yapılan ödeme, yasal haleflik hakkını olumsuz etkilemez ve kasko sigortacısı yasal halef sıfatıyla tazminat alacağını otel işletmesine karşı da ileri sürebilir.*

Trafik kazasından kaynaklanan tedavi giderleri için SGK'nın sorumluluğu- Özel sağlık sigortacısının karşıladığı masraflar sebebiyle SGK'ya yasal halefliğe dayalı rücu hakkı

Yargıtay 17. Hukuk Dairesi

Esas No.: 2013/11481

Karar No.: 2014/18187

Karar tarihi: 09.12.2014

Davacı vekili, davalıların trafik sigortacısı ve sürücüsü olduğu aracın, müvekkiline sağlık sigorta poliçesi ile sigortalı A. D.'ye çarparak yaralanmasına neden olduğunu, sigortalının tüm tedavi, terapi, ilaç ve bakım masrafları gibi giderlerinin müvekkil şirket tarafından karşılandığını belirterek toplam 15.426,70 İsviçre Frangının olay tarihinden itibaren işleyecek yasal faizi ile birlikte davalılardan müştereken ve müteselsilen tahsiline karar verilmesini talep etmiştir.

Davalı sigorta şirketi vekili, tedavi giderlerinin 6111 sayılı yasa gereği SGK'nın sorumluluğuna geçtiğini ileri sürerek davanın reddini savunmuştur.

Davalı B.. K.., yargılama aşamasında vefat ettiğinden mirasçıları davaya dahil edilmiş, mirasçılar mirasın reddine dair mahkeme kararının dosyaya sunmuşlardır.

Mahkemece, davalı sigorta şirketi yönünden, 6111 sayılı yasa gereği tedavi giderlerinden SGK'nın sorumlu olması, diğer davalılar yönünden, mirasın reddedilmiş olması nedeniyle davanın reddine karar verilmiş; hüküm, davacı vekili tarafından temyiz edilmiştir.

1-Dava, 6762 sayılı TTK.'nun 1301. maddesinden (6102 sayılı TTK'nun 1472. maddesi) kaynaklanan rücuan tazminat istemine ilişkindir.

Yargılama sırasında yürürlüğe giren ve 2918 sayılı yasanın 98.maddesinde değişiklik yapan 6111 sayılı Yasanın 59. maddesinde, "trafik kazaları nedeniyle üniversitelere bağlı hastaneler ve diğer resmi ve özel sağlık kuruluşlarının sundukları sağlık hizmet bedellerinin kazazedenin sosyal güvencesi olup olmadığına bakılmaksızın "Sosyal Güvenlik Kurumu tarafından karşılanacağı", Yasanın geçici 1.maddesi ile de "Bu Kanunun yayımlandığı tarihten önce meydana gelen trafik kazaları nedeniyle sunulan sağlık hizmet bedellerinin Sosyal Güvenlik Kurumu tarafından karşılanacağı, söz konusu sağlık hizmet bedelleri için bu Kanunun 59 uncu maddesine göre belirlenen tutarın %20'sinden fazla olmamak üzere belirlenecek tutarın üç yıl süreyle ayrıca aktarılmasıyla anılan dönem için ilgili sigorta şirketleri ve Güvence Hesabının yükümlülüklerinin sona ereceği" öngörülmüştür.

2918 sayılı Karayolları Trafik Kanununun 91. maddesi ve Zorunlu Mali Sorumluluk Sigortası Genel Şartları A-1.maddesinde, sigortacı poliçede belirtilen aracın işletilmesi sırasında bir kimsenin ölümüne veya yaralanmasına veya bir şeyin zarara uğramasına sebebiyet vermiş olmasından dolayı 2918 sayılı Karayolları Trafik Kanununa göre işletene düşen hukuki sorumluluğu zorunlu sigorta limitlerine kadar temin edeceği düzenlenmiştir.

Karayolları Trafik Kanuna göre, zorunlu mali sorumluluk sigortası yaptırmak zorunludur.

Sigorta poliçesinde belirtilen, motorlu aracın işletilmesinden kaynaklanan kaza nedeniyle sigorta şirketi zarar görenlerin tedavisi için ödenen giderleri zorunlu olarak teminat altına alır. Sigorta şirketinin yasadan ve sözleşmeden doğan bu yükümlülüğü, 6111 sayılı Yasa ile getirilen düzenleme ile sona erdirilmiş bulunmaktadır.

Yukarıda açıklanan yasal düzenlemelere göre, 2918 sayılı Yasanın 98.maddesinde belirtilen tedavi giderleri yönünden sorumluluk "Sosyal Güvenlik Kurumu'na" geçtiğinden eldeki davada yasal hasımın "Sosyal Güvenlik Kurumu" olması gerekir.

Bu durumda dava konusu tedavi giderlerinin 2918 sayılı yasanın 98.maddesi kapsamında bulunması nedeni ile yargılama sırasında yasal hasım haline gelen Sosyal Güvenlik Kurumu'nun davaya dahil edilerek sonucuna göre karar verilmesi gerekirken 2918 sayılı yasanın 98.maddesi hükmünün göz ardı edilmesi suretiyle yazılı şekilde karar verilmesi doğru değildir.

2-Davacı şirket tarafından sigortalıya ödendiği belirtilen geçici iş göremezlik ödeneği, 2918 sayılı Yasanın 98. maddesi kapsamında belirtilen "trafik kazaları nedeniyle üniversitelere bağlı hastaneler ve diğer resmi ve özel sağlık kuruluşlarının sundukları sağlık hizmet bedelleri" kapsamındaki tedavi giderlerinden olmayıp, ZMSS poliçesi gereğince davalı sigorta şirketinin sorumluluğu devam ettiğinden, bu zarar kaleminden davalı sigorta şirketi sorumlu olacaktır. Bu durumda mahkemece, davacı tarafça ödendiği belirtilen geçici iş göremezlik ödeneği yönünden delilleri toplanarak gerektiğinde zararın belirlenmesi için rapor alınıp sonucuna göre hüküm kurulması gerekirken bu talep yönünden olumlu ya da olumsuz bir karar verilmemiş olması bozmayı gerektirmiştir.

Yukarıda açıklanan nedenlerle davacı vekilinin temyiz itirazlarının kabulü ile hükmün BOZULMASINA, duruşmada vekille temsil olunmayan davacı yararına vekalet ücreti takdirine yer olmadığına, peşin alınan harcın istek halinde temyiz eden davacıya geri verilmesine 09/12/2014 gününde oybirliği ile karar verildi.

YORUM

Karar, trafik kazaları ile ilgili olarak Sosyal Güvenlik Kurumu'nun ve ZTS poliçesini düzenleyen trafik sorumluluğu sigortacısının "tedavi masraflarına" ilişkin yükümlülükleri hakkındadır.

Olayda, trafik kazası sonucu yararlanan ve tedavi gören kişinin sağlık giderleri sigortacısı, ödemiş olduğu tedavi giderleri ile geçici iş göremezlik ödeneğini kazaya sebep olan aracın sürücüsü ve ZTS poliçesini düzenlemiş olan sorumluluk sigortacısından talep etmiştir.

İlk derece mahkemesi, tedavi giderlerinden yasa gereği artık SGK'nın sorumlu olduğu gerekçesiyle davalı sorumluluk sigortacısı aleyhindeki istem; sürücünün daha sonra hayatını yitirmiş ve mirasının da mirasçıları tarafından reddedilmiş olması sebebiyle sürücünün mirasçıları aleyhindeki istem hakkında ret kararı vermiştir.

Yüksek Mahkeme, ilk derece mahkemesi kararını aşağıdaki gerekçelerle bozmuştur:

- *KTK m. 98'de belirtilen tedavi giderleri yönünden sorumluluk "Sosyal Güvenlik Kurumu'na" geçtiğinden eldeki davada yasal hasımın "Sosyal Güvenlik Kurumu" olması gerekir.*
- *Bu durumda, yargılama sırasında yasal hasım haline gelen Sosyal Güvenlik Kurumu'nun davaya dahil edilerek sonucuna göre karar verilmesi gerekirdi.*
- *Davacı sigortacı tarafından ödendiği belirtilen geçici iş göremezlik ödeneği, SGK'nın sorumluluğu altındaki tedavi giderlerinden değildir.*
- *Geçici iş göremezlik hali için ZTS poliçesi gereğince davalı sigorta şirketinin sorumluluğu devam etmektedir.*
- *Bu durumda mahkemece, bu talep yönünden olumlu ya da olumsuz bir karar verilmemiş olması doğru değildir.*

Karar hakkındaki değerlendirmemiz şöyledir:

- *Dava sırasında tedavi giderlerinden sorumlu hale gelmiş olan SGK'ya davanın yöneltilmesi için davacıya imkan verilmesi usul ekonomisi açısından da uygun bir çözümdür. (Yargıtay'ın başka bir kararında "dava sırasında" (diğer bir anlatışla ZTS poliçesini düzenleyen sigorta şirketine dava açıldıktan sonra) sorumlu hale gelmiş olduğu belirtilmeksizin, SGK'nın davaya dahil edilmesi gerektiği öngörülmüş idi. Bu kararda ise, SGK'nın neden davaya dahil olacağı hususunda yeterli açıklama bulunmaktadır).*
- *Geçici iş göremezlik dolayısıyla ödenen tutar hakkında Yargıtay'ın değerlendirmesine katılmaktayız.*
  - *"Bedensel Zarar" başlıklı TBK m.54, tüketici olmayan bir sayımla en başta gelen bedensel zarar türlerini*

    1. Tedavi giderleri

    2. Kazanç kaybı

    3. Çalışma gücünün azalmasından ya da yitirilmesinden doğan kayıplar

    4. Ekonomik geleceğin sarsılmasından doğan kayıplar

olarak belirtmektedir.

  - *Çalışma gücünün azalması veya yitirilmesi ile kazanç kaybı, tedavi giderlerinden farklı (bu kategori içine yerleştirilmemesi gereken) bedensel zarar çeşitleridir.*
  - *ZTS teminatları, TBK'ndaki ayırımlara uygun bir şekilde öngörülmediği için, bazı bedensel zararların tedavi masrafları teminatı kapsa-*

mında olup olmadığı sorunu gündeme gelmektedir. Kanımızca bu sorunun çözümü için ZTS teminatları yeniden düzenlenmelidir.

- o *ZTS poliçesinin kapsamındaki bedensel zarar teminatlarını "sağlık gideri" ile "sakatlanma ve ölüm" teminatları ile sınırlı tutmak yetersiz bir düzenlemedir. Tedavinin sürdüğü dönemde kazaya uğrayan kimsenin iş görememesi ve bu sebeple kazanç yoksunluğunun söz konusu olması halini "tedavi masrafı" kapsamında saymak veya bir teminatın o teminat kapsamındaki zararları karşılamakta yetersiz kalması olasılığında, kullanılmamış diğer teminatlardan aktarma yapılmak gibi "yolda" üretilmeye çalışılan çözümler yerine (değişik türdeki zararlar için öncelik sırası da belirtilerek) tek bir yüksek teminat tutarı öngörmek daha uygun olabilir.*

- *Bu kararla ilgili olarak şu hususa da tekrar değinmekte yarar olduğunu düşünmekteyiz:*
  - o *Özel sigortalar ile SGK arasında aynı zarardan sorumluluk olasılığında nasıl bir ilişki olacağı hususunu yasada düzenlemek gerektiği düşüncesindeyiz. Özel sigortanın hangi hallerde SGK'ya yasal halefliğe dayalı olarak rücu istemi yöneltebileceği konusunda düzenleme gereksinimi olduğu kanısındayız.*
  - o *Özel sigorta şirketlerinin her durumda sigorta ettiren/sigortalılar yerine geçerek SGK'ya rücu edebilmesi doğru bir çözüm değildir.*
  - o *Bununla birlikte, dava konusu olayda davacı özel sigorta şirketi SGK'ya tıpkı ZTS sorumluluğunu düzenleyen sigorta şirketine rücu eder gibi rücu etmektedir. Çünkü ZTS poliçesi düzenleyen sorumluluk sigortacılarının tedavi masraflarından sorumluluğu yasa gereği SGK'ya aktarılmış ve SGK bu bağlamda "sorumluluk sigortacısı" haline gelmiştir.*

Sigortacının yasal halef sıfatıyla açtığı birden fazla davalının söz konusu olduğu davada yetkili mahkeme

Yargıtay 17. Hukuk Dairesi

Esas No.: 2014/23355

Karar No.: 2014/19023

Karar tarihi: 18.12.2014

Davacı vekili, müvekkiline kasko sigortalı park halindeki araca davalıların sürücüsü ve trafik sigortacısı olduğu aracın % 100 kusurlu olarak çarpması sonucu hasarlanmasına neden olduğunu, sigortalıya hasar bedelinin ödendiğini belirterek 3.367,00.-TL maddi tazminatın ödeme tarihi olan 09.06.2010 tarihinden itibaren işleyecek yasal faiziyle tahsilini talep etmiştir.

Davalı H.. A.. vekili, davanın zamanaşımına uğradığını, kusuru, sorumluluğu kabul etmediğini belirterek davanın reddini savunmuştur.

Davalı F.. K..,· mahkemenin yetkisiz olduğunu, kaza yeri ve ikametinin Bolu olması sebebiyle davanın Bolu'da açılması gerektiğini, kusuru kabul etmediğini, zarardan diğer davalı ZMSS şirketinin sorumlu olduğunu belirterek davanın reddini savunmuştur.

Mahkemece, iddia, savunma ve toplanan kanıtlara göre; F.. K..'ın süresi içerisinde yetki itirazında bulunduğu, Yargıtay 17. Hukuk Dairesinin kararı dikkate alındığında davanın trafik kazasından kaynaklanan rücuan tazminat alacağına ilişkin olduğu, davalılardan F.. K..'ın yerleşim yeri adresi ve kazanın meydana geldiği yerin Bolu olduğu göz önünde bulundurulduğunda, davacı sigorta şirketinin adresi İstanbul ise de birden fazla davalı olduğundan davalılardan birinin ikametgahı ve kaza yeri aynı olmakla ortak yetkili mahkemenin Bolu Asliye Ticaret Mahkemesi olacağı gerekçesi ile yetkisizlik nedeni ile davanın usulden reddine karar verilmiş; hüküm, davacı E.. A.. vekili tarafından temyiz edilmiştir.

Dava 6102 sayılı TTK'nın 1472. maddesi gereğince sigortalıya ödenmiş olan hasar bedelinin haksız fiil sorumlularından rücuen tazmini istemine ilişkindir.

Trafik kazası nedeniyle oluşan hasar nedeniyle sigortalısının zararını karşılayan kasko sigortacısının ödediği miktarı davalı işleten, sürücü ve Zorunlu Mali Sorumluluk Sigortacısı şirketten rücuan tazminine yönelik davanın temeli, motorlu araç kazasından dolayı hukuki sorumluluğa dayanmaktadır (YHGK., 25.12.2002 tarih, 2002/11-1105 Esas, 2002/1102 Karar).

TTK'nun 1301. maddesi (6102 sayılı TTK m. 1472) hükmü gereğince kasko sigortacısı, sigorta bedelini ödedikten sonra hukuken sigorta ettiren yerine geçer ve bu sebeple sigortalı mal sahibinin hak ve yetkilerine sahip olur. Bu halefiyet ilkesi gereğince, sigortalı zarar sorumlusuna karşı tazminat davasını hangi yer mahkemesinde açması gerekiyor ise, kasko sigortacısının da rücu davasını aynı yer mahkemesinde açması gerekir.

Davada, işleten ve zorunlu mali sorumluluk sigortacısının yer aldığı durumlarda davanın hukuki dayanağı, TTK'nın 1301. maddesi yanında 2918 sayılı Kanun'un 85 vd. maddelerinde yazılı hukuki sorumluluğa ilişkin hükümlerin uygulanacağı açıktır (2918 s.K. m. 85 ve 110).

1086 sayılı HUMK'nın 9. maddesinin 2. fıkrası; "Davalı birden fazla ise, dava bunlardan birisinin ikametgahı mahkemesinde açılır. Şu kadar ki, kanunda dava sebebine göre, davalıların tamamı hakkında ortak yetkiyi taşıyan bir mahkeme kabul edilmiş ise, davaya o mahkemede bakılır. Ancak davanın sırf davalılardan birini kendi mahkemesinden başka bir mahkemeye getirmek amacıyla açıldığı belirtiler veya başka delillerle anlaşılırsa mahkeme onun hakkındaki davayı ayırarak yetkisizlik kararı verir" hükmünü içermektedir (6100 sayılı HMK m. 6, 7). Yine aynı Yasa'nın 21. maddesinde ise "Haksız bir fiilden mütevellit dava o fiilin vuku bulduğu mahal mahkemesinde ikame olunabilir" hükmü yer almaktadır (HMK m. 16). Diğer taraftan, 2918 sayılı KTK'nun "Hukuki Sorumluluk ve Sigorta" başlıklı sekizinci kısmının beşinci bölümünde "Ortak Hükümler" ana başlığı altında "Yetkili Mahkeme" alt başlıklı 110. maddesinde ise; "Motorlu araç kazalarından dolayı hukuki sorumluluğa ilişkin davalar, sigortacının merkez veya şubesinin veya sigorta sözleşmesini yapan acentenin bulunduğu yer mahkemelerinden birinde açılabileceği gibi, kazanın vuku bulduğu yer mahkemesinde de açılabilir" ifadesine yer verilmiştir.

Bilindiği gibi ilke olarak bir davada, davalı sayısı birden fazla ise, dava bunlardan birisinin ikametgahı mahkemesinde açılabileceği gibi (HMK m. 7/I; HUMK'nın m. 9/II.c.1), aynı Kanun'un 16. maddesi uyarınca haksız fiilin vuku bulduğu, zararın meydana geldiği, zararın meydana gelme ihtimalinin bulunduğu yer ya da zarar görenin yerleşim yeri mahkemesinde de açılabilir. Bunların yanında ve öncelikle 2918 sayılı KTK'nın 110. maddesi uyarınca, motorlu araç kazalarından dolayı hukuki sorumluluğa ilişkin davalar, ihtiyari ve zorunlu sorumluluk sigortası yapan şirketler aleyhine de işleten ve sürücü ile birlikte açılması halinde hem bu kanun hem de HUMK'nın 9. maddesi (HMK m. 6) uyarınca bu davalılardan birinin ikametgahı mahkemesinde de açılabilir. KTK'nın 110. madde son cümlesinde yer alan kazanın vuku bulduğu yer mahkemesinde de, dava açılabileceği kuralı kesin yetki kuralı olmayıp, davacıya tanınan bir seçimlik haktır. HMK'nin haksız fiillerde yetkiyi düzenleyen 16. maddesinde de esasen HMK'nin 7/I-2. cümlesindeki düzenleme anlamında kesin yetki söz konusu değildir. Yasa koyucunun maddenin düzenlenmesinde ortaya koyduğu gerekçeden de bu durum anlaşılmaktadır. Adalet Komisyonu Gerekçesinde haksız fiilden doğan davalarda uygulamada ve doktrinde oluşan görüşler dikkate alınarak haksız fiilin işlendiği yer dışında zararın meydana geldiği yer, gelme ihtimalinin bulunduğu yer ve karşılaştırmalı hukuktaki örnekler de dikkate alınarak zarar görenin yerleşim yeri mahkemesi de yetkili olarak kabul edilmiştir.

Bu anlamda dava sebebi olan haksız fiil halinde dahi HMK'nin 16. maddesi gereğince birden fazla mahkemenin yetkili kılınarak davacıya bir seçimlik hak tanımmış olması göz önüne alındığında bu maddenin amacına aykırı bir yorumla HMK 7/I. maddesi gereğince haksız fiilin vuku bulduğu yerin tüm davalılar için kesin yetkili mahkeme olarak kabul edilmesi ve HMK'nin 6. maddesinde düzenlenen genel yetkili mahkemenin yetkisinin kaldırıldığı şeklindeki bir yorum mümkün değildir.

Bir dava için birden fazla (genel ve özel) yetkili mahkeme varsa, davacı, bu mahkemelerden birinde dava açmak hususunda bir seçimlik hakka sahiptir. Davacı, davasının bu genel ve özel yetkili mahkemelerden hiç birisinde açmaz ve yetkisiz bir mahkemede açar ise, o zaman seçme hakkı davalılara geçer.

Somut olayda, işleten/sürücü ve trafik sigortacısına yöneltilen davada, dava davalılardan H.. A... ticari merkezinde açılmış olması ve yukarıda açıklanan gerekçelerle kesin yetki kuralının somut olay bakımından uygulanmasının söz konusu olamayacağı dikkate alınarak yetki itirazının reddiyle işin esasına girilerek tarafların iddia, savunma ve delilleri toplanarak varılacak sonucu göre karar verilmesi gerekirken yazılı olduğu şekilde yetkisizlik kararı verilmesi doğru olmamış, bozmayı gerektirmiştir.

SONUÇ: Yukarıda açıklanan nedenlerle davacı E.. A.. vekilinin temyiz itirazının kabulü ile hükmün BOZULMASINA, peşin alınan harcın istek halinde temyiz eden davacıya geri verilmesine 18.12.2014 gününde oybirliğiyle karar verildi.

YORUM

Karar, trafik kazasından doğan araç zararını ödedikten sonra halef sıfatıyla dava açan sigortacının birden fazla davalıya (sorumlu diğer aracın işletenine ve ZTS poliçesini düzenleyen sorumluluk sigortacısına) istem yönelttiği hallerde, davanın hangi mahkemede açılması gerektiği ile ilgilidir.

Yargıtay 17. Hukuk Dairesi, davalılardan birinin yetki itirazını kabul eden ve yetki yönünden ret kararı veren ilk derece mahkemesinin kararını aşağıdaki gerekçelerle bozmuştur:

- *Haksız fiilin gerçekleştiği yerin tüm davalılar için kesin yetkili mahkeme olarak kabul edilmesi doğru değildir.*
- *HMK m. 6'da belirtilen genel yetkili mahkemenin yetkisinin kaldırıldığı şeklindeki bir yorum mümkün görülemez.*
- *Bir dava için birden fazla (genel ve özel) yetkili mahkeme varsa, davacı, bu mahkemelerden birinde dava açabilir. Davacı bu hususta seçimlik hakka sahiptir.*
- *Davacı, davasını bu genel ve özel yetkili mahkemelerden hiç birisinde açmaz ve yetkisiz bir mahkemede açar ise, o zaman seçme hakkı davalılara geçer.*
- *Somut olayda, işleten/sürücü ve trafik sigortacısına yöneltilen dava, davalılardan H.. A...'nın ticari merkezinde açılmıştır. Kesin yetki kuralının somut olay bakımından uygulanması söz konusu olamayacağından yetki itirazının reddiyle işin esasına girilmesi gerekirdi.*

Bu kararda Yargıtay trafik kazasının meydana gelmiş olduğu yer mahkemesinin "kesin yetkili" sayılmayacağını ve davalılardan birinin merkezinde açılan davanın yetki yönünden reddedilmemesi gerektiğini kabul etmiştir. Bu kabul hakkında Usul Hukuku uzmanlarının değerlendirmeleri esastır.

Yasal halef sıfatıyla rücu davası açan sigortacının selefi sigorta ettireni bağlayan tahkim şartı uyarınca tahkim yoluna gitmesi gerektiği

Yargıtay 11. Hukuk Dairesi

Esas No.: 2014/15065

Karar No.: 2015/1246

Karar tarihi: 04.02.2015

Taraflar arasında görülen davada (kapatılan) Asliye Ticaret Mahkemesi'nce verilen 19/06/2014 tarih ve 2013/23-2014/225 sayılı kararın Yargıtay'ca incelenmesi davacı vekili tarafından istenmiş ve temyiz dilekçesinin süresi içinde verildiği anlaşılmış olmakla, dava dosyası için Tetkik Hakimi tarafından düzenlenen rapor dinlendikten ve yine dosya içerisindeki dilekçe, layihalar, duruşma tutanakları ve tüm belgeler okunup, incelendikten sonra işin gereği görüşülüp, düşünüldü:

Davacı vekili, davacı nezdinde sigortalı bulunan emtianın Türkiye'den İngiltere'ye, 6 konişmento tahtında, davalı tarafından taşınması sırasında hasarlandığını, 6 ayrı hasar nedeniyle sigortalıya yaptıkları ödemenin davalıdan rücuen tahsili için başlattıkları icra takibine davalının haksız olarak itiraz ettiğini ileri sürerek İcra Müdürlüğü'nün 2012/2817-2818-2819-2820-2821-2822 Esas sayılı dosyalarına davalı yanca yapılan itirazın iptaline, %20'den az olmamak üzere inkar tazminatına hükmedilmesine, ... gemisi üzerinde aynı alacak ve ferileri için kanuni rehin hakkı doğduğunun tespitine karar verilmesini talep ve dava etmiştir.

Davalı vekili, tahkim itirazında bulunarak davanın reddini istemiştir.

Mahkemece, iddia, savunma ve tüm dosya kapsamına göre; dava konusu taşımalara ilişkin konşimentoların atıf yaptığı sigortalı ile yapılan çarter parti sözleşmesinde tahkim koşulunun bulunduğu, 6102 Sayılı TTK'nın 1472. maddesinde yer alan halefiyet ilkesi uyarınca sigortacı sözleşme hükümleriyle bağlı olacağından ve Uluslararası Tahkim Yasası'nın mad. 4/2 gözetildiğinde geçerli bir tahkim anlaşması bulunduğundan davalının tahkim itirazının yerinde olduğu, her ne kadar davacının kanuni rehin hakkı istemine ilişkin davada Mahkeme'nin görevli olduğu ileri sürülmüşse de davada asıl talebin itirazın iptali olduğu gerekçesiyle tahkim itirazının kabulü ile dava dilekçesinin görev yönünden reddine karar verilmiştir.

Kararı, davacı vekili temyiz etmiştir.

Dosyadaki yazılara kararın dayandığı deliller ile gerektirici sebeplere göre, davacı vekilinin bütün temyiz itirazları yerinde değildir.

Yukarıda açıklanan nedenlerden dolayı, davacı vekilinin bütün temyiz itirazlarının reddiyle usul ve kanuna uygun bulunan hükmün ONANMASINA, aşağıda yazılı bakiye 2,50 TL temyiz ilam harcının temyiz edenden alınmasına, 04/02/2015 tarihinde oybirliğiyle karar verildi.

YORUM

Yargıtay 11. Hukuk Dairesi'nin bu kararında, yasal halef sıfatıyla hukuken sigorta ettirenin yerine geçen yük (taşıma) sigortacısının, taşıma sırasında oluşan hasar sebebiyle sigorta tazminatını ödedikten sonra, zarardan sorumlu taşıyan aleyhine açtığı davada, Milletlerarası Tahkim Kanunu hükümlerine göre geçerli olan konşimentodaki tahkim koşulunun davacı sigortacıyı bağlayacağına hükmedilmiştir.

Kararda varılan sonuca biz de katılmaktayız. Sözleşmesel sorumluluk hükümleri uyarınca istemde bulunan sigortacı, kendisine halef olduğu sigorta ettiren gibi o sözleşmenin koşulları ile bağlıdır.

CIF satılan mallarda, hasar alıcıya geçtikten (mallar taşıyana teslim edildikten) sonra, satış parasının tahsil edilmesine kadar satıcının mallar üzerinde sigortalanabilir çıkara sahip olup olmadığı

Yargıtay 11. Hukuk Dairesi

Esas No.: 2014/15678

Karar No.: 2015/1600

Karar tarihi: 10.02.2015

Taraflar arasında görülen davada (kapatılan) Asliye Ticaret Mahkemesi'nce verilen 17/12/2013 tarih ve 2012/385-2013/282 sayılı kararın Yargıtay'ca incelenmesi davacı vekili tarafından istenmiş ve temyiz dilekçesinin süresi içinde verildiği anlaşılmış olmakla, dava dosyası için Tetkik Hakimi tarafından düzenlenen rapor dinlendikten ve yine dosya içerisindeki dilekçe, layihalar, duruşma tutanakları ve tüm belgeler okunup, incelendikten sonra işin gereği görüşülüp, düşünüldü:

Davacı vekili, müvekkili şirket nezdinde nakliyat emtia sigorta poliçesi kapsamında sigortalı bulunan örgü makinesi ve ekipmanları emtiasının davalı .... şirketinin üst taşıma taahhüdü altında davalı Arkas şirketinin tanzim ettiği konşimento kapsamında İzmir'den Mısır'a taşınması sırasında hasarlandığını, hasar bedelinin sigortalı şirkete ödendiğini belirterek 12.231,13 TL'nin faiziyle birlikte davalılardan rücuen tahsiline karar verilmesini talep ve dava etmiştir.

Davalılar vekili, dava konusu taşımada ....'nin .... sıfatıyla hareket etmiş olup, dava konusu taşıma bakımından taşıyan sıfatının olmadığını ve sorumluluğunun bulunmadığını, süresi içinde ihbar yapılmadığını, hasar yönünden davalıların sorumluluğunun olmadığını belirterek davanın reddini istemiştir.

Mahkemece yapılan yargılama sonunda iddia, savunma, bilirkişi raporu ve tüm dosya kapsamına göre, hasarın yükün geminin küpeştesine yüklenmesinden sonra meydana gelmiş olması halinde yarar ve zararın ... alıcıya geçeceği, davacı sigorta şirketi tarafından hasar bedeli sigortalı satıcıya ödendiğinden, ödemenin hatır ödemesi niteliği taşıdığı, davacının dava tarihi itibariyle yürürlükte bulunan 6102 sayılı TTK'nın 1472. maddesi uyarınca satıcının haklarına halef olamayacağı, aktif dava ehliyetinin bulunmadığı gerekçesiyle davanın reddine karar verilmiştir.

Kararı, davacı vekili temyiz etmiştir.

Dava, nakliyat emtia sigorta poliçesi kapsamında rücuen tazminat istemine ilişkin olup, mahkemece aktif dava ehliyeti yokluğundan davanın reddine karar verilmiştir. Ancak, sif satış türü, taşıma ve sigorta bedeli ödenmiş olarak yapılan satış ve teslim şeklini ifade etmekte olup, mallar nakliye aracına uygun şekilde yükletildikten ve taşımada oluşabilecek hasarlar için emtia alıcı adına sigorta ettirilip ücreti ödendikten sonra satış konusu mallar üzerinde satıcının artık bir menfaati kalmayacağından taşıma sırasında oluşacak hasarlardan dolayı satıcının talep hakkının bulunmadığının kabulü ilke olarak doğrudur. Ancak, somut olayda malların sif satış yöntemi ile teslimi hususunda alıcı ile anlaşılmış ise de, dosya kapsamında bulunan ürün faturası ve gümrük beyannamesinde ödemenin mal mukabili olduğunun belirtildiği görülmektedir. Bilindiği üzere mal mukabili satımda, satılan malın teslim yerine ulaşması ve malın alıcısına teslim edilmesinden sonra satım bedeli ödenmektedir. Bu tür bir satışta, satıcının eşya üzerindeki menfaati teslime kadar devam edeceğinden taşıma sırasında hasar meydana gelmesi halinde de sorumluların müracaat hakkı bulunmaktadır. Bu bakımdan mal bedelinin satıcı tarafından alınıp alınmadığının tespiti ile sonucuna göre davacının aktif husumet ehliyetinin değerlendirilmesi gerekmektedir. Bu açıklamalarla dava konusu olaya baktığımızda, davacı vekili bilirkişi raporu alınmasından sonra 17/12/2013 tarihli duruşmada zararın sigortalı uhdesinde kaldığını, sigortalının emtia bedelini tahsil edip etmediği hususunda bilgisi olmadığını ancak, bu hususun ihracat dosyasından anlaşılabileceğini belirtmiş ise de, davalı tarafın yeni delil sunulmasına muvafakat etmediğini bildirmesi üzerine mahkemece davalı muvafakati bulunmadığından ihracat dosyasının istenmesi yönündeki talebin reddine karar verilmiştir. Ancak, bu husus davacının aktif taraf sıfatının (husumet) varlığına ilişkin olup, mahkemece re'sen göz önünde bulundurulması gerektiğinden davacıdan sigortalı emtianın satış bedelinin tahsil edilip edilmediğine ilişkin olarak ihracat belgeleri ve bu hususa ilişkin bilgi ve belgeler sorulmak, ilgili kurumlardan getirtilip araştırılmak suretiyle hasıl olacak sonuca göre karar verilmesi gerekirken eksik inceleme ile yazılı şekilde karar verilmesi doğru görülmemiş, kararın davacı yararına bozulmasına karar vermek gerekmiştir.

Yukarıdaki bentte açıklanan nedenle, davacı vekilinin temyiz itirazlarının kabulü ile kararın davacı yararına BOZULMASINA, ödediği temyiz peşin harcın isteği halinde temyiz edene iadesine, 10/02/2015 tarihinde oybirliğiyle karar verildi.

YORUM

Bu kararda Yargıtay 11. Hukuk Dairesi uzun zaman (yaklaşık 20 yıl) önce benimsenen çözümü sürdürmüştür.

Söz konusu çözüm kısaca şu şekilde idi:

- *Yük (taşıma) sigortasının satıcı tarafından, kendisi çıkar sahibi gösterilerek yaptırılmış olması halinde,*
- *Satış sözleşmesi uyarınca taşıma sırasında sigortalı yükün zarar görmesi rizikosu (satıcı değil) alıcı üzerinde olsa dahi*
- *Eğer satış bedeli satıcı tarafından tahsil edilmemişse, satıcının sigorta (ve taşıma) konusu yükler üzerinde sigortalanabilir çıkarı var kabul edilir.*

Bu yorum doğrultusunda, satıcının satış parasını henüz tahsil etmediği bir sırada meydana gelen taşıma rizikosu sebebiyle sigortacı tarafından satıcıya sigorta tazminatının ödenmesi geçerli ve hukuken gerekli bir ödemedir.

Karara konu olan olayda, Yargıtay, "sif satış koşulu çerçevesinde artık satıcının çıkar sahibi olmaktan çıkacağı" görüşünün ilke olarak "doğru" olduğunu ancak, somut olayda ürün faturası ve gümrük beyannamesinde ödemenin mal mukabili olduğunun belirtildiğini ve bu tür bir satışta satıcının yük üzerindeki çıkarının teslime kadar devam edeceğini vurgulamaktadır. Yüksek Mahkeme, kararında aynen şu açıklamaya yer vermiştir

"Bilindiği üzere mal mukabili satımda, satılan malın teslim yerine ulaşması ve malın alıcısına teslim edilmesinden sonra satım bedeli ödenmektedir. Bu tür bir satışta, satıcının eşya üzerindeki menfaati teslime kadar devam edeceğinden taşıma sırasında hasar meydana gelmesi halinde de sorumluların müracaat hakkı bulunmaktadır".

Bu açıklamada yer alan aşağıdaki görüşler hakkında şunları belirtmemiz gerekir:

- *"Mal mukabili satışta satım bedelinin malların alıcıya teslimi sonrasında ödendiği "*

"Mal mukabili ödeme" (cash against goods) satıcı ve alıcı arasındaki ilişkide satış parasının ne zaman ödeneceğine ilişkin bir anlaşmadır ("ödeme şeklini" anlatmaktadır). Mal mukabili ödemede satıcı, bedelini tahsil etmeden malları ve evrakları alıcıya gönderir. Satıcının alıcıya güven duyması söz konusudur. Satış parasının ödenmesinin bu şekilde vadeye bağlandığı hallerde, alıcının ödeme yapmaması rizikosu uygulamada "ihracat kredi (ticari alacak) sigortası" ile kredi sigortacısına aktarılmaktadır.

- *"Mal mukabili satışta satıcının eşya üzerindeki çıkarının teslime kadar devam ettiği"*

Satış parasının ne zaman ödeneceği ile (taşıma ve) satış konusu mallara ilişkin riskin ne zaman satıcıdan alıcıya geçeceği farklı hususlardır.

Taşıma konusu mallara ilişkin olarak riskin (hasarın) alıcıya ait olması şu anlama gelir:

- *Taşıma sırasında malların hasarlandığı anda henüz satış parası ödenmemiş idiyse, alıcının satış bedelini ödeme borcu aynen devam eder. Diğer bir anlatışla satıcının alacağı, malların zarar görmesinden olumsuz etkilenmez. Mallardaki zarara katlanma sorumluluğu alıcının üzerindedir.*
- *Taşıma sırasında malların hasarlanması öncesinde satış parası ödenmiş idiyse, satıcı tahsil ettiği tutarı geri vermekle yükümlü olmaz. Malların zarar görmesinin ekonomik sonucu alıcı üzerindedir.*

Görüldüğü gibi malların taşıma sırasında hasarlanması riskinin (hasarın) taşıma başında alıcıya geçtiği hallerde (mesela sif veya fob satılan mallarda) satıcının taşıma sigortası yaptırmakta sigortalanabilir çıkarı bulunmamaktadır.

"Sigortalanabilir çıkar", gerçekleşecek riziko sebebiyle zarara maruz kalacak olma halinde mevcuttur. Eğer bir satıcı rizikonun gerçekleşmesi (taşıma sırasında malların zarara uğraması) olasılığında herhangi bir kayba uğramayacaksa, çıkar sahibi sayılmaz ve kendi adına (kendi -olmayan- çıkarını korumak için) yaptırdığı sigorta da "geçersiz" olur.

Çıkar mevcut olmaksızın yaptırılan sigortanın kesin şekilde geçersiz olduğu sonucu TTK 1408(1)'de şu şekilde belirtilmiştir: "Sigorta sözleşmesinin yapılması anında, sigortalanan menfaat mevcut değilse, sigorta sözleşmesi geçersizdir. Sözleşmenin yapıldığı anda var olan menfaat, sözleşmenin süresi içinde ortadan kalkarsa, sözleşme o anda geçersiz olur". TTK 1408(1) mutlak emredici hükümler arasında yer almaktadır. TTK 1452(1) uyarınca TTK 1408 hükmüne aykırı sigorta sözleşmeleri geçersiz sayılmak zorundadır.

Yukarıdaki açıklamalarımız ışığında Yargıtay'ın verdiği kararın yerinde görülmesine imkan olmadığı kendiliğinden anlaşılır.

Satıcının satış parasını henüz tahsil etmediği (malların satış parası tahsil edilmeden önce alıcıya teslim edildiği) hallerde, alıcının ödeme yapmaması rizikosu sebebiyle sigortalanabilir çıkara sahip olduğu doğrudur. Ancak bu çıkar, satış (taşıma ve taşıma sigortası) konusu olan mallara (bu malların taşıma sırasında zarar görmesine) ilişkin değildir; alacağa ilişkindir. Alacağın ödenmemesi rizikosunu ise ticari alacak (kredi) sigortası ile güvence altına almak lazımdır. Taşıma sigortası bu hususta koruma sağlamaz.

Bununla birlikte, şu olasılıkta satıcının yeniden mallar üzerinde çıkar sahibi konumuna gelebileceğini de göz ardı etmemek gerekir: Eğer alıcı malları teslim almayı reddederse, bunlar üzerindeki hak satıcıya geri dönmüş olacaktır. Böyle bir halde, satıcının geçmişe etkili olarak çıkar sahibi sayılabileceğini ve taşıma sırasında meydana gelen yük hasarı sebebiyle sigortacıdan istemde bulunabileceğini kabul etmek mümkündür.

Kişisel kusuru ile yol açtığı tek taraflı kazada vefat eden araç sürücüsünün desteğinden yoksun kalanların, aracın ZTS poliçesi olmaması dolayısıyla Güvence Hesabı'na yönelttikleri dava

Yargıtay 17. Hukuk Dairesi

E. 2016/14573

K. 2017/6035

T. 29.05.2017

Davacılar vekili, davacıların oğlu Erkan Kesen'in yaptığı tek taraflı kazada öldüğünü, davacıların ölen oğullarının desteğinden yoksun kaldıklarını, davacılar murisinin idaresindeki aracın ZMSS poliçesi olmadığından davalı Güvence Hesabının zarardan sorumlu olduğunu belirterek, belirsiz alacak davası olarak açtıkları davada sonradan artırılmak üzere, davacılar için 1.500,00'er TL. destekten yoksun kalma tazminatının dava tarihinden itibaren işleyecek avans faiziyle birlikte davalıdan tahsilini talep etmiş; 10.05.2016 tarihli artırım dilekçesi ile taleplerini 59.170,52 TL'ye yükseltmiştir.

Davalı vekili, davacılar murisi sürücünün kazada tam kusurlu olması nedeniyle davacıların tazminat talep haklarının bulunmadığını, alacaklı borçlu sıfatlarının davacılar üzerinde birleştiğini, davadan önce temerrüde düşürülmediklerini belirterek davanın reddini savunmuştur.

Mahkemece, iddia, savunma, yapılan yargılama ve toplanan delillere göre; davanın kabulü ile davacı İbrahim için 26.501,91 TL. ve Remziye için 32.668,61 TL. olmak üzere toplam 59.170,52 TL. tazminatın, dava tarihinden işleyecek yasal faiziyle birlikte davalıdan tahsiline karar vermiş; hüküm, davalı vekili tarafından temyiz edilmiştir.

Dava, tek taraflı trafik kazasından kaynaklanan destekten yoksun kalma tazminatı istemine ilişkindir.

Karayolları Trafik Kanunu'nun 91. maddesi gereği, aynı kanunun 85. maddesinde belirtilen, bir motorlu aracın işletilmesi bir kimsenin ölümüne veya yaralanmasına yahut bir şeyin zarara uğramasına sebep olması durumunda, poliçe limiti dahilinde işletenin sorumluluklarının karşılanmasını sağlamak üzere, mali sorumluluk sigortası yaptırılması zorunludur. Zorunlu mali sorumluluk sigortasının yaptırılmaması durumunda Sigortacılık Kanunu'nun 14. maddesi gereği, zorunlu mali sorumluluk sigortasının kaza tarihindeki limitleri dahilinde işletenin üçüncü kişilere karşı sorumluluğunu Güvence Hesabı karşılayacaktır.

Türk Ticaret Kanunu'nun 1425. maddesine göre sigorta poliçesi genel ve varsa özel şartları içerir. Yeni Karayolları Motorlu Araçlar Zorunlu Mali Sorumluluk (Trafik) Sigortası Genel Şartları 01.06.2015 tarihinde yürürlüğe girmiştir. Genel şartlar C.10. maddesi ile 12/8/2003 tarihli ve 25197 sayılı Resmî Gazete'de yayımlanan Karayolları Motorlu Araçlar Zorunlu Mali Sorumluluk Sigortası Genel Şartları yürürlükten kaldırılmıştır. Yeni genel şartlar C.11 maddesine göre genel şartlar yürürlük tarihi olan 01.06.2015 tarihinden sonra akdedilmiş sözleşmelere uygulanacaktır. Bunun doğal sonucu olarak artık eski genel şartların yeni genel şartların yürürlük tarihinden sonra düzenlenen poliçelerde uygulanma imkanı bulunmamaktadır.

Karayolları Trafik Kanununun 93. maddesi gereği zorunlu mali sorumluluk sigortası genel şartları, teminat tutarları ile tarife ve talimatları Hazine Müsteşarlığının bağlı bulunduğu Bakanlıkça tespit edilir ve Resmi Gazetede yayımlanır. Böylece Hazine Müsteşarlığı kanundan aldığı yetki ile zorunlu sigorta genel şartlarını belirler. Bu nedenle zorunlu sigorta genel şartlarını Türk Borçlar Kanunu'nun 20 maddesinde düzenlenen genel işlem koşulu kapsamında değerlendirmek mümkün değildir. Bir sözleşmenin genel işlem koşulu kapsamında olması için sözleşme yapılırken taraflardan birinin önceden tek taraflı olarak sözleşme şartlarını hazırlayarak diğer tarafa sunması gerekir. Oysa Karayolları Motorlu Araçlar Zorunlu Mali Sorumluluk Sigorta Genel Şartları, sözleşmede taraf olmayan Hazine Müsteşarlığı tarafından kanundan aldığı yetkiye dayalı olarak belirlenir. Ayrıca Genel şartları, Türk Borçlar Kanunu 20. maddesinin son fıkrasında "Genel işlem koşullarıyla ilgili hükümler, sundukları hizmetleri kanun veya yetkili makamlar tarafından verilen izinle yürütmekte olan kişi ve kuruluşların hazırladıkları sözleşmelere de, niteliklerine bakılmaksızın uygulanır." düzenlemesi kapsamında düşünmekte mümkün değildir. Çünkü kanunda açıkça belirtildiği üzere kanun veya yetkili makamlar tarafından verilen izinle kişi ve kuruluşların hazırladıkları sözleşmeler yürütmekte oldukları bir hizmet ile ilgili olmalıdır. Oysa Hazine Müsteşarlığı, zorunlu mali sorumluluk sigortası hizmeti veren bir kuruluş olmadığı gibi hizmeti alan taraf ile bir sözleşme ilişkisi içinde bulunmamaktadır.

01.06.2015 tarihinde yürürlüğe giren Karayolları Motorlu Araçlar Zorunlu Mali Sorumluluk (Trafik) Sigortası Genel Şartları'nın uygulanması, Karayolları Trafik Kanunu'nun 95. maddesinde belirtilen tazminat yükümlülüğünün kaldırılması veya miktarının azaltılması sonucunu doğuran hallerin zarar görene karşı ileri sürülemeyeceği ilkesine aykırı olduğunu söylemekte mümkün değildir. Bu ilkenin uygulanabilmesi için her iki tarafın özgür iradesi ile poliçe düzenlendikten sonra zarar görenin aleyhine tazminatın kaldırılması yada azaltılmasını gerektirecek değişikliklerin yapılması durumunda geçerli olacaktır. Oysa 01.06.2015 tarihinde yürürlüğe giren Karayolları Motorlu araçlar

Zorunlu Mali Sorumluluk (Trafik) Sigortası Genel Şartları, yürürlüğe girmesinden sonra düzenlenen poliçelerde geçerli olacağından, poliçenin düzenlendiği tarih itibarı ile Karayolları Motorlu araçlar Zorunlu Mali Sorumluluk (Trafik) Sigortası'nın kapsamı tüm taraflarca bilinmektedir. Sigortacı, işletenin sorumluluğunu poliçe ve genel şartlar kapsamında üstlendiğine göre, sonradan bir değişiklikten bahsetmek mümkün olmayacaktır. Kaldı ki 6102 sayılı Türk Ticaret Kanunu'nun 1423 maddesine göre sigortacı, sigorta sözleşmesine ilişkin tüm bilgileri, sigortalının haklarını, sigortalının özel olarak dikkat etmesi gereken hükümleri, gelişmelere bağlı bildirim yükümlülüklerinden oluşan aydınlatma yükümlülüğünü sigortalıya karşı yerine getirmese dahi sigortalı, sözleşmenin yapılmasına 14 gün içinde itiraz etmemiş ise sözleşme poliçede yazılı şartlar ve poliçenin ayrılmaz bir parçası olan genel şartlar kapsamında yapılmış olur.

Karayolları motorlu araçlar zorunlu mali sorumluluk sigortası teminatının kapsamı, poliçe ve poliçenin ayrılmaz bir parçası olan genel şartlara göre belirlenir. Nitekim Karayolları Trafik Kanunu'nun 90. maddesinde yapılan değişiklikle zorunlu sigortacının kapsamında ki tazminatları belirlemede Karayolları Motorlu Araçlar Zorunlu Mali Sorumluluk Sigortası Genel Şartlarının göz önüne alınması esası getirilmiştir.

01.06.2015 tarihinde yürürlüğe giren Karayolları Motorlu araçlar Zorunlu Mali Sorumluluk Sigortası Genel Şartları'nın amacı A.1 maddesinde "Karayolları Trafik Kanunu uyarınca motorlu araç işletenlerine yüklenen hukuki sorumluluk için düzenlenen Karayolları Motorlu Araçlar Zorunlu Mali Sorumluluk Sigortasına yönelik ilgililerinin hak ve yükümlülüklerine ilişkin usul ve esasların düzenlenmesidir." şeklinde belirlenmiştir. Sigortanın kapsamı ise genel şartlar A.3. maddesinde "sigortacı, poliçede tanımlanan motorlu aracın işletilmesi sırasında, üçüncü şahısların ölümüne veya yaralanmasına veya bir şeyin zarara uğramasına sebebiyet vermiş olmasından dolayı, 2918 sayılı Karayolları Trafik Kanununa göre sigortalıya düşen hukuki sorumluluk çerçevesinde Genel Şartlarda içeriği belirlenmiş tazminatlara ilişkin talepleri, kaza tarihi itibariyle geçerli zorunlu sigorta limitleri dahilinde karşılamakla yükümlüdür. Sigortanın kapsamı üçüncü şahısların, sigortalının Karayolları Trafik Kanunu çerçevesindeki sorumluluk riski kapsamında, sigortalıdan talep edebilecekleri tazminat talepleri ile sınırlıdır." Şeklinde düzenlenmiştir. Kapsama giren teminat türlerinin tanımlandığı A.5. maddesinin (ç) bendinde ise Destekten Yoksun Kalma (Ölüm) Teminatı "Üçüncü kişinin ölümü dolayısıyla ölenin desteğinden yoksun kalanların destek zararlarını karşılamak üzere bu genel şart ekinde yer alan esaslara göre belirlenecek tazminattır." Şeklinde ifade edilmiştir. Genel Şartlar A.6. maddesinin (c) bendinde "İlgililerin, sigortalının sorumluluk riski kapsamında olmayan tazminat talepleri" ve (d) bendinde "Destekten yoksun kalan hak sahibinin, sigortalının sorumluluk riski kapsamında olmayan destek tazminatı talepleri ile destekten yoksun kalan hak sahibinin, sigortalının sorumluluk riski kapsamında olmakla beraber destek şahsının kusuruna denk gelen destek tazminatı talepleri" Zorunlu mali sorumluluk sigortasının teminatının dışında kalan hallerden sayılmıştır.

Karayolları Trafik Kanunu'nun 92. Maddesinin (a) ve (c) bentleri, Karayolları Motorlu araçlar Zorunlu Mali Sorumluluk (Trafik) Sigortası Genel Şartları A.1. maddesi, A.3. maddesi, A.5. maddesinin (ç) bendi, yine A.6. maddesinin (c) ve (d) bentleri birlikte değerlendirildiğinde bir motorlu aracın işletilmesi sırasında destekten yoksun kalınan zararın, zorunlu mali sorumluluk sigortasının kapsamında olması için şu şartların gerçekleşmesi gerektiğini söylenebilir.

a) Talep edilen destek tazminatı, 2918 sayılı Karayolları Trafik Kanununa göre sigortalıya düşen hukuki sorumluluk ve sorumluluk riski çerçevesinde Genel Şartlarda içeriği belirlenmiş tazminatlara ilişkin olmalıdır. Sigortalının hukuki sorumluluğu olmayan veya sigortalının sorumluluk riski içinde bulunmayan tazminat taleplerinden sigortacının sorumluluğu bulunmayacaktır.

b) Motorlu aracın işletilmesinden dolayı ölen kişinin üçüncü kişi olması gerekir. İşleten ve işletenin sorumlu olduğu şahısların dışında bir üçüncü kişinin ölümü neticesi, destek zararlarından sigortacının sorumluluğu bulunmaktadır. Bunun sonucu olarak, poliçede taraf olan işleten(sigortalı) yada işletenin eylemlerinden sorumlu bulunduğu kişilerin ölmesi durumunda ölen kişi, üçüncü kişi sayılmayacağı için desteğinden yoksun kalanların zararından sigortacı sorumlu olmayacaktır.

c) Sigortalının sorumluluk riski kapsamında olmakla beraber destek şahsının kusuruna denk gelen destek tazminatı taleplerinden sigortacının sorumluluğu bulunmamaktadır. Bir başka anlatımla desteğin kendi kusurundan kaynaklanan destek zararlarından sigortacının sorumluluğu bulunmamaktadır.

Somut olayda, davacıların desteği sürücü Erkan Kesen'in sevk ve idaresinde ki 33 BDC 98 plakalı araç ile tek taraflı olarak yapmış olduğu trafik kazasında ölmesi sonucu destekten yoksun kaldıkları iddiası ile aracın zorunlu mali sorumluluk sigortasının olmaması nedeniyle güvence hesabından destekten yoksun kalma tazminatı talebinde bulunmuşlardır. Trafik kazası, sürücü Erkan Kesen'in sevk ve idaresinde iken dosya içindeki 11.03.2016 tarihli kusura ilişkin rapora göre sürücünün %100 kusuru neticesi tek taraflı alarak 05.07.2015 tarihinde gerçekleşmiştir.

Kaza tarihi itibarı ile aracın zorunlu mali sorumluluk sigortası yaptırılmamış olması nedeniyle Sigortacılık Kanunu'nun 14. Maddesi gereği, zorunlu mali sorumluluk sigortasının kaza tarihindeki limitleri dahilinde işletenin üçüncü kişilere karşı sorumluluğunu Güvence Hesabı karşılayacaktır. Güvence hesabının sorumluluğunun kapsamı ise 01.06.2015 yani trafik kazasından önce yürürlüğe giren Karayolları Motorlu Araçlar Zorunlu Mali Sorumluluk (Trafik) Sigortası Genel Şartları'na göre belirlenecektir.

Karayolları Motorlu Araçlar Zorunlu Mali Sorumluluk (Trafik) Sigortası Genel Şartları A.3. maddesine ve A.5. maddesinin (ç) bendine göre ancak, üçüncü kişinin ölümü dolayısıyla destek zararları, destekten yoksun kalma (ölüm) teminatı kapsamındadır. Bunun sonucu olarak, sigortacı yada güvence hesabının destek zararlarından sorumlu olması için motorlu aracın işletilmesi sırasında mutlaka ölen kişinin üçüncü bir kişi olması gerekir. İşletenin eylemlerinden sorumlu olduğu sürücü Erkan Kesen'i üçüncü kişi olarak kabul etmek mümkün değildir.

Yine genel şartların A.6. maddesi (d) bendinde destekten yoksun kalan hak sahibinin, sigortalının sorumluluk riski kapsamında olmakla beraber destek şahsının kusuruna denk gelen destek tazminatı talepleri, teminat kapsamı dışında tutulması nedeniyle %100 kusuru ile kendi ölümüne neden olan sürücü Erkan Kesen'in tam kusuruna isabet eden destek tazminatı sigorta teminatı kapsamında değildir. Kaza tarihinde yürürlükte bulunan Karayolları Trafik Kanunu'nun da sigortalının sorumluluk riski kapsamında olmayan destek tazminatı talepleri ile destekten yoksun kalan hak sahibinin, sigortalının sorumluluk riski kapsamında olmakla beraber destek şahsının kusuruna denk gelen destek tazminatı taleplerini sigorta teminat kapsamında olduğuna ilişkin bir düzenleme olmadığı ve kapsama giren teminat türleri arasında bulunmamasına göre, davacıların güvence hesabından destek tazminatı talep etme hakları bulunmadığından davanın reddi gerekirken yazılı olduğu şekilde davanın kabulü yönünde hüküm kurulması doğru görülmemiştir.

SONUÇ: Yukarıda açıklanan nedenlerle davalı vekilinin temyiz itirazlarının kabulü ile hükmün BOZULMASINA, peşin alınan harcın istek halinde temyiz eden davalıya geri verilmesine 29/05/2017 gününde oybirliğiyle karar verildi.

YORUM

Yargıtay 17. Hukuk Dairesi'nin 29.05.2017 gün ve E. 2016/14573 K. 2017/6035 sayılı kararına konu olan uyuşmazlık aşağıdaki gibidir:

- *Araç sürücüsü, yaptığı tek taraflı trafik kazası sonucunda hayatını kaybetmiştir. Onun desteğinden yoksun kalanlar, aracın Zorunlu Trafik Sigortası (ZTS) bulunmadığından, Güvence Hesabı'na karşı "destekten yoksun kalma tazminatı" (DYKT) davası açmışlardır.*
- *Davalı Güvence Hesabı, savunma olarak sürücünün (desteğin) kazada "tam kusurlu" olduğunu ve davacıların bu sebeple dava haklarının bulunmadığını öne sürmüştür.*
- *Mahkeme davayı kabul etmiş ve Güvence Hesabını tazminat ödemesi gerektiğine hükmetmiştir.*
- *Bunun üzerine Güvence Hesabı, temyiz yoluna başvurmuştur.*
- *Yargıtay 17. HD, ilk derece mahkemesi kararını bozmuştur.*

Yargıtay 17. HD kararında yer alan bazı gerekçelerin özeti (kalın yazı) ve bunlara ilişkin yorumlarımız şöyledir:

- ***Yeni Karayolları Motorlu Araçlar Zorunlu Mali Sorumluluk (Trafik) Sigortası Genel Şartları 01.06.2015 tarihinde yürürlüğe girmiştir. Yeni genel şartlar ile, 2003 tarihli (önceki) Karayolları Motorlu Araçlar Zorunlu Mali Sorumluluk Sigortası Genel Şartları yürürlükten kaldırılmıştır. C.11 maddesine göre yeni genel şartlar yürürlük tarihinden sonra kurulan sözleşmelere uygulanacaktır. Bunun doğal sonucu olarak yeni genel şartların yürürlük tarihinden sonra düzenlenen poliçelerde eski genel şartların uygulanma imkanı bulunmamaktadır.***

Yeni Zorunlu Trafik Sigortası Genel Şartları (ZTS GŞ), yayınlandığı tarihten daha önceki bir günü "yürürlük tarihi" olarak belirlemiştir. Bu da geriye etkili genel şart çıkartılmasının hukuksal açıdan mümkün olup olmayacağı tartışmasına yol açmıştır.

- ***Zorunlu mali sorumluluk sigortası genel şartları, teminat tutarları ile tarife ve talimatları Hazine Müsteşarlığının bağlı bulunduğu Bakanlıkça tespit edilir ve Resmi Gazetede yayımlanır (Karayolları Trafik Kanunu m.93). Hazine Müsteşarlığı kanundan aldığı yetki ile zorunlu sigorta genel şartlarını belirlemektedir. Bu nedenle zo-***

> ***runlu sigorta genel şartlarını Türk Borçlar Kanunu'nun 20 maddesinde düzenlenen genel işlem koşulu kapsamında değerlendirmek mümkün değildir. Bir sözleşmenin genel işlem koşulu kapsamında olması için sözleşme yapılırken taraflardan birinin önceden tek taraflı olarak sözleşme şartlarını hazırlayarak diğer tarafa sunması gerekir. Oysa Karayolları Motorlu Araçlar Zorunlu Mali Sorumluluk Sigorta Genel Şartları, sözleşmede taraf olmayan Hazine Müsteşarlığı tarafından kanundan aldığı yetkiye dayalı olarak belirlenir.***

Ülkemizde sigorta genel şartları, Sigortacılık Kanunu m.11(1) uyarınca Hazine Müsteşarlığı tarafından "onaylanması" gereken metinler olmakla birlikte, uygulamada bunların Müsteşarlık tarafından "onaylanması" değil, doğrudan düzenlenmesi ve yayınlanarak yürürlüğe konulması söz konusudur.

Karayolları Trafik Kanunu (KTK) ise, ZTS Genel Şartlarının Hazine Müsteşarlığı'nın bağlı olduğu Bakanlık tarafından "tespit edileceğini" ve yayınlanacağını öngörmüştür. Buradaki "tespit etme" deyiminin "düzenleme" anlamında kullanılmış olduğunu varsaymaktayız.

ZTS GŞ'nın KTK m.93 uyarınca Bakanlık tarafından düzenlenmesi gerektiği varsayımında, acaba genel işlem koşullarına ilişkin yasal hükümler (özellikle Borçlar Kanunu hükümleri) ZTS GŞ'na uygulanacak mıdır? 17. HD bu soruya olumsuz yanıt vermiştir.

17. HD'nin ZTS Genel Şartlarının TBK m.20 anlamında genel işlem koşulu sayılmayacağını vurgularken bu saptamanın hangi hukuki sonuca yol açacağını açıklamamıştır. ZTS GŞ hakkında Borçlar Kanunu'nun genel işlem koşullarına ilişkin düzenlemesinin uygulanmaması olaydaki uyuşmazlık bakımından acaba hangi nedenle önem taşımaktadır?

Başkasının hazırladığı genel işlem koşullarını kullanan bir kişi, kanımızca Borçlar Kanunu'nun genel işlem koşullarına ilişkin düzenlemesine tabidir. Genel işlem koşullarını kimin belirlediği (düzenlediği) değil, bunları kimin kullandığı (ve bu koşulları diğer tarafa dayatarak sözleşme ilişkileri kurduğu) önemlidir.

Burada tartışma yaratan husus, ZTS Genel Şartlarını kullanan sigortacının buna zorunlu olmasıdır. Kendi hazırlamadığı ve kullanıp kullanmamakta serbest olmadığı genel koşulların sigortacıyı bağlaması buna karşılık sigorta ettirenin bazı hallerde bu genel koşullarla bağlı sayılmaması ilk bakışta çelişkili görünmektedir.

Bu çelişkili görünüşe karşın, kanımızca ZTS GŞ dürüstlük kurallarına aykırı olarak dengeyi sigorta ettiren aleyhine bozmuş onun durumunu ağırlaştırmış olduğu ölçüde (TBK m.25) sigorta ettiren bu nitelikteki hükümlerin kendisi hakkında uygulanmamasını sağlamak üzere yargıya başvurabilmelidir. (Bu konuya aşağıda ayrıca değineceğiz).

- ***Borçlar Kanunu m.20 son fıkra uyarınca "genel işlem koşullarıyla ilgili hükümler, sundukları hizmetleri kanun veya yetkili makamlar tarafından verilen izinle yürütmekte olan kişi ve kuruluşların hazırladıkları sözleşmelere de, niteliklerine bakılmaksızın uygulanır". Ancak, Zorunlu Trafik Sigortası Genel Şartlarını, BK m.20 kapsamında düşünmeye imkân yoktur. Çünkü kanun veya yetkili makamlar tarafından verilen izne dayalı olarak faaliyet gösteren kişi ve kuruluşların hazırladıkları sözleşmeler, yürütmekte oldukları bir hizmet ile ilgili olmalıdır. Oysa Hazine Müsteşarlığı, zorunlu mali sorumluluk sigortası hizmeti veren bir kuruluş olmadığı gibi hizmeti alan taraf ile bir sözleşme ilişkisi içinde bulunmamaktadır.***

Yargıtay "ZTS GŞ'nı hazırlayan Hazine Müsteşarlığı'nın sigortacı olmadığını ve sigorta ettirenle bir sözleşme de yapmadığını o sebeple TBK m.20 hükmünün Müsteşarlık hakkında uygulanmayacağını" belirtmektedir. Bu konuda bir tartışma ve duraksama olduğunu sanmıyoruz. Bugüne kadar yürütülen tartışmalar, yürürlüğe konulmuş olan genel şart metinleri temelinde sigorta ettiren araç işletenleri ile ZTS sözleşmesi yapan sigortacılarla (bunların ve sigorta ettirenlerin hukuksal durumları ile) ilgilidir.

Bu noktada, belirtmemiz gerekir ki Yargıtay 17. HD tarafından dile getirilen görüş, ZTS GŞ'nda yer alan hükümlerin TBK m.20 vd.'ndaki düzenleme çerçevesinde sigorta ettiren lehine olmak üzere devre dışında bırakılmasının hukuksal açıdan mümkün olmayacağı anlamına gelmektedir. Bu görüşü ayrıca kısaca değerlendirmekte yarar görmekteyiz.

- *ZTS GŞ'nda mevcut olan hükümler, en başta sigortacı ile sigorta ettiren (sorumluluk sigortasının ilişkin bulunduğu motorlu aracın işleteni) arasındaki ilişkiyi düzenlemektedirler. Sigorta genel şartları, Sigortacılık Kanunu m.11(1)'deki anlatımla "sigorta sözleşmesinin ana içeriğini" belirlemekte ve bu sözleşmenin hükümlerini oluşturmaktadır.*
- *ZTS Genel Şartlarındaki hükümlerin zarar görene karşı hangi ölçüde hüküm doğuracağı ise aşağıda ayrıca incelenecektir.*
- *ZTS GŞ'nda yer alan sözleşme hükümlerini, sigorta ettirenle olan ilişkide TBK m.20 v.d.'ndaki (genel işlem koşullarına ilişkin) düzenlemenin (ve eğer sigorta ettiren tüketici sıfatını taşımakta ise, TKHK m. 5'in) dışında saymak, bu hükümleri yargı denetiminin dışına çıkarmak demektir.*
- *Bir hukuk düzeninin sigorta ettirene dürüstlüğe aykırı düşecek şekilde kendi aleyhine sonuç yaratan sözleşme hükümlerinin geçersizliğini yargı önünde öne sürme olanağını vermesi lazım gelir. Sigorta ettirene TBK ve TKHK hükümlerinden yararlanma yolu kapatıldığında, genel şartlara ilişkin olarak iptal davası açmak girişimleri gündeme gelebilecektir.*

- *Sigorta ettiren ayrıca, Hazine Müsteşarlığı'nın hazırladığı genel şartları kullanan sigorta şirketinin, en azından onun durumunu dürüstlüğe sığmayacak ölçüde kötüleştiren hükümler hakkında bilgilendirme yapmadığı hallerde, bilgilendirme yükümlülüğüne ilişkin yasal düzenlemeye dayanarak da kendini korumayı deneyebilecektir. (Ancak, TTK 1423(2)'de öngörülen 14 günlük itiraz süresinin itiraz yapılmaksızın geçirilmiş olması sebebiyle, yasanın hükme bağladığı "düzeltici etki" (sözleşmenin poliçede yazılı olan koşullarla kurulmuş sayılması) meydana gelmiş ise, bu deneme de sonuçsuz kalmış olacaktır).*
- *Şu hususun da altını çizmekte yarar vardır: ZTS GŞ, acaba sigorta ettirenin hukuksal konumunu yasal düzenlemeye oranla dürüstlüğe aykırı sayılacak biçimde daraltmakta mıdır? Bu bağlamda özellikle sigorta teminatının kapsamının genel şartlarda yasaya göre daha fazla kısıtlanmış olup olmadığı araştırılmalıdır.*
- *KTK m.92 ile ZTS Genel Şartları A.6 arasında kıyaslama yaptığımızda, KTK m.92(i) hükmünün "KTK çerçevesinde hazırlanan zorunlu mali sorumluluk sigortası genel şartları ve ekleri ile tanımlanan teminat içeriği dışında kalan taleplerin zorunlu sorumluluk sigortası dışında kalacağını" öngörerek, ZTS GŞ'na "açık çek" vermiş olduğu saptanmaktadır. Bu noktada "dura lex, sed lex" (acımasız olsa da kanun kanundur) özdeyişini anımsamaktan başka seçenek kalmamaktadır.*
- *(Türkiye'nin de taraf olduğu motorlu araçlara ilişkin uluslar arası anlaşma hangi hallerin sigorta dışında bırakılabileceğini özel olarak öngörmüştür. Ülkemiz düzenlemesinin bu anlaşmaya uygun olmadığı ise tartışma götürmeyecek kadar açık bir husustur. Fakat, anlaşmaya aykırı düzenlemenin ve bu aykırı düzenlemeye dayanılarak yürürlüğe konulmuş olan ZTS GŞ'nın yargı tarafından geçersiz sayılmasına hukuken imkân olup olmadığı milletlerarası hukuk ve anayasa hukuku uzmanlarının yanıtlamaları lazım gelen bir konudur).*
- ***Zorunlu Trafik Sigortası Genel Şartları'nı uygulamanın, Karayolları Trafik Kanunu m. 95'te belirtilen "tazminat yükümlülüğünün kaldırılması veya miktarının azaltılması sonucunu doğuran hallerin zarar görene karşı ileri sürülemeyeceği" ilkesine aykırı olduğunu söylemek de mümkün değildir. Bu ilke, her iki tarafın özgür iradesi ile poliçe düzenlendikten sonra zarar görenin aleyhine tazminatın kaldırılması ya da azaltılmasını gerektirecek değişikliklerin yapılması durumunda geçerli olacaktır. Zorunlu Trafik Sigortası Genel Şartları, yürürlüğe girmesinden sonra düzenlenen poliçelere uygulanacaktır. Poliçenin düzenlendiği tarih itibarı ile Zorunlu Trafik Sigortası'nın kapsamı tüm taraflarca bilinmektedir. Sigor-***

tacı, işletenin sorumluluğunu poliçe ve genel şartlar kapsamında üstlendiğine göre, sonradan bir değişiklikten bahsetmek mümkün olmayacaktır.

ZTS GŞ'nın uygulanmasının KTK m.95'te düzenlenen sigorta sözleşmesine ilişkin yasal düzenlemeden ve veya sigorta sözleşmesinden kaynaklanan ve sigortacının tazminat yükümlülüğünün kaldırılması veya azaltılması sonucunu doğuran savunmaların zarar görene karşı ileri sürülemeyeceği kuralına aykırı yönünün bulunmadığı görüşü acaba hangi anlama gelmektedir?

- *Her şeyden evvel belirtelim ki, KTK m.95 hiç kuşkusuz ZTS GŞ bakımından da geçerlidir. Diğer bir anlatışla, zarar gören, KTK m.95 hükmüne dayanarak, ZTS GŞ'ndaki bir hükmün kendisine uygulanamayacağını öne sürebilir. KTK m.95 hükmü, yasa hükümlerinin dahi zarar görene karşı (belirli koşullar söz konusu olduğu takdirde) geçersiz sayılabileceğini öngörmüştür. Sözleşme hükmü niteliğini taşıyan ZTS GŞ'ndaki hükümlerin de zarar göreni olumsuz etkilememesi gerektiği ise "a fortiori" (öncelikle) kabul edilecektir.*
- *Bununla birlikte, Yargıtay 17 HD, KTK m.95'in ancak "poliçe düzenlendikten sonraki sözleşme değişiklikleri hakkında" uygulanacağını kabul etmekte ve ZTS GŞ'nın yürürlüğe girdiği tarihten sonra yapılan sözleşmelerde bu genel şartların sözleşme anından başlayarak tarafları bağlayacağını ve bu hükümlerin sözleşme değişikliği niteliğini taşımaları söz konusu olmadığından KTK m.95'e tabi olmayacaklarını belirtmektedir.*
- *Bu noktada öncelikle Yargıtay 17. HD kararındaki görüşe katılmadığımızın altını çizelim. Sözleşme hükümleri ister baştan beri hiç değişmemiş ister sözleşme yapıldıktan sonra, sigorta süresi içinde değişmiş olsunlar zarar görenin haklarını olumsuz etkilemeyeceklerdir. Zarar gören bakımından, sözleşme hükümlerinin sonradan değişmiş olması ile hiç değişmemiş olması arasında hiçbir fark yoktur. Önemli olan zarar görenin tarafı olmadığı ve üzerinde söz sahibi de bulunmadığı sözleşme hükümleri yüzünden haklarından (hukuk düzeninin onlara sağlamayı amaçladığı korumadan) yoksun kalmamasıdır.*
- *Sanırız Yargıtay 17. HD'nin KTK m.95 hükmünün ZTS GŞ'na uygulanmayacağı düşüncesini benimsemesi "aksi halde, ZTS GŞ'nda yer alan teminat dışında kalan hallere ilişkin hükümlerin zarar gören bakımından uygulanmayacağı" endişesidir. Bunun haklı bir endişe olup olmadığını ayrıca değerlendirmek lazımdır. Durum kanımızca aşağıdaki gibidir:*
    - *KTK m.95'te sözü edilen (zarar görene karşı ileri sürülmesi yasaklanan) "sigorta sözleşmesine ilişkin yasa hükümleri" Türk Ticaret Kanunu'nda yer alan hükümlerdir. KTK'daki hükümler ise zarar gö-*

rene karşı da hüküm doğuracaklardır. Mesela hangi hususların ZTS kapsamı dışında bırakılabileceğine ilişkin KTK m.92 hükmü zarar göreni de bağlar.

- *KTK m.95, kaynak LCR'den (İsviçre Trafik Kanunu) aktarılırken hatalı çevrilmiştir. İsviçre LCR "sigorta sözleşmesine ilişkin 1908 tarihli kanunda yer alan hükümleri" hedef tutmaktadır. LCR'de mevcut olan trafik sorumluluğu sigortasına ilişkin hükümler bunun dışındadır. Bizde de yalnızca sigorta sözleşmesine ilişkin genel düzenlemede (TTK'da) yer alan hükümlerin kastedildiğini benimsemek lazımdır.*
- *Bu sebeple, KTK'da sigortanın dışında kalacağı belirtilmiş olan hususlar, sigorta sözleşmesinde (de) yer aldıkları takdirde, sigortacı bunlara dayalı savunma yapabilecektir. En azından KTK'da 2016 yılında yapılan (aşağıda değineceğimiz) değişikliğe kadar durum böyleydi.*
- *KTK'da 2016 yılında gerçekleştirilen son değişiklik çerçevesinde, ZTS Genel Şartları'nın teminat kapsamına ilişkin hükümleri, yasada bunların teminat dışında kalacağına ilişkin açık düzenleme bulunmasa dahi, zarar görene karşı ileri sürülebilecektir. Çünkü 2016 değişikliği ile "zorunlu trafik (sorumluluğu) sigortasının temin etmediği haller artık doğrudan genel şartlara bakılarak" belirlenebilecektir. Nitekim KTK m.92 bent (i) "Bu Kanun çerçevesinde hazırlanan zorunlu mali sorumluluk sigortası genel şartları ve ekleri ile tanımlanan teminat içeriği dışında kalan taleplerin" sigorta kapsamında olmayacağını açıkça belirtmektedir.*
- *KTK m.92 bent (i) yasada yer aldığı sürece, zorunlu trafik sigortasının teminat kapsamı bakımından ZTS GŞ belirleyici olacak ve bu durum zarar görenlere karşı da ileri sürülebilecektir.*
- *Buna karşılık ZTS GŞ'nda yer alan teminatın kapsamı dışındaki hususlara ilişkin hükümler (söz gelişi sözleşme öncesi bildirim görevine ilişkin ZTS Genel Şartları C.2 , rizikonun ağırlaştırılmamasına ilişkin ZTS Genel Şartları C.3 maddeleri), daha doğru bir anlatışla sigorta ettirenin bu hükümleri ihlal etmiş olması zarar görene karşı savunma olarak ileri sürülemeyeceklerdir.*

- ***Kaldı ki Türk Ticaret Kanunu m. 1423'e göre sigortacı, sigorta sözleşmesine ilişkin tüm bilgiler, sigortalının hakları, sigortalının özel olarak dikkat etmesi gereken hükümler ve gelişmelere bağlı bildirim yükümlülüklerinden oluşan aydınlatma yükümlülüğünü sigortalıya karşı yerine getirmese dahi sigortalı, sözleşmenin yapılmasına 14 gün içinde itiraz etmemiş ise sözleşme poliçede yazılı***

şartlar ve poliçenin ayrılmaz bir parçası olan genel şartlar kapsamında yapılmış olur.

Sigortacının aydınlatma (bilgilendirme) yükümlülüğünü yerine getirmemiş olmamasının zarar görenin hukuksal durumu bakımından olumsuz bir etki doğurması söz konusu değildir. Yargıtay 17 HD kararında yukarıdaki bölüme neden yer verilmiş olduğu belirlenememektedir.

- ***Zorunlu Trafik Sigortası teminatının kapsamı, poliçe ve poliçenin ayrılmaz bir parçası olan genel şartlara göre belirlenir. Nitekim Karayolları Trafik Kanunu m 90'da yapılan değişiklikle zorunlu sigortanın kapsamındaki tazminatları belirlemede Karayolları Motorlu Araçlar Zorunlu Mali Sorumluluk Sigortası Genel Şartlarının göz önüne alınması esası getirilmiştir.***

"Maddi ve manevi tazminatlar" başlıklı KTK m.90'ın 2016 yılında aldığı son şekil aşağıdaki gibidir:

"Zorunlu Mali Sorumluluk sigortası kapsamındaki tazminatlar bu Kanun ve bu Kanun çerçevesinde hazırlanan genel şartlarda öngörülen usul ve esaslara tabidir. Söz konusu tazminatlar ve manevi tazminata ilişkin olarak bu Kanun ve genel şartlarda düzenlenmeyen hususlar hakkında 11/1/2011 tarihli ve 6098 sayılı Türk Borçlar Kanununun haksız fiillere ilişkin hükümleri uygulanır".

KTK'nın "Hukuki Sorumluluk Ve Sigorta" başlıklı Sekizinci Kısmında "İşletenin Hukuki Sorumluluğu" hakkındaki Birinci Bölüm'de yer alan KTK m.90 aslında bir sorumluluk hükmüdür. Burada işletenin sorumluluğuna ilişkin bir düzenleme getirilmiş olması gerekir. Ancak KTK m.90 yalnızca işletenin "zorunlu sigorta kapsamındaki sorumluluğu" ile sınırlıdır. Bu sorumluluğu da bir yandan KTK diğer yandan da ZTS GŞ hükümlerine tabi kılmıştır.

İşletenin sorumluluğunun zorunlu sigortaya ilişkin kurallara tabi olması çok olağandışı bir çözümdür. Kanımızca tam tersi söz konusu olmalı ve zorunlu sigorta, işletenin (yasada düzenlenen) sorumluluğunu en geniş şekilde temin etmeli, bu doğrultuda tasarlanmalıydı (Kuşkusuz prim de ona göre belirlenmek lazımdır).

- ***Zorunlu Trafik Sigortasının kapsamı, ZTS Genel Şartları A.3.'te şu şekilde düzenlenmiştir: "Sigortacı, poliçede tanımlanan motorlu aracın işletilmesi sırasında, üçüncü şahısların ölümüne veya yaralanmasına veya bir şeyin zarara uğramasına sebebiyet vermiş olmasından dolayı, 2918 sayılı Karayolları Trafik Kanununa göre sigortalıya düşen hukuki sorumluluk çerçevesinde Genel Şartlarda içeriği belirlenmiş tazminatlara ilişkin talepleri, kaza tarihi itibariyle geçerli zorunlu sigorta limitleri dahilinde karşılamakla yükümlüdür. Sigortanın kapsamı üçüncü şahısların, sigortalının Karayolları***

Trafik Kanunu çerçevesindeki sorumluluk riski kapsamında, sigortalıdan talep edebilecekleri tazminat talepleri ile sınırlıdır".

Bu noktada "sorumluluk riski" deyimi üzerinde durmamız lazımdır. Bunun neyi anlatmak istediğini belirleyebilmiş değiliz. "Sorumluluk riski", bir kişinin sorumluluğunun gerçekleşmesi olasılığı anlamına gelir. Sorumluluğu düzenleyen yasa hükümlerinin o sorumluluk için öngördüğü koşullar gerçekleşince sorumluluk riski meydana gelmiş olacaktır. Ancak ZTS GŞ'nda bu deyim "sigorta kapsamındaki tazminatları ifade etmek üzere kullanılmış görünmektedir.

- **Kapsama giren teminat türlerinin tanımlandığı ZTS Genel Şartları A.5. maddesinin (ç) bendi uyarınca "Destekten Yoksun Kalma" (ölüm) teminatı "Üçüncü kişinin ölümü dolayısıyla ölenin desteğinden yoksun kalanların destek zararlarını karşılamak üzere bu genel şart ekinde yer alan esaslara göre belirlenecek tazminattır".**

Ülkemizde destekten yoksun kalma tazminatlarının hesaplanması konusunda uygulama birliğinin hala sağlanamadığı görülmektedir. Bu tazminat hesaplanırken, yargı organlarının "aynı" formül ve kıstasları uygulamaları gerekir. Temel esasların yasada hükme bağlanması şüphesiz en köklü çözümdür.

- **Genel Şartlar A.6. maddesinin (c) bendinde "İlgililerin, sigortalının sorumluluk riski kapsamında olmayan tazminat talepleri" ve (d) bendinde "Destekten yoksun kalan hak sahibinin, sigortalının sorumluluk riski kapsamında olmayan destek tazminatı talepleri ile destekten yoksun kalan hak sahibinin, sigortalının sorumluluk riski kapsamında olmakla beraber destek şahsının kusuruna denk gelen destek tazminatı talepleri" Zorunlu Trafik Sigortası teminatının dışında kalan hallerden sayılmıştır.**

"Sorumluluk riski kapsamında olmayan tazminat taleplerinin sigorta teminatı dışında kalacağı" yolundaki ZTS Genel Şartları A.6 c) hükmü aslında bilineni ve olması gerekeni tekrarlamaktadır. Bununla kastedilen, fikrimizce sigorta teminatının kapsamı dışında kalan tazminat talepleridir. ZTS Genel Şartlar A.6 c) hiç mevcut olmasaydı, sonuç yine aynı olur ve temin edilmeyen hallerde sigorta koruması devreye girmezdi.

ZTS Genel Şartları A.6 d)'nin ilk kısmı hakkında da aynı gözlemi yapmak lazımdır.

Buna karşılık ZTS GŞ A.6 d)'nin son kısmı ("destekten yoksun kalan hak sahibinin, sigortalının sorumluluk riski kapsamında olmakla beraber destek şahsının kusuruna denk gelen destek tazminatı talepleri") yargının (incelemekte olduğumuz bu karara kadar) benimsediği çözüme "tepki" niteliğindedir. "Ölen desteğin kusuruna karşılık gelen tazminat talebi" ifadesini "ölen desteğin kendi kusuru sebebiyle kısmen dahi yerinde görülmemesi gereken talepler veya ölen desteğin kendi kusuru sebebiyle tazminattan yapılması gereken indirim tutarı" olarak anlamamız doğ-

ru olur. Yargı, yakın zamanlara dek trafik kazasında hayatını kaybeden desteğin kusurunu ne ağır kusur söz konusu olduğunda illiyet bağı kesilmiş sayılacağı ve sorumluluk hiç doğmamış olacağından tazminat isteminin reddi için; ne de hafif kusur halinde tazminatın indirilmesi için dikkate almıştır. Bu uygulama ise sonunda KTK ve ZTS GŞ'nda desteğin kusurunun (çok eskiden olduğu gibi yeniden) dikkate alınmasını sağlamak üzere bazı değişikliklere gidilmesini gerektirmiştir.

- ***Karayolları Trafik Kanunu'nun 92. Maddesinin (a) ve (c) bentleri, Karayolları Motorlu araçlar Zorunlu Mali Sorumluluk (Trafik) Sigortası Genel Şartları A.1. maddesi, A.3. maddesi, A.5. maddesinin (ç) bendi, yine A.6. maddesinin (c) ve (d) bentleri birlikte değerlendirildiğinde bir motorlu aracın işletilmesi sırasında destekten yoksun kalınan zararın, zorunlu mali sorumluluk sigortasının kapsamında olması için şu şartların gerçekleşmesi gerektiği söylenebilir:***

  a) ***Talep edilen destekten yoksun kalma tazminatı, 2918 sayılı Karayolları Trafik Kanununa göre sigortalıya düşen hukuki sorumluluk ve sorumluluk riski çerçevesinde Genel Şartlarda içeriği belirlenmiş tazminatlara ilişkin olmalıdır. Sigortalının hukuki sorumluluğu olmayan veya sigortalının sorumluluk riski içinde bulunmayan tazminat taleplerinden sigortacının sorumluluğu bulunmayacaktır.***

Burada da "sigortalının sorumluluk riski içinde bulunmayan tazminat talebi" ifadesi, somut olayda işletenin hukuki sorumluluğu için gereken koşullar mevcut sayılsa dahi, bunun ZTS GŞ'nda temin edilmediği (kapsam dışı bırakıldığı) durumları kastetmektedir (sorumluluk var, fakat sigorta teminatı yok).

Sorumluluğu sigorta edilmiş olan sigorta ettiren araç işleteninin sorumluluğunun gerçekleşmiş olmadığı hallerde ise, sigortacıya başvurulamayacağı açıktır (sorumluluk yok; sorumluluk teminatı da yok).

  b) ***Motorlu aracın işletilmesinden dolayı ölen kişinin "üçüncü kişi" olması gerekir. Sigortacı, işleten ve işletenin sorumlu olduğu şahısların dışında bir üçüncü kişinin ölümü neticesi olan destekten yoksunluk zararlarından sorumludur. Bunun sonucu olarak, poliçede taraf olan işleten (sigortalı) ya da işletenin eylemlerinden sorumlu bulunduğu kişilerin ölmesi durumunda ölen kişi, üçüncü kişi sayılmayacağı için onun desteğinden yoksun kalanların uğradıkları zarardan sigortacı sorumlu olmayacaktır.***

Sorumluluk sigortalarında, sigortacı ile sorumluluğu sigorta edilmiş olan kişi dışındaki diğer bütün kimseler "üçüncü kişi" sayılır.

- *İşletenin ölümünün sorumluluk sigortası kapsamında sayılması, bu ölüme yol açan işletenden farklı bir sürücünün sorumluluğunun da sigorta ile temin edilmiş olması halinde düşünülebilir. (Bu hal KTK m. 92(a) uyarınca teminat dışındadır. Belirtmek gerekir ki, sürücünün sorumluluğunun da ZTS kapsamında olacağı KTK'da öngörülmemiştir. Şu halde ülkemizde ZTS yalnızca işletenin sorumluluğunu temin etmekte; sürücünün sorumluluğu ise sigortanın dışında bırakılmış bulunmaktadır. Oysa kaynak İsviçre hukukunda çözüm farklıdır: LCR 63(2) uyarınca (başta sürücü olmak üzere) işletenin eylemlerinden sorumlu olduğu kişilerin sorumluluğu da ZTS kapsamındadır).*
- *İşletenin aynı zamanda sürücü olduğu hallerde ise, işletenin bizzat kendisine karşı sorumlu olması mümkün bulunmadığından (ve kendi ölümüne yol açan bir kaza yapmış olan işletenin bu eylemiyle desteğinden yoksun kalanlara karşı da sorumlu olmasına hukuken imkan bulunmadığından) bu halde de sigortacı sorumlu olmayacaktır.*
- *İşletenin eylemlerinden sorumlu olduğu bir kişi ölmüş olduğu takdirde çözüm şöyledir:*
    - *Araç işleten tarafından sürüldüğü sırada işletenin yol açtığı bir kaza söz konusu ise, işleten aracında bulunan ve kazada hayatını kaybeden eylemlerinden sorumlu olduğu kişilere (onların desteğinden yoksun kalanlara) karşı sorumludur. Ölen kişi üçüncü kişi sayılır.*
    - *Araç, işletenin eylemlerinden sorumlu olduğu sürücü tarafından yönetilirken, kendi kusuru sonucunda meydana gelen kazada sürücü hayatını kaybetmişse, sürücünün kusuru işletenin sorumluluğu için gerekli olan illiyet bağını ("aracın işletilmesi" olarak tanımladığımız tehlike olasılığı içeren etkinlik ile meydana gelen zararlı sonuç arasındaki sebep-sonuç ilişkisini) kesmiş olduğu takdirde (ağır kusur) ne işleten ne de onun sorumluluk sigortacısı tazminatla yükümlü tutulabilir; bahse konu illiyet bağının kesilmediği durumlarda ise (hafif kusur), uygun bir indirim yapmak lazım gelecektir. Burada da ölen sürücü üçüncü kişi sayılacaktır.*

c) ***Sigortalının sorumluluk riski kapsamında olmakla beraber destek şahsının kusuruna denk gelen destek tazminatı taleplerinden de sigortacının sorumluluğu bulunmamaktadır. Bir başka anlatımla sigortacı, desteğin kendi kusurundan kaynaklanan destek zararlarından sorumlu tutulamayacaktır.***

Kazada hayatını kaybeden sürücünün bu kazaya tek taraflı kusuruyla yol açtığı hallerde, kazanın tek sebebinin sürücü kusuru olması yalnız başına işletenin ve sigortacının sorumlu olmaması sonucuna götürmez. İşletenin ve sorumluluk sigortacısının tazminat yükümlülüğünden kurtulması yukarıda da açıkladığımız gibi illiyet bağının kesilmiş olmasına bağlıdır. Kazanın 100% sürücü kusurundan ileri gelmesi bu kusurun mutlaka ağır kusur sayılmasını gerektirmez. Yargıtay'ın bu değerlendirmesine de katılmamaktayız.

Güvence Hesabı'na karşı dava açılmış olması

Olayda davacılar desteğinden yoksun kaldıkları kazada vefat eden sürücünün yönetimindeki araç için yaptırılmış bir ZTS poliçesi bulunmaması dolayısıyla Güvence Hesabı'ndan talepte bulunmuşlardır.

- *Kazada vefat eden sürücünün aynı zamanda araç işleteni olduğunu varsayarsak, bu kişinin ZTS yaptırma yükümlülüğünü yerine getirmemiş olduğunu da dikkate almamız lazım gelecektir. Bu durumda Güvence Hesabı tıpkı ZTS poliçesi düzenlemiş bir sigortacı gibi ZTS Genel Şartları uyarınca zarar görenlere koruma sağlayacak, fakat daha sonra zarar görenlere ödediği tazminatı sigorta yaptırma yükümlülüğünü ihlâl etmiş olan araç işleteninden geri isteyecektir. Araç işleteninin vefat etmiş bulunması halinde ise onun yerine geçen davacılar Güvence Hesabı'na karşı sorumlu olacaklardır. Diğer bir anlatışla, davacılara ödenecek tutarın daha sonra onlardan Güvence Hesabı Yönetmeliği m.1(a) uyarınca geri alınması söz konusudur. Dava bu yönden de yerinde görünmemektedir.*
- *Araç işleteninin kazada vefat eden sürücü olmadığı, davacılardan biri olduğu varsayımında ise, yukarıda belirttiğimiz hususlar en azından o davacı için geçerlidir. O (işleten konumundaki) davacının talebi (sonuçta Güvence Hesabı ödemek zorunda kalacağı tutarlar için kendisine rücu edebileceğinden) yerinde değildir.*

SONUÇ OLARAK, Yargıtay 17. HD'nin kararında desteğin kusurunun araç işleteni ve onun sorumluluk sigortacısı yararına sonuç meydana getireceği değerlendirmesi kanımızca doğrudur ve bunun desteklenmesi lazım gelir. Ancak 17. HD'nin belirttiği gerekçelerin çoğuna katılmamaktayız.

Tüketiciye kredi vermiş olan bankanın, kredi borcu geri ödenmemişken kredi bağlantılı olarak düzenlenen hayat sigortası kapsamında riziko gerçekleşmesi (kredi müşterisi sigorta ettirenin vefatı) durumunda kredi borçlusu mirasçılardan önce hayat sigortası poliçesini düzenlemiş olan sigortacıdan istemde bulunması gerekir mi? (Yargıtay 13. Hukuk Dairesi T. 2.5.2019 E. 2016/6270 K. 2019/5657)

Yargıtay 13. Hukuk Dairesi

E. 2016/6270

K. 2019/5657

T. 2.5.2019

Davacı vekili, bankanın ... Paşa Şubesi ile borçlu ...arasında ihtiyaç kredi sözleşmesi akdedildiğini, kredi kullandırıldığını, kullandırılan kredinin geri ödemelerinde aksama olması üzerine noterlikten ihtarname keşide edildiğini, borçlunun vefat etmesi nedeniyle mirasçıları hakkında hüküm ifade etmek suretiyle kat edilerek, ... 10. İcra Müdürlüğü'nün 2012/9054 Sayılı dosyasında 20.07.2012 tarihinde 18.444,86 TL üzerinden ilamsız icra takibine geçildiğini, tüm borçluların takibin tamamına itiraz ettiklerini, takibin durduğunu, davalıların kredi sözleşmesinin yapılması aşamasında muris borçlunun kanser rahatsızlığını saklaması suretiyle kendisine yapılan hayat sigortasından kredi borcunun mahsup edilmesini talep etmelerine karşılık sigorta şirketinin de ölüm sebebinin kanser rahatsızlığından kaynaklandığını, sigorta ettirenin mevcut hastalığını bildirmeyerek saklamış olmasından ötürü sigortasının iptal edildiğini bildirerek kredi borcunu ödemediğini, muris borçluya 02.05.2011 tarihi itibariyle kanser teşhisi konulmak suretiyle rapor tanzim edildiğini, rapordan tam 3 ay sonra murisin bankadan kredi kullandığını, kredi kullanımından 2 ay sonra da vefat ettiğini, mirasçı borçluların krediden aktif olarak faydalandıklarını, ödemelerini kötü niyetli olarak durdurduklarını belirtilen tüm bu nedenlerle itirazın iptali ile takibin devamına %20 icra inkar tazminatına karar verilmesini istemiştir.

Davalılar, davanın reddini dilemiştir.

Mahkemece, davanın kısmen kabulüyle ... 10. İcra Müdürlüğü'nün 2012/9054 Esas sayılı ilamsız icra takibine davalı tarafça yöneltilen itirazın İİK 67/1. maddesi gereğince kısmen iptali ile 16.629,07 TL asıl alacak, 621,53 TL işlemiş faiz, 31,08 TL %5 gider vergisi olmak üzere toplam 17.281,68 TL alacağın, asıl alacak tutarına icra takip tarihinden itibaren yürütülecek yıllık %17,55 oranında temerrüt faizi ve faizin %5'i oranında gider vergisi yürütülmek suretiyle tahsili için takibin devamına, ihtarname giderlerinin yargılama giderleri içinde değerlendirilmesine, fazlaya ilişkin talebin reddine, likit asıl alacağa vaki haksız itiraz nedeniyle İİK.67/2.maddesi uyarınca takdiren %20 oranında hesaplanan 3.325,81 TL icra inkar tazminatının davalı taraftan alınıp davacıya verilmesine karar verilmiş; hüküm, davalı ... vekili tarafından temyiz edilmiştir.

1-)Dava, davalıların murisinin davacı bankadan kullanmış olduğu tüketici kredisi ödemelerinin yapılmadığı iddiasına dayalı mirasçılar aleyhine başlatılan icra takibine vaki davalının itirazının iptali istemine ilişkindir.

Dosya kapsamından, mirasbırakan...'in kredi kullandığı, 15.08.2011 tarihli tüketici kredisi nedeniyle 15.08.2011 başlangıç tarihli hayat sigortası poliçesi tanzim edildiği, mirasbırakanın 11.10.2011 tarihinde öldüğü, geriye davalı olan mirasçıların kaldığı, ... 10. İcra Müdürlüğü'nün 2012/9054 dosyasından takip başlatıldığı, davalıların itirazı üzerine eldeki bu davanın açıldığı anlaşılmaktadır. Mahkemece, dosyaya kazandırılan bilirkişi raporu hükme esas alınarak, davanın kabulüne karar verilmiştir.

Dava tarihinde yürürlükte bulunan 6102 Sayılı Türk Ticaret Kanunu'nun (TTK) 1487/1. maddesi "Hayat sigortası ile sigortacı, belli bir prim karşılığında, sigorta ettirene veya onun belirlediği kişiye, sigortalının ölümü veya hayatta kalması hâlinde, sigorta bedelini ödemeyi üstlenir." düzenlemesini, 1493/7. maddesi ise "Sigortacıdan edimi istem ve tahsil yetkisi, aksi kararlaştırılmadıkça, lehtara aittir." düzenlemesini içermektedir.

Somut uyuşmazlıkta, sigorta poliçelerinin davacı banka tarafından açılan kredilere teminat olarak düzenlendiği anlaşılmaktadır. Tüketici kredisi sözleşmesinde ve tüm sigorta poliçelerinin üzerinde kredi veren bankanın adına dain ve mürtehin kaydı bulunacağı yazılı olup sigorta şirketinin menfi yanıtına karşı, davacı banka lehtar olduğu sigorta poliçesindeki hakları talep ettiğinde, sigorta şirketinin ona karşı ileri sürebileceği bir defi ve itiraz hakkı bulunmamaktadır. Davalıların murisi, bankadan kullandığı krediye teminat oluşturmak üzere bankanın talebiyle hayat sigortası yaptırmıştır. Esasen kredi veren bankanın talebi ile tüketici tarafından yaptırılan hayat sigortası, tüketicinin kendi isteğiyle yaptığı bir sigorta olmayıp, bankanın talebi üzerine kredi alacağına teminat oluşturmak üzere yapılan bir sigortadır. Sigorta poliçesinde, tüketici sigortalı, banka lehtar ve sigorta poliçesini düzenleyen sigorta şirketidir. Poliçenin dain ve mürtehini bankadır. Rizikonun gerçekleşmesi halinde, bankanın poliçe teminatı kapsamında kalan bakiye kredi alacağını, öncelikle sigorta şirketinden tahsil etmesi gerekir. Sigorta şirketi lehtar konumunda olduğundan, bankaya karşı tüketicinin sağlık sorunları olduğunu, örneğin, kalp hastası veya kanser hastalığını gizlediğini ileri süremez. Çünkü, sigorta poliçesini düzenleyen, sigorta şirketinin kendisi veya yetkili acentesidir. Bankanın elinde hayat sigortası poliçesi gibi kolayca alacağını tahsil etme imkanı varken, sigortacının ödeme talebini geri çevirdiği şeklindeki bir gerekçeyle, poliçe limiti kapsamında kalan alacağı için icra takibi başlatması veya dava açması TMK 2. maddesinde düzenlenen dürüstlük kuralına aykırılık oluşturur.

Bu nedenle tüketici işlemi niteliğindeki banka kredileri nedeniyle, hayat sigortası yapılmış olması durumunda, bankanın poliçe limitleri dahilinde kalan kredi alacağını öncelikle sigorta şirketinden tahsil etmesi zorunludur. Bu husus, banka tarafından tüketicinin mirasçıları (halefleri) hakkında dava açılabilmesinin ön şartıdır. Banka sadece poliçe limitinin yeterli olmadığı bakiye alacak için tüketicinin mirasçılarından talepte bulunabilir. Kredi kullanan tüketici adına yapılan hayat sigortası poliçesi mevcutken, bankanın tüketicinin ölümü nedeniyle, tüketicinin mirasçılarından ödenmeyen bakiye kredi alacağının tahsili için dava açması veya icra takibi başlatması, sigorta hukukunun temel ilkelerine ve sigorta yapılmasının amacına aykırılık oluşturacağı gibi sigorta yapılmasına duyulan güven ve itimadı da zedeler. Bu nedenle banka alacağını öncelikle sigorta poliçesinden tahsil etmelidir. Medeni Kanun'un 2. maddesinde, "Herkes, haklarını kullanırken ve borçlarını yerine getirirken dürüstlük kurallarına uymak zorundadır. Bir hakkın açıkça kötüye kullanılmasını hukuk düzeni korumaz." hükmü düzenlenmiştir. Buna göre, tüm hukuki yollar davacı banka tarafından tüketilmeden mirasçıya karşı takip başlatılmış olması, dürüstlük kuralına uygun düşmemektedir. Mahkemece bu husus gözetilerek vaktinden evvel açıldığı anlaşılan davanın usulden reddi gerekirken işin esasına girilerek yazılı şekilde hüküm tesisi usul ve yasaya aykırı olup, hükmün bozulmasını gerektirir.

SONUÇ : Yukarıda açıklanan nedenlerle kararın davalı ... yararına BOZULMASINA, ...02.05.2019 gününde oybirliğiyle karar verildi.

YORUM

Yargıtay 13. Hukuk Dairesi'nin kararına konu olan olayda, kanser hastalığına yakalanmış olduğu öne sürülen kredi müşterisi sigorta ettiren, hastalığa yakalanmasından üç ay sonra banka ile kredi sözleşmesi yapmış ve kredi kullanmış; kredi bağlantılı hayat sigortasının yapılmasından iki ay sonra vefat etmiştir. Bu arada kredi borcuna ilişkin geri ödemeler de gerçekleşmemiştir. Banka önce hayat sigortasından ödeme alarak alacağını tahsil etmek istemiş fakat sigorta şirketi, sözleşme sırasında kanser hastalığının saklanmış olduğu ve bu sebeple sözleşmeden cayıldığını bildirmiştir. Bunun üzerine banka, kredi borçlusunun mirasçıları aleyhine takip yapmıştır.

Dava icra takibine yapılan itirazın iptali davasıdır.

İlk derece mahkemesi, davayı kısmen kabul etmiştir.

Yargıtay 13. Hukuk Dairesi, aşağıdaki gerekçelerle ilk derece mahkemesinin kararını bozmuştur:

- *Somut uyuşmazlıkta, sigorta poliçeleri davacı banka tarafından açılan kredilere teminat olarak düzenlenmiştir.*
- *Sigorta poliçesinde kredi veren banka "dain ve mürtehin" olarak belirtilmiştir.*
- *Hayat sigortası bankanın talebiyle yapılmıştır.*
- *Rizikonun gerçekleşmesi halinde, bankanın poliçe teminatı kapsamında kalan bakiye kredi alacağını, öncelikle sigorta şirketinden tahsil etmesi gerekir.*
- *Sigorta şirketi lehtar konumunda olduğundan, bankaya karşı tüketicinin sağlık sorunları olduğunu, örneğin, kalp hastası veya kanser hastalığını gizlediğini ileri süremez. Çünkü sigorta poliçesini düzenleyen, sigorta şirketinin kendisi veya yetkili acentesidir.*

- *Bankanın elinde hayat sigortası poliçesi gibi kolayca alacağını tahsil etme imkanı varken, sigortacının poliçe limiti kapsamında kalan alacağı için icra takibi başlatması veya dava açması TMK m.2'de düzenlenen dürüstlük kuralına aykırılık oluşturur.*
- *Banka sadece poliçe limitinin yeterli olmadığı bakiye alacak için tüketicinin mirasçılarından talepte bulunabilir.*
- *Bankanın tüketicinin mirasçılarına karşı ödenmeyen bakiye kredi alacağının tahsili için dava açması veya icra takibi başlatması, sigorta hukukunun temel ilkelerine ve sigorta yapılmasının amacına aykırılık oluşturur; sigorta yapılmasına duyulan güveni zedeler.*
- *Mahkemece vaktinden evvel açıldığı anlaşılan davanın usulden reddi gerekirken işin esasına girilerek yazılı şekilde hüküm tesisi usul ve yasaya aykırıdır.*

Yargıtay kararı hakkındaki değerlendirmemiz aşağıdadır:

- *Hayat sigortasının bankanın talebi üzerine yapıldığı doğrudur. Ancak bu hukuka tamamen uygundur.*
- *Kredi alacaklısı bankanın alacağını öncelikle sigorta poliçesinden almak gibi bir zorunluluğu bulunmamaktadır.*
- *Sigorta şirketinin bankaya karşı sözleşme sırasındaki beyan görevine aykırılığı ileri sürmesine hiçbir engel yoktur.*
- *Yüksek Mahkeme bankanın hukuksal konumu hakkında da birbirini tutmayan saptamalar yapmıştır:*
    - *Bankanın "lehtar" olduğu saptaması ancak şu koşulla yerinde görülebilir: Eğer sigorta ettiren bankayı lehtar olarak atamışsa.*
    - *Bankanın poliçe üzerinde "dain ve mürtehin" olarak belirtilmesi de hangi anlama geldiği belirsiz bir uygulamadır.*
        - *Hayat sigortasında "dain ve mürtehin" (bugünkü dille "rehin alacaklısı") olabilmek için banka lehine sigorta alacağı üzerinde rehin kurulması gerekir.*
        - *Bu işlemi yapması gereken kişi ise sigorta ettiren ve aynı zamanda sigortalı olan kredi müşterisidir. Çünkü sigorta alacağı ona aittir.*
        - *TMK m. 955 fk.1 uyarınca "senede bağlanmış olan veya olmayan alacakların rehni için rehin sözleşmesinin yazılı şekilde yapılması ve senede bağlı alacaklarda senedin teslim edilmesi gerekir". Poliçenin üzerine, sigorta alacağının borçlusu (bu alacağı ödeyecek) olan sigortacının düşeceği "dain ve mür-*

tehin" kaydı ile geçerli şekilde rehin tesisi söz konusu değildir. (Bununla birlikte kredi sözleşmesinde sigorta alacağına ilişkin geçerli bir rehin işlemi mevcut olabilir. O takdirde poliçe kaydı "açıklayıcı" nitelik taşıyacaktır. Öte yandan, kanımızca sigorta alacağının sigorta poliçesine (senede) bağlı sayılmaması lazımdır. Çünkü poliçe sigorta sözleşmesini kuran değil sadece kanıtlayan bir belgedir).

- *Sigorta poliçesine öncelikle başvurulması gereği kanımızca sigorta alacağı üzerinde geçerli bir rehin kurulmuş olması olasılığında gündeme gelebilir. Ancak bu sonuç sigorta hukukundan değil, icra hukukundan kaynaklanacaktır. "Rehin ve ipotekle temin edilmiş alacaklar" başlıklı İcra ve İflas Kanunu m.45 uyarınca " Rehinle temin edilmiş bir alacağın borçlusu iflasa tabi şahıslardan olsa bile alacaklı yalnız rehnin paraya çevrilmesi yoluyla takip yapabilir. Ancak rehnin tutarı borcu ödemeye yetmezse alacaklı kalan alacağını iflas veya haciz yoluyla takip edebilir".*
- *Olayda ise karardan sigorta alacağı üzerinde geçerli bir rehin hakkı kurulduğunu saptayamamaktayız. O halde sigortacının önce rehne başvurma zorunluluğu bulunmamaktadır.*
- *Kaldı ki olayda sigorta ettirenin sözleşme öncesi bildirim görevine kasıtlı şekilde aykırı davranmış olması dolayısıyla sigortacı herhangi bir edim yükümlülüğü altında olmadığını beyan ederek davacı bankanın ödeme istemini geri çevirmiştir. Karardaki verilerden de sigorta ettiren kredi müşterisinin kanser hastalığını sigortacıya bildirmediği (ve sözleşme öncesi bildirim görevini yerine getirmediği) olasılığının oldukça güçlü bir biçimde ortaya çıktığını görmekteyiz. Kendisine kanser tanısı konmuş olmasına rağmen sigorta ettiren bu durumdan sigortacıya sözleşme aşamasında bilgi vermemiştir.*
- *Yargıtay da öyle görünüyor ki sözleşme sırasındaki bildirim görevine aykırılığı belirlemiş ve sabit görmüş, fakat sigortacının bu durumu kredi veren bankaya karşı savunma olarak ileri süremeyeceği sonucuna varmıştır. Yüksek Mahkeme'nin bu değerlendirmesinin yerinde olmadığı açıktır. Bu gibi bir sigorta hukuku kuralı yoktur. Tersine sigortacı, sigorta alacağı üzerinde rehin hakkı bulunan kişiye karşı da sigorta ettirene karşı yapabileceği savunmalardan yararlanır. (Ancak tekrar vurgulayalım ki bu olayda banka lehine sigorta alacağı üzerinde rehin kurulmuş olduğu belirlenememektedir. Bankanın, poliçe üzerindeki "dain-i mürtehin" kaydına dayanarak hak sahibi olduğu kabul edilmektedir. Ancak yargının bu kabulünün herhangi bir hukuksal dayanağı olmadığı düşüncesindeyiz. Poliçe üzerine bankanın dain-i mürtehin olduğunu yazmakla banka sigorta alacağı üzerinde ne rehin hakkı ne de başka bir hak kazanmış olur.*

Bu kayıt -geçerli şekilde kurulmuş bir rehin hakkının mevcut bulunduğu hallerde- ancak "açıklayıcı" özellik taşır; kurucu herhangi bir işlevi yoktur. Uygulamada poliçedeki bu kayda "mutlak" bazı sonuçlar bağlanmasının hangi sebepten kaynaklandığı anlaşılamamaktadır. Bizce bu, özellikle hayat sigortası poliçeleri bağlamında (sigorta alacağı üzerinde banka lehine geçerli biçimde kurulmuş bir rehnin var olduğu haller hariç) bir "urban legend" (veya "urban myth") olmaktan öteye geçmemektedir.

- *Olayda banka sigortacıdan ödeme istemine olumlu yanıt alamayınca doğal olarak kredi borçlularına yönelmiştir. Kanımızca sigorta sözleşmesi uyarınca sigortacının sorumlu olmaması gerektiğinin anlaşıldığı hallerde bankanın önce sigortacıya dava açma gibi bir yükümlülüğü bulunmamaktadır. Aksinin kabulü bizi bankanın her durumda sigortacıyı dava etmeye zorunlu olduğu sonucuna götürür ki bunun makul bir çözüm olmayacağı ortadadır.*

(Yargıtay 13. Hukuk Dairesi'nin 6.2.2019 gün ve E. 2016/18862 K. 2019/1327 sayılı kararı altındaki açıklamalarımıza da bkz.)

Kredi (bağlantılı) hayat sigortasında bankanın, kredi alacağının ödenmemesi halinde önce sigortacıyı dava etmesinin zorunlu olup olmadığı (Yargıtay 13. Hukuk Dairesi T. 6.2.2019 E. 2016/18862 K. 2019/1327)

Yargıtay 13. Hukuk Dairesi

E. 2016/18862

K. 2019/1327

T. 6.2.2019

Davacı banka vekili, davalıların mirasbırakanının ölümünden önce tüketici kredisi kullandığını, ödenmeyen bakiye borçtan mirasçı olmaları nedeniyle sorumlulukları bulunan davalılar hakkında başlatılan takibe, davalıların itiraz ettiklerini ileri sürerek; itirazın iptali ile takibin devamına karar verilmesini istemiştir.

Davalılar vekili, davanın reddini dilemiştir. Mahkemece, davanın kabulüne karar verilmiş; hüküm, davalıların vekili tarafından temyiz edilmiştir.

Dava, mirabırakan tarafından kullanılan kredi nedeniyle ödenmeyen kredi taksitlerinin tahsiline yönelik mirasçılar aleyhine başlatılan takibe vaki itirazın iptali istemine ilişkindir.

Dosya kapsamından, mirasbırakan ...'nın kullandığı, 28.04.2011 tarihli 20.000,00 TL tutarlı tüketici kredisi nedeniyle 29.04.2011 başlangıç 29.04.2016 bitiş tarihli 5 yıl süreli ve 14.09.2012 tarihli 15.000,00 TL tutarlı tüketici kredisi nedeniyle de 14.09.2012 başlangıç 14.09.2013 bitiş tarihli 1 yıl süreli hayat sigortası poliçesi tanzim edildiği, mirasbırakanın 23.01.2013 tarihinde öldüğü, geriye davalı olan mirasçıların kaldığı, davacı bankanın, kredi borçlarının ödenmesi için sigorta şirketine yaptığı müracaatının "kalp damar hastalığına ilişkin bilginin verilmediği" gerekçesiyle reddi üzerine, mirasçı olan davalılar hakkında ... 4.İcra Müdürlüğü'nün 2013/5087 Sayılı dosyasından takip başlatıldığı, davalıların itirazı üzerine eldeki bu davanın açıldığı anlaşılmaktadır. Mahkemece, dosyaya kazandırılan bilirkişi raporu hükme esas alınarak, davanın kabulüne karar verilmiştir.

Dava tarihinde yürürlükte bulunan 6102 Sayılı Türk Tcaret Kanunu'nun 1487/1. maddesi "Hayat sigortası ile sigortacı, belli bir prim karşılığında, sigorta ettirene veya onun belirlediği kişiye, sigortalının ölümü veya hayatta kalması hâlinde, sigorta bedelini ödemeyi üstlenir." düzenlemesini 1493/7. maddesi ise "Sigortacıdan edimi istem ve tahsil yetkisi, aksi kararlaştırılmadıkça, lehtara aittir." düzenlemesini içermektedir.

Somut uyuşmazlıkta, sigorta poliçelerinin davacı banka tarafından açılan kredilere teminat olarak düzenlendiği anlaşılmaktadır. Tüketici kredisi sözleşmesinde ve tüm sigorta poliçelerinin üzerinde kredi veren bankanın adına dain ve mürtehin kaydı bulunacağı yazılı olup sigorta şirketinin menfi yanıtına karşı, davacı banka lehtar olduğu sigorta poliçesindeki hakları talep ettiğinde, sigorta şirketinin ona karşı ileri sürebileceği bir defi ve itiraz hakkı bulunmamaktadır. Davacıların murisi, bankadan kullandığı krediye teminat oluşturmak üzere bankanın talebiyle hayat sigortası yaptırmıştır. Esasen kredi veren bankanın talebi ile tüketici tarafından yaptırılan hayat sigortası, tüketicinin kendi isteğiyle yaptığı bir sigorta olmayıp, bankanın talebi üzerine kredi alacağına teminat oluşturmak üzere yapılan bir sigortadır. Sigorta poliçesinde, tüketici sigortalı, banka lehtar ve sigorta poliçesini düzenleyen sigorta şirketidir. Poliçenin dain ve mürtehini bankadır. Rizikonun gerçekleşmesi halinde, bankanın poliçe teminatı kapsamında kalan bakiye kredi alacağını, öncelikle sigorta şirketinden tahsil etmesi gerekir. Sigorta şirketi lehtar konumunda olduğundan, bankaya karşı tüketicinin sağlık sorunları olduğunu, örneğin, kalp hastası veya kanser hastalığını gizlediğini ileri süremez. Çünkü, sigorta poliçesini düzenleyen, sigorta şirketinin kendisi veya yetkili acentesidir. Bankanın elinde hayat sigortası poliçesi gibi kolayca alacağını tahsil etme imkanı varken, sigortacının ödeme talebini geri çevirdiği şeklindeki bir gerekçeyle, poliçe limiti kapsamında kalan alacağı için icra takibi başlatması veya dava açması TMK 2. maddesinde düzenlenen dürüstlük kuraına aykırılık oluşturur.

Bu nedenle tüketici şlemi niteliğindeki banka kredileri nedeniyle, hayat sigortası yapılmış olması durumunda, bankanın poliçe limitleri dahilinde kalan kredi alacağını öncelikle sigorta şirketinden tahsil etmesi zorunludur. Bu husus, banka tarafından tüketicinin mirasçıları (halefleri) hakkında dava açılabilmesinin ön şartıdır. Banka sadece poliçe limitinin yeterli olmadığı bakiye alacak için tüketicinin mirasçılarından talepte bulunabilir. Kredi kullanan tüketici adına yapılan hayat sigortası poliçesi mevcutken, bankanın tüketicinin ölümü nedeniyle, tüketicinin mirasçılarından ödenmeyen bakiye kredi alacağının tahsili için dava açması veya icra takibi başlatması, sigorta hukukunun temel ilkelerine ve sigorta yapılmasının amacına aykırılık oluşturacağı gibi sigorta yapılmasına duyulan güven ve itimadı da zedeler. Bu nedenle banka alacağını öncelikle sigorta poliçesinden tahsil etmelidir. Medeni Kanun'un 2. maddesinde, "Herkes, haklarını kullanırken ve borçlarını yerine getirirken dürüstlük kurallarına uymak zorundadır. Bir hakkın açıkça kötüye kullanılmasını hukuk düzeni korumaz." hükmü düzenlenmiştir. Buna göre, tüm hukuki yollar davacı banka tarafından tüketilmeden mirasçıya karşı takip başlatılmış olması, dürüstlük kuralına uygun düşmemektedir. Mahkemece, bu husus gözetilerek vaktinden evvel açıldığı anlaşılan davanın usulden reddi gerekirken, işin esasına girilerek yazılı şekilde hüküm tesisi usul ve yasaya aykırı olup, hükmün bozulmasını gerektirir. Kabule göre de;

davaya tüketici mahkemesi sıfatı le bakıldığı halde, davalı tarafın harçtan sorumlu tutulup, Asliye Hukuk mahkemesine göre vekalet ücreti takdiri doğru olmamıştır.

SONUÇ : Yukarıda açıklanan nedenlerle kararın davalılar yararına BOZULMASINA, peşin alınan harcın istek halinde iadesine, HUMK'nun 440/III-1 maddesi uyarınca karar düzeltme yolu kapalı olmak üzere, 06.02.2019 gününde oybirliğiyle karar verildi.

YORUM

Yukarıda incelediğimiz Yargıtay 13. Hukuk Dairesi'nin 2.5.2019 gün ve E.2016/6270 K. 2019/ 5657 sayılı kararına ilişkin yorum ve açıklamalarımız bu karar hakkında da geçerlidir.

Bu karara konu olan olay da benzer bir olaydır. Sigortacı, kredi bağlantılı hayat sigortası yapılırken sigorta ettiren kredi müşterisinin kalp-damar rahatsızlığının bildirilmemiş olması sebebiyle sigorta ettirenin ölümü üzerine ödeme yapma yükümlülüğünün olmadığını öne sürerek bankanın istemini geri çevirmiş; kredi alacağı mirasçılar tarafından ödenmemiş olan banka da onlar aleyhine icra takibi başlatmıştır.

İtiraz üzerine takip durmuş; ilk derece mahkemesi itirazın iptaline karar vermiş, davalılar ise temyiz yoluna gitmişlerdir.

Yargıtay 13. Hukuk Dairesi'nin 2.5.2019 gün ve E. 2016/6270 K. 2019/ 5657 sayılı kararı altındaki açıklamalarımıza ek olarak burada ele almakta olduğumuz Yargıtay 13. Hukuk Dairesi'nin 6.2.2019 gün ve E. 2016/18862 K. 2019/1327 sayılı kararında yer alan aşağıdaki hususlar hakkında şunları vurgulamak isteriz:

- ***Yargıtay kararından**: "Sigorta şirketi lehtar konumunda olduğundan, bankaya karşı tüketicinin sağlık sorunları olduğunu, örneğin, kalp hastası veya kanser hastalığını gizlediğini ileri süremez. Çünkü, sigorta poliçesini düzenleyen, sigorta şirketinin kendisi veya yetkili acentesidir. Bankanın elinde hayat sigortası poliçesi gibi kolayca alacağını tahsil etme imkanı varken, sigortacının ödeme talebini geri çevirdiği şeklindeki bir gerekçeyle, poliçe limiti kapsamında kalan alacağı için icra takibi başlatması veya dava açması TMK'nun 2nci maddesinde düzenlenen dürüstlük kuralına aykırılık oluşturur".*

Yüksek Mahkeme'nin "sigorta şirketi lehtar konumunda olduğundan bankaya karşı..." ifadesini kullanırken aslında "banka lehtar konumunda olduğundan sigorta şirketi bankaya karşı...." (veya "sigorta şirketi, lehtar konumunda olan bankaya karşı...." demek istediğini belirtmek gerekir.

Hayat sigortasında bankanın "lehtar" olması mümkündür. Ancak bunun için sigorta ettiren tarafından bankanın "lehtar" olarak atanması gerekir (TTK 1493). Eğer bir lehtar atama işlemi gerçekleştirilmemişse TTK 1494(2) uyarınca hayat sigortası sözleşmesi, (ölüm olasılığı için) aynı zamanda riziko kişisi (sigortalı) olan sigorta ettirenin mirasçıları lehine yapılmış sayılacaktır. Bu sebeple öncelikle Yargıtay'ın "lehtar tayini" işlemini belirlemiş olması lazım gelirdi. Poliçe üzerindeki (bizzat sigortacının düştüğü) "dain-i mürtehin" (rehin alacaklısı) kaydı ise kural olarak lehtar atama işleminin yapılmış olduğunu göstermez.

Kaldı ki "lehtar" sıfatı ile "dain-i mürtehin" (rehin alacaklısı) sıfatı birbirinden farklı hüküm ve sonuçlara yol açar. Bir kişi (mesela banka) "lehtar" olarak atandığında sigorta alacağı üzerinde onun yararına bir kazandırıcı işlem yapılmıştır. Buna karşılık bankanın "dain-i mürtehin" konumuna gelmesi, sigorta alacağı üzerinde rehin hakkı kazanmış olmasını ifade eder. Alacağa sahip olmakla alacak üzerinde rehin hakkına sahip olmak aynı şey değildir.

(Ancak bu iki işlemin birlikte var olması şu olasılıkta mümkündür: Banka eğer "dönülemez lehtar" olarak değil de "dönülebilir lehtar" olarak atanmışsa, sigorta alacağını lehtar atama işleminin yapıldığı gün değil, riziko gerçekleşince (ele aldığımız olasılıkta sigortalının ölümü anında) kazanacaktır. O ana kadar bankanın yalnızca bir "beklenen (ileride gerçekleşebilecek) hakkından" söz edilebilecektir. Bu gibi bir durumda banka sigorta alacağını kazanana kadar o alacak üzerinde rehin hakkı sahibi olmayı çıkarı gereği görebilir ve sigorta alacağının kendisine rehnedilmesini şart koşmuş olabilir. Aslında daha basit bir çözüm bankanın kendisini "dönülemez lehtar" olarak tayin ettirmesidir. Bu takdirde, lehtar tayini işlemi anında sigorta alacağı bankanın malvarlığına geçmiş olacaktır. Anımsatmak gerekir ki sigorta alacağını kazanmak, sigortacıdan hemen ödeme yapmasını isteme hakkını elde etmek değildir. Sigortacı ancak riziko gerçekleşince (eğer gerçekleşirse) ödeme yapmakla yükümlü olacaktır. Rizikonun meydana gelmesi olasılığında sigortacının ödeme yapmasını talep hakkı dönülemez şekilde lehtar atama işlemi ile birlikte (bu işlem anında) sigorta ettirenden bankaya aktarılmış olmaktadır).

Yüksek Mahkeme'nin "lehtara karşı sözleşme öncesi bildirim görevinin (yasadaki deyimle bildirim yükümlülüğünün) ihlâl edildiği savunmasının yapılamayacağı" değerlendirmesi ise kanımızca yerinde görülemez. Böyle bir hukuk kuralı yoktur.

Bankanın "rehin alacaklısı" (dain-i mürtehin) sıfatına sahip olduğu hallerde de sigortacı sözleşmeden veya yasadan doğan bütün savunmaları ileri sürebilir.

Bu sebeple, bankanın sigortacıdan alacağını "kolaylıkla alabileceği" ve "böyle bir olanak varken kredi borçlularını dava etmesinin dürüstlüğe aykırı sayılacağı" değerlendirmeleri de dayanaksızdır. Banka alacağını kolayca sigortacıdan elde edebilse idi, olağan koşullarda o yola giderdi. Nitekim sigortacıdan istemde bulunmuş, fakat ondan olumsuz yanıt almıştır. Bu sebeple kredi borçlularına yönelmiştir. Eğer kredi borçluları sigortacının ödeme yapmama kararının yersiz olduğu kanısında iseler, onların sigortacıya davayı ihbar etmeleri ve bankaya karşı kaybettikleri takdirde de sigortacıdan istemde bulunmaları mümkündür. Burada kanımızca TBK m.61 ve TBK m. 73 uygulanabilir.

- ***Yargıtay kararından**: "Kredi kullanan tüketici adına yapılan hayat sigortası poliçesi mevcutken, bankanın tüketicinin ölümü nedeniyle, tüketicinin mirasçılarına ödenmeyen bakiye kredi alacağının tahsili için dava açması veya icra takibi başlatması, sigorta hukukunun temel ilkelerine ve sigorta yapılmasının amacına aykırılık oluşturacağı gibi sigorta yapılmasına duyulan güveni de zedeler. Bu nedenle banka alacağını öncelikle sigorta poliçesinden tahsil etmelidir".*

Yargıtay, kredi alacaklısı bankanın, sigortacıdan ödeme alamayınca kredi borçlularına dava açmasının "sigorta hukukunun temel ilkelerine ve sigorta yapılmasının/ yaptırılmasının amacına aykırılık oluşturacağını ve sigortaya duyulan güveni zedeleyeceğini" belirtmiştir. Bu değerlendirmeye kesinlikle katılmıyoruz. Sigorta hukukunun temel ilkesi hak edenin sigorta korumasından yararlanması, hak kazanmayanların sigortadan yararlanmalarının ise kesinlikle engellenmesidir.

Olayda, sigortacının "gerçek durumu bilmesi olasılığında sigorta etmeyeceği bir kişiyi, o kişinin sigorta yapılırken bildirmesi lazım gelen hususları sigortacıdan saklamış olması sonucunda sigorta koruması altına alması" söz konusu ise, bu hal en hafif tanımlamayla sigortacının yanıltılması ve irade bozukluğuna uğratılmasıdır. Hukuk kuralları uyarınca üzerine düşeni yapmayan bir kişinin (ve onun mirasçılarının) sigortadan yararlandırılması, kurallara uymakta titizlik gösteren kişilere karşı haksızlıktır.

Sigortaya güven, sigortanın kurallar çerçevesinde işlediğinin bilinmesi, bu inanışın yaygınlaşması sayesinde yerleşir. Kurala uymayanın haksız avantaj sağladığı, kuralsızlık yapanın yanına kâr kaldığı bir sisteme kimse güven duymaz. Yargıtay'ımızın hatalı değerlendirmesini en kısa zamanda değiştirmesi başta gelen dileğimizdir. Bunu yapmadığı takdirde, Yüksek Mahkeme yükümlülüklerini yerine getirmeyenlere prim vermeyi sürdürmüş olacaktır ki bunun arzu edilebilecek bir durum olmadığı açıktır.

Kredi hayat sigortasında kredi alacaklısı bankanın önce sigortacıyı dava etmesinin gerekip gerekmediği (Yargıtay 13. Hukuk Dairesi T. 11.5.2016 E. 2015/16813 K. 2016/12955)

Yargıtay 13. Hukuk Dairesi
E. 2015/16813
K. 2016/12955
T. 11.5.2016

Davacı, davalının murisine bireysel kredi sözleşmesi ile kredi kullandırıldığını, murise dava dışı sigorta şirketinden hayat sigortası yapıldığını, murisin vefatından sonra sigorta şirketinin kredi borcunu ödemediğini, davalının da borcun ödenmesi için yapılan icra takibine itiraz ettiğini ileri sürerek, icra takibine vaki itirazın iptalini istemiştir.

Davalı, davanın reddini istemiştir.

Mahkemece, davanın kabulüyle .... İcra müdürlüğünün 2012/9831 esas sayılı dosyasına davalıların yapmış oldukları itirazın iptaline, takibin devamına, alacağın %20' si oranında icra inkar tazminatının davalılardan tahsiline karar verilmiş; hüküm, davacılar tarafından temyiz edilmiştir.

1-)Dava, tüketici kredisinden doğan alacak için başlatılan takibe vaki itirazın iptali istemine ilişkindir. Davalılar murisi ile davacı banka arasında 23.05.2012 tarihli 5200 Tl bedelli tüketici kredisi sözleşmesi imzalandığı esnada dava dışı sigorta şirketi nezdinde 1 yıllık hayat sigortası yapılmış, krediyi kullanan tüketici 24.05.2012 tarihinde vefat etmiştir. Davacı ihbar olunan şirketin ödeme yapmaması üzerine takibe geçmiş, davalılar kredinin hayat sigortası ile güvence altına alındığını, kredinin sigortadan tahsil edilmesi gerektiğini savunmuşlar mahkemece " kullanılan tüketici kredisinden dolayı hayat sigortası yaptırılmasının isteğe bağlı olduğu, bununla birlikte hayat sigortası yapılmak suretiyle kredi kullanılmasından sonra vefat gerçekleştiğinde öncelikle sigorta şirketine müracaat edilmesi gerektiği yönünde bir hükmün bulunmadığı, davalıların mirası reddettiklerine dair bir bilginin yer almadığına göre mirasçıların terekeden mesul olduğu, sigorta şirketinin ödeme yapıp yapmamasının çözümü gereken bir uyuşmazlık olmadığını, mirasçıların gerektiğinde yaptıkları ödeme oranında ya da bankanın muvafakatini alarak sigorta şirketi aleyhine dava açma hakları bulunduğu, davalıların hayat sigortası yaptırıldığı gerekçesiyle murisin kredi borcunu ödemeden kaçınmalarının hukuki bir dayanağı bulunmadığı" gerekçesiyle davanın kabulüne karar verilmiştir. Uyuşmazlık kullanılan kredi borcundan dolayı hayat sigortası olmasına rağmen mirasçılara müracaat edilip edilmeyeceği noktasında toplanmaktadır. Hemen belirtilmelidir ki, somut olayda hayat sigortası yapıldığı ve priminin ödendiği, murisin poliçeleri üzerinde banka lehine dain ve mürtehin hakkı tesis ettiği uyuşmazlık konusu değildir. Davacı dul maaşı alan murisin kredi çekildikten bir gün sonra öldüğü gerekçe gösterilerek sigorta şirketinin ödeme yapmadığını, bu yüzden mirasçılara karşı icra takibine geçtiğini beyan ederek eldeki davayı açmış ise de sigorta poliçelerinin üzerinde davacı Banka'nın adına dain ve mürtehin kaydı bulunacağı yazılı olup sigorta şirketinin menfi yanıtına karşı hukuki yollar davacı banka tarafından tüketilmeden mirasçılara karşı takip başlatılması yerinde değildir. Mahkemece bu husus gözetilerek vaktinden evvel açıldığı anlaşılan davanın usulden reddi gerekirken işin esasına girilerek yazılı şekilde hüküm tesisi usul ve yasaya aykırı olup hükmün bozulmasını gerektirir.

2-)Bozma nedenine göre davalıların sair temyiz itirazlarının incelenmesine bu aşamada gerek görülmemiştir.

YORUM

Yargıtay 13. Hukuk Dairesi'nin 2.5.2019 gün ve E. 2016/6270 K. 2019/ 5657 sayılı kararı ile Yargıtay 13. Hukuk Dairesi'nin 6.2.2019 gün ve E. 2016/18862 K. 2019/1327 sayılı kararı altındaki açıklamalarımıza bkz.

Kredi hayat sigortasında kredi alacaklısı bankanın önce sigortacıyı dava etmesinin gerekip gerekmediği (Yargıtay 13. HD 29.04.2019 E.2016/19095 K.2019/5344)

Yargıtay 13. Hukuk Dairesi

Esas No.: 2016/19025

Karar No.: 2019/5344

Karar tarihi: 29.04.2019

Davacı, davalıların murisi . ... tüketici kredisi gereği geri ödemelerini zamanında yapmaması üzerine hesap kat ihtarında bulunulduğunu ancak borcun yine de ödenmediğini, bunun üzerine ... İcra Müdürlüğünün 2014/9012 Esas sayılı takip dosyası ile davalılar hakkında icra takibi başlatıldığını, ancak takibin davalıların haksız itirazı üzerine durduğunu ileri sürerek takibe vaki itirazlarının iptaline, alacağın %20'sinden az olmamak üzere icra inkar tazminatına karar verilmesini talep ve dava etmiştir.

Davalılar, davanın reddini istemişlerdir.

Mahkemece, davanın kısmen kabulüne karar verilmiş; hüküm, davalılar tarafından temyiz edilmiştir.

Dava, tüketici kredisi sözleşmesinden kaynaklanan alacak sebebiyle başlatılan icra takibine vaki itirazın iptali davasıdır.

Dosya incelendiğinde davalılar murisinin davacı bankadan 09/10/2013 ve 15/01/2014 tarihli tüketici kredisi sözleşmeleriyle toplam 13.000,00 TL kredi kullandığı, kredi hesaplarının kat edilerek her iki kredi hesabından ferileriyle birlikte toplam 11.934,58 TL bakiye borç üzerinden mirasçılar hakkında takip başlatıldığı, davalı mirasçıların borca süresinde itiraz ettikleri, davalıların bilirkişi raporuna itirazlarında kredi sözleşmesi ile birlikte hayat sigortası da yapılmış olduğunu, sigorta şirketinden tahsilat yapılıp yapılmadığının araştırılmasını istediklerini belirttikleri, ancak mahkemenin bilirkişi hesabı doğrultusunda davanın kısmen kabulüne karar verdiği anlaşılmaktadır.

Davalı mirasçılar, murisin kullandığı kredi sebebiyle hayat sigortası yapıldığını itirazen bildirerek borçlarının olmadığı savunmasında bulundukları dikkate alındığında, mahkemece öncelikle rizikonun gerçekleştiği tarihte hayat sigortası mevcut olup olmadığı, mevcutsa daini mürtehin hakkının kullanılıp kullanılmadığının araştırılması sonucuna göre karar verilmesi gerekirken, bu husus gözardı edilerek eksik incelemeyle yazılı şekilde hüküm kurulması usul ve yasaya aykırı olup, bozmayı gerektirmiştir.

SONUÇ: Yukarıda açıklanan nedenlerle kararın davalılar yararına BOZULMASINA, peşin alınan 200,00 TL harcın istek halinde davalılara iadesine, HUMK'nun 440/III-1 maddesi uyarınca karar düzeltme yolu kapalı olmak üzere, 29/04/2019 gününde oybirliğiyle karar verildi.

YORUM

Yargıtay 13. Hukuk Dairesi'nin 2.5.2019 gün ve E. 2016/6270 K. 2019/ 5657 sayılı kararı ile Yargıtay 13. Hukuk Dairesi'nin 6.2.2019 gün ve E. 2016/18862 K. 2019/1327 sayılı kararı altındaki açıklamalarımıza bkz.

Damperli kamyonun yük boşaltırken damper pistonunun kırılması sebebiyle gördüğü zararın kasko sigortası kapsamında olup olmadığı

Yargıtay 17. Hukuk Dairesi
E. 2014/10776
K. 2014/9993
T. 26.6.2014

Davacı vekili, davalı şirkete kasko sigortalı müvekkiline ait aracın hasarlandığını, ihbara rağmen davalının hasar bedelini ödemediğini belirterek 23.500,00 TL'nin davalıdan tahsilini talep etmiştir.

Davalı vekili talep edilen hasar oluş şeklinin genel şartlarda ve poliçede teminat altına alınmadığını, hasarın fahiş olduğunu belirterek davanın reddini savunmuştur.

Mahkemece davanın reddine karar verilmiş, hüküm davacı vekili tarafından temyiz edilmiştir.

Dava, kasko sigorta sözleşmesinden kaynaklanan tazminat istemine ilişkindir. Davalı vekili hasarın oluş şeklinin Kasko Sigortası Genel şartlarının A.1 maddesinde teminat altına alınan hale uymadığını kasko sigortası poliçesi kapsam ve konusu dışında kaldığından poliçe teminatı dışında olduğunu bildirmiştir.

Mahkemece, kazanın harici etki ile meydana gelmediği, damperin pistonunun kırılması suretiyle teknik arızadan meydana geldiği, bu nedenle hasarın sigorta teminatı kapsamında kalmadığı gerekçesiyle davanın reddine karar verilmiştir.

Kasko Sigortasının kapsamı Kara Taşıtları Kasko Sigortası Genel Şartlarının A.1 maddesinde genel olarak düzenlenmiştir. Teminat dışında kalan zararlar da A.5 maddesinde sayılmıştır. Genel Şartların 5.8.maddesinde sigorta kapsamına giren bir olaydan doğmadıkça ve böyle bir olayla sonuçlanmadıkça taşıtın mekanik elektrik ve elektronik donanımında meydana gelen her türlü arızaların kırılmaların ve lastiklerde meydana gelen zararların teminat dışı olduğu açıklanmıştır. Ancak bu durum zararın meydana geldiği mekanik, elektrik ve elektronik aksamıyla sınırlı olup bu zararların kendisi teminat dışı tutulmuştur. Hasarın bu aksamdan kaynakladığının kabulü halinde bu aksamın neden olduğu hasar teminat içinde kalan şase ve kasanın hasarlanması ile sonuçlanmış ise rizikonun teminat içinde kaldığının kabulü gerekir.

Dosyada mevcut ekspertiz raporunda, davacı şirkete ait tırın maden yükü indirdiği sırada pistonun birden boşalarak havada olan damperin hızlı bir şekilde şasenin üzerine düştüğü, düşme sonrasında damper kısmının sağ yana yatması sonucunda hasar meydana geldiği, 21.961,45 TL tutarında zarar meydana geldiği vurgulanmıştır.

Hükme esas alınan bilirkişi kurulu raporunda, davaya konu kazanın davacıya ait kamyonun, yük boşaltılması sırasında pistonun yerinden çıkması ile havada olan dorse kasasının, üzerindeki malzeme ile şasenin üzerine düşmesi sonucu meydana geldiği, kazanın sürücünün yanlış manevrası ve araçtaki bakımsızlıktan meydana gelmiş olduğu belirtmiştir.

Dosya kapsamına ve hükme esas alınan bilirkişi kurulu raporuna göre, yük boşaltımı sırasında kamyon pistonunun yerinden çıkmasıyla havada olan damper kasasının şasenin üzerine düşmesi sonucu hasarın meydana geldiği anlaşılmıştır.

Bu durumda pistonun yerinden kırılması ile pistonda meydana gelen hasar teminat dışında olup, ancak bu nedenle piston dışında şasede, kasada vs. meydana gelen diğer zararlar teminat kapsamında olduğundan mahkemece hasar konusunda uzman önceki bilirkişiden piston dışında oluşan hasar miktarının tespiti yönünden ek rapor alınarak sonucuna göre bir karar vermek gerekirken yazılı olduğu biçimde hüküm kurulması doğru görülmemiştir.

Yukarıda açıklanan nedenlerle davacı vekilinin temyiz itirazının kabulü ile hükmün BOZULMASINA, peşin alınan harcın istek halinde temyiz eden davacıya geri verilmesine 26.06.2014 gününde oybirliğiyle karar verildi.

YORUM

Yargıtay kararı kasko sigortasının teminat kapsamı ile ilgili bulunmaktadır. Karara konu olan olayda damperli kamyonun damperi (kasası) yük boşaltmak için kalkık durumda iken, bunu havada tutan piston kırılmış ve bunun sonucunda damper, içindeki malzeme ile birlikte şase üzerine düşerek çarpmış ve bu yüzden damperde ve şasede hasar oluşmuştur.

Kasko sigortacısı zararın sigorta kapsamı dışında kaldığını öne sürerek tazminat ödeme istemini geri çevirmiştir. Bunun üzerine sigorta ettiren sigortacı aleyhine dava açmıştır.

İlk derece mahkemesi, savunmayı haklı bularak davayı reddetmiştir.

Yargıtay ise aşağıdaki gerekçelerle bu kararı bozmuştur:

- *İlk derece mahkemesi, kazanın harici etki ile meydana gelmediği ve damperin pistonunun kırılmasından (teknik arızadan) kaynaklandığı gerekçesiyle hasarın sigorta teminatı kapsamında olmadığına hükmetmiştir.*
- *Bu değerlendirme yerinde değildir.*

- *Kara Taşıtları Kasko Sigortası Genel Şartlarının 5.8 maddesinde sigorta kapsamına giren bir olaydan doğmadıkça ve böyle bir olayla sonuçlanmadıkça taşıtın mekanik elektrik ve elektronik donanımında meydana gelen her türlü arızaların, kırılmaların ve lastiklerde meydana gelen zararların teminat dışı olduğu açıklanmıştır.*
- *Ancak bu teminat dışında kalma durumu yalnızca zararın meydana geldiği mekanik, elektrik ve elektronik aksam ile sınırlıdır; diğer bir anlatışla zarara uğrayan mekanik, elektrik ve elektronik kısımlar teminat dışı tutulmuştur.*
- *Hasarın mekanik, elektrik veya elektronik aksamdan kaynakladığının kabulü halinde, bunların başka kısımlarda neden olduğu hasar teminat içindedir. Bu sebeple şase ve kasanın hasarlanması teminat kapsamındadır.*
- *Hükme esas alınan bilirkişi kurulu raporunda, davaya konu kazanın "davacıya ait kamyonu, yük boşaltılması sırasında havada olan kasanın pistonun yerinden çıkması sonucunda, içindeki malzeme ile birlikte şasenin üzerine düşmesi sonucu" meydana geldiği, kazanın sürücünün yanlış manevrası ve araçtaki bakımsızlıktan kaynaklanmış olduğu belirtmiştir.*
- *Bu durumda yalnızca kırılma sonucunda pistonda meydana gelen hasar teminat dışındadır. Ancak pistonun kırılması nedeniyle piston dışında şasede, kasada vs. meydana gelen diğer zararlar teminata dahildir.*
- *Mahkemece hasar konusunda uzman önceki bilirkişiden piston dışında oluşan hasar miktarının tespiti yönünden ek rapor alınarak sonucuna göre bir karar vermek gerekirken yazılı olduğu biçimde hüküm kurulması doğru görülmemiştir.*

Karar hakkında (şu an yürürlükte bulunan Kasko Genel Şartları çerçevesinde) değerlendirme yaptığımızda hukuksal durum kanımızca şöyledir:

- *Kasko Sigortası Genel Şartlarının "Ek Sözleşme İle Teminat Kapsamına Dahil Edilebilecek Zararlar" başlıklı 4.15 maddesi aşağıdaki gibidir:*

"Sigorta kapsamına giren bir olaydan doğmadıkça ve böyle bir olayla sonuçlanmadıkça aracın mekanik, elektrik ve elektronik donanımında meydana gelen her türlü arızalar, kırılmalar ile lastiklerde meydana gelen zararlar". (Bu hüküm karara konu olan olay sırasında yürürlükte olan madde ile aynı içeriktedir).

- *Bu düzenleme ile "aracın mekanik, elektrik ve elektronik donanımında meydana gelen arıza ve kırılmalar" kural olarak sigorta kapsamı dışındadır.*
- *Bununla birlikte*

- *bu arıza veya kırılmaya sigorta kapsamındaki bir olay yol açmışsa, ve*
- *bu arıza veya kırılma sigorta kapsamındaki bir olayla sonuçlanmışsa*
- *takdirde bu zararlar (arıza ve kırılmalar) da sigorta kapsamında olacaktır.*

- *Şu halde olaydaki "mekanik" arızanın teminat kapsamında olup olmadığını saptamak için önce buna teminata dahil bir olayın yol açıp açmadığı araştırılacaktır.*
- *Bilirkişi raporunda mekanik arızaya neden olan husus "sürücü hatası" ve "araçtaki bakımsızlık" olarak belirlenmiştir.*
- *"Sigortanın Konusu" başlıklı Kasko Sigortası Genel Şartları A.1 sigorta kapsamında olan olayları şu şekilde saymıştır:*

  a) Aracın karayolunda veya demiryolunda kullanılabilen motorlu, motorsuz araçlarla çarpışması,

  b) Gerek hareket gerek durma halinde iken sigortalının veya aracı kullananın iradesi dışında araca ani ve harici etkiler neticesinde sabit veya hareketli bir cismin çarpması veya aracın böyle bir cisme çarpması, devrilmesi, düşmesi, yuvarlanması gibi kazalar,

  c) Üçüncü kişilerin kötü niyet veya muziplikle yaptıkları hareketler, ile fiil ehliyetine sahip olmayan kişilerin yol açacağı zararlar,

  d) Aracın yanması,

  e) Aracın veya araç parçalarının çalınması veya çalınmaya teşebbüs edilmesi

- *Olayda bu sayılanlardan başka araçla çarpışma, üçüncü kişilerin kötü niyetli hareketi, aracın yanması ve çalınması konu dışıdır. Ancak b) bendinde sayılan "ani ve dış etkiyle meydana gelen kaza" olasılığını değerlendirmek lazımdır.*
- *Bu bağlamda, sürücü hatasının (yanlış manevra) kazanın dış etkiden kaynaklanmış sayılmasını engelleyip engellemeyeceği önemlidir. Ülkemizde tek taraflı kazaların dahi (mesela sürücünün aşırı hız nedeniyle araç üzerindeki denetimini yitirmesi ve bunun sonucunda aracın şarampole yuvarlanması) kasko sigortasının kapsamında sayılması biçiminde yerleşmiş bir uygulama çok uzun zamandan bu yana sürmektedir. Sürücü hatası, tartışmaya çok açık olmakla birlikte dış etki koşulunu engelleyen bir hal olarak nitelenmemektedir. (Doğru çözüm, kazaya yol açan sürücü*

hatalarını dış etki koşuluna tabi olmaktan çıkarmak, böylece mevcut uygulamaya aykırı olmayan bir kural öngörmektir).

- *Olayda sürücü hatası -bilirkişi raporuna göre- bir diğer sebeple birleşerek zarara yol açmıştır. Aracın bakımsızlığı da zararlı sonucun meydana gelmesine katkıda bulunmuştur. Bakımsızlık "ani" nitelik taşımaz. O bakımdan bakımsızlığın yol açtığı bir kaza teminat kapsamında görülmemelidir. Öte yandan, bakımsızlığın "dış etki" koşulunu yerine getirmesi de çok kuşkuludur.*
- *Bu durumda, biri teminat içindeki diğeri ise dışındaki iki sebebin birleşerek yol açtığı bir kaza söz konusudur. Buna "sigorta kapsamındaki bir olayın yol açtığı" kaza dememizin ne kadar doğru olacağı ise tartışmaya açıktır. Sigorta ettiren lehine yorumla, sebeplerden birinin teminat içinde olması yeterli görülebilir veya tam tersine teminata dahil bir sebebin teminat dışındaki bir sebeple birleşerek rizikoyu meydana getirmesi halinde sigortacının kural olarak sorumlu olmayacağı biçimindeki geleneksel uygulama doğrultusunda olay sigorta kapsamı dışında görülebilir.*
- *Bir an için piston kırılmasının sigorta kapsamındaki bir nedenle meydana geldiği varsayılırsa, ikinci olarak araştırılması lazım gelen husus, söz konusu kırılmanın sigorta kapsamındaki bir olayla sonuçlanmış olup olmadığıdır. Bu koşulun neden öngörüldüğü, buna gerek olup olmadığı sorgulanabilir. Belki de, "sigorta kapsamındaki bir olaya yol açma" ile "sigorta kapsamındaki bir olayla sonuçlanma" koşullarını "ve" değil "veya" bağlacıyla birbirine eklemek daha doğrudur.*
- *Yargıtay, uyuşmazlık konusu olayda, pistona gelen zararın teminat dışında kalacağına karar vermiş, diğer bir anlatışla burada "teminat kapsamındaki bir olaydan kaynaklanma ve teminat kapsamındaki bir olayla sonuçlanma" koşullarının (en az birinin) gerçekleşmediğini kabul etmiştir.*
- *Yüksek Mahkeme, olaydaki (kasa ve şasede oluşan) diğer hasarların ise, teminat dahilinde olacağına hükmetmiştir.*
- *Kasa ve şase hasarlarının teminata dahil bulunması için bunların "all risks" ("bütün rizikolar" esasına göre yapılmış) sigorta niteliğini taşımayan, aksine "named perils" ("sigorta sözleşmesinde tanımlanmış (veya belirlenmiş) rizikolar") esasına göre işleyen kasko sigortasının, teminatı tanımlayan Kasko Sigortası Genel Şartları A.1 maddesi uyarınca sigorta kapsamında sayılabiliyor olması lazımdır.*
- *Kasko Sigortası Genel Şartları A.1'de sayılan başka araçla çarpışma, üçüncü kişilerin kötü niyetli hareketi, aracın yanması veya çalınması hal-*

leri olayda söz konusu olmadığına göre, geriye yalnızca (A.1 b'de tanımlanan) "dış etkiyle ani olarak meydana gelen kaza" olasılığı kalmaktadır.

- *Şu halde, kasa ve şasedeki hasarların teminata dahil sayılması için bu zararların ani şekilde ve dış etkiyle meydana gelmiş oldukları belirlenmelidir.*
- *Pistonun kırılması ani gerçekleşen bir olaydır. Dış etkiye bağlanabilmesi ise yukarıda da belirttiğimiz gibi tartışmaya açık görünmektedir. Eğer dış etki koşulunun da gerçekleştiği kabul edilebilirse, şase ve kasa hasarlarının sigorta kapsamında ödenmesi gerekecektir.*
- *Bu noktada Yargıtay kararının sonuç olarak yerinde görülebilmesi mümkündür.*

TTK 1427(3) uyarınca karar altına alınan "avans" tutarının daha sonra hükmedilen tazminattan düşülmesi – Makine kırılması zarar hesabının nasıl yapılması gerektiği – Temerrüt faizinin başlangıcının nasıl belirleneceği

Yargıtay 17. Hukuk Dairesi
Esas No.: 2019/761
Karar No.: 2019/12303
Karar tarihi: 23.12.2019

Davacı vekili, davacıya ait olup davalılar tarafından sigortalanan fabrikada, cam eritmede kullanılan fırındaki sızıntı nedeniyle oluşan yangında, işyerindeki birçok makinenin hasar gördüğünü, tespit dosyasında hasarlı unsurların ve bedellerinin saptandığını, davalılara başvuru yapıldığı halde davalı ...'nın alevli yangından oluşmayan hasardan sorumlu olmadıkları gerekçesiyle talebi reddettiğini, diğer davalının ise talebi sürüncemede bıraktığını, davalıların zarardan sorumlu olduklarını belirterek belirsiz alacak davası olarak açtıkları davada şimdilik makine ve ekipman hasarı-emtia hasarı- kar kaybı olmak üzere toplam 150.000,00 TL. tazminatın hasar ihbar tarihi olan 28.04.2014'ten işleyecek ticari faiziyle birlikte davalılardan müteselsilen tahsilini talep etmiş; 08.03.2016 tarihli artırım dilekçesiyle, davalı .... yönünden toplam taleplerini 8.955.587,97 TL'ye yükseltmiştir.

Davalı .... vekili, davaya konu edilen hasarın alevli yangın sonucu meydana gelmediğini, YSGŞ gereği alevli yangının neden olduğu hasar bulunmadığı için de zarardan sorumlu olmadıklarını ve hasarın teminat dışı olduğunu, hasarın molten hasarı olduğunu ve davalının düzenlediği poliçede molten teminatının bulunmadığını, diğer davalı tarafından düzenlenen poliçedeki makine kırılması teminatı kapsamındaki hasardan şirketlerinin sorumluluğu bulunmadığını belirterek davanın reddini savunmuştur.

Davalı .... vekili, işyerinin daha önce diğer davalıya sigorta ettirilmiş olması nedeniyle çifte sigorta bulunduğunu, ilk sigorta geçerli olduğundan şirketlerinin zarardan sorumlu olmadığını, sigortalıya ait cam eritme fırınındaki erimiş cam hammaddesinin sızarak çevreye yayılması ile oluşan molten hasarı için poliçede verilmiş teminat olmadığını, emtia hasarı dolaylı zarar olduğu için teminat dışı olduğunu, poliçedeki bakım klozu gereği bakımsızlıktan doğan hasar teminat dışı olduğu gibi bakımdan iki hafta önce davacı tarafın şirketlerine bildirim yapmakla yükümlü olduğu halde bunu yerine getirmediğini, istenen bedellerin fahiş olduğunu, kabul anlamına gelmemek kaydıyla her hasarda % 10 muafiyet uygulanması gerektiğini belirterek davanın reddini savunmuştur.

Mahkemece, iddia, savunma, yapılan yargılama ve toplanan delillere göre; davaya konu edilen olayın alevli yangın olmadığı ve davalı .... tarafından düzenlenen sigorta poliçesinin kapsamında kalmadığı gerekçesiyle, davalı .... hakkındaki davanın reddine; davalı .... yönünden açılan davanın kısmen kabulü ile makine hasarı ve elektrik hasarı tamirat tutarı 8.932.547,97 TL, emtia tutarı 23.040,00 TL. bedelin 28.04.2014 tarihinden işleyecek yasal faiziyle birlikte bu davalıdan tahsiline, davacıya TTK'nın 1427. maddesi gereğince ödenmesine karar verilen anayapı, makine ve tesisat hasar tutarı ile kimyasal ham madde ve emtia hasar toplamının avans olarak ödenen %50 tutarının tazminattan mahsubuna, mahsup edilen tazminata 28.04.2014 tarihinden ödeme tarihine kadar yasal faiz uygulanmasına, davacının kâr kaybı ile ilgili talebinin feragat nedeniyle reddine karar verilmiş; hüküm, davacı vekili ve davalı .... vekili tarafından temyiz edilmiştir.

1-Dosya içerisindeki bilgi ve belgelere, mahkeme kararının gerekçesinde dayanılan delillerin tartışılıp değerlendirilmesinde usul ve yasaya aykırı bir yön bulunmamasına; davaya konu edilen hasarın oluş sebebinin, konusunda uzman bilirkişi heyetleri tarafından düzenlenen birbiriyle uyumlu raporlarla saptanmış ve bu raporların hükme esas alınmış olmasına; davalı .... tarafından düzenlenen, makine kırılması teminatını da içeren Kapsamlı İşyeri Sigorta Poliçesi'nde, molten hasarının teminat dışı olduğuna dair özel şart bulunmadığı ve hasar ile oluş sebebinin, Makine Kırılması Sigortası Genel Şartları'ndaki teminat dışı hallerden birine uymadığı dikkate alındığında, davalının zarardan sorumlu olduğu ve zararın teminat kapsamında olduğuna ilişkin mahkeme kabulünde bir isabetsizlik görülmemesine göre; davalı .... vekilinin aşağıdaki bentlerin kapsamı dışında kalan sair temyiz itirazlarının reddine karar verme gerekmiştir.

2-Dava, makine kırılması teminatını da içeren işyeri sigorta poliçesi kapsamında tazminat istemine ilişkindir.

Davacı, sigortalı işyerinde davaya konu olay sonucu hasar gören makine- ekipman bedelleri ile emtia hasarından oluşan zararlarının tazmini istemiyle açtığı davada, yargılamanın devamı sırasında, 6102 sayılı Türk Ticaret Kanunu'nun 1427. maddesi uyarınca, ileride hüküm altına alınacak tazminattan mahsup edilmek üzere sigorta bedelinin % 50'sinin avans olarak ödenmesine karar verilmesini talep etmiştir. Mahkemece, 17.06.2015 ve 03.07.2015 tarihli ara kararlarla, 12.949.935,34 TL'lik (tespit dosyasındaki rakamlar toplamı) zarar miktarının % 50'sinin avans olarak davalı ...'den tahsiline karar verilmiş; alınan bilirkişi raporlarıyla tazminat miktarının saptanmasından sonra, esasa ilişkin hüküm tesis edilirken de avans olarak hükmedilen bu bedellerin, belirlenen tazminattan mahsubuna karar verilmiştir.

Yargılamanın devamı sırasında avans olarak ödenmesine karar verilen bedelin tazminattan mahsubuna karar verilmesi yerinde olmakla birlikte; avans olarak ödenmesine karar verilen miktarın iki ayrı tarihte farklı biçimde belirlendiği, ilk olarak belirlenen bedelin bir kısmının sonradan (03.07.2015 tarihli ara kararla) reddine karar verildiği, davacının talep edebileceği tazminat miktarından düşülecek avans ödemesi miktarının hükme açıkça yazılmadığı, hükümdeki ifadelerde karar verilen avans miktarının % 50'sinin tazminattan düşülmesi izlenimi yaratacak anlatıma yer verildiği dikkate alındığında, avans ödemesinin mahsubuna ilişkin mahkeme hükmü tereddüt yaratıcı mahiyettedir.

Açıklanan vakıalar karşısında mahkemece; 6100 sayılı Hukuk Muhakemeleri Kanunu'nun 297/2. maddesi gereği, hükmün tereddüt uyandırmayacak açıklıkta olması zorunluluğuna ilişkin yasal düzenleme de dikkate alınarak, TTK'nın 1427. maddesi kapsamında daha önce hüküm altına alınan avans ödemesi miktarının hükümde açıkça belirtilmesi; bu miktarın tazminattan düşülmesiyle belirlenecek davacının bakiye tazminat alacağı miktarının hükme açıkça yazılması; ayrıca, hem avans olarak ödenmesine karar verilen miktar hem de bakiye tazminat yönünden faiz başlangıç tarihlerinin tereddüde mahal vermeyecek biçimde (ayrı ayrı ve açıkça) hükümde gösterilmesi gerekirken, anılan yönlerden tereddüt yaratıcı mahiyette hüküm tesisi doğru görülmemiştir.

3-Davacının poliçe kapsamında talep edebileceği zarar miktarının tespiti bakımından alınan 10.02.2016 tarihli bilirkişi heyeti raporu hükme esas alınmıştır. Mahkemenin benimsediği bu rapor incelendiğinde; delil tespiti dosyasında yer alan bilirkişi raporundaki, kısmi hasarlı sigortalı makinelerin hasarını yüzdesel oran olarak belirleyen tespitler üzerinden değerlendirme yapıldığı; makinelerin yüzdelik hasar oranlarının, makinelere ilişkin fatura bedelleriyle oranlanmasıyla her bir makine için hasar bedelinin belirlendiği ve bu bedellerden poliçedeki % 10'luk muafiyetin düşülmesiyle sonuç tazminatın saptandığı; zarar kalemleri arasında asıl yekûnu tutan (olay nedeniyle tamamen kullanılamaz hale gelen) cam fırınının yeniden temin ve kurulum bedelinin belirlenmesinde ise, hasar tarihindeki bedel ile yine o tarihteki döviz kuru üzerinden değil, rapor tarihindeki kurulum bedeliyle döviz kuru üzerinden hesaplama yapıldığı görülmektedir.

Makine Kırılması Sigortası Genel Şartları'nın 14. maddesinde, kısmi ve tam hasar halleri için tazminatın hesap biçimi detaylıca düzenlenmiştir. Anılan maddenin (b) bendinde, tam hasar halinde makinenin "hasar anındaki yeni kıymetinin" tazminat olarak ödeneceği açıkça belirtilmiş olup;

hükme esas alınan raporda, cam fırını için bu ilke dahilinde hesaplama yapılmamış ve hasar tarihindeki döviz kuru yerine hesap tarihindeki kur esas alınmış olduğundan, benimsenen rapordaki hesap hatalıdır. Diğer yandan; MKSGŞ'nın 14/a maddesi gereği kısmi hasar halinde ise; hasarın niteliğine göre yapılması gereken onarımda kullanılacak yedek parça tutarları- işçilik masrafları- nakliye bedeli vs. gibi bedellerin toplamından (makinenin hasardan önceki haline getirilmesi için gerekli bedelden), tekrar kullanımı mümkün olan parçaların sovtaj bedelinin indirilmesiyle tazminatın belirleneceği kabul edilmiştir. Bu itibarla; kısmi hasarlı kabul edilen makinelerdeki hasarın onarımı için gerekli bedeller ile yeniden kullanımı mümkün parçaların sovtaj bedelini ayrı ayrı belirleyip tazminatı hesaplamak yerine; kısmi hasarlı makinelerdeki hasarın düzeyini yüzdesel olarak belirleyip, makinelerin alım faturalarındaki miktarlara bu yüzdeleri oranlayarak tazminat hesabı yapan ve hesaplanan bedellerden sovtaj indirimi de yapmayan bilirkişi raporu, hüküm kurmaya elverişli değildir.

Açıklanan vakıalar karşısında mahkemece; poliçe gereği gerçek zararı ödemekle yükümlü olan davalı ... şirketinin sorumlu olacağı zarar miktarının, taraflar arasındaki poliçe hükümleri (özellikle, her bir makinenin değerine göre farklı muafiyet miktarı ve oranı belirlenmiş olduğundan) ile yukarıda açıklanan MKSGŞ'nın 14. maddesindeki ilkeler dahilinde hesap edilmesi için, daha önce rapor düzenleyen bilirkişi heyetinden, gerekçeli ve denetime elverişli bir ek rapor alınıp karar verilmesi gerekirken, eksik incelemeyle, yazılı biçimde hüküm tesisi bozmayı gerektirmiştir.

4-Taraflar arasındaki poliçenin makine kırılması teminatını da içeren işyeri sigorta poliçesi olduğu; Makine Kırılması Sigortası Genel Şartları'nda davalının temerrüt tarihi yönünden özel hüküm bulunmadığı; somut olay bakımından uygulama alanı bulan Yangın Sigortası Genel Şartları'nın B.8. maddesi gereği, "sigortacının kesinleşen tazminatı en geç 1 ay içinde ödemesi gerektiği" düzenlemesi dikkate alınarak davalı sigortacının temerrüt tarihinin saptanmasıyla faize karar verilmesi gerekirken, davacının davalıya başvuru tarihinden temerrüt faizine karar verilmesi, doğru olmamıştır.

5-Davanın her iki tarafının da tacir olduğu ve uyuşmazlığın ticari işletmelerini ilgilendiren sigorta sözleşmesinden kaynaklandığı dikkate alındığında, davalı ... şirketi için temerrüt faizi olarak ticari faize karar verilmesi gerekirken, yasal faize hükmedilmesi de isabetli değildir.

SONUÇ : Yukarıda (1) nolu bentte açıklanan nedenlerle, davalı .... vekilinin sair temyiz itirazlarının REDDİNE; hükmün, (2), (3) ve (4) nolu bentlerde açıklanan nedenlerle, davalı .... yararına; (5) nolu bentte açıklanan nedenlerle, davacı yararına BOZULMASINA, 1.630,00 TL vekalet ücretinin davalı ... AŞ.'den alınarak duruşmada vekille temsil olunan davacıya verilmesine, duruşmada vekille temsil olunmayan davalı ... AŞ. yararına vekalet ücreti takdirine yer olmadığına, peşin alınan harcın istek halinde temyiz eden davalı ... AŞ. ve davacıya geri verilmesine 23/12/2019 tarihinde oybirliğiyle karar verildi.

YORUM

Dava konusu olayda davacı, makinelerinin yangın hasarına maruz kaldığını öne sürerek yangın sigortacısına ve ayrıca düzenlediği makine kırılması sigorta poliçesi gereğince sorumlu olduğu savıyla da makine kırılması sigortacısına (her iki davalının da müteselsil şekilde sorumlu olduklarını belirterek) tazminat davası açmıştır.

İlk derece mahkemesince

- *Yangın sigortacısına karşı açılan dava olayda alevli yangının söz konusu olmadığı gerekçesiyle reddedilmiştir.*
- *Makine kırılması sigortacısına karşı açılan dava ise kabul edilmiş ve davalı sigortacının -daha önce TTK 1427(3) uyarınca davacıya ödenmiş olan avans tutarı düşülerek- davacıyı tazmin etmesine karar verilmiştir.*

Yargıtay, aşağıdaki hususları vurgulayarak ilk derece mahkemesi tarafından verilen kararı bozmuştur:

- *İlk derece mahkemesi tarafından 17.06.2015 ve 03.07.2015 tarihli ara kararlarla, zarar tutarı olarak belirlenen 12.949.935,34 TL'nin % 50'sinin avans olarak davalıdan tahsiline karar verilmiştir.*
- *Mahkeme daha sonra esasa ilişkin hüküm kurarken avans olarak hükmedilen bedellerin belirlenen tazminattan mahsubunu kararlaştırmıştır.*
- *Mahsup kararı yerindedir.*

- *Ancak, avans olarak ödenmesine karar verilen miktar iki ayrı tarihte farklı biçimde belirlenmiştir. ilk olarak belirlenen bedelin bir kısmının sonradan reddi kararlaştırılmıştır.*
- *Davacı lehine karar bağlanan tazminat miktarından düşülecek avans ödemesi miktarının hükme açıkça yazılmadığı görülmektedir.*
- *Avans ödemesinin mahsubuna ilişkin mahkeme hükmü duraksama yaratıcı niteliktedir. Avans ödemesi miktarının ve davacının bakiye tazminat alacağının hükümde açıkça yazılması; ayrıca, hem avans hem de bakiye tazminat yönünden faiz başlangıç tarihlerinin de açık olarak kararda gösterilmesi gerekirdi.*
- *Hükme esas alınan bilirkişi raporunda, kısmi hasarlı makinelerin hasarını yüzdesel oran olarak belirleyen tespitler üzerinden değerlendirme yapılmıştır.*
- *Tamamen kullanılamaz hale gelen cam fırınının yeniden temin ve kurulum bedelinin belirlenmesinde ise, hasar tarihindeki bedel ile yine o tarihteki döviz kuru üzerinden değil, rapor tarihindeki kurulum bedeliyle döviz kuru üzerinden hesaplama yapıldığı görülmektedir.*
- *Makine Kırılması Sigortası Genel Şartları m.14'te kısmi ve tam hasar halleri için tazminatın hesap biçimi düzenlenmiştir.*
    - *Hükme esas alınan raporda, tam hasara uğramış olan cam fırını için hasar tarihindeki döviz kuru yerine hesap tarihindeki kur esas alınmıştır. Bu hatalıdır.*
    - *Diğer yandan; kısmi hasarlı makinelerdeki hasarın onarımı için gerekli bedeller ile yeniden kullanımı mümkün parçaların sovtaj bedelleri ayrı ayrı belirlenip tazminat buna göre hesaplanmalıydı. Kısmi hasarlı makinelerdeki hasar düzeyinin yüzdesel olarak belirlenmesi ve alım faturalarındaki miktarlara bu yüzdeler oranlanarak tazminat hesabı yapılması doğru olmamıştır.*
    - *Dolayısıyla bilirkişi raporu, hüküm kurmaya elverişli değildir. Eksik incelemeyle karar verilmesi bozmayı gerektirmiştir.*
- *Taraflar arasındaki poliçe makine kırılması teminatını da içeren işyeri sigorta poliçesidir. Makine Kırılması Sigortası Genel Şartları'nda davalının temerrüt tarihi yönünden özel hüküm bulunmamaktadır. Ancak, Yangın Sigortası Genel Şartları B.8 "sigortacının kesinleşen tazminatı en geç bir ay içinde ödemesi gerektiğini" öngörmektedir. Davalı sigortacının temerrüt tarihi saptandıktan sonra buna göre faize karar verilmesi gerekirken, davacının davalıya başvuru tarihinden başlayarak temerrüt faizine karar*

verilmesi de doğru olmamıştır. Kaldı ki yasal faiz değil, her iki taraf da tacir olduğundan ticari faiz işletilmelidir.

Yargıtay kararı hakkında şu değerlendirmeyi yapabiliriz:

- *Kararda, ilk derece mahkemesi tarafından TTK 1427(3) uyarınca davalı aleyhine hükmedilen avans ödemesinin hukuka uygun olup olmadığına ilişkin herhangi bir saptama yapılmamıştır. (Yüksek Mahkeme, avans ödemesini bir olgu olarak göz önünde tutmuş ve ödenen avans tutarının dava sonunda karara bağlanacak tazminat tutarından düşülmesi gerektiğini belirtmekle ve avans ödemesi konusundaki hesap belirsizliğinin giderilmesi lazım geldiğine vurgu yapmakla yetinmiştir).*
    - *Oysa burada öncelikle avansa hükmedilmesinin hukuka uygun olup olmadığı sorunu karşımıza çıkmaktadır.*
    - *İlk derece mahkemesinin hüküm altına aldığı avans ödemesi kanımızca hukuka uygun değildir.*
        - *Avans ödemesine hükmedebilmek için ilk şart, tarafların meydana gelen hasarın sigorta kapsamında olduğunu kabul etmiş bulunmalarıdır.*
        - *Avans, somut olayda sigorta teminatının işleyip işlemeyeceği konusunda uyuşmazlık değil, "zarar tutarı bakımından belirsizlik" söz konusu olduğunda ödenir. Diğer bir anlatışla avans ödenmesi gereken hallerde teminat kapsamındaki zararın tutarı henüz kesin olarak saptanamamıştır ve bu zaman alacaktır.*
        - *Gecikmenin yaratacağı sakıncalara karşı yasa avans çözümünü benimsemiştir.*
        - *Ancak sigortacının meydana gelen rizikonun teminat dışında olduğunu veya sigorta ettiren/sigortalının sigorta teminatından yararlanma hakkı bulunmadığını öne sürdüğü hallerde avansa hükmetmek "erken infaz" niteliğindedir. Sigortacının bu savunmasının doğru olup olmadığı işin esası hakkında yapılacak yargılama sonunda anlaşılacaktır. Bu noktaya gelinmeden önce sigortacıyı ödemeye zorlamak doğru değildir. Kaldı ki, sigortacı haksız şekilde ödeme yükümlülüğünü reddetmişse, hem faiz ve masraflar hem de sigorta ettirenin faizle karşılanmayan ek zararları için sorumlu olacaktır.*
        - *Bununla birlikte, "Geçici Ödemeler" başlıklı TBK m.76, belirli şartlarla zarar görene ön ödeme yapılmasına karar verilebileceğini öngörmektedir. Bu hüküm aşağıdaki gibidir:*

"Zarar gören, iddiasının haklılığını gösteren inandırıcı kanıtlar sunduğu ve ekonomik durumu da gerektirdiği takdirde hâkim, istem üzerine davalının zarar görene geçici ödeme yapmasına karar verebilir.

Davalının yaptığı geçici ödemeler, hükmedilen tazminata mahsup edilir; tazminata hükmedilmezse hâkim, davacının aldığı geçici ödemeleri, yasal faizi ile birlikte geri vermesine karar verir".

- *Fikrimizce, TBK m.76 hükmü çok dikkatli uygulanması gereken bir hükümdür. Buradaki "ekonomik durumun gerektirmesi" koşulu da aksi halde önüne geçilemeyecek ek zararların doğacak olması biçiminde anlaşılmalıdır.*
- *Yargının TTK 1427(3) ile TBK m.76 arasında özel hüküm-genel hüküm ilişkisi olup olmadığına karar vermesi lazımdır. Kanımızca TTK 1427(3) konuyu özel olarak düzenlemektedir. Bu hükmün uygulanmasında da sigortacının ödeme yükümlülüğüne yol açan bir hasarın söz konusu olduğunu kabul etmesi ön koşul olarak aranmalıdır.*
- *TTK 1427(3) o anda belirlenen zararın "en az yarısı" kadar avans verilmesini öngörmektedir. Bu da hatalı bir düzenlemedir. Doğru çözüm, avans için yasada öngörülen üç aylık süre geçtikten sonra (üç ay da çok uzundur, aslında bir ay yeterdi), o anda ne kadar zarar saptanmışsa o tutarın avans olarak ödenmesidir. Belirli bir anda varlığı saptanmış olan (ve azalmayacağı bilinen) zarar tutarının tamamının ödenmesine hiçbir engel yoktur. Yargıcın da takdirini bu yönde kullanması beklenir.*

- *Avans ödenmiş olması halinde, avans tutarına ilişkin faize acaba hangi koşullarla hükmedilecektir? Bu soruyu yanıtlarken, sigortacının avans ödeyebilecek duruma ilk olarak hangi anda gelmiş olduğuna bakılabilir. O an ile avansın eylemsel olarak ödendiği gün arasındaki süre için faiz işletilmesi doğaldır. Mesela olağan süre içinde hazırlanan ekspertiz raporunda zarar en az 100.000 olarak belirlenmiş fakat bunun artmasının beklendiği açıklanmışsa, sigortacı ekspertiz raporunu incelediği ve değerlendirdiği günden başlayarak avans ile yükümlü sayılabilir. Mahkemenin ileride hüküm altına aldığı avans daha yüksek ise (mesela 150.000) bu tutarın en az 100.000'lik kısmına sigorta alacağının olağan muaccel hale gelme tarihinden (ekspertiz raporunun sigortacı tarafından incelenmesi için gerekecek makul sürenin sonundan) başlayarak temerrüt faizi işletilebilir. Aradaki (50.000'lik) farka ne zamandan itibaren faiz işletileceği ise, bu farkın ne zaman muaccel hale gelmiş sayılacağına bağlı görünmektedir.*

- *Avansı aşan (ve daha sonra yargılama bitiminde karara bağlanan) bakiye için faizin hangi andan itibaren işleyeceği de önemli bir sorundur. Temerrüt faizi TTK 1427(4) uyarınca muaccel olma tarihinden başlayarak işleyeceği için sigorta alacağının muaccel sayılamayacağı süre boyunca faiz yükü ortaya çıkmayacaktır. Şu halde bakiye alacağın ne zaman muaccel hale geldiği saptanmalıdır. Ancak, zarar tutarı belirlenmemiş olduğu sürece bakiye alacağın muaccel olup olmadığı tartışmaya açık kalacaktır.*
- *Yargıtay kararında avans ve bakiye alacak için faizlerin ayrı ayrı hesaplanması gerektiği kanımızca da gayet yerinde bir biçimde saptanmış, fakat bu hususta geçerli olacak hesaplama ilkeleri saptanmamıştır.*
- *Yargıtay'ın zararın nasıl hesaplanması gerektiği hakkında kararda yer alan değerlendirmeleri çerçevesinde, zarar hesabı sigorta genel şartlarına uygun biçimde yapılmak lâzımdır. Farklı genel şartlarda farklı hesaplama yöntemleri öngörülmüş olabilir. Mesela kasko sigortasındaki hesaplama kuralları ile makine kırılması sigortasındaki hesaplama kuralları aynı değildir. Yüksek Mahkeme, ilk derece mahkemesinin kararına esas aldığı bilirkişi raporunda zarar hesabının gereği gibi (genel şart hükümlerine uygun) yapılmadığını ve buna dayalı olarak karar verilmesinin yerinde görülemeyeceğini saptamıştır. Yargıtay'ın değerlendirmelerinin Makine Kırılması Genel Şartları m.14'te belirtilen ilkelerle uyumlu olduğu kanısındayız. Söz konusu hüküm aşağıdadır:*

> ***Tazminatın Hesabı***
>
> *Madde 14- Ödenecek tazminatın miktarı aşağıda yazılı esaslar dahilinde tespit edilir:*
>
> *a) Tamiri kabil hasar ve ziya (kısmi hasar) halinde:*
>
> *Tazminat tutarı -ikame olunan yedek parçaların yeni bedelleri, mahallinde cari iş saatleri tarifesine göre işçilik masrafları var ise normal nakliye masrafları (uçak hariç) sökme ve montaj masrafları, gümrük, resim, vergi, harç ve masrafları dahil olarak makine veya tesislerin hasardan hemen evvelki hal ve şartlarına getirilmesi için gerekli bedelden ibarettir. Tamirat dolayısıyla eski parça yerine yeni parça konulması sebebiyle tazminattan indirme yapılmaz. Tekrar faydalanılması mümkün olan parçaların (sovtajın) bedeli tazminattan indirilir.*
>
> *b) Poliçede gösterilen makine ve tesisattan birinin veya tamamının tam hasarı ve zıyaı halinde:*

Tazminat tutarı, makine ve tesisatın hasar anındaki yeni kıymetinden eskime ve aşınma payının ve kurtarılan değerlerin tenzili ve buna sökme masraflarının, nakliye, gümrük resmi, vergi, harç ve masrafları ve montaj masraflarının ve bu hususta sözleşmeye aksine hüküm konulmuş ise, 2'nci maddenin (b) ve (c) fıkralarında yazılı unsurların ilavesi kaydiyle bulunacak bedelden ibarettir. Yukarıdaki (a) fıkrasında belirtilen tamirat masrafları bu fıkrada yazılı olduğu üzere tespit olunan tazminat tutarına muadil veya bundan fazla ise makine ve tesis tam hasara uğramış sayılır.

c) Poliçede her makine veya tesisat için gösterilmiş olan asgari muafiyet miktarından aşağı olmamak kaydiyle, aksine sözleşme yok ise, her hasarın %20'si sigortalının uhdesinde kalır.

- *Karardan anlaşıldığı kadarıyla davalı sigorta şirketi tarafından düzenlenen poliçe, davacının işyeri için oluşturulmuş bir "paket poliçe" niteliğindedir. Birden fazla değişik sigorta teminatı tek bir sözleşme ile ayrı genel şartlar kullanılarak sağlanmıştır. Olayda işyeri için oluşturulan paketin en azından yangın ve makine kırılması sigortalarını içerdiği bilgisi mevcuttur.*
    - o *Yargıtay, meydana gelen zararın makine kırılması sigortasından karşılanması gerektiğini saptamış olmakla birlikte, Makine Kırılması Genel Şartlarında temerrüde ilişkin hüküm bulunmaması karşısında, Yangın Sigortası Genel Şartlarındaki temerrüt hükmünün uygulanacağını belirtmiştir.*
    - o *Kanımızca bu değerlendirme yerinde değildir.*
        - *TTK 1427(2) sigorta tazminatı alacağının ne zaman muaccel olacağını hükme bağlamış; TTK 1427(4) ise muaccel olma anından itibaren sigortacının temerrüde düşmüş sayılacağını öngörmüştür. Bu düzenleme emredicidir ve sigorta ettiren aleyhine sözleşme ile değiştirilmesi mümkün bulunmamaktadır. Dolayısıyla Yangın Sigortası Genel Şartları B.8.1 uyarınca "tazminatın kesinleşme tarihinden itibaren bir ay içinde ödenmesi" hukuken geçerli sayılamaz.*
        - *Kaldı ki, pakete dahil başka bir sigortaya (yangın sigortasına) ilişkin hükmün uygulanması da doğru görünmemektedir.*

TTK 1427(2) hükmü uyarınca sigorta tazminatı alacağının muaccel hale gelmesi

Yargıtay 17. Hukuk Dairesi

Esas No.: 2018/3335

Karar No.: 2018/9446

Karar tarihi: 23.10.2018

Talep eden (davacı) vekili, müvekkilinin kiracısı olduğu, davalının kiralayanın sigortacısı olduğu işyerinde müvekkilinin kusuru olmadan yangın çıktığını, yangına elektrik kontağındaki arızanın sebep olduğunu, tespit bilirkişi raporuna göre maddi hasarın yangında zarar görüp kullanılamaz haldeki mobilyalar için 1.492.561,00 TL, tamamen yanan takımlar için 864.901,00 TL olmak üzere toplam 2.357.462,00 TL olduğunu beyanla, fazlaya dair hakları saklı kalmak kaydıyla poliçe limiti olan 1.000.000,00 TL maddi tazminatın temerrüt tarihinden işleyecek avans faiziyle davalıdan tahsilini talep etmiştir.

Karşı taraf (davalı) vekili talebin reddini savunmuştur.

Hakem heyetince 20.04.2016 tarih ve 2016/11274 sayılı kararı ile toplanan deliller ve benimsenen bilirkişi raporuna göre, başvurunun kabulüne, F1 Japan Sigorta A.Ş.'nin işyeri paket sigorta poliçesi kapsamında sunduğu yangın ve infilak mali sorumluluğu teminatı uyarınca sigortaladığı işyerinde 27.5.2015 tarihinde meydana gelen yangın sebebiyle zarar gören 3. kişi konumundaki başvuru sahibi kiracı F2 Koltuk Taşımacılık Mobilya Sanayi ve Ticaret Limited Şirketi'nin 2.403.737,00 TL tutarındaki gerçek ve somut zararının poliçede sunulan teminat olan 1.000.000,00 TL ile sınırlı olan kısmını tazmin etmesi ve anılan meblağa 13.8.2015 tarihinden itibaren avans faizi işletilmesi gerektiğine karar verilmiş; karşı taraf (davalı) vekilinin itirazı üzerine İtiraz Hakem heyetince 6/6/2016 tarihli, 2016/İHK-1317 sayılı kararıyla karşı taraf (davalı) vekilinin itirazının reddine karar verilmiş, İstanbul Anadolu 7. Asliye Ticaret Mahkemesi'nce Sigorta Tahkim Komisyonu tarafından saklanmak üzere gönderilen 23/06/2016 tarih ve 2016.95291 Tahkim sayılı yazısı ile mahkemeye gönderilen 2015/E.0018238 başvuru sayılı

01/10/2015 tarih ve K-2016/11274 Karar sayılı uyuşmazlık hakem kararı ve dosyasının mahkemenin arşivinde HMK'nın 463/3. maddesi gereğince muhafaza edilmesine karar verilmiş, itiraz hakem kararı karşı taraf (davalı) vekili tarafından temyiz edilmiştir.

1-Dosya içerisindeki yazılara, kararın dayandığı delillerle gerektirici sebeplere göre, karşı taraf (davalı) vekilinin yerinde görülmeyen sair temyiz itirazlarının reddine karar vermek gerekmiştir.

2-Başvuru, işyeri sigortasından kaynaklanan tazminat talebine ilişkindir.

6100 sayılı Hukuk Muhakemeleri Kanunu'nun (HMK) 280. maddesi hükmüne göre "Bilirkişi, raporunu, varsa kendisine incelenmek üzere teslim edilen şeylerle birlikte bir dizi pusulasına bağlı olarak mahkemeye verir; verildiği tarih rapora yazılır ve duruşma gününden önce birer örneği taraflara tebliğ edilir." Bilirkişi rapor örneğinin taraflarca okunup değerlendirilebilmesi, varsa itirazlarını dile getirebilmeleri ya da belirsizlik gösteren hususlar hakkında açıklama yapılmasını temin amacıyla veya yeni bilirkişi incelemesini talep edebilmeleri için taraflara tebliğ edilmesi zorunluluğu öngörülmüştür.

Somut olayda karşı tarafa (davalı) 20.04.2016 tarihli kusur ek bilirkişi raporu tebliğ edilmeyerek savunma hakkı kısıtlanarak yazılı şekilde karar verilmesi isabetli görülmemiştir.

3- Kabule göre de;

a) 6100 Sayılı HMK 266. ve devamı maddeleri gereğince çözümü özel veya teknik bilgiyi gerektiren hallerde bilirkişinin oy ve görüşünün alınmasına karar verilir, hükmüne yer verilmiştir.

Hakem heyetince, davacının kiracısı olup davalının sigortaladığı işyerinde yangın sonucu emtialarda meydana gelen gerçek zararın tespiti hususunda hiçbir inceleme yapılmadan, alanında uzman bilirkişilerden hiç rapor aldırılmadan, davacının aldırdığı tespit bilirkişi raporuna ../... göre talebin kabulüne, itiraz hakem heyetince de karşı tarafın (davalı) bu husustaki itirazının da reddine karar verilmiştir. Eksik inceleme ile karar verilemez. Bu durumda, davacının gerçek zararı hususunda alanında uzman bilirkişilerden, ayrıntılı, gerekçeli ve denetime açık rapor alınarak sonucuna göre karar verilmesi gerekirken, yazılı şekilde eksik inceleme ile karar verilmesi doğru görülmemiştir.

b)TTK 1427/2. maddesinde "Sigorta tazminatı veya bedeli, rizikonun gerçekleşmesini müteakip ve rizikoyla ilgili belgelerin sigortacıya verilmesinden sonra sigortacının edimine ilişkin araştırmaları bitince ve her hâlde 1446'ncı maddeye göre yapılacak ihbardan kırkbeş gün sonra muaccel olur. Can sigortaları için bu süre on beş gündür. Sigortacıya yüklenemeyen bir kusurdan dolayı inceleme gecikmiş ise süre işlemez." hükmü düzenlenmiştir.

Somut olayda Hakem heyetince talep eden (davacı) kiracının karşı taraf (davalı) sigorta şirketine tazminat başvuru talep yazısının sigorta şirketine ulaştığı tarih olan 13.8.2015 tarihinden itibaren faize hükmedilmiş ise de, talebe konu yangın hasar dosyasının tamamı getirtilerek yukarıdaki madde hükmüne göre temerrüt tarihinin belirlenmesi gerektiğinden kararın bu nedenle de bozulmasına karar vermek gerekmiştir.

4- Bozma neden ve şekline göre karşı taraf (davalı) vekilinin sair temyiz itirazlarının incelenmesine şimdilik gerek görülmemiştir.

SONUÇ: Yukarıda (1) nolu bentte açıklanan nedenlerle karşı taraf (davalı) vekilinin yerinde görülmeyen sair temyiz itirazlarının reddine, (2) ve (3-a,b) nolu bentlerde açıklanan nedenlerle karşı taraf (davalı) vekilinin temyiz itirazlarının kabulü ile Sigorta Tahkim Komisyonu İtiraz Hakem Heyeti kararının BOZULMASINA,(4) nolu bentte açıklanan nedenlerle bozma neden ve şekline göre karşı taraf (davalı) vekilinin sair temyiz itirazının incelenmesine şimdilik yer olmadığına, peşin alınan harcın istek halinde temyiz eden davalıya geri verilmesine 23/10/2018 gününde oybirliğiyle karar verildi.

YORUM

Uyuşmazlık Sigortacılık Kanunu uyarınca oluşturulmuş hakem heyeti tarafından karara bağlanmış ve daha sonra Yargıtay önüne gelmiştir.

Davacı yangın sebebiyle uğradığı zararı davalı sigortacıdan talep etmiş, sigortacılıkta tahkim prosedürü sonucunda dava haklı görülmüştür.

Yargıtay, hakemlerce verilen kararı şu gerekçelerle bozmuştur:

- *Davalıya kusura ilişkin ek bilirkişi raporu tebliğ edilmeyerek savunma hakkı kısıtlanmıştır.*
- *Hakem heyetince, meydana gelen gerçek zararın tespiti hususunda hiçbir inceleme yapılmadan, alanında uzman bilirkişilerden hiç rapor aldırılmadan, davacının yaptırdığı tespite göre talep kabul edilmiştir.*
- *Oysa uzman bilirkişilerden, ayrıntılı, gerekçeli ve denetime açık rapor alınarak sonucuna göre karar verilmesi gerekirdi.*
- *Hakem heyetince davacının tazminat talep yazısının sigorta şirketine ulaştığı tarih olan 13.8.2015 tarihinden itibaren faize hükmedilmiştir. Oysa hasar dosyasının tamamı getirtilerek TTK 1427(2) hükmüne göre temerrüt tarihinin belirlenmesi ve ona göre faize karar verilmesi gerekirdi.*

Yargıtay kararı hakkındaki yorumumuz şöyledir:

- *Sigortacılık Kanunu ile oluşturulan "sigortacılıkta tahkim" kurumu, kanımızca hiç zaman yitirilmeden yeniden yapılandırılmalıdır. Mevcut şekliyle arzu edilen yararı sağlamaktan çok uzaktır.*
    - *Bu kurumun başarı sağlaması ancak hızlı, uzmanlığa dayalı ve ucuz şekilde işlemesiyle mümkündür.*
    - *Hızlı işleme, karmaşık ve yüksek tutarlı uyuşmazlıklar için düşünülebilecek ve yürütülebilecek bir çözüm değildir.*
    - *Uyuşmazlık tutarı hakkında hiçbir sınır öngörülmemesi büyük bir hatadır. Bu sebeple en önemli uyuşmazlıklar dahi tahkime taşınabilmektedir.*
    - *Mahkemelere alternatif oluşturacak bir uyuşmazlık çözümleme yönteminin yargılamaya değil, uzlaştırmaya dönük olması gerekir. Diğer bir anlatışla, uyuşmazlığın hakemin vereceği bir yargı kararı ile sonuçlandırılması yerine, tarafların anlaşması (veya istemden vaz geçilmesi yahut istemin kabul edilmesi) ile sona erdirilmesi hedeflenmelidir. Oysa tahkim sistemi bu ilke doğrultusunda şekillenmemiştir.*
    - *Yargıtay kararına konu olan olayda da tahkim sisteminin önemli sayılabilecek tutar içeren uyuşmazlıklarda ne kadar yetersiz kaldığını hemen görmekteyiz. (Bilirkişi raporu hakkında tarafların itirazları dahi alınmamıştır).*
- *Sigortacının ödemekle yükümlü olacağı temerrüt faizi, tazminat alacağının muaccel olduğu tarihten başlayarak işler. Çünkü TTK 1427(4) uyarınca borç muaccel olunca, sigortacı ihtara gerek olmaksızın temerrüde*

düşmüş olmaktadır. Şu halde TTK 1427(2) uyarınca sigorta alacağının ne zaman muaccel hale gelmiş olduğu belirlenmelidir. Eğer davacının alacağı daha önce muaccel olmuş idiyse, onun talep yazısı değil, muaccel olma tarihinin esas alınması gerekir. Çünkü TTK 1427 hükmü sigorta ettiren aleyhine değiştirilemeyen nitelikte emredicidir. (Ancak kanımızca davacının talep yazısında (yanılgı ürünü olmaksızın) temerrüt için belirttiği muaccel olmadan daha sonraki bir tarih mevcutsa, o tarih de esas tutulabilir; davacının hakkından tek taraflı olarak vaz geçmesi mümkün ve geçerli sayılmalıdır).

- *TTK 1427(2) bakımından dikkate alınması gereken bir husus da şudur:*
  - *TTK 1427(2) sigorta tazminatının "her hâlde 1446ncı maddeye göre yapılacak ihbardan kırk beş gün sonra muaccel olacağını" ve "sigortacıya yüklenemeyen bir kusurdan dolayı inceleme gecikmiş ise sürenin işlemeyeceğini" hükme bağlamaktadır.*
  - *TTK 1427(2)'deki "her halde" ifadesi, sigorta tazminatı alacağının TTK 1446 uyarınca yapılacak rizikonun gerçekleştiğine ilişkin bildirimden 45 gün sonra mutlaka muaccel olacağının kabulüne yol açmamalıdır.*
  - *Tam tersine, kanun "sigortacıya yüklenemeyen sebepler (her nedense madde metninde "kusur" denmiştir) söz konusuysa, sürenin işlemeyeceğini" öngörerek 45 günlük süreye "mutlak" bir anlam verilmeyeceğini ortaya koymuştur.*

Sigorta tazminatı isteminin yerinde olup olmadığı belirlenirken zarara uğrayan işyerinde riziko sırasında bulunduğu kabul edilmesi gereken değerlerin de dikkate alınması lüzumu

Yargıtay 17. Hukuk Dairesi

Esas No.: 2019/938

Karar No.: 2019/1960

Karar tarihi: 25.02.2019

MAHKEMESİ : ... Bölge Adliye Mahkemesi 17. Hukuk Dairesi

İLK DERECE MAHKEMESİ : ... 1. Asliye Ticaret Mahkemesi

Davacı vekili, davacıya ait olup davalı tarafından sigortalanan lokantada bilinmeyen nedenle ... çıktığını, davacının yaptırdığı tespitte işyerinin tamamen kullanılamaz hale geldiği ve eski hale getirilmesi için gerekli masrafın 222.769,00 TL. olduğunun belirlendiğini, ayrıca davacının işletmesini çalıştıramadığı günler nedeniyle kazanç kaybına uğradığını, anılan zararlardan davalının sorumlu olduğunu, yapılan başvuru üzerine 67.434,00 TL. ödenmişse de bu bedelin gerçek zararın çok altında olduğunu belirterek fazlaya ilişkin hakları saklı kalmak kaydıyla 1.000,00 TL. maddi tazminatın olay tarihinden işleyecek avans faiziyle birlikte davalıdan tahsilini talep etmiştir.

Davalı vekili, hasar ihbarı üzerine yapılan incelemeyle alınan eksper raporunda saptanan gerçek zarar miktarı 67.434,00 TL'yi 20.03.2015 tarihinde davacıya ödediklerini ve poliçeden doğan sorumluluklarının son bulduğunu, kazanç kaybının sigorta teminatında olmadığını belirterek davanın reddini savunmuştur.

İlk derece mahkemesince, iddia, savunma, yapılan yargılama ve toplanan delillere göre; alınan uzman bilirkişi heyeti raporu ile saptanan zarar bedelinin davadan önce davalı ... şirketi tarafından davacıya ödendiği, davacının karşılanmamış zararı kalmadığı gerekçesiyle, davanın reddine dair verilen hükme karşı, davacı vekili tarafından istinaf kanun yoluna başvurulmuştur.

... Bölge Adliye Mahkemesi 17. Hukuk Dairesi tarafından; davaya konu edilen miktarın kesin olması nedeniyle davacı vekilinin istinaf başvurusunun reddine ilişkin 19.01.2017 tarihli mahkeme ek kararı hakkındaki davacı vekilinin istinaf talebinin kabulüne ve ek kararın kaldırılmasına; mahkemenin esas kararı, dosya kapsamına uygun olduğu ve hükme esas alınan bilirkişi heyet raporu yeterli olduğundan, davacı vekilinin istinaf başvurusunun esastan reddine karar verilmiş; bu karar, davacı vekili tarafından temyiz edilmiştir.

1-Dosya içerisindeki bilgi ve belgelere, istinaf mahkemesi kararının gerekçesinde, dayanılan delillerin tartışılıp değerlendirilmesinde usul ve yasaya aykırı bir yön bulunmamasına; aşağıdaki bendin kapsamı dışında tazminatın belirlenmesine ilişkin istinaf kararı ve gerekçesinin usul ve yasaya uygun görülmesine göre; davacı vekilinin sair temyiz itirazlarının reddine karar vermek gerekmiştir.

2-Dava, işyeri sigorta sözleşmesinden kaynaklanan tazminat istemine ilişkindir.

Bölge Adliye Mahkemesi'nce, davacının işyerinde davaya konu ... olayı nedeniyle oluşan zararın, konusunda uzman bilirkişi heyeti tarafından dosya kapsamına ve olaya uygun biçimde hesap edildiği ve davacının karşılanmamış maddi zararının bulunmadığı gerekçesiyle, davacının istinaf başvurusunun esastan reddine karar verilmiştir.

6102 sayılı Türk Ticaret Kanunu'nun 1427. maddesinde, sigortacının tazminat ödeme borcu düzenlenmiş olup, kanun kapsamında kalan tazminatın belirlenmesi görevi ise hakime aittir. Yine, taraflar arasındaki sigorta poliçesiyle de rizikonun gerçekleşmesi halinde, sigortacının tazmin borcu ve zararın belirlenmesi hususunda düzenlemeler yapılmıştır. Gerek TTK hükümleri, gerekse taraflar arasındaki sigorta sözleşmesi hükümleri ve sigortaya ilişkin ... Sigortası Genel Şartları dahilinde, tazmini gereken zarar miktarının doğru biçimde belirlenmesi gerekir.

Davacıya ait olup davalı tarafından sigortalan işyerinde, ... olayı nedeniyle oluşan zarar miktarının belirlenmesi, özel ve teknik bilgi gerektirdiğinden, uzman bilirkişi heyetinden 27.07.2016 tarihli rapor alınmış; raporda yapılan zarar hesaplamasına göre de davacının karşılanmamış zararının bulunmadığı kabul edilmiştir.

Davacıya ait işyerinin lokanta olarak ticari faaliyet yürüten işletme olduğu; yapılan işin mahiyeti gereği, uzun süre muhafaza edilemeyecek ve çabuk bozulabilecek mahiyetteki gıda maddeleri alımı ve bu maddelerin sigortalı işyerinde bulunması, ...da hasar görmesi kaçınılmaz olduğu halde, benimsenen bilirkişi raporunda, bu malzemeler için eksper tarafından yapılmış tespit olmadığı gerekçesiyle hesaplama yapılmadığı görülmektedir.

Açıklanan vakıalar karşısında; kanun ve taraflar arasındaki sözleşme hükümlerinin olaya uygulanması ile tazminatı belirleme görevi bulunan mahkemenin, tazminatın temel unsuru olan zararın doğru biçimde belirlenmesi hususunda gerekli denetimi yapması gerektiği açıktır. Bu itibarla, davacı işyerinde kullanılan günlük gıda malzemelerine ilişkin stok durumu ticari kayıt ve belgeler üzerinden tespit edilip, bu zarar kalemi için doğru belirlemenin yapılması konusunda ek rapor alınması gerektiğinin gözetilmeyişi suretiyle, hukukun ve taraflar arasındaki sözleşmenin yanlış uygulanması nedeniyle Bölge Adliye Mahkemesi kararının bozulmasına karar vermek gerekmiştir.

SONUÇ: Yukarıda (1) nolu bentte açıklanan nedenlerle, davacı vekilinin sair temyiz itirazlarının REDDİNE; (2) nolu bentte açıklanan nedenlerle, 6100 sayılı HMK'nun 371/1-a maddesi gereğince, Bölge Adliye Mahkemesi kararının BOZULMASINA ve Bölge Adliye Mahkemesi kararının kaldırılmasına; aynı Kanun'un 373/1 maddesi uyarınca, dosyanın ilk derece mahkemesine ve kararın bir örneğinin Bölge Adliye Mahkemesi'ne gönderilmesine ve peşin alınan harcın istek halinde temyiz eden davacıya geri verilmesine, 25/02/2019 gününde oybirliğiyle karar verildi.

YORUM

Yargıtay, BAM tarafından "davacının işyerinde oluşan zararın uzman bilirkişi heyetince dosya kapsamına ve olaya uygun biçimde hesap edildiği ve davacının karşılanmamış maddi zararının bulunmadığı" gerekçesiyle verilen "istinaf başvurusunun esastan reddi" kararını yerinde bulmamış ve aşağıdaki gerekçelerle bozmuştur:

- *Tazmini lazım gelen zarar miktarının, gerek TTK hükümleri, gerek taraflar arasındaki sigorta sözleşmesi hükümleri ve sigortaya ilişkin Genel Şartlar dahilinde, doğru biçimde belirlenmesi gerekir.*
- *Davacıya ait işyerinde riziko sebebiyle oluşan zararın miktarı hakkında bilirkişi heyetinden alınan raporda davacının karşılanmamış zararının bulunmadığı kabul edilmiştir.*
- *Ancak, davacıya ait işyeri bir lokantadır. Lokantada yapılan işin niteliği gereği, uzun süre muhafaza edilemeyecek ve çabuk bozulabilecek gıda maddeleri bulunur. Bunların riziko yüzünden hasar görmesi kaçınılmaz olduğu halde, bilirkişi raporunda, bu gıda maddeleri, eksper tarafından bu konuda yapılmış tespit olmadığı gerekçesiyle hesaplamaya dahil edilmemiştir.*
- *Mahkemenin, tazminatın temel unsuru olan zararın doğru biçimde belirlenmesi hususunda gerekli denetimi yapması gerektiği açıktır.*

- *Bu bağlamda, davacıya ait işyerinde kullanılan günlük gıda malzemelerine ilişkin stok durumunun ticari kayıt ve belgeler üzerinden tespit edilmesi gerekirdi.*
- *Bu zarar kalemi için doğru belirlemenin yapılması konusunda ek rapor alınması gerektiği gözetilmeyerek hukukun ve taraflar arasındaki sözleşmenin yanlış uygulanması nedeniyle Bölge Adliye Mahkemesi kararının bozulmasına karar vermek gerekmiştir.*

Karar hakkında şunları belirtebiliriz:

Yargıtay'ın sigorta konusu işletmenin lokanta olmasını dikkate alarak, burada makul şekilde bulunması beklenebilecek yemek hizmeti için kullanılmaya hazır yiyecek ve günlük gıda malzemelerinin de zarar hesabı içinde yer alması gerektiğine ilişkin saptaması kanımızca yerindedir. Yüksek Mahkeme, bunların tutarının belirlenmesi için işletmeye ait ticari kayıt ve belgelere bakılması lazım geldiğini de vurgulamıştır. Bu değerlendirmeye de kural olarak katılmaktayız. Ancak, "zararın ve kusurun ispatı" başlıklı TBK m. 50'de "uğranılan zararın miktarı tam olarak ispat edilemiyorsa hâkimin, olayların olağan akışını ve zarar görenin aldığı önlemleri göz önünde tutarak, zararın miktarını hakkaniyete uygun olarak belirleyeceği" öngörülmüş bulunduğundan, sigorta ettiren zarara maruz kaldığını kanıtlamakla birlikte, zararının tutarını tam olarak ortaya koyamıyorsa, o ölçekteki bir lokantada bulunması mutat olan miktarda günlük gıda malzemesinin değeri esas alınabilecektir.

Kısmi hasar üzerine sigorta sözleşmesinin feshi

Yargıtay 11. Hukuk Dairesi

Esas No.: 2016/797

Karar No.: 2016/9287

Karar tarihi: 02.12.2016

MAHKEMESİ :TİCARET MAHKEMESİ

Davacı vekili, müvekkili ile davalı arasında sigortalısı ... Otelcilik A.Ş. olmak üzere 26/04/2013 başlangıç, 26/04/2014 bitiş tarihli 175.000 EURO sigorta primi bedelli ticari paket sigorta sözleşmesi imzalandığını, davalının sigorta primlerini 17.500 EURO'luk 10 eşit taksitte ödemeyi kabul ettiğini, poliçe uyarınca davalı şirket tarafından 35.000 EURO sigorta primi ödendiğini, davalının müvekkiline gönderdiği yazı ile poliçenin 12/07/2013 tarihi itibariyle feshedildiğini bildirdiğini, fesih yazısında sadece "yönetim kurulumuzun aldığı kararla" denmek suretiyle poliçenin haksız feshedildiğini, müvekkilince bakiye primlerin ödenmesi istenince davalı tarafça gönderilen cevabi ihtarnamede poliçenin bir başka sigorta şirketi ile yeni bir sigorta sözleşmesi yapılmış olması nedeniyle iptal edildiğini bildirdiğini, 6102 sayılı TTK'nın 1434/f.1-3 maddesi gereğince ödenmeyen sigorta primlerinin davalı tarafça ödenmesi gerektiğini, sigorta sözleşmesinin fesih tarihine kadar yürürlükte kaldığı dönemde müvekkilince davalıya toplamda 9.964,40 TL sigorta tazminatı ödendiğini, TTK'nın 1431/f.3 maddesine göre sözleşmede belirtilen rizikonun gerçekleştiğini ve bu nedenle sigorta priminin tamamının muaccel hale geldiğini, ödenmeyen sigorta prim bedeli nedeniyle davalı hakkında başlatılan takibe davalının haksız yere itiraz ettiğini ileri sürerek, itirazın iptaline, icra inkar tazminatına hükmedilmesine karar verilmesini talep ve dava etmiştir.

Davalı vekili, dava dışı mülk sahibi ... Otelcilik A.Ş'nin başka bir sigorta şirketi ile yeni bir sigorta poliçesi imzalaması nedeniyle dava konusu poliçenin iptal edildiğini, TTK'nın 1434 maddesi gereğince davacıya bakiye prim bedeli ödeme yükümlülüklerinin bulunmadığını savunarak, davanın reddini istemiştir.

Mahkemece, iddia, savunma, bilirkişi raporları ve tüm dosya kapsamına göre, davacı tarafından dava konusu poliçeye dayalı olarak 11 adet hasar dosyası açıldığı, onbirinci hasarın meydana geldiği tarihin 05/07/2013 olduğu, söz konusu hasar bedeli ödenmeden önce sigorta poliçesinin 12/07/2013 tarihi itibariyle davalı tarafça feshedildiği anlaşıldığından gerçekleşen hasarların B.8/8.4. maddesi uyarınca kısmi hasar niteliğinde olduğu, genel şartların anılan maddesi uyarınca kısmi hasarlarda tarafların poliçeyi fesih hakkını ancak tazminat ödemeden önce kullanabileceği, feshin hüküm ifade ettiği tarihe kadar geçen sürenin primi gün üzerinden hesap edilip fazla alınan kısmın iade edilmesi gerektiği, dava konusu kısmi hasar 05/07/2013 tarihinde meydana gelmiş olup, tazminat ödemesi yapılmadan önce davalı tarafça 12/07/2013 tarihinde poliçenin feshedildiği, poliçenin 26/04/2013-12/07/2013 arasında 77 gün süre ile geçerli kaldığı, 77 gün için ödenmesi gereken sigorta priminin 36.917,85 EURO olduğu, ödenen 35.000 EURO düşüldüğünde davalı tarafça ödenmesi gereken prim bedelinin 1.917,85 Euro olduğu gerekçesiyle itirazın kısmen iptali ile takibin 1.917,85 EURO asıl alacak üzerinden devamına, 1.038 TL icra inkar tazminatının davalıdan tahsiline, fazla istemin reddine karar verilmiştir.

Kararı, taraf vekilleri temyiz etmiştir.

Dava dosyası içerisindeki bilgi ve belgelere, mahkeme kararının gerekçesinde dayanılan delillerin tartışılıp, değerlendirilmesinde usul ve yasaya aykırı bir yön bulunmamasına ve TTK 1428/2 maddesine göre, taraf vekillerinin tüm temyiz itirazları yerinde değildir.

SONUÇ: Yukarıda açıklanan nedenlerden dolayı, taraf vekillerinin bütün temyiz itirazlarının reddiyle usul ve kanuna uygun bulunan hükmün ONANMASINA, takdir olunan 1.350,00 TL duruşma vekalet ücretinin her bir taraftan alınarak yekdiğerine verilmesine, aşağıda yazılı bakiye 01,50 TL temyiz ilam harcının temyiz eden davacıdan alınmasına, aşağıda yazılı bakiye 401,33 TL temyiz ilam harcının temyiz eden davalıdan alınmasına, 02/12/2016 tarihinde oyçokluğuyla karar verildi.

KARŞI OY

Dava, sigorta sözleşmesinin haksız feshi nedeniyle bakiye sigorta primlerinin tahsili istemine ilişkindir.

Kısmi zarar hallerinde tarafların sigorta sözleşmesini feshedebilecekleri, ancak sigortacının fesih hakkını, kısmi tazminat ödemesinden sonra kullanabileceği TTK m. 1428'de öngörülmüştür. Bunun yanında Türk Hukuku'nda TTK m. 1430/3 sigorta ettirene, sigortacının sorumluluğu başlamadan önce kararlaştırılmış primin yarısını ödeyerek sözleşmeden cayma hakkı tanımıştır. Ayrıca sigorta sözleşmesi sürekli borç doğuran sözleşmelerdendir. Bu durum karşısında, sürekli borç ilişkisi doğuran sigorta sözleşmesinin feshini değerlendirirken, öncelikle sigorta sözleşmesinin bu niteliği yanında yukarıda bahsedilen iki maddenin bir arada değerlendirilmesi ve sonuca varılması gerekir.

TTK m. 1428'in haklı (sebepli) feshi düzenlediği, çünkü feshin sebepsiz olması (haksız fesih) halinde, kural olarak fesih beyanının sürekli borç ilişkisini sona erdirmeyeceği tartışmasızdır. Böylece sigorta sözleşmesinin sürekli borç doğuran sözleşme niteliği ve TTK m. 1430/3 maddesi karşısında aynı Yasa'nın 1428/2 maddesinin sözleşmenin haksız feshinde uygulanmayacağı sonucuna varılmalıdır. Bunun yanında yabancı hukuk sistemlerinde de TTK m. 1428/2'ye benzer madde var ise de, bu düzenleme sınırlı sigorta branşları için kabul edilmiş ve bunun yanında TTK m. 1430/2'ye benzer bir düzenlemede bu hukuk sistemlerinde bulunmamaktadır (Yar. Doç. Dr. Öztuna Birgül Sopacı, Yönetici Sorumluluk Sigortası, 2015 Bası, sayfa 402, 411). Türk Hukuku'ndaki bu farklılık TTK m. 1428/3, 1430/2'nin birlikte değerlendirilmesi zorunluluğunu karşımıza çıkarmakta ve TTK m. 1428'in ancak, sigorta sözleşmesinin sürekli borç ilişkisi doğuran sözleşme olması nedeniyle feshin haklı olması durumunda uygulanacağı, haksız fesih halinde uygulanamayacağının kabulünü gerektirmektedir. Yine mahkemenin davanın reddine gerekçe yaptığı, TTK m. 1428/2'nin tekrarı niteliğindeki genel şart hükmü ancak, yukarıdaki açıklamalar karşısında, feshin haklı olması halinde uygulanabileceği, sigorta sözleşmesinin haksız feshinde uygulanma olanağı olmadığı görüşüne varılmıştır.

Bir an için feshin haklı olup olmadığı ayrımı yapmaksızın TTK m. 1428/2'nin uygulanacağını düşünsek bile, TTK m. 1428/2'deki hakkın ancak makul sürede ve ilk kısmi hasardan sonra kullanılması gerekir. Çünkü, sözleşmenin tarafları, rizikonun gerçekleşmesinden sonra sigorta ilişkisini ve menfaatlerini daha gerçekçi olarak gözden geçirme imkanı elde ederler. Bunun sonucu olarak taraflara aynı sigorta branşında, birden fazla kısmi hasar meydana geldikten sonrada fesih olanağı tanımak, maddenin ve sigorta hukukunun ruhu ile bağdaşmaz.

Aynı poliçe içinde bir çok sigorta branşına teminat verilmesi halinde, kısmi hasar gerçekleştiği sigorta dalı veya dalları bakımından ancak TTK m. 1428/2 uygulanabilir. Hasar gerçekleşmeyen sigorta dalının feshi ise mümkün değildir.

Bu açıklamalardan sonra somut olaya gelindiğinde; öncelikle davalının kısmi bir veya birçok hasar meydana gelen sigorta dalları bakımından da keyfi, sebepsiz fesih hakkını kullandığı göz önüne alındığında; fesih hakkının haklı sebep olmaksızın kullanıldığı ki bu şekildeki fesih beyanının borç ilişkisini sona erdirmeyeceği, diğer yönüyle de feshin makul sürede kullanılmaması veya birden çok kısmi hasardan sonra kullanılmasının kabulünün mümkün olmadığı, ayrıca kısmi hasarın meydana gelmediği sigorta dalları bakımından haksız veya sebepsiz feshin sonuç doğurmayacağı düşünülmeden kararı onayan çoğunluğun görüşüne katılamıyoruz.

YORUM

YARGITAY KARARI

Yargıtay kararına konu olan olay şöyledir:

Davacı sigortacı, 26.04.2013-26.04.2014 arasındaki süreyi kapsayan bir paket poliçe ile davalının işletmesini sigorta koruması altına almıştır. Toplam prim tutarı 175.000 EURO olarak belirlenmiş ve 10 eşit taksitte ödenmesi kararlaştırılmıştır. Davalı sigorta ettiren 12.07.2013 günü poliçeyi feshetmiştir. O tarihte ödenmiş olan iki taksit (toplam 35.000 EURO) mevcuttur. Davalı, "poliçenin bir başka sigorta şirketi ile yeni bir sigorta sözleşmesi yapılmış olması nedeniyle iptal edildiğini" açıklamıştır.

Davacı sigortacı bu feshin haksız olduğunu ve fesih tarihine kadar davalıya 9.964,40 TL sigorta tazminatı ödediğini; sözleşmede belirtilen rizikonun gerçekleştiğini ve bu nedenle sigorta priminin tamamının TTK 1434(1) ve TTK 1434(3) uyarınca muaccel hale geldiğini öne sürerek bakiye prim alacağı için davalı aleyhine icra takibi yapmıştır.

Davalı bu takibe itiraz edince takip durmuş ve davacı itirazın iptali davası açmıştır.

İlk derece mahkemesi aşağıda özetlenen gerekçelerle davanın kısmen kabulüne karar vermiştir:

- *Davacı tarafından dava konusu poliçe kapsamında 11 adet hasar dosyası açılmıştır.*
- *On birinci hasar 05.07.2013 meydana gelmiştir.*
- *Gerçekleşen hasarlar sigorta genel şartlarının B.8/8.4. maddesi uyarınca kısmi hasar niteliğindedir.*
- *Genel şartların anılan maddesi uyarınca kısmi hasarlarda taraflar poliçeyi fesih hakkını ancak tazminat ödemeden önce kullanabileceklerdir.*
- *Poliçe, davalı tarafından tazminat ödemesi yapılmadan önce 12.07.2013 tarihinde feshedilmiştir.*
- *Poliçe 77 gün süre ile geçerli kalmıştır. 77 gün için ödenmesi gereken sigorta primi 36.917,85 EURO'dur.*

- *Davalının evvelce ödediği 35.000 EURO düşüldüğünde davalı tarafça ödenmesi gereken prim bedeli 1.917,85 EURO olarak hesaplanmaktadır.*
- *İtirazın kısmen iptali ile takibin 1.917,85 EURO asıl alacak üzerinden devamına, 1.038 TL icra inkar tazminatının davalıdan tahsiline, fazla istemin reddine karar verilmiştir.*

Yargıtay, ilk derece mahkemesi tarafından verilen kararı "dosya içerisindeki bilgi ve belgelere, mahkeme kararının gerekçesinde dayanılan delillerin tartışılıp, değerlendirilmesinde usul ve yasaya aykırı bir yön bulunmamasına ve TTK 1428(2) maddesine göre" yerinde görmüş ve her iki tarafın da temyiz başvurusunu (oyçokluğu ile) reddetmiştir.

Karar hakkındaki değerlendirmemiz:

Bu olayda söz konusu olan sigortanın bir yangın sigortası olduğu anlaşılmaktadır. Yangın Sigortası Genel Şartları'nın B.8.4 maddesi aşağıdaki gibidir:

"Kısmi hasarlarda, taraflar sigorta sözleşmesini feshetme hakkına sahiptir. Taraflar fesih hakkını ancak tazminatı ödemeden önce kullanabilir. Feshin hüküm ifade ettiği tarihe kadar geçen sürenin primi, gün esası üzerinden hesap edilir ve fazlası geri verilir."

Yangın Sigortası Genel Şartları B.8.4 maddesi yasaya aykırıdır. Sigorta ettiren/ sigortalı aleyhine değiştirilemeyen (üçüncü grup) emredici nitelik taşıyan TTK 1428(2) uyarınca

"Kısmi zarar hâllerinde taraflar sigorta sözleşmesini feshedebilirler. Ancak, sigortacı fesih hakkını, kısmi tazminat ödemesinden sonra kullanabilir".

Bugün, yangın sigortası kapsamında gerçekleşen bir rizikodan sonra sigortacı fesih hakkını kullanabilmek için önce sigorta tazminatını ödemek zorundadır. Sigorta ettiren ise bu gibi bir sınırlamaya tabi kılınmamıştır. Sigorta ettirenin tazminat aldıktan sonra sözleşmeyi feshetmesine engel bulunmamaktadır.

Olayda acaba sigortacı primin ne kadarına hak kazanmış sayılabilir? Yargıtay sözleşmenin ne kadar yürürlükte kalmış olduğunu esas alan bir çözüm benimsemiştir. Buna göre, sözleşme 77 gün sürdüğü için sigortacıya ödenmesi gereken tutar, toplam primin 77/365'i kadardır (36.917,85 EURO).

Yüksek Mahkeme bu sonuca varırken sigortacı tarafından sigorta ettirene fesih öncesinde bazı küçük hasarlar sebebiyle tazminat ödenmiş olmasını dikkate almamıştır.

- *TTK 1434(3) "sigorta priminin taksitle ödenmesinin kararlaştırıldığı hâllerde, riziko gerçekleşince, ödenecek tazminata veya bedele ilişkin primlerin tümünün muaccel olacağını" öngörmektedir.*

- *Öte yandan TTK 1434(5) de "sigortacının prim alacağını, (sorumluluk sigortaları dışında) ödenecek tazminattan veya bedelden düşebileceğini hükme bağlamıştır.*
- *TTK 1434(5) hükmünün nasıl anlaşılması gerektiği hususu açık değildir. Fikrimizce, sigortacının bütün primi değil, ancak TTK1434(3) uyarınca muaccel hale geldiği kabul edilen primi ödeyeceği tazminattan düşmesi uygun olur.*
- *Olayda ödenen hasar tutarı küçüktür. Bu tutara göre hesap yapıldığında ortaya çıkan hak kazanılmış prim de düşük kalmaktadır. Yüksek Mahkeme bu sebeple TTK 1434(3) ve TTK 1434(5)'i göz önünde bulundurmamış olabilir.*
- *Buna karşın kanımızca sigortacının ödediği tutara ilişkin olarak da bir miktar prim alacağına hak kazanmış bulunduğu kabul edilebilir. Çünkü gün esasına göre prime hak kazanma, rizikonun hiç gerçekleşmediği hallerde uygulanan bir kuraldır. Burada ise küçük çaplı da olsa bazı hasarlar meydana gelmiş ve sigortacı bunlarla ilgili ödeme yapmıştır. Hiç hasar olmaması olasılığına kıyasla daha fazla prime hak kazanması makuldür.*
- *Olaydaki yangın sigortasında TTK 1428(2) uyarınca sigortacının fesih hakkına sahip olup olmayacağı ise aşağıda Karşı Oy yazısı incelenirken ele alınacaktır.*

KARŞI OY

Oyçokluğu ile verilen "onama" kararına karşı kaleme alınan "karşı oy" yazısında da şu hususlar belirtilmiştir:

- *Sigorta sözleşmesi sürekli borç doğuran sözleşmelerdendir.*
- *Tarafların kısmi zarar hallerinde sigorta sözleşmesini feshedebileceklerini öngören TTK 1428 ve sigorta ettirene, sigortacının sorumluluğu başlamadan önce kararlaştırılmış primin yarısını ödeyerek sözleşmeden cayma hakkı tanıyan TTK 1430(3) değerlendirilirken sigorta sözleşmesinin sürekli borç ilişkisi doğuran bir sözleşme olduğu dikkate alınmalıdır.*
- *TTK 1428'in haklı (sebepli) feshi düzenlediği, çünkü feshin sebepsiz olması (haksız fesih) halinde, kural olarak fesih beyanının sürekli borç ilişkisini sona erdirmeyeceği tartışmasızdır.*
- *Böylece TTK 1428(2) hükmünün sözleşmenin haksız feshinde uygulanmayacağı sonucuna varılmalıdır.*
- *Yabancı hukuk sistemlerinde de TTK 1428(2)'ye benzer madde var ise de, bu düzenleme sınırlı sigorta branşları için kabul edilmiştir.*

- *Bunun yanında TTK 1430(3)'e benzer bir düzenleme bu hukuk sistemlerinde bulunmamaktadır (Yar. Doç. Dr. Öztuna Birgül Sopacı, Yönetici Sorumluluk Sigortası, 2015 Bası, sayfa 402, 411).*
- *Türk Hukuku'ndaki bu farklılık TTK 1428(2) ve TTK 1430(3)'ün birlikte değerlendirilmesi zorunluluğunu karşımıza çıkarır.*
- *Sigorta sözleşmesinin sürekli borç ilişkisi doğuran sözleşme olması nedeniyle TTK 1428'in ancak, feshin haklı olması durumunda uygulanacağı, haksız fesih halinde uygulanamayacağının kabulü gerekir.*
- *Yukarıdaki açıklamalar karşısında İlk derece mahkemesinin davanın reddine gerekçe yaptığı TTK 1428(2)'nin tekrarı niteliğindeki genel şart hükmü, ancak feshin haklı olması halinde uygulanabilir; sigorta sözleşmesinin haksız feshinde uygulanma olanağı yoktur.*
- *Bir an için feshin haklı olup olmadığı ayrımı yapmaksızın TTK m. 1428(2)'nin uygulanacağı düşünülse dahi, TTK 1428(2)'deki hakkın ancak makul sürede ve ilk kısmi hasardan sonra kullanılması gerekir. Çünkü, sözleşmenin tarafları, rizikonun gerçekleşmesinden sonra sigorta ilişkisini ve menfaatlerini daha gerçekçi olarak gözden geçirme imkanı elde ederler. Bunun sonucu olarak taraflara aynı sigorta branşında, birden fazla kısmi hasar meydana geldikten sonrada fesih olanağı tanımak, maddenin ve sigorta hukukunun ruhu ile bağdaşmaz.*
- *Kaldı ki TTK 1428(2) aynı poliçe içinde birçok sigorta branşına teminat verilmesi halinde, ancak kısmi hasarın gerçekleştiği sigorta dalı veya dalları bakımından uygulanabilir. Hasarın gerçekleşmiş olmadığı sigorta dalına ilişkin teminatın feshi ise mümkün değildir.*
- *Bu açıklamalardan sonra somut olaya gelindiğinde;*
    - o *davalı fesih hakkını kısmi bir veya birçok hasar meydana gelen sigorta dalları bakımından keyfi, sebepsiz şekilde kullanmıştır.*
    - o *Bu şekildeki fesih beyanı borç ilişkisini sona erdirmez*
    - o *Diğer yandan, fesih hakkının makul sürede kullanılmaması veya birden çok kısmi hasardan sonra kullanılması da kabul edilemez.*
    - o *Ayrıca kısmi hasarın meydana gelmediği sigorta dalları bakımından haksız veya sebepsiz fesih sonuç doğurmaz.*
- *Bu hususlar düşünülmeden kararı onayan çoğunluğun görüşüne katılamıyoruz.*

<u>Karşı oy yazısı hakkında değerlendirmemiz:</u>

Kanımızca Karşı Oy yazısında belirtilen bazı düşünceler yerinde değildir.

- *Sigorta sözleşmesinin sürekli borç doğuran bir sözleşme olması taraflara yasada belirli koşullar altında fesih hakkı tanınmasına engel değildir. Yasa fesih hakkının kullanılabilmesi için yalnızca rizikonun gerçekleşmesini (sigortacı fesih yoluna gitmekte ise, onun ayrıca sigorta tazminatını ödemiş olmasını) yeterli görmüştür. (Rizikonun hangi hallerde gerçekleşmiş sayılacağı ayrı bir sorundur ve bu hususta tartışma olması doğaldır. Bunlara aşağıda kısaca değineceğiz).*
- *Sigortacının sorumluluğu başlamadan önce kararlaştırılmış primin yarısını ödeyerek sözleşmeden cayma hakkı tanıyan TTK 1430(3) cümle 1 hükmünün kısmi hasar halinde sözleşmenin feshi ile bir ilgisi bulunmamaktadır.*
    - *TTK 1430(3) cümle 1 deyim yerindeyse çok uzun zamandır "ölü hüküm" niteliğini taşımaktadır (Bu hüküm 1956 tarihli önceki TTK'da da mevcuttu ve o yasa zamanında da uygulaması bulunmamaktaydı).*
    - *"Sözleşmeden kısmi cayma hâlinde, sigorta ettirenin ödemekle yükümlü olduğu prim, cayılan kısma ilişkin primin yarısıdır" şeklindeki TTK 1430(3) cümle 2'nin sigorta sözleşmesine sigorta süresi içinde (kalan süreye ilişkin primin yarısı ödenerek) son verilmesi hakkını tanıdığı biçiminde yorumlanması da mümkün değildir.*
    - *TTK 1430)(3) cümle 2 de, tıpkı TTK 1430(3) cümle 1 gibi, ilk prim ödenmeden (sigortacının sorumluluğu başlamadan) önce kullanılması lazım gelen bir hakkı düzenlemektedir. TTK 1430(3) cümle 1 ile cümle 2 arasındaki fark, ilkinin bütün sözleşmeden ikincisinin ise bir kısmından cayılmasını düzenliyor olmasıdır.*
    - *Karşı Oy yazısında TTK 1430(3)'dan söz edilmiş olmasının fikrimizce bir anlam ve sonucu yoktur.*
- *TTK 1428'in haklı (sebepli) feshi düzenlediği, TTK 1428(2) hükmünün sözleşmenin haksız feshinde uygulanmayacağı görüşü kanımızca dayanaksızdır. Rizikonun gerçekleşmiş olması yeterli sebeptir. Riziko üzerine taraflar karşılıklı olarak birbirlerinin sözleşme kapsamındaki davranışını ölçme olanağını elde ederler. Sigorta ettiren sigortacının hasar sürecini nasıl yönettiğini ve kendisine nasıl yaklaştığını görür; sigortacı da sigorta ettirenin riziko ile ilgili olarak nasıl davranmış ve hasar süreci boyunca da nasıl davranmakta olduğunu tartma fırsatı bulur. Taraflar sözleşmeden sonra doğrudan temas hâline çoğu halde riziko gerçekleşince gelirler ve ilişkiyi sürdürmeyi arzu edip etmedikleri de bunun üzerine netleşir. Bu düşüncelerle taraflara eğer ilişkiyi sürdürmek istememekte iseler, sebep göstermeksizin bunu sonlandırma hakkı tanınmıştır.*

- *Alman hukukunda riziko üzerine fesih hakkı yalnızca "eşya sigortalarında" tanınmıştır. Bizde ise bu hak "bütün" sigortalarda mevcuttur. TTK 1428(2) "Genel Hükümler" diğer bir anlatışla bütün sigorta sözleşmelerine uygulanacak hükümler arasında yer almaktadır. Yasanın herhangi bir sınırlama getirmeksizin bu kadar geniş bir fesih (sözleşmeyi ileriye etkili biçimde sonlandırma) hakkı tanımasının yerindeliği tartışılabilir.*
    - *VVG § 92(1) "sigorta ilişkisinin" (bütün olarak) sonlandırılabileceğini hükme bağlamıştır. Buna göre, bir işletme için ayrı ayrı işyeri (yangın ve ek teminatlar) ve iş durması sigortaları yaptırılmışsa, işyeri sigortası kapsamında gerçekleşen fakat işin sürdürülmesini engellemeyen bir rizikonun meydana gelmesi olasılığında dahi her iki sigortanın birden noktalanması mümkün olacaktır (Langheid in Langheid/Rixecker, VVG, 5. Aufl. § 92 Rn.11 ve 12).*
    - *Karşı Oy yazısında ileri sürülen " TTK m. 1428(2) hükmünün aynı poliçe içinde birçok sigorta dalına ilişkin olarak teminat verilmesi halinde, ancak kısmi hasarın gerçekleştiği sigorta dalı veya dalları bakımından uygulanabileceği; buna karşılık hasar gerçekleşmeyen sigorta dalına ilişkin teminatın feshinin mümkün olmayacağı" görüşünün Türk hukuku bakımından tartışılması gerekir. Çünkü TTK 1428(2) Alman düzenlemesindeki gibi tüm "sigorta ilişkisinin" (fesih yoluyla) sona erdirilmesine olanak sağlayan bir kural içermemektedir. Bu sebeple, birden çok teminatın birlikte verildiği paket poliçeler için Yüksek Mahkeme'nin bir çözüm benimsemesi lazımdır. Kanımızca, sigorta ettirenle mevcut olan tüm sigorta ilişkisinin (tüm sigorta sözleşmelerinin) feshi ağır bir sonuç ve yerindeliği tartışmalı bir çözüm olur. Ancak, aynı mal için düzenlenen bir paket poliçede -mesela yangın teminatı kapsamında gerçekleşmiş bir riziko için yalnızca yangın için feshe olanak tanımak; hırsızlık teminatının ise sürmesi gerektiğini kabul etmek de tutarlı görünmemektedir.*
    - *Fikrimizce tarafların baştan çok sayıda malın sigorta süresi içinde hasarlanması olasılığını dikkate alarak sözleşme yapmış oldukları hallerde, tek bir malın (mesela 5.000 kahve çuvalından yalnızca birinin) hasarlanması üzerine sigortacının veya sigorta ettirenin fesih hakkını kullanması dürüstlüğe aykırı görülebilir.*
- *Rizikonun ne zaman gerçekleşmiş sayılacağı fesih hakkı bağlamında öne taşıyan bir husustur. Özellikle teminat kapsamında olmayan (açıkça koruma dışında bırakılmış) hallerde, muafiyet indirimi sınırının altında kalan hasarlarda, sigorta ettiren veya sigortalının rizikoyu kasten gerçekleştirmiş olduğu veya sigorta sahtekârlığına kalkışmış oldukları durumlarda ve sigorta ettiren veya sigortalı sigorta korumasından yoksun*

kalmayı gerektiren bir davranış sergilediğinde (mesela bazı görevlerin kasten ihlâl edilmesi) sigortacıya bu hakkın tanınıp tanınmayacağının tartışılması ve yasanın buna göre şekillendirilmesi (değiştirilmesi) gerekir. (TTK'nın, sigortacıyı fesih hakkını "tazminat ödedikten sonra" kullanmakla yükümlü tuttuğu göz önünde bulundurulursa, şu anki düzenleme karşısında, tazminat ödemesinin gerekmediği hiçbir durumda sigortacı fesih yoluna gidemeyecektir).

Karşı Oy yazısında katıldığımız husus:

- *Olayda TTK 1428(2)'deki hakkın ancak makul sürede kullanılmış olması gerekeceği düşüncesi bizce de yerindedir. TTK fesih hakkının kullanılması için bir süre öngörmemiştir. Bu hakkın mesela rizikoyu izleyen bir aylık süre içinde kullanılması öngörülebilirdi.*

Finansal kiralama konusu aracın kaza sonucu gördüğü hasarı ödeyen sigortacının, zarardan sorumlu kişilere yönelik olarak açtığı yasal halefliğe dayanan rücu davası – Sigortalının TTK 1429 anlamında eylemlerinden sorumlu olduğu kişi niteliğindeki davalılara sigortacının rücu edip edemeyeceği – Davaya hangi mahkemede bakılacağı

Yargıtay 11. Hukuk Dairesi

Esas No.: 2019/1844

Karar No.: 2020/170

Karar tarihi: 08.01.2020

MAHKEMESİ : ANTALYA BÖLGE ADLİYE MAHKEMESİ 11. HUKUK DAİRESİ

Davacı vekili, müvekkili ile dava dışı B. Finansal Kiralama A.Ş. arasında makine kırılması sigorta poliçesi düzenlendiğini, poliçeye konu Volvo marka kamyonun adı geçen şirket tarafından dava dışı K. Haddecilik Ltd. Şti 'ne finansal kiralama yolu ile devredildiğini, aracın davalılardan ...'nin kullanımında iken devrilerek hasar gördüğünü, hasar bedelinin müvekkili tarafından ödendiğini, sürücünün tam kusurlu olması nedeniyle rücu haklarının doğduğunu, diğer davalıların sürücü ...'nin işverenleri olduklarını ileri sürerek, 48.970,00 TL 'nin davalılardan tahsiline karar verilmesini talep ve dava etmiştir.

Davalılar vekili, TTK'nın 1429 maddesi uyarınca sigortacının dava hakkının bulunmadığını, rücu koşullarının oluşmadığını savunarak davanın reddini savunmuştur.

Mahkemece, iddia, savunma, bilirkişi raporları, toplanan deliller ve tüm dosya kapsamına göre; TTK'nın 1429. maddesi gereğince sigortacının aksine bir sözleşme bulunmadıkça sigortalının, lehtarın ve bunların hukuken fiillerinden sorumlu bulundukları kişilerin ihmallerinden kaynaklanan zararları tazmin ile yükümlü olduğu, dava konusu olayda; sigortalının aracı rıza ve muvafakat göstererek davalılara teslim ettiği, bu kişilerin sigortalı sayılmalarının yasa gereği olduğu, sigortalı mala kasten zarar verildiğinin de ileri sürülmediği bu nedenle davacının davalılara rücu hakkının doğmadığı gerekçesiyle davanın reddine karar verilmiştir.

Karara karşı davacı vekili istinaf kanun yoluna başvuruda bulunmuştur.

Bölge Adliye Mahkemesince, dava dışı finansal kiralama şirketinin davaya konu aracı finansal kiralama sözleşmesi yolu ile yine dava dışı K. Haddecilik Ltd. Şti'ne devrettiği, adı geçen şirketin de dosya içerisinde örneği bulunan "üretim, işletme ve tek satın alma sözleşmesi" başlıklı sözleşme ile davalılar ... ve ... ortaklığına devrettiği, sözleşme içeriği incelendiğinde; K. Haddecilik Ltd. Şti 'nin gösterdiği sahada yine K. Haddecilik Ltd. Şti'nin ekipmanları ile üretim yapılmasının ve çıkan mermerlerin adı geçen şirkete satılmasının kararlaştırıldığı, bir taşeronluk sözleşmesi niteliğinde olduğu söz konusu sözleşme uyarınca; davalılar ... ve ...'ın, sigortalının 6102 sayılı TTK'nın 1429. maddesinde bahsi geçen, "fiillerinden sorumlu olduğu kişiler" niteliğinde oldukları ve bu hali ile davacı ... şirketinin adı geçen davalılar ve onların işçisi diğer davalı ... aleyhine rücu isteminde bulunamayacağı anlaşılmakla, usul ve yasaya uygun ilk derece mahkemesi kararına karşı davacı vekilinin istinaf başvurusunun esastan reddine karar verilmiştir.

Kararı, davacı vekili temyiz etmiştir.

(1) Dava makine kırılması sigorta poliçesinden kaynaklanan rücuen tazminat istemine ilişkin olup Denizli Asliye Hukuk Mahkemesi'nce davanın reddine karar verilmiştir. Davacı vekilinin istinaf başvurusu üzerine

Antalya Bölge Adliye Mahkemesi 11. Hukuk Dairesi'nce istinaf başvurusu esastan reddedilmiştir.

6102 sayılı TTK 4-1-a maddesinde, TTK'da öngörülen hususlardan doğan hukuk davaları ticari dava olarak kabul edilmiştir. 6102 Sayılı Türk Ticaret Kanununun 5. maddesi uyarınca da, ticari davalar ile ticari nitelikteki çekişmesiz yargı işleri dava olunan şeyin değerine veya tutarına bakılmaksızın asliye ticaret mahkemesinde görülür. Asliye ticaret mahkemesi ile asliye hukuk mahkemesi ve diğer hukuk mahkemeleri arasındaki ilişki görev ilişkisi olup, bu durumda göreve ilişkin usul hükümleri uygulanır. 6100 sayılı HMK'nın 1/1. maddesi gereğince de mahkemelerin görevi, kanunla düzenlenir ve göreve ilişkin kurallar, kamu düzenine ilişkin olup aynı zamanda HMK'nın 114/1-c maddesi uyarınca dava şartıdır. Somut olay sigorta sözleşmesinden kaynaklanmakta olup taraflar arasındaki uyuşmazlığın çözümünde ticaret mahkemeleri görevlidir. Kamu düzenini ilgilendiren görev hususunda Bölge Adliye Mahkemesince res'en ilk derece mahkemesinin kararının görevsizlik nedeni ile kaldırılarak dosyanın görevli mahkemeye gönderilmesine 6100 sayılı HMK'NIN 353/1-a.3 hükmü uyarınca kesin olarak karar verilmesi gerekirken istinaf başvurusunun esastan reddine karar verilmesi doğru olmamış, BOZMAYI gerektirmiştir.

(2) Bozma sebep ve şekline göre davacı vekilinin temyiz itirazlarının incelenmesine şimdilik gerek görülmemiştir.

SONUÇ: Yukarıda (1) numaralı bentte açıklanan nedenlerle ilk derece mahkemesince verilen karara yönelik istinaf başvurusunun esastan reddine ilişkin Bölge Adliye Mahkemesi kararının res'en BOZULARAK KALDIRILMASINA, (2) numaralı bentte açıklanan nedenlerle davacı vekilinin temyiz itirazlarının incelemeye bu aşamada yer olmamasına, HMK'nın 373/1 maddesi uyarınca dava dosyasının ilk derece mahkemesine gönderilmesine, ödediği peşin temyiz harcının isteği halinde temyiz edene iadesine, 08/01/2020 tarihinde oybirliğiyle karar verildi.

YORUM

Olayda Yargıtay, ilk derece mahkemesi olarak davaya bakan Asliye Hukuk Mahkemesi tarafından verilen ve BAM tarafından da onanan kararı, davanın Ticaret Mahkemesi'nde görülmesi gerektiğini belirterek bozmuştur.

Davacı, yasal halef olarak zarardan sorumlu kişilere dava açan sigorta şirketidir.

Davacı dava dışı B. Finansal Kiralama A.Ş.'ne ait ......marka kamyon için bir makine kırılması sigorta poliçesi düzenlemiştir. Sigorta ettiren finansal kiralama şirketi sigorta konusu kamyonun kullanımını dava dışı K. Haddecilik Ltd. Şti 'ne finansal kiralama yolu ile bırakmıştır. Kamyon, davalılardan ...'nin kullanımında iken devrilerek hasar görmüştür. Sigortacı hasar tutarını ödemiş ve kusuruyla kazaya yol açan sürücü ve onun işverenine karşı yasal haleflik hakkına dayanarak dava açmıştır.

İlk derece mahkemesi

- *TTK 1429 gereğince sigortacının aksine bir sözleşme bulunmadıkça sigorta ettirenin veya sigortalının yahut bunların hukuken fiillerinden sorumlu bulundukları kişilerin ihmallerinden kaynaklanan zararları tazmin ile yükümlü olduğunu,*
- *Olayda sigortalının aracı kendi rızasıyla davalılara teslim ettiğini,*
- *Davalıların yasa gereği sigortalı sayılmaları lazım geldiğini*
- *Sigortalı mala kasten zarar verildiğinin de ileri sürülmediğini*
- *Sonuç olarak davacının davalılara rücu hakkının doğmadığını vurgulayarak davayı reddetmiştir.*

Karara karşı davacı BAM'a başvuruda bulunmuştur.

Bölge Adliye Mahkemesi, olayda

- *Kamyonun kiracı K. Haddecilik Ltd. Şti tarafından sözleşme ile kazayı yapan davalı sürücünün işverenine bırakıldığını*
- *Bu sözleşmede kiracının gösterdiği sahada yine kiracının ekipmanları ile üretim yapılmasının ve çıkan mermerlerin adı geçen şirkete satılmasının kararlaştırıldığını*
- *Bu bakımdan, sözleşmenin bir taşeronluk sözleşmesi niteliğinde olduğunu*
- *Bu sözleşme uyarınca davalıları, sigortalının TTK 1429 anlamında "fiillerinden sorumlu olduğu kişiler" olarak nitelemek gerektiğini*
- *Dolayısıyla davacı sigortacının davalı taşerona (sürücünün işverenine) ve onun çalıştırdığı diğer davalı araç sürücüsüne karşı rücu davası açamayacağını*

belirterek istinaf başvurusunu geri çevirmiştir.

Bunun üzerine davacı Yargıtay'a başvurmuştur. Yargıtay

- *TTK 4(1)(a)'da TTK'da öngörülen hususlardan doğan hukuk davalarının ticari dava olduğunu*
- *TTK 5 uyarınca da, ticari davaların Asliye Ticaret Mahkemesinde görüleceğini*
- *Asliye Ticaret Mahkemesi ile Asliye Hukuk Mahkemesi ve diğer hukuk mahkemeleri arasındaki ilişkinin görev ilişkisi olduğunu ve göreve ilişkin kuralların, kamu düzenine ilişkin bulunduğunu ve dava şartı oluşturduğunu*
- *Somut olayın sigorta sözleşmesinden kaynaklandığını ve taraflar arasındaki uyuşmazlığın çözümünde ticaret mahkemelerinin görevli olduğunu*
- *BAM'ın res'en ilk derece mahkemesi kararını görevsizlik nedeni ile kaldırarak dosyanın görevli mahkemeye gönderilmesine kesin olarak karar vermesi gerektiğini*

vurgulayarak BAM kararını bozmuştur.

<u>*İlk derece mahkemesi ve BAM kararı hakkındaki değerlendirmemiz:*</u>

İlk derece mahkemesi kararı ve BAM'ın onama kararı kanımızca yerinde görülemez.

- *TTK 1429(1) sigorta ettirenin ve sigortalının eylemlerinden sorumlu olduğu kişilerin "sigortalı" sayılıp sayılmayacaklarıyla ilgili değildir.*
- *TTK 1429(1) yalnızca sigorta ettiren veya sigortalının eylemlerinden sorumlu oldukları kişilerin rizikoyu kasten veya kusurlarıyla gerçekleştirmeleri halinde sigortacının sorumlu olup olmayacağı ile ilgilidir.*
- *TTK 1429(1) uyarınca sigorta ettiren veya sigortalının eylemlerinden sorumlu olduğu kişiler rizikoyu hafif veya ağır kusurlarıyla gerçekleştirirse, sigortacı aksine sözleşme olmadıkça tazminat ödemekle (sigorta teminatını işletmekle) yükümlü olacaktır.*
- *Sigorta ettirene (veya başkası lehine sigorta halinde sigortalıya) tazminat ödeyen sigortacı, bu ödeme üzerine sigorta ettirene (veya başkası lehine sigortada sigortalıya) yasa gereği (TTK 1472(1) uyarınca) halef olur ve zarardan sorumlu kişilere karşı yasal haleflik hakkına dayalı olarak rücu edebilir.*
- *Yasal halefliğe dayalı rücu isteminde bulunmak için, kendisine rücu edilecek kişinin sigorta ettirene (veya sigortalıya) karşı hukuksal sorumluluk altına girmiş olması gerekli ve yeterlidir.*

- *Sigorta hukukunda sigorta ettirenin veya sigortalının eylemlerinden sorumlu olduğu kişilerin de sigorta koruması altında sayılmaları ve adeta bunlar için sorumluluk sigortası yapılmış gibi rücudan bağışık tutulmaları şeklinde bir kural yoktur.*
- *İlk derece mahkemesi ve BAM TTK 1429(1) hükmünü kanımızca yanlış değerlendirmiştir.*

Yargıtay kararı hakkındaki görüşümüz

Yasal halefliğe dayalı dava kural olarak sigorta ettiren (veya sigortalı), zarardan sorumlu kişiye karşı dava açsaydı o davaya hangi mahkemede bakılacak idiyse, orada görülmelidir. Haleflik hakkının TTK'da düzenlenmesi kanımızca Ticaret Mahkemesi'nin mutlaka görevli sayılmasını gerektirmez. Yasal haleflik hakkına dayanan davalarda büyük çoğunlukla asıl uyuşmazlık, davalının sorumluluğunun gerçekleşip gerçekleşmediğine ilişkindir. Sigortacının yasal haleflik hakkını (TTK 1472(1) hükmü çerçevesinde) kazanmış olup olmadığı ise ya taraflar arasında çekişmeli olmamakta ya da sorumluluğun var olup olmadığı sorunu ile birlikte mevcut bulunmaktadır.

Şu husus önem kazanmaktadır: Acaba bu davada uyuşmazlık konusu olan husus nedir? Davacı sigortacının TTK 1472 uyarınca yasal halef sıfatını kazanmış olup olmadığı mıdır? Davalılar, TTK 1429(1) uyarınca davacı sigortacının dava hakkının bulunmadığı savunmasını öne sürmüşlerdir. O halde yasal haleflik bakımından çekişme yoktur.

Ancak, TTK 1429 uyarınca davalıların da sigortalı sayılacağı yolundaki savunma dahi TTK hükümlerine dayanan bir savunmadır. Dolayısıyla bu olayda uyuşmazlık TTK'nın belirli bir hükmüne ilişkin olarak ortaya çıkmış görünmektedir. O zaman da Ticaret Mahkemesi'nin görevli sayılması doğaldır.

Yargıtay'ın vermiş olduğu kararın sonuç olarak yerinde olduğu düşüncesindeyiz.

Sigorta ettirenin TTK 1448 uyarınca rizikonun gerçekleştiği veya gerçekleşme ihtimalinin yüksek olduğu durumlarda zararın önlenmesi ve azaltılması ve engel olunması için imkanlar dahilinde önlemler almak görevi

Yargıtay 17. Hukuk Dairesi

Esas No.: 2016/3837

Karar No.: 2019/6137

Karar tarihi: 15.05.2019

MAHKEMESİ :Asliye Hukuk Mahkemesi

(Ticaret Mahkemesi Sıfatıyla)

Davacı vekili; müvekkilinin ... parselde bulunan 2,4,5,8 numaralı bağımsız bölümlerin maliki olduğunu, davalıya konut sigortası ile sigortalı olduğunu, binanın nisan 2013 de yer kayması sebebi ile hasara uğradığını, davalı şirketin sadece bina dışında ve içerisinde oluşan inşaat tadilat giderlerini müvekkile ödediğini davalı şirketin, bina zemin iyileştirme giderlerini ödemediğini, dava dışı diğer malikler ...,... 'nın sigorta şirketi olan Ak Sigorta'nın aynı zarardan dolayı kendi sigortalılarının zararını fazlasıyla karşıladığını, müvekkili ve davalı şirket arasında imzalanan ev sigortası poliçesinde kapsadığı teminatlar arasında yer kayması da bulunmasına rağmen davalı şirketin bugüne kadar müvekkilini mağdur ettiğini ve zararını eksik karşıladığını, TTK madde 1421'de sigortacının en önemli borcunun riziko taşıma borcu olduğunun belirtildiğini, davalı şirketin sözleşmeyle kendisine yüklenen bu yükümlülüğünü müvekkile karşı eksiksiz yerine getirmesi gerekirken davalı şirketin tamamen kötü niyetli davranıp müvekkiline karşı yükümlülüğünü ihlal ettiğini, işbu sebeplerden dolayı mahkemeye müracaat zorunluluğu hasıl olduğunu, yine açıklanan ve re'sen nazara alınacak nedenlerden dolayı, delillerin toplanmasını, meydana gelen hasar ve zarardan dolayı 10.000,00-TL (bilirkişi incelemesi sonucu harca esas değeri arttırma haklarını saklı tuttuklarını) tazminatın zararın meydana geldiği tarihten itibaren mevduata uygulanan en yüksek faizi ile birlikte davalı şirketten tahsilini, yargılama gideri ve avukatlık ücretinin davalı şirket üzerinde bırakılmasını talep ve dava etmiştir.

Davalı ... vekili; davanın reddini talep etmiştir.

Mahkemece, iddia, savunma, toplanan delillere ve dosyadan aldırılan bilirkişi heyeti raporuna göre zemin iyileştirmesi için yapılan fore kazık imalatının riziko gerçekleştikten sonra bina maliki tarafından yaptırılması nedeniyle sigorta kapsamında gerçek zarar olarak düşünülemeyeceği, hasarın oluştuğu tarih itibariyle 8.050,00 TL hasar meydana geldiği, bunun da davalı tarafça davacıya ödendiği anlaşıldığından davanın reddine karar verilmiş; hüküm, davacı vekili tarafından temyiz edilmiştir.

Dava, konut sigorta sözleşmesine dayalı tazminat istemine ilişkindir.

TTK'nun 1448.maddesi sigorta ettirenin rizikonun gerçekleştiği veya gerçekleşme ihtimalinin yüksek olduğu durumlarda zararın önlenmesi ve azaltılması ve engel olunması için imkanlar dahilinde önlemler almakla yükümlüdür ve bu yükümlülüğe aykırılık sigortacı aleyhine bir durum yaratmış ise kusurun ağırlığına göre tazminattan bir indirim yapılır.

Somut olayda davacı ile davalı ... arasında 13.07.2012 başlangıç tarihli, 13.07.2013 bitiş tarihli yeni tüm ev sigorta poliçeleri imzalandığı, davacıya ait 2,4,5 ve 8 no.lu dairelerin sigorta ile teminat altına alındığı, dairelerin bulunduğu binanın Nisan 2013'de meydana gelen yer kayması nedeni ile hasara uğradığı, poliçelerin incelenmesi neticesinde yer kayması rizikosunun teminat kapsamına alındığı, davacı tarafından yer kayması sebebi ile bina temelini güçlendirme çalışmaları yapıldığı ancak yapılan masrafların davalı ... tarafından ödenmediği anlaşılmıştır.

Yargılama sırasında mülk ve inşaat bilirkişinden alınan raporda; "taşınmazın arka cephesindeki arazi yapısının yaklaşık %30 eğimli gevşek ve akışkan toprak olup arazinin yer kayması sonucunda binaya yapılan yatay kuvvet (heyelan) neticesinde binanın taşıyıcı sisteminde (kolon-kirişlerde) herhangi bir çatlak olmayıp iç bölme duvarlarında gözle görülür şekilde çatlaklar oluştuğunu, tedbir alınmadığında zaman içinde bu çatlakların betonarme taşıyıcı sisteminde (kolon-kirişlerde ve kolon kiriş bağlantılarında) oluşacağını ve binanın oturulmaz ve yıkılma durumuna gelebileceğini, binanın etrafına yapılan betonarme kazık sisteminin isabetli karar olup çakılan 22 adet fore kazığın da yeterli olmadığı" belirtilmiştir.

Mahkemece TTK 1448 maddesi hükmü değerlendirilmeksizin, ve bina temelinin sağlamlaştırma çalışması için çakılan 22 adet fore kazık için yapılan toplam masrafın tüm arsa maliklerine göre ne kadar düşeceği konusunda ayrıntılı rapor alınmaksızın yazılı olduğu şekilde davanın reddine karar verilmesi doğru görülmemiştir.

SONUÇ: Yukarıda açıklanan nedenlerle davacı vekilinin temyiz itirazlarının kabulü ile hükmün BOZULMASINA, peşin alınan harcın istek halinde temyiz eden davacıya geri verilmesine 15/05/2019 gününde oybirliğiyle karar verildi.

YORUM

Yargıtay 17. Hukuk Dairesi kat mülkiyetine tabi olduğu anlaşılan bir binada dört ayrı bağımsız bölümün maliki olan davacının, davalı sigorta şirketine karşı bina zemin iyileştirme giderlerini ödemesi için açtığı davayı reddeden ilk derece mahkemesi kararını bozmuştur.

Olayda davacıya ait dairelerin bulunduğu bina Nisan 2013'de meydana gelen yer kayması nedeni ile hasara uğramış ve davacı tarafından bu yer kayması sonrasında bina temelini güçlendirme çalışmaları yapılmıştır. Davacının bu sebeple yaptığı masraflar davalı sigorta şirketi tarafından ödenmemiştir.

İlk derece mahkemesi zemin iyileştirmesi için fore kazık uygulamasının riziko gerçekleştikten sonra bina maliki tarafından yaptırılması nedeniyle sigorta kapsamında gerçek zarar olarak düşünülemeyeceğini ve olayda rizikodan kaynaklanan 8.050,00 TL tutarındaki bina hasarının davalı tarafça davacıya ödendiğinin anlaşıldığını belirterek davayı reddetmiştir.

Yargıtay ilk derece mahkemesi kararını aşağıdaki gerekçelerle bozmuştur:

- *Dava, konut sigorta sözleşmesine dayalı tazminat istemine ilişkindir.*
- *TTK 1448(1) sigorta ettirenin rizikonun gerçekleştiği veya gerçekleşme ihtimalinin yüksek olduğu durumlarda zararın önlenmesi ve azaltılması ve zarara engel olunması için imkanlar dahilinde önlemler almakla yükümlü olduğunu; TTK 1448(2) ise bu yükümlülüğe aykırılık sigortacı aley-*

hine bir durum yaratmış ise kusurun ağırlığına göre tazminattan indirim yapılacağını öngörmektedir.

- *Somut olayda dairelerin bulunduğu binanın Nisan 2013'de meydana gelen yer kayması nedeni ile hasara uğradığı, poliçelerin incelenmesi neticesinde yer kayması rizikosunun teminat kapsamına alındığı anlaşılmıştır.*
- *Yargılama sırasında bilirkişinden alınan raporda; "taşınmazın arka cephesindeki arazi yapısının yaklaşık %30 eğimli gevşek ve akışkan toprak olduğu; arazinin yer kayması sonucunda binaya uyguladığı yatay kuvvet (heyelan) neticesinde binanın taşıyıcı sisteminde (kolon-kirişlerde) herhangi bir çatlak olmadığı; yalnızca iç bölme duvarlarında gözle görülür şekilde çatlaklar oluştuğu; tedbir alınmadığı takdirde zaman içinde bu çatlakların betonarme taşıyıcı sisteminde de (kolon-kirişlerde ve kolon kiriş bağlantılarında) oluşacağı ve binanın oturulmaz hale ve yıkılma durumuna gelebileceği, binanın etrafına yapılan betonarme kazık sisteminin isabetli karar olduğu; ancak çakılan 22 adet fore kazığın da yeterli olmadığı" belirtilmiştir.*
- *İlk derece mahkemesince TTK 1448 hükmü değerlendirilmeksizin ve bina temelinin sağlamlaştırma çalışması için çakılan 22 adet fore kazık için yapılan toplam masrafın tüm arsa maliklerinin her birine ne kadar düşeceği konusunda ayrıntılı rapor alınmaksızın yazılı olduğu şekilde davanın reddine karar verilmesi doğru değildir.*

Karar hakkındaki düşüncelerimiz şöyledir:

- *Olayda konut poliçesi için yangın sigortası yaptırılmış ve bu sigorta kapsamında sigorta ettirene yer kayması teminatı (da) verilmiştir.*
- *Karardan anlaşıldığına göre sigorta süresi 13.07.2012 ile 13.07.2013 arasındaki zaman dilimini kapsamaktadır.*
- *Yer kayması Nisan 2013'te sigorta süresinin bitmesine aşağı yukarı üç ay varken meydana gelmiştir.*
- *Bu noktada yer kayması teminatı bakımından rizikoyu nasıl tanımlamak gerektiğini belirlememiz lazımdır:*
    - *Riziko acaba yer kaymasının başlaması ve sürmesi midir (yaygın = zamana yayılmış şekilde gerçekleşen riziko)?*
    - *Yoksa yer kayması sebebiyle sigorta konusu malda (binadaki bağımsız bölümde ve ortak yerlerde) zarar (hasar) meydana gelmesi midir?*
- *Genel Şartlar uyarınca rizikonun gerçekleşmesi bakımından "zarar olgusunun" belirleyici olduğu görülmektedir.*

- *"Sigortanın Kapsamı" başlıklı Yangın Sigortası Genel Şartları A.1 maddesi şöyledir:*

  "Bu sigorta ile yangının, yıldırımın, infilakın veya yangın ve infilak sonucu meydana gelen duman, buhar ve hararetin sigortalı mallarda doğrudan neden olacağı maddi zararlar, sigorta bedeline kadar temin olunmuştur".

- *Yangın Sigortası Yer Kayması Klozu'nun sigorta kapsamına ilişkin düzenlemesi de şu şekildedir:*

"Yangın Sigortası Genel Şartları hükümleri saklı kalmak kaydıyla

sigortalı binanın inşa edilmiş olduğu arsada veya civarında vuku bulan yer kayması veya toprak çökmesi sonucu sigortalı şeylerde doğrudan meydana gelecek zararlar ile sel veya su baskını nedeniyle meydana gelen yer kayması ve toprak çökmesinden doğan zararlar teminata ilave edilmiştir."

- *Sigorta ettirenin rizikonun gerçekleştiği veya gerçekleşme ihtimalinin yüksek olduğu durumlarda zararın önlenmesi, azaltılması veya artmasına engel olunması için imkanlar dahilinde önlemler alma görevini (yasa buna "görev" veya "külfet" demesi gerekirken "yükümlülük" demiştir) düzenleyen TTK 1448(1) kapsamındaki önlemlerin sigortalı mala (olayda yer kayması yüzünden) gelecek ve sigortacının sorumlu olacağı bir zararı önlemek amacıyla alınmış olmaları lâzımdır.*
- *TTK 1448(1) metnindeki "rizikonun gerçekleşme olasılığının yüksek olduğu durumlar" anlatımı da yanıltıcıdır. Bunu "rizikonun gerçekleşmesine kesin gözle bakılabilecek durumlar" biçiminde anlamak lazımdır. Koruyucu önlemleri alma görevi, riziko gerçekleşmeye başladığında veya artık gerçekleşeceğine kuşku kalmadığında devreye girer. Bu andan önce bu gibi bir görev söz konusu değildir.*
- *Yalnızca "yüksek olasılığın" yeterli görülmesi, sigorta ettirenin sorumluluğunda kalması gereken birçok masrafı sigortacıya aktarma sonucunu doğurur. Özellikle sözleşme uyarınca sigorta ettirene yüklenen ve rizikonun gerçekleşmemesi amacıyla onun yerine getirmesi gereken önlemler/davranışlar anlamını yitirir ve fatura sigortacıya çıkmış olur. Öte yandan, rizikoyu ağırlaştırmama görevinin anlam ve önemi de büyük ölçüde azalabilir.*
- *Olayda, yer kaymasının sigorta konusu bağımsız bölümlerin içinde bulunduğu binaya bazı zararlar verdikten sonra "durağan" bir safhaya girdiği, ancak geleceğe dönük bir tehdit oluşturduğunu anlamaktayız. Eğer bu saptama doğruysa, yer kaymasının önüne geçmek üzere fore kazık çakılması önlemi, gerçekleşmekte olan (veya gerçekleşeceği kesin*

olan) zararlara ilişkin değildir. "İleride" gerçekleşebilecek olan zararları önlemek amacına yöneliktir.

- *İleride gerçekleşecek zararların sigorta kapsamında olup olmayacağı ise bilinmemektedir. Çünkü sigorta sözleşmesinin son bulmasına üç ay vardır. Bu üç ay içinde eğer yer kayması tekrar ivme kazanıp binaya zarar vermezse davalı sigortacının ödeme yükümlülüğü (yeni dönem için sigorta ilişkisinin sürdürülmesi olasılığı dışında) sürenin dolması nedeniyle ortadan kalkacaktır.*
- *Bu sebeplerle, olayda şu hususun saptanması ve ona göre uyuşmazlığın karara bağlanması doğru olurdu: Acaba yer kayması sürmekte miydi ve sigorta süresi bitmeden önce taşınmaza zarar verecek miydi? Bu soruların (her ikisinin de) yanıtı olumlu değilse, sigortacının "fore kazık" önleminin gerektirdiği giderlerden sorumlu tutulması kanımızca yerinde görülmemelidir.*

SRC-4 belgesine sahip olmayan sürücünün yaptığı kazanın yük taşıma sigortası teminatından yararlanma hakkını ortadan kaldıracağına ilişkin sözleşme klozu

Yargıtay 11. Hukuk Dairesi

Esas No.: 2017/2586

Karar No.: 2018/7822

Karar tarihi: 11.12.2018

Taraflar arasında görülen davada Nevşehir 2. Asliye Hukuk Mahkemesince verilen 17/11/2016tarih ve 2015/520 E-2016/401 K. sayılı kararın davalı vekili tarafından istinaf edilmesi üzerine, istinaf isteminin esastan reddine dair Ankara Bölge Adliye Mahkemesi 20. Hukuk Dairesi'nce verilen 01/03/2017 tarih ve 2017/169-2017/186 sayılı kararın Yargıtay'ca incelenmesi davalı vekili tarafından istenmiş ve temyiz dilekçesinin süresi içinde verildiği anlaşılmış olmakla, dava dosyası için Tetkik Hakimi K2 tarafından düzenlenen rapor dinlendikten ve yine dosya içerisindeki dilekçe, layihalar, duruşma tutanakları ve tüm belgeler okunup, incelendikten sonra işin gereği görüşülüp, düşünüldü:

Davacı vekili, müvekkiline ait cam emtiasının davalı şirket tarafından Nakliyat Emtia Sigorta Poliçesi kapsamında sigortalandığını, müvekkiline ait araç ile taşınırken hasara uğradığını, hasarın ödenmesi için ihbar yapılmasına rağmen davalı tarafça müvekkili çalışanı olan şoförün SRC-4 belgesinin bulunmaması nedeniyle hasarın poliçe kapsamında bulunmadığından bahisle ödemenin yapılmadığını, oysa kazanın oluşumundan SRC-4 belgesinin olmamasının etkisinin bulunmadığını bu nedenle hasarın poliçe kapsamında kaldığını ileri sürerek 16.522,82 TL tahsiline karar verilmesini istemiştir.

Davalı vekili, ticari araçlarda çalışan şoförlerin, sürücü mesleki yeterlilik belgesi almasının zorunlu olduğunu, bu durumun poliçe özel şartlarında açıkça belirtildiğini, davacı tarafından yapılan nakliyede sürücünün SRC-4 belgesine sahip olmadığını, bu sebeple hasarın teminat kapsamında bulunmadığını savunarak davanın reddine karar verilmesini istemiştir.

İlk Derece Mahkemesince, dava dışı şoför K1'ın yönetimindeki aracın şoförün kusuru nedeniyle kaza yaptığı ve hasarın bu şekilde oluştuğu, şoförün tam kusurlu olduğu, ilgili mevzuat gereği ticari amaçla yük, eşya ve yolcu taşımacılığı yapan araç sürücüleri sürücü belgesi dışında SRC-4 belgesi ile psikoteknik değerlendirme belgesine sahip olması gerektiği, 6102 sayılı TTK'nın 1452/son fıkra uyarınca aynı Kanun'un 1449. madde hükmü sözleşme ile sigortalı aleyhine değiştirilemeyeceği, değiştirilirse TTK hükmünün cari olacağı, TTK'nın 1449.maddesinin "(1) Sigortacıya karşı yerine getirilmesi gereken ve sözleşmeden doğan bir yükümlülüğün ihlali hâlinde, bu Kanunda ve diğer kanunlarda yer alan özel düzenlemeler hariç olmak üzere, sigortacının sözleşmeyi kısmen veya tamamen feshederek ifadan kurtulabileceğine ilişkin hükümler, ihlalde kusur bulunmaması hâlinde sonuç doğurmaz.(2) İhlal kusura dayandığı takdirde, durumun öğrenildiği tarihten itibaren bir ay içinde kullanılmayan fesih hakkı düşer; meğerki, Kanun farklı bir süre öngörmüş olsun.(3) Sigortacı ihlalin, rizikonun gerçekleşmesine ve sigortacının yerine getirmesi gereken edimin kapsamına etki etmediği durumlarda, sözleşmeyi feshedemez." hükmünü haiz olduğu, SRC belgesinin olmaması kazanın oluşumunda etkisinin olmaması nedeniyle davanın kabulüne, 16.552,82 TL'nin tahsiline karar verilmiştir.

Karara, karşı davalı vekilince istinaf isteminde bulunulmuştur.

Bölge Adliye Mahkemesince, mahkemenin vakıa ve hukuki değerlendirmesinde usul ve esas yönünden yasaya aykırılık bulunmadığı ve davalı sigortacı tarafından 6102 sayılı TTK'nın 1449/2. maddesi uyarınca süresinde kullanılmadığından fesih hakkının düşmüş olduğu ve yine aynı madde uyarınca, davacı sürücüsünün yeterli ehliyet belgesinin bulunması karşısında, SRC-4 belgesine sahip olmamasının kazanın oluşumuna etkisinin bulunmadığı gerekçesi ile davalı vekilinin istinaf başvurusunun esastan reddine karar verilmiştir.

Kararı, davalı vekili temyiz etmiştir.

Dava, nakliyat emtia sigorta poliçesinden kaynaklanan tazminat istemine ilişkindir. Sigorta poliçesinin özel şartlar kısmında "sigortalı veya sigorta ettirenin aynı zamanda poliçeye konu emtianın taşıyıcısı olması durumunda teminat, taşıyıcıların veya profesyonel sürücülerin 4925 sayılı Karayolu Taşıma Kanunu ve bağlı yönetmeliklerle belirlenmiş niteliklere ve kapsamdaki geçerli belgelere sahip olması ve bunların sigortacı tarafından talep edildiğinde ibraz edilmesi şartıyla geçerlidir. Aksi halde sigortacının hasarı reddetme hakkı saklıdır." şeklinde düzenleme bulunmaktadır. Tarafların iddia ve savunmalarına, bilirkişi raporuna göre sigortalı davacının aynı zamanda taşıyıcı olduğu ve davacı şoförünün SRC- 4 belgesine sahip olmadığı ihtilafsızdır. Bu durumda, anılan özel şart nazara alındığında davalı şoförünün karıştığı trafik kazası neticesinde taşınan emtiada meydana gelen hasar poliçe kapsamı dışındadır. 6102 sayılı TTK'nın 1449. maddesi sigorta ettirenin yükümlülüklerini ihlal etmesi halinde uygulama bulacak bir düzenleme olup, işbu uyuşmazlıkta uygulanması söz konusu değildir. Taraflar arasındaki uyuşmazlık, poliçede kararlaştırılan özel şartın ihlal edilip edilmediği ve hasarın teminat dışında olup olmadığına ilişkin olup, az önce de açıklandığı üzere özel şart uyarınca hasar teminat kapsamı dışındadır. Bu durumda, hasarın teminat kapsamında bulunmadığının kabulü ile karar verilmesi gerekirken yazılı şekilde karar verilmesi doğru görülmemiş, hükmün bozulmasına karar vermek gerekmiştir.

SONUÇ: Yukarıda açıklanan nedenlerle, davalı vekilinin temyiz isteminin kabulü ile İlk Derece Mahkemesince verilen karara yönelik istinaf başvurusunun esastan reddine ilişkin Bölge Adliye Mahkemesi kararının BOZULARAK KALDIRILMASINA, HMK'nın 373/1. maddesi uyarınca dava dosyasının İlk Derece Mahkemesine, kararın bir örneğinin Bölge Adliye Mahkemesine gönderilmesine, ödediği peşin temyiz harcının isteği halinde temyiz edene iadesine, 11/12/2018 tarihinde oybirliğiyle karar verildi.

YORUM

Dava konusu olayda taşıma rizikolarına karşı davalı sigorta şirketi tarafından sigortalanmış bulunan cam emtiası, davacıya ait araç ile taşınırken hasara uğramıştır. Ancak davalı sigortacı, davacının çalışanı olan araç sürücüsüne ait SRC-4 belgesinin bulunmaması nedeniyle tazminat ödemeyi reddetmiştir. Davacı, kazanın meydana gelmesinde SRC-4 belgesinin mevcut olmamasının bir etkisinin bulunmadığını, bu sebeple hasarın poliçe kapsamında kaldığını ileri sürerek 16.522,82 TL'nın davalı sigortacıdan tahsili amacıyla dava açmıştır.

Davalı,

- *Ticari araçlarda çalışan şoförlerin, sürücü mesleki yeterlilik belgesi (SRC) almasının zorunlu olduğunu,*
- *Bu koşulun poliçe özel şartlarında açıkça yer aldığını*
- *Olayda sürücünün SRC-4 belgesine sahip olmadığını, bu sebeple hasarın teminat kapsamında bulunmadığını*

savunmuştur.

İlk derece mahkemesi

- *Kazanın araç şoförünün kusuru nedeniyle meydana geldiği*
- *Ticari amaçla yük, eşya ve yolcu taşımacılığı yapan araç sürücülerinin sürücü belgesi dışında SRC-4 belgesi ile psikoteknik değerlendirme belgesine sahip olması gerektiği,*
- *TTK 1452(3) uyarınca TTK 1449 hükmünün sözleşme ile sigortalı aleyhine değiştirilemeyeceği,*
- *TTK 1449(3)'e göre "sigortacının ihlalin, rizikonun gerçekleşmesine ve sigortacının yerine getirmesi gereken edimin kapsamına etki etmediği durumlarda, sözleşmeyi feshedemeyeceği"*
- *SRC belgesinin olmamasının kazanın oluşumunda etkisinin olmadığı*

gerekçeleriyle davayı kabul etmiştir.

Davalı sigortacı tarafından istinaf yoluna başvurulması üzerine BAM,

- *Davalı sigortacının TTK 1449(2)'de öngörülen fesih hakkının süresinde kullanılmadığından düşmüş olduğu*
- *Sürücünün yeterli ehliyet (sürücü) belgesinin bulunduğu*
- *Sürücünün SRC-4 belgesine sahip olmamasının kazanın oluşumuna etkisi bulunmadığı için TTK 1449(3)'te aranan sebep-sonuç ilişkisinin de gerçekleşmediği*

gerekçelerini belirterek davalı sigortacının başvurusunun esastan reddine karar vermiştir.

Kararı, davalı vekili temyiz etmiştir. Yargıtay

- *Sigorta poliçesinin özel şartlar kısmında "…..Teminat …. profesyonel sürücülerin Karayolu Taşıma Kanunu ve bağlı yönetmeliklerle belirlenmiş niteliklere ve geçerli belgelere sahip olması ve bunların sigortacı tarafından talep edildiğinde ibraz edilmesi şartıyla geçerlidir. Aksi halde sigortacının hasarı reddetme hakkı saklıdır" şeklinde düzenleme bulunduğunu*
- *Bilirkişi raporuna göre olayda sigortalı davacının şoförünün SRC- 4 belgesine sahip olmadığını*
- *Özel şart uyarınca meydana gelen hasarın poliçe kapsamı dışında olduğunu*
- *TTK 1449 hükmünün sigorta ettirenin yükümlülüklerini ihlal etmesi halinde uygulama alanı bulacak bir düzenleme olduğunu ve bu uyuşmazlıkta uygulanmasının söz konusu olmadığını*
- *Uyuşmazlığın, poliçede kararlaştırılan özel şartın ihlal edilip edilmediğine ilişkin olduğunu ve özel şart uyarınca hasarın teminat kapsamı dışında kaldığını*

belirterek bozma kararı vermiştir.

Karar hakkında şu değerlendirmeyi yapmaktayız:

- *Bir sigorta sözleşmesinde belirli bir halin sigorta koruması altına alınması bazı sakıncalar taşıdığı zaman sigortacılar üç farklı seçenekten yararlanmaktadırlar: O halin teminat dışında kalan bir hal olarak düzenlenmesi; o hale ilişkin olarak (teminattan yararlanma bakımından) bir ön koşul öngörülmesi veya o hale ilişkin bir (sigorta ettiren tarafından yerine getirilecek) sözleşmesel görev (yasal deyimle "sözleşmede öngörülen yükümlülük" tanımlanması. Öğretide şu örnekler verilmektedir (bkz. Principles of European Insurance Contract Law PEICL, edited by Basedow/ Birds/ Clarke/ Cousy/ Heiss/ Loacker, 2nd edition, 2016, s.187 C.4):*
    - *Aracın yola elverişli olmaması sigorta teminatının dışındadır (teminat dışı hal)*

- *Sigorta teminatının işlerlik kazanması aracın yola elverişli olması koşuluna bağlıdır (ön koşul)*
- *Sigorta ettiren aracı yola elverişli halde bulundurmakla yükümlüdür (sözleşmesel görev).*

- *Bir halin teminat dışında bırakılması da, sözleşmesel göreve konu edilmesi de hukuken kural olarak geçerlidir.*
- *İncelemekte olduğumuz kararda, ilk derece mahkemesi ile BAM sigorta sözleşmesinde bir sözleşmesel görevin söz konusu olduğunu kabul ederek TTK 1449 açısından inceleme yapmışlar; Yargıtay ise teminat dışında kalan bir halin varlığını benimsemiştir.*
- *Türk hukukunda İngiliz Hukukundaki gibi bir "ön şart" uygulaması yerleşmiş değildir. İngiltere'de ön şart olarak öngörülen hususun yerine gelmiş/getirilmiş olması mutlak bir biçimde aranmakta, riziko ile ön şarta uyulması arasında sebep-sonuç ilişkisi bulunması veya sigorta ettirenin ön şartı yerine getirmemekte kusurlu olması gerekli görülmemektedir. İngiliz Hukuku anlamında bir ön şart olasılığını (olayda sigorta sözleşmesindeki kloz "şart" sözcüğünü içermekle birlikte) inceleme dışı bırakabiliriz. Bizim hukukumuzda kusur ve sebep-sonuç ilişkisinin aranmayacağı kuralı mevcut değildir. O sebeple yalnızca "teminat dışı hal" ve "sözleşmesel görev" olasılıklarını değerlendirmemiz yeterli olacaktır.*
- *Bu noktada, sigorta sözleşmesindeki ".....Teminat .... profesyonel sürücülerin Karayolu Taşıma Kanunu ve bağlı yönetmeliklerle belirlenmiş niteliklere ve geçerli belgelere sahip olması ve bunların sigortacı tarafından talep edildiğinde ibraz edilmesi şartıyla geçerlidir. Aksi halde sigortacının hasarı reddetme hakkı saklıdır" klozunun teminat dışında kalan bir hali mi yoksa bir sözleşmesel görevi mi düzenlediğini saptamak lazımdır. Bu kloz sigorta ettirenin yük taşımalarında "gerekli nitelik ve geçerli belgelere sahip sürücüler kullanması gerektiğini" öngörmektedir.*
- *Teminat dışında kalan hal ile sözleşmesel görev arasında ayrımın nasıl yapılacağı hususunda şu söylenebilir: Eğer sigorta ettiren veya sigortalının rizikoyu sınırlandırmaya (meydana gelmesini önlemeye) yönelik belirli bir davranışı hükme bağlanmışsa, bunu bir sözleşmesel görev olarak nitelemek doğru olur. Bu davranış yükümü sigorta sözleşmesinde bir istisna hükmü olarak gösterilmiş olsa dahi, burada bir "gizlenmiş" sözleşmesel görevin var olduğu kabul edilerek, sözleşmesel göreve ilişkin yasal kurallar uygulanacaktır.*
- *Şu halde, olaydaki sözleşme hükmünü bir sözleşmesel görev öngören kloz olarak nitelememiz uygun düşecektir.*

- *Buna göre, İlk derece mahkemesi (ve BAM) tarafından, olayda sözleşmesel görevin söz konusu olduğunun kabul edilmesi doğru bir yaklaşımdır.*
- *Bunun doğal sonucu ise uyuşmazlığın TTK 1449 uygulanarak karara bağlanmasıdır.*
    - *Ancak, belirtmek gerekir ki TTK 1449 yanlış varsayıma dayanan hatalı bir hükümdür.*
    - *TTK 1449(1)'in söyleminden açıkça anlaşıldığı gibi bu madde "sigortacıya karşı yerine getirilmesi gereken ve sözleşmeden doğan bir yükümlülüğün ihlali hâlinde, ... sigortacının sözleşmeyi kısmen veya tamamen feshederek ifadan kurtulabileceğine ilişkin hükümler" ile ilgilidir.*
    - *Sigorta sözleşmesinde bu gibi bir hüküm bulmak olağan değildir. Sigortacılar, sözleşmeyi fesih zorunda olmaksızın, yalnızca ihlal halinde edim yükümlülüğünden kurtulmayı hedef tutarlar ve sözleşmelerde de bunu belirtirler. Kısaca "feshederek ifadan kurtulma" varsayımı gerçekleşmez.*
    - *Zaten sigortacının edim yükümlülüğünden kurtulması için fesih işlemi gerçekleştirmesinin mantığı da yoktur. Edim yükümlülüğünden kurtulma, sözleşmedeki kloz uyarınca feshe gerek olmadan, doğrudan meydana gelebilecek bir sonuçtur.*
    - *Kanımızca TTK 1449'daki "feshederek" sözcüğü hiç dikkate alınmamalıdır.*
    - *Yasa gereği bunun mutlaka dikkate alınması ve uygulanması lazım geldiği, bunun zorunlu olduğu düşüncesi benimsenirse, bu takdirde sigortacının yapması gerekenin yalnızca TTK 1449(2)'deki bir aylık süre içinde "meydana gelen riziko sebebiyle hiç sorumlu olmadığı veya yalnızca kısmen sorumlu tutulabileceği" yolunda bildirimde bulunmak olduğu kabul edilmelidir.*
- *TTK 1449(1) kusur, TTK 1449(3) sebep sonuç bağı koşullarına yer vermiştir. Diğer bir anlatışla, sigortacının sözleşmesel göreve aykırılık sebebiyle yaptırım uygulayabilmesi bu iki koşulun ayrı ayrı gerçekleşmiş olmasına da bağlıdır.*
- *İlk derece mahkemesi (ve BAM) "kusuruyla kazaya sebep olan sürücünün SRC-4 belgesine sahip olmamasının kazanın meydana gelmesine etki etmemiş bulunduğunu" saptamışlardır. Bundan başka BAM TTK 1449(2)'deki bir aylık fesih süresine de uyulmadığını belirtmektedir.*
- *Öyleyse, olayda uygulanması gereken TTK 1449 uyarınca sigortacının sorumluluktan kurtulması söz konusu olmayacaktır.*

- *İlk derece mahkemesi ve BAM kanımızca yerinde görülmesi gereken bir sonuca ulaşmışlardır.*
- *Yargıtay ise, farklı bir değerlendirme yapmış ve olayda teminat dışında kalan bir halin varlığını ve bu nedenle sigortacının sorumlu olmayacağını kabul etmiştir.*
    - *Yüksek Mahkeme'nin değerlendirmesine yukarıda açıkladığımız sebeplerle katılmamaktayız.*
    - *Ancak bir hususa daha kısaca değinmekte yarar görmekteyiz: Yüksek Mahkeme belirli bir davranışın teminat dışında bırakılmış olduğu hallerle ilgili bazı kararlarında o davranış rizikonun gerçekleşmesine etki etmediği (rizikonun gerçekleşmesiyle o davranış arasında sebep-sonuç ilişkisi bulunmadığı) takdirde sigorta teminatının işleyeceği çözümünü benimsemektedir. Mesela motorlu aracın istiap (yükleme) sınırı aşılmış durumda kaza yapmasına veya kazanın sürücünün alkollü olduğu sırada meydana gelmesine ilişkin kararlar.*
    - *Burada Yargıtay'ın neden farklı bir uygulamayı tercih ettiği belki sürücü belgesi olmaksızın yapılan kazaları sebep-sonuç ilişkisi aramadan teminat dışında bırakma biçimindeki yerleşmiş içtihadı ile açıklanabilir.*
    - *Ancak olayda sürücü belgesi (ehliyet) bakımından sorun yoktur. Yalnızca SRC-4 belgesi eksiktir.*
- *SRC-4 belgesi, yurtiçi eşya-kargo taşımacılığı iş kolunda gerekli olan mesleki yeterlilik belgesi olarak tanımlanmaktadır (SRC kısaltması "sürücü" sözcüğünün sessiz harflerinden oluşturulmuştur). Yüklü taşıt kullanan sürücülerin bu belgeyi alabilmeleri için öncelikle kullandıkları araca uygun ehliyet sahibi olmaları gerekmektedir. 25 Şubat 2003 tarihinden sonra ehliyet sahibi olan sürücüler SRC-4 belgesini alabilmek için önce 36 saatten oluşan eğitime katılmak zorundadırlar. Eğitim sırasında sürücüye trafik kuralları, cezaları, araç bilgisi ve ekonomik araç kullanımı, davranış psikolojisi, harita okuma bilgisi, çalışma ve dinlenme süreleri, güvenli sürüş teknikleri, yasal sorumluluklar ve sigorta, trafik kazalarının önlenmesi, güzergah ve geçiş belgeleri, iletişim teknolojileri, ilkyardım, tehlikeli madde taşımacılığı ve ulaştırma mevzuatı dersleri verilmektedir. Görüldüğü gibi SRC-4 belgesine ilişkin eğitim "trafik kuralları", "araç bilgisi", "çalışma ve dinlenme süreleri" "güvenli sürüş teknikleri", "trafik kazalarının önlenmesi" gibi doğrudan seyir güvenliğine ilişkin hususları da kapsamaktadır. Eğer olaydaki kaza SRC-4 eğitimi ile önlenebilecek (önlenmesi olası görünen) bir kaza niteliğinde idiyse, zarar ile sigorta sözleşmesindeki koşul arasında sebep-sonuç bağının kurulması müm-*

kün olabilecektir. O takdirde, ilk derece mahkemesinin kararını dayandırdığı gerekçe ile BAM'ın kararını dayandırdığı gerekçelerden biri gücünü yitirmiş olacaktır. Buna rağmen BAM'ın ("zamanında fesih bildiriminde bulunulmadığı" biçimindeki) ikinci gerekçesi sigorta sözleşmesinde SRC-4 belgesi hakkında öngörülmüş olan klozun bir sözleşmesel göreve ilişkin olduğu yorumunda geçerliğini koruyacaktır.

Davacının davalı ile bir sigorta şirketi arasında davalının istemi üzerine yapılan sigorta sözleşmesine ilişkin primi ödediği fakat davalının anlaşmaya aykırı şekilde prim tutarını kendisine geri ödemediği savıyla açtığı dava

Yargıtay 11. Hukuk Dairesi

Esas No.: 2016/6540

Karar No.: 2017/5719

Karar tarihi: 25.10.2017

Taraflar arasında görülen davada ... 11. Asliye Ticaret Mahkemesi'nce verilen 02/11/2015 tarih ve 2014/780-2015/746 sayılı kararın Yargıtay'ca incelenmesi davacı vekili tarafından istenmiş ve temyiz dilekçesinin süresi içinde verildiği anlaşılmış olmakla, dava dosyası için Tetkik Hakimi ... tarafından düzenlenen rapor dinlendikten ve yine dosya içerisindeki dilekçe, layihalar, duruşma tutanakları ve tüm belgeler okunup, incelendikten sonra işin gereği görüşülüp, düşünüldü:

Davacı vekili, davalının talebi üzerine dava dışı ... Sigorta A.Ş'nin 2298182 poliçe no.lu ve 01/06/2013-2014 tarihleri arasında geçerli olan ürün mali sorumluluk poliçesi yapıldığını, sigortanın poliçe şartları ve klozlara ilişkin olarak genel hatları ile anlaşıldığını ve 27/05/2013 tarihinde davalı şirketin adresinde her iki taraf yetkililerinin katıldığı toplantı neticesinde 01/06/2013 tarihinden itibaren poliçenin geçerli olmasına ilişkin mutabakata varıldığını, poliçe primlerinin %25 peşin bakiye kısmının 3 eşit taksitte ödeneceğinin poliçede kararlaştırıldığını, ancak davalı şirket yetkilisinin talebi üzerine sigorta primlerinin davacı tarafça ödeneceğini, davacı tarafça ödenen primlerin ise davalı şirket tarafından kendilerine 5 taksitte ödeneceği konusunda mutabakata varıldığını, ancak davacının ödemeleri yapmış olmasına rağmen davalının taahhüt ettiği edimlerini yerine getirmediğini, bu nedenle 22.565,00 EURO alacağın davalıdan tahsilini talep ve dava etmiştir.

Davalı vekili, davacı ile üzerinde anlaşılmış bir metin bulunmadığını ve hangi sözleşme üzerinde mutabakata varıldığının meçhul olduğunu, davacı tarafça sunulan icabın kabul ile sonuçlanmadığını ve sözleşmenin hiç bir zaman kurulmadığını, davacının da sözleşmenin kurulduğuna ilişkin her hangi bir belge sunamadığını, primlerin ödenmiş olmasının sözleşmenin kurulması için yeterli olmadığını, zira poliçenin zorunlu unsurlarından olan sigorta konusu ve prim tutarı dahi belirlenmemiş iken ve davalı tarafça her hangi bir onay ve kabul olmaksızın, davacı tarafça bir poliçe düzenlenip primlerin ödenmiş olmasının davacıyı haklı kılmayacağını, şirket yöneticilerinin belli olduğunu, ...'nın şirket yetkilisi olmadığını, bu hususun davacının bilgisinde bulunduğunu ve bu kişinin sözleşme yaptığı kabul edilse dahi müvekkilinin onayının bulunmadığını, davalının rızası olsa bile prim vade tarihi itibariyle ödenmediğinden TTK 1437. maddesi gereğince sözleşmeden caymış sayılması gerektiğini, zira 3 ay içinde bunun talebinin gerektiğini, bu nedenle davacının talep edebileceği bir alacağının bulunmadığını, yine sözleşmenin bir an için kurulmuş olduğu kabul edilmiş olsa ve davalının rızası olsa bile sözleşmenin yok hükmünde olduğunu savunarak davanın reddine karar verilmesini talep etmiştir.

Mahkemece, davacı ile davalı arasındaki görüşmelerin şirket yetkilileri ile değil, davalı şirkette çalışan uzman kişi eliyle yürütüldüğü ve bu uzman kişi ile davacı arasında en son yapılan yazışmalarda dahi henüz kabul edilmiş bir icabın, bir teklifin bulunmadığı, bu haliyle de esaslı noktalarda bir anlaşmanın da olmadığı, görüşme tutanakları ile sabit olduğu üzere, görüşmelerin davacının irade açıklaması yani icabı teklif aşamasında kalmış olduğu, davalı tarafça bu icaba karşılık örtülü veya açık bir şekilde bir kabul beyanı söz konusu olmadığı, ne poliçe kapsamı ne de prim ve primin ödeme şekilleri gibi taraflar arasında davacı tarafça kurulduğu iddia edilen sözleşmenin esaslı unsurları olan hususlarda henüz bir anlaşma bulunmadığı, buna göre de davacının davalıdan herhangi bir talepte bulunmasını haklı kılacak dayanak sözleşmenin olmadığı gerekçesiyle sübuta ermeyen davanın reddine karar verilmiştir.

Kararı, davacı vekili temyiz etmiştir.

Dava dosyası içerisindeki bilgi ve belgelere, mahkeme kararının gerekçesinde dayanılan delillerin tartışılıp, değerlendirilmesinde usul ve yasaya aykırı bir yön bulunmamasına göre, davacı vekilinin tüm temyiz itirazları yerinde değildir.

SONUÇ: Yukarıda açıklanan nedenlerden dolayı, davacı vekilinin bütün temyiz itirazlarının reddiyle usul ve kanuna uygun bulunan hükmün ONANMASINA, aşağıda yazılı bakiye 2,20 TL temyiz ilam harcının temyiz edenden alınmasına, 25/10/2017 tarihinde oybirliğiyle karar verildi.

YORUM

Karar metninden hukuksal ilişkinin ne olduğu tam olarak anlaşılmamaktadır.

Davacı,

- *Davalının talebi üzerine dava dışı sigortacı tarafından ürün mali sorumluluk sigortası yapıldığını,*
- *Poliçe primlerinin %25'inin peşin, bakiye kısmının ise 3 eşit taksitte ödeneceğinin poliçede belirtildiğini,*
- *Ancak, davalı şirket yetkilisinin talebi üzerine sigorta primlerini davacının ödeyeceği ve davacı tarafça ödenen primlerin davalı şirket tarafından davacıya 5 taksitte ödeneceği konusunda anlaşma yapıldığını,*
- *Davacının prim ödemelerini yapmış olmasına rağmen davalının taahhüt ettiği edimlerini yerine getirmediğini*

öne sürmektedir.

Davalı ise,

- *Davacı ile üzerinde anlaşılmış bir metin bulunmadığını ve hangi sözleşme üzerinde mutabakata varıldığının meçhul olduğunu,*
- *Sözleşmenin hiç bir zaman kurulmadığını, davacının da sözleşmenin kurulduğuna ilişkin her hangi bir belge sunamadığını,*
- *Primlerin ödenmiş olmasının sözleşmenin kurulması için yeterli olmadığını, zira poliçenin zorunlu unsurlarından olan sigorta konusunun ve*

prim tutarının belirlenmediğini; bu noktada davalı tarafın her hangi bir onay ve kabulü olmadığı halde, davacı tarafça poliçe düzenlenip primlerin ödenmiş olmasının davacıyı haklı kılmayacağını,

- *Kendisiyle davalı adına sözleşme kurulduğu öne sürülen kişinin şirket yetkilisi olmadığını,*
- *Bu kişinin bir sözleşme yaptığı kabul edilse dahi müvekkilinin onayının bulunmadığını,*
- *Olayda, prim vade tarihi itibariyle ödenmediğinden TTK 1434(2) gereğince sözleşmeden cayılmış sayılması gerektiğini,*
- *Prim alacağının üç ay içinde dava veya takip konusu yapılması gerektiğini ancak bunun söz konusu olmadığını ve yasal cayma sonucunun meydana geldiğini*

savunarak davanın reddini istemiştir.

İlk derece mahkemesi

- *Davacı ile davalı arasındaki görüşmelerin şirket yetkilileri ile değil, davalı şirkette çalışan uzman kişi eliyle yürütüldüğünü ve bu uzman kişi ile davacı arasında en son yapılan yazışmalarda dahi henüz kabul edilmiş bir icabın, bir teklifin bulunmadığını,*
- *Bu durumda sözleşmenin (poliçe kapsamı, prim ve primin ödeme şekilleri gibi) esaslı noktaları üzerinde anlaşmaya varılmış sayılmayacağını*
- *Görüşme tutanaklarından, davacının irade açıklamasının öneri aşamasında kalmış olduğunun, davalı tarafça bu önerinin örtülü veya açık bir şekilde kabul edilmiş bulunmadığının anlaşıldığını*

belirterek davacının davalıdan talepte bulunmasına olanak veren bir sözleşmenin mevcut olmadığı gerekçesiyle davanın reddine karar verilmiştir.

Yargıtay ilk derece mahkemesinin kararını onamıştır.

Karar hakkında şu gözlemleri yapabiliriz:

Davacı (olasılıkla) sigorta aracısıdır. (Yine olasılıkla) sigortacıyı temsil ederek sigorta sözleşmesi kurmaya (ve prim tahsiline) yetkilidir. Davacı, davalının (uzman olduğu belirtilen) bir çalışanı ile temasta olmuş ve o çalışan aracılığıyla geçerli bir ürün sorumluluk sigortası kurduğu kanısını edinmiştir.

Sigorta yapılması konusunda bazı görüşmelerin yürütüldüğü anlaşılmakla birlikte, karardan davalı tarafa verilmiş bir poliçe mevcut olduğu veya sözleşmenin esaslı unsurları üzerinde uyuşulduğu saptanamamaktadır.

Bundan başka, davacının sigorta şirketine prim tutarını ödemiş olduğu savı da doğrulanmış değildir.

Bu veriler ışığında kanımızca ilk derece mahkemesi tarafından verilen davanın reddine ilişkin karar ve bunun Yargıtay'ca onanması yerindedir.

Bununla birlikte davalı tarafından ileri sürülen "prim alacağının üç ay içinde dava veya takip konusu yapılması gerektiği ancak bunun söz konusu olmadığı ve yasal cayma sonucunun meydana geldiği" savunmasının hatalı olduğunu da vurgulamakta yarar vardır. Davacının savına göre prim sigortacıya kendisi tarafından ödenmiştir. Dolayısıyla davalının borcu (bir an için böyle bir borcun var olduğunu düşünürsek) sigorta prim borcu değil; bu borcu davalı hesabına kapatmış olan kişiye, belirli kısımlar halinde ödemesi gereken (vekalet sözleşmesinden kaynaklanan) bir borçtur.

Kredi bağlantılı olarak grup hayat sigortası kapsamına alınan kredi müşterisinin daha sonra kredi borcunu daha düşük faiz oranından yararlanmak için yeniden yapılandırması; bunun üzerine kredi bağlantılı sigortanın da yeni kredi ilişkisine uygun şekilde yeniden yapılması; bu yeni sigorta yapıldığı sırada önemli (ölümcül) rahatsızlığın sigortacıya bildirilmemiş olması

Yargıtay 17. Hukuk Dairesi

Esas No.: 2018/2877

Karar No.: 2019/1335

Karar tarihi: 12.02.2019

Davacılar vekili, müvekkillerinin murisi olan K1'ın 30.11.2011 tarihinde T.C. F1 Bankası A.Ş. Havsa Şubesinden tüketici kredisi kullandığını, krediye istinaden davalı sigorta tarafından 30.11.2011 başlangıç ve 25.11.2015 bitiş tarihli 24.150,00 TL bedelli Bireysel Kredi Müşterileri Grup Hayat Sigortası ile sigortalandığını, sigorta priminin de ödenen kredi içerisinden peşin olarak alındığını, bir yıl sonra faiz oranlarının düşmesi sebebiyle murisin düşük faizden yararlanmak için yapılandırma yaptığını, var olan hayat sigortasının yapılandırma esnasında iptal edilerek davalı tarafından 11.12.2012 başlangıç tarihli 25.11.2015 bitiş tarihli sigorta ile yine sigortalandığını ve sigorta priminin peşin olarak kesildiğini, sigortalının 21.05.2013 tarihinde sepsis ve melastatik akciğer kanseri sebebiyle vefat ettiğini, davacıların 21.525,00-TL tazminatı almak için sigorta şirketine müracaat ettiğini ancak davalının talebi reddettiğini, sigorta başlangıç tarihi olan 11.12.2012 tarihinde muris K1'ın kanser hastası olduğunu bilmediğini, davacılar ve doktorları tarafından kanser olduğunun muristen saklandığını belirterek davanın kabulüyle 21.525,00-TL'nin davalıdan tahsilini talep etmiştir.

Davalı vekili, davanın reddini savunmuştur.

Mahkemece, davanın kabulüne, 21.525,00 TL'sının 21.05.2013 tarihinden itibaren işleyecek yasal faiziyle birlikte davalıdan alınarak miras payı oranlarında davacılara verilmesine karar verilmiş; karar, davalı vekili tarafından temyiz edilmiştir.

1-Dosyadaki yazılara, kararın dayandığı delillerle gerektirici sebeplere, delillerin takdirinde bir isabetsizlik bulunmamasına göre, davalı vekilinin aşağıdaki bentlerin dışında kalan ve yerinde görülmeyen sair temyiz itirazlarının reddi gerekmiştir.

2-Dava hayat sigorta poliçesine dayalı vefat tazminatının tahsili istemine ilişkindir.

Sigorta sözleşmeleri iyi niyet sözleşmeleri olup, taraflar sözleşme kurulması aşamasında birbirlerini aydınlatma yükümlülüğü altındadır.

Yapılandırma sureti ile düzenlenen yeni hayat sigortası poliçesinin tanzim tarihinde yürürlükte bulunan 6102 Sayılı TTK'nın 1439. maddesinde "(1)Sigortacı için önemli olan bir husus bildirilmemiş veya yanlış bildirilmiş olduğu takdirde, sigortacı 1440. maddede belirtilen süre içinde sözleşmeden cayabilir veya prim farkı isteyebilir. İstenilen prim farkının on gün içinde kabul edilmemesi hâlinde, sözleşmeden cayılmış kabul olunur. Önemli olan bir hususun sigorta ettirenin kusuru sonucu öğrenilememiş olması veya sigorta ettiren tarafından önemli sayılmaması durumu değiştirmez. (2)Rizikonun gerçekleşmesinden sonra, sigorta ettirenin ihmali ile beyan yükümlülüğü ihlal edildiği takdirde, bu ihlal tazminatın veya bedelin miktarına yahut rizikonun gerçekleşmesine etki edebilecek nitelikte ise, ihmalin derecesine göre tazminattan indirim yapılır. Sigorta ettirenin kusuru kast derecesinde ise beyan yükümlülüğünün ihlali ile gerçekleşen riziko arasında bağlantı varsa, sigortacının tazminat veya bedel ödeme borcu ortadan kalkar; bağlantı yoksa, sigortacı ödenen primle ödenmesi gereken prim arasındaki oranı dikkate alarak sigorta tazminatını veya bedelini öder." düzenlemesi yer almaktadır.

Somut olayda, muris ile davalı sigorta şirketi arasında 30/11/2011-25/11/2015 tarihlerini kapsayan hayat sigortası poliçesi tanzim edilmiş, daha sonra kredi borcunun yapılandırılması işlemi esnasında anılan bu poliçe iptal edilerek (ve sigortalı muris tarafından yeniden sigorta talep ve sağlık beyan formu doldurulmak sureti ile) 11/12/2012 başlangıç tarihli yeni bir hayat sigorta poliçesi düzenlenmiştir. Bu yeni poliçenin düzenlenmesi sonrasında muris, 21/05/2013 tarihinde vefat etmiştir. Davalı sigorta şirketi cevap dilekçesinde, sigorta öncesinden gelen kanser hastalığının teminat kapsamı dışında olduğunu, sigortalının sağlık problemi olmadığını ifade ederek rahatsızlığını sigortacıdan gizlediğini ve beyan yükümlülüğünün kasten ihlal edildiğini belirterek davanın reddini savunmuştur.

Dosya içerisinde yer alan ve son poliçe tanzimi esnasında doldurulan sağlık beyan formunda; "kanser şüphesi ile bir tetkik yapıldı mı veya tetkik sonrası kanser bulgusuna rastlandı mı" sorularına "hayır" cevabının verildiği, formda sigortalı murisin imzasının yer aldığı görülmüştür. Dosya kapsamındaki belgeler ve tedavi evraklarından, sigortalı murise, kanser tanısının 16/5/2012 tarihinde konulmuş olduğu, yani son tanzim olunan 11/12/2012 başlangıç tarihli hayat sigortası poliçesi düzenlenirken kanser tanısının mevcut olduğu, ancak murisin onkoloji servisinde yatarak tedavi görmeye başladığı tarihin, son poliçenin tanzim tarihinden sonraki bir tarih olan 18/05/2013 tarihi olduğu anlaşılmaktadır. Yine dosya kapsamındaki davacı tanıklarının beyanlarından ise, muris K1'ın hastalığının moral destek nedeni ile kendisinden ve hatta murisin eşinden de gizlendiği anlaşılmış ve mahkemece de bu yönde kanaat oluşmuştur.

Bu durumda, 11/12/2012 başlangıç tarihli poliçe esnasında murisin kanser hastalığını kasten bildirmediğini söylemek mümkün değilse de, beyan yükümlülüğü konusunda muris sigortalının ihmali bulunduğu da açıktır.

O halde mahkemece, 6102 sayılı TTK'nın 1439/2. maddesi uyarınca, sigorta ettirenin ihmali ile beyan yükümünü ihlal ettiği kabul edilerek bu doğrultuda tazminattan uygun miktarda bir indirim yapılması gerekirken yazılı olduğu şekilde karar verilmesi doğru görülmemiştir.

3-Davalı sigorta şirketi murisin hayat sigortacısı olup, Hayat Sigortaları Genel Şartlarının B maddesi uyarınca sigortalının vefatı halinde hak sahipleri tarafından ölüm ile ilgili bütün bilgi ve belgelerin sigortacıya ihbar edildiği tarihten itibaren 10 gün içinde sigortanın tazminatı ödeme yükümlülüğü bulunmakta, bu sürenin sonunda ödememe halinde temerrüt gerçekleşmektedir. Somut uyuşmazlıkta, davalı sigorta şirketine murisin vefatına ilişkin olarak 6/6/2013 tarihinde başvuru yapıldığı anlaşılmaktadır. Buna göre davalı sigorta şirketinin bu tarihten on gün sonrası olan 17/6/2013 tarihi itibariyle temerrüde düştüğü gözetilerek 17/6/2013 tarihinden itibaren faize hükmedilmesi gerekirken vefat tarihinden itibaren faizle sorumlu tutulması doğru olmamıştır.

SONUÇ: Yukarıda (1) nolu bentte açıklanan nedenlerle davalı vekilinin sair temyiz itirazlarının reddine, (2) ve (3) nolu bentlerde açıklanan nedenlerle, davalı vekilinin temyiz itirazlarının kabulü ile hükmün BOZULMASINA, peşin alınan harcın istek halinde temyiz eden davalıya geri verilmesine 12/02/2019 gününde oybirliğiyle karar verildi.

YORUM

Uyuşmazlık konusu olayda davacıların miras bırakanı bankadan tüketici kredisi kullanmış ve kredi borcunun güvencesi olmak üzere 30.11.2011 başlangıç ve 25.11.2015 bitiş tarihli bir kredi bağlantılı hayat sigortası yaptırmıştır (mevcut grup sigortasına dahil olmuştur).

Sigorta ettiren davacıların miras bırakanı, daha sonra kredi faiz oranlarının düşmesi sebebiyle düşük faizden yararlanmak için kredi borcunun yeniden yapılandırılmasını istemiştir. Var olan hayat sigortası, bu yeniden yapılandırma sırasında iptal edilmiş yerine 11.12.2012 başlangıç ve 25.11.2015 bitiş tarihli yeni bir sigorta yapılmıştır.

Sigorta ettiren (kredi borçlusu miras bırakan) 21.05.2013 tarihinde akciğer kanseri sebebiyle vefat etmiştir. Davalı sigorta şirketi sigorta başlangıç tarihi olan 11.12.2012 tarihinde miras bırakanın sigorta ettirenin kanser hastası olduğunu ancak bu durumunu bildirmediğini öne sürerek ödeme yapmamıştır.

Davacılar (kredi borçlusu sigorta ettirenin mirasçıları) ise miras bırakanlarının sigorta sözleşmesi yapıldığı sırada kansere yakalandığını bilmediğini, davacılar ve doktorları tarafından kanser olduğunun kendisinden saklandığını belirterek davanın kabulüyle 21.525,00-TL'nin davalıdan tahsilini talep etmiştir.

İlk derece mahkemesi davanın kabulü yönünde karar vermiştir.

Yargıtay bu kararı aşağıdaki gerekçelerle bozmuştur:

- *Sigorta sözleşmeleri iyi niyet sözleşmeleridir*
- *Taraflar sözleşme kurulması aşamasında birbirlerini aydınlatma yükümlülüğü altındadır.*
- *Somut olayda, önce 30/11/2011-25/11/2015 tarihlerini kapsayan hayat sigortası poliçesi düzenlenmiş; ancak bu poliçe daha sonra kredi borcunun yapılandırılması işlemi esnasında iptal edilmiştir. Önceki poliçenin yerine (sigortalı muris tarafından yeniden sigorta talep ve sağlık beyan formu doldurularak) 11/12/2012 başlangıç tarihli yeni bir hayat sigortası poliçesi düzenlenmiştir. Sigorta ettiren bu yeni poliçe düzenlendikten sonra 21/05/2013 tarihinde vefat etmiştir.*
- *Yeni poliçe düzenlenirken doldurulan sağlık beyan formunda; "kanser şüphesi ile bir tetkik yapıldı mı veya tetkik sonrası kanser bulgusuna rastlandı mı?" sorularına "hayır" cevabı verilmiştir. Bu formun altında sigorta ettirenin imzası bulunmaktadır.*
- *Sigorta ettirene kanser tanısı 16/5/2012 tarihinde konulmuştur. 11/12/2012 başlangıç tarihli yeni hayat sigortası poliçesi düzenlenirken kanser tanısı mevcuttur.*
- *Ancak sigorta ettirenin onkoloji servisinde yatarak tedavi görmeye başladığı tarih, yeni poliçenin düzenlendiği tarihten sonraki bir tarih olan 18/05/2013 tarihidir.*
- *Davacı tanıklarının beyanlarından da sigorta ettirenin hastalığının moral destek nedeni ile kendisinden (ve hatta eşinden de) gizlendiği anlaşılmaktadır. İlk derece mahkemesinde de bu yönde kanı oluşmuştur.*
- *Bu durumda, 11/12/2012 başlangıç tarihli poliçe düzenlendiği sırada sigorta ettirenin kanser hastalığını kasten bildirmediğini söylemek mümkün değilse de, kendisinin beyan yükümlülüğü konusunda ihmali bulunduğu da açıktır.*
- *O halde mahkemece, TTK 1439(2) uyarınca, sigorta ettirenin ihmali ile beyan yükümünü ihlal ettiği kabul edilerek bu doğrultuda ödenecek sigorta bedelinden uygun miktarda bir indirim yapılması gerekirdi.*

- *Hayat Sigortaları Genel Şartlarının B maddesi uyarınca sigortalının vefatı halinde hak sahipleri tarafından ölüm ile ilgili bütün bilgi ve belgelerin sigortacıya verildiği tarihten itibaren 10 gün içinde sigortacının tazminatı ödeme yükümlülüğü bulunmaktadır.*
- *Somut uyuşmazlıkta, davalı sigorta şirketine 6/6/2013 tarihinde başvuru yapıldığı anlaşılmaktadır. Buna göre davalı sigorta şirketinin bu tarihten on gün sonrası olan 17/6/2013 tarihi itibariyle temerrüde düştüğü gözetilerek (vefat tarihinden itibaren değil) 17/6/2013 tarihinden itibaren faize hükmedilmesi gerekirdi.*

Yargıtay kararı hakkındaki değerlendirmemiz şöyledir:

- *Yargıtay "sözleşme öncesi bildirim görevine aykırılığın söz konusu olduğu, fakat bunun kasta dayalı sayılamayacağı, ihmal sonucu olduğunun kabul edilmesi gerektiği" görüşündedir. (Oysa ilk derece mahkemesi sözleşme öncesi ihbar görevine aykırılığın hiç söz konusu olmadığı kanısına ulaşmış ve davayı kabul etmiştir).*
- *Olayda şu hususun açıklığa kavuşturulmasında yarar vardır: İlk poliçe ile ikinci poliçenin bitiş tarihleri aynıdır. Kredi borcu faiz yükünün hafifletilmesi amacıyla yeniden yapılandırıldığı için sigortanın da bu yeni yapılandırmaya uygun hale getirilmesi söz konusu olmuştur. Ancak mevcut poliçenin iptal edilmesi ve yerine yenisinin (sigorta sözleşmesi kurmak için öngörülmüş olan bütün prosedür yeniden tamamlanarak) yapılması neden gerekli görülmüştür? Burada zaten yürürlükte olan bir sigorta mevcuttur. Onu kredinin yapılandırılmış haliyle ilişkilendirerek sürdürmek yerine -sonuçta sigorta ettirenin kazanılmış haklarını kısıtlayacak biçimde- yeni bir sigorta sözleşmesi kurmak doğru olmuş mudur?*
- *Yargıtay'ın görev ihlalinin kasten değil ihmal sonucu olduğuna ilişkin görüşü hakkında da şunları belirtebiliriz:*
    - *Eğer sigorta ettiren sözleşme sırasında sigortacıya bildirmesi gereken bir durum olduğu bilincine sahipse ve buna rağmen (mesela bildirimde bulunması halinde sigortacının sözleşmeyi yapmayacağından çekindiği için) bildirim yapmamışsa kural olarak görevi "kasten" çiğnemiştir.*
    - *Buna karşılık sigorta ettiren sigortacıya bildirmesi gereken durumun sigortacı tarafından zaten bilindiği gibi hatalı bir değerlendirme sonucunda bildirim görevini yerine getirmemişse, ihlâl kasıtlı sayılmayabilecektir.*
    - *Olayda Yüksek Mahkeme sigorta ettirenin bildirmesi lazım gelen bir halin mevcut olduğunu saptamıştır. Ancak neden "bildirimin ihmal sonucu yapılmış sayılması gerektiği" kanısına vardığına ilişkin*

ayrıntı vermemiştir. Sigorta ettirenin kanser olduğunu bilmemesi (ve bilmesinin de gerekmemesi) halinde kendisinden kansere yakalanmış bulunduğunu bildirmesi beklenmeyecektir. Buna karşılık, önemli bir rahatsızlıkla ilgili olarak medikal tetkik geçirdiğini bildiği (veya bilmekten kasten kaçındığı) anlaşılırsa, bunu bildirim görevini ihlal ettiği bilincine sahip olarak sigortacıya haber vermemesi yine görevin kasıtlı biçimde çiğnendiği anlamına gelecektir.

- *Yüksek Mahkeme'nin kararında dile getirdiği "sigortacının belgelerin kendisine verilmesini izleyen 10 gün içinde sigorta bedelini ödemesi gerektiğine ilişkin Hayat Sigortası Genel Şartları B maddesi hükmü uyarınca olayda sigortacıya başvurunun yapıldığı 6/6/2013 tarihinden on gün sonrasına karşılık gelen 17/6/2013 günü sigortacının temerrüde düşmüş sayılacağı ve bu günden başlayarak faize hükmedilmesi lazım geldiği" görüşüne de şu açıdan katılmamaktayız:*
  - *TTK 1427(2) sigorta ettiren lehine emredici şekilde sigortacıya yönelik sigorta parası alacağının bilgi ve belgelerin sigortacıya verilmesini izleyen makul bir inceleme/değerlendirme süresi sonunda muaccel hale geleceğini hükme bağlamaktadır.*
  - *Belgelerin değerlendirilmesinin on günden daha kısa sürede bitirilmesi gerekiyorsa, sigorta parası alacağı on günün sonunda değil, incelemenin bitirilmesi gereken bu tarihte muaccel olmuş sayılacak ve temerrüt faizi de bu andan başlayarak işleyecektir.*
  - *Yargıtay'ın temerrüt hususunda sigortacıya başvuru tarihinin esas alınmaması gerektiği yolundaki değerlendirmesine katılmaktayız.*

Yönetici sorumluluk sigortasında sigorta ettiren şirketin sözleşme öncesi bildirim görevine aykırı davranmış olması sebebiyle sigortacı tarafından ödenecek tazminat tutarından indirim yapılması

Yargıtay 11. Hukuk Dairesi

Esas No.: 2018/763

Karar No.: 2018/3847

Karar tarihi: 23.05.2018

Taraflar arasındaki davada Sigorta Tahkim Komisyonu İtiraz Hakem Heyeti'nce verilen 21/01/2016 tarih ve 2016/145 sayılı karar saklanmak üzere tevdi edildiği ....Asliye Ticaret Mahkemesi tarafından temyiz incelemesi yapılmak üzere Dairemize gönderilmiş olup, bazı noksanlıkların ikmali için dosya mahalline gönderilmiştir. Bu noksanlıkların giderilerek dosyanın gönderildiği anlaşılmakla, dosya için Tetkik Hakimi... tarafından düzenlenen rapor dinlendikten ve yine dosya içerisindeki dilekçe, layihalar duruşma tutanakları ve tüm belgeler okunup, incelendikten sonra işin gereği görüşülüp düşünüldü:

Davacı vekili; müvekkilinin iştiraki olan ...Makine A.Ş.ye ait vergi ödemeleri hakkında yönetim kurulu üyelerine gönderilen ödeme emirlerine istinaden Yönetici Sorumluluk Sigorta Poliçesi kapsamında teminat altına alınan vergi ödemeleri gereği ödeme yapılması gerektiğini ileri sürerek 281.571,25 TL'nin davalıdan tahsiline karar verilmesini talep etmiştir.

Davalı vekili; poliçe kapsamında vergi ödemeleri teminat altına alınmış ise de davacı tarafından ...Makine A.Ş.nin genel durumu hakkında gerçeğe aykırı beyanda bulunulduğu, bildirim yükümlülüğünün ihlal edildiği, bildirilmeyen hususların sözleşmenin yenilenmesini etkileyebilecek derecede önemli olduğunu, kasıt halinde zararın teminat dışı olduğunu savunarak davacının taleplerinin reddini istemiştir.

Uyuşmazlık Hakem Heyeti ve davalının itirazları üzerine İtiraz Hakem Heyeti; davacının beyan yükümlülüğüne aykırı davrandığının rizikonun gerçekleşmesinden sonra anlaşıldığı, ancak davacının iştiraki olan ...Makine A.Ş.nin aleyhine yapılan takiplerden ve vergi borçlarından haberdar olduğuna dair delil bulunmadığı, davacının gerekli özeni göstermediği için ağır ihmalinin söz konusu olabileceği, bu durumda TTK 1439/2 uyarınca tazminattan indirim yoluna gidilebileceği, takdiren %75 oranında indirim uygun görüldüğü gerekçesiyle başvurunun kabulü ile 70.392,81TL sigorta tazminatının sigorta şirketinden tahsiline karar verilmiştir.

Kararı, davalı vekili temyiz etmiştir.

Dosya içerisindeki bilgi ve belgelere, kararın gerekçesinde dayanılan delillerin tartışılıp, değerlendirilmesinde usul ve yasaya aykırı bir yön bulunmamasına göre, davalı vekilinin tüm temyiz itirazları yerinde değildir.

SONUÇ: Yukarıda açıklanan nedenlerden dolayı, davalı vekilinin bütün temyiz itirazlarının reddiyle usul ve kanuna uygun bulunan kararın ONANMASINA, aşağıda yazılı bakiye 4.779,33 TL temyiz ilam harcının temyiz edenden alınmasına, 23/05/2018 tarihinde oybirliğiyle karar verildi.

YORUM

Uyuşmazlık konusu olayda davacı şirket bir "yönetici sorumluluk sigortası" (Directors' and Officers' Liability Insurance = D&O sigortası) yaptırmıştır.

Karardaki çok yüzeysel açıklamalardan davacının iştiraki olan bir şirkette yönetici görevlendirdiği ve bu yöneticilere o iştirakin vergi borçlarının ödenmemiş olması nedeniyle ödeme emri yollandığı ve davacı şirketin de, bu tutarın davalı sigortacı tarafından ödenmesi istemiyle sigortacılıkta tahkim yöntemine başvurarak dava açmış olduğu anlaşılmaktadır.

Davalı sigortacı vergi ödemelerinin teminat kapsamına dahil bulunduğunu, fakat davacı tarafından iştiraki şirketin genel durumu hakkında gerçeğe uygun beyanda bulunulmadığını, bildirim yükümlülüğünün ihlal edildiğini, bildirilmeyen hususların sözleşmenin yenilenmesini etkileyebilecek ölçüde önemli bulunduğunu, kasıt halinde zararın teminat dışı olduğunu savunmuştur.

Uyuşmazlık Hakem Heyeti ve İtiraz Hakem Heyeti;

- *Davacının beyan yükümlülüğüne aykırı davrandığının rizikonun gerçekleşmesinden sonra anlaşıldığını*
- *Davacının, iştiraki olan şirketin aleyhine yapılan takiplerden ve vergi borçlarından haberdar olduğuna dair delil bulunmadığını*
- *Fakat davacının gerekli özeni göstermediği için ağır ihmalinin söz konusu olabileceğini*
- *Bu sebeple TTK 1439(2) uyarınca tazminattan indirim yoluna gidilebileceğini,*
- *Tazminattan takdire bağlı olarak %75 oranında indirimin uygun görüldüğünü*

belirterek başvurunun (kısmen) kabulüne karar vermiştir.

Yargıtay kararı onamıştır.

Karar hakkındaki düşüncelerimiz şöyledir:

- *Önce bu davayı davacının hangi sıfatla açtığı belirlenmelidir. Yönetici sorumluluk sigortası, kural olarak (ayrık haller dışında) sigorta sözleşmesinde yönetici olarak tanımlanmış bulunan kişileri korur. Bu sigorta çoğunlukla o yöneticileri çalıştırmakta olan şirket tarafından yöneticiler lehine (hesabına) yapılmaktadır.*

- *Yönetici sorumluluk sigortasında, sigorta ettiren şirkete de bazı hallerde yönetici aleyhindeki istemi ödeme yaparak sona erdirmek yetkisi tanınmakta ve böyle bir halde sigortacının tazminat ödemesini şirkete gerçekleştirmesi gerekmektedir.*
- *Bununla birlikte, bu gibi bir halin söz konusu olup olmadığı karardan anlaşılmamaktadır.*
- *Sigorta ettiren şirket, ancak bu gibi bir ödeme yetkisi uyarınca yöneticinin borcunu ödemiş ve sigortacıdan istemde bulunma hakkını kazanmışsa, sigortacıyı dava edebilir. Olayda, bu hususta bir uyuşmazlık olmadığını varsayabiliriz.*
- *Karardan bir "yenileme" poliçesinin söz konusu olduğu da anlaşılmaktadır. "Yenileme" deyimi sigortacılık jargonuna yerleşen İngilizce "renewal" deyiminin karşılığı olarak (yeni sigorta dönemine ilişkin poliçeyi anlatmak üzere) kullanılmaktadır. Türk Borçlar Kanunu anlamında bir yenileme burada söz konusu değildir. Var olan borcun yerine (var olan borç ortadan kaldırılarak) yeni bir borç geçirilmemektedir. Önceki döneme ait sigorta sözleşmesi süre bittiği için sona ermekte ve yeni dönem için yeni bir sözleşme ilişkisi kurulmaktadır. Önceki sözleşmenin bitiş anında sonraki (izleyen) sözleşme başlamaktadır. Ülkemizde her nedense sözleşmenin kendiliğinden sürdürülmesi uygulaması yerleşmemiştir. Bu sebeple her dönem için tarafların yeni bir sözleşme kurmaları, bunun için gereken bütün işlemleri tamamlamaları gerekmektedir. Oysa, birçok ülkede "bitiş tarihine belli bir süre kalana kadar taraflardan birinin diğerine sözleşme ilişkisini sürdürmeme kararını bildirmediği takdirde ilişkinin yeni bir sigorta dönemi için daha yürürlükte olacağı" anlamındaki klozlarla her yıl yeni sözleşme yapılması külfetine gerek bırakılmamaktadır.*
- *Davalı sigortacı, savunma olarak olayda yeni dönem için sözleşme kurulduğu sırada, sigorta yapıp yapmama veya farklı koşullarla yapma konusundaki kararı bakımından önemli olan bir hususun (yöneticilerin görev yaptığı davacının iştiraki olan şirketin durumunun kötüleştiği bilgisinin) kendisine aktarılmadığını öne sürmüş ve bu yüzden ödeme yükümlülüğünün bulunmadığını bildirmiştir.*
- *Uyuşmazlık hakem heyeti ve itiraz hakemleri bu savunmayı kabul etmekle birlikte, sonucun farklı olacağına, sigortacının sorumluluktan tamamen kurtulmayacağına karar vermişlerdir.*

- *Hakemlere göre davacı, iştiraki olan şirket aleyhine yapılan takiplerden ve iştirakin vergi borçlarından sözleşme sırasında haberdar değildir.*
- *Fakat davacının ağır ihmali söz konusu olabilir. (Hakemlerin, davacıya "gereken en temel özeni gösterseydi, iştirakin kötü ekonomik durumu hakkında bilgi edinebileceği" biçiminde "çok özensiz" bir davranış isnadında bulundukları anlaşılmaktadır).*
- *Davacının "ağır" ihmalinin hangi olguya dayandırıldığı belirsizdir. Ancak eğer davacı tarafından iştirakinde görev yapmak üzere görevlendirilmiş olan yöneticiler (sigortalılar) bu durumu bilmekte idiyseler, TTK 1412 uyarınca sigortalıların bilgi ve davranışı tıpkı sigorta ettirenin bilgi ve davranışı gibi sonuç doğuracaktır.*

- *Kararda açıklandığına göre, olayda sözleşme sırasındaki bildirim görevine aykırı davranıldığı riziko gerçekleştikten sonra anlaşılmıştır. Bu sebeple TTK 1439(2) hükmü uygulanacaktır. TTK 1439 kast veya ihmalin söz konusu olmasına göre farklı sonuçlar öngörmüştür.*
  - *Eğer kasten göreve aykırı davranılmışsa, arada sebep-sonuç bağı da kurulabildiğinden (rizikonun gerçekleşmesi bildirilmeyen hususla bağlantılı biçimde meydana geldiğinden) sigortacı edim yükümlülüğünden kurtulacaktır. (Bu noktada iştirakte görev yapan sigortalı yöneticilerin bilgisinin de sigorta ettirenin bilgisi ile bir tutulması dolayısıyla aynı sonuca yol açacağını yineleyelim).*
  - *Eğer göreve aykırılık ihmalden kaynaklanmışsa, (bu olasılıkta da riziko bildirilmesi ihmal edilen hususla bağlantılı biçimde meydana geldiğinden) ödenecek tazminattan indirim yapılması söz konusu olacaktır. TTK 1439(2) cümle 1 indirimin "ihmalin derecesine göre" uygulanacağını hükme bağlamaktadır. Hakemler "ağır ihmalin bulunduğunu" kabul ettikleri için %75 oranında (önemli sayılabilecek bir ölçüde) indirimin uygun olacağını kararlaştırmışlardır.*
  - *Bu değerlendirme ihmalin ağır olduğu varsayımında yerindedir. Ancak karardan ağır ihmalin neye dayalı olarak saptandığı anlaşılamadığından, kararın yerindeliği hakkında kesin bir değerlendirme yapmak doğru olmayacaktır.*
- *Sonuç olarak Yargıtay'ın verdiği onama kararının eldeki sınırlı bilgiler ışığında yerinde olup olmadığı hususunda kesin bir kanı bildirmek mümkün olmamaktadır.*

Hırsızlık sigortasında sigorta ettirenin zararın gerçekleşme olasılığının yüksek olduğu bir halde gerekli koruma önlemlerini almaması

Yargıtay 11. Hukuk Dairesi

Esas No.: 2016/1907

Karar No.: 2017/672

Karar tarihi: 08.02.2017

Taraflar arasında görülen davada ... 2. Asliye Ticaret Mahkemesi'nce verilen 09/04/2015 tarih ve 2014/244-2015/324 sayılı kararın Yargıtay'ca incelenmesi davalı vekili tarafından istenmiş ve temyiz dilekçesinin süresi içinde verildiği anlaşılmış olmakla, dava dosyası için Tetkik Hakimi ... tarafından düzenlenen rapor dinlendikten ve yine dosya içerisindeki dilekçe, layihalar, duruşma tutanakları ve tüm belgeler okunup, incelendikten sonra işin gereği görüşülüp, düşünüldü:

Davacı vekili ;müvekkili şirketin davalı ... şirketi Endüstriyel Paket Sigortası yaptırdığını, müvekkilinin işletmekte bulunduğu Uludağ Volfram Tepesindeki Maden Telesiyejine ait yer altında bulunan sinyal elektrik telesiyej kablolarının çalınması üzerine, sinyal ve elektrik kablosu satın alındığını, kabloların dağdaki yerlerine götürüldüğünü, çalışanlarının kabloları döşeme yapılacak olan yerde bırakarak havanın kararması ile beraber işyerine döndüğünü, ertesi gün yeniden çalışmaya gidildiğinde söz konusu kabloların 505 metresinin makaraları ile birlikte çalındığının tespit edildiğini ve çalınan 505 metrelik kablonun yerine yine 13.705,70.-TL'lik sinyal kablosu satın alındığını, müvekkilinin söz konusu bu 13.705,70.-TL'lik zararı nedeni ile davalı ... şirketine müracaat ettiğini, ancak hasarın hırsızlık sigortası genel şartlarına uymadığından bahisle talebin davalı ... şirketi tarafından reddedildiğini, aynı zamanda sigorta poliçesinin de iptal edildiğini ileri sürerek davalının temerrüde düştüğü 05/11/2012 tarihinden itibaren 13.705,00.-TL'nin işleyecek avans faiz ile birlikte davalıdan tahsiline karar verilmesini talep ve dava etmiştir.

Davalı vekili, sigorta sözleşmesi ile hırsızlık rizikosunun 8.681.000,00.-TL bedelle makine kapsamındaki kıymetler için temin edildiğini, dava konusu hasarın teminatın kapsamına dahil olmadığını, ayrıca hırsızlığın oluş şekli itibariyle de Hırsızlık Sigortası Genel Şartlarına ve poliçe ile düzenlenen hırsızlık teminatına uygun olmadığını, kaldı ki davacının söz konusu malın çalınmasına karşı koruyucu önlem almadığının da açık olduğunu, bu sebeple Hırsızlık Sigortası Genel Şartlarının B.2.maddesi ve TTK'nın 1448/1 düzenlemelerine de aykırı davrandığını savunarak davanın reddine ve yargılama giderleri ile vekalet ücretinin davacıdan tahsiline karar verilmesini talep etmiştir.

Mahkemece; incelenen tüm dosya kapsamına göre; mezkur hasarın oluş şekli gözetildiğinde davacının çalınan kabloların çalınma ihtimalinin yüksek olmasına rağmen, davacı şirketin kabloları açık alanda korumasız şekilde bıraktığından, eylemin poliçe genel şartları A.1 maddesinde belirlenen riziko gruplarına dahil olmadığı gerekçesiyle davanın reddine karar verilmiştir.

Kararı, davalı vekili temyiz etmiştir.

Dava dosyası içerisindeki bilgi ve belgelere, mahkeme kararının gerekçesinde dayanılan delillerin tartışılıp, değerlendirilmesinde usul ve yasaya aykırı bir yön bulunmamasına göre, davalı vekilinin tüm temyiz itirazları yerinde değildir.

SONUÇ: Yukarıda açıklanan nedenlerden dolayı, davalı vekilinin bütün temyiz itirazlarının reddiyle usul ve kanuna uygun bulunan hükmün ONANMASINA, aşağıda yazılı bakiye 3,70 TL temyiz ilam harcının temyiz edenden alınmasına, 08/02/2017 tarihinde oybirliğiyle karar verildi.

•

YORUM

Dava konusu olayda davacı şirket davalı sigortacıya Uludağ'daki volfram tesisi için Endüstriyel Paket Sigortası yaptırmıştır.

Davacı,

- *Maden telesiyejine ait yer altında bulunan elektrik kablolarının çalınması üzerine kablo satın aldığını ve dağ başına götürdüğünü*
- *Çalışanlarının kabloları döşenecekleri yerde bıraktıklarını ve havanın kararması üzerine oradan ayrıldıklarını;*

- *Ertesi gün yeniden çalışmaya gidildiğinde kabloların 505 metresinin makaraları ile birlikte çalındığının tespit edildiğini;*
- *Çalınan kablo yerine yine kablo satın almak gerektiğini*

belirterek, satın alma bedelinin davalıdan tahsiline karar verilmesini istemiştir.

Davalı sigortacı

- *Hırsızlık rizikosunun makine kapsamındaki kıymetler için temin edildiğini, dava konusu hasarın sigorta teminatı kapsamına dahil olmadığını,*
- *Hırsızlığın oluş şekli itibariyle de Hırsızlık Sigortası Genel Şartlarına uygun bulunmadığını,*
- *Kaldı ki davacının söz konusu malın çalınmasına karşı koruyucu önlem almadığının da açık olduğunu,*
- *Olayda davacı tarafından genel şartların koruma önlemlerine ilişkin B.2 maddesine ve TTK 1448(1) düzenlemesine aykırı davranıldığını*

savunmuştur.

İlk derece mahkemesi,

- *Davacının çalınan kabloları çalınma ihtimalinin yüksek olmasına rağmen, açık alanda korumasız şekilde bıraktığı*
- *Hırsızlık eyleminin Hırsızlık Sigortası Genel Şartları A.1 maddesinde belirlenen riziko gruplarına dahil olmadığı*

gerekçeleriyle davanın reddine karar verilmiştir.

Yargıtay ilk derece mahkemesi kararını onamıştır.

Şu hususları belirtebiliriz:

- *Dağ başında açığa bırakılan döşenecek kablonun çalınma olasılığının neden yüksek olduğu pek anlaşılamamaktadır. Ancak davacı yer altında döşeli bulunan kabloların da sökülerek çalındığını belirtmektedir. Diğer bir anlatışla, oraya kablo söken/ çalan bir hırsız dadanmıştır.*
- *TTK 1448(1), riziko gerçekleşmeye başlayınca veya rizikonun gerçekleşmesine artık kesin gözle bakılabilecek olduğu hallerde devreye girer. Bu andan daha önce sigorta ettirenin koruma önlemi alma görevi yoktur. TTK 1448(1)'deki "rizikonun gerçekleşme olasılığının yüksek olduğu" anlatımı yanıltıcıdır.*
    - *Sigorta ettiren rizikonun gerçekleşmesine kusuruyla (hatta ağır kusuruyla) yol açmış olsa dahi (sigorta sözleşmesinde aksinin kararlaştırılmış olması hali dışında) sigortacı ödeyeceği tazminattan hiçbir indirim uygulayamaz.*

- *Rizikonun gerçekleşme olasılığının yüksek olduğu hallerde koruma önlemi almamak, rizikoyu kusurla gerçekleştirmek anlamını taşır. Böyle bir halde TTK 1429(1) uyarınca sigortacı "zararın tamamından" sorumludur.*
- *Nitekim sigortacı, kusuruyla yangın çıkaran veya aşırı hızla yol aldığı için kaza yapan sigorta ettirene (yangın veya kasko sigortası kapsamında) tam tazminat ödemeye zorunludur.*
- *Bu gibi hallerde "rizikonun gerçekleşme olasılığı yüksekti" gerekçesiyle sigorta ettirene yaptırım (tazminattan indirim) uygulamak TTK 1429(1) hükmüne aykırıdır.*
- *O sebeple, yasadaki "rizikonun gerçekleşme olasılığının yüksek olduğu durum" biçimindeki yanıltıcı anlatım "rizikonun gerçekleşmesine kesin gözle bakılabilecek durum" şeklinde düzeltilerek anlaşılmalıdır.*
- *Dağ başına, ertesi gün döşenecek kabloları (korumasız olarak) bırakmış bulunmak, kanımızca kural olarak bu malzemeyi rizikonun mutlaka gerçekleşeceği bir ortama terk etmiş bulunmak anlamına gelmez. (Ancak, hırsızın kol gezdiğinin bilindiği bir yerde kabloların korumasız olarak bırakılması durumu değiştirebilir).*

- *Olaydaki rizikonun Hırsızlık Sigortası Genel Şartları A.1 maddesi kapsamında olmadığı gerekçesi ise yerindedir. Bu madde şöyledir:*
  - *A.l. Sigortanın Konusu Bu sigorta ile poliçede belirlenen sigortalı yerde hırsızlık veya hırsızlığa teşebbüsün; 1.1. Kırma, delme, yıkma, devirme ve zorlamayla girilerek, 1.2. Araç, gereç veya bedeni çeviklik sayesinde tırmanma veya aşma suretiyle girilerek, 1.3. Kaybolan, çalınan veya haksız yere elde edilen asıl anahtarla veya anahtar uydurarak veya başka aletler veya şifre yardımıyla kilit açma suretiyle girilerek, 1.4. Sigortalı yerlere gizlice girip saklanarak veya kapanarak, 1.5. Öldürme, yaralama, zor ve şiddet kullanma veya tehditle yapılması halinde sigortalı kıymetlerde doğrudan meydana gelen maddi kayıp ve zararlar, teminat altına alınmıştır.*
- *Hırsızlık Sigortası Genel Şartları A.1 maddesinde sayılan hallerden hiçbiri olayda söz konusu olmadığından sigortacının sorumlu tutulmaması doğaldır.*

Yat sigortası uyarınca yatta meydana gelen hasarın tazmini istemiyle açılan dava- 805 sayılı "Türkçe Kullanılması" hakkında yasa- TTK 1429 ile TTK 1448 arasındaki ayrım (bu hükümlerin uygulanma alanları)

Yargıtay 11. Hukuk Dairesi

Esas No.: 2016/53

Karar No.: 2016/3263

Karar tarihi: 23.03.2016

Taraflar arasındaki davanın Sigorta Tahkim Komisyonu İtiraz Hakem Heyeti kurulunca 2015/714 Esas ve 25.06.2015 tarihli kararı ..... Asliye Ticaret Mahkemesi'ne saklanmak üzere gönderilmiş olup, davalı vekili tarafından anılan karar temyiz edilmiş olmakla, temyiz incelemesi dairemizce incelenmek üzere dava dosyası için Tetkik Hakimi ... tarafından düzenlenen rapor dinlendikten ve yine dosya içerisindeki dilekçe, layihalar, duruşma tutanakları ve tüm belgeler okunup, incelendikten sonra işin gereği görüşülüp, düşünüldü:

Davacı vekili, Sigorta Tahkim Komisyonu'na başvurarak, müvekkilinin "Institute Yacht Clauses" kapsamında "...." isimli gezinti teknesini tekne, makine ve teçhizat itibariyle sigorta ettirdiğini, teknede 19/08/2013 tarihinde arıza ve hasar meydana geldiğini, davalıdan hasar bedelinin istenildiğini ancak, davalı tarafından hasarın teminat dışında kaldığı gerekçesiyle ödeme yapılmadığını ileri sürerek, fazlaya ilişkin hakları saklı kalmak kaydıyla, 19.283 Euro + KDV'nin olay tarihi olan 19/08/2013 tarihinden itibaren avans faiziyle birlikte davalıdan tahsilini talep etmiştir.

Davalı vekili, poliçe teminatının bağlı olduğu Institute Yacht Klozları'nın "İstisnalar" başlıklı bölümünün 10.10. maddesi uyarınca hasarın teminat dışında olduğunu savunarak, talebin reddini istemiştir.

Sigorta Tahkim Komisyonu'nca, iddia, savunma, toplanılan deliller ve tüm dosya kapsamına göre, poliçe teminatının bağlı olduğu Institute Yacht Clauses'ın İstisnalar başlıklı bölümünün 10.10. maddesinde "Yarı batık bir gemi neden olmadıkça, ağır hava nedeniyle motor ve bağlantıları [pervane veya bağlantı mili (strut şaft) hariç] elektrik donanımı ve aküler ve bağlantılarının uğradığı zıya veya hasar. Fakat bu 10.10 klozu geminin oturması veya çatışması ya da bir başka gemi, rıhtım, iskele ile temasının neden olduğu zıya veya hasarı istisna etmez." denilmekte olup, bu kloz tahtında sigortalının hasarının teminat kapsamı dışında olduğu gerekçesiyle, talebin reddine karar verilmiştir.

Sigorta Tahkim Komisyonu kararına davacı vekili tarafından itiraz edilmesi üzerine, dosya İtiraz Hakem Heyeti'ne gönderilmiş, İtiraz Hakem Heyeti tarafından yapılan inceleme neticesinde, taraflar arasında akdedilen poliçenin "Klozlar" başlığı altında 1. sayfasında teknenin, tekne, makine ve teçhizat itibariyle sigorta edildiğinin anlaşıldığı, bu nedenle teknenin arızalanan motoru ve buna bağlı Makine ve teçhizatının ilgili poliçeyle teminat altına alındığı, hasarın teminat dışında kaldığını ispat yükünün sigortacıya ait olduğu ve davalının özel şart olarak poliçede bulunan ICC CL 328 10.10. maddesine dayanarak hasarın teminat dışında olduğunu savunduğu oysa, 5684 sayılı Yasa'nın 11/5 maddesi uyarınca sigorta sözleşmelerinde yabancı kelimelere yer verilemeyeceğini, işbu hüküm emredici bir hüküm olup, yaptırımının geçersizlik olduğu, anılan hüküm olmaksızın sözleşmenin yapılmayacağını ispat yükünün de davalıda olup, davalı tarafça bu hususun ispatlanamadığı, bu nedenle poliçenin, bu poliçenin eki olarak kabul edilen .... 1/11/85 CL 328 hükümleri olmaksızın geçerli olduğu, davalının tekne motorunda arıza sebebiyle gerçekleşen hasarı tazmin etmesi gerektiği, hasarın da 16.572,23 Euro + KDV olduğu gerekçesiyle, itirazın kısmen kabulü ile 16.572,23 Euro +KDV tutarındaki tazminatın temerrüt tarihi olan 23/09/2013 tarihinden itibaren Devlet Bankalarının Euro para birimi ile açılmış 1 yıl vadeli mevduat hesabına ödediği en yüksek faiz oranı işletilerek eklenmiş toplamının, fiili ödeme günündeki efektif satış kuru TL karşılığının davalıdan tahsiline karar verilmiştir.

Sigorta Tahkim Komisyonu tarafından, taraflar arasındaki uyuşmazlıkla ilgili İtiraz Hakem Heyeti'nce verilen kararın taraflara bildirildiği ve karar aslının dosya ile birlikte saklanmak üzere mahkemeye gönderildiği, mahkemece de, hakem kararının taraflara tebliğ edildiği anlaşıldığından hakem dava dosyasının HMK'nın 436/3 maddesi uyarınca mahkeme arşivinde saklanmasına karar verilmiştir.

Sigorta Tahkim Komisyonu İtiraz Hakem Heyeti kararı, davalı vekili tarafından temyiz edilmiştir.

1- Dosya içerisindeki bilgi ve belgelere, hakem heyeti kararının gerekçesinde dayanılan delillerin tartışılıp, değerlendirilmesinde usul ve yasaya aykırı bir yön bulunmamasına göre, davalı vekilinin aşağıdaki bendin kapsamı dışında kalan sair temyiz itirazlarının reddine karar vermek gerekmiştir.

2- Talep, tekne sigorta poliçesine dayalı hasar bedelinin tazmini istemine ilişkin olup, İtiraz Hakem Heyeti tarafından yukarıda özetlenen gerekçe ile itirazın kısmen kabulüne karar verilmiştir. Oysa, 6102 sayılı TTK'nın "Zararı önleme, azaltma ve sigortacının rücu haklarını koruma yükümlülüğü" başlıklı 1448/1 maddesinde "Sigorta ettiren, rizikonun gerçekleştiği veya gerçekleşme ihtimalinin yüksek olduğu durumlarda, zararın önlenmesi, azaltılması, artmasına engel olunması veya sigortacının üçüncü kişilere olan rücu haklarının korunabilmesi için, imkânlar ölçüsünde önlemler almakla yükümlüdür. Sigorta ettiren, sigortacının bu konudaki talimatlarına olabildiğince uymak zorundadır. Birden çok sigortacının varlığı ve bunların birbirlerine aykırı talimatlar vermeleri hâlinde, sigorta ettiren, bu talimatlardan zararın azaltılması ve rücu haklarının korunması bakımından en uygun olanını dikkate alır." aynı maddenin 2. fıkrasında ise, "Bu yükümlülüğe aykırılık sigortacı aleyhine bir durum yaratmışsa, kusurun ağırlığına göre tazminattan indirim yapılır." hükmünün düzenlendiği, davalı tarafça tekne kaptanının hasarın artmasına neden olduğunun savunulduğu, gerek ekspertiz raporu gerekse de Hakem Heyeti tarafından alınan bilirkişi raporu ile bu husus tespit edilip, Hakem Heyetince de kabul edildiği halde, Yasa'nın "Rizikonun gerçekleşmesinde kusur" başlıklı 1429. maddesinde " Sigortacı, aksine sözleşme yoksa, sigorta ettirenin, sigortalının, lehtarın ve bunların hukuken fiillerinden sorumlu bulundukları kişilerin ihmallerinden kaynaklanan zararları tazmin ile yükümlüdür. Sigorta ettiren, sigortalı ve tazminat ödenmesini sağlamak amacıyla bunların hukuken fiillerinden sorumlu oldukları kişiler, rizikonun gerçekleşmesine kasten sebep oldukları takdirde, sigortacı tazminat borcundan kurtulur ve aldığı primleri geri vermez." şeklindeki düzenlemenin somut uyuşmazlıkla bir ilgisinin bulunmadığı nazara alınmaksızın, sigortalının zararın artmasına sebebiyet veren bir eylemi var ise, TTK'nın 1448. maddesi uyarınca tazminat miktarından indirim yapılması gerekmekte iken, 1429. madde uyarınca gemi kaptanının sigortalının hukuken fiillerinden sorumlu bulunduğu kişiler arasında yer aldığı, kaptanın rizikonun gerçekleşmesine kasten sebep olduğuna dair bir tespit bulunmadığı, bu konudaki ispat yükünün TTK'nın 1409/2 madde ve fıkrası uyarınca sigorta şirketine ait olduğu, bu hususta bir delil ibraz edilememesi nedeniyle sigorta şirketinin gemi kaptanının kusurundan kaynaklanan ilave zararlardan da sorumlu olduğundan rizikonun gerçekleşmesinden dolayı meydana gelen toplam zarardan, gemi kaptanının kusurlu davranışından dolayı yol açtığı zararların indirime tabi tutulamayacağı gerekçesiyle, yanılgılı değerlendirmeye dayalı, yazılı şekilde karar verilmesi doğru olmamış, bozmayı gerektirmiştir.

SONUÇ: Yukarıda (1) numaralı bentte açıklanan nedenlerle, davalı vekilinin sair temyiz itirazlarının REDDİNE, (2) numaralı bentte açıklanan nedenlerle, davalı vekilinin temyiz itirazlarının kabulü ile kararın davalı yararına BOZULMASINA, ödediği temyiz peşin harcın isteği halinde temyiz edene iadesine, 23/03/2016 tarihinde oybirliğiyle karar verildi.

YORUM

Davacı,

- *Gezinti teknesini sigorta ettirdiğini,*
- *Teknede arıza ve hasar meydana geldiğini,*
- *Davalı sigortacının hasarın teminat dışında kaldığı gerekçesiyle ödeme yapmadığını ileri sürmüş ve hasar tutarının davalıdan tahsilini talep etmiştir.*

Davalı Institute Yacht Klozları'nın "İstisnalar" başlıklı bölümünün 10.10. maddesi uyarınca hasarın teminat dışında olduğunu savunmuştur.

Uyuşmazlık Hakem Heyeti'nce,

- *Institute Yacht Clauses'ın İstisnalar başlıklı bölümünün 10.10. maddesinde "Yarı batık bir gemi neden olmadıkça, ağır hava nedeniyle motor ve bağlantıları [pervane veya bağlantı mili (strut şaft) hariç] elektrik donanımı ve aküler ve bağlantılarının uğradığı zıya veya hasar. Fakat bu 10.10 klozu geminin oturması veya çatışması ya da bir başka gemi, rıhtım, iskele ile temasının neden olduğu zıya veya hasarı istisna etmez" denildiği*

- *Bu kloz uyarınca sigorta ettirenin hasarının teminat kapsamı dışında olduğu*

gerekçesiyle, talebin reddine karar verilmiştir.

İtiraz Hakem Heyeti ise

- *Taraflar arasında akdedilen poliçenin "Klozlar" başlığı altında 1. sayfasında teknenin, tekne, makine ve teçhizat itibariyle sigorta edildiği*
- *Bu nedenle teknenin arızalanan motorunun ve buna bağlı makine ve teçhizatının teminat altına alındığı,*
- *Hasarın teminat dışında kaldığını ispat yükünün davalı sigortacıya ait olduğu*
- *Davalının özel şart olarak poliçede bulunan Institute Yacht Clauses 10.10. maddesine dayanarak hasarın teminat dışında olduğunu savunduğu*
- *Oysa, 5684 sayılı Sigortacılık Kanunu m.11(5) uyarınca sigorta sözleşmelerinde yabancı kelimelere yer verilemeyeceği,*
- *Bunun emredici bir hüküm ve yaptırımının da geçersizlik olduğu,*
- *Anılan hüküm olmaksızın sözleşmenin yapılmayacağını ispat yükünün de davalı sigortacıda olduğu ancak davalı tarafça bu hususun ispatlanamadığı,*
- *Bu nedenle sigorta sözleşmesinin, poliçenin eki olarak kabul edilen Institute Yacht Clauses hükümleri olmaksızın geçerli sayılacağı*
- *Davalı sigortacının tekne motorunda arıza sebebiyle gerçekleşen hasarı tazmin etmesi gerektiği*

gerekçeleriyle hasar tutarının davalı sigortacıdan tahsiline karar vermiştir.

Yargıtay bu kararı bozmuştur. Yüksek Mahkeme'ye göre:

- *TTK'nın "Zararı önleme, azaltma ve sigortacının rücu haklarını koruma yükümlülüğü" başlıklı 1448(1) maddesinde "sigorta ettirenin, rizikonun gerçekleştiği veya gerçekleşme ihtimalinin yüksek olduğu durumlarda, zararın önlenmesi, azaltılması, artmasına engel olunması için, imkânlar ölçüsünde önlemler almakla yükümlü olduğu" belirtilmiştir.*

- *TTK 1448(2)'de ise "bu yükümlülüğe aykırılık sigortacı aleyhine bir durum yaratmışsa, kusurun ağırlığına göre tazminattan indirim yapılacağı" öngörülmüştür.*
- *Davalı sigortacı tekne kaptanının hasarın artmasına neden olduğunu savunmuştur.*
- *Tekne kaptanının hasarın artmasına neden olduğu hususu hem ekspertiz raporunda hem de hakem heyeti tarafından alınan bilirkişi raporunda kabul edilmiştir.*
- *Buna rağmen hakem heyeti*
    - *TTK 1429 uyarınca gemi kaptanının sigortalının hukuken fiillerinden sorumlu bulunduğu kişiler arasında yer aldığı,*
    - *Kaptanın rizikonun gerçekleşmesine kasten sebep olduğuna dair bir tespit bulunmadığı,*
    - *Bu konudaki ispat yükünün TTK 1409(2) uyarınca sigorta şirketine ait olduğu fakat bu hususta bir delil ibraz edilemediği*
    - *Bu nedenlerle davalı sigortacının gemi kaptanının kusurundan kaynaklanan ilave zararlardan da sorumlu olduğu*
    - *Meydana gelen toplam zarardan, gemi kaptanının kusurlu davranışından dolayı yol açtığı zararların indirilemeyeceği sonucuna varmıştır.*
- *TTK 1429'daki düzenlemenin somut uyuşmazlıkla bir ilgisinin bulunmamaktadır.*
- *Sigorta ettirenin zararın artmasına sebebiyet veren bir eylemi var ise, TTK 1448 uyarınca tazminat miktarından indirim yapılması gerekir.*
- *TTK 1429 gerekçe gösterilerek yanılgılı değerlendirmeye dayalı karar verilmesi doğru olmamış, bozmayı gerektirmiştir.*

Hakem heyetleri tarafından verilen kararlar ile Yargıtay kararı hakkındaki değerlendirmemiz şöyledir:

- *Kanımızca Uyuşmazlık Hakem Heyeti tarafından verilen karar kendi içinde tutarlı görünmektedir.*
    - *Meydana gelen hasarın sigorta sözleşmesi hükümleri uyarınca teminat kapsamında olmadığı saptanmıştır.*
    - *Bu sebeple sigortacıya karşı ileri sürülen istem geri çevrilmiştir.*
    - *Ancak kararın yerinde olup olmadığı hakkında bir sonuca ulaşabilmek için İtiraz Hakem heyeti kararı ile Yargıtay'ın verdiği kararı incelemek gerekmektedir.*

- *İtiraz Hakem Heyeti*
  - *Hasarın teminat dışında olduğunun kanıtlanması külfetinin davalı sigortacıya ait bulunduğunu*
  - *Davalı sigortacının İngilizce kloz metnine dayanarak teminatın olayda işlerlik kazanmayacağını kanıtlamaya çalıştığını*
  - *Ancak Sigortacılık Kanunu'nun 11(5) maddesi uyarınca sigorta sözleşmelerinde yabancı sözcüklere yer verilemeyeceğini; verilirse bunun geçersiz olacağını ve yabancı dildeki hükümlerin sözleşmede yer almadığı kabul edilerek değerlendirme yapılacağını*
  - *Davalı sigortacının geçersiz olduğu saptanan sözleşme hükümleri olmaksızın sözleşme yapmayacağını da kanıtlayamadığını*
  - *Bu durumda davalının hasarı ödemesi gerektiğini belirtmiştir.*
    - *İtiraz Hakem Heyeti'nin yukarıda sayılan gerekçelerinin yanlış olduğu düşüncesindeyiz. İtiraz Hakemleri Sigortacılık Kanunu m.11(5) hükmüne dayanarak, bir sigorta sözleşmesindeki "yabancı dildeki" hükümlerin geçersiz olduğunu öne sürmüşlerdir.*
    - *Sigortacılık Kanunu m.11(5) özel hukuk alanında sonuç doğuracak biçimde "geçersizlik" yaptırımı öngörmüş değildir. Söz konusu hüküm yalnızca "sigorta sözleşmelerinde yabancı kelimelere yer verilemeyeceğini; yabancı kelimelerin karşılığı olarak Türk Dil Kurumu tarafından belirlenen kelimelerin kullanımının esas olduğunu" belirtmekle yetinmiştir.*
    - *Sigortacılık Kanunu, içerdiği hükümlerin çok büyük bir kısmına aykırılık halinde yönetsel para cezası veya adli ceza (özgürlüğü bağlayıcı ceza yahut adli para cezası) öngördüğü halde, 11(5) maddesine aykırılık hali için uygulanacak bir ceza da söz konusu değildir.*
    - *Sigortacılık Kanunu m.11(5) hükmüne aykırılık halinde bunun sonucu yalnızca yönetsel yaptırım olabilir.*
    - *Buna karşılık İtiraz Hakemleri 805 sayılı (kurumlarda Türkçe kullanılmasına ilişkin) yasayı gerekçe gösterebilirlerdi. 805 sayılı yasa*
      - *Türkiye'de kurulu bütün şirket ve kurumların, Türkiye içindeki bütün işlem, sözleşme, iletişim, hesap ve defterlerini Türkçe tutmaya zorunlu olduklarını (m.1)*
      - *Yabancı şirket ve kurumlar için bu zorunluluğun Türk kurumlar ve Türk uyruklu bireylerle olan iletişim ve temasla-*

rı ve Devlet daire ve memurlarına ibraz mecburiyetinde bulundukları evrak ve defterleri ile sınırlı olacağını (m.2);

- *bu şirket ve kurumların Türkçe'den başka bir dili ek olarak kullanabileceklerini fakat Türkçe'nin asıl olacağını ve imzaların dahi Türkçe metnin altına atılması gerektiğini; bu yasağa karşın imza diğer dille yazılmış kısım veya nüshanın altına atılmış olsa dahi Türkçe metnin geçerli sayılacağını (m.3)*
- *Yasanın yürürlüğe girmesinden sonra (m.4) birinci ve ikinci maddelere aykırı olarak düzenlenen belgelerin şirket ve kurumlar lehine dikkate alınmayacağını (m.4) öngörmektedir.*

- *Kanımızca 805 sayılı yasa günümüzde anlamını yitirmiştir. Sigortacılık reasürans desteği olmadan yürütülebilecek bir etkinlik değildir. Çok sayıda isteğe bağlı (facultative) reasürans anlaşması "back to back cover" (ardarda teminat) esasına göre işlemekte, sigorta koruması reasürörün uygun gördüğü reasürans koşulları aynen sigorta sözleşmesine yansıtılarak sağlanmaktadır. Reasürörün uygun gördüğü sigorta koşullarının doğru çevirisinin yapılması mevcut durumda (bu iş için gereken zaman ve sigorta terminolojisinde uzmanlığı bulunan çevirmen sayısı açısından) mümkün değildir. Bunlar çevrilse dahi orijinal metinle Türkçe çeviri arasında uyumsuzluk olması olasılığında orijinal metnin dikkate alınacağı (son aşamada asıl bağlayıcı metnin yabancı dildeki metin olacağı) sözleşmelerde daima hükme bağlanmaktadır. Kaldı ki artık bugün İngilizce dili iş hayatına tümüyle yerleşmiştir. Türk kurum ve kuruluşlar dahi aralarında İngilizce yazışmaktadırlar. Öte yandan, kendisine verilen yabancı dildeki bir metni kabul eden sigorta ettiren, bir aldatmayla karşı karşıya bırakılmış olması dışında, sonradan sırf metnin yabancı dilde olduğunu öne sürerek itirazda bulunmamalıdır. Yat sigortası yaptıran bir kişi, henüz yat klozlarının güvenilir bir çevirisinin yapılmadığı dönemde, orijinal İngilizce metnin kullanılmış olmasından lehine sonuç çıkaramamalıdır. (Bugün ise TSB web sayfasında yat klozlarının aslına sadık görünen bir çevirisi yer almaktadır. Artık sigortacılar bu çeviriyi kullanarak sözleşme yapabilmektedirler).*
- *Bu sebeplerle, sigortacının yabancı dildeki sözleşme hükümleri uyarınca sorumluluktan kurtulmuş sayılması daha doğrudur.*

        - *Bundan başka, İtiraz Hakemlerinin Yabancı dildeki sözleşme hükümlerinin sözleşme içeriğine girmiş olmayacağı ve sözleşmenin bunlarsız işleyeceği görüşü de yerinde görünmemektedir. Sigorta sözleşmelerinin önceden hazırlanmış o sigortaya uygun düşen özel metinler çerçevesinde sigorta koruması sağladığı herkesin bildiği bir husustur. Özel hükümler olmadan yapılacak bir sözleşmeye sigortacının rızasının olmayacağı çok açıktır. Bu sebeple İtiraz Hakemlerinin "İngilizce metin olmadan davalı sigortacının sözleşme yapmayacağı da (kendisi tarafından) kanıtlanmış değildir" yolundaki görüşleri hatalıdır. Sigortacının yat sigortasına ilişkin özel hükümler olmadan sözleşme yapmayacağı en başta yaptığı sözleşmeyi o hükümleri dahil ederek kurmuş olmasından bellidir. Bunlar olmaksızın yapılmış sayılan sözleşme hangi hükümler çerçevesinde işleyecektir?*
    - *(İtiraz Hakem heyetinin kararında yer alan TTK 1429'a dayalı gerekçe ise aşağıda Yargıtay kararı ele alınırken değerlendirilecektir).*
- *Yargıtay'ın verdiği karar hakkında şunlar vurgulanabilir:*
    - *Yargıtay olayda TTK 1448(1) ve (2) uyarınca tazminattan indirim yapılmasının lazım geldiği düşüncesini benimsemiştir.*
    - *Bu husus kararda şu şekilde vurgulanmıştır: "Davalı tarafça tekne kaptanının hasarın artmasına neden olduğunun savunulduğu, gerek ekspertiz raporu gerekse de Hakem Heyeti tarafından alınan bilirkişi raporu ile bu husus tespit edilip, Hakem Heyetince de kabul edildiği halde,….. TTK 1429'daki düzenlemenin somut uyuşmazlıkla bir ilgisinin bulunmadığı nazara alınmaksızın, sigortalının zararın artmasına sebebiyet veren bir eylemi var ise, TTK'nın 1448. maddesi uyarınca tazminat miktarından indirim yapılması gerekmekte iken….".*
    - *Anlaşıldığına göre, İtiraz Hakem Heyeti*
        - *Gemi kaptanının sigorta ettirenin eylemlerinden sorumlu bulunduğu kişiler arasında yer aldığı*
        - *Kaptanın rizikonun gerçekleşmesine kasten sebep olduğuna dair bir tespit bulunmadığı,*
        - *Bu konudaki ispat yükünün TTK 1409(2) uyarınca sigorta şirketine ait olduğu, ancak (davalı sigortacı tarafından) bu hususta bir delil ibraz edilemediği*

- *Bu nedenle sigortacının gemi kaptanının kusurundan kaynaklanan ilave zararlardan da sorumlu olduğu ve indirim uygulanmasının gerekmediği sonucuna varmıştır.*

- *İtiraz Hakem Heyetinin değerlendirmesi ile Yargıtay'ın vardığı sonuçtan hangisinin yerinde görülmesi gerekeceğine ilişkin olarak şunlar söylenebilir:*
  - *Eğer kaptanın rizikonun gerçekleşmesine sebep olan kusurlu bir davranışı söz konusu olmuşsa, sözleşmede aksi öngörülmediği sürece sigortacı TTK 1429(1) uyarınca bundan kaynaklanan zararı tam olarak ödemekle yükümlüdür.*
  - *Buna karşılık kaptanın kusurlu davranışı rizikonun gerçekleşmeye başlamasından (veya gerçekleşmesinden) yahut artık rizikonun meydana geleceğine kesin gözle bakılacak bir andan sonra "zararın artmasına" sebep olmuş ise, bu takdirde TTK 1448(1) uyarınca koruma önlemleri alma görevine aykırılık sebebiyle sigortacı indirim uygulayabilir.*
  - *Belirleyici olan (zaman sınırı) rizikonun gerçekleşmeye başlaması veya gerçekleşeceğinin artık kesinleşmesi anıdır. Bu andan öncesi TTK 1429(1); sonrası ise TTK 1448(1) kapsamında sayılacaktır.*
  - *Sigortacı kaptanın TTK 1448(1) uyarınca alınması gereken önlemleri ihmal etmiş olması olasılığında acaba indirim yapma hakkına sahip sayılabilir mi? Bu sorunun yanıtı da kaptanın sigorta ettirenin "temsilcisi" kabul edilip edilmeyeceğine bağlıdır.*
    - *Belirtelim ki burada Türk Borçlar Kanunu anlamında bir temsil söz konusu değildir.*
    - *Sigorta hukuku anlamında temsilden (rizikonun yönetimi sigorta ettiren tarafından önemsiz sayılamayacak bir ölçüde kendisine bırakılmış olan kişinin davranışının TTK 1412 gereğince sigortacı ile olan ilişkide tıpkı sigorta ettirenin kendi davranışı gibi sonuç doğurmasından) söz etmemiz lazımdır. (Yoksa sigorta ettiren yat sahibinin kaptana TBK çerçevesinde temsilen işlem yapma yetkisi vermesi, veya kaptanın sigorta ettirenin ifa yardımcısı sayılması burada konu dışıdır. Kaptan, sigorta ettirenin sigortacıya karşı üstlendiği borcu da yerine getirmemektedir. Koruma önlemi alma görevi, borç değil, tazminat ve ifayı isteme konusunda dava hakkı vermeyen bir davranış*

yükümüdür (Obliegenheit= külfet, görev). Bu görevin ihlali yalnızca sigorta korumasından yararlanma hakkının kural olarak kısmen yitirilmesine yol açmaktadır).

- *Yat sigortasında yat kaptanı, sigorta ettiren yat sahibinin TTK 1412 anlamında "temsilcisi" sayılmalıdır.*
- *O nedenle, kaptanın koruma önlemi almayı ihmal etmesi olasılığında, bu ihmal tıpkı sigorta ettirenin kendi ihmali imiş gibi sigortacıya tazminattan indirim yapma hakkı verecektir.*
- *Sonuç olarak, hangi yargı organının kararının doğru sayılması lazım geldiği hakkında kesin bir kanıya varmak mümkün bulunmamaktadır. Veri eksikliği mevcuttur.*

Sigorta ettiren kiracının sigortalı finansal kiralama şirketi lehine yaptırdığı sigortada, finansal kiralama konusu malın hasar görmesi üzerine kimin sigortacıyı dava edebileceği

Yargıtay 11. Hukuk Dairesi

Esas No.: 2018/831

Karar No.: 2019/2601

Karar tarihi: 03.04.2019

Taraflar arasında görülen davada ... 2.Asliye Ticaret Mahkemesince verilen 14/02/2017 tarih ve 2016/336 E., 2017/196 K. sayılı kararın davacı vekili tarafından istinaf edilmesi üzerine, istinaf isteminin esastan reddine dair ... Bölge Adliye Mahkemesi 11. Hukuk Dairesi'nce verilen 23/11/2017 tarih ve 2017/961-2017/1239 sayılı kararın Yargıtay'ca incelenmesi davacı vekili tarafından istenmiş ve temyiz dilekçesinin süresi içinde verildiği anlaşılmış olmakla, 6100 sayılı Kanun'un 369. maddesi gereğince miktar veya değer söz konusu olmaksızın duruşmalı olarak incelenmesi gereken dava ve işlerin dışında bulunduğundan duruşma isteğinin reddiyle dava dosyası için Tetkik Hakimi ... tarafından düzenlenen rapor dinlendikten ve yine dosya içerisindeki dilekçe, layihalar, duruşma tutanakları ve tüm belgeler okunup, incelendikten sonra işin gereği görüşülüp, düşünüldü:

Davacı vekili, davalı ile imzalanan ... no.lu Leasing All Risk Poliçesiyle şirket bünyesindeki SN5482971 no.lu makinenin tüm risklere karşı sigortalandığını, primlerinin ödendiğini, 26.05.2015 tarihinde makinede bulunan kalıplarda hasar meydana geldiğini, davalının ödemede bulunmadığını ileri sürerek fazlaya ilişkin hakları saklı kalmak kaydıyla 10.000 TL'nin davalıdan tahsiline karar verilmesini istemiştir.

Davalı vekili, hasarın hatalı parametre ve koordinat girilmesi sebebiyle parçaların birbiri içine girerek çarpışmasından kaynaklandığını, hasarın teminat kapsamında bulunmadığını savunarak davanın reddine karar verilmesini istemiştir.

Mahkemece iddia, savunma ve tüm dosya kapsamına göre, davacının poliçede sigorta ettiren olarak yer aldığından aktif dava ehliyetinin bulunmadığı gerekçesiyle davanın aktif husumet yokluğundan reddine karar verilmiştir.

Kararı, davacı vekili kararı istinaf etmiştir.

... Bölge Adliye Mahkemesince tüm dosya kapsamına göre, dava konusu sigortanın başkası lehine sigorta olduğu, sigortalının ... .Finansal Kiralama A.Ş, davacının ise sigorta ettiren olduğunu, TTK 1454/1 maddesi hükmüne göre aksine bir sözleşme yoksa sigorta tazminatını sigortalının talep edebileceği, poliçede bu yönde (aksine) bir hüküm olmadığı, davacının aktif dava ehliyeti bulunmadığı gerekçesiyle davacı vekilinin istinaf isteminin esastan reddine karar verilmiştir.

Kararı, davacı vekili temyiz etmiştir.

Yapılan yargılama ve saptanan somut uyuşmazlık bakımından uygulanması gereken hukuk kuralları gözetildiğinde İlk Derece Mahkemesince verilen kararda bir isabetsizlik olmadığının anlaşılmasına göre yapılan istinaf başvurusunun HMK'nın 353/b-1 maddesi uyarınca Bölge Adliye Mahkemesince esastan reddine ilişkin kararın usul ve yasaya uygun olduğu kanısına varıldığından Bölge Adliye Mahkemesi kararının onanmasına karar vermek gerekmiştir.

SONUÇ: Yukarda açıklanan nedenlerle, davacı vekilinin temyiz isteminin / istemlerinin reddi ile Bölge Adliye Mahkemesince verilen kararın HMK'nın 370/1. maddesi uyarınca ONANMASINA, HMK'nın 372. maddesi uyarınca işlem yapılmak üzere dava dosyasının Bölge Adliye Mahkemesine gönderilmesine, aşağıda yazılı bakiye 8,50 TL temyiz ilam harcının temyiz edenden alınmasına, 03/04/2019 tarihinde kesin olarak oybirliğiyle karar verildi.

YORUM

Olayda finansal kiralama konusu malın hasarlanması üzerine sigorta ettiren kiracı tarafından davalı sigortacı aleyhine açılmış bir dava söz konusudur.

Davalı sigorta şirketi hasarın teminat kapsamında bulunmadığını savunarak davanın reddine karar verilmesini istemiştir.

İlk derece mahkemesi davacının sigorta ettiren olduğu ve aktif dava ehliyetinin bulunmadığı gerekçesiyle davayı reddetmiştir.

Davacı BAM'a başvurmuştur. BAM

- *Dava konusu olaydaki sigortanın "başkası lehine sigorta" olduğu,*
- *Sigortalının finansal kiralama şirketi, davacının ise sigorta ettiren olduğu,*
- *TTK 1454(1) maddesi hükmüne göre aksine bir sözleşme yoksa sigorta tazminatını sigortalının talep edebileceği,*
- *Poliçede aksine bir hüküm bulunmadığı, davacının aktif dava ehliyetine sahip olmadığı*

gerekçesiyle davacının başvurusunu yerinde görmemiştir.

Yargıtay BAM kararının usul ve yasaya uygun olduğunu belirterek onanmasına karar vermiştir.

Karar hakkında şu değerlendirmeyi yapmaktayız:

- *Finansal kiralama ilişkisine konu olan mallarla ilgili sigortalarda kimin çıkarının sigorta edildiği ve sigortadan kimin yararlanacağı hususları tartışmaya açık görünmektedir.*
- *Finansal Kiralama, Faktoring Ve Finansman Şirketleri Kanunu'nun (FKFFŞK) "Tarafların hak ve borçları" başlıklı 24üncü maddesi (ilgili fıkraları) aşağıdaki gibidir:*

(4) Kiralama konusu malın sigorta ettirilmesi zorunludur. Malın kimin tarafından sigorta ettirileceği sözleşmede gösterilir. Sigorta primleri kiracı tarafından ödenir.

(5) Malın sözleşme süresi içinde hasar ve ziyaı sorumluluğu kiracıya aittir. Bu sorumluluk ödenen sigorta miktarının karşılanmayan kısmı ile sınırlıdır ve aşan kısım kiracı tarafından karşılanmak zorundadır.

- *Buradan anlaşıldığına göre,*
  - *Finansal kiralama konusu mal sigorta ettirilecektir. Kimin sigorta ettireceği (sigortacı ile sözleşmeyi kendi adına yapacak ve sigorta ettiren sıfatını kazanacak olan kişi) finansal kiralama sözleşmesinde belirtilecektir.*
  - *Ancak primlerin ödenmesi yükümlülüğü kiracının üzerinde olacaktır. Burada söz konusu olan yükümlülük finansal kiralama ilişkisi bakımındandır. Sigorta ilişkisinde prim sigorta ettiren tarafından ödenmek zorundadır. Ancak sigorta ettirenin finansal kiralama şirketi olması durumunda, kiracı ile olan iç ilişkide, onun prim tutarını kiracıdan finansal kiralama hukuku kuralları uyarınca talep/ tahsil etmesi mümkündür.*
  - *Finansal kiralama konusu mal finansal kiralama süresi içinde tam veya kısmi hasara uğrarsa, bunun ekonomik yükü kiracıya aittir. Böyle bir halde kiracı finansal kiralama şirketine karşı sorumlu olacaktır. Sigorta tazminatı bu sorumluluğun karşılanmasında kullanılacaktır. Eğer sigorta tazminatı yeterli olmazsa, kiracı açık kalan kısmı ödeyecektir.*
  - *Bu durumda finansal kiralama konusu mal için yaptırılacak sigortanın aynı zamanda (en azından) kiracının sorumluluğunu (da) temin etmiş olacağı anlaşılmaktadır.*
  - *Kaldı ki finansal kiralama süresi içinde, başlangıçta finansal kiralama şirketinin malın tüm değerine eşit bir çıkarı söz konusu olmakla birlikte, süre ilerledikçe kiraların ödenmesine bağlı olarak finansal kiralama şirketinin çıkarı azalmakta ve kiracının çıkarı (bunun parasal değeri) artmaktadır (süre sonunda tüm finansal kiralar ödenince, kiracı artık asıl çıkar sahibi kişi konumuna gelmektedir). Durum "tahterevalli" örneğindeki gibidir: Taraflardan birinin en yukarıda olan çıkarı ödemelerle zaman içinde aşağıya doğru inmekte; aynı anda diğerininki yukarıya çıkmaktadır. Kısaca, kiracının yalnızca sorumluluk bağlamında değil, mal sigortası bakımından da sigortalanabilir çıkarı mevcuttur.*
- *Olayda kiracı, sigorta sözleşmesini sigorta ettiren sıfatıyla kurmuş ancak bu sözleşmede sigortalı olarak finansal kiralama şirketi gösterilmiştir. Diğer bir anlatışla "başkası lehine" yaptırılmış bir sigorta söz konusudur.*

- *Başkası lehine sigortada sigortacıdan sigorta tazminatını isteme hakkı, TTK 1454(1) cümle 2 uyarınca sigortalıya (lehine sigorta yaptırılan finansal kiralama şirketine) aittir.*
- *Bununla birlikte, yasa, bu kuralın hemen ardından şu düzenlemeye yer vermiştir: "Sigortalı, aksine sözleşme yoksa, sigorta tazminatının ödenmesini sigortacıdan isteyebilir ve onu dava edebilir."(TTK 1454(1) cümle 3).*
- *(Aksine sözleşme varsa acaba ne olacaktır? Sigortalı istemde bulunma hakkına sahip olmayınca, bu hakkın sigorta ettiren tarafından kullanılması gündeme gelecektir. Ancak rizikonun gerçekleşmesi sebebiyle meydana gelen zararın sigortalının malvarlığında ortaya çıktığı ve sigorta ettirenin herhangi bir zarara uğramış bulunmadığı dikkate alındığında, sigorta tazminatının sigorta ettirene verilmesi, onu haklı görülemeyecek bir şekilde zenginleştirmiş olacaktır. Şu halde sigorta ettiren ya sigortalıya ait tazminatı sigortacıdan emaneten (daha sonra sigortalıya aktarmak üzere) tahsil edecek; ya da sigortacıya yönelttiği davada ödemenin sigortalıya yapılmasını talep edecektir.)*
- *Olayda aksine sözleşme olmadığı anlaşılmaktadır.*
- *Bu durumda yasadan çıkan sonuç, sigorta ettiren kiracının sigortacıdan istemde bulunamayacağıdır.*
- *Acaba FKFFŞK m. 24(5) uyarınca kiracıya dava hakkı verilebilir mi? Bu hüküm uyarınca ödenecek sigorta tazminatı, kiracıya ait bulunan "malın sözleşme süresi içinde hasar ve ziyaı sorumluluğunun" karşılanması için kullanılacaktır. Bu yasal düzenleme çerçevesinde sigorta ettiren kiracının (finansal kiralama şirketine ödeme yapılmak kaydıyla) sigorta tazminatı için dava açabileceği veya sigorta tazminatının sigorta konusu malın (mesela makinenin veya aracın) onarılarak eski haline getirilmesi için kullanılmasını isteyebileceği kabul edilebilir.*
- *Şu olasılığı düşünelim: (mesela) kiraların yüzde doksan beşi ödenmişken kiracının sorumlu olduğu bir sebeple kiralama konusu mal tam hasara uğrasın. Ödenmesi gereken sigorta tazminatının (mesela 95.000 TL, bakiye kira borcunun da 5.000 TL olduğunu varsayalım.*
    - *Burada 5.000 TL'nin finansal kiralama şirketine verilmesine bir itiraz olamaz.*
    - *Geriye kalan 90.000 TL'nin kime verilmesi gerektiği ise tartışılmalıdır. Örnekte finansal kiralama şirketinin sigorta konusu mal üzerindeki çıkarı 5.000 TL. (son kira tutarı) ile sınırlı gö-*

rünmektedir. Finansal kiralama şirketine geriye kalan 90.000 TL'nin de ödenmesi onu haksız yere zenginleştirecektir.

- *Burada 90.000 TL, kiracının hesabına yazılması gereken bir zararın (olasılıkla) kısmi karşılığıdır.*
- *Finansal kiralama konusu mallar için yaptırılacak sigortanın hem finansal kiralama şirketinin hem de kiracının çıkarlarını dengeli bir biçimde koruma altına alması sağlanmalıdır. Bunun için TTK 1454(3) anlamında bir "kimin olacaksa onun lehine sigorta" uygun olabilir. Kimin olacaksa onun lehine sigortada, riziko anında kimin çıkarı hangi ölçüde zedelenmişse o hak sahibi kabul edilecektir. Örneğimizde, sigorta ettiren kiracı 90.000 TL için, sigortalı finansal kiralama şirketi de 5.000 TL için hak sahibi sayılarak, ödenecek sigorta tazminatı bunlar arasında bu şekilde paylaştırılacaktır.*

Finansal kiralama konusu malın sigorta ettiren kiracı tarafından sigortalı finansal kiralama şirketi lehine sigorta ettirilmiş olması halinde sigortacıyı dava hakkının kime ait olacağı – sigorta alacağının temyiz aşamasında temliki

Yargıtay 11. Hukuk Dairesi

Esas No.: 2018/2629

Karar No.: 2018/5066

Karar tarihi: 13.07.2018

Taraflar arasındaki davada Sigorta Tahkim Komisyonu Uyuşmazlık Hakem Heyeti'nce verilen 25.10.2017 tarih ve 2017/KT-29 sayılı karar, davacı vekili tarafından süresinde temyiz edilmiş olmakla, bazı noksanlıkların ikmali için dosya mahalline gönderilmişti. Bu noksanlıkların giderilerek dosyanın gönderildiği anlaşılmakla, saklanmak üzere tevdi edildiği ... ... 4. Asliye Ticaret Mahkemesi tarafından temyiz incelemesi yapılmak üzere Dairemize gönderilmiş olup, düzenlenen rapor dinlendikten ve yine dosya içerisindeki dilekçe, layihalar, duruşma tutanakları ve tüm belgeler okunup, incelendikten sonra işin gereği görüşülüp, düşünüldü:

Davacı (başvuru sahibi) vekili, davalı tarafından leasing all risk sigorta poliçesiyle sigorta teminatı altına alınan Siemens marka MPS cihazının

26.7.2013 tarihinde tamir kabul etmeyecek biçimde arızalanması üzerine keyfiyeti sigorta şirketine ihbar ettiklerini, tazminat istemlerinin cihazın mobil nitelikte olması nedeniyle teminat altında olmadığından bahisle kabul edilmediğini, bunun üzerine Sigorta Tahkim Komisyonu Uyuşmazlık Hakem Heyetine başvuruda bulunarak 224.678,00 TL tutarındaki tazminatın tahsilini talep ettiklerini, Uyuşmazlık Hakem Heyetince bilirkişi incelemesi yaptırılmak suretiyle istemin kısmen kabul edilerek, 107.380,65 TL'nin sigorta şirketinden tahsiline, fazla istemin reddine karar verildiğini, halbuki tazminat istemlerinin bütünüyle karşılanması gerektiğini ileri sürerek Sigorta Tahkim Komisyonu Uyuşmazlık Hakem Heyeti kararına itiraz ederek kararın bozulmasını istemiştir.

Davalı sigortacı vekili, Uyuşmazlık Hakem Heyeti kararının hukuka uygun düşmediğini, arızalanan cihazın seyyar nitelikte olup poliçede bu tip cihazlar için teminat verilmediğini, öte yandan tespit edilen hasar miktarından muafiyet tenzili yapılmamasının da yerinde olmadığını ileri sürerek Sigorta Tahkim Komisyonu Uyuşmazlık Hakem Heyeti kararının itirazları doğrultusunda bozulmasına karar verilmesini istemiştir.

Sigorta Tahkim Komisyonu İtiraz Hakem Heyeti'nce verilen 28.5.2015 tarihli karar ile davacı başvuru sahibinin itirazı yerinde görülmeyerek reddedilmiş, davalı sigortacı vekilinin itirazı ise kısmen kabul olunarak Uyuşmazlık Hakem Heyetince verilen kararın düzeltilerek muafiyet indiriminden sonra 96.642,59 TL tazminatın davalı ... şirketinden tahsili ile başvuru sahibine ödenmesine hükmedilmiştir.

Mezkur kararın sadece davacı başvuru sahibi tarafından temyiz olunması üzerine, Dairemizin 23.5.2017 tarih ve 2016/7291-2017/2992 sayılı kararı ile davaya konu edilen sigorta poliçesinin TTK'nın 1454. maddesi kapsamında başkası lehine sigorta olduğu, sigorta sözleşmesinden kaynaklanan hakların, poliçede aksine bir hüküm bulunmadığından, sigortalı gösterilen leasing şirketine ait olduğu, sigortalı tarafından verilen 27.10.2014 tarihli muvafakatnamenin alacağın temliki niteliğinde bulunmaması nedeniyle sigorta ettirene poliçeden doğan hakları talep hakkı kazandırmayacağı, başvuru sahibinin aktif "dava" ehliyeti olup olmadığının değerlendirilerek sonucuna göre bir karar verilmesi gerektiğinden bahisle resen bozulmuş, bozma nedenine dayalı olarak davacı başvuru sahibinin temyiz itirazlarının incelenmesine gerek görülmemiştir.

Sigorta Tahkim Komisyonu tarafından, dosyanın yeniden teşekkül ettirilen İtiraz Hakem Heyetine tevdii üzerine anılan heyetçe verilen 25.10.2017 tarih ve 2017/KT-29 sayılı karar ile davacının aktif dava ehliyetinin bulunmaması nedeniyle talebinin usulden reddine karar verilmiştir.

Bu karara karşı, davacı başvuru sahibi süresinde temyiz isteminde bulunmuş, dilekçesinin ekinde sigortalı leasing şirkete yetkililerince imzalanan 14.11.2017 tarihli temlik beyanı yazısını sunmuştur.

1- Taraf sıfatı, dava konusu edilen sübjektif hak ile bu hakkı ileri süren yahut bu hak kendisine karşı ileri sürülen ile hak arasındaki ilişki olarak tanımlanmakta olup uygulamada aktif yahut pasif husumet (ehliyeti) olarak adlandırılmaktadır. Bir sübjektif hakkı dava etme yetkisi kural olarak o hakkın sahibine aittir. Bu nedenle o hakka ilişkin bir davada, davacı olma sıfatı da o hakkın sahibine aittir. Bir kişinin, bir davada davacı yahut davalı sıfatına sahip olup olmadığı hususu hakkın özüne ilişen bir maddi hukuk sorunu olup sıfatın varlığı veya yokluğu, dosya kapsamı ile sınırlı olmak kaydıyla, davanın her aşamasında re'sen gözetilmelidir.

Bu açıklamadan sonra somut olaya dönülecek olursa, keyfiyet, yukarda da açıklandığı üzere, yargılamanın her aşamasında re'sen değerlendirilmesi gereken hususlardan olmakla, davacı başvuru sahibinin temyiz dilekçesine ekli olarak sunulan sigortalıya ait beyanın, ekinde bulunan imza sirküleri ile birlikte değerlendirilerek alacağın temliki ve dolayısıyla sigorta ettirene sigorta tazminatını talep hakkını veren bir belge niteliğinde olup olmadığı hususunda bir karar verilmek ve sonucuna göre hüküm kurulmak üzerine İtiraz Hakem Heyetince verilen kararın davacı yararına bozulmasına karar vermek gerekmiştir.

2- Öte yandan, kabule göre de, İtiraz Hakem Heyeti tarafından verilen 28.5.2015 tarih ve 2015/İHK-551 sayılı olup 96.642,59 TL'nin sigortacıdan tahsiline dair karar sigortacı tarafından temyiz edilmemiştir. Bu itibarla, Dairemizin 23.5.2017 tarihli re'sen bozma kararının, İtiraz

Hakem Heyeti tarafından geniş anlamda aleyhe bozma yasağını ihlal edici şekilde yorumlanmak suretiyle, sigortacı yönünden kesinleşen ve başvuru sahibi yararına kazanılmış hak niteliğindeki tutarı da kapsayacak biçimde, başvuru sahibinin talebinin reddine karar verilmesi de yerinde olmamış, bu husus da bozmayı gerektirmiştir.

SONUÇ: Yukarıda açıklanan nedenlerle, davacı vekilinin temyiz itirazlarının kabulüyle Sigorta Tahkim Komisyonu İtiraz Hakem Heyetince verilen 25.10.2017 tarih ve 2017/KT-29 sayılı kararının davacı yararına BOZULMASINA, ödediği peşin temyiz harcının isteği halinde temyiz edene iadesine, 13/07/2018 tarihinde oybirliğiyle karar verildi.

YORUM

Davacı, finansal kiralama sözleşmesi uyarınca kiracısı olduğu malı (bir cihaz), finansal kiralama şirketi (sigortalı) lehine sigorta ettirmiştir.

Finansal kiralama (ve sigorta) konusu mal 26.7.2013 tarihinde tamir kabul etmeyecek biçimde arızalanmıştır.

Sigortacı, kiracının ödeme istemini "cihazın mobil nitelikte olması nedeniyle teminat altında olmadığından" geri çevirmiştir.

Bunun üzerine davacı kiracı, sigortacılıkta tahkim sistemine başvurmuştur.

Uyuşmazlık Hakem Heyeti istemi kısmen kabul etmiş ve 107.380,65 TL'nin sigorta şirketinden tahsiline karar vermiştir.

Davacı kiracı bunun üzerine tam tazminata karar verilmesi gerektiğini öne sürerek İtiraz Hakem Heyetine başvurmuştur. Davalı sigortacı da hasarın teminat kapsamında olmadığını savunarak İtiraz Hakem Heyeti'nden davanın bütünüyle reddine karar verilmesini istemiştir.

İtiraz Hakem Heyeti 28.5.2015 tarihinde davacı kiracının itirazını reddetmiş; davalı sigortacının muafiyet indirimi itirazını yerinde görerek Uyuşmazlık Hakem Heyetince verilen kararı düzeltmiş ve 96.642,59 TL tazminatın davalıdan tahsiline hükmetmiştir.

Bu karar yalnızca davacı tarafından temyiz edilmiştir.

Yargıtay 23.5.2017 tarih ve 2016/7291-2017/2992 sayılı kararı ile

- *Olaydaki sigorta sözleşmesinin TTK 1454 anlamında "başkası lehine yapılmış bir sigorta" olduğunu*

- *Sigorta sözleşmesinden kaynaklanan hakların, poliçede aksine bir hüküm bulunmadığından, sigortalı finansal kiralama şirketine ait bulunduğunu*
- *Sigortalı finansal kiralama şirketi tarafından verilen 27.10.2014 tarihli muvafakatnamenin alacağın temliki niteliğinde bulunmaması nedeniyle sigorta ettiren kiracıya poliçeden doğan hakları kazandırmamış olduğunu*
- *Davacı kiracının "aktif dava ehliyeti olup olmadığı değerlendirilerek sonucuna göre bir karar verilmesi gerektiğini*

Saptamış ve "re'sen bozma" kararı vermiştir.

Bunun üzerine dosya, yeniden oluşturulan İtiraz Hakem Heyetince ele alınmış ve 25.10.2017 tarih ve 2017/KT-29 sayılı karar ile davacının istemi, aktif dava ehliyetinin bulunmaması açısından (usul yönünden) reddedilmiştir.

Bu karara karşı, davacı kiracı (sigorta ettiren) temyiz isteminde bulunmuş, dilekçesinin ekinde sigortalı finansal kiralama şirketi yetkililerince imzalanmış 14.11.2017 tarihli alacak devri yazısını sunmuştur.

Yargıtay

- *Bir kişinin, bir davada davacı yahut davalı sıfatına sahip olup olmadığı hususunun hakkın özüne ilişen bir maddi hukuk sorunu olduğunu*
- *Sıfatın varlığı veya yokluğunun, dosya kapsamı ile sınırlı olmak kaydıyla, davanın her aşamasında re'sen (görevden ötürü) gözetileceğini*
- *Davacının temyiz dilekçesine ekli olarak sunduğu sigortalı finansal kiralama şirketine ait devir beyanının, (ekindeki imza sirküleri ile birlikte değerlendirilerek) alacağın devri sonucunu doğuran ve dolayısıyla davacı sigorta ettirene sigorta tazminatını talep hakkını veren bir belge niteliğinde olup olmadığının belirlenmesi (ve sonucuna göre hüküm kurulması) için İtiraz Hakem Heyeti kararının davacı yararına bozulması gerektiğini*
- *İtiraz Hakem Heyeti tarafından verilen 96.642,59 TL'nin davalı sigortacıdan tahsiline dair kararın davalı sigortacı tarafından temyiz edilmediğini*
- *Yargıtay'ın 23.5.2017 tarihli re'sen bozma kararının, İtiraz Hakem Heyeti tarafından aleyhe bozma yasağına aykırı şekilde yorumlandığını; İtiraz Hakem Heyeti tarafından davacı isteminin reddi kararı verilirken davalı sigortacı yönünden kesinleşen ve davacı yararına kazanılmış hak niteliğini taşıyan tutarı da kapsayacak biçimde ret kararı oluşturulduğunu; bu hususun dahi bozmayı gerektirdiğini*

vurgulamıştır.

Yargıtay kararı hakkındaki değerlendirmemiz şöyledir:

- *Karar bize finansal kiralama konusu mallarla ilgili sigortaların ülkemizde gereksinimleri karşılayacak şekilde yapılmadığını, lüzumsuz duraksama ve gecikmelerle dolu bir uygulamanın ortaya çıktığını göstermektedir.*
- *Yukarıda Yargıtay 11. Hukuk Dairesi'nin 03.04.2019 gün ve E.2018/831, K.2019/2601 sayılı kararı altındaki açıklamalarda da belirttiğimiz üzere, kiracının Finansal Kiralama, Faktoring ve Finansman Şirketleri Kanunu m.24(5) karşısında (belirli açılardan) sigortalanabilir çıkara ve sigortacıdan istemde bulunma hakkına sahip sayılması doğru olur. Kaldı ki, finansal kiralama konusu mallarla ilgili sigortaların "kimin olacaksa onun hesabına sigorta" şeklinde yaptırılması işleri kolaylaştıracak ve kiracının haklarının da gereken biçimde dikkate alınmasını sağlayacaktır. (Bu hususlarda ayrıntılar için yukarıda Yargıtay 11. Hukuk Dairesi'nin 03.04.2019 gün ve E.2018/831, K.2019/2601 sayılı kararı altındaki açıklamalarımıza bkz.)*
- *Olayda usul hukuku uzmanları tarafından değerlendirilmesinde yarar olduğunu düşündüğümüz bir husus da şudur:*
    - *Sigorta (ve finansal kiralama) konusu mal eldeki bilgilere göre 26.7.2013 günü hasarlanmıştır.*
    - *Yargıtay'ın gerçek hak sahibi olduğunu kabul ettiği sigortalı (dava dışı) finansal kiralama şirketi, (davalı sigortacıya karşı sahip olduğu) alacağını davacı kiracıya (sigortalıya) 14.11 2017 tarihinde devretmiştir.*
    - *Elimizde, sigortalı finansal kiralama şirketinin devir işlemi tarihine kadar zamanaşımını kesen bir işlem yapmış olduğuna ilişkin bilgi yoktur.*
    - *Davacının açtığı dava ise, sıfat yokluğuyla sakattır. Bu sakatlık 14.11.2017 günlü devir işleminin dosyaya (temyiz dilekçesi ekinde) sunulması ile giderilmiştir.*
    - *Alacağa sahip olmayan kişinin hukuksal yollara başvurması zamanaşımını durdurmuş mudur? Gerçek hak sahibi olduğu kabul edilen kişinin zamanaşımı süresi içinde hiçbir girişimde bulunmamış olması varsayımında, davalı sigortacının yeni hak sahibine karşı zamanaşımı savunmasında bulunması acaba mümkün müdür?*
    - *(Burada şu hususu da belirtmek lazımdır: Sigortalı finansal kiralama şirketi, eğer davalı sigortacıdan hiç talepte bulunmamışsa, kendisine ait sigorta alacağının hiç muaccel hale gelmediği ve olayda TTK 1420'de öngörülen "rizikodan başlayarak işlemesi gereken 6 senelik*

tavan zamanaşımı süresinin" söz konusu olduğu düşünülebilir. O takdirde, devir beyanının ekli olduğu temyiz dilekçesinin davalı sigorta şirketine ulaşması anında 6 senelik süre henüz dolmuş olmadığından davalı sigortacıya yönelik alacağın zamanaşımına uğradığını kabul etmek de mümkün olmayacaktır).

- *Yine usul hukuku açısından incelenmesi ilginç olabilecek bir nokta:*
  - *Yargıtay 23.5.2017 günü davacı sigorta ettiren kiracının davacı sıfatının olup olmadığının değerlendirilmesi için "re'sen" bozma kararı vermiş ve bunun üzerine İtiraz Hakem Heyeti davacının dava hakkına sahip bulunmadığı sonucuna varmış ve istemini reddetmiştir.*
  - *Yüksek mahkeme ise, bu kararın verildiği tarihte davacı kiracı (sigorta ettiren) lehine davalının temyiz yoluna başvurmamış olması sebebiyle kazanılmış hak meydana geldiğini saptamış ve bu hakkın dikkate alınmamış (ve alacağın tamamı hakkında davanın reddi kararı verilmiş) olmasının yerinde görülemeyeceğini belirtmiştir.*
  - *Ortaya şöyle bir görünüm çıkmaktadır: Davacı alacağın bir kısmı için hak sahibi, diğer kısmı için ise hak sahibi değildir.*
  - *Usul kuralları bu sonucu ne oranda uygun görmektedir?*

Hırsızlık rizikosunu temin eden sigorta poliçesindeki güvenlik önlemleri alınmasına ilişkin özel hükme uyulmaması

Yargıtay 11. Hukuk Dairesi
Esas No.: 2019/1454
Karar No.: 2019/3220
Karar tarihi: 29.04.2019

Taraflar arasındaki davada Sigorta Tahkim Komisyonu İtiraz Hakem Heyeti'nce verilen 24.07.2018 gün ve 2018/İHK-6071 sayılı karar, davalı vekili tarafından süresinde temyiz edilmiş olmakla, saklanmak üzere tevdi edildiği İstanbul Anadolu 1. Asliye Ticaret Mahkemesi tarafından temyiz incelemesi yapılmak üzere Dairemize gönderilmiş olup, dosya için Tetkik Hakimi ... tarafından düzenlenen rapor dinlendikten ve yine dosya içerisindeki dilekçe, layihalar, duruşma tutanakları ve tüm belgeler okunup, incelendikten sonra işin gereği görüşülüp, düşünüldü:

Davacı vekili, Sigorta Tahkim Komisyonuna başvurarak taraflar arasında İnşaat Bütün Tehlikeler Sigorta Poliçesi düzenlediğini, poliçeye konu inşaatta 19.02.2017 tarihinde hırsızlık meydana geldiğini, hırsızlık nedeniyle davacının 106.800,00 TL zarara uğradığını, poliçe kapsamında bu zararın ödenmesi gerekirken davalı ... şirketince ödemenin yapılmadığını ileri sürerek 106.800,00 TL'nın davalıdan tahsiline karar verilmesini istemiştir.

Davalı vekili, inşaatta meydana gelebilecek hırsızlığa karşı davacının poliçede belirtilen güvenlik önlemlerini almaması nedeniyle zararın poliçe kapsamı dışında kaldığını savunarak talebin reddini istemiştir.

Sigorta Tahkim Komisyonunca, davacının poliçede yer alan özel şart gereğince hırsızlığa karşı yeterli ve etkili güvenlik önlemlerini almadığı için zararın poliçe kapsamında olmadığı gerekçesiyle başvurunun reddine karar verilmiştir.

Bu karara karşı davacı vekili İtiraz Hakem Heyeti nezdinde itirazda bulunmuştur.

Sigorta Tahkim Komisyonu İtiraz Hakem Heyetince, inşaatta bekçi bulunduğu, inşaat çevresinin kısmen tel örgü ile çevrili olduğu, poliçeye konu inşaat alanında daha önce de hırsızlık olayı meydana geldiği, bu hırsızlık olayı ile sigortacının inşaatın gerçek durumunu öğrenmiş olduğu, hırsızlık olayı ile inşaatın gerçek durumunu öğrenen sigortacının önceki hırsızlıktan sonra sigorta sözleşmesini ayakta tutması nedeniyle artık poliçedeki özel şarta dayanmasının mümkün olmadığı gerekçeleriyle itirazın kabulü ile muafiyet miktarı hasardan düşülerek 88.661,50 TL'nın ticari avans faizi ile birlikte davalıdan alınarak davacıya verilmesine karar verilmiştir.

Kararı davalı vekili temyiz etmiştir.

Mahkemece 04.02.2019 tarihli 2018/5721 D. İş sayılı Ek karar ile, davalıya bir haftalık kesin süre verilerek temyiz harç ve masraflarını yatırması aksi halde temyiz isteminden vazgeçmiş sayılacağına ilişkin meşruhatlı davetiye tebliğ edildiği, davetiye tebliğinden itibaren bir haftalık kesin süre içerisinde temyiz harç ve masraflarının yatırılmadığı gerekçesiyle davalı vekilinin temyiz isteminden vazgeçmiş sayılmasına karar verilmiştir.

Ek kararı davalı vekili temyiz etmiştir.

1- Mahkemece davalı vekiline gönderilen tebligatın üzerine şerh verilmek suretiyle temyiz harç ve giderlerinin yatırılması davalı vekiline ihtar edilmiş, verilen sürede temyiz harç ve giderlerinin yatırılmadığı gerekçesiyle de davalı vekilinin temyiz isteminden vazgeçmiş sayılmasına karar verilmiştir. Yargıtay Hukuk Genel Kurulu'nun 2010/19-286 E., 2010/330 K. sayılı kararında da belirtildiği üzere muhtıranın geçerli olabilmesi için muhtırada hakim veya mahkeme başkanının sicili ve imzasının bulunması, yatırılacak harç ve masrafların doğru olarak gösterilmiş olması, harç ve masrafların yatırılacağı yerin doğru olarak gösterilmiş olması ve verilen sürede muhtıra gereğinin yerine getirilmemesinin sonuçlarının hatırlatılması gerekmektedir. Bu unsurları taşımayan muhtıra ile geçerli bir bildirimin yapıldığından söz etmeye de imkan yoktur. Bu hususlar gözetildiğinde hakim imzası olmadan davalıya gönderilen tebligat üzerine şerh verilerek yapılan bildirimin geçerli olmadığı açıktır. Ayrıca davalının daha önce istinaf yoluna başvururken istinaf kanun yolu harcı ve istinaf karar harcı yatırdığı gözetilerek davalıdan temyiz yoluna başvurma harcı ile istinaf yoluna başvurma harcı arasındaki fark talep edilmesi gerekirken davalı hiç harç yatırmamış gibi temyiz yoluna başvurma harcının yatırılmasının talep edilmesi de yasaya uygun değildir. Açıklanan nedenlerle usule aykırı şerh sonucu davalının temyiz isteminden vazgeçmiş sayılmasına ilişkin mahkemece verilen 04.02.2019 tarihli ek kararın bozularak ortadan kaldırılmasına karar vermek gerekmiştir.

2- Davalı vekilinin Sigorta Tahkim Komisyonu İtiraz Hakem Heyeti kararına yönelik temyiz itirazlarına gelince, dava davacıya ait iş yerinde meydana gelen hırsızlık sonucunda oluşan hasarın davalı ... şirketinden tahsili istemine ilişkindir. Sigorta Tahkim Komisyonu İtiraz Hakem Heyeti tarafından TTK'nın 1438. maddesi dayanak gösterilerek sigortalı iş yerinde daha önce de hırsızlık olayı meydana geldiği, önceki hırsızlık nedeniyle davalı ... şirketinin iş yerinin gerçek durumunu öğrendiği buna karşın sözleşmeyi ayakta tutması nedeniyle artık poliçedeki özel şarta dayanamayacağı gerekçesiyle itirazın kabulü ile 88.661,50 TL'nın davalıdan tahsiline karar verilmiştir. Taraflar arasındaki poliçe dikkate alındığında hırsızlık teminatının sigortalı inşaat alanında 24 saat bekçi bulundurulması ve inşaatın etrafının yeterli derecede kapatılmış ve çevrelenmiş olması ön şartına bağlandığı görülmektedir. Poliçedeki ön şartın TTK 1438. maddesinde düzenlenen beyan yükümlülüğü kapsamında değerlendirilemeyeceği, dosya kapsamındaki delillerden anlaşıldığı üzere hırsızlık ile etrafın yeterli derecede çevrelenmemesi arasında illiyet bağı bulunduğu, poliçedeki ön şartın yerine getirilmemesi nedeniyle davaya konu hasarın teminat kapsamında olmadığı değerlendirilerek davacı şirketin itirazının reddine karar verilmesi gerekirken yazılı gerekçe ile itiraz kabul edilerek hasarın davalı ... şirketinden tahsiline karar verilmesi doğru görülmemiş ve Sigorta Tahkim Komisyonu İtiraz Hakem Heyeti kararının bu yönden bozulmasına karar vermek gerekmiştir.

3- Bozma sebep ve şekline göre davalı vekilinin vekalet ücretine yönelik temyiz itirazlarının incelenmesine bu aşamada gerek görülmemiştir.

SONUÇ: Yukarıda (3) numaralı bentte açıklanan nedenlerle davalı vekilinin sair temyiz itirazlarının incelenmesine bu aşamada yer olmadığına, (1) numaralı bentte açıklanan nedenlerle davalı vekilinin ek karara yönelik temyiz itirazlarının kabulüyle ek kararın BOZULARAK KALDIRILMASINA, (2) numaralı bentte açıklanan nedenlerle davalı vekilinin temyiz itirazlarının kabulü ile Sigorta Tahkim Komisyonu İtiraz Hakem Heyeti'nin 24.07.2018 tarihli kararının BOZULMASINA, ödediği peşin temyiz harcının isteği halinde temyiz eden davalıya iadesine, 29/04/2019 tarihinde oybirliğiyle karar verildi.

YORUM

Davacı, inşaat sahasında meydana gelmiş olan hırsızlık yüzünden uğradığı zararın davalı sigortacıdan tahsili için Sigortacılıkta Tahkim Sistemine başvurmuştur.

Davalı sigortacı, inşaatta meydana gelebilecek hırsızlığa karşı davacının poliçede belirtilen güvenlik önlemlerini almaması nedeniyle zararın poliçe kapsamı dışında kaldığını savunmuştur.

Uyuşmazlık Hakem Heyeti davacının poliçede yer alan özel şart gereğince hırsızlığa karşı yeterli ve etkili güvenlik önlemlerini almadığı için zararın poliçe kapsamında olmadığı gerekçesiyle tazminat istemini geri çevirmiştir.

İtiraz Hakem heyeti ise,

- *Sigorta ettirenin iş yerinde daha önce de hırsızlık olayının meydana geldiği*
- *Davalı sigortacının bu önceki hasar sebebiyle iş yerinin gerçek durumunu öğrendiği*
- *Buna karşın sözleşmeyi ayakta tuttuğu*
- *Davalı sigortacının artık poliçedeki özel şarta dayanamayacağı*
- *Bir hususun hiç bildirilmediğini veya yanlış bildirildiğini bilmekte olan sigortacının TTK 1438 uyarınca beyan yükümlülüğünün ihlal edilmiş olduğunu ileri sürerek sözleşmeden cayamayacağı*

gerekçesiyle davalının sorumlu olduğuna karar vermiştir.

Temyiz üzerine Yargıtay

- *Taraflar arasındaki poliçede hırsızlık teminatının sigortalı inşaat alanında 24 saat bekçi bulundurulması ve inşaatın etrafının yeterli derecede kapatılmış ve çevrelenmiş olması ön şartına bağlandığını*
- *Poliçedeki ön şartın TTK 1438'de düzenlenen beyan yükümlülüğü kapsamında değerlendirilemeyeceğini,*
- *Mevcut delillerden anlaşıldığı üzere hırsızlık ile etrafın yeterli derecede çevrelenmemesi arasında illiyet bağının bulunduğunu*
- *Poliçedeki ön şartın yerine getirilmemesi nedeniyle davaya konu hasarın teminat kapsamında olmadığı değerlendirilerek davacı şirketin itirazının reddine karar verilmesi gerektiğini*

belirterek bozma kararı vermiştir.

Yargıtay kararı hakkındaki görüşümüz aşağıdadır:

- *Yüksek Mahkeme'nin olayda "sözleşme öncesi bildirim görevi" kapsamında sayılması gereken bir halin bulunmadığına ilişkin değerlendirmesi kanımızca yerindedir.*
- *Davalı sigortacının önceki dönem poliçesi kapsamında meydana gelmiş olan hırsızlık olayı sebebiyle sigortalı iş yerinin (inşaat sahasının) durumunu öğrenmiş olduğu savı doğru olsa dahi, bu hal kanımızca olayda varılacak sonucu değiştirmez.*
- *Davalı sigortacı yeni dönem poliçesinde "sigortalı inşaat alanında sürekli bekçi bulundurma" ve "inşaatın etrafının yeterli derecede kapatılmış/*

çevrelenmiş olması" koşullarına yer vermiştir. Bu koşulların sözleşme yapılırken mevcut olmadığını bilmesi bunları sözleşmede öngörmesine engel değildir. Hatta sözleşme sırasında inşaatta bekçi olmadığını ve etrafın kapatılmış bulunmadığını bildiği için teminatı özellikle bu koşulların sağlanmasına bağlı tutmuş olabilir. Bu da hukuka aykırı değildir.

- *Davacının kendi üzerine düşeni yapması ve sözleşme sırasında eksik olan güvenlik önlemlerini tamamlayarak sigortadan yararlanmaya hak kazanmış olması gerekirdi.*
- *Sözleşmede öngörülen bu koşulların "teminat dışında kalan hal" olarak mı, "sözleşmesel görev" olarak mı yoksa (üçüncü bir olasılık) "sözleşmede riziko ağırlaşması olarak kabul edilen hal" olarak mı nitelenmesi gerektiği belirlenmelidir.*
    - *Kanımızca burada sözleşmesel görev öngörüldüğü düşüncesini benimsemek daha uygun düşecektir.*
    - *Çünkü sigorta ettirenin belirli davranışlarını hedef tutan bir düzenleme getirilmiş ve kendisine hırsızlığı önleyici/caydırıcı önlem alma külfeti yüklenmiştir.*
    - *Ancak, öne çıkan yorumlardan biri de şudur: Poliçede belirtilen önlemlerin alınmaması TTK 1444(2) hükmü çerçevesinde "sözleşmede riziko ağırlaşması olarak kabul edilen hal" sayılabilir ve sigortacının (rizikonun gerçekleştiği durumlarda) TTK 1445(5)'te sayılan olanaklardan yararlanacağı düşünülebilir.*
- *Ülkemizde sigortacılar aralarındaki kıyasıya yarışma yüzünden, amaca uygun açıklıkta sözleşme (poliçe) metni oluşturmamakta ve hukuksal açıdan anlam ve sonucu çok kuşkulu "muğlâk" ve sigorta ettirenleri "ürkütmeyen" anlatımlar kullanmaktadırlar. Mesela sigortalanması istenen tesisin yüksek rizikolu olması sebebiyle (bu durum giderilmeden) sigorta koruması altına alınması doğru olmasa dahi, teminat sağlanarak yola çıkılmakta ve sigorta ettirene bazı önlemleri tamamlaması için süre tanınmaktadır. Söz gelişi poliçeye "üç ay içinde ..xx.. önlemler alınmadığı takdirde sigortacı sözleşmeyi feshedebilir" anlamında bir madde eklenmektedir. Bu gibi bir hüküm bir yandan sigorta ettirene üç ay boyunca önlemleri almasa dahi sigorta koruması altında bulunma diğer yandan da öngörülen üç aylık süre geçtikten sonra, sigortacının sözleşmeyi feshetmemesi durumunda yine teminattan yararlanması gerektiğini ileri sürme imkânını tanımaktadır. Oysa burada mantık gereği doğru çözüm, koruyucu (rizikonun meydana gelmesinin önüne geçecek) önlemleri almadığı sürece sigorta ettirenin sigorta şemsiyesi altında olmamasıdır. Ancak bunu açık şekilde ifade etmek yerine ticari kaygılarla köşesiz cümleler tercih edilince, sigortacının aleyhine bir iklim ortaya çıkmaktadır.*

KAVRAM DİZİNİ

A

Adli yargı 16, 17, 18, 45, 48, 49, 50, 79, 80, 81, 88, 89, 90, 91, 92, 93, 94, 96, 97, 98, 99, 100, 101, 102, 103, 104, 105, 106, 121, 122, 123, 124, 157, 158, 159, 160, 161, 162, 163, 164, 165, 166, 167, 168, 169, 171, 172, 173, 175, 176, 177, 178, 179, 180, 181, 182, 183, 184, 186, 187, 189, 190, 191, 192, 193, 194, 195, 196, 197, 198, 199, 220, 221, 268, 269, 271, 272

Ani 55, 202, 203, 275, 281, 282, 353, 354, 355

Aracın mekanik, elektrik, elektronik donanımında meydana gelen arıza ve kırılmalar 352

Asli kusur 39, 216, 217, 218

Avans ödemesi 357, 358, 361, 362

B

Bedensel zarar 305, 306

D

Dahili su hasarı 23, 82

Dain-i mürtehin 339, 344

Dava şartı yokluğu 16, 17, 18, 19, 44, 48, 49, 50, 111, 154, 155

Dış etki 353, 354, 355

Dönülebilir lehtar 344

Dönülemez lehtar 344

F

Fan coil 19, 20

Fesih hakkı 376, 377, 378, 379, 380, 381, 382, 383, 384, 396, 397, 398, 399

G

Geçici ödemeler 362, 363

Gerçek zarar 53, 54, 56, 57, 58, 59, 204, 205, 207, 236, 237, 260, 261, 262, 263, 264, 275, 276, 277, 278, 280, 281, 367, 369, 371, 390, 391

H

Haksız eylem 2, 3, 6, 7, 9, 12, 18, 23, 24, 27, 28, 50, 62, 63, 71, 74, 78, 79, 81, 82, 108, 112, 115, 116, 118, 125, 126, 129, 130, 146, 147, 166, 167, 221, 222, 272, 274, 291, 293, 301

Haksız eylemden kaynaklanan dava 24

Haksız fiil 1, 2, 7, 8, 9, 10, 11, 12, 13, 14, 15, 22, 23, 24, 29, 30, 31, 32, 34, 36, 37, 38, 40, 47, 52, 60, 62, 63, 65, 68, 70, 72, 73, 77, 80, 86, 87, 93, 115, 116, 117, 119, 122, 123, 124, 125, 127, 129, 130, 144, 145, 149, 157, 189, 190, 220, 273, 291, 292, 293, 295, 307, 308, 309, 310, 329

Her iki tarafın da ticari işletmesiyle

bağlantılı hususlardan doğan dava 38
Hizmet kusuru 18, 44, 49, 50, 80, 81, 89, 90, 91, 92, 95, 96, 97, 98, 125, 126, 158, 159, 168, 173, 174, 176, 186, 187, 188, 191, 192, 198, 219, 220, 221, 269
Hükmi ret 257

İ

İsteğe bağlı sorumluluk sigortaları 137
İşleten 13, 28, 29, 30, 32, 33, 61, 62, 81, 91, 92, 93, 94, 95, 96, 97, 98, 99, 100, 108, 109, 130, 131, 132, 133, 134, 135, 137, 140, 141, 142, 143, 155, 159, 162, 173, 174, 175, 179, 187, 188, 189, 191, 192, 194, 199, 200, 201, 202, 203, 204, 215, 218, 225, 226, 227, 228, 230, 241, 242, 243, 244, 246, 248, 249, 250, 251, 252, 253, 254, 255, 256, 257, 260, 261, 262, 267, 283, 284, 285, 286, 287, 288, 289, 290, 294, 303, 307, 308, 309, 310, 318, 319, 320, 321, 322, 325, 327, 329, 331, 332, 333

K

Kapalı koasürans 134, 147
Kısmi hasar 358, 359, 361, 364, 374, 375, 377, 378, 379, 381, 382, 383, 435
Kimin olacaksa onun lehine (hesabına) sigorta 437

L

Lehtar 212, 213, 335, 336, 337, 338, 341, 342, 343, 344, 385, 424

M

Mal mukabili satış 315, 316
Mirasın reddi 75, 76, 236, 237, 258
Mücbir (zorlayıcı) sebep 82

O

Onarım kabul etmeyen araç 206

Ö

Ön şart 336, 342, 399, 400, 445, 446, 447

P

Paket poliçe 61, 365, 378, 383

R

Rehin alacaklısı 238, 239, 241, 344
Rehin hakkı 238, 239, 240, 241, 311, 312, 339, 340, 344
Rizikonun gerçekleşmesinde kusur 212, 213
Rögar kapağı 125, 126, 128, 176, 219, 221, 268, 269, 270, 271

S

Sif satış 313, 314
Sigortacılık Kanunu m.11(1) 324, 325, 426, 427, 428
Sigortacılık Kanunu m.11(5) 324, 325, 426, 427, 428
Sigortacının sigortalıya rücu hakkı 140
Sigorta hukuku anlamında temsil 431
Sigorta sözleşmesine ilişkin kanun hükümleri 138, 139, 140
Site yönetimi 45, 47
Sovtaj 204, 205, 206, 207, 225, 260, 261, 263, 264, 359, 361, 364
Sözleşmede riziko ağırlaşması olarak kabul edilen hal 447, 448
Sözleşmesel görev 400, 401, 402, 403, 448
SRC-4 belgesi 395, 396, 397, 398, 399, 401, 402, 403

T

Tacir 2, 3, 7, 9, 10, 12, 13, 21, 26, 27, 33, 38, 46, 47, 51, 66, 71, 76, 77, 78, 79, 107, 108, 115, 116, 120, 121, 127, 128, 129, 130, 132, 134, 144, 145, 146, 147, 153, 154, 155, 185, 186, 220, 221, 222, 361, 362
Tali kusur 216, 217, 218
Tamirin ekonomik olmaması 264
Tazminatın hesabı 206, 207
Tazminatta indirim 225
Tedavi 241, 242, 243, 244, 245, 246, 247, 248, 302, 303, 304, 305, 306, 409, 411
Tedavi gideri, tedavi giderleri 247, 248
Teminat dışı hal 357, 399, 400
Ticari haksız fiil 2
Ticari nitelikte haksız eylem 12

Y

Yasal haleflik 1, 2, 3, 6, 9, 10, 12, 13, 15, 20, 21, 23, 24, 27, 30, 35, 40, 41, 42, 45, 47, 48, 52, 61, 64, 66, 78, 106, 107, 111, 112, 115, 116, 124, 125, 128, 132, 142, 146, 147, 152, 197, 198, 205, 208, 211, 217, 224, 230, 231, 232, 234, 235, 238, 240, 244, 246, 257, 258, 259, 261, 263, 267, 272, 276, 280, 286, 287, 288, 289, 293, 298, 299, 300, 301, 388, 389
Yasal haleflik hakkının zedelenmesi 298, 300, 301
Yenileme 416
Yer kayması 390, 391, 392, 393, 394, 395
Yol kusuru 43, 44, 100, 101, 103, 105, 106, 128, 167, 171, 172, 182, 258, 259, 271

Z

Zorunlu sorumluluk sigortaları 133, 137, 138

MADDE DİZİNİ

805 sayılı (kurumlarda Türkçe kullanılmasına İlişkin) yasa 422, 428, 429

F

Finansal Kiralama, Faktoring ve Finansman Şirketleri Kanunu m.24 384, 385, 387, 432, 433, 434, 435, 436, 437, 440, 441, 442

H

Hayat Sigortası Genel Şartları B 413
Hırsızlık Sigortası Genel Şartları A.1 420, 421
Hukuk Muhakemeleri Kanunu
HMK 266 58, 367
HMK m.2 128
HMK m.7(1) 62, 63
HMK m.16 62, 63, 294
HMK m.16(1) 62, 63, 294
HMK m.114 166

I

Institute Yacht Clauses 10.10 426

İ

İcra ve İflas Kanunu m.45 339

K

Kasko Sigortası Genel Şartları 204, 205, 206, 207, 209, 211, 350, 352, 353, 354
Kasko Sigortası Genel Şartları A.1 353, 354

Kat Mülkiyeti Kanunu

KMK Ek madde 1 23
KMK m.18 25, 35
KMK m.38 23

Karayolları Trafik Kanunu

KTK 10 (b) 99, 191
KTK m.3 251, 252
KTK m.10(b)(1) ilâ (5) 44, 99, 166, 271, 272
KTK m.84 218
KTK m.85 99, 134, 228
KTK m.85 fk.1 228
KTK m.87 99
KTK m.88 fk.1 258
KTK m.89 258
KTK m.89 fk.3 258
KTK m.90 329
KTK m.92 139, 140, 326, 328
KTK m.92(a) 139, 140, 326, 328
KTK m.92(i) 139, 140, 326, 328
KTK m.93 324
KTK m.95 138, 139, 155, 156, 327, 328
KTK m.95 fk.1 139, 156
KTK m.95 fk.2 138, 139, 155, 156
KTK m.97 133
KTK m.98 247
KTK m.98 fk.1 247
KTK m.109 271, 272
KTK m.110 30, 45, 81, 98, 99, 105, 106, 123, 124, 166, 172, 182, 198, 271,

294
KTK m.110 fk.1 45, 81

L

LCR 63(2) 332

M

Makine Kırılması Sigortası Genel Şartları m.14 361

N

Noterlik Kanunu m.89 251

S

Sigortacılık Kanunu m.11(1) 324, 325, 426, 428
Sigortacılık Kanunu m.11(5) 324, 325, 426, 428

T

Türk Borçlar Kanunu

TBK m.20 324, 325
TBK m.25 324
TBK m.49 18, 50, 87, 112, 118, 125, 134, 166, 221
TBK m.49 fk.1 18, 50, 112, 134, 166, 221
TBK m.50 278
TBK m.50 fk.1 278
TBK m.50 fk.2 278
TBK m.52 fk.1 254
TBK m.54 305
TBK m.60 50, 67, 112, 118, 221
TBK m.60 fk.1 112
TBK m.61 300, 345
TBK m.66 18, 47, 50, 108, 125, 221
TBK m.69 18, 50, 85, 87, 112, 118, 125, 221, 224
TBK m.69 fk.1 85
TBK m.71 18, 50, 221
TBK m.76 362, 363
TBK m.77 fk.2 43
TBK m.166 300
TBK m.183 137
TBK m.186 300
TBK m.579 267, 268
TBK m.579 fk.2 268

Tüketicinin Korunması Hakkında Kanun

TKHK m.73 152
TKHK m.73 fk.1 152
TKHK m.83 fk.2 152

Türk Medeni Kanunu

TMK m.2 338
TMK m.605 76, 237
TMK m.605 cümle 2 76
TMK m.606 76
TMK m.609 76
TMK m.764 251

Türk Ticaret Kanunu

TTK 3 129
TTK 4 33, 38, 47, 79, 116, 120, 128, 129, 130, 132, 133, 144, 146, 147, 156, 274, 386, 388
TTK 4(1) 33, 38, 47, 79, 116, 120, 128, 129, 130, 132, 133, 144, 146, 147, 156, 274, 386, 388
TTK 4(1) (a) 33, 38, 47, 79, 116, 120, 128, 129, 130, 132, 133, 144, 146, 147, 156, 274, 386, 388
TTK 4(1) bent (a) 33, 38, 47, 79, 116, 120, 128, 129, 130, 132, 133, 144, 146, 147, 156, 274, 386, 388
TTK 5 129, 388
TTK 16(2) 128, 129
TTK 933(1) 206
TTK 1408 316
TTK 1408(1) 316
TTK 1409(2) 427, 430
TTK 1412 213, 214, 417, 431, 432
TTK 1420 442
TTK 1423(2) 326

TTK 1427 355, 360, 362, 363, 364, 365, 366, 368, 369, 370, 413
TTK 1427(2) 355, 360, 362, 363, 364, 365, 366, 368, 369, 370, 413
TTK 1427(3) 355, 360, 362, 363, 364, 365, 366, 368, 369, 370, 413
TTK 1427(4) 355, 360, 362, 363, 364, 365, 366, 368, 369, 370, 413
TTK 1428(2) 376, 379, 380, 381, 382, 383, 384
TTK 1429 212, 213, 384, 387, 388, 389, 421, 422, 427, 430, 431
TTK 1429(1) 212, 213, 384, 387, 388, 389, 421, 422, 427, 430, 431
TTK 1430(3) 380, 381, 382
TTK 1434(1) 378, 379, 380, 406
TTK 1434(3) 378, 379, 380, 406
TTK 1434(5) 378, 379, 380, 406
TTK 1438 446, 447
TTK 1439 411, 414, 415, 417
TTK 1439(2) 411, 414, 415, 417
TTK 1444(2) 448
TTK 1445(5) 448
TTK 1446 370
TTK 1448 42, 298, 299, 390, 392, 393, 394, 420, 422, 427, 430, 431
TTK 1448(1) 42, 298, 299, 390, 392, 393, 394, 420, 422, 427, 430, 431
TTK 1448(2) 42, 298, 299, 390, 392, 393, 394, 420, 422, 427, 430, 431
TTK 1449 398, 399, 400, 401
TTK 1449(2) 398, 399, 400, 401
TTK 1449(3) 398, 399, 400, 401
TTK 1452(1) 316, 398
TTK 1452(3) 316, 398
TTK 1454 433, 434, 436, 437, 440
TTK 1454(1) 433, 434, 436, 437, 440
TTK 1454(1) cümle 2 433, 434, 436, 437, 440
TTK 1454(1) cümle 3 433, 434, 436, 437, 440
TTK 1459 56, 59
TTK 1472 27, 42, 115, 124, 128, 141, 142, 146, 274, 298, 299, 388, 389
TTK 1472(1) 27, 42, 115, 124, 128, 141, 142, 146, 274, 298, 299, 388, 389
TTK 1472(2) 27, 42, 115, 124, 128, 141, 142, 146, 274, 298, 299, 388, 389
TTK 1478 133, 137
TTK 1481 142
TTK 1481(1) 142
TTK 1481(3) 142
TTK 1483 120, 131, 132, 133
TTK 1484 32, 120, 133, 138, 156
TTK 1484(1) 32, 120, 133, 138, 156
TTK 1484(2) 32, 120, 133, 138, 156
TTK 1493 344
TTK 1494(2) 344

V

VVG § 92(1) 383
VVG § 117(5) 143

Y

Yangın Sigortası Genel Şartları 359, 361, 365, 379, 394
Yangın Sigortası Genel Şartları A.1 394
Yangın Sigortası Genel Şartları B.8 365, 379
Yangın Sigortası Genel Şartları B.8.1 365

Z

Zorunlu Trafik (Sorumluluğu) Sigortası Genel Şartları 15, 28, 120, 121, 132, 133, 135, 136, 137, 156, 243, 247, 285, 288, 323, 325, 326, 328, 329, 330
ZTS Genel Şartları A.3 286, 329
ZTS Genel Şartları A.3.b 286
ZTS Genel Şartları A.5 330
ZTS Genel Şartları A.6 288, 330
ZTS Genel Şartları A.6 c 330
ZTS Genel Şartları B.4 139, 140, 141
ZTS Genel Şartları B.4 fk.3 141
ZTS Genel Şartları C.2 328
ZTS Genel Şartları C.3 328